Lehrbuch Philosophie

Stephan Grätzel/Armin Kreiner

Religionsphilosophie

Lehrbuch Philosophie

Unter Mitarbeit von
Ataollah Amin, Michael Gerhard,
Christoph Nöthlings und Janssen Peters

Verlag J. B. Metzler
Stuttgart · Weimar

Die Deutsche Bibliothek – CIP-Einheitsaufnahme

Grätzel, Stephan:
Religionsphilosophie : Lehrbuch Philosophie / Stephan Grätzel/Armin Kreiner,
Unter Mitarb. von Ataollah Amin ... - Stuttgart :
Weimar : Metzler, 1999
(Lehrbuch Philosophie)
ISBN 3-476-01611-0

Gedruckt auf chlorfrei gebleichtem, säurefreiem und alterungsbeständigem Papier

ISBN 3-476-01611-0

Einbandgestaltung: Willy Löffelhardt
Satz: DTP + TEXT Eva Burri, Stuttgart
Druck + Bindung: Franz Spiegel Buch GmbH, Ulm
Printed in Germany

Verlag J. B. Metzler Stuttgart · Weimar

VORWORT

Der Problemkreis Interkulturalität gewinnt in der geisteswissenschaftlichen Forschung immer mehr an Bedeutung. Dies zeigt sich nicht nur in der Religionsphilosophie, wo das interkulturelle Gespräch zwischen den Religionen mittlerweile zu einem festen und vieldiskutierten Topos geworden ist. Auch in der Philosophie ist die Auseinandersetzung zwischen den Religionen zu einem unverzichtbaren Bestandteil künftiger kulturwissenschaftlicher Studien geworden. Wie ein Blick auf die Situation der Lehre zeigt, kommt der Vermittlung dieses Diskurses eine wachsende Bedeutung zu.
Diesem Interesse entspricht die gegenwärtige Lage in der Literatur nur in Ansätzen (Grabner-Haider: *Kritische Religionsphilosophie. Europäische und außereuropäische Kulturen*, 1993 sowie Schlette (Hg.): *Religionskritik in interreligiöser und interkultureller Sicht*, 1996). Das vorliegende Lehrbuch sucht in diesem Sinne eine Lücke zu schließen, indem es sich nicht nur an die Studierenden der Fächer Theologie und Philosophie wendet, sondern darüber hinaus an alle religionswissenschaftlich interessierten Kulturwissenschaftler.

Das Lehrbuch ist aus einem Projekt zur Religionsphilosophie an der Johannes Gutenberg-Universität in Mainz seit dem Winter 1996 hervorgegangen. Die einzelnen Beiträge sind von den Autoren selbständig erarbeitet worden, wobei der gegenseitige Austausch und die wechselseitige Unterstützung im Projekt für alle sehr hilfreich waren. Wir möchten allen Autoren und Mitarbeitern an dieser Stelle für ihr Engagement und ihre Mühe Dank sagen.

Stephan Grätzel/Armin Kreiner — Mainz, im Juli 1999

INHALT

II. Religionsphilosophie des Judentums

III. Religionsphilosophie des Islam

IV. Religionsphilosophie in Indien

EINLEITUNG

(Stephan Grätzel / Armin Kreiner)

Zum Begriff ›Religionsphilosophie‹

In einem ebenso trivialen wie vorläufigen Sinn läßt sich Religionsphilosophie als philosophische Auseinandersetzung mit dem Phänomen ›Religion‹ umschreiben. Im Unterschied zur spezifisch theologischen Thematisierung eigener und fremder Religiosität bildet die religionsphilosophische Reflexion in der Regel nicht schon ein Element des religiösen Vollzugs selbst, sondern eben die philosophische Thematisierung desselben (vgl. Hick 1990, S. 1f.). Die Tatsache, daß weder der Philosophie- noch der Religionsbegriff in ihrer Bedeutung unumstritten und eindeutig sind, wirkt sich natürlich auch auf das Verständnis von Religionsphilosophie aus. Trotz aller damit verbundenen Vorbehalte setzt die Verwendung des Ausdrucks ›Religionsphilosophie‹ eine mehr oder minder reflektierte Unterscheidung zwischen dem **religiösen Vollzug** einerseits und der **menschlichen Vernunft** andererseits voraus. Religionsphilosophie bezeichnet dann nichts anders als die Thematisierung des ersteren auf der Basis des letzteren. Wo immer dies im Hinblick auf religiöse Wahrheitsansprüche geschieht, gibt es auch Religionsphilosophie, ob dies nun so genannt wird oder nicht. In christlich-abendländischer Terminologie besteht das Anliegen der Religionsphilosophie in der Klärung des Verhältnisses bzw. in der Zuordnung von ›Glaube‹ und ›Vernunft‹, und zwar unabhängig davon, wie diese Zuordnung im einzelnen konzipiert wird, ob als gegenseitige Ergänzung, als schroffer Gegensatz, als wechselseitige Durchdringung oder als Aufhebung des einen in das andere.

Als vernunftorientierte Thematisierung der Religion kann Religionsphilosophie sehr unterschiedliche Ziele verfolgen und zu ebenso unterschiedlichen Resultaten gelangen. Die entscheidenden Zielsetzungen bestehen in der **Deutung und Überprüfung religiöser Geltungsansprüche**. Beide Begriffe sind klärungsbedürftig. ›Deutung‹ meint den Versuch, mittels einer philosophischen Begrifflichkeit die Geltungsansprüche einer religiösen Tradition verstehbar bzw. intelligibel zu machen. Im Verlauf solcher Deutungen verändert eine religiöse Tradition häufig ihr Erscheinungsbild, teilweise auf gravierende Weise. ›Überprüfung‹ bezieht sich auf die davon zu unterscheidende Frage nach der Wahrheit religiöser Geltungsansprüche bzw. auf die Frage nach ihrer rationalen Stichhaltigkeit oder argumentativen Begründbarkeit. Der Ausgang dieser Überprüfung kann zu dem Ergebnis führen, daß das religiöse Bekenntnis auch durch Argumente begründet werden kann, deren Akzeptanz unabhängig von jedem Glauben ein Gebot der Vernunft darstellt. Nicht von ungefähr wurde diese Form der Religionsphilosophie in der christlichen Tradition auch als ›natürliche Theologie‹ tituliert, d.h. als Theologie, die auf der Basis der natürlichen menschlichen Vernunft operiert. Der Ausgang der Überprüfung kann aber auch – wie im Falle der philosophischen Religionskritik – zu dem gegenteiligen Ergebnis gelangen, daß nämlich für diesen Glauben keine allgemein plausiblen Gründe sprechen, oder daß sogar triftige

Gründe dagegen sprechen. In diesem Fall kann die philosophische Überprüfung das religiöse Bekenntnis rationalerweise nicht akzeptieren. Von religiöser Seite aus war und ist die Relevanz philosophischer Reflexion für das religiöse Bekenntnis häufig umstritten, bisweilen wird sie kategorisch abgelehnt. Aber selbst dabei handelt es sich immer noch um eine im weiteren Sinn religionsphilosophische Position.

Auch wenn die Übergänge zuweilen fließend sein mögen, so unterscheidet sich die **Religionswissenschaft** gerade darin von der Religionsphilosophie und -theologie, daß sie die Fragen nach der Wahrheit, Bewertung oder Geltung des religiösen Phänomens methodologisch ausklammert. Unter Verzicht auf sowohl begründende als auch kritische Stellungnahmen konzentriert sich die Religionswissenschaft auf das Beschreiben und Verstehen des religiösen Daseinsvollzugs. Dieser programmatische Verzicht auf wertende Urteile ist zwar in der religionswissenschaftlichen Grundlagendiskussion umstritten (vgl. dazu Wiebe 1981), entspricht aber immer noch dem weithin gängigen Selbstverständnis dieser Disziplin.

Die Funktion der Religionsphilosophie beschränkt sich allerdings nicht nur auf eine entweder bestätigende oder ablehnende ›Verarbeitung‹ von Vorgaben bzw. Geltungsansprüchen, die ihren Ursprung in den religiösen Traditionen haben. Die Philosophie kann auch ihrerseits Geltungsansprüche religiöser Natur entwickeln. In diesem Fall produziert gewissermaßen die philosophische Vernunft selbst religiöse oder quasi-religiöse Wirklichkeitsdeutungen. Grob gesprochen, tritt hier die Philosophie weder als ›Dienerin‹ noch als ›Richterin‹, sondern als ›Konkurrentin‹ der Religion auf deren ureigenstem Gebiet in Erscheinung. Dabei kann es sich ebenso um kritisch-kreative Adaptionen von Ideen aus dem jeweiligen religiösen Kontext handeln wie um Deutungen, die sich dezidiert von diesem Kontext abgrenzen und in Widerspruch dazu treten.

Zum Anliegen des Lehrbuchs

Da die Geschichte der Religionsphilosophie in etwa deckungsgleich mit der Philosophiegeschichte zu sehen ist und sich gleichzeitig noch weitgehend mit der Religionsgeschichte überschneidet, müßte eine Einführung in die Religionsphilosophie eigentlich einen Abriß dieser gesamten Geschichte abdecken, was ein Lehrbuch aus begreiflichen Gründen nicht leisten kann. Eine thematische Schwerpunktsetzung erweist sich somit als unumgänglich. Eine Möglichkeit bestünde darin, die Geschichte der Religionsphilosophie dort beginnen zu lassen, wo erstmals der Ausdruck auftauchte und eine akademisch institutionalisierte Disziplin bezeichnete, was in Deutschland um 1800 herum geschah. Diese Einschränkung würde aber auf einer völlig willkürlichen Zäsur basieren, denn eine Sache entsteht natürlich nicht erst mit ihrer Bezeichnung oder gar mit der Etablierung einer eigenständigen akademischen Disziplin. Die Herausgeber haben sich daher entschieden, einen anderen Weg einzuschlagen. Der thematische Schwerpunkt ruht auf der Darstellung der abendländischen Religionsphilosophie. Die Beiträge dazu konzentrieren sich auf den Zeitraum von der **Aufklärung bis zur Gegenwart.** Die vorneuzeitliche abendländische Religionsphilosophie wird in einem kurzen Abriß dargestellt, wobei dem/n interessierten Leser/innen Hinweise auf weitere Handbücher gegeben werden. Das Mittelalter ist religionsphilosophisch gut erforscht. Gleiches läßt sich von dem im vorliegenden Lehrbuch herausgestellten Zeitraum nicht sagen. Abgesehen von den religionsphilosophischen Interessen der Analytischen Philosophie, bildet die Religionsphilosophie immer noch ein Randgebiet, obwohl die Forschung im interkulturellen Bereich den Religionen immer mehr Interesse entgegenbringt und somit auf religionsphilosophische Auseinandersetzungen angewiesen ist. Die Gewichtung des Lehrbuches will diesen Interessen Rechnung tragen, indem sie die religionsphilosophische Auseinandersetzung zwischen Glauben und Vernunft anhand der im europäischen Raum wichtigsten und einflußreichsten Religionen behandelt.

Das Augenmerk gilt den drei großen monotheistischen Religionen, wobei wiederum ein **Schwerpunkt auf die christliche Tradition** gelegt wird, da die abendländische Religionsphilosophie zwar nicht durchgängig, aber doch weitgehend eine Philosophie des Christentums ist. Selbst die philosophische Religionskritik manifestierte sich im wesentlichen als Christentumskritik. Es erscheint legitim, wenn zu diesem Zweck die Auseinandersetzung mit der eigenen Tradition im Vordergrund steht, solange dadurch der weitende Blick auf das Andere und Fremde nicht unterschlagen wird.

Neben den anderen großen Religionen des Judentums und des Islam sind es gerade der Hinduismus und Buddhismus, die religionsphilosophisch in enger Verbindung mit der abendländischen Tradition stehen. Dabei ist es zu einer gegenseitigen Einflußnahme gekommen, deren interkultureller Austausch für das vorliegende Lehrbuch von besonderem Interesse ist. Die chinesische, d.h. konfuzianische und taoistische Religionsphilosophie ist dieser Konzeption nicht zu unterstellen und deshalb nicht in das Lehrbuch aufgenommen worden. Hier sei auf eigene Darstellungen hingewiesen (vgl. dazu Gan 1997; Küng/Ching 1988).

I. RELIGIONSPHILOSOPHIE DES CHRISTENTUMS UND DER CHRISTLICHEN KULTUR

1. Christliche Religionsphilosophie bis zur Aufklärung

(Stephan Grätzel / Armin Kreiner)

Obwohl eine ihrem Selbstverständnis nach genuin und autonom philosophische Reflexion der Religion sich erst im Laufe der Neuzeit entwickelt hat, gehören die antike und mittelalterliche Philosophie und Theologie zu deren Vorgeschichte, ohne die sich die nachfolgende Entwicklung nicht verstehen läßt. Eine Darstellung der gesamten mittelalterlichen Philosophie einschließlich ihrer antiken Wurzeln kann hier nicht einmal in Form eines kurzen Überblicks erfolgen. Ein solches Vorhaben würde nicht nur das Konzept des vorliegenden Bandes sprengen, sondern erübrigt sich auch angesichts einer Reihe sehr guter bereits vorliegender Darstellungen. Zunächst seien hier die Handbücher von Schulthess/Imbach (1996) und Kurt Flasch (1986) genannt. Sie verdeutlichen, daß der Begriff der Philosophie im Mittelalter sehr uneinheitlich und widersprüchlich auftritt, je nachdem, aus welchem geschichtlichen Blickwinkel heraus er betrachtet wird (vgl. Schulthess/Imbach 1996, S. 17ff.). Andere hervorragende Darstellungen des Mittelalters befassen sich mit einem weiteren Problem dieser Epoche, der Einschätzung der Mystik des Mittelalters und ihrer Zuordnung zur Philosophie und Theologie. So haben in jüngster Zeit Peter Dinzelbacher (1994), Kurt Ruh (1990ff.) und Bernard McGinn (1994ff.) umfassende Darstellungen und Studien zu diesem Komplex vorgelegt und dabei die hohe philosophische Bedeutung der Mystik auch in ihrer Wirkungsgeschichte deutlich gemacht. Für die philosophische Vertiefung, die noch im Bereich der gedanklichen Hinführung bleibt, kann auf Werner Beierwaltes (*Denken des Einen*, 1985) hingewiesen werden. Zu solchen durchaus auch als Lehrbücher zu verstehende Arbeiten kann und will der vorliegende Band nicht in Konkurrenz treten. Wenn hier also von mittelalterlicher Philosophie gesprochen wird, dann steht der wirkungsgeschichtliche Aspekt der bekannten philosophischen Ansätze im Vordergrund.

Stark vereinfacht setzen sich im mittelalterlichen Denken zwei Traditionsstränge fort: Der eine von beiden ist (neu-)platonisch bzw. augustinisch geprägt; der andere ist eher aristotelisch beeinflußt. Mit dem ersten Traditionsstrang befaßt sich Kapitel I.1.1 »Neuplatonismus und Mystische Theologie«. Hier werden die Grundzüge des Neuplatonismus und seine beispiellose Wirkungsgeschichte bis zu Nikolaus von Cues, einem Denker an der Schwelle zur Neuzeit, skizziert. Dem zweiten Traditionsstrang widmet sich Kapitel I.1.2 »Entstehung und Zerfall der Synthese von Glaube und Vernunft«. Hier werden Entstehung und Zerfall der für die Scholastik charakteristischen Synthese von christlichem Glauben und philosophischer Vernunft in Grundzügen nachgezeichnet.

1.1 Neuplatonismus und Mystische Theologie
(Stephan Grätzel)

1.1.1 Plotin, Proklos und Dionysius Areopagita

Die Grundsätze des Neuplatonismus gehören zu den wirkungsgeschichtlich weitreichendsten philosophischen Lehren des Abendlandes. Bis in die gegenwärtige Religionsphilosophie herein spielen sie eine wichtige Rolle. Dies gilt vor allem für die **Lehre von der Emanation** (Verströmen, Ausfließen) des Plotin (ca. 270). Plotin geht von einer abgestuften Weltordnung aus, deren **Ursprung und Anfang das Eine** ist. In einem Vorgang der Emanation gehen die einzelnen Hypostasen (Gestaltungen) aus diesem Urgrund (gr. *proodos*, Ausgang) hervor. Ohne die Verbindung zu dem Einen ganz zu verlieren, zerstreuen sie sich und vereinzeln sich dabei. Einem allgemeinen Gesetz gehorchend, steigt dabei der Geist in die Seele hinab, wobei die Seele selbst wieder in *psyche* und *physis* unterschieden ist. Am untersten Punkt der Einzelseelen als Leiber wenden sie sich dem Einen wieder zu (gr. *epistrophé*, Rückkehr), vor allem deshalb, weil sie von der geistigen Schönheit dieses Einen angezogen werden. Für die notwendige Rückkehr der (leiblichen) Seele in die Einheit ist deshalb die Liebe (*eros*) maßgeblich. Sie verbindet die einzelnen Leibseelen mit dem Einen. Die Anziehungskraft des Einen bleibt so auch in der untersten Hypostase erhalten. In der **Erinnerung an das Eine** bricht die Liebe aus, sie ist Erfahrung des Einen in der Zerstreuung. Von der Sehnsucht zurück zu dem Ursprung getragen, beginnt die Seele ihren Aufstieg mit einer Reinigung (***katharsis***), durch die sie sich selbst schön macht und vorbereitet auf die Wiedervereinigung (gr. *henosis*, *unio mystica*) (Beierwaltes 1985, S. 123ff.) mit dem Einen. Dieser letzte Schritt ist eine **Ekstase** (gr. *ekstasis*, Hinausstehen), die nicht als Gefühlsrausch mißzuverstehen ist, sondern die höchste geistige Erfahrung der Wiedervereinigung ermöglicht. Die Ekstase bildet den Abschluß eines geistigen Wegs und ist darin dem logischen Schluß (Syllogismus) vergleichbar. Wie der Schlußsatz stellt auch die Ekstase eine Gleichsetzung her, jedoch nicht in Form einer Identität, sondern eines Überstiegs. Im neuzeitlichen Denken ist die Ekstase wieder von Schelling thematisiert worden, der sie mit dem transzendentalen Denken zu verbinden sucht. Im 20. Jh. haben Martin Heidegger und Jean-Paul Sartre die Ekstase zu einem Grundbegriff ihrer Philosophie gemacht, mit dem die existentielle, menschliche Zeit erfaßt und zum Ausdruck gebracht werden kann (s. Kap. I.3.4.4–5).

Die neuplatonische Lehre hat ihre Quellen in den Schriften Platons, wobei vor allem das *Symposion* und das »Höhlengleichnis« in der *Politeia* zu nennen wären. Plotin stellt aber besonders den dynamischen Aspekt der Entfaltung des Einen und seine Rückführung heraus. In dieser Entfaltung des Einen bleiben die einzelnen Gestalten nur **Bilder**, sie sind die »aus dem absoluten Einen hervorgehende Wirklichkeit als ›Bild‹ des Ursprunges oder als Bild des Ur-Bildes« (Beierwaltes 1985, S. 73). Die Bildhaftigkeit des Seins ist ein Grundgedanke, der die Existenzweise der einzelnen Lebewesen zum Ausdruck bringt und damit das Sein und Leben als Bild in Differenz zu seinem Urbild begreift. Aus dieser Spannung heraus ergibt sich die Dynamik des Lebens und vor allem seine innere Bedeutung.

Sie schlägt sich vor allem in der sprachlichen Entfaltung nieder, die neuplatonisch auch als Verbildlichung verstanden werden muß. Entsprechend geht die Zeichenlehre Plotins und seiner Schule auf die **Differenz von Bild zu Urbild** zurück. Dabei ist auch jedes sprachliche Zeichen grundsätzlich Abbild eines sprachlich nicht darstellbaren Urbildes. Im Gegensatz zu einer modernen Zeichenlehre ist das Zeichen nicht auf die Identifikation mit dem Bezeichneten angelegt, sondern bleibt als Metapher immer der Bildhaftigkeit gewärtig. Da die grundsätzliche Bedeutung des Lebens die Rückkehr zum Einen ist, hat auch das einzelne sprachliche Zeichen eine Intention zum Urbild. Doch bleibt aufgrund der nicht aufhebbaren Differenz des Bildes zum Urbild der Status der bloßen Zeichenhaftigkeit immer erhalten. Als bloßes Zeichen verweist das Bild auf ein Unbezeichenbares. In dieser Dynamik ist das Zeichen also **sowohl Metapher als auch Negation:** Metapher, indem es immer Bild bleibt, und Negation, indem das Eine als das Nicht-sagbare, Nicht-darstellbare im Bild in dieser Negation zum Ausdruck kommt.

Die Dynamik, die sich aus der Spannung zwischen Bild und Urbild ergibt, wird in den *Elementen der Theologie* (*stoicheiosis theologiké*) von Proklos (ca. 485) systematisiert. In der Dreiheit von *mone* (Verharren), *proodos* und *epistrophé* zeigt sich das Grundgesetz des Seins als Differenz und Identität, das zu einer Vielzahl triadischer Wesenheiten führt. Proklos wird zur wichtigsten Quelle des unter Pseudonym bekannten Dionysius Areopagita (ca. 500). Er verbindet den Neuplatonismus mit dem Christentum, indem er den Weg und das Schicksal der Seele von der christlichen Theologie her auslegt. Der göttliche Hervorgang (gr. *kataphase*, lt. *affirmatio*) zeigt sich an den Spuren und Offenbarungen. In ihnen wird deutlich, daß die gesamte Schöpfung am Ursprung teilhat und alle Wesen Mitarbeiter Gottes (*cooperari Deo*) sind. Die Rückführung aber ist nur in einer mystischen Negation (gr. *apophase*, lt. *negatio*), der negativen oder mystischen Theologie möglich. In einem alles überschreitenden Akt der Negationen gelangt die erkennende Seele in die Einheit und höchste Schau zurück. Die mystische Theologie stellt den Gipfel der Erkenntnis dar und steht am höchsten Punkt der **Hierarchien** (heiliger Ursprung, heilige Ordnung). Die Hierarchien sind eine Konkretisierung und Systematisierung des Prinzips der Entfaltung hin zur **Dreifaltigkeit.** Nach dem Vorbild von Proklos sind sie in Triaden aufgebaut, wobei zwischen himmlischen und kirchlichen Hierarchien unterschieden wird. Die kirchlichen Hierarchien sind ein Spiegel der himmlischen und stellen als weltliche Ordnung den göttlichen Schöpfungsprozeß dar. In den verschiedenen kirchlichen Ämtern (Diakon, Priester, Bischof) sind sowohl die göttlichen Zeichen und Stellvertretungen zu erkennen (*affirmatio*) als auch die einzelnen Stationen der Reinigung und des Rückwegs der Seele zu ihrem Heil (*purificatio, illuminatio, perfectio*). Die Hierarchien stellen damit die theologische Umsetzung eines philosophischen Gedankens dar. Sie sind die institutionelle Realisierung der plotinisch-prokleischen Emanation.

Eine weitere bedeutende geistesgeschichtliche Umsetzung erfährt der Kosmos der Hierarchien im Mittelalter durch den Abt Suger in seiner Konzeption der gotischen Kathedrale. In ihr ist das neuplatonische, dionysische Denken Architektur geworden.

1.1.2 Eriugena

Johannes Scotus Eriugenas Hauptwerk *Periphyseon. De divisione naturae*, das zwischen 862 und 864 geschrieben wurde, ist eines der wichtigsten Schriften des Mittelalters. Nicht zuletzt als Übersetzer der Werke des Dionysius entwickelte er den Gedanken der Hierarchien weiter, indem er das Selbstverstehen der Vernunft als hierarchischen Aufbau des Wissens zeigt und sie in einen trinitarischen Zusammenhang bringt. Die Erkenntnis: »intelligo me esse« (ich verstehe, daß ich bin) gibt die hierarchische Dreiheit von intellectus, ratio und sensus wieder: »Wenn ich also sage: ›ich verstehe daß ich bin‹ [intelligo me esse], deute ich mit diesen Worten drei voneinander unzertrennliche Bezüge an. Ich sage nämlich damit sowohl, dass ich bin, als dass ich mich selber verstehen kann, und dass ich mich als seiend denke.« (*Über die Einteilung der Natur*, S. 70f.).

Dabei hat und ist das Ich-bin kein selbstverständliches Verstehen, wie es dann im »Cogito« des Descartes der Fall ist (s. Kap. I.2.1.2), sondern ein gleichsam stummes Verstehen, das sich erst in der dreifachen Entfaltung (Dreifaltigkeit) verständlich werden wird. Obwohl das Ich-bin als intellectus höchstes Wissen ist, entbehrt es der Entfaltung und damit der Veranschaulichung, die sich erst in der *ratio* und im *sensus* ergibt. Das Ich-bin allein wäre also ungenügsam, weil es selbstgenügsames Wesen wäre. Ein solches Wesen kann es aber nicht geben, wie anhand der Erkenntnis »intelligo me esse« demonstriert werden kann. Das Selbstwissen ist nicht nur das Sein, sondern auch das Erkennen und Erfahren des Seins.

Im »intelligo me esse« ist das **Herausgehen aus der Einheit** und der Rückweg zu dieser Einheit beschrieben. Im *sensus* der Erfahrung wird dieser Weg, den die *ratio* als Erkennen diskursiv vollzogen hat, explizit gemacht. Indem das Ich in seiner Selbsterfahrung sich auch empirisch und, modern gesprochen, psychologisch nachweisen kann, hat es den gesamten Komplex des »intelligo me esse« entfaltet und hierarchisch als *intellectus*, *ratio* und *sensus* gestuft.

Diese Erkenntnis des hierarchischen Zusammenhangs ist keine abgeschlossene Erkenntnis und auch keine selbstgenügsame Einsicht. Indem sich das Selbstwissen der Seele hierarchisch strukturiert weiß, stellt sie sich in den Zusammenhang der Hierarchie selbst und begreift, »dass sie durch diese Gründe aus Gott in Alles, was nach diesem folgt, hervorgeht und wiederum durch dieselben in ihn zurückgeht« (*Über die Einteilung der Natur*, S. 182). Dies bedeutet, daß die Selbsterkenntnis nicht nur das Ich und sein Verstehen erfaßt und expliziert, sondern damit auch den gesamten Weltzusammenhang, jedoch nicht in seiner inhaltlichen und faktischen Bestimmung, sondern in der prozessualen (vgl. Beierwaltes 1994). Eine Ich-Identität als Wesen ist von diesem Standpunkt aus undenkbar, weil das bloße Wesen ohne den hierarchischen Zusammenhang und Prozeß völlig unverständlich ist, wie das Ich-bin ohne das hiermit immer ausgedrückte Ich-verstehe-daß-ich-bin.

1.1.3 Bonaventura, Dietrich von Freiberg, Meister Eckhart

In der Hochscholastik wird der Neuplatonismus besonders von Bonaventura, Meister Dietrich und Meister Eckhart vertreten. Auffällig dabei ist, daß die letzten beiden Dominikaner sind, die sich von ihrem Orden her eher am aristotelischen Denken orientieren. Sie sind deshalb auch Außenseiter geblieben und erst in der Wirkungsgeschichte zu ihrer großen Bedeutung gekommen. Meister Eckhart wurde sogar wegen Ketzerei angeklagt. Das neuplatonische Denken hatte es im Hochmittelalter überhaupt schwer, wenn man sich vergegenwärtigt, daß Eriugenas Buch über die Naturen 1225 verurteilt und die Lektüre bei Todesstrafe verboten wurde. Um so bemerkenswerter ist die Tatsache, daß Meister Dietrich und Meister Eckhart dem Neuplatonimus einen neuen Höhepunkt verschaffen. Der wirkungsgeschichtlich bedeutendere Meister Eckhart kann dabei als Schüler von Dietrich angesehen werden (vgl. Sturlese 1993).

Bonaventura (1221–1274) ist bekannt durch seine Schriften über den *Geistigen Weg zu Gott* und den *Dreifachen Weg*, die in ihren Titeln schon die **Bedeutung des Wegs für die Erkenntnis** anzeigen. Auch in der durchweg philosophisch angelegten Schrift *Vom Wissen Christi* wird das Unterwegssein des Wissens zu einem ständigen Übersteigen, da nichts der Seele genügt, wenn es nicht ihre Fassungskraft übersteigt (»Nihil sufficit animae, nisi eius capacitatem excedat« *Vom Wissen Christi*, S. 182). Nur ein solches Wissen ist genügsam, das sich selbst gegenüber ungenügsam ist und sich im **Exzeß** fortreißen läßt. So ist auch das Bewußtsein von Jesu selbst nicht von der Art des Begreifens (Jesus ist selbst auch Geschöpf), sondern ist geprägt von dem Hingerissensein und Hinausschreiten der Ekstase. »Zum Urbild selbst aber [...] gelangt die Seele Christi nicht durch Begreifen, sondern indem sie über sich hinausgeht (Non comprehendendo, se excedendo)« (*Vom Wissen Christi*, S. 210). Bonaventura thematisiert die neuplatonische Prozessualität des Wissens, das die Seele in ihrem Bildsein fortreißt auf dem Weg zu Gott. Deshalb übernimmt Bonaventura auch die hierarchische Stufung dieser Ein-bildung **von der Spur zum Abbild bis hin zur Ähnlichkeit**, (*vestigium, imago, similitudo*). So steigt die Erkenntnis von der Spur über das Bild zur Ähnlichkeit auf und entdeckt dabei in einer analogen Annäherung immer deutlicher die Anwesenheit Gottes, ohne ihn dabei begrifflich zu erfassen. Erkenntnis ist damit der Weg zu Gott (*Itinerarium mentis in Deum*) am Leitfaden der Bildlichkeit, die die Seele selbst ist und aufgrund deren sie alles auf die Art und Weise des Bildes erfaßt (vgl. Gilson 1960).

Dietrich von Freiberg (ca. 1250–1320) greift in seinen Schriften zum Intellekt die Theorie seines Ordensbruders Thomas von Aquin an. Ausgehend von der Bildhaftigkeit der menschlichen Seele, ihrem Ebenbild Gottes, erfaßt nach Dietrich der menschliche Intellekt sich und die Dinge nicht diskursiv, also am Leitfaden der Kausalität, sondern aus dem Ursprung heraus. Alle Erkenntnis kommt aus dem Ursprung und ist durch die göttliche Ebenbildlichkeit der Seele ermöglicht. Als **seligmachende Schau** (*visio beatifica*) ist das menschliche Sein zugleich ein Erkennen. Es erkennt sich selbst zuerst und zieht aus dieser Selbsterkenntnis alle andere Erkenntnis. Das Erkennen geht hier dem Sein voraus, es ist letztlich dasjenige, was die Dinge in ihrem Sein bestimmt. Grundlage dieser Intellekttheorie ist die Definition von Handlung, die Dietrich voranstellt. Das bloße Sein genügt nicht, um das Wesen eines Dinges zu erfassen. Dies gelingt nur, wenn **das Sein als Handlung** begriffen wird, da hier der Zweck des Dinges in Erscheinung tritt. Indem der menschliche Intellekt seine Bildhaftigkeit erkennt, ist er auf den Ursprung allen Seins zurückgekommen (vgl. Flasch 1984).

Auch bei Meister Eckhart (ca. 1260–1328) spielt diese Bildhaftigkeit der Seele ein wichtige Rolle. Im Bild liegt die Unmittelbarkeit zu Gott. Als Bild ist die Seele reines Abbild Gottes. Deshalb predigt Eckhart die **Jungfräulichkeit der Seele**, ihr Ledigsein und ihre Abgeschiedenheit. »*Ane eigenschaften*«, ohne weitere Bestimmungen zu haben, ist sie ein »bürgelin«, eine kleine Burg, wie Eckart in seiner berühmten »Bürgelin-Predigt« ausführt. Die Seele erkennt und lebt nur dann, wenn sie sich selbst in dieser Unmittelbarkeit und Reinheit versteht und beläßt. Eckharts Lehren sind damit Anweisungen, sich selbst in der Reinheit des Bildseins Gottes zu erkennen und aus dieser Erkenntnis ohne weitere Bestimmungen zu leben. Hier zeigt sich, daß dieses erkennende Leben eine **ständige Geburt Gottes in der Seele** ist (vgl. Albert 1996).

1.1.4 Nikolaus von Cues

Nikolaus von Cues (1401–1464) steht am Ende des Mittelalters und am Beginn einer neuen Ära, die sich als Renaissance den Idealen der Antike zuwendet. Er ist vor allem bekannt durch seine Lehre vom Zusammenfall der Gegensätze (*coincidentia oppositorum*), die er in seinem Hauptwerk (*De docta ignorantia, Vom Wissen des Nichtwissens,* 1449) auseinandergelegt hat. Da alle Dinge in die unendliche Einheit eingefaltet (*complicatio*) sind, sind dort ihre Gegensätze aufgehoben. Wie er in *De docta ignorantia* sagt, »schließt das Jetzt oder die Gegenwart die Zeit ein. Das Vergangene ist gegenwärtig gewesen, das Zukünftige wird gegenwärtig sein, also findet man in der Zeit nichts als die geordnete Gegenwart. Vergangenheit und Zukunft sind ihre Entfaltungen« (*Schriften* I, S. 332). Der Zeitbegriff zeigt wie kein anderes Phänomen das Sein als Prozeß. Die Explikation der Gegenwart in die Zeitformen ist Ausfaltung und Auslegung des zeitlosen Jetzt, in das alles eingefaltet ist. Der Jetzt-Punkt, in dem die Gegensätze zusammenfallen, ist der Vernunft und der Sinnlichkeit nicht zugänglich, weil sie diese Koinzidenz nicht nachvollziehen können. Sie sind bestimmt von der Identität und Nicht-Widersprüchlichkeit der Erkenntnis. Der Grundsatz der Identität hütet das göttliche Geheimnis, daß jeder Mensch jederzeit von Gott erblickt ist.

In *De visione Dei* (1453) wird dieser Blick, der dem Einzelnen überall hin folgt, experimentell veranschaulicht. Cusanus hat den Mönchen vom Tegernsee eine Ikone geschickt, die den Betrachter von allen Standpunkten anschaut. In seiner Auslegung dieses Experiments des Erblicktseins, das jeder persönlich erfährt, wird deutlich, daß Gott nicht nur allgegenwärtig, sondern auch allen gegenwärtig ist. In dieser Einsicht fallen alle Gegensätze zusammen. Der Moment zeigt sich als Allgegenwart, die Individualität wird zum Allgemeinsten überhaupt. Der Blick gilt jedem und doch jedem als Einzelnem, er ist allgegenwärtig und doch unverwechselbar jetzt und hier. Dieser Widerspruch ist für die Vernunft nicht auflösbar, er soll es auch gar nicht sein, da die Vernunft im Gegenteil der Wächter ist, der die Aufdeckung des Geheimnisses verhindert. Um zur **Einsicht in den Zusammenfall der Gegensätze** zu kommen, muß die Vernunft überschritten werden: »Ich habe den Ort gefunden, an dem man Dich unverhüllt zu finden vermag. Er ist umgeben von dem Zusammenfall der Gegensätze. Dieser ist die Mauer des Paradieses, in dem Du wohnst. Sein Tor bewacht höchster Verstand (*ratio*). Überwindet man ihn nicht, so öffnet sich nicht der Eingang« (*Schriften* III, S. 132).

Trotz dieser mystischen Schau ist Nikolaus gerade nicht rationalitätsfeindlich. Die *ratio* (Vernunft) soll ja nicht vernichtet, sondern belehrt werden. *Ratio* und *sensus* können anhand des Experiments über die Allgegenwart und Allen-Gegenwart belehrt werden. Durch diese Belehrung wird die Ekstasis geleistet und damit die Vereinigung möglich gemacht: »Vertrauend auf Deine Hilfe, o Herr, komme ich wiederum, um Dich jenseits der Mauer des Zusammenfalls von Einfaltung und Ausfaltung zu finden« (*Schriften* III, S. 140). Die Vernunft als Wächter des Paradieses ist also in letzter Konsequenz kooperativ, sie wahrt das göttliche Geheimnis nur, um es zu schützen, nicht um es zu verstecken. Die Erkenntnis des Zusammenfalls der Gegensätze wird deshalb nicht gegen die Vernunft, sondern mit ihr vollzogen.

Im Vergleich zu Dionysius scheint die Übersteigung der Vernunft und damit das Durchwandern des Tors zum Paradies verhältnismäßig leicht zu sein, weil Vernunft und Sinnlichkeit kooperativ sind. Während die mystische Theologie des Dionysius noch den Rück-Weg in die alles übersteigende Einheit ausschließlich Eingeweihte vorbehält, ist die »Mystische Theologie« des Cusaners eine Kooperation mit der Vernunft und damit allen zugänglich. Allein in dem Verstehen der Allgegenwart des Blikkes ist das Tor schon durchschritten. Alle Gegensätze, die sich aus der Subjekt- und Objekt-Disposition und aus der Ort- und Zeit-Disposition ergeben, fallen weg. Sehen ist gleich Gesehen-werden, das Hier ist zugleich das Dort.

Die Bedeutung der Mystischen Theologie bei Nikolaus von Kues liegt in dieser Vermittlung zwischen Sinnlichkeit, Verstand und Vertrauen. Als neuzeitlicher Denker weiß er, daß ein blindes Vertrauen, das sich gegen die Vernunft und die Sinne richtet, unhaltbar ist. Sein Werk will der Einsicht einen Weg geben, eine Methode (gr. *methodos*, Nachfolge), die einen Nachvollzug ermöglicht. Seine Anleitungen zu der Betrachtung der Ikone sind nachvollziehbar, der Vernunft zugänglich. Es handelt sich hier um ein Wissen, das geheimnisvoll und doch erfahrbar ist. Nachfolge als Methode vereinigt Mystik und Experiment (vgl. Jaspers 1968).

Die neuplatonische Philosophie und Theologie hat zur engen Verbindung zwischen Mystik und Philosophie beigetragen, die auch über das Mittelalter hinaus wirksam geblieben ist. So ist nicht nur die italienische Renaissance bis zu Giordano Bruno davon bestimmt, sondern auch der Deutsche Idealismus und darüber hinaus die Philosophie des 20. Jhs. In Schellings *Weltaltern*, der *Philosophie der Mythologie* und der *Philosophie der Offenbarung* sowie in Hegels *Phänomenologie des Geistes* werden Begriffe wie ›Entfaltung‹, ›Entwicklung‹, ›Zusammenfall‹ der Gegensätze zu Grundbegriffen der Philosophie (s. Kap I.2.3). Im 20. Jh. zeigt sich das neuplatonische Denken außer in der schon erwähnten Existenzphilosophie vor allem in den religionsphilosophischen Ansätzen bei Przywara, Balthasar (s. Kap. I.3.3.2) und in der existenzphilosophisch vermittelten Konzeption des *excessus* bei Karl Rahner (s. Kap. I.3.4.5).

1.2 Entstehung und Zerfall der Synthese von Glaube und Vernunft (Armin Kreiner)

1.2.1 Fides quaerens intellectum – Philosophie und Theologie bei Anselm von Canterbury

Häufig wird die **Scholastik** als jene geistesgeschichtliche Epoche charakterisiert, in der philosophische Vernunft und christlicher Glaube zu einer **harmonischen Synthese** verbunden wurden. Innerhalb dieser Synthese waren die jeweiligen Rollen angeblich nicht nur deutlich unterschieden, sondern auch einvernehmlich verteilt. Genaugenommen tendiert diese Beschreibung wohl eher zu einer stilisierten Verklärung der Vergangenheit, die jene Spannungen und Kämpfe ausblendet, die bereits das scholastische Verhältnis von Philosophie und Theologie prägten (vgl. dazu den einführenden Überblick von Leinsle 1995). Wenn etwa Peter Abailard (1079–1142) in seinem *Gespräch eines Philosophen, eines Juden und eines Christen* den ersteren sagen läßt, er habe gehört, die Juden seien »töricht« (*stultus*) und die Christen »verrückt« (*insanus*) (*Gespräch*, S. 11.), so handelt es sich dabei wahrscheinlich nicht nur um eine bloße literarische Fiktion, sondern um das mehr oder minder entfernte Echo von tatsächlich kursierenden Meinungen, die Abailard möglicherweise sogar nicht nur wiedergab, sondern hie und da auch teilte. Die im 12. Jh. einsetzende und durch arabische Kommentatoren vermittelte Rezeption der gesamten aristotelischen Philosophie sorgte schließlich für eklatante Spannungen, die sich nur mühsam und – wie sich zeigen sollte – alles in allem nur kurzfristig in eine Synthese einbinden ließen.

Mit einigen Abstrichen bringt die Rede von der ›harmonischen Synthese‹ aber das scholastische Programm durchaus auf den Punkt. Auf je unterschiedliche Weise wird dies an zwei der überragenden Gestalten dieser Epoche deutlich, Anselm von Canterbury (1033/4–1109) und Thomas von Aquin (1224/5–1274). Beiden ging es nicht um eine bloß äußerliche Abgrenzung von christlichem Glauben einerseits und philosophischer Vernunft andererseits, sondern um die genuin religionsphilosophische **Frage nach der Relevanz philosophischer Vernunft für die theologische Glaubensreflexion.** Diese Frage orientierte sich zunächst weitgehend an platonischen und augustinischen Vorgaben und – seit dem 12. Jh. – zunehmend an der aristotelischen Philosophie. Die spezifischen Anforderungen an eine Zuordnung von Theologie und Philosophie veränderten sich dadurch teilweise erheblich. In beiden Fällen ging es jedoch entscheidend darum, auf der Basis einer klaren methodischen Unterscheidung der Vernunft ihre spezifische Rolle zuzuordnen, den religiösen Glaubensvollzug verstehend zu durchdringen und auf je unterschiedliche Weise vernünftig zu begründen. Diese Versuche sahen sich von zwei Seiten herausgefordert: Von der einen Seite wurde die Philosophie, zunächst die Dialektik bzw. Logik, später der Aristotelismus, als gefährliche Bedrohung des Glaubens beargwöhnt und bekämpft; von der anderen Seite scheint aber auch bereits der christliche Glaube als Bevormundung philosophischen Denkens empfunden worden zu sein. In diesem Zusammenhang ist zu betonen, daß sich der Ausdruck ›Philosophie‹ nicht auf den Bereich logisch-rationaler Argumentation beschränkt; er umfaßt auch die gesamte materiale Welt- und Naturerkenntnis, die sich dann im Laufe der Neuzeit in die einzelnen Wissenschaften ausdifferenzieren wird.

Fides quaerens intellectum – der **nach Einsicht suchende Glaube** ist die gleichermaßen prägnante wie ambivalente Formel, auf die Anselm im Anschluß an Augustinus sein theologisch-religionsphilosophisches Anliegen bringt (vgl. *Proslogion*, S. 83f.). An dessen Ausgangspunkt steht unmißverständlich und unhinterfragbar der christliche Glaube, verstanden als der kirchlich eingebundene Gehorsam gegenüber dem sich offenbarenden Gott. Anselm sucht nicht nach philosophischer Einsicht, um glauben zu können, sondern er glaubt, um einzusehen: »Neque enim quaero intelligere ut credam, sed credo ut intelligam« (ebd., S. 82).

Wozu bedarf nun der Glaube des *intellectus* – der philosophischen Einsicht? Um verstehen zu können, was er zunächst nur gehorsam bejaht hat, oder um den Glauben mit Gründen belegen zu können, die auch unabhängig von der Glaubenszustimmung zu überzeugen vermögen? Das bloße Verstehen der Bedeutung des Geglaubten bzw. der Glaubensaussagen scheint – zumindest in Ansätzen – bereits eine unabdingbare Voraussetzung des Glaubens zu sein, denn schlechthin Unverständliches könnte gar nicht geglaubt, sondern allenfalls nachgeplappert werden. Dieser Aspekt des *intellectus fidei* wird bei Abailard im Vordergrund stehen (vgl. Marenbon 1997, S. 54). Bei Anselm scheint sich der *intellectus fidei* eher auf die rationale Begründung des Geglaubten zu beziehen, die dann ihrerseits durchaus zu einem tieferen Verständnis des zuvor ›nur‹ Geglaubten, jetzt aber darüber hinaus auch Begründeten beitragen kann. Der nach Einsicht suchende Glaube sieht sich somit vor die Frage gestellt, ob für jene Wahrheitsansprüche, die im Glauben zunächst auf die Autorität Gottes bzw. der Heiligen Schrift hin akzeptiert werden, auch Gründe oder Argumente sprechen, die unter hypothetischer Absehung dieses Glaubens eine innere Überzeugungskraft besitzen. »Unter Absehung des Glaubens« bedeutet demzufolge nichts anderes als »kraft ihrer Vernünftigkeit« (*sola ratione*). Anselm hat zu zeigen versucht, daß genau dies der Fall ist, und zwar im Hinblick auf den Glauben an die Existenz und das Wesen Gottes – einschließlich seiner Dreifaltigkeit – und an seine Menschwerdung in Jesus Christus. Vor allem zwei Gedankengänge Anselms haben die Philosophie- und Theologiegeschichte nachhaltig geprägt: Der eine – das sog. **ontologische Argument** des *Proslogion* – wurde zu einem der meistdiskutierten Themen der Philosophiegeschichte; der andere – die sog. **Satisfaktionstheorie** aus *Cur Deus homo* – bildet eine der durchdachtesten Theorien der gesamten christlichen Theologiegeschichte.

Die zentrale Pointe von Anselms *Proslogion* ist nach wie vor umstritten. Die Gründe hierfür hängen sowohl mit der grundsätzlichen Ambivalenz des programmatischen *intellectus fidei* zusammen als auch mit der literarischen Einkleidung des Arguments in die Sprache des Gebets. Umstritten ist insbesondere, ob Anselm tatsächlich ein genuin philosophisches Argument entwickeln wollte, also ein Argument, für das auch unabhängig von dem Glaubenskontext, aus dem heraus es zweifellos entstanden ist, Stringenz beansprucht werden soll. Für diese Deutung spricht der Wortlaut des *Proslogion*; dagegen spricht eigentlich nur die klare Einsicht in die Unhaltbarkeit des Arguments, verbunden mit dem Wunsch, Anselm quasi vor sich selbst bzw. vor seinem eigenen Anspruch zu schützen. Die diesbezügliche Auskunft, Anselm habe durchgängig als Theologe – also auf der Basis des Glaubens – gesprochen und infolgedessen gar keinen philosophischen Beweis intendiert (vgl. Barth 1931, S. 5), dürfte darauf hinauslaufen, sein Argument zu verwässern und es so gerade um seine Pointe zu bringen.

Das zentrale Anliegen des Arguments besteht darin, dem Leugner der Existenz Gottes einen Selbstwiderspruch nachzuweisen (vgl. Plantinga 1990, S. 29). Falls dies gelänge, würde daraus zwingend folgen, daß vernünftiger- und notwendigerweise gilt: Gott existiert. Das *unum argumentum*, der eine **Beweis für die Existenz des einen Gottes**, wäre gefunden. Als grundlegende Prämisse des Beweises fungiert die berühmte Definition Gottes als desjenigen, worüber hinaus nichts Größeres bzw. Vollkommeneres gedacht werden kann (Anselm: *Proslogion*, S. 85). Definitionsgemäß ist **Gott das maximal vollkommenste Wesen**: »Du bist also gerecht, wahrhaftig, selig und alles was besser ist zu sein als nicht zu sein. Denn besser ist es, gerecht zu sein, als nicht gerecht; selig, als nicht selig« (ebd., S. 111). Gott ist aber auch »etwas Größeres, als gedacht werden kann« (ebd., S. 91). Diese Definition des Gottesbegriffs findet Anselm im Glaubensbewußtsein vor. Auch der Gottesleugner kann sich darauf einlassen, denn auch er muß ja zumindest wissen, was er leugnet. Als weitere Prämisse wird vorausgesetzt, daß die Existenz einer Sache ihren Vollkommenheitsgrad maximiert; d.h. etwas, das tatsächlich bzw. *in re* existiert, ist »größer« bzw. vollkommener als etwas, das nur als Begriff bzw. *in intellectu* existiert. Aus diesem Grunde muß das maximal Vollkommenste auch tatsächlich existieren, es kann nicht nur ein Gedachtes sein, denn andernfalls wäre es nicht das maximal Vollkommenste, eben weil die Existenz zur Vollkommenheit beiträgt. Wer daher den so verstandenen Gottesbegriff denkt, ohne ihn gleichzeitig als existierend zu denken, verwickelt sich in einen Widerspruch, weil er, solange er nicht die Existenz hinzunimmt, gar nicht das maximal Vollkommenste gedacht hat. Nochmals anders formuliert: Nur wer Gott als existierend denkt, hat den Gottesbegriff konsequent und widerspruchsfrei gedacht. Kann man nun den Gottesbegriff gar nicht stringent denken, ohne gleichzeitig seine Existenz zu bejahen, so scheint daraus zu folgen, daß Gott auf eine ganz bestimmte Weise existiert, nämlich notwendigerweise, was wiederum nichts anderes besagt, als daß **das Dasein zum Wesen Gottes** gehört. Auf dieser Formulierung wird dann Descartes' Version des ontologischen Arguments und Kants Kritik basieren.

Mit der zentralen christlichen Glaubenswahrheit von der Menschwerdung der zweiten göttlichen Person setzt sich Anselm in der Schrift *Cur Deus homo* auseinander. Als fiktiver Gesprächspartner Anselms fungiert wiederum der Ungläubige, also in diesem Fall derjenige, der den **Glauben an die Menschwerdung Gottes** zurückweist und verspottet, weil er angeblich der Vernunft widerspricht. Und wiederum soll der Leugner mit »notwendigen Gründen« (*rationes necessariae*) von der Wahrheit des Glaubens überzeugt werden (Anselm: *Cur Deus homo*, S. 3). Zu diesem Zweck versucht Anselm zunächst aufzuzeigen, daß die menschliche Ursünde notwendigerweise einer **Genugtuung** bedurfte, wenn Gottes Schöpfungsabsicht erfüllt und seine Gerechtigkeit gewahrt werden soll. Die aufgrund der göttlichen Gerechtigkeit geforderte Genugtuung ist Voraussetzung für die Erreichung der Seligkeit des Menschen. Daraus ergibt sich jedoch eine grundlegende Aporie: Denn die erforderliche Genugtuung kann einerseits aufgrund der Größe der zu sühnenden Schuld von keinem menschlichen Wesen geleistet werden, weil sich die Größe einer Schuld an der Größe dessen bemißt, gegen den man sich versündigt hat (ebd., S. 71–75). Andererseits muß die Genugtuung aber von einem menschlichen Wesen geleistet werden, da es sich ja um menschliche Schuld handelt. Folglich kann die erforderliche Genugtuung nur von einem gott-menschlichen Wesen erbracht werden. Aufgrund seiner menschlichen Natur kann es stellvertretend für die Menschheit deren Schuld sühnen und aufgrund seiner göttlichen Natur ist es in der Lage dazu, eine entsprechend große Genugtuung zu leisten. Die gott-menschliche Natur Christi entspricht somit genau den Anforderungen, die sich aus der Heils- bzw. Unheilsgeschichte ergeben. Christologie und Soteriologie sind exakt aufeinander abgestimmt. In diesem Licht betrachtet, erscheint das Mysterium der Menschwerdung Gottes geradezu als logische Notwendigkeit.

Zum Schluß kommt Anselm zu dem Ergebnis, daß das, was Christen, gestützt auf das Zeugnis der Heiligen Schrift, von Christus glauben, – vernünftig bzw. philosophisch betrachtet – »mit Notwendigkeit geschehen« (ebd., S. 3) mußte. Keiner, weder Jude noch Heide, könne vernünftigerweise in Frage stellen, daß wahr ist, was in der Schrift enthalten sei (ebd., S. 155). Die philosophische Durchdringung des Mysteriums der Menschwerdung Gottes demonstriert dessen über jeden vernünftigen Zweifel erhabene Wahrheit.

Es liegt auf der Hand, daß die Satisfaktionstheorie nur dann zu überzeugen vermag, wenn man Prämissen voraussetzt, für die Anselm nicht einmal versucht, *rationes necessariae* anzuführen, wie z.B. die Vorstellungen von Engelfall und Ursünde. Beide sind ausschließlich durch die christlichen Offenbarungsquellen bezeugt und müssen vorausgesetzt werden, wenn das Argument eine rationale Stringenz entwickeln soll. Insofern unterscheidet sich Anselms Argument für die Menschwerdung Gottes radikal von demjenigen des *Proslogion*. Dessen Prämissen sind eindeutig philosophischer Natur. Seine Konklusion ist indessen um so fragwürdiger (s. Kap. I.4.2.1).

1.2.2 Die Synthese des Thomas von Aquin

Knapp zwei Jahrhunderte nach Anselm errichtet Thomas von Aquin seine nach wie vor beeindruckende **Synthese von Philosophie und Theologie** (vgl. zur Einführung Heinzmann 1994). Im Kontext der Aristoteles-Rezeption und der damit einhergehenden Frage nach der Wissenschaftlichkeit der Theologie erreicht diese hier ein seither nicht mehr überbotenes Niveau. Die Bedeutung dieses Entwurfs kann auch dadurch nicht überschattet werden, daß die **thomanische Synthese** unter den völlig veränderten Bedingungen der Neuzeit mehrfach dazu herhalten mußte, Fragestellungen zu beantworten, die in ihrem Entstehungskontext noch gar keine Rolle gespielt hatten.

Wie Anselm geht auch Thomas davon aus, daß die Existenz Gottes mit vernünftigen Argumenten bewiesen werden kann, obwohl er Anselms Argument u.a. mit dem Hinweis ablehnt, es gehe von dem unserem Erkennen verborgenen Wesen Gottes aus (*Summa theologiae* I, q.2, a.1). Statt dessen stellt er in der *Summa theologiae* eine Reihe von Argumenten zusammen, die allesamt von Erfahrungstatsachen ausgehen, um daraus dann mit Hilfe weiterer ›physischer‹ wie metaphysischer Prämissen die Existenz Gottes abzuleiten. Keiner dieser **›fünf Wege‹ des Thomas** ist neu, jeder ist aber durch sein Denken geprägt. Als Prämissen fungieren bestimmte Beobachtungen:

1. Dinge bewegen bzw. verändern sich;
2. Wirkungen werden von Ursachen hervorgebracht;
3. die Existenz der Dinge hängt von anderen ab und ist insofern kontingent;
4. die Dinge besitzen einen unterschiedlichen Vollkommenheitsgrad;
5. einige Dinge bewegen sich zielgerichtet, obwohl sie ohne Verstand sind.

All diese Phänomene lassen sich letzten Endes – so Thomas – nur dadurch erklären, daß man einen infiniten Regreß vermeidet und Gott als letzten und obersten Grund voraussetzt: Die Reihe von Bewegungen läßt sich nicht bis ins Unendliche ausdehnen, sondern verlangt nach einem ersten Beweger. Aus dem gleichen Grund erfordert die Abfolge von Wirkungen und Ursachen eine erste Ursache. Die Existenz kontingenter Dinge setzt ein notwendigerweise existierendes Wesen voraus. Die unterschiedlichen Vollkommenheitsgrade lassen auf ein Maximum an Vollkommenheit schließen, das zugleich die Ursache jener Grade erklären kann, und die Tatsache, daß auch Dinge ohne Intelligenz ihr Ziel erreichen, läßt sich nur unter der Voraussetzung erklären, daß sie von einem anderen auf ihr Ziel hingelenkt werden. Jeder der fünf Beweisgänge schließt mit der Behauptung, bei dem gesuchten Erklärungsgrund handle es sich um Gott, so daß die vorfindliche Welt ohne Gott als ihre *prima causa* letztlich unerklärbar bliebe. Die **Erstursächlichkeit Gottes** darf allerdings nicht in einem zeitlichen Sinn verstanden werden. Dies würde nämlich voraussetzen, daß die These der zeitlichen Endlichkeit der Welt als eine der Prämissen der Beweisgänge fungiert. Für Thomas handelt es sich dabei aber um eine Offenbarungswahrheit, die philosophisch nicht beweisbar ist, was wiederum nichts anderes bedeutet, als daß die These von der Ewigkeit der Welt – philosophisch betrachtet – nicht zu widerlegen ist.

Die Gottesbeweise verschaffen dem christlichen Glauben zwar ein rationales Fundament. Im Hinblick auf die philosophische Begründung der eigentlichen christlichen Glaubensmysterien fällt das Urteil des Thomas aber deutlich zurückhaltender aus, als dies bei Anselm der Fall war. »Denn was über die menschliche Vernunft hinausgeht, glauben wir nur, weil Gott es offenbart« (*Summa contra gentiles*, I, 9). Thomas wehrt sich dagegen, die Glaubensmysterien in evidente und beweisbare Vernunftwahrheiten aufheben zu wollen. Dies würde den Glauben als freien und daher verdienstvollen Gehorsamsakt des Menschen gegenüber Gottes Offenbarung aufheben (*Summa theologiae*, I, q.1, a.8). Eine Wahrheit kann von ein und demselben Menschen nicht gleichzeitig *geglaubt* und *gewußt* werden. In diesem Sinn würde das Wissen (*scientia*) den Glauben (*fides*) aufheben. Die positive Darlegung der Glaubenswahrheiten basiert auf der »von Gott durch Wunder bekräftigte(n) Autorität der Schrift« (*Summa contra gentiles*, I, 19).

Trotz dieses Vorbehalts beschränkt sich die theologische Funktion der Vernunft nicht nur darauf, die Existenz Gottes zu beweisen. Anders formuliert: Die Rolle der Vernunft erschöpft sich nicht im Rahmen der ›natürlichen‹ Theologie oder der *praeambula fidei*. Ihr kommt auch in der Reflexion der übernatürlichen Offenbarung eine wichtige Funktion zu. Diese besteht zunächst darin, den Inhalt der Glaubenssätze zu erläutern und ihre Wahrheit durch Wahrscheinlichkeitsgründe, wie das Wunderargument, zu belegen. Die Bedeutung der Wahrscheinlichkeitsgründe beschränkt sich allerdings im wesentlichen auf den Binnenbereich der Glaubensgemeinschaft. Als Mittel zur Überzeugung der Gegner kommen sie nicht in Frage, denn nur allzu leicht könnte dadurch der Eindruck entstehen, die Christen glauben nur aufgrund der alles in allem schwachen Wahrscheinlichkeitsgründe (vgl. *Summa contra gentiles*, I, 9). Vor allem aber besteht die theologische Funktion der Vernunft darin, den **Offenbarungswahrheiten** entgegenstehende Einwände als Trugschlüsse zu entkräften (vgl. *Summa contra gentiles*, I, 7). Die Vernunft bildet gewissermaßen die Plattform, auf der mit den Gegnern des christlichen Glaubens zu diskutieren ist. Die Glaubenswahrheiten übersteigen zwar die Reichweite und die Möglichkeiten vernünftiger Erkenntnis, weil sie weder rational beweisbar noch evident sind, was für ein aristotelisch orientiertes Denken auf das Gleiche hinauslaufen dürfte. Vernunft- und Glaubenswahrheiten können einander aber aufgrund ihres gemeinsamen Ursprungs in Gott nicht widersprechen. Im Falle eines scheinbaren Konflikts wird allerdings stets die vermeintliche ›Vernunftwahrheit‹ den Kürzeren ziehen und sich als Irrtum entpuppen (vgl. *Summa theologiae*, I, q.1, a.8; *Summa contra gentiles*, I, 7).

Dieses Theologieverständnis scheint nun dem **aristotelisch geprägten Wissenschaftsideal** des 13. Jhs. zu widersprechen. Wenn sich Wissenschaft (*scientia*), wie von Aristoteles gefordert, durch evidente Prämissen und logische Schlüsse auszeichnet, also auf Gewißheit und Beweisbarkeit basiert, stellt sich die Frage, ob die christliche Theologie, deren Geltungsansprüche gerade nicht beweisbar sein dürfen, diesem Ideal entsprechen soll und kann. Thomas bejaht beide Fragen: Die Theologie lasse sich im Rahmen der aristotelischen Wissenschaftstheorie durchaus als *scientia* verstehen.

Um diesen Wissenschaftsanspruch einlösen zu können, bedarf es zunächst eines theologischen Pendants zu den aristotelischen Prinzipien. Dieses Pendant bilden die Glaubenssätze, deren wissenschaftstheoretischer Mangel aber nun gerade darin besteht, daß sie nur **aufgrund göttlicher Offenbarung, nicht aber aufgrund rationaler Evidenz** bekannt sind. Im Gegensatz zu den profanen Wissenschaften bringt die Theologie ihre Prinzipien nicht selbst hervor, sondern nimmt sie von Gott entgegen. Thomas versucht, diesen offenkundigen Mangel zunächst durch die ebenfalls aristotelische Unterscheidung zwischen höheren und untergeordneten Wissenschaften zu beheben. Wie einige profane Wissenschaften (z.B. die Musik) ihre Prinzipien einer höheren Wissenschaft verdanken (z.B. der Arithmetik bzw. Zahlenlehre), so entnimmt auch die Theologie ihre Prinzipien einer übergeordneten Wissenschaft, nämlich der göttlichen Wissenschaft, der *scientia Dei et beatorum* (*Summa theologiae*, I, q.1, a.2). Allein die Tatsache, daß es sich bei der Theologie um eine *scientia subalternata* handelt, macht also ihren Wissenschaftsanspruch noch nicht zunichte. Denn Ähnliches gibt es auch im Bereich der profanen Wissenschaften.

Weiterhin stellt sich allerdings ein anderes zentrales Problem, das mit der **mangelnden Gewißheit der theologischen Prinzipien** zusammenhängt. Im Fall der profanen Wissenschaften scheint es ohne weiteres möglich zu sein, die Evidenz der jeweils übergeordneten Wissenschaft einzusehen. Auch wer sich mit Musik befaßt, kann die Prinzipien der Arithmetik einsehen. Im Fall der Theologie scheint dies nun aber gerade nicht zuzutreffen. Die Glaubenssätze sind nur durch Offenbarung bekannt, und sie sind bekanntlich umstritten, sie werden angezweifelt und erfüllen in diesem entscheidenden Punkt das aristotelische Ideal offenbar nicht. Thomas versucht, dieses Problem durch eine weitere für ihn charakteristische Differenzierung zu lösen: Die Gewißheit der profanen Wissenschaften verdanke sich der menschlichen Vernunft. Diese könne sich aber durchaus irren. Die Gewißheit der Glaubenssätze verdanke sich hingegen Gott selbst, so daß jeder Irrtum ausgeschlossen wird (*Summa theologiae*, I, q.1, a.5). Folglich überrage die Theologie nicht nur aufgrund der Erhabenheit ihres göttlichen Gegenstandes, sondern auch aufgrund ihres Gewißheitsgrades alle anderen Wissenschaften, die als ihre ›Mägde‹ erscheinen. Immer noch fragt man sich freilich, wie die Glaubenssätze trotz ihres angeblichen Gewißheitsgrades in Zweifel gezogen werden können. Hier müsse man nun zwischen der Gewißheit unterscheiden, die etwas seiner Natur nach und die es für uns besitzt. Seiner Natur nach könne etwas sehr wohl völlig gewiß sein, auch wenn es für uns aufgrund der Mängel unseres Verstandes ungewiß erscheinen kann.

Mit Recht mag wohl bezweifelt werden, ob diese Lösung des Gewißheitsproblems dem aristotelischen Ideal entspricht. Die Konstruktion einer ›Gewißheit an sich‹ scheint auf einem Kategorienfehler zu beruhen, weil Gewißheit keine Eigenschaft von Geltungsansprüchen, sondern von Erkenntnissubjekten ist. Dennoch sind die Vorteile dieses Theologieverständnisses unübersehbar. Die theologischen Prinzipien mögen zwar nicht absolut gewiß sein, sobald sie aber bekannt sind, lassen sich daraus weitere theologische Sätze ableiten. Die theologische Reflexion wird dadurch auf eine rational nachvollziehbare und überprüfbare Argumentation verpflichtet (vgl. *Summa theologiae*, I, q.1, a.8). Auf der Basis ihrer Prinzipien gelten die Regeln philosophischer Logik.

1.3 Das Ende der Synthese

Auf je ihre Weise haben Anselm und Thomas der Philosophie ihre Rolle in der Theologie zugewiesen und auf je ihre Weise waren beide nicht nur Theologen und Philosophen, sondern (christliche) Religionsphilosophen, die nach der Funktion der *ratio* für die *fides* fragten. Ihr religionsphilosophisches Programm war zwar schon zu ihrer Zeit nicht unumstritten, aber es charakterisiert dennoch einen dominanten Zug der gesamten Epoche. Gegen Ende dieser Epoche beginnt die mit gewaltigem denkerischen Aufwand geschaffene Synthese zu zerbrechen.

Ein historisches Ereignis markiert möglicherweise den Umbruch. Im Jahre 1277 verurteilte der Bischof von Paris, Etienne Tempier, eine Reihe von Sätzen, die an der Pariser Universität für Unruhe und Konflikte gesorgt hatten. Gegenstand der Verurteilung waren 219 Thesen, die offenbar an der Artistenfakultät vertreten wurden, aber nicht im Einklang mit der christlichen Lehre standen. Die Verurteilung von Paris war zwar nur eine Maßnahme in einer Reihe von mehreren Versuchen, den wachsenden Einfluß eines radikalen Aristotelismus zu unterbinden. Das Ereignis verdeutlicht aber wie kein anderes die gewaltigen **Spannungen zwischen christlicher und aristotelischer Tradition**. Vordergründig entzündeten sich die Spannungen an Fragen wie der nach dem Wesen und der Erkennbarkeit Gottes, nach der Ewigkeit und Notwendigkeit der Welt, der Existenz einer Einzelseele und ihres Verhältnisses zum Körper sowie um Fragen der rechten Lebensführung. Hinter den thematischen Divergenzen steckt ein noch grundsätzlicherer Konflikt, der eben nicht nur die Inhalte, sondern die Methode betrifft, insbesondere das Bestreben, die Philosophie in einen theologischerseits genau abgesteckten Rahmen einzubinden, innerhalb dessen sie den Glauben auf irgendeine Weise zu begründen und die Einwände zu entkräften hatte. Sobald sich die Philosophie mit dieser Funktion nicht mehr abfinden konnte und wollte, war der Konflikt vorprogrammiert.

Es war nur eine Frage der Zeit, wann sich die philosophische ›Magd‹ der Herrschaft ihrer theologischen ›Herrin‹ entledigen würde. In einigen der verurteilten Thesen kündigt sich diese Emanzipation unübersehbar an: These 16 besagt, man brauche sich um den Glauben nicht zu kümmern, wenn etwas als häretisch bezeichnet werde (vgl. Flasch 1989, S. 112); These 37 fordert, man dürfe nur glauben, was entweder in sich evident sei (*per se notum*) oder aus Evidentem folge (vgl. ebd., S. 134); These 40 behauptet, es gebe »keine ausgezeichnetere Lebensform, als sich frei der Philosophie zu widmen« (ebd., S. 137); die Thesen 152 bis 154 besagen, die theologischen Reden basierten auf Fabeln, das theologische Wissen bringe keinen Erkenntnisfortschritt und die Weltweisheit sei allein Sache der Philosophen (vgl. ebd., S. 217). Diese Thesen kündigen ein neues Selbstverständnis religionsphilosophischer Reflexion an. Auch wenn 1277, wie Etienne Gilson es formuliert, die ›Flitterwochen‹ zwischen Theologie und Philosophie vorüber waren (Gilson 1955, S. 465), so hielt die Ehe noch weiterhin an. Bis zur endgültigen Scheidung sollte noch einige Zeit vergehen.

Die Auswirkungen der Verurteilungen von 1277 schlagen sich im Denken des 14. Jhs. nieder. So beurteilt etwa **Wilhelm von Ockham** (ca. 1280–1349), einer der in gewisser Weise ›modernsten‹ Denker des gesamten Mittelalters, die Rolle der Vernunft im allgemeinen ebenso wie im Hinblick auf den Glauben in einem skeptischen Licht (vgl. dazu Beckmann 1995). Obwohl die Radikalität des von Ockham vollzogenen Umbruchs häufig überschätzt wurde, ist nicht zu übersehen, daß seine Zuordnung von Philosophie und Theologie weit weniger harmonisch ausfällt als die seiner Vorgänger. Dies wird vor allem an zwei Punkten deutlich: Der eine betrifft die **Frage nach der Beweisbarkeit Gottes**, der andere die **Wissenschaftlichkeit der Theologie**. Ockham leugnet zwar nicht die vernünftige Erkennbarkeit der Existenz Gottes, aber er schränkt sie drastisch ein. Beweisbar ist für ihn nur die Existenz eines Wesens, »im Vergleich zu dem es nichts Besseres und Vollkommeneres gibt« (vgl. Böhner 1950, S. 60). Ohne die Annahme eines solchen Wesens müßte man zwar nicht in der Reihe der hervorbringenden, wohl aber der erhaltenden Ursachen ins Unendliche fortschreiten. Aus der Existenz eines solchen Wesens lasse sich aber nicht seine Einzigkeit ableiten;

d.h. es läßt sich nicht zwingend beweisen, daß es ein Wesen gibt, das vollkommener ist als alle anderen.

Wenn nun schon die Existenz eines einzigen Gottes philosophischerseits unbeweisbar bleibt, ist zu erwarten, daß sich die spezifisch christlichen Glaubenswahrheiten weit mehr einer rationalen Begründung entziehen. Ockham zieht daraus den konsequenten Schluß, daß die Theologie im strengen aristotelischen Sinn keine Wissenschaft ist. In diesem Urteil kommt noch keine Abwertung der Theologie zum Ausdruck, sondern die Überzeugung, daß diese nicht der philosophischen Dienste bedarf, sondern gleichsam auf eigenen Beinen stehen kann. Bei Ockham verbindet sich dieses wissenschaftstheoretische Programm mit einem Gottesverständnis, in dessen Zentrum die Eigenschaften der **Freiheit und Allmacht Gottes** stehen. Ein Verstehen des göttlichen Handelns wird durch die Betonung der Allmacht zwar nicht ausgeschlossen, seine rationale Rekonstruktion wird jedoch erheblich erschwert. Je deutlicher nämlich betont wird, daß Gott aufgrund seiner absoluten Macht auch alles anders hätte machen können, desto aussichtsloser muß der Versuch erscheinen, hier auf anderem Wege etwas zu erkennen als durch die gehorsame Annahme seiner Offenbarung.

Ockham versuchte nicht, die Krisen, die sich während des 13. Jhs. im Verhältnis von Philosophie und Theologie abgezeichnet hatten, in einer neuen, den veränderten Umständen angemessenen Synthese aufzuheben. Alles in allem scheint er eher auf ein friedliches Nebeneinander gesetzt zu haben, das der Philosophie ihren eigenen legitimen Zuständigkeitsbereich zuweist, ihr aber innerhalb der Theologie keine tragende Funktion mehr zuweist. Ob dahinter eher ein großes theologisches Selbstbewußtsein oder aber unterschwellige Angst steckte, sei dahingestellt.

Mit dem Beginn der Neuzeit melden sich, nicht zuletzt auch aufgrund sozialer und politischer Umwälzungen, jene philosophischen Stimmen immer entschiedener zu Wort, die sich weder mit der einen noch mit der anderen Rollenzuweisung abfinden konnten. Auf Dauer kann sich wohl keine Philosophie mit einer Rollenzuschreibung abfinden, die den Ausgang ihrer Reflexionsbemühungen im vorhinein festzulegen trachtet, sei es im Sinne einer Begründung vorgängiger theologischer Geltungsansprüche, sei es im Sinne einer Ausgrenzung dieser Ansprüche aus ihrem genuinen Aufgabenfeld. Die **genuin neuzeitliche Phase der Religionsphilosophie** beginnt nicht dort, wo nach der Funktion der *ratio* für den religiösen Daseinsvollzug gefragt wird. Diese Frage gehört – ungeachtet ihrer unterschiedlichen Antworten – zum festen Repertoire scholastischer Religionsphilosophie. In der Religionsphilosophie beginnt die Neuzeit dort, wo sich die *ratio* etwas anmaßt, was in keinem scholastischen Programm vorgesehen war und was dort, wo es sich anzubahnen drohte, durch Verbote unterbunden wurde: sich von der *fides* zu emanzipieren, um schließlich kritisch über sie zu befinden (vgl. zu dieser Entwicklung Beiser 1996). Die bloße Tatsache, daß die Vernunft über den Glauben zu Gericht sitzt, nicht der negative Ausgang dieses Prozesses, markiert den Übergang in eine neue Epoche abendländischer Religionsphilosophie.

2. Religionsphilosophie und Aufklärung

(Janssen Peters)

2.1 Religionsphilosophie und neuzeitliches Denken

2.1.1 Zur neuzeitlichen Problematik der Geltungsansprüche von Philosophie und Religion

Die Anfänge der **Religionsphilosophie als** einer eigenständigen, weitgehend am Christentum orientierten **philosophischen Disziplin** liegen am Ende des 18. Jhs. Bei den in diesem Kapitel versammelten Denkern, die auf die weitere Entwicklung des religionsphilosophischen Denkens maßgeblich Einfluß genommen haben, kann jedoch von einer solchen Eigenständigkeit nur unter Vorbehalten gesprochen werden. Die Tatsache, daß vor allem bei Kant und den Deutschen Idealisten die religionsphilosophische Thematik gesondert behandelt wird und damit als eine spezielle Anwendung und Durchführung des philosophischen Denkens erscheint, besagt noch nichts über Relevanz der religionsphilosophischen Fragestellung. Auch die Feststellung, daß die jeweiligen religionsphilosophischen Positionen von den eigentlich philosophischen Positionen abhängen, ist zunächst kaum mehr als ein Gemeinplatz. Sie tangiert kaum die entscheidende Problematik, die sich im religionsphilosophischen Denken dieses Zeitabschnitts verbirgt. Diese Problematik, die als prinzipielle Gemeinsamkeit dieser doch so unterschiedlichen und einander gar widerstreitenden Philosophien angesehen werden kann, liegt darin, daß in der religionsphilosophischen Lehre das eigentlich **philosophische Anliegen und Selbstverständnis** dieser Denker in Problemgehalt und Lösungsansatz mit besonderer Deutlichkeit hervortritt (vgl. Cassirer 1932, S. 178ff.). Das gilt auch für Schleiermacher und Kierkegaard, die, obwohl man ihr Denken eher theologisch als philosophisch auffassen kann, ein philosophisches Anliegen und Selbstverständnis vertreten.

Es ist eine der zentralen Fragen der Religionsphilosophie, ob es überhaupt ein philosophisches Urteil über einen ›Gegenstand‹ geben kann, der seinen **unbedingten Geltungsanspruch** nicht aus rationaler Einsicht und Begründung ableitet, was vor allem für jede Offenbarungsreligion zutrifft. Wird diese Möglichkeit ausgeschlossen, dann kann die Philosophie nur eine grundsätzliche Unvereinbarkeit konstatieren, die von der Religion nicht nur bestätigt, sondern geradezu als herausragendes Wesensmerkmal von Religion hervorgehoben werden könnte: nämlich in ihrem Gehalt und Gelten über aller Vernunft zu sein. Wird jene Möglichkeit hingegen eingeräumt, so wird die Religionsphilosophie vor allem zweierlei leisten: Zum einen wird sie zeigen, inwieweit die Religion ihrem Ursprung nach zwar **über der Vernunft**, in ihren Ansprüchen an den Menschen, vor allem in moralischer Hinsicht, aber nicht notwendig **wider die Vernunft** ist; zum anderen wird sie, gerade durch die Grenzziehung zum Geltungsanspruch der Religion, durch ihre philosophische Stellungnahme auf ihre eigenen philosophischen Grundlagen und deren Geltungsanspruch verweisen und somit ihr eigenes, rein philosophisches Anliegen und Selbstverständnis erhellen.

Die grundsätzliche Frage der Religionsphilosophie, ob und wie die unbedingten Geltungsansprüche von Philosophie einerseits und Religion andererseits überhaupt sinnvoll aufeinander bezogen werden können, stellt sich natürlich auch schon für die vorkantische neuzeitliche Philosophie. Auch hier gilt, daß die Positionen, die Religion und Glauben gegenüber eingenommen werden, eine herausfordernde und klärende

Bedeutung für das philosophische Denken in Anliegen und Selbstverständnis haben mußten.

Für das Denken der **scholastischen Philosophie** ist die Frage nach dem Verhältnis der Geltungsansprüche mehr oder weniger explizit geklärt. Die unbedingte Geltung der religiösen Gehalte war durch das Problem ihrer völligen Rationalisierbarkeit nicht in Frage gestellt. Folglich mußte die Geltung des rein philosophischen Denken und Wissens mit der Religion nicht in einen grundsätzlichen Widerspruch geraten (vgl. Heinzmann 1992, S. 15–27). Von dem Anliegen, dem philosophischen Denken eine unbedingte, nur diesem Denken selbst entspringende Geltung beizumessen, aus der sich ein geschlossenes Selbstverständnis des Menschen in seiner weltlichen Situation ableitet, war das mittelalterliche Denken nicht betroffen.

Der Bruch, den die **neuzeitliche Philosophie** mit der mittelalterlichen vollzieht, ist im wesentlichen durch dieses Anliegen gekennzeichnet (vgl. Mittelstraß 1970). Die entschiedene **Trennung der Philosophie von der Theologie** lag damit zunächst weniger auf der Ebene der Inhalte; im Gegenteil, nach wie vor konnte die Frage nach dem Schöpfergott oder der Unsterblichkeit der Seele von zentralem Interesse für das philosophische Denken sein. Das philosophische Denken hob sich von der Theologie jetzt vielmehr durch den Anspruch ab, mittels einer **durchgehenden Rationalisierung** ihrer Inhalte ein Wissen zu konstituieren, das sich uneingeschränkt durch sich selbst begründet und auf Wahrheit Anspruch erhebt. Die Integration ursprünglich religiöser Vorstellungen und Gehalte in dieses Wissen mußte diesem Anspruch keineswegs widersprechen. Allerdings sind sie dann gewissermaßen ihrer eigenständigen religiösen Autorität beraubt und der unbedingten Autorität des philosophischen Denkens untergeordnet. Je nachdrücklicher sich die Philosophie also dem immanent-unbedingten Geltungsanspruch ihres Denkens und Wissens verpflichtet sah, desto spannungsreicher mußte das Verhältnis zwischen Philosophie und Religion bzw. Theologie in Hinblick auf ihre jeweiligen Autoritätsansprüche werden. **Vernunftautonomie** und **Offenbarung**, aus denen diese Ansprüche abgeleitet wurden, gerieten somit in eine wechselseitige Ausschließlichkeit, die zumindest unterschwellig die weitere Entwicklung des philosophischen Denkens im Verhältnis zu Religion und Theologie bestimmte.

Das neuzeitliche Denken kann nun im ganzen als ein Prozeß verstanden werden, in dem die Grundlagen und Voraussetzungen, kraft derer die Rationalität im Sinne eines selbstbezüglichen und autonomen Denkens und Wissens begründet und auszuweisen war, immer mehr von solchen Elementen befreit werden sollte, die dem Anspruch auf rationale Durchsichtigkeit und Verbindlichkeit nicht gerecht werden konnten. In bezug auf die unbedingten Geltungsansprüche der Religion bedeutet dies, daß die ihr gegenüber eingenommene **skeptische Grundhaltung** weniger aus den philosophischen Überlegungen hervorging, als sie diesen schon im Ansatz vorgelagert war. In der Cartesischen Philosophie wird diese Skepsis, ohne sich ausdrücklich auf Religion beziehen zu müssen, erstmals in diesem fundamentalen Sinne formuliert. Es handelt sich dabei nicht um die antike Skepsis, die das Erkennen und die gegebene Welt voraussetzt und dann in der konkreten Erkenntnis dieser bestimmten Inhalte auf Ungewißheiten stößt, die in der Konsequenz eine Art gleichmütiger Urteilsenthaltung (*ataraxia*, *epoché*) nahelegt. Es ist vielmehr eine Skepsis, die das Erkennen fundamental betrifft und nur von diesem selbst, in nicht weniger fundamentalem Sinne, behoben werden kann. Wie aus dieser Skepsis eine unbedingte Selbstgewißheit des Denkens hervorgehen konnte, die als **Bewußtsein** oder **Selbstbewußtsein** in der neuzeitlichen Philosophie von so tragender Bedeutung werden sollte, ist im Blick auf die weitere Entwicklung des religionsphilosophischen Denkens sehr aufschlußreich (s. Kap. I.1.2.1).

In seinem Selbstverständnis war das philosophische Denken, das sich von jeglichen vorgegebenen religiösen Autoritätsansprüchen emanzipiert hatte, durch die Verpflichtung zur Selbstbegründung aber auch in eine konstitutive Krise geraten (vgl. Thielicke 1983, S. 37ff.). Gewiß ist gerade diese Unsicherheit oder Skepsis auch ein Merkmal von Vernunftfreiheit oder -autonomie. Aber eine metaphysisch-dogmatische Begründung dieser Vernunft und ihres Wissens konnte offenbar in der Form, wie sie vom sog. **Rationalismus des 17. Jahrhunderts** vorgenommen wurde, das philosophische Denken mit seinem eigenen Anspruch nicht in Übereinstimmung bringen. Dabei sind es allerdings nur vordergründig die metaphysischen Gegenstände – v.a. der existierende Gott, die unsterbliche Seele und die gegebene Welt –, deren mangelhafte Begründung jene konstitutive Krise in der philosophischen Reflexion erneut aufleben ließen. Es war vielmehr die Hinwendung zur konkreten weltlichen Erkenntnis und Erfahrung, die von der dogmatisch behaupteten und metaphysisch durchgeführten Selbstgenügsamkeit der Vernunft Abstand nehmen ließ.

Die **Philosophie der europäischen Aufklärung** hat diese neue Situation des philosophischen Denkens der Neuzeit, in der die Vernunftfreiheit nicht nur als Garant von befreiter Wissenschaft und Metaphysik, sondern gerade auch als kritisches Problem erfahren wurde, ins allgemeine Bewußtsein erhoben. Die Behauptung der Vernunftautonomie lief immer zwingender auf eine Rationalitätskritik hinaus, die das konkrete Erkennen und Erfahren in den Mittelpunkt des philosophischen Interesses stellte und zu einer dezidiert skeptischen Beurteilung der metaphysischen Ansprüche des philosophischen Denkens gelangte. Rationalität konnte sich nun etwa in der öffentlichen Darlegung positiven Wissens erschöpfen (frz. Enzyklopädisten), oder aber in Abgrenzung gegen Gefühl und Sinnlichkeit auf das konkrete Geschehen weltlicher Erfahrung eingeschränkt werden (u.a. Rousseau, Hume). Durch diese aufklärerische Absage an die metaphysische Durchführung des Unbedingtsheitsanspruchs der rationalistischen Metaphysik konnte auch der Religion ein anderer Stellenwert beigemessen werden. Die Emanzipation der Philosophie von der Religion führte auf diesem Wege auch gewissermaßen zu einer Emanzipation der Religion von der Philosophie. Allerdings folgte aus dieser indirekten Emanzipation der Religion auch, daß die Theologie ihre eigenen theoretischen Ansprüche zu überdenken hatte.

Das berühmte Wort Immanuel Kants: »Ich mußte das Wissen aufheben, um für den Glauben Platz zu bekommen« (KrV, B XXX), markiert diese grundsätzliche Fragestellung, von der die religionsphilosophischen Konzeptionen des 18. und des angehenden 19. Jhs. ausgingen. Für Kant selbst konnte offenbar das Vernunftwissen der traditionellen Metaphysik, das er meinte aufgehoben zu haben, nicht wahrhaft Wissen genannt werden, sondern es stellte eine in sich haltlose Verquickung von Wissen und Glauben dar. Und diese Verquickung hat demzufolge nicht nur das Wissen, sondern auch den Glauben selbst korrumpiert und ihn nicht wahrhaft Glauben sein lassen. Gerade in Hinsicht auf die Frage des unbedingten Geltungsanspruchs von Religion und Glauben, die das philosophische Denken herausfordern mußte, konnte es also zunächst nur darum gehen, das Vernunftwissen selbst einer grundsätzlichen philosophischen Kritik zu unterziehen, in der eine Angemessenheit des philosophischen Denkens zu seinem Anspruch erreicht wird. Nur aus dieser Selbstkritik der Rationalität heraus sollte, so Kant, ein Selbstverständnis des Menschen möglich sein, in dem sich die Vernunft, sei sie theoretisch oder praktisch orientiert, und der Glaube nicht mehr gegenseitig schwächen oder unbezüglich nebeneinander zu stehen kommen. Ihr innerer Bezug stellt sich für Kant als **Vernunftreligion** dar, das heißt als eine philosophische Einsicht in die unbedingte Bedeutung von Religiosität, die durch die kritische Selbstreflexion erschlossen wird und die Vernunft in ihrem Wesen betrifft. Die Vernunftreligion ist in diesem Sinne also nicht etwa eine künstliche Religion, die eine ansonsten selbstgenügsame Vernunft für sich selbst hervorbrächte. Sie kann vielmehr als die Vollendung des philosophischen Anliegens angesehen werden, ein vernunftbegründetes *und* der weltlichen Situation des Menschen angemessenes Selbstverständnis anzugeben.

Von einer äußerlichen Trennung von Wissen und Glauben kann deswegen bei Kant nur unter Vorbehalten gesprochen werden, so als könne es eine gleichsam dritte, erhabene Perspektive auf Wissen und Glauben geben. Diese Trennung bleibt vielmehr immer eine Trennung, die nur im Wissen der Vernunft vollzogen und nur als Wissen ausgesprochen wird.

Von dieser philosophischen Grundhaltung waren auch die Denker nach Kant geprägt, wenn auch die Konsequenzen für die Art und Weise, in der sie sich der religionsphilosophischen Problematik stellten, unterschiedlich ausfielen. Im Unterschied zu Kant wird in den idealistischen Lehren Fichtes, Hegels und Schellings ein absoluter Wissensbegriff entfaltet, der die Grenzbestimmungen der kritischen Vernunft auflöst. Auch die Religion wird demnach ihre Bedeutung und Stellung konsequent in und aus diesem Wissen erhalten, – und es ist eine der großen Fragen für die Interpretation dieser Denker, ob dadurch die Religion vernünftiger oder die Vernunft zur Religion geworden ist. Schleiermacher und Kierkegaard dagegen verstehen sich ausdrücklich als christliche Denker, die die philosophische Reflexion ganz zum Zweck der Durchdringung einer eigenständigen religiösen Problematik anstrengen.

2.1.2 Die cartesische Entdeckung der Vernunftautonomie und christliches Denken

Die Selbstbegründung des Wissens bei Descartes

Der **Umbruch vom mittelalterlichen zum neuzeitlichen Denken** ist besonders deutlich an der **Cartesischen Philosophie** abzulesen. Auf den ersten Blick bleibt diese Philosophie allerdings noch der scholastischen Tradition verpflichtet, und viele Argumentationen lösen sich in ihrer logischen und begrifflichen Gestalt nur wenig vom Verfahren der scholastischen Metaphysik (vgl. Koyre 1971). Das entscheidende Verdienst Descartes' kann daher vor allem darin gesehen werden, durch seine Wissenschaftskonzeption das mittelalterliche, von Religion und Theologie geprägte Welt- und Menschenbild abgelöst zu haben. Allerdings droht die Cartesische Philosophie aus dieser Perspektive leicht ihre eigenständige metaphysische Bedeutung zu verlieren und ihren Wert lediglich als eine Art philosophischer Apologie der Wissenschaften zu erhalten.

Diese beiden Aspekte – Anlehnung an scholastische Traditionen und Neuorientierung der Wissenschaft – betreffen jedoch nur äußerlich den entscheidenden Wandel im Selbstverständnis des philosophischen Denkens, den das Cartesische Denken vollzieht (vgl. Alquié 1962). Die **Abkehr von der Denkhaltung der scholastischen Philosophie**, die Descartes in seinen *Meditationen über die Erste Philosophie* (1641) als Metaphysik zu formulieren suchte, vollzog sich weder durch eine gelehrte Kritik und Umformulierung der scholastischen Lehren, noch durch ein isoliertes wissenschaftliches Interesse. Diese Abkehr lag vielmehr darin, daß das philosophische Denken in völlig neuer Weise an die weltliche Situation herantrat, in der der Mensch sich denkend und erkennend vorfindet. Es war diese **Neuorientierung des philosophischen Denkens**, die in Anliegen und Selbstverständnis von größter Bedeutung war und blieb (vgl. Röd 1995; Schmidt 1965) – und dies gerade auch im Blick auf die immanent religionsphilosophische Problematik des neuzeitlichen Denkens.

Die *Meditationen* beginnen mit der **Suche nach dem archimedischen Punkt**, nach einem völlig gewissen Fundament für Erkenntnis und Wissen. Dabei stellen sich all die Meinungen und Behauptungen, durch die dieses Wissen bislang zustande gekommen ist, als zweifelhaft heraus. Die Erkenntnisinhalte mögen der sinnlichen Auffassung, der Einbildung oder der Überlieferung entstammen, – für sich betrachtet geben sie nach Descartes kein hinreichendes Kriterium an die Hand, um auf Realitätsgeltung und Wahrheit hin beurteilt werden zu können. Zweifel und Gewißheit stehen also von Anfang an in einem komplementären Verhältnis zueinander (vgl. Röd 1962). Die Suche nach Gewißheit geschieht als Zweifeln; und der Zweifel selbst setzt ein Vorverständnis von Gewißheit voraus, damit ein Erkenntnisinhalt überhaupt bezweifelt werden kann.

Der Einstieg in die Cartesischen Meditationen ist also keineswegs so leicht, wie es vielleicht zunächst scheinen mag. Sobald nämlich nicht einmal mehr die mathematischen Erkenntnisse dem Zweifel entgehen, da auch ihnen ein Kriterium zur Beurteilung ermangelt, wird deutlich, daß es um mehr geht als um ein isoliertes Bedürfnis nach ›erkenntnistheoretischer‹ Einsicht. Daß es sich vielmehr um ein explizit metaphysisches Anliegen handelt, macht Descartes deutlich, wenn er in diesem Zusammenhang die Idee eines allmächtigen Wesens anführt, das uns auch mit der Evidenz eines Satzes wie 2 + 3 = 5 böswillig täuschen könnte (1. Meditation).

Die **Idee des Täuschergottes** ist also eingehender zu betrachten (vgl. Oedingen 1958/59). Sie ist nicht bloß eine zugespitzte Illustration der völligen Ungewißheit des erkennenden Denkens, das sich an die ihm irgendwie gegebenen Vorstellungen hält und deren Relation zu einer irgendwie vorausgesetzten Außenwelt zu bestimmen sucht. Sie verweist vielmehr auf die metaphysische Dimension, von der die Ungewißheit des Denkens innerlich gekennzeichnet ist. Irgendeine unbedingte, das heißt sich nicht von den Bedingungen der gegebenen Inhalte her verstehende Bedeutung ist in dieser Ungewißheit, in diesem Zweifeln enthalten, und von dieser Bedeutung wird es getragen. Die Annahme des Täuschergottes drückt diese **unbedingte Bedeutung** aus, solange sie nur *als Zweifel*, d.h. gleichsam haltlos und unbestimmt durchgeführt und angegeben werden kann. Sie macht darüber hinaus deutlich, daß die uneingeschränkte Ungewißheit angesichts der gegebenen Erkenntnisinhalte keinen Raum läßt für irgendeinen Ausweg, der nicht aus der Situation des zweifelnden Denkens selbst gewonnen wird. Für dieses zweifelnde Erkennen und Begreifen ist einerseits keine Hilfe ›von außen‹ zu erwarten, andererseits aber liegt in ihm selbst schon eine unbedingte Bedeutung, die das reflektierende Denken zu erschließen hat.

Descartes verwandelt nun, um das philosophische Raisonnement aus dem Zweifel herausführen zu können, die Zweifelhaftigkeit in Falschheit (Ende 1. Meditation). Da dadurch alle Inhalte des meditierenden Denkens beseitigt werden, kann jetzt die **erste Seinsgewißheit** im zweifelnden Denken selbst entdeckt und als Ich-denke oder **Cogito** angegeben werden. »Ich bin, ich existiere, soviel ist gewiß« (2. Meditation), und solange sich das Denken in dieser Gewißheit des eigenen Existierens vollzieht, weiß es um eine unbedingte, wenn auch inhaltslose, das bloße Geschehen des Denkens angebende Bedeutung. Die gesamte weitere Entfaltung der Cartesischen Meditationen muß nun darauf abzielen, diese unbedingte Seinsgewißheit, die im Denkgeschehen selbst liegt, wieder an die gegebenen Inhalte dieses Denkens zurückzubinden, um die gewonnene Seinsgewißheit auch als inhaltlich bestimmte Erkenntnis durchführen zu können.

Auf diesem Wege erhält die **Gottesidee** im metaphysischen Raisonnement ihre begründende Funktion. Diese Gottesidee, die das Cogito in sich vorfindet (*idea innata*), weist eine unbedingte Seinsgeltung auf, die deswegen als unbedingt angesehen wird, weil sie nicht dem Cogito entspringen kann. Es ist also umgekehrt die Existenz des Cogito, die aus dieser unbedingten Seinsgeltung, die in der Gottesidee angegeben ist, verstanden werden muß (Gottesbeweis der 3. Meditation). Die unbedingte Seinsgewißheit des Denkens wird durch diese Gottesidee also keineswegs eingeschränkt, sondern begründet. Die Seinsgewißheit des Cogito findet ihre gleichsam unbedingte Bestimmung und Begründung durch die Gottesidee, die eine Idee oder ein Inhalt des Denkens ist und bleibt, aber, und das ist entscheidend, über sich hinaus auf eine unbedingte Seinsgeltung verweist, die – *als begriffene* – das Denken die Gewißheit um sein eigenes Sein *begreifen* läßt (vgl. Schmidt 1965, S. 128–144).

Die argumentative Darlegung der Existenz sowohl des Cogito als auch Gottes ist an vielen Punkten schwierig nachzuvollziehen und weist gewiß manche Mängel auf, die ihren deutlichsten Niederschlag in der Substantialisierung des Denkens, Gottes und des Ausgedehntseins findet (Substanzenlehre, *res*). Aber diese Mängel bedrohen das Selbstverständnis des Cartesischen Denkens nicht. Es ist als philosophisches Denken seiner fundamentalen Freiheit inne und nimmt nunmehr nur noch die Rücksichten, die es aus sich selbst heraus zu nehmen bereit ist. Es steht damit gewissermaßen auch über oder hinter der philosophischen Lehre, in der es artikuliert wird. In den vielen Erwiderungen auf die Einwände, die andere Denker gegen die *Meditationen* vorbrachten, dokumentiert sich diese Freiheit des Denkens der eigenen Lehre gegenüber. Natürlich verteidigt Descartes seine Lehre, und das mit großem Nachdruck; aber er verteidigt sie vornehmlich deswegen, weil das wahr ist, was in ihr *zum Ausdruck* gebracht werden soll.

Faßlich wird die Freiheit des Denkens an den zentralen Ideen des methodischen Vorgehens (*Diskurs über die Methode*, 1637; *Regeln zur Ausrichtung der Erkenntniskraft*, 1701) und des klaren und distinkten Erkennens (*Meditationen*). Beide können auf die Metapher vom **natürlichen Licht** (*lumen naturale*) bezogen werden, in dem sich Evidenz des ideenhaft Gegebenen und intuitive Erkenntniskraft zusammenschließen. Die Cartesische Konzeption von Erkenntnis und Wissen ist in diesen formalen Prinzipien weit besser angegeben als etwa in der Lehre von den Substanzen. In diesem Sinne wird in der *5. Meditation* auch ein weiterer Gottesbeweis geführt, in dem die klare und distinkte Erkenntnis als eine realitätsbezeugende Wesenserkenntnis der materiellen Dinge eigens begründet wird. Er stellt damit den eigentlichen Abschluß der metaphysischen Begründung von Erkenntnis und Wissen dar. Angesichts der gegebenen Welt hat der erkennende Mensch nunmehr vollkommene Gewißheit und Autonomie, solange er in seinem Erkennen nichts anderes als dieses Prinzip des Klaren und Distinkten zur Anwendung bringt, das vor allem die quantitativen Bestimmungen des weltlich Gegebenen betrifft.

Diese in ihrer Unanfechtbarkeit und Unumkehrbarkeit spürbare **Freiheit und Eigenverantwortlichkeit** des Denkens, das sich nun ungehindert einer wissenschaftlichen Erkenntnis der weltlichen Situation widmen konnte, mußte durch ihre Radikalität auf seiten der Theologie Mißtrauen hervorrufen. Denn Descartes erklärt in seinem *Diskurs über die Methode* unmißverständlich, daß es gerade auch die öffentlichen, Autorität heischenden Meinungen und Sitten waren, die ihn in den Zweifel führten (2. Teil). Es ist allerdings sehr aufschlußreich, daß Descartes es zuvor als sein besonderes Verdienst angesehen hatte, durch seine im theoretischen Gotteswissen begründete Metaphysik einerseits und seine strikte Enthaltung in allen theologischen Fragen andererseits der Religion den größten nur denkbaren Nutzen erwiesen zu haben. So schreibt er noch vor dem Erscheinen der *Meditationen* an den Pater Vatier:

> »Und ich möchte Ihnen auch sagen, daß ich keineswegs fürchte, es fände sich in ihr [der Physik und Metaphysik] irgend etwas wider den Glauben; ich wage im Gegenteil mich zu rühmen, daß er noch nie so stark durch Vernunftgründe gestützt worden ist, wie es möglich wird, wenn man meinen Prinzipien folgt.« (22. Febr. 1638; A.T.1, 564)

Das Gotteswissen jedoch näher zu bestimmen und im Sinne der christlichen Offenbarungsreligion zu lehren und zu verkündigen, überließ Descartes den Vertretern des Glaubens; der Philosoph hatte sich allein an die klare und distinkte Erkenntnis zu halten, und die religiösen Gehalte waren diesem Erkennen, über die Existenz Gottes und seine Gewißheit verbürgende Funktion hinaus, nicht zugänglich. Die noch heute gängige, von Pascal formulierte Unterscheidung eines **Gottes der Philosophen**, dessen beweisbare Existenz für die metaphysisch-theoretische Erkenntnis, und eines **Gottes der Religion**, dessen geoffenbarte Person für einen lebenspraktischen Glauben den Ausschlag geben soll, schien damit festgeschrieben (vgl. Schulz 1982).

Die Kritik christlicher Denker am Cartesischen Denken

Die **Unterscheidung eines philosophischen und eines religiösen Gottes** konnte diejenigen Denker nicht zufriedenstellen, die sich der christlichen Religion verpflichtet sahen und für die gerade der Gott der Religion den verbindlichen Gegenstand für das philosophische Denken darstellte. Aber auch das rein philosophische Selbstverständnis war für sie durch die Cartesische Lehre auf eine Dimension reduziert worden, die der philosophischen Reflexion auf die menschliche Situation im ganzen nicht genügen sollte. Es reichen dazu schon die einfachen Fragen, ob der Cartesische Ausweg aus der Zweifelhaftigkeit zwingend und ob die Cartesische Bestimmung der Vernunft ihr selbst angemessen ist.

Verbleibt man innerhalb der philosophischen Lehre Descartes', so zeigt sich das ihr zugrunde liegende Selbstverständnis in klaren Umrissen. Denn es ist das Selbstverständnis nur des philosophischen *Denkens*. Alle weiteren Dimensionen des menschlichen Lebens wie Leidenschaften, Geschichte, Gesellschaft, Moral und eben auch Religion werden nur insofern bedacht, als sie von diesem Denken zureichend erkannt werden können. Eine wesentliche **Zurückhaltung** ist also geboten, und Descartes' berühmte »provisorische Moral«, nach der den etablierten Sitten und Bräuchen solange zu folgen ist, bis diese eventuell durch die Erkenntnis korrigiert oder neu formuliert werden können, drückt diese Zurückhaltung wohl am deutlichsten aus (*Diskurs*, 3. Teil; vgl. Klemmt 1971). Aber indirekt scheint sie auch in der streng mechanistischen Weltsicht auf. Das Tier beispielsweise ist für die klare und distinkte Erkenntnis nicht mehr als eine Maschine; das heißt nicht, daß es nicht auch ein Lebendiges ist, aber dieses Lebendigsein kann nicht klar und distinkt erkannt werden. In der *Sechsten Meditation* geht Descartes auf diese Perspektive grundsätzlich ein. Die Situation des erkennenden Menschen in der Welt war nach wie vor eine in sich konfuse und nicht restlos geklärte Situation. In ihr garantierte bloß das klare und distinkte Erkennen eine hinreichende Gewißheit, an der sich der Mensch orientieren mußte, wenn er seiner Vernunft gemäß leben wollte. Und mehr als diese **vernünftig-wissenschaftliche Orientierung** kann Descartes *als Philosoph* nicht geben.

In der Konsequenz heißt das allerdings, daß der Mensch René Descartes nicht mit dem Cogito identifiziert werden darf. Was gemeinhin als Solipsismus bezeichnet wird, ist im Blick auf die *Meditationen* also dann irreführend, wenn unter dieser isoliert reflektierenden Subjektivität der existierende Mensch verstanden wird. Was die *Meditationen* allein ausdrücken, ist das sich selbst reflektierende Denken einer Person, die als solche nicht in die Lehre eingeht; auch der *Diskurs*, in dem Descartes seinen philosophischen Werdegang erzählerisch darstellt, wird in dieser Hinsicht zu lesen sein. Es kann also nicht verwundern, wenn von Descartes als dem ›Philosophen in der Maske‹ gesprochen wurde (M. Leroy). Und die Frage, welchen Stellenwert die Religion für Descartes wirklich gehabt hat, bleibt schwer zu beantworten. Man mag Grund zu der polemischen Frage haben, ob nicht vielleicht auch sein Glaube nur ein Provisorium war.

Eine besonders heftige, aber beachtenswerte Reaktion auf diese Zurückhaltung im Selbstverständnis des Philosophen hat **Blaise Pascal** (1623–1662) in seinen *Gedanken* (posthum 1669) formuliert: »Das kann ich Descartes nicht verzeihen. Er hätte am liebsten in seiner ganzen Philosophie Gott nicht bemüht; er kam aber doch nicht umhin, ihn der Welt, um sie in Bewegung zu setzen, einen Nasenstüber geben zu lassen; danach hat er nichts mehr mit ihm zu tun« (Frgm. 77). Und er schließt: »Descartes überflüssig und unschlüssig« (Frgm. 78). Ob Pascal mit dieser Einschätzung der Cartesischen Lehre gerecht wird, darf bezweifelt werden. Zunächst nimmt er offenbar jene problematische Identifizierung des Cogito als *res cogitans* mit der Person Descartes' vor und verfehlt damit den freien Charakter des Cartesischen Raisonnements. Vor allem aber fallen die komplexen Begründungszusammenhänge einer allzu polemischen Verkürzung zum Opfer.

Aber diese drastische Sichtweise hat für Pascal ihren guten Grund. Denn für ihn findet das Wissen der Vernunft in einer Situation statt, die diesem Wissen seine unbedingte Geltung zugleich auch streitig macht. So weiß für Pascal der existierende Mensch zugleich auch um die **Schwäche und Ohnmacht der Vernunft**, die die bloße Vernunftorientierung im Sinne theoretischer Erkenntnis am menschlichen Leben scheitern läßt (zu Leben und Werk Pascals vgl. Wasmuth 1962). Allerdings geht die Einsicht in die Schwäche der Vernunft aus ihr selbst hervor. Die Vernunft selbst stößt in der konsequenten Durchführung ihres Begreifens an Grenzen, die sie, obwohl sie ihr Begreifen ausdrücken, nicht mehr versteht:

> »Denn, was ist zum Schluß der Mensch in der Natur? Ein Nichts vor dem Unendlichen, ein All gegenüber dem Nichts, eine Mitte zwischen Nichts und All. Unendlich entfernt

von dem Begreifen der äußersten Grenzen, sind ihm das Ende aller Dinge und ihre Gründe unendlich verborgen, unlösbares Geheimnis; er ist gleich unfähig, das Nichts zu fassen, aus dem er gehoben, wie das Unendliche, das ihn verschlingt.« (Frgm. 72)

Im Nachdenken über diese paradoxe Situation, in der sich die Vernunft befindet, meint Pascal, in bekennendem und apologetischem Sinne die Wahrheit der Religion als einzig möglichen Ausweg angeben zu können und zu müssen (s. Kap. I.4; vgl. Wasmuth 1962, S. 267ff.).

Die Opposition, in der das Denken Pascals zum Cartesischen steht, hat ihren Grund also nicht so sehr in einem bloß vorgelagerten religiösen Bekenntnis, das bestimmte Anforderungen an das philosophische Denken stellt. Sie wurzelt vielmehr in einer **grundsätzlich anderen Bewertung der Vernunftautonomie**. Descartes begründete die Vernunftautonomie zwar theoretisch in Gott, aber das nur insoweit, als dies zur Begründung eines rein theoretischen oder wissenschaftlichen, d.h. auf die Erkenntnis der weltlichen Strukturen bezogenen Selbstverständnisses nötig war. Für Pascal dagegen kann eben diese Vernunft an einem rein theoretischen Selbstverständnis, das seinen greifbaren Ausdruck in den mathematischen Wissenschaften findet und um Gott lediglich in agnostizistischer Weise, d.h. ohne Bestimmung seines lebendigen und in der Offenbarung zum Menschen sprechenden Wesens weiß, kein Genügen finden (vgl. Heeß 1977). Sie muß vielmehr versuchen, ein totales Selbstverständnis zu erreichen, das sowohl das theoretische Wissen als auch die existentielle Situation umfaßt, in der die philosophische Reflexion sich findet und von der sie nur als theoretisch-wissenschaftliches Wissen absehen kann. Wenn also der Begriff eines religiösen Selbstverständnisses streng genommen wird, liegt für Pascal das Gewicht auf dem eingeforderten ›Verständnis‹. Religion ist für ihn weder bloß passive Gläubigkeit, die der vernünftigen Betrachtung entbehren könnte, noch kann der vernünftige Mensch sich selbst ohne Religion richtig verstehen.

Pascal hat eine christliche Philosophie, in der diese Betrachtung der Religion durch die Vernunft durchgeführt wird, nicht formuliert. Seine Gedanken blieben fragmentarisch, und vielleicht ist diese Form seinem Selbstverständnis, in dem sich Größe und Elend des Menschen nur durch das religiöse Bekenntnis, nicht aber durch ein metaphysisches Raisonnement ausgleichen, auch allein angemessen. Für die weitere Entwicklung der philosophischen Lehre jedoch konnte sein Denken bestenfalls Anregung sein.

In der Metaphysik des **Nicolas Malebranche** (1638–1715) wird die Beantwortung der christlich-religiösen Frage konsequent von der Selbstgewißheit des Denkens aus gestellt (vgl. Reiter 1972). Im dritten Buch seines Hauptwerks, *Von der Erforschung der Wahrheit* (1674–78), versucht er, das Verhältnis von Verstandeserkenntnis und Willensleistung, das bei Descartes unter systematischem Aspekt nur unbefriedigend bedacht wurde (4. Meditation), so zu bestimmen, daß der Gott der Religion zu einer unumgänglichen Anforderung an das philosophische Denken selbst wird.

Für Malebranche ist die weltliche Erkenntnis des Verstandes ein wesentlich passives Geschehen, das die existierenden Dinge niemals als **wahre Güter** (*biens*), in denen eine wahre Seinsbedeutung ergriffen wäre, erreichen kann. Aktiv hingegen ist der Wille, der allerdings dann, wenn er sich in der bloß verstandesmäßigen Hinwendung zu den weltlichen Dingen äußert, nur einem leeren Egoismus dient. Die Freiheit des Willens äußert sich zunächst nur in dieser – hinsichtlich seiner Gegenstände überdies unbeständigen – falschen, aber unvermeidbaren Orientierung des menschlichen

Geistes. Wird diese **Leere und Falschheit** aber in der philosophischen Reflexion eingesehen, eröffnet sich dem Geist das Wesen Gottes als Vollkommenheit (vgl. Steinfeld 1972). Gott stellt das einzig verbindliche Gut für den Menschen dar, da nur in ihm die Seinsbedeutung ohne die Einschränkungen des passiven weltlichen Erkennens angegeben ist. In der **Liebe zu Gott** können dann auch die zuvor nur leeren und bedeutungslosen weltlichen Dinge in ihrer Seinsgeltung angenommen werden. »Wir sehen alle Dinge in Gott«, so lautet die bekannte Formel Malebranches (z.B. *Erforschung der Wahrheit*, III/2, Kap. VI), und kraft dieser Schau werden die Schwäche des Verstandes und die Unbeständigkeit des Willens nicht etwa aufgehoben, sondern vielmehr in der Durchführung der Gottesliebe anerkannt. Die Bedeutung der göttlichen Gnade, vor allem im Versöhnungsakt Jesu Christi, erschließt sich aus dieser philosophischen Betrachtung der menschlichen Situation.

In der Philosophie Malebranches sind somit zwei Tendenzen vereint, die in der weiteren Entwicklung des philosophischen Denkens von ausschlaggebender Bedeutung waren: zum einen die streng rationale Durchführung des philosophischen Denkens als metaphysische Lehre und zum anderen eine für das Selbstverständnis des Menschen in der Welt entscheidende Rationalitätskritik, die auf eine bewußte Einordnung dieser Rationalität in eine sie transzendierende Ordnung hinausläuft.

2.1.3 Der dogmatische Rationalismus und die Rationalitätskritik des Empirismus

Von den großen metaphysischen Lehren des 17. Jhs., die auf die Cartesische Philosophie folgten, kann generell gesagt werden, daß in ihnen der Versuch unternommen wurde, im theoretischen Selbstverständnis auch die gegebene Situation des Menschen in der Welt aufzunehmen. Gerade darauf weist der Epochenbegriff **Rationalismus** hin, daß das theoretische Denken der Metaphysik ein geschlossenes und sich genügendes Selbstverständnis des Menschen anzugeben imstande sei. Theorie bedeutete dabei immer auch Wissenschaftlichkeit. So standen die mathematischen Wissenschaften und deren technisch-praktische Anwendung in höchstem Ansehen, und viele der großen Philosophen dieser Zeit waren zugleich auch bedeutende Wissenschaftler. Im Kontext der Philosophie waren diese Wissenschaften jedoch – ganz anders als heute – der Ausdruck einer metaphysischen Grundhaltung (vgl. Hecht 1992).

Die **Idee einer Universalwissenschaft** (*scientia universalis*) war schon bei Descartes als *mathesis universalis* angelegt (vgl. Cassirer 1978) und wurde nachdrücklich von Leibniz verfolgt. Diese Universalwissenschaft, in der die Prinzipien des mathematisch-logischen Begreifens und Erkennens allen Wissensbereichen zugrunde gelegt werden und die somit *eine* allumfassende Wissenschaft hervorbringen sollte, drückt den Anspruch auf eine durchgehende und selbstbegründete Rationalisierung des Wissens besonders prägnant aus. Diese **metaphysisch motivierte Wissenschaftlichkeit** macht aber auch verständlich, warum in den Lehren des Rationalismus solche Ideen von zentraler Bedeutung waren, die – nach heutigem Verständnis – mit Rationalität recht wenig gemein haben. So findet sich bei Leibniz die Vorstellung einer ›prästabilierten Harmonie‹, bei Spinoza die einer ›intellektuellen Liebe zu Gott‹ – Vorstellungen, die Transzendenz und Rationalität ungehindert zu vereinen scheinen. Einen weiteren Hinweis gibt ein erster Blick auf die Werke selbst: Spinoza nannte sein Hauptwerk *Ethik* (1677) und verdeutlicht schon dadurch den systematischen Zusammenhang zwischen der metaphysischen Substanzlehre und der konkreten Situation des Menschen in der Welt; Leibniz verfaßte eine umfängliche *Theodizee* (1710), in der das philosophische Denken die Rechtfertigung Gottes angesichts des Bösen und Schlechten in der Welt unternimmt. Überall wird deutlich, daß der Bezug des philosophischen Denkens zur konkreten weltlichen Situation des Menschen im theoretischen Wissen, durch das sich der Mensch primär und im Sinne einer eigenverantwortlichen Aktivität verstand, selbst angegeben werden sollte. Die religiösen Gehalte tauchten im Kontext dieses theoretischen Wissens auf und wurden somit gewissermaßen metaphysisch rationalisiert. Der Glaube verlor aufgrund dieser übersteigerten Erwartung an das metaphysische Denken an eigenständiger, für das philosophische Denken problematischer Bedeutung.

Ungeachtet allen Fortschritts, der in diesen Lehren nach Descartes gesehen werden kann (Substanzenlehre), bleiben aber auch diese mit dem oben kurz angesprochenen Mangel des theoretischen Denkens behaftet. Wie bei Descartes geht das philosophische Denken von der unbedingten Selbstgewißheit und Autonomie des Denkens aus, aber es verfährt nach wie vor in einem Begreifen, das der gemeinten unbedingten Bedeutung nur unangemessen Ausdruck verleihen kann. Dazu können hier nicht mehr als einige wenige Hinweise gegeben werden.

In seiner *Monadologie* (posthum 1720) entwickelt **Gottfried Wilhelm Leibniz** (1646–1716) die Idee des Cartesischen Cogito weiter. Die **Monade** sollte die unbedingte Seinsgeltung des selbstgewissen Denkens so angeben, daß dieses in einen Totalzusammenhang eingebettet wird, durch den sich Welt, Seele und Gott zu einer umfassenden und unbedingten Realität zusammenschließen (zum Werk Leibniz' vgl. Gurwitsch 1974). Leibniz bemühte sich darum, die metaphysische Definition der Monade gegen die Definitionen dinglicher Substanzen, der Atome etwa, abzugrenzen. Aber er konnte nicht vermeiden, diese metaphysische Bestimmung doch wieder durch jene Strukturen des Begreifens und Erkennens vorzunehmen, die – wie der Satz vom Grunde – ihre inhaltliche Bestimmung und Geltung doch nur unter der Voraussetzung eines gegebenen Materials erhalten können. Es ist hier von großem philosophischen Interesse, diesen Mangel nicht einfach nur zu konstatieren, sondern in diesem Verfahren auch einen Vorzug zu sehen. Denn gerade durch diese scheinbar unkritische Vermengung eines Begreifens, das auf die gegebene Welt angewiesen ist und nur unter ihrer Voraussetzung vollzogen werden kann, mit einem metaphysischen Anliegen, das diese Voraussetzung nicht machen will, wird die Idee der *scientia universalis* erst verständlich. Die konkrete, wissenschaftlich durchdrungene Erkenntnis ist in ihren Prinzipien metaphysisch konstituiert, ihrem Inhalt nach aber auf diese gegebene Welt bezogen (zum Verhältnis von Wissenschaft, Logik und Metaphysik bei Leibniz vgl. Cassirer 1998; Couturat 1988). Die *Monadologie* versucht nichts anderes, als diesen Zusammenhang plausibel zu machen, durch den die konkrete, bedingtweltliche Situation in ihrer metaphysisch-unbedingten Bedeutung verstanden wird, wenn sie wissenschaftlich durchdrungen ist. Die *Theodizee* (1710) hat das gleiche Ziel, wenn das weltliche Übel, das dem Menschen widerfährt, aus dem Reich der Gnaden, wie Leibniz sich ausdrückte, heraus verstanden werden soll. – Voltaire hat in seinem *Candide* (1759) ein solches Unternehmen der Lächerlichkeit preisgegeben; er wurde damit dem philosophischen Anliegen gewiß nicht gerecht, entlarvte aber die fatale Mißverständlichkeit, die in der Darstellungsform der Leibnizschen Metaphysik angelegt ist.

Auch **Baruch de Spinoza** (1632–1677) gibt seinem Hauptwerk, der *Ethik* (1677), einen grundlegend wissenschaftlichen Charakter, wenn er sie der ›geometrischen Ordnung gemäß‹ (*ordine geometrico*) verfaßt (vgl. Hammacher 1998). Der Nachvollzug dieses Systems bereitet nicht zuletzt wegen seiner Komplexität große Schwierigkeiten. Aber es verdeutlicht schon durch seinen formalen Aufbau, daß es für das rationalistische Denken keine Kompromisse mit vernunftfremden Ansprüchen geben soll, wie sie etwa von der Religion erhoben werden. Spinozas berühmte Formel lautet: **Gott oder Natur** (*Deus sive natura*). Ob es sich dabei mehr um eine Vergöttlichung der Natur, sofern diese adäquat – die Spinozistische Weiterentwicklung des Cartesischen *clare et distincte* – erkannt wird, oder um eine Verweltlichung Gottes handelt, ist zweitrangig. Entscheidend ist, daß das philosophische Denken seinen metaphysischen Unbedingtheitsanspruch in die rationale Erkenntnis des konkret Bestehenden versenkt, wie es der Lehrsatz 17, Teil II der *Ethik* angibt: »Die Idee eines jeden wirklich existierenden Körpers oder Einzeldinges schließt das ewige und unendliche Wesen Gottes in sich.«

Diese entschiedene Rationalisierung der menschlichen Situation, die in der intellektuellen, d.h. rational begründeten Liebe zu Gott ihren höchsten Ausdruck findet, mußte bei Kirche und Theologie auf Ablehnung stoßen. In der späteren Aufklärung, in der Spinozas Lehre große Verbreitung fand (zur Spinoza-Rezeption im deutschen Idealismus vgl. Walther 1992), genügte der **Pantheismusvorwurf**, um einen Philosophen als unchristlichen Denker zu diskreditieren und damit in größte Schwierigkeiten zu bringen; Fichte und Schleiermacher waren nicht die einzigen, die dies erfahren mußten (s. Kap. I.2.3.1 und I.2.3.3).

Der Mangel, der dem rationalistischen Denken anhaftete, nämlich die unbedingte Bedeutung, die das Denken auf dem Wege der Selbstreflexion in sich selbst entdeckt hatte, in einer metaphysischen Seins- und Wahrheitslehre auszulegen, durch die der Mensch als rationales Wesen sich umfassend sollte verstehen können, hat die Entwicklung des philosophischen Denkens in eine andere Richtung getrieben.

Es sind vor allem die angelsächsischen Denker des **Empirismus oder Sensualismus**, die diesen Mangel dadurch zu überwinden suchten, daß sie die Rationalität in ihrer eigenen Begrenztheit und Abhängigkeit von einem gegebenen Material zum Gegenstand der philosophischen Untersuchung machten. Besonders Locke und Hume unterzogen diese rationalen Erkenntnisstrukturen einer eingehenden Analyse. Dadurch wurde ihnen sowohl das metaphysische Wissen selbst als auch dessen Einfluß auf die theologische Lehre fraglich. Sie konnten die Ansprüche der Vernunft, mittels des theoretisch-abstrakten Raisonnements die Situation des erkennenden Menschen in der Welt absolut zu formulieren, nicht länger teilen. So war es nur natürlich, daß der religiöse Glaube einen neuen Freiraum erhielt, über den das metaphysische Denken nicht mehr behauptend verfügen sollte. Der innere **Zusammenhang von Rationalitätskritik und religionsphilosophischem Denken** fand bei diesen Denkern seinen ersten Niederschlag. An einigen Aspekten dieser Rationalitätskritik soll im folgenden der Bezug zur religionsphilosophischen Problematik hergestellt und erläutert werden.

John Locke (1632–1704) hat sich in seinem Hauptwerk, dem *Versuch über den menschlichen Verstand* (1690), bemüht, die menschliche Erkenntnis auf ihre anschaulichen Quellen zurückzuführen und damit ein anderes Verständnis von Wissenschaft und Rationalität zu begründen (zu Leben und Werk Lockes vgl. Specht 1989). Die rationale Leistung bestand für ihn generell in der Verknüpfung von einfachen Ideen, die anschaulich gegeben werden und somit die Basis des menschlichen Begreifens und Erkennens darstellen. Diese Leistung des Verknüpfens und Anordnens durch Intuition oder Demonstration kann gewiß auch selbst im Sinne von Ideen verstanden und ausgelegt werden; aber diese Ideen haben ihren Wert nur in ihrer Anwendung auf jenes gegebene Material. Am Substanzbegriff macht Locke deutlich, wie ungesichert und haltlos jede Aussage sein muß, die ohne nachweisbaren Rekurs auf dieses anschaulich gegebene Material einfacher Ideen zur Behauptung existenter Realitäten zu gelangen vorgibt. Entweder ist dieser Rekurs nicht auszumachen, oder aber die gefundenen Ideen sind dunkel und verworren. In jedem Fall aber kann von Gewißheit nicht mehr die Rede sein, sondern nur noch von Glauben (*belief*).

In der Konsequenz erweisen sich die zentralen metaphysischen Gegenstände des Rationalismus als bloße Wörter, die für das menschliche Erfahren und Erkennen keinerlei Realitätsbezug aufweisen. Die Wissenschaften haben hingegen den Vorteil, in ihrer Konstitution und Fortentwicklung diesen Bezug überall vorauszusetzen und ihn durch sich zu bestätigen. Die rationale Dimension der Wissenschaften besteht dementsprechend lediglich in der systematischen Verknüpfung der in der Erfahrung gegebenen anschaulichen Ideen; sie verlieren aber jeden Anspruch auf Aussagen, die über diese Tätigkeit des Verstandes hinausgehen.

Die Wissenschaft hat damit keinen philosophischen Wert, während umgekehrt die philosophische Reflexion nicht darauf ausgeht, eine wissenschaftliche Philosophie zu begründen und zu formulieren, sondern allein die selbstkritische Besinnung auf das Erfahrungs- und Erkenntnisgeschehen nahelegen möchte. Aus diesem Selbstverständnis heraus kritisiert Locke dann auch die theoretischen Auslegungen von seiten der Theologie. Jede Aussage, beispielsweise über die Trinität, verliert schon durch die generelle Kritik des Substanzdenkens an Verbindlichkeit. Aber auch jede sonstige Rechtfertigung religiöser Gehalte – etwa über das historische Zeugnis – kann niemals Anspruch auf Erkenntnis erheben. Ihre Anerkennung bleibt ein Denken in Wahrscheinlichkeiten und folglich Sache des Glaubens (faith). Hinsichtlich der Heiligen Schrift kommt Locke zu einer vorrangig moralisch-praktisch motivierten Anerkennung: Die Offenbarung, insbesondere das Neue Testament, erweist sich als die vollkommene Ethik (*Die Vernünftigkeit des Christentums*, 1695). Für den Philosophen erübrigt sich aus dieser Einsicht und Haltung heraus jede philosophische Formulierung eines rational begründeten Systems der Moral. Seine Aufgabe besteht vielmehr darin, die Inhalte der Offenbarung zu reflektieren und, soweit wie möglich, ihre Verbindlichkeit für den Menschen zugänglich und nachvollziehbar zu machen.

In anderer Form hat sich **David Hume** (1711–1776) mit der Religion auseinandergesetzt. Auch er versteht seine theoretische Philosophie, die in der *Untersuchung über den menschlichen Verstand* (1748) niedergelegt ist, als eine selbstkritische Besinnung auf das konkrete Erfahrungsgeschehen (zu Leben und Werk Humes vgl. Kulenkampff 1989). Lockes einfache Ideen finden sich bei ihm als *impressions*, d.h. als sinnliche gegebene Eindrücke, die in ihrem Gegebensein die unbedingte Seinsgeltung aller Erfahrung und Erkenntnis tragen und begründen. An ihnen kann jedoch eine rationale, die Existenz betreffende Gesetzmäßigkeit, wie sie vom Kausalitätsprinzip eingefordert wird, nicht bestätigt werden. Die Tatsachen (*matters of fact*) können in ihrer Realitätsgeltung nicht kraft der Ideenbeziehungen (*relations of ideas*) eingesehen werden, und jede seinsbezogene Aussage über Kausalitäten ist Sache der Gewohnheit, nicht aber einer rational begründeten Einsicht. Der kosmologische Gottesbeweis, also der Beweis der Existenz Gottes über die durchgängig kausale Verknüpfung der gegebenen Dinge auf ihren Ursprung hin, entbehrt damit jeder Grundlage, und die metaphysischen Systeme zerfallen in haltlose Behauptungen. Aber die Religion ist mit dieser impliziten Metaphysikkritik nicht selbst schon widerlegt.

In seinen *Dialogen über natürliche Religion* (1779) läßt Hume in einem freien Gespräch verschiedene Positionen aufeinanderstoßen, die das philosophische Denken der Religion gegenüber einnehmen kann. Es sind dabei allerdings weniger diese einzelnen Positionen, die das Wesen der Religion angeben; es ist auch nicht ihr Widerstreit, durch den die Unhaltbarkeit der einzelnen Positionen oder der Religion im ganzen erwiesen werden soll. Es ist vielmehr das Gespräch selbst, also die freie Reflexion auf diese Positionen, in der sich ein religiöses, aber undogmatisch religiöses Bewußtsein zum Ausdruck bringt. Es geht Hume also vor allem darum zu zeigen, daß der Glaube nicht in dogmatischen Behauptungen aufgehen kann. Auch die atheistische Position ist demzufolge eine haltlose metaphysische Behauptung, die das skeptische Denken ablehnen muß.

Mit seinen *Dialogen* knüpft Hume an die **Tradition des Deismus** an, der dem philosophischen Denken des 17. und 18. Jhs. eine religionsphilosophische Dimension verleiht (vgl. Möller 1986, S. 71–109). Die deistische Position kennt allein den Gott der Philosophie oder der Vernunft, der ausgehend von der philosophischen und wissenschaftlichen Erkenntnis der Welt konzipiert wird. Durch ihn wird der persönliche Gott, der sich in Offenbarung und Wundern bezeugt, für das vernunftbegründete Selbstverständnis des Menschen in den Hintergrund gestellt oder ganz abgewiesen. Als aufklärerische Strömung bereitet der Deismus, dessen Tradition mit Herbert von Cherbury (1581–1648) anhebt und durch Vertreter wie etwa Voltaire oder Lessing große Verbreitung findet, schließlich auch den Boden für **eine kritische Konzeption reiner Vernunftreligion**. Vor allem Lessing hat mit seinen zwei Grundkriterien aller Vernunftreligion die religionsphilosophische Frage für die Philosophie der deutschen Aufklärung entscheidend geprägt: Zum einen sind zufällige Geschichtswahrheiten prinzipiell untauglich zur Begründung ewiger Vernunftwahrheiten; zum anderen kann nur dasjenige in einen aufgeklärten Begriff von Religion Eingang finden, was mit dem Selbstverständnis des kritischen Denkens allgemein zu vereinbaren ist.

In der aufklärerischen Tradition des 18. Jhs. finden sich überall Anregungen und Stellungnahmen, die explizit oder implizit, philosophisch-weltanschaulich oder literarisch-essayistisch, auf die religionsphilosophische Thematik und Problematik verweisen und sie erhellen (vgl. Trillhaas 1972, S. 41–55). Auffallend ist, daß das aufklärerisch-skeptische Denken in Deutschland von der Philosophie im engeren Sinne zunächst nur wenig verarbeitet wird. Es dominiert eine streng rationalistische Schulmetaphysik, allen voran die sog. Leibniz-Wolffsche-Schule. Die skeptische und metaphysikkritische Grundtendenz der Philosophie dieses Jahrhunderts, die die Entstehung eines explizit religionsphilosophischen Denkens begünstigt hat, wird in Deutschland erst in der Philosophie Kants fortgeführt und erfährt in ihr ihre konsequenteste und folgenreichste Durchdringung und Formulierung.

2.2 Kant: Die Religion innerhalb der Grenzen der bloßen Vernunft

2.2.1 Die Stellung der religionsphilosophischen Frage in der Kantischen Philosophie

Im philosophischen **Werk Immanuel Kants** (1724–1804) nimmt die Religionsphilosophie auf den ersten Blick nur wenig Raum ein. Erst gegen Ende seines Schaffens verfaßte Kant die Schrift *Die Religion innerhalb der Grenzen der bloßen Vernunft* (RGV, 1793), in der er den Gedanken der Vernunftreligion, der bereits im Rahmen der praktischen Philosophie dargelegt wird, weiterentwickelt. »Moral führt also unumgänglich zur Religion«, so heißt es in der RGV (ebd., S. IX). Die Frage, ob durch diese Hinführung zur Religion die Grenzen der Vernunft überschritten werden oder ob Religion innerhalb ihrer Grenzen verbleibt, läßt sich zunächst leicht beantworten. Daß die Religion als Vernunftreligion ausschließlich eine **Angelegenheit der Vernunft** ist, drückt schon der Titel der Schrift aus. Entsprechungen zur historischen Offenbarungsreligion des Christentums können von der Vernunft zwar konstatiert werden, gehen aber nicht aus dem Begriff der Vernunftreligion selbst hervor. Es ist somit grundsätzlich die Frage, in welchem Sinne die Vernunft, zumal als kritische und aufgeklärte, überhaupt ›Religion‹ haben kann, oder, mit den Worten Kants, inwiefern Religion als ein »Vernunftbegriff a priori« anzusehen ist (ebd., S. XXII). Ersichtlich ist in jedem Fall, daß Wissen und Glauben, Philosophie und Religion in der Transzendentalphilosophie Kants ganz spezifische, allein durch das philosophische Denken autorisierte Bedeutungen haben.

Die Kant-Forschung bemüht sich seit langem, und neuerdings wieder intensiver, den **systematischen Stellenwert der Religionsphilosophie** im Gesamtwerk zu klären (vgl. Dierksmeier 1998; Fischer 1993; Ricken u.a. 1992; Wimmer 1990). Um den Einstieg in diese komplexe Thematik zu ermöglichen, ist zunächst die Ausgangslage und Entwicklungsgeschichte des Kantischen Werks darzulegen (zu Leben und Werk Kants vgl. Groudin 1994; Kaulbach 1982; Kopper 1996). Dabei entspricht die Abfolge, in der Kant seine Hauptwerke verfaßt hat, in etwa der systematischen Reihenfolge, in der die Philosophie ihre Aufgaben zu behandeln hat:

> »Das Feld der Philosophie [...] läßt sich auf folgende Fragen bringen: 1) *Was kann ich wissen?* 2) *Was soll ich tun?* 3) *Was darf ich hoffen?* 4) *Was ist der Mensch?* – Die erste Frage beantwortet die *Metaphysik*, die zweite die *Moral*, die dritte die *Religion* und die vierte die *Anthropologie*. Im Grunde könnte man aber alles dieses zur Anthropologie rechnen, weil sich die drei ersten Fragen auf die letzte beziehen. Der Philosoph muß also bestimmen können 1) die Quellen des menschlichen Wissens, 2) den Umfang des möglichen und nützlichen Gebrauchs alles Wissens und endlich 3) die Grenzen der Vernunft. – Das letztere ist das nötigste aber auch das schwerste [...] .« (*Logik*, AA IX, S. 25)

Mit diesen Worten (vgl. KrV, B 832ff.) konturiert Kant sein philosophisches Anliegen in sehr einfacher Form. In den ersten drei Fragen steht das Wissen der Vernunft, als des obersten Erkenntnisvermögens, im Mittelpunkt. Der Mensch selbst, um dessen Erkenntnis es der Philosophie in ihrer Endabsicht geht, ist für Kant wesentlich Vernunftwesen und Philosophie Vernunftwissen. Um sich als **Weisheitslehre** vollenden zu können, der ein Wissen um die letzten Zwecke der Menschheit, d.h. um das, »was jedermann notwendig interessiert« (KrV, B 868), zugrunde liegen soll, muß das philosophische Denken mit der Frage nach dem, was gewußt werden kann, beginnen. Wenn

Kant sagt, daß es die Metaphysik sei, die diese Frage beantworte (s. *Logik*, S. 25), dann ist dieser Metaphysikbegriff noch gänzlich unkritisch zu verstehen: Metaphysik steht hier ganz traditionell für die philosophisch-theoretische Wissenslehre, in der das menschliche Selbstverständnis durch die Behandlung der drei metaphysischen Gegenstände der Vernunft: »die Freiheit des Willens, die Unsterblichkeit der Seele und das Dasein Gottes« (KrV, B 826) seinen höchsten Ausdruck findet. Die Vernunft ist daher weniger als ein Vermögen neben anderen anzusehen; sie steht vielmehr für jenes ursprüngliche Interesse des Menschen, sich seine weltliche Situation durch eine philosophische Reflexion verständlich zu machen, die sich zu diesem Zweck auf die genannten drei Gegenständen richtet (vgl. Fischer 1979).

Auf dieses **fundamentale metaphysische Interesse** des Menschen hat Kant immer wieder mit Nachdruck hingewiesen (vgl. Pascher 1991). Es zeigt sich nicht nur direkt in der sog. vorkritischen Phase seines Werks, in der er beispielsweise die Schrift *Der einzig mögliche Beweisgrund zu einer Demonstration des Daseins Gottes* (1763) verfaßte. Auch in der kritischen Phase seines Denkens, also mit Beginn der Ausarbeitung der *Kritik der reinen Vernunft*, bleibt die Errichtung einer Metaphysik als Wissens- und Seinslehre das erklärte Ziel. Die **Transzendentalphilosophie** soll eine Propädeutik zu einer wissenschaftlichen Metaphysik sein (KrV, B 869), und der Titel der kurze Zeit später erschienenen Schrift *Prolegomena zu einer jeden künftigen Metaphysik, die als Wissenschaft wird auftreten können* (1783) dokumentiert dieselbe Absicht.

Diese Absicht hat sich nun für Kant nicht erfüllen können. Die drei großen Kritiken verstehen sich ausdrücklich nicht als dogmatische Metaphysik; lediglich die *Metaphysik der Sitten* (1797) erhebt auf dem Gebiet der Moralphilosophie den Anspruch, eine Metaphysik auf Grundlage der Transzendentalphilosophie zu sein. Zu einer Metaphysik der Natur, die im eigentlichen, nämlich theoretischen Interesse der Vernunft liegen mußte, gelangte Kant nicht. Die Resultate der Kritik der theoretischen Vernunft bleiben angesichts der Metaphysik auch weiterhin von bloß negativem Nutzen (s. Kap. I.2.2).

Die praktische Philosophie stellt als *Kritik der praktischen Vernunft* (KpV, 1788) den zweiten und entscheidenden Schritt auf dem Weg zur Weisheit dar. Aus ihr geht die erste transzendentale Formulierung des Vernunftglaubens hervor, der von Kant ausdrücklich als Weisheitslehre verstanden wird (s. KpV, S. 194). Kants Rede vom **Primat der praktischen Vernunft** ist hier durch die Entsprechung der praktischen Philosophie zum metaphysischen Interesse zu verstehen. Allerdings hat der Mensch nun in sein Selbstverständnis Natur und Freiheit aufgenommen und ist, wie Kant selbst es ausdrückt, ›Bürger zweier Welten‹. Da die **gegebene weltliche Situation** für ihn gleichwohl *eine einzige* bleibt, hat Kant in der *Kritik der Urteilskraft* (KU, 1790) versucht, diese beiden ›Welten‹ in einer neuartigen Reflexion zu verbinden. Sie kann dabei zwar nicht zur Formulierung eines Wissens in dem Sinne, wie es von der KrV vorgegeben war, gelangen, wohl aber ein neues philosophisches Verständnis der Welt begründen und damit auch den Vernunftglauben vertiefen.

Es bleibt also tatsächlich der Beantwortung der Frage: *Was darf ich hoffen?* vorbehalten, ein Selbstverständnis des Menschen zu erbringen, in dem er sich als Vernunft- *und* Sinnenwesen zugleich erfährt. Die **Religionsphilosophie** stellt die vollendete Weisheitslehre dar, in der die ›Bestimmung des Menschen‹ aus der Selbstkritik der Vernunft auf theoretischem und praktischem Gebiet hervorgeht. Und wenn Kant in der eingangs zitierten Passage der dritten Frage die ›Bestimmung der Grenzen der Vernunft‹ zuordnet, dann mag hier schon deutlich werden, daß die konsequent durchgeführte Rationalitätskritik für Kant nicht nur an die Grenzen des philosophischen Wissens stößt, sondern auch zur Einsicht in die **Grenzen eines Selbstverständnisses aus bloßer Vernunft** führt.

Kants besonderes Verdienst liegt generell in der neuartigen ›Denkungsart‹, durch die er dieses Selbstverständnis zum eigentlichen Gegenstand der philosophischen Lehre erhebt. Der maßgebliche Einschnitt, der die kritische Phase in Kants Denken einleitete, kommt durch die Entdeckung zustande, daß keine befriedigenden metaphysischen Erkenntnisse gewonnen werden können, wenn die Welt als eine für sich bestehende Realität vorausgesetzt wird und sich das begreifende Erkennen an diesem Vorausgesetztsein spekulativ entfaltet. Die Metaphysik verfährt dann in ihren Behauptungen dogmatisch (vgl. KrV, B XXXVf.), und dieser **Dogmatismus des philosophischen Denkens** geht in seiner Bedeutung für Kant selbst aus der Entdeckung der sog. *Antinomie der spekulativen Vernunft* (ausführlich in: KrV B 432ff.; vgl. Hinske 1970) hervor, wie er in einem Brief an Christian Garve (vom 21.9.1798) rückblickend ausführt:

> »Nicht die Untersuchung vom Dasein Gottes, der Unsterblichkeit etc. ist der Punkt gewesen, von dem ich ausgegangen bin, sondern die Antinomie der r.V. [reinen Vernunft]: ›Die Welt hat einen Anfang, – sie hat keinen Anfang etc. bis zur vierten: es ist Freiheit im Menschen, – gegen den: es ist keine Freiheit, es ist alles in ihm Naturnotwendigkeit‹; diese war es, welche mich aus dem dogmatischen Schlummer zuerst aufweckte und zur Kritik der Vernunft selbst hintrieb, um das Skandal des scheinbaren Widerspruchs der Vernunft mit ihr selbst zu heben.«

Kant gelangt durch diesen ›Skandal‹ zu der Einsicht, daß diese Art des Raisonnements, in dem sich das gegenständliche, d.h. sich am Gegebensein der Dinge vollziehende Begreifen einer unbedingten Bedeutung zu versichern sucht, schon im Ansatz verfehlt ist. Das Bewußtsein um die Unangemessenheit solchen Begreifens für das metaphysische Interesse nennt Kant rückblickend den **»Stillestand der Vernunft im Skeptizismus«** (*Welches sind die wirklichen Fortschritte, die die Metaphysik seit Leibnizens und Wolffs Zeiten in Deutschland gemacht hat?*, AA XII, S. 258). Damit bringt er zum Ausdruck, daß die Vernunft ihr metaphysisches Anliegen zwar noch besitzt, es aber nicht mehr dogmatisch durchführen kann. Die Situation des philosophischen Denkens erweist sich als »Verzweiflung des Denkens an sich selbst« (ebd., S. 314f.). Denn selbst wenn das metaphysische Interesse spekulativ nicht befriedigt werden kann, so kann es doch nicht fallengelassen werden. Diese falsche Konsequenz wäre selbst eine dogmatische Reaktion auf den Stillstand, dessen indirekter Gewinn, nämlich des metaphysischen Interesses unbeschadet von jeglicher philosophisch-dogmatischen Auslegung inne zu sein, nicht preisgegeben werden soll (vgl. KrV, B 786ff.). Das philosophische Denken muß sich demnach auf das besinnen, was der fehlgehenden Spekulation zugrunde gelegen hat, nämlich auf jenes gegenständliche Begreifen, durch das und in dem die gegebene Welt erkannt und gewußt wird. Dieses Begreifen und Erkennen muß erst grundsätzlich in seiner Konstitution dargestellt und durchsichtig gemacht werden, bevor das metaphysische Interesse wieder aufgenommen werden kann. Die ***Kritik der reinen Vernunft*** soll diese neue Orientierung des philosophischen Denkens vollziehen:

»Daß der Geist des Menschen metaphysische Untersuchungen einmal gänzlich aufgeben werde, ist eben so wenig zu erwarten, als daß wir, um nicht immer unreine Luft zu schöpfen, das Atemholen einmal lieber ganz und gar einstellen würden. Es wird also in der Welt jederzeit, und was noch mehr, bei jedem, vornehmlich dem nachdenkenden Menschen Metaphysik sein, die in Ermangelung eines öffentlichen Richtmaßes jeder sich nach seiner Art zuschneiden wird. Nun kann das, was bis daher Metaphysik geheißen hat, keinem prüfenden Kopfe ein Genüge tun, ihr aber gänzlich zu entsagen, ist doch auch unmöglich: also muß endlich eine Kritik der reinen Vernunft selbst *versucht*, oder, wenn eine da ist, *untersucht* und in allgemeine Prüfung gezogen werden, weil es sonst kein Mittel gibt, diesem dringenden Bedürfnis, welches noch etwas mehr als bloße Wißbegierde ist, abzuhelfen.« (*Prolegomena*, AA IV, S. 367)

2.2.2 Die Kritik der reinen Vernunft

Die *Kritik der reinen Vernunft* versteht sich nicht als Metaphysik. Als philosophische Lehre erhebt sie, zunächst noch im Blick auf eine mögliche, künftige Metaphysik, lediglich den Anspruch, das theoretische Erkennen und Wissen transzendental-kritisch zu untersuchen, d.h. die Bedingungen der Möglichkeit von Erkennen und Wissen zu bestimmen. Aus dieser Untersuchung geht hervor, daß alles objektive, d.h. notwendige und allgemeingültige Erkennen ein **Erkennen in der Erscheinung** ist. Denn nur unter der Bedingung, daß ein Material in der Anschauung gegeben und durch die reinen Anschauungsformen von Raum und Zeit a priori strukturiert ist, kann der Verstand seine erkenntniskonstitutive Leistung, jenes Material nach Maßgabe seiner eigenen apriorischen Regeln objektiv zu begreifen, erbringen. Diese Absonderung des Reinen, Formalen oder Apriorischen, das der menschlichen Intelligenz wesenseigen ist und nicht der Erfahrung entlehnt wird, vom Empirischen, Materialen oder Aposteriorischen kommt nicht nur hier, sondern in der gesamten Kantischen Philosophie zum Tragen. Sie findet ihren Ausdruck in der Hauptfrage der Transzendentalphilosophie nach der Möglichkeit **synthetischer Urteile a priori**. In diesen soll sich das Apriorische mit dem Aposteriorischen auf selbst apriorische Weise verbinden und damit gewährleistet sein, daß Erkenntnis und Wissen tatsächlich die gegebene Welt betreffen. In der Lehre von der Erscheinung wird dieses Wissen allerdings strikt auf den Bereich möglicher Erfahrung eingeschränkt. Daß hier allein der Verstand erkenntniskonstitutiv ist, besagt also, daß die metaphysisch interessierte Vernunft hier nicht engagiert ist.

Die Vernunft definiert Kant als das »**Vermögen der Prinzipien**« oder Grundsätze (KrV, B 355f). Sie konstituiert nicht, wie der Verstand, die Objektivität der weltlichen Gegenstände, sondern sie bezieht sich *auf* den Verstand und seine objektive Erkenntnis, die den »Stoff« für ihre systematische Absicht bereitstellt (ebd., B 367; 671). Sie erhebt sich also über den Verstand und hat somit ihr eigenes logisches Verfahren, das nicht die apriorische Urteilsregel des Verstandes ist, sondern die Form des Schlusses hat: »[...] die Vernunft (sucht) im Schließen die große Mannigfaltigkeit der Erkenntnis des Verstandes auf die kleinste Zahl der Prinzipien (allgemeiner Bedingungen) zu bringen und dadurch die höchste Einheit derselben zu bewirken [...].« (ebd., B 361).

Der Verstand hat »nur mit Gegenständen einer möglichen Erfahrung zu tun, deren Erkenntnis und Synthesis jederzeit bedingt ist« (ebd., B 364/365), – wobei nicht übersehen werden darf, daß diese philosophische Bestimmung des Verstandes, angesichts seiner Gegenstände *bloß* **bedingte Erkenntnis** hervorzubringen, von der metaphysisch interessierten, sich aber selbstkritisch reflektierenden Vernunft vorgenommen wird; durch den Verstand, der seine Erkenntnis nur unter der Bedingung gegebener Erscheinungen hervorbringt, kann eine solche Bestimmung gar nicht erfolgen. Er verfährt ausschließlich *in* der Einheit möglicher Erfahrung, *auf* die allein die Vernunft sich beziehen kann.

Wenn Kant also die Vernunft in ihrem Bestreben charakterisiert, »zu dem bedingten Erkenntnisse des Verstandes das Unbedingte zu finden, womit die Einheit desselben vollendet wird« (ebd., B 364), dann kann dieses »**Unbedingte**« weder gegenständlicher Natur sein, noch eine für die Einheit der Verstandeserkenntnis konstitutive Funktion haben. Die Grundsätze der Vernunft können somit die Erweiterung der Verstandeserkenntnis nur insofern betreffen, als sie das »Unbedingte« gleichsam zu ihr hinzu-, nicht aber in sie hineindenken.

Das gesuchte Unbedingte drückt sich in **apriorischen Ideen** aus, die allein für die Vernunft Geltung haben (vgl. Malter 1981). Für die transzendental-kritische Reflexion sind diese Ideen also nicht Resultate des Schließens, für die sie das dogmatisch-spekulative Raisonnement hält, sondern sie sind **transzendentale Vernunftideen** (KrV, B 377f.), die dem Schlußverfahren, das das Bedürfnis nach systematischer Einheit durchführt, zugrunde liegen: Diese Ideen werden »sich unter drei Klassen bringen lassen, davon die *erste* die absolute (unbedingte) *Einheit des denkenden Subjekts*, die *zweite* die absolute *Einheit der Reihe der Bedingungen der Erscheinungen*, die *dritte* die absolute *Einheit der Bedingung aller Gegenstände des Denkens* überhaupt enthält« (KrV, B 391).

Diese Vernunftideen haben keinen erkenntniskonstitutiven, sondern nur einen ›**regulativen Gebrauch**‹, in dem sich ihre Bedeutung für die theoretische Vernunft erschöpft. Sie dienen der systematischen Ordnung aller Verstandeserkenntnis, die vom Verstand selbst nicht hervorgebracht werden kann.

Mit diesem bescheidenen Resultat gibt sich das metaphysische Interesse, das Kant in der KrV als ein fundamentales theoretisches Bedürfnis herausstellt, nicht zufrieden. Als dieses Bedürfnis ignoriert oder mißachtet es seine Einschränkung und sucht die objektive Erkenntnis der in den Vernunftideen angegebenen unbedingten Bedeutung. Der daraus hervorgehende unkritische Gebrauch, d.h. die Verlagerung der in den Vernunftideen liegenden Erweiterungsabsicht in den Bereich der Erfahrung, führt zur Blendung durch den »**transzendentalen Schein**« (KrV, B 349f.). Es handelt sich dabei nicht um einen Fehler im rein logischen Gebrauch der Vernunft, der in haltlose Spekulationen führt, denn ein solcher Fehler ließe sich leicht korrigieren und ein positives Ergebnis wäre prinzipiell nicht ausgeschlossen. Es geht vielmehr gerade um das Faktum der »natürliche(n) und unvermeidliche(n) Illusion« (ebd., B 354), daß es legitim wäre, auf der Grundlage der Verstandeserkenntnis durch Vernunftschlüsse eine unbedingte Bedeutung zu ermitteln, die auf einen korrespondierenden Gegenstand – analog zur verstandesmäßigen Gegenstandserkenntnis – verweist. Der ›transzendentale Schein‹, »der uns, wider alle Warnungen der Kritik, über den empirischen Gebrauch der Kategorien wegführt und uns mit dem Blendwerke einer Erweiterung des reinen Verstandes hinhält« (ebd., B 352), wird also durch die Kritik nicht beseitigt, sondern nur eingesehen.

Die traditionelle Metaphysik bezeichnet die in diesem dogmatischen Sinne verstandenen erweiternden Vernunftideen als die Ideen von **Welt, Seele und Gott**, die sie in den entsprechenden Disziplinen der Kosmologie, der rationalen Psychologie und der rationalen Theologie (zur Gottesidee bei Kant vgl. Barth 1993; Sala 1990) als Gegenstände einer unbedingten Vernunfterkenntnis behandelt. Kant legt in den diesbezüglichen drei Kapiteln der ›Dialektik‹ dar, auf welche Weise die Vernunftideen als metaphysische Erkenntnis fehlgedeutet werden können. Dabei geht es immer um den Nachweis, wie die Vernunft die Regeln des Verstandes, der ja das Material für die Vernunftschlüsse bereitstellt, über deren Geltungsbereich möglicher Erfahrung hinausträgt.

Das Resultat der KrV im Blick auf das metaphysische Interesse wird von Kant in der abschließenden *Methodenlehre* als **ein negativer und ein positiver Nutzen** bezeichnet. Trotz der Demütigung »für die menschliche Vernunft, daß sie in ihrem reinen Gebrauche nichts ausrichtet«, ist ihr negativer Nutzen für das philosophische Denken erheblich:

> »Der größte und vielleicht einzige Nutzen aller Philosophie der reinen Vernunft ist also wohl nur negativ; da sie nämlich nicht, als Organon, zur Erweiterung, sondern, als Disziplin, zur Grenzbestimmung dient, und, anstatt Wahrheit zu entdecken, nur das stille Verdienst hat, Irrtümer zu verhüten.« (ebd., B 823)

Als zwar ›gedemütigte‹, aber doch aufgeklärte Vernunft kann sie sich jetzt selbst disziplinieren und sich ihrem Hang zu überschwenglichen Spekulationen widersetzen.

Der positive Nutzen liegt in der kritischen Befreiung des metaphysischen Interesses von seiner theoretisch-spekulativen Auslegung und der Hinwendung der **theoretisch aufgeklärten Vernunft** zur praktischen Bestimmung des Menschen.

> »Sie [die Vernunft] ahndet Gegenstände, die ein großes Interesse für sie bei sich führen. Sie tritt den Weg der bloßen Spekulation an, um sich ihnen zu nähern; aber diese fliehen vor ihr. Vermutlich wird auf dem einzigen Wege, der ihr noch übrig ist, nämlich dem des *praktischen* Gebrauchs, besseres Glück für sie zu hoffen sein.« (ebd., B 824)

Die Freiheit des Menschen, die Existenz Gottes und die Unsterblichkeit der Seele stellen weiterhin die ›Kardinalinteressen‹ des Menschen dar (ebd., B 828f.). Die transzendentale Kritik hat lediglich ergeben, daß sie auf spekulativem Wege weder begriffen noch überhaupt angemessen verstanden werden können. Das metaphysische Interesse selbst wird also nicht widerlegt, sondern es wird ein anderer Weg eröffnet, es in seiner wahren Bedeutung in das menschliche Selbstverständnis aufzunehmen. Kants Ausspruch von der notwendigen Aufhebung des Wissens, um Platz für den Glauben zu schaffen, findet hier seine Erläuterung im Blick auf **Moral und Religion**, die für Kant in engstem Zusammenhang stehen:

> »Aus dem ganzen Verlauf unserer Kritik wird man sich hinlänglich überzeugt haben: daß, wenngleich Metaphysik nicht die Grundfeste der Religion sein kann, so müsse sie doch jederzeit als die Schutzwehr derselben stehenbleiben, und daß die menschliche Vernunft [...] die Verwüstungen abhält, welche eine gesetzlose spekulative Vernunft sonst ganz unfehlbar, in Moral sowohl als Religion, anrichten würde.« (ebd., B 877)

Für die theoretische Vernunft gilt, daß sie, sofern sie auf unbedingte Erkenntnis abzielende Vernunft ist, das metaphysische Interesse des Menschen nur als Bedürfnis und Hang erlebt. Das **Bedürfnis der Vernunft** bedeutet, daß der Mensch sein metaphysisches Interesse zwar *vor* aller theoretischen Auslegung durch die Vernunft besitzt, aber einer theoretischen Selbstvergewisserung, wie das Interesse angemessen zu verstehen ist, bedarf. Der **Hang der Vernunft** bedeutet, daß diese Selbstvergewisserung unvermeidlich auf ein spekulatives Raisonnement hinausläuft, das die Vernunft in Widerspruch mit sich selbst bringt. Da nun das metaphysische Interesse des Menschen im System Kants weiterhin auf die Vernunft bezogen bleibt, ist das Vernunftwesen Mensch durch den theoretisch-spekulativen Vernunftgebrauch nicht vollständig bestimmt. Das Unglück für die Spekulation wandelt sich damit in ein »Glück für die praktische Bestimmung des Menschen« (ebd., B 492).

2.2.3 Die Moralphilosophie und der Übergang zum praktischen Vernunftglauben

Durch die Einschränkung des objektiven Erkennens und Wissens auf den Bereich möglicher Erfahrung und durch die Disziplin wider den Hang der *theoretischen* Vernunft, diese Einschränkung zu mißachten, wird das metaphysische Interesse des Menschen für das transzendentale Denken bewahrt. Die Auflösung des inneren Widerstreits der spekulativen Vernunft bereitet somit den Boden für ein neues Verständnis der menschlichen Situation in der Welt. Deswegen spricht Kant der Antinomie der theoretischen Vernunft, die ja zur Formulierung der transzendentalen Lehre von der Erscheinung führte und damit die Grundlage für ein metaphysisches, aber nicht mehr sich in Illusion verfangendes Selbstverständnisses schuf, die höchste Bedeutung zu:

> Sie ist »die wohltätigste Verirrung, in die die menschliche Vernunft je hat geraten können, indem sie uns zuletzt antreibt, den Schlüssel zu suchen, aus diesem Labyrinthe herauszukommen, der, wenn er gefunden worden, noch das entdeckt, was man nicht suchte und doch bedarf, nämlich eine Aussicht in eine höhere, unveränderliche Ordnung der Dinge, in der wir schon jetzt sind, und in der unser Dasein der höchsten Vernunftbestimmung gemäß fortzusetzen, wir durch bestimmte Vorschriften nunmehr angewiesen werden können.« (KpV, S. 193)

Für die Philosophie Kants liegt dieser ›Schlüssel‹ in der Moralphilosophie, durch die es möglich wird, das Menschsein doch noch aus der reinen Vernunft heraus verstehen zu können. Dazu wird sie allerdings nicht mehr als theoretische, sondern als **praktische Vernunft** betrachtet, deren Kritik zwangsläufig in einen praktischen Vernunftglauben des endlichen Weltwesens Mensch führt (vgl. Martin 1990; Wagner 1975).

Der kategorische Imperativ »Handle so, daß die Maxime deines Willens jederzeit zugleich als Prinzip einer allgemeinen Gesetzgebung gelten könne« (KpV., S. 54) erweist sich als die gesuchte apriorische, unbedingte Bedeutung der reinen praktischen Vernunft, die – im Sinne Kants – nicht theoretisch bewiesen oder gar durch eine philosophische Konstruktion hervorgebracht wird. Seine Formulierung stellt eine transzendentale Erkenntnis dar, die hier nicht das theoretische Erkennen und Wissen, sondern das praktische Wollen und Handeln betrifft. Dieses moralischen Gesetzes werden wir uns **unmittelbar bewußt**, »so bald wir uns Maximen des Willens entwerfen« (ebd., S. 54). Das erklärt auch, warum Kant dem Gewissen generell große Bedeutung beimißt.

Das Sittengesetz, das sich die praktische Vernunft selbst gibt und durch das sie um ihre **Autonomie** (Selbstgesetzgebung) weiß, bestätigt durch sich selbst die Wirklichkeit der Freiheit. Die reine Vernunft ist faktisch ›für sich selbst praktisch‹, d.h. sie bestimmt sich durch ein Welt- und Realitätsverständnis, das allein ihr selbst entstammt und sie selbst ausdrückt, und diese Intelligibilität soll in der erscheinenden Welt realisiert werden.

> »Dieses Gesetz soll der Sinnenwelt, als einer *sinnlichen Natur*, (was die vernünftigen Wesen betrifft,) die Form einer Verstandeswelt, d.i. einer *übersinnlichen Natur* verschaffen [...]«, die »*eine Natur unter der Autonomie der reinen praktischen Vernunft*« ist. (ebd., S. 74)

Die Bestätigung der Autonomie geht jedoch über das **Bewußtsein des Sollens** nicht hinaus. Von der Welt her kann bestenfalls die Legalität bestätigt werden, also die Gesetz*mäßigkeit* einer erscheinenden Handlung (Handeln gemäß der Pflicht). Einen Rückschluß darauf aber, daß sie aus dem reinen Willen zur Gesetzlichkeit ihrer Maxime hervorgegangen ist (Handeln *aus* Pflicht), kann es nicht geben. Die fehlende Beziehung zur gegebenen Welt ist nun im Blick auf die Willensbestimmung kein Mangel, sondern das Wesensmerkmal des formalen Charakters des Sittengesetzes (*Grundlegung zur Metaphysik der Sitten*, AA IV, S. 420 f.). Die ›Gemäßheit‹ der Maxime zum allgemeinen Gesetz oder ihre Tauglichkeit zu einer allgemeinen Gesetzgebung ist sogar alles, was der kategorische Imperativ fordern kann. Durch das Sittengesetz *weiß* sich der Mensch also zwar einer intelligiblen Welt zugehörig, in der er den Endzweck einer vollkommen vernünftig angeordneten Welt darstellt. Aber dieses Wissen, das nur den Charakter einer ›Anzeige‹ hat, geht ganz auf das Sittengesetz zurück, das »sich für sich selbst uns aufdringt als synthetischer Satz a priori« (KpV, S. 56). Es ist ein »Faktum der Vernunft«, und der Zusammenhang von Freiheit, Sittengesetz und Intelligibilität mit der gegebenen Welt bleibt für das theoretische Denken unbegreiflich, und nur diese Unbegreiflichkeit kann begriffen werden (*Grundlegung zur Metaphysik der Sitten*, AA IV, S. 463).

Die Rigorosität, mit der Kant das formale Sittengesetz von allen materialen Bestimmungsgründen des Willens abgesondert hat, soll verhindern, daß die reine Moralität durch das natürliche Streben nach Glückseligkeit verdorben wird. In der ›Dialektik‹ der KpV wird allerdings der **Widerstreit zwischen Sittlichkeit und Glückseligkeitsstreben** zu einer Aufgabe, die die *menschliche* Vernunft auch positiv zu lösen hat. Denn für den Menschen, der zugleich Vernunft- und Sinnenwesen ist, ist das Streben nach Glückseligkeit ein notwendig aufgegebenes Verlangen:

> »Glücklich zu sein, ist notwendig das Verlangen jedes vernünftigen aber endlichen Wesens, und also ein unvermeidlicher Bestimmungsgrund seines Begehrungsvermögens. Denn die Zufriedenheit mit seinem ganzen Dasein ist [...] ein durch seine endliche Natur selbst ihm aufgedrungenes Problem.« (KpV, S. 45)

Aus Sicht der reinen Moralität kann nun niemals die Glückseligkeit selbst, sondern nur die **Würdigkeit, glücklich zu sein**, erwartet werden, sofern die Befolgung des Sittengesetzes der uneingeschränkte Vorsatz einer reinen Gesinnung ist (ebd., S. 234). Die Glückseligkeit als material bestimmter Zweck des Handelns bleibt aus dieser Sicht ein heteronomes, also die Autonomie der praktischen Vernunft aufhebendes Prinzip. Aber ungeachtet des Widerstreits zwischen Sittlichkeit und Glückseligkeit, sofern jene autonomer, diese heteronomer Bestimmungsgrund des Willens ist (»Antinomie der praktischen Vernunft«, ebd., S. 204f.), müssen sie doch angesichts der *menschlichen* Vernunft notwendig vereint gedacht werden.

Kant bestimmt diese notwendig geforderte Vereinigung von Sittlichkeit und Glückseligkeit in der **Idee des Höchsten Gutes**. Das Höchste Gut ist der »ganze Gegenstand« (ebd., S. 196) eines vernünftigen und endlichen Willens. Seine Idee »praktisch, d.i. für die Maxime unseres vernünftigen Handelns, hinreichend zu bestimmen, ist die *Weisheitslehre*, und diese wiederum, als *Wissenschaft*, ist *Philosophie*« (ebd., S. 194). In der praktischen Bestimmung der Idee des Höchsten Gutes sieht Kant also die **Vollendung der Philosophie**, weil hier gelingen soll, was das theoretisch-spekulative Denken nicht vermocht hat: nämlich die von der reinen Vernunft gesuchte und im Sittengesetz gefundene **unbedingte Bedeutung** in ein philosophisch ausgewiesenes Verhältnis zur **bedingten Situation** des Menschen in der Welt zu bringen. Die Religionsphilosophie Kants ist im ganzen die transzendental-kritische Durchführung dieses fundamentalen Anliegens.

Kants Argumentation in der KpV läuft darauf hinaus, daß die sensible Ordnung der Erscheinungen (Reich der Natur) und die intelligible Ordnung der noumenalen, d.h. rein durch die Intelligenz bestimmten Existenz des Menschen (Reich der Freiheit oder Zwecke) in der Idee des Höchsten Gutes einander nicht nur nicht widerstreiten, sondern kraft des Sittengesetzes selbst, das dem endlichen Weltwesen Mensch unbedingt gebietet, notwendig aufeinander verweisen und als a priori miteinander verbunden gedacht werden müssen. Für die menschliche Vernunft darf das Streben nach Glückseligkeit nicht als vernunftfremde Einschränkung, sondern muß als ein ihr selbst entspringendes und mit dem Sollen unmittelbar verknüpftes Streben angesehen werden.

Die dazu erforderlichen ›apriorischen Erkenntnisgründe‹ sind die Ideen der Unsterblichkeit der Seele und der Existenz Gottes, die als **Postulate** der praktischen Vernunft hier zu einer Geltung kommen, die auf theoretischem Wege vom spekulativen Denken vergeblich gesucht wurde. Sie stellen zwar keine Erweiterung der theoretisch-spekulativen Erkenntnis dar, müssen aber doch Annahmen sein, die das theoretische Denken, das hier allein dem Primat der praktischen Vernunft und ihrem Bedürfnis zu folgen hat, formuliert und formulieren muß (ebd., S. 217f.). Als Postulat definiert Kant somit »einen *theoretischen*, als solchen aber nicht erweislichen Satz [...], so fern er einem a priori unbedingt geltenden *praktischen* Gesetze unzertrennlich anhängt« (ebd., S. 220). Die Postulate sind also »nicht Bedingungen des moralischen Gesetzes, sondern nur Bedingungen des notwendigen Objekts eines durch dieses Gesetz bestimmten Willens« (ebd., S. 5f.).

Das **Postulat von der Unsterblichkeit der Seele** geht darauf zurück, daß für den Menschen in seiner sinnlich-bedingten Situation die Umsetzung des Sollens in ein rein moralisches Wollen ›unerreichbar‹ ist. Die »ins Unendliche fortdauernde Existenz und *Persönlichkeit*« des Menschen stellt damit eine praktisch-notwendige Voraussetzung zur Realisierung des Höchsten Gutes dar. Das **Postulat vom Dasein Gottes** leitet sich aus dem vorhergehenden ab. Zum einen kann nur die Existenz Gottes die Unsterblichkeit der Seele bedingen. Zum andern verlangt die Realisierung des Höchsten Gutes, daß die Welt die Manifestation einer Macht ist, die einen »notwendigen Zusammenhang zwischen Sittengesetz und der ihr proportionierten Glückseligkeit« verursacht, also »eine der moralischen Gesinnung gemäße Kausalität« besitzt. Da die Fähigkeit, nach der Vorstellung von Gesetzen zu handeln, Intelligenz und Willen verlangt, ist diese gefragte Ursache ein »Wesen, das durch Verstand und Willen die Ursache (folglich der Urheber) der Natur ist, d.i. *Gott*« (ebd., S. 225f.). Bereits in der KrV wird diese Gottesidee als »Ideal des Höchsten Gutes« angeführt (KrV, B 832ff.).

Die Postulate der praktischen Vernunft stellen also Bedingungen für die Möglichkeit der Realisierung des Höchsten Gutes dar. Sie können allerdings über eine rein

praktische Geltung hinaus nicht weiter verfolgt werden. Die Frage, *wie* das »höchste Gut einer möglichen Welt« (KpV, S. 199) theoretisch vorgestellt werden kann, bleibt zunächst unbeantwortet. Entscheidend ist allein, daß das Faktum der Freiheit im Sittengesetz durch die Postulate notwendig ergänzt wird. Erst durch sie wird die intelligible, den Menschen als Noumenon und Endzweck ausweisende Bedeutung der menschlichen Existenz verständlich.

Um diese zwar transzendentalphilosophisch erbrachte, aber ihrer Bedeutung nach metaphysische Gewißheit der Postulate vom strengen Wissensbegriff abzugrenzen, kann sie Glaube genannt werden. Als »**reiner praktischer Vernunftglaube**« (ebd., S. 263) ist er zwar subjektiv, aber deswegen nicht irrational, da er dem grundlegenden »Bedürfnis der reinen praktischen Vernunft« (ebd., S. 255) zwangsläufig entspringt und durch die transzendentale Untersuchung des praktischen Gebrauchs der Vernunft begründet wird. Seine subjektive Verbindlichkeit hat der Vernunftglaube allein als theoretische, d.h. einem begründeten Selbstverständnis dienende Ergänzung zur objektiven Verbindlichkeit des Sittengesetzes (vgl. ebd., S. 263).

Kant vermerkt in diesem Zusammenhang die prinzipielle Vereinbarkeit der Postulatenlehre, die dem Vernunftglauben zugrundeliegt, mit der »**Lehre des Christentums**« (ebd., S. 229f.). Auch für die christliche Lehre gebietet das moralische Gesetz aus seiner ihm eigenen »Heiligkeit« heraus (vgl. ebd., S. 27). Sofern aber auch das Höchste Gut (als »Reich Gottes«) das Objekt der Willensbestimmung ist, wandeln sich die moralischen Pflichten in »**göttliche Gebote**« (ebd., S. 233). Durch den Charakter der Göttlichkeit, der den Pflichten jetzt zukommt, geht die intelligible Bedeutung direkt in die weltliche Situation des Menschen ein, und die erstrebte (Glück-)Seligkeit ist Gegenstand der **Hoffnung** und der Verheißung. So gibt die in diesem Sinne aufgefaßte christliche Glaubenslehre auf die Frage *Was darf ich hoffen?* keine andere Antwort als die Postulatenlehre:

> »Daher ist auch Moral nicht eigentlich die Lehre, wie wir uns glücklich *machen*, sondern nur wie wir der Glückseligkeit *würdig* werden sollen. Nur dann, wenn Religion dazu kommt, tritt auch die Hoffnung ein, der Glückseligkeit dereinst in dem Maße teilhaftig zu werden, als wir darauf bedacht gewesen, ihrer nicht unwürdig gewesen zu sein.« (ebd., S. 234)

2.2.4 Die reflektierende Urteilskraft und die Ethikotheologie

Die transzendentale Begründung des Höchsten Gutes ist das Kernstück der Kantischen Religionsphilosophie und zugleich die Vollendung des transzendentalen Denkens in seinem Anliegen, wissenschaftlich begründete Weisheitslehre zu sein. Die transzendental-kritische Untersuchung der theoretischen Vernunft hat das metaphysische Interesse des Menschen von seiner theoretischen Auslegung, die als beständiger Hang nur zu haltlosen Spekulationen führt, befreit und damit die Möglichkeit eröffnet, es in einem praktischen Vernunftgebrauch zu verfolgen. Die Moralphilosophie erbringt nun tatsächlich eine Bestätigung der Intelligibilität, kann jedoch die sinnlich-bedingte Situation des Menschen nicht in sich aufnehmen und deswegen zu einem genügenden Selbstverständnis nicht hinreichen. Das in diesem Ungenügen implizierte **Bedürfnis der Vernunft** darf nun nicht wieder aus dem Hang zu theoretischer Spekulation heraus gedeutet werden und wird in der Postulatenlehre aufgefangen. Diese läßt die a priori geforderte Realisierung des Höchsten Gutes verstehen, kann aber in ihrer begründenden Funktion nur den Vernunftglauben betreffen, dessen Inhalte in ihrem Verhältnis zur konkreten weltlichen Existenz des Menschen philosophisch noch nicht ausgewiesen sind. Die philosophische Reflexion muß daher ein neues Verständnis der weltlichen Situation des Menschen suchen, das auf den bisherigen Resultaten der Transzendentalphilosophie in ihrem theoretischen und ihrem praktischen Teil aufbaut und beide aufeinander bezieht, ohne dabei das entscheidende transzendentalphilosophische Resultat der Trennung von sensibler und intelligibler Ordnung durch einen Rückfall in die dogmatische Denkungsart aufzuheben.

Die Transzendentalphilosophie formuliert ihr Wissen in synthetischen Urteilen bzw. Sätzen a priori. Deshalb kann auch die Lehre vom Höchsten Gut durch einen **synthetischen Satz a priori** angegeben werden, der dem transzendental ausgewiesenen Selbstverständnis des Menschen dient, indem dessen sensible bzw. phänomenale Existenz mit der intelligiblen bzw. noumenalen Existenz zu einer einzigen Bedeutung zusammengeschlossen werden (KpV, S. 198ff.). Um zu diesem vollendeten Selbstverständnis zu gelangen, ist die erscheinende Welt, der der Mensch niemals gleichgültig gegenübersteht, in die religionsphilosophische Reflexion einzubeziehen, was in der ›Ethikotheologie‹ der KU geschieht. In ihr legt Kant ein kontemplatives Verständnis des Erscheinungszusammenhanges dar, durch das der »Übergang vom reinen Erkenntnisvermögen, d.i. vom Gebiete der Naturbegriffe, zum Gebiete des Freiheitsbegriffs« bewirkt (KU, S. XXV) und somit die »große Kluft, welche das Übersinnliche von der Erscheinung trennt«, überbrückt wird (ebd., S. LIII). Dieses Verständnis erbringt die **reflektierende Urteilskraft** durch ihr apriorisches Prinzip der **Zweckmäßigkeit**, das die sinnliche Welt als das Erscheinen des Übersinnlichen verstehen läßt: »Die Urteilskraft verschafft durch ihr Prinzip a priori der Beurteilung der Natur, nach möglichen besonderen Gesetzen derselben, ihrem übersinnlichen Substrat (in uns sowohl als außer uns) *Bestimmbarkeit durch das intellektuelle Vermögen.*« (ebd., S. LVI)

Dazu unterscheidet Kant die Urteilskraft zunächst in eine bestimmende und eine reflektierende. Während die bestimmende Urteilskraft die Subsumierung eines gegebenen Besonderen unter ein gegebenes Allgemeines leistet und im objektiven Erkenntnisgeschehen ganz aufgeht, *sucht* sie als reflektierende Urteilskraft zu einem gegebenen Besonderen das Allgemeine. Aber alles, was die reflektierende Urteilskraft leisten kann, leistet sie für das erkennende Subjekt im Hinblick auf ein Weltverständnis, das zugleich ein metaphysisches, wenn auch ganz auf der Beschaffenheit der intellektuellen Vermögen des Menschen beruhendes Selbstverständnis ist. Wird dabei die Subjektivität in den Vordergrund gerückt, handelt es sich um die ästhetische Urteilskraft, die gegebene Erscheinungen auf eine formale Übereinstimmung mit den verschiedenen Vermögen des Menschen hin reflektiert. Wird die Zweckmäßigkeit jedoch auf die erscheinenden und empirisch bestimmten Naturdinge bezogen, handelt es sich um die teleologische Urteilskraft, die diese Naturdinge als durch Zwecke geformte reflektiert und in eine entsprechende Ordnung bringt (zu Kants Teleologie vgl. Düsing 1986).

Die **teleologische Urteilskraft** führt so zu einer *Naturbeschreibung*, deren Verhältnis zur mechanistischen *Naturerkenntnis* des Verstandes von Kant so bestimmt wird (KU, §§ 77–78), daß sie letztere insofern in sich integrieren kann, als die Realisierung der angenommenen Naturzwecke sich des Naturmechanismus als eines Mittels bedient. Die teleologische Naturbeschreibung läßt die gegebene Welt als eine geschlossene und in sich zweckmäßige Ordnung erscheinen, die für das Naturverständnis **regulative Funktion** hat (ebd., S. 270). Alle Zweckmäßigkeit, die in der Natur entdeckt werden kann, verbleibt innerhalb der gegebenen Erscheinungszusammenhänge und richtet sich nach der empirischen Beschaffenheit der Naturdinge, die als Naturzwecke immer selbst Mittel zu weiteren Zwecken sind.

Da das Wissen der teleologisch-reflektierenden Urteilskraft angesichts ihrer gewonnenen Erkenntnisse von Zufälligkeit charakterisiert bleibt, findet »die Teleologie keine Vollendung des Aufschlusses für ihre Nachforschung, als in einer Theologie« (ebd., S. 335). In dieser Theologie wird der Mangel an theoretischer Notwendigkeit, die allein der Verstandeserkenntnis zukommt, durch die praktische Notwendigkeit behoben, die direkt auf das apriorische Prinzip der Zweckmäßigkeit bezogen werden kann. Da dieses generell als eine ›Kausalität nach Zwecken‹ zu verstehen ist, führt es zur **Idee des Endzwecks**, auf den hin alle Zweckmäßigkeit angelegt ist. Weil aber dieser Endzweck über die erscheinende Ordnung der Zwecke hinausgeht, muß er auf ein übersinnliches Substrat der zweckmäßigen Natur bezogen werden. Eben diesen Übergang zum Übersinnlichen gewährleistet das Faktum des Sittengesetzes, das den Menschen in seiner noumenalen Existenz als eine freie, sich selbst Zwecke setzende (autonome) Kausalität verstehen läßt:

> »Nun haben wir nur eine einzige Art Wesen in der Welt, deren Kausalität teleologisch, d.i. auf Zwecke gerichtet und doch zugleich so beschaffen ist, daß das Gesetz, nach welchem sie sich Zwecke zu bestimmen haben, von ihnen selbst als unbedingt und von Naturbedingungen unabhängig, an sich aber als notwendig vorgestellt wird. Das Wesen dieser Art ist der Mensch, aber als Noumenon betrachtet; das einzige Naturwesen, an welchem wir doch ein übersinnliches Vermögen (die *Freiheit*) und sogar das Gesetz der Kausalität, samt dem Objekte derselben, welches es sich als höchsten Zweck vorsetzen kann (das höchste Gut in der Welt), von seiten seiner eigenen Beschaffenheit erkennen können.« (ebd., S. 398)

Wird also die zweckmäßige Naturordnung als ganze auf ein ihr zugrundeliegendes ›übersinnliches Substrat‹ hin reflektiert, erscheint sie als gänzlich dem noumenal verstandenen Menschen, der allein Endzweck der Natur sein kann, untergeordnet. In ihrer Zweckmäßigkeit dient sie der Verfolgung seines ›höchsten Zwecks‹, nämlich der Verwirklichung des Höchsten Gutes.

Angesichts des Menschen als Endzwecks sind nun auch »die oberste Ursache der Natur und ihre Eigenschaften« (ebd., S. 400) zu bestimmen. Eine ›**Physikotheologie**‹, die von der zufälligen Beschaffenheit der erscheinenden Naturzwecke ausgeht, kann über deren Bedingungszusammenhang nicht hinausgehen. Zwar kennt die teleologische Naturbetrachtung die Idee eines »verständigen Welturhebers« (ebd., S. 402), aber über dessen Wesen selbst und über einen auf ihn zurückgehenden Endzweck kann nichts ermittelt werden, da alle Bestimmungen, die dazu vorhanden sind, »bloß empirisch sind« (ebd., S. 402, 409).

Möglich dagegen ist die geforderte Theologie als ›**Ethikotheologie**‹, die die noumenale Existenz des Menschen in sich aufnimmt und davon ausgehend auch die Idee der obersten Ursache der Natur, also Gottes, näher bestimmen kann. Die Natur ist als **göttliche Schöpfung** auch das Erscheinen des »moralischen Reiches der Zwecke«, dessen Endzweck der Mensch als moralisches Wesen ist (ebd., S. 412). Die Eigenschaften dieses Urhebers der Schöpfung können also in Analogie zur Moralität und ihren Implikationen bestimmt werden, nämlich als allwissend, allmächtig, allgütig, gerecht, ewig und allgegenwärtig (ebd., S. 414; vgl. RGV, S. 211ff.). Aufgrund dieser

Eigenschaften steht Gott mit dem moralischen Wesen Mensch in einem gleichsam übersinnlichen Verhältnis, das sich in der erscheinenden Natur ausdrückt, da deren Ordnung insgesamt nur dem einen Zweck dient, dem Menschen die Erlangung des Höchsten Gutes möglich zu machen. Durch diese analogische Bestimmung der Eigenschaften des Welturhebers »ergänzt die *moralische* Teleologie den Mangel der *physischen*, und gründet allererst eine *Theologie*« (KU, S. 413).

Die Annahme der Gottheit führt Kant auf die geforderte Begründung des Höchsten Gutes zurück, das, wie schon in der KpV dargelegt, den Endzweck des moralischen Gesetzes für die endliche Vernunft des Menschen darstellt. Da nämlich Sittlichkeit und Glückseligkeit »als durch bloße Natursachen verknüpft und der Idee des gedachten Endzwecks angemessen unmöglich vorzustellen« sind, »müssen wir eine moralische Weltursache (einen Welturheber) annehmen, um uns gemäß dem moralischen Gesetze einen Endzweck vorzusetzen, und, soweit als das letztere notwendig ist, soweit [...] ist auch das erstere notwendig anzunehmen: nämlich es sei ein Gott« (KU, S. 424).

Dieser »**moralische Beweis des Daseins Gottes**« entspricht dem zweiten Postulat der KpV. Das Neue der Ethikotheologie der KU liegt darin, daß nun die erscheinende Welt in den Vernunftglauben eingegangen ist. Aus formaler Sicht verbindet das Prinzip der Zweckmäßigkeit der reflektierenden Urteilskraft die gegebene phänomenale Ordnung mit der noumenalen. Aus materialer Sicht ist es der moralisch verstandene Schöpfergott, der die Einheit von intelligibler und sensibler Welt begründet. Erst hier wird klar, warum Kant von einem Höchsten Gut *in der Welt* sprechen kann.

Als Lehre hat allerdings auch die Ethikotheologie nur subjektiv-praktische Geltung, die nun aber ein Selbstverständnis ermöglicht, in dem – »nach der Beschaffenheit unseres Vernunftvermögens« (KU, S. 433) – das Sittengesetz und das Höchste Gut durch die Gottesidee auf die erscheinende Welt selbst bezogen und nur so »begreiflich« gemacht werden können. Da dieses ›Begreifen‹ keine theoretisch-spekulative, sondern eine praktisch-notwendige Deutung und Vollendung des kontemplativen Reflexionswissens ist, hat es seine Geltung als »**bloße Glaubenssache der reinen Vernunft**« (ebd., S. 459):

> »*Glaube* [...] ist die moralische Denkungsart der Vernunft im Fürwahrhalten desjenigen, was für das theoretische Erkenntnis unzugänglich ist. [...] Der Glaube [...] ist ein Vertrauen zu der Erreichung einer Absicht [das Höchste Gut], deren Beförderung Pflicht, die Möglichkeit der Ausführung derselben aber für uns nicht *einzusehen* ist.« (ebd., 462f.)

Der Vernunftglaube kommt somit in der KU dem **Vernunftbedürfnis**, dem ja der Weg zur theoretischen Erkenntnis versperrt ist, noch deutlicher entgegen. Über die generelle Bedeutung dieses Bedürfnisses spricht sich Kant unmißverständlich in einem kleinen Aufsatz aus, in dem er seinen Glaubensbegriff näher erläutert: *Was heißt: Sich im Denken orientieren?* (AA VIII). Kant definiert hier den **Unglauben** als Verleugnung des vernunfteigenen Bedürfnisses und folglich als Verzicht auf ein vernünftiges Selbstverständnis des Menschen, der in »Freigeisterei« mündet, d.h. in »den Grundsatz, gar keine Pflicht mehr zu kennen« (ebd., S. 146).

Der Vernunftglaube verhindert somit, daß die unbedingte Strenge des Sittengesetzes als etwas der menschlichen Situation Abträgliches angesehen und die Moralität aufgehoben wird. Zum anderen erlaubt seine moralische Begründung in der Ethikotheologie eine moralisch-analoge Bestimmung der Eigenschaften Gottes, was zur

Konzeption einer Theologie führt, die vernünftigen Ursprungs ist und somit dafür sorgt,

> »daß Theologie sich nicht in *Theosophie* (in vernunftverwirrende überschwengliche Begriffe) versteige, oder zur *Dämonologie* (einer anthropomorphistischen Vorstellungsart des höchsten Wesens) herabsinke; daß Religion nicht in *Theurgie* (ein schwärmerischer Wahn, von anderen übersinnlichen Wesen Gefühl und auf sie wiederum Einfluß haben zu können) oder in *Idololatrie* (ein abergläubischer Wahn, dem höchsten Wesen sich durch andere Mittel als durch eine moralische Gesinnung wohlgefällig machen zu können) gerate.« (KU, S. 440)

Durch die reflektierende Urteilskraft hat Kant zu einer Form des philosophischen Denkens gefunden, die das metaphysische Interesse in der weltlichen Situation, sofern sie als *Erscheinen für* das menschliche ›Vernunftvermögen‹ verstanden wird, zu verfolgen erlaubt und es möglich macht, die intelligible Bedeutung seiner Existenz als mit der erscheinenden sensiblen Welt ursprünglich vereint zu denken. Das religionsphilosophische Wissen, das auf diesem Weg als Ethikotheologie erreicht wird, erhält seine Geltung innerhalb eines **kontemplativen Reflexionswissens** des transzendentalen Denkens. In Abhebung von der nach wie vor geltenden Wissenslehre der KrV wird es Vernunftglaube genannt.

Der Glaubensbegriff Kants geht damit ganz auf ein Ungenügen zurück, von dem die menschliche Vernunft in ihrem Wesen betroffen ist. **Das theoretische Wissen der Vernunft** ist ein Wissen, das nur unter der Bedingung, daß Anschauungen gegeben sind, zustande kommt. Da die Vernunft über diese Bedingung nicht verfügt, sondern sie voraussetzen muß, kann sie die intelligible Bedeutung der menschlichen Existenz, weil sie nicht angeschaut werden kann, auch nicht als Erkenntnis formulieren. Die theoretische Vernunft kann also angesichts des Intelligiblen eine schwache Vernunft genannt werden, die dann, wenn sie diese Schwäche zu überwinden sucht, ihrem natürlichen Hang erliegt und sich deswegen zu disziplinieren hat. **Das praktische Wissen der Vernunft** ist ein Wissen, das die intelligible Bedeutung der menschlichen Existenz zwar erfassen und damit das metaphysische Interesse bestätigen kann. Aber die Vernunft kann dieses Wissen weder theoretisch beweisen, noch zeigen, wie es praktisch umzusetzen ist. Auch hier wird die Vernunft von ihrer theoretischen Schwäche beeinträchtigt, denn für ein genügendes Selbstverständnis des Menschen muß eine Einsicht in den Zusammenhang von Intelligibilität (Freiheit) und Sensibilität (Natur), die beide den Menschen konstituieren, formuliert werden. Diese Einsicht soll in der Lehre vom Höchsten Gut erbracht werden, die ihre Geltung als praktischer Vernunftglaube hat, der aus der Hoffnung vollzogen wird. Der Vernunftglaube ist also schon hier die notwendige Fortführung des metaphysischen Interesses einer Vernunft, die doch diesem Interesse gegenüber als ungenügend und schwach bezeichnet werden muß und diese Schwäche nur in der Hoffnung überwinden kann. **Das Reflexionswissen der Urteilskraft** hebt diese Schwäche für das Selbstverständnis des Menschen in der Welt insofern auf, als die erscheinende Welt nicht mehr als Bedingung für ein objektives Begreifen, sondern im ganzen als sinnlicher Ausdruck einer intelligiblen Zweckmäßigkeit verstanden wird. Aber es bleibt auch hier dabei, daß die erscheinende Welt eine unhinterfragbare Voraussetzung für dieses bloß kontemplative Reflexionswissen bleibt, das dementsprechend durch Zufälligkeit charakterisiert werden muß. Nur der Vernunftglaube in Gestalt der Ethikotheologie kann diese Zufälligkeit für das Selbstverständnis überwinden, wobei seine Notwendigkeit nicht theoretischer, sondern allein praktischer Art ist.

In allen Punkten erscheint **der praktische Vernunftglaube** als die konsequent durchgeführte Disziplin der Vernunft. Er ist keine Verlegenheit und keine Ausflucht des philosophischen Denkens, sondern die konsequente, am metaphysischen Interesse des Menschen festhaltende Fortführung der Pflicht, überhaupt eine Vernunftkritik zu haben, wie Kant in der KrV sagt (B 731). Das transzendentale Wissen darum, was der Mensch *wissen* kann und was er *tun* soll, wird durch das Wissen um das, was er *hoffen* darf, nicht nur ergänzt, sondern im Blick auf das gesuchte Selbstverständnis des Menschen vollendet.

2.2.5 Die Vernunftreligion der *Religion innerhalb der Grenzen der bloßen Vernunft* und die christliche Offenbarungsreligion

Die Weiterentwicklung des religionsphilosophischen Denkens in der *Religion innerhalb der Grenzen der bloßen Vernunft* (RGV) verbindet zwei Aspekte miteinander. Zum einen begründet und entwirft Kant eine **reine Vernunftreligion**, deren zentraler Gedanke die moralische Besserung des Menschen ist, die nun als »eigentlicher Zweck aller Vernunftreligion« gilt (RGV, S. 161). Daß eine moralische Besserung nötig und ausschließlich durch den Vernunftglauben zu vollziehen ist, ist die Folge der Neubestimmung der Vernunft durch das ›radikal Böse‹. Es geht dann nicht mehr um die Überwindung der Trennung von Intelligibilität und Sensibilität, sondern um die Überwindung ihrer faktischen Einheit, die sie in der Natur des Menschen immer schon angenommen hat und durch die die Vernunft als eine von Grund auf verderbte erscheint. Zum anderen bezieht Kant in der RGV die Idee der reinen Vernunftreligion auf die **christliche Offenbarungsreligion** in ihren biblischen Quellen sowie auf das Phänomen der **Kirche**. Zwischen Vernunft- und Offenbarungsreligion soll nicht nur »Verträglichkeit«, sondern »Einigkeit« in ihren Grundelementen nachgewiesen werden (RGV, S. XXIIf.; vgl. Witschen 1984).

Diese zwei Aspekte der RGV werden von Kant nicht überall systematisch getrennt. Die Darstellung der Vernunftreligion erfolgt weitgehend im Rahmen der Kritik der Dogmen der Offenbarungsreligion und der Institution der historischen Kirche. Der Vernunftglaube soll dabei einerseits in der reinen Vernunftreligion aufgehen und ganz in der **vernunftimmanenten Intelligibilität** begründet werden. Andererseits aber berücksichtigt diese Kritik auch die Bedürftigkeit der menschlichen Vernunft, aus ihrer wesenseigenen Verderbtheit und Selbstentfremdung herausgeführt zu werden. Die Offenbarungsreligion übernimmt diese Funktion als Mittel und ›Vehikel‹ zur allmählichen Durchsetzung der Vernunftreligion, ohne daß ihre **transzendenten Gegenstände** mehr sein sollen als Symbole und Schemata der **transzendentalen Gegenstände** der moralischen Vernunftreligion. Die Intelligibilität bleibt für Kant ein immanentes Charakteristikum der Vernunft und kommt den Glaubensdingen, die als transzendente Gegenstände von intelligibler Natur wären, nicht zu. Die Vernunftreligion nimmt daher all die Inhalte eines religiös-spirituellen Lebens, die auf das Mysterium eines lebendigen Austausches zwischen Gott und den Menschen zurückgehen, nicht positiv in sich auf. Sie gründet ausschließlich in der Vernunft des Menschen als eines zur moralischen Besserung verpflichteten Wesens und nimmt den Gottesgedanken nur zu diesem Zweck auf, was die folgende Passage besonders deutlich macht:

»Es gibt keine besonderen Pflichten gegen Gott in einer allgemeinen Religion; denn Gott kann von uns nichts empfangen; wir können auf und für ihn nicht wirken. Wollte man die schuldige Ehrfurcht gegen ihn zu einer solchen Pflicht machen, so bedenkt man nicht, daß diese nicht eine besondere Handlung der Religion, sondern die religiöse Gesinnung bei allen unseren pflichtmäßigen Handlungen überhaupt sei.« (RGV, S. 230f. Anm.)

Dennoch bleibt die Religionsphilosophie der RGV keineswegs nur eine an der christlichen Glaubenslehre orientierte Ergänzung des bereits dargelegten Vernunftglaubens, der auf dem Boden der Moralphilosophie aufbaut. Die Frage, wie es zu verstehen ist, daß der Mensch dem Sittengesetz und damit seiner eigenen noumenalen Existenz in der sinnlichen Welt keinen angemessenen Ausdruck verleihen und sich in seiner konkreten weltlichen Situation nicht aus der Intelligibilität heraus verstehen kann, kann nur unbefriedigend beantwortet werden, wenn die **Konzeption der reinen Vernunft** allein durch das Prinzip der Autonomie gekennzeichnet ist.

Der Weg, der von der Moral »unumgänglich zur Religion« führt (ebd., IX), ist der Weg in ein neues Selbstverständnis des Menschen, in dessen Natur die Vernunft ihre intelligible Freiheit nicht in autonomer, sondern in heteronomer Selbstbestimmung immer schon realisiert hat und deswegen ihre Autonomie nur im Sinne der Besserung verstehen und praktisch vollziehen kann. Durch das ›radikal Böse‹ legt Kant also eine völlig neue Konzeption von Freiheit und Intelligibilität im Kontext der konkreten Situation des Menschen in der Welt vor. Aus bloßer Betrachtung geht für Kant nunmehr hervor, daß der Mensch die **Freiheit** ursprünglich in der Form realisiert, daß er sich grundsätzlich **gegen das Sittengesetz** stellt, bzw. dessen Realisierung der Realisierung der eigenen Glückseligkeit unterordnet. Dieser ›verderbte‹ Gebrauch der Freiheit ist es, was die Natur des vernünftigen Menschen ausmacht, und man kann daher sagen, daß die Intelligibilität tatsächlich immer schon versinnlicht ist, aber nur um den Preis der Korruption und Perversion ihrer eigentlichen, den Menschen als Noumenon betreffenden Bedeutung. Die intelligible Welt wird somit auf die Weise ihrer ›verkehrten‹, einem selbst intelligiblen Grund entspringenden Realisierung dem Menschen innerlich zugeeignet. In dieser Situation kommt dem Sittengesetz zwangsläufig eine ganz andere Bedeutung zu. Der Mensch *soll* sich nunmehr bessern, also *muß* er es auch *können* (ebd., S. 50; 76; 96), und um dieses Können praktisch umzusetzen, bedarf er der Hoffnung, die in der reinen Vernunftreligion Gestalt annehmen soll. Nur in ihr können die innere ›Revolution der Gesinnung‹ und die äußere ›Reform des Handelns‹ vollzogen werden.

Aus dieser neuen Perspektive werden die **christliche Glaubenslehre** der ›Schrift‹, aber auch die **Kirche** zu sinnvollen Stützen der reinen Vernunftreligion, die die Intelligibilität der menschlichen Existenz in einen kontinuierlichen Prozeß der Besserung als Versinnlichung und Bezeugung seines noumenalen Wesens einbezieht. Grundsätzlich stellt sich das bestehende Christentum in Schrift und Institution als eine sinnliche Realität dar, die auf die Möglichkeit der Realisierung des Höchsten Gutes, d.h. auf die mögliche **Versinnlichung** des zunächst nur innerlich verstandenen Reiches Gottes verweist. Die Besserung des Einzelnen steht somit immer auch in einem geschichtlichen und gemeinschaftlichen Kontext, in dem allein der Vernunftglaube die Reformierung der Sitten betreiben kann.

In dieser Ausrichtung ist die moralisch-praktisch begründete Vernunftreligion für Kant ein legitimer **Interpret** der christlichen Religion (ebd., S. 47 Anm.). Der Zweck aller Vernunftreligion liegt in der moralischen Besserung des Menschen, und dieser

Zweck kann und soll auch als Prinzip der Schriftauslegung gelten (ebd., S. 115f., 161). Die Erzählungen und Dogmen der christlichen Lehre können als Veranschaulichungen und Symbolisierungen der Gehalte der Vernunftreligion verstanden und in dieser Hinsicht dem Prozeß der Besserung, aber auch einem beigeordneten Verständnis der Vernunftreligion selbst dienlich sein. Entscheidend aber ist und bleibt für Kant, daß alle Bedeutung von der Vernunft ausgeht und in die interpretierten Gegenstände hineingelegt wird. Und hier liegt auch die Grenze der ›Einigkeit‹ zwischen Vernunft- und Offenbarungsreligion, sobald nämlich die Vernunft genötigt wird, transzendente Gehalte anzunehmen, die sie nicht aus sich selbst heraus versteht, wie etwa Wunder (ebd., S. 116ff.), und die der moralischen Besserung nicht dienlich oder gar hinderlich sind, wie vor allem der ›Cultus‹ des Kirchenglaubens, der Täuschung und Heuchelei nach außen, nach innen Passivität und trügerische Hoffnung begünstigt (zu Kant und Kirche vgl. Crumbach 1977).

Die intelligible Verschuldung des Menschen und der natürliche Hang zum Bösen korrespondieren deutlich mit der christlichen **Sündenlehre**. Die unerforschliche intelligible Entscheidung wider das Gesetz, die das radikal Böse des Menschen ist, als Sündenfall in ein urgeschichtliches Milieu zu übertragen, hat ihren berechtigten Sinn (ebd., S. 43ff.). Allerdings ist die Vorstellung der Erbsünde untauglich, da sie den Menschen aus seiner Verantwortlichkeit entlassen könnte, denn »eine jede böse Handlung muß, wenn man den Vernunftursprung derselben sucht, so betrachtet werden, als ob der Mensch unmittelbar aus dem Stande der Unschuld in sie geraten wäre« (ebd., S. 40).

Insofern kann auch die **Gnade** als »übernatürliche Mitwirkung« an der Besserung nur zugelassen werden, wenn der Mensch sich »vorher würdig« macht, »sie zu empfangen und diese Beihilfe anzunehmen« (ebd., S. 49). Als Bestimmungsgrund des Willens aber hat die Hoffnung auf Gnadenwirkung keine Geltung (ebd., S. 64 Anm.), vor allem dann nicht, wenn der Mensch sich auf äußerliche Weise Gott wohlgefällig zu machen suchte.

Auch die Erscheinung **Jesu Christi** kann aus der Vernunftreligion heraus und zum Zweck der Besserung gedeutet werden. In ihr vereinigen sich das »Ideal der moralischen Vollkommenheit« und das »Ideal der Gott wohlgefälligen Menschheit« (S. 74f.). Grundsätzlich gilt, daß es »keines Beispiels der Erfahrung (bedarf), um die Idee eines Gott moralisch wohlgefälligen Menschen für uns zum Vorbilde zu machen; sie liegt als ein solches schon in unserer Vernunft« (ebd., S. 77). Die noumenale Revolution der Gesinnung, die allein gegen das radikal Böse stehen kann, kann vom Menschen also verlangt werden, ohne daß ihm dafür ein Beispiel in der Erscheinung gegeben wird. Die historische Gestalt Christi dient allein der Bestärkung und Festigung dieses inneren Wandels der Gesinnung, damit er hoffen kann, die noumenal vollzogene Revolution auch in einer Reform seiner erscheinenden Handlungen realisieren zu können.

Die moralische Besserung des Individuums verlangt nun, was die Reform der Sitten betrifft, auch die Errichtung eines ethischen Gemeinwesens oder **unsichtbaren Kirche**, in der die *allgemeine* Bedeutung des Sittengesetzes die ›verderbte‹ Natur des Menschen zu bessern hilft:

> »Ein ethisches Gemeinwesen unter der göttlichen moralischen Gesetzgebung ist eine *Kirche*, welche, sofern sie kein Gegenstand möglicher Erfahrung ist, die *unsichtbare Kirche* heißt (eine bloße Idee von der Vereinigung aller Rechtschaffenen unter der gött-

lichen unmittelbaren, aber moralischen Weltregierung, wie sie jeder von Menschen zu stiftenden zum Urbilde dient).« (ebd., S. 142)

Diese unsichtbare Kirche geht von der historischen aus und nimmt den »statuarischen Kirchenglauben« als »Vehikel und Mittel« (ebd., S. 152), um dem reinen Vernunftglauben zur Durchsetzung zu verhelfen:

> »Es ist also eine notwendige Folge der physischen und zugleich der moralischen Anlage in uns, welche letztere die Grundlage und zugleich Auslegerin aller Religion ist, daß diese endlich von allen empirischen Bestimmungsgründen, von allen Statuten, welche auf Geschichte beruhen, und die vermittelst eines Kirchenglaubens provisorisch die Menschen zur Beförderung des Guten vereinigen, allmählich losgemacht werde, und so reine Vernunftreligion zuletzt über alle herrsche, ›damit Gott sei alles in allem‹.« (ebd., S. 179)

Dieser Prozeß der Errichtung einer Gemeinschaft der moralischen Individuen in der Vernunftreligion bereinigt die bestehende Kirche nach und nach von allen Bestandteilen, die der Reinheit der Vernunftreligion nicht entsprechen. **Der wahre Gottesdienst** ist zuletzt allein die Befolgung der moralischen Gesetze als göttlicher Gebote, weswegen die Vernunftreligion von Kant auch eine ›Religion des Lebenswandels‹ genannt wird. Der »Idee der objektiven Einheit der Vernunftreligion durch das moralische Interesse« (ebd., S. 182 Anm.) folgend ist die Durchsetzung der Vernunftreligion ein originäres **Projekt der Aufklärung** und hat damit Bezug zu den geschichtsphilosophischen Positionen Kants.

In Sinne der allmählichen Bereinigung, d.h. der Auflösung einer vernunftfremden Transzendenz in die Immanenz der Vernunft, sind alle Ausführungen Kants zu den Dogmen der Christologie, Trinitätslehre, Kirchenlehre und Eschatologie zu verstehen. Die Offenbarung selbst bleibt für das kritische Denken ein undurchdringliches Faktum, das zwar nicht ausgeschlossen, aber seine Bedeutung nur im Rahmen der Vernunftreligion empfangen kann.

Die reine Vernunftreligion ist als ›natürliche Religion‹ also eine dem Menschen a priori aufgegebene Religion, da sie allein sein Selbstverständnis begründen und vollenden kann:

> »Von dem Bösen, was im menschlichen Herzen liegt und von dem niemand frei ist, von der Unmöglichkeit, durch seinen Lebenswandel sich jemals für Gott gerechtfertigt zu halten, und gleichwohl der Notwendigkeit einer solchen vor ihm gültigen Gerechtigkeit, von der Untauglichkeit des Ersatzmittels für die ermangelnde Rechtschaffenheit durch kirchliche Observanzen und fromme Frondienste, und dagegen der unerläßlichen Verbindlichkeit, ein neuer Mensch zu werden, kann sich jeder durch seine Vernunft überzeugen, und es gehört zur Religion, sich davon zu überzeugen.« (ebd., S. 248)

Seinem metaphysischen Interesse folgend, es aber transzendental-kritisch auslegend, gelangt Kant zur reinen Vernunftreligion. Nur indem das theoretische Wissen transzendental begründet und in seinen Grenzen ausgewiesen wird, kann der Vernunftglaube den Stellenwert erhalten, den sonst die metaphysische Spekulation einnahm, und zugleich der Glaube von allen Elementen, die der Vernunft nicht entsprechen, befreit werden. Aber erst wenn die Vernunft in ihrer ursprünglichen Selbstentfremdung erkannt ist, können sich Vernunftwissen und Vernunftglaube zu einem in sich geschlossenen Selbstverständnis vereinen. Und nur so wird verständlich, warum Kant das Wort anführt: »*Denn sehet, das Reich Gottes ist inwendig in euch.*« (Luk. 17, 21f. – RGV, S. 205).

2.3 Die Religionsphilosophie im Deutschen Idealismus

Die Philosophie des Deutschen Idealismus scheint sich auf den ersten Blick über die Resultate der Kritischen Philosophie Kants hinwegzusetzen. Kants Philosophie bleibt bis zuletzt kritisches Denken, das durch die fortschreitende transzendentale Bestimmung der **Grenzen des Wissens** das Selbstverständnis des Vernunftwesens Mensch zu erreichen sucht. Um nun die Denkhaltung der deutschen Idealisten nicht als bloßen Rückfall in die unkritische und dogmatische Spekulation zu werten, ist die Problematik, die in der kantischen Trennung von objektivem Wissensbegriff und philosophischem Wissen liegt, kurz zu erläutern.

Die **transzendentale Reflexion**, die auf die *philosophische* Erkenntnis der Bedingungen der Möglichkeit wirklicher Erkenntnisleistungen abzielt, geht aus dem ›Stillstand der Vernunft im Skeptizismus‹ hervor. In seiner gesamten kritischen Lehre versucht Kant, diesem undogmatischen Skeptizismus Ausdruck zu verleihen, um das metaphysische Interesse nicht durch einen spekulativen Dogmatismus zu gefährden. Allerdings bewirkt diese Zurückhaltung auch, daß die transzendentale Reflexion dann, wenn sie in der Lehre ihre Erkenntnisse formuliert, sich selbst an den eingeschränkten objektiven Wissensbegriff bindet, d.h. an ihm ihre eigenen, das philosophische Wissen betreffenden Aussagen bemißt. Die Weisheitslehre im kantischen Sinne zeigt sich damit einerseits als konsequente **Selbstbescheidung** der transzendentalen Reflexion hinsichtlich ihrer eigenen Aussagbarkeit in der philosophischen Lehre, was seinen deutlichsten Ausdruck in der Konzeption des kontemplativen Reflexionswissens der *Kritik der Urteilskraft* und des Vernunft*glaubens* findet. Andererseits aber wird der objektive Wissensbegriff dadurch in einer Weise aufgewertet, die seinem Bedeutungsgehalt für das menschliche Selbstverständnis gerade nicht entspricht.

Auch die Denker des Deutschen Idealismus verstehen ihr Denken aus der transzendentalen Reflexion. Allerdings lösen sie deren strenge Bindung an Kants objektiven Wissensbegriff auf. Die Verstandeserkenntnis mit ihrer Abhängigkeit vom anschaulich Gegebenen soll dem unbedingten Erkenntnisanspruch der Vernunft nicht länger fremd gegenüberstehen. Statt dessen wird die konkrete objektive Erkenntnis, die in der Kantischen Philosophie keinen positiven Bezug zum metaphysischen Interesse haben konnte, nun vollständig aus der Vernunft heraus verstanden und in das *eine* Vernunftwissen übertragen. In ihm sollen philosophische Erkenntnis und Erkenntnis der Welt nur noch *ein* Vernunftwissen sein. Die im Idealismus verbreitete Idee der ›intellektuellen Anschauung‹ gibt in diesem Zusammenhang einen deutlichen Hinweis auf diese neue Konzeption einer Vernunft, die nicht mehr vom Verstand abhängig sein, sondern umgekehrt den Verstand und sein Erkennen durch sich begründen soll.

Diesem Anliegen folgend zeichnen sich die Lehren Fichtes, Schellings und Hegels durch ein **hohes Reflexionsniveau** und äußerste **systematische Komplexität** aus, was sich in ihren Werken überall niederschlägt und an den Nachvollzug größte Anforderungen stellt. Erschwerend kommt hinzu, daß die Deutschen Idealisten zwar jeweils von *einem* Anliegen ausgingen, dieses aber immer wieder aufgegriffen und in neuen Systementwürfen entfaltet haben, was vor allem für Schelling und abgeschwächt auch für Fichte zutrifft. Das bedeutet zum einen, daß der Bedeutungsgehalt der Begrifflichkeiten in den verschiedenen Schaffensperioden, aber auch innerhalb ein und desselben Werkes variieren kann. Zum andern aber erzeugt die einzelne Aussage ihren Bedeutungsgehalt vollständig im Kontext des Systems. Das Problem, wo überhaupt der Anfang des Philosophierens liegt und wie es seine eigenen Voraussetzungen in sich integrieren kann, stellt sich damit nicht bloß den Deutschen Idealisten, sondern auch dem Leser dieser Philosophen mit allem Nachdruck.

In der idealistischen Philosophie können zwei Hauptaspekte verzeichnet werden: zum einen die **Begründung der Totalität aller Erscheinung** für das menschliche Selbstbewußtsein und sein Wissen, zum anderen die **Darstellung dieser Totalität** im philosophischen System. Beide Aspekte hängen in ihrem jeweils zugleich reflexiven und dogmatischen Charakter unmittelbar miteinander zusammen. Sie lassen das Verhältnis von Grund und Erscheinung zu einem dynamischen Geschehen werden, das die Realität in den Zustand des Wissens und der Wahrheit erhebt. Diese Dynamik wird als **Dialektik** bezeichnet, die im Gegensatz zu Kants Auffassung nicht mehr die natürliche, zugleich aber illusionäre Vollzugsform der spekulativen Vernunft ist, sondern als ›logisches Verfahren‹ den eigentlichen Halt des spekulativen Denkens darstellt, das durch den Bereich eines objektiven Verstandeswissens nicht eingeschränkt wird. These und Antithese heben einander deswegen nicht im aporetischen Widerstreit, sondern im Gegenteil als Fortentwicklung zum höherem Bedeutungsgehalt der Synthese auf. Dieser dialektische Dreischritt, der bei den Idealisten in den verschiedensten Varianten auftritt, stellt äußerlich betrachtet das formale Gerüst des idealistischen Denkens dar und ist zugleich auch das Prinzip des weltlichen Geschehens. Hierdurch wird ein neuer metaphysischer Geschichtsbegriff geschaffen. Das vernünftige Wesen des Seins ist nicht anders zu verstehen als durch einen Prozeß der Selbstentfaltung, der in der philosophischen Reflexion nachvollzogen und im System zur Einheit des Wissens gebracht wird.

Für die **Religionsphilosophie** kann unter diesen Voraussetzungen nur folgen, daß entweder das Phänomen Religion in das philosophische System vollständig integriert und so zu einem Aspekt des philosophischen Wissens wird, oder aber das Religiöse eine das System sowohl begründende als auch durchgängig prägende Bedeutung erhält. In jedem Fall bleibt die religionsphilosophische Thematik dem philosophischen System in Begründung und Darstellung vollständig verhaftet. Es bleibt demnach der Interpretation vorbehalten, die Philosophie des Deutschen Idealismus schon in der Wurzel als ›Religionsphilosophie‹ zu verstehen oder im Gegenteil als schlechthin religionslose Philosophie. Das Absolute, das Sein, der (Welt-)Geist, der Ungrund, Gott – wie immer die unbedingte, intelligible Bedeutung benannt und dem System zugrunde gelegt und in ihm entfaltet wird, sie bleibt für den Deutschen Idealismus eine der Autorität und Macht des philosophischen Denkens unterworfene Bedeutung, eben weil dieses Denken nichts anderes sein soll als das Begreifen der Selbstdarstellung des Unbedingten. So werden Natur, Geschichte, Kunst und eben auch Religion zu **Darstellungsformen der Selbstentfaltung des Absoluten**, die auch als ›Offenbarung des göttlichen Wesens‹ bezeichnet werden kann. Die Vereinigung des Intelligiblen und Sensiblen, die Kant nur durch einen Glaubensbegriff meinte angeben zu können, der am Ende des langen Weges des transzendental-kritischen Denkens steht, steht nunmehr am Anfang des Denkens und des Wissens.

Die folgenden Ausführungen müssen sich infolge der hohen Komplexität der Philosophie des Deutschen Idealismus auf einige grundsätzliche Aspekte beschränken. Da Fichtes Philosophie von einer idealistischen Transzendentalphilosophie zu einer eigenständigen Religionsphilosophie fortschreitet, wird ihm größere Beachtung zuteil (zu Fichtes Religionsphilosophie vgl. Hammacher u.a. 1995; Verweyen 1995; Wittekind 1993).

2.3.1 Fichte: Die religionsphilosophische Dimension allen Wissens

Unter den sog. idealistischen Systemen steht die Philosophie **Johann Gottlieb Fichtes** (1762–1814) der Kantischen Philosophie am nächsten. Aber gerade in bezug auf Kant, der sein Werk trotz aller Bemühung nicht zu architektonischer Geschlossenheit bringen konnte, konzipiert Fichte einen strengen Wissenschaftsbegriff, der seiner gesamten Philosophie zugrunde liegen und in ihr zur Darstellung kommen soll. Systematische und inhaltliche Aspekte sind daher nicht voneinander zu trennen. So sind die verschiedenen Vermögen und deren apriorische Konstitutionsleistungen, vor allem theoretische und praktische Vernunft, aus einem einzigen Vernunftprinzip abzuleiten und zu systematischer Einheit zu bringen. Auch ist das Problem des ›Dinges an sich‹, das in der Religionsphilosophie im Blick auf die Gottesfrage erneut zum Problem wurde (vgl. Rohs 1991, S. 27–37), konstruktiv aufzuklären.

Die Lösung dieser Aufgaben trägt Fichte als ›**Wissenschaftslehre**‹ vor. Unter Wissenschaft versteht Fichte die systematische Darstellung des selbstbewußten, sich selbst erzeugenden Wissens in stetem Rückbezug auf dessen transzendentale Begründung. Für den Menschen ist das Wissen immer das *eine* Wissen der *einen* Vernunft und muß folglich von ihr selbst aus *einem* Prinzip abgeleitet und als geschlossenes ›Wissen vom Wissen‹ dargestellt werden (vgl. Janke 1970). Fichte hat seine Philosophie auch als ›transzendentalen Idealismus‹ bezeichnet, da sowohl formale als auch materiale Aspekte des Wissens aus der ursprünglichen Leistung des Selbstbewußtseins oder Ichs hervorgehen. Die fortwährende Weiterentwicklung seines Denkens führte zu etlichen Fassungen und Entwürfen der Wissenschaftslehre, die die Begründungs- und Darstellungsproblematik kontinuierlich vertiefen. Die Ausweisung des absoluten Grundes verlagert sich dabei zunehmend vom ›Ich‹ zum ›Sein‹, um die Einheit von Mensch, Welt und Gott im Wissen erfassen zu können (vgl. Meckenstock 1993). Das Ich oder Selbstbewußtsein wird zum Medium eines unvordenklichen göttlichen Seins, das aus Freiheit ins Dasein übertritt und im menschlichen Selbstbewußtsein als dieser freie Akt nachvollzogen wird, um so die weltliche Existenz des Menschen in ihrem göttlichen Ursprung und Wesen verständlich zu machen. Das Problem, daß die Wissenschaftslehre, die die Menschheit ganz aus der Freiheit verstehen lassen will, zwar formuliert werden kann, aber deswegen mit der gegebenen historischen Situation keineswegs in Einklang steht, hat Fichte immer mehr zu geschichtsphilosophischen Überlegungen angeregt, die zuletzt in eine philosophische Theorie des Christentums führen.

Fichtes Einsicht, eine über Kant hinausgehende Transzendentalphilosophie konzipieren zu müssen, resultiert unter anderem aus dem Ungenügen, der Problemstellung seiner ersten, religionsphilosophischen Schrift durch eine strenge **Orientierung an der Kantischen Moral- und Religionsphilosophie** gerecht werden zu können (vgl. Denker 1995). Noch vor dem Erscheinen von Kants *Religion innerhalb der bloßen Vernunft* beendet Fichte den *Versuch einer Kritik aller Offenbarung* (*Versuch*, 1792; FW V). Fichte hatte die Kantische Philosophie im Selbststudium enthusiastisch aufgenommen. Ein starkes religiöses Gefühl schien sich durch die Kantische Philosophie mit den Ansprüchen der Vernunft vereinen und klären zu lassen. Mit dem *Versuch* verfolgte Fichte überdies die Absicht, sich bei Kant und in der akademischen

Welt einzuführen. Die positive Aufnahme dieser Schrift überstieg alle Erwartung. Zunächst reagierte Kant selbst, der den *Versuch* von Fichte zur Vorlektüre erhalten hatte, sehr wohlwollend und wirkte auf seine Publikation hin. Aber noch entscheidender war, daß der anonym erschienene *Versuch* für die von Kant angekündigte Religionslehre und ›Vierte Kritik‹ gehalten wurde. Als dieser Irrtum aufgeklärt und Fichte als Autor genannt war, brachte der schnelle Ruhm Fichte eine Professur in Jena ein, die ihn aus seinen bis dahin bedrückenden Lebensumständen befreite und seinem energischen Schaffens- und Mitteilungsdrang ein erstes Forum bot.

Im *Versuch* bleibt Fichte im ganzen der kantischen Unterscheidung von Naturgesetzlichkeit und Freiheit, von sensibler und intelligibler Ordnung, sowie ihrer religionsphilosophischen Vereinigung im Vernunftglauben verpflichtet (vgl. Kessler 1986; Verweyen 1983). Der *Versuch* kann daher als eine Anwendung der Kantischen Religionsphilosophie auf das Problem der Offenbarung gelesen werden. Allerdings fällt eine besondere Gewichtung des Affektiven in der ›reinen Vernunftreligion‹ auf: In ihr wird Gott, obwohl seine Geltung als Postulat der praktischen Vernunft verbindlich bleiben soll, »Verehrung«, »Bewunderung« und »Zuneigung« entgegengebracht (*Versuch*, S. 86), und manche eudämonistische Vorstellung mischt sich in die ansonsten streng gehaltene Argumentation.

Fichte kommt zu dem Ergebnis, daß ein **apriorischer Offenbarungsbegriff** zwar konstruiert und in seiner Möglichkeit formal und material bestimmt, aber niemals objektiv auf eine sinnliche Gegebenheit bezogen werden kann. Fichte definiert Offenbarung als den »Begriff von einer durch die Kausalität Gottes in der Sinnenwelt bewirkten Erscheinung« (ebd., S. 81). Da die Gottesidee als Postulat der praktischen Vernunft ganz in der noumenalen, moralischen Existenz des freien Menschen begründet ist, muß alle philosophische Bestimmung einer möglichen Offenbarung auf Freiheit und Moralität aufgebaut werden. »Der Endzweck jeder Offenbarung ist reine Moralität« (ebd., S. 114), und »die Möglichkeit aller Religion und Offenbarung setzt die Freiheit voraus« (ebd., S. 132). Fichte legt, nicht anders als Kant, die Offenbarungsidee strikt von der menschlichen Vernunft her aus. Als von Gott selbst ausgehend kann sie nur insofern *gedacht* werden, als die Offenbarung Gottes als des moralischen Gesetzgebers ganz einem moralischen **Bedürfnis der Vernunft** korrespondiert. Da die menschliche Vernunft die reine Moralität a priori in sich enthält, kann Offenbarung also nur dann *möglich* sein, wenn ein »empirisch gegebenes moralisches Bedürfnis« von seiten des Menschen vorliegt. Nach Fichte ist es denkbar, daß sich die Menschheit in einem **geschichtlichen Zustand des vollkommenen sittlichen Verfalls** befindet und allein durch jenes Bedürfnis zu ihrem eigenen moralischen Apriori und ihrer wahren Bestimmung hingeführt werden kann. Entsprechend ist das Kriterium aller Offenbarung ihre Übereinstimmung mit der Freiheit und Moralität der reinen Vernunft.

> »Jede Offenbarung also muß uns Gott als moralischen Gesetzgeber ankündigen, und nur von derjenigen, deren Zweck das ist, können wir aus moralischen Gründen glauben, daß sie von Gott sei.« (ebd., S. 115) – »Nur diejenige Offenbarung, welche ein Prinzip der Moral, welches mit dem Prinzip der praktischen Vernunft übereinkommt, und lauter solche moralische Maximen aufstellt, welche sich davon ableiten lassen, kann von Gott sein.« (ebd., S. 124f.)

Da »die Materie einer Offenbarung [...] a priori durch die reine praktische Vernunft da ist« (ebd., S. 141), ansonsten aber eine sinnliche Erscheinung in ihrem übersinnlichen Substrat kein Gegenstand der objektiven Erkenntnis sein kann, hat der Offenbarungsbegriff auch für die Vernunftreligion selbst keinen konstitutiven Charakter. Er zählt nicht zum »reinen Vernunftglauben an Gott und Unsterblichkeit«, sondern begründet einen »formalen, empirisch bedingten Glauben« (ebd., S. 153).

Über dieses knappe Resultat hinaus ist allerdings die **Problemstellung** des *Versuchs* von Interesse. Im Offenbarungsbegriff kulminieren nicht nur moral-, religions- und geschichtsphilosophische Aspekte, sondern in ihm wird das grundsätzliche Problem virulent, wie ein **sinnliches Erscheinen der Intelligibilität** gedacht werden kann. Solange am theoretischen Wissensbegriff Kants festgehalten wird, kann ein solches Erscheinen theoretisch nicht ausgewiesen werden, und das philosophische Denken muß sich weiterhin im Vernunftglauben bescheiden. Wird jedoch die Vernunft in ihrer intelligiblen Bedeutung, die auch für Fichte zunächst ganz im Faktum der **Freiheit und Moralität** liegt, zum Grund aller Bestimmung möglichen Wissens erhoben, eröffnet sich eine neue Perspektive auf ein philosophisch begründetes Selbstverständnis des Menschen. »Wir handeln nicht, weil wir erkennen, sondern wir erkennen, weil wir zu handeln bestimmt sind: Die praktische Vernunft ist die Wurzel aller Vernunft« (FW II, S. 263). Fichte versucht daher, das Sein der Welt und die menschliche Existenz in ihr konsequent vom Seinsollen her zu verstehen, wie es Kant in der Vorrede zur *Religion innerhalb der Grenzen der bloßen Vernunft* angedeutet hat. In der Wissenschaftslehre stellt Fichte konsequenterweise das Prinzip des Handelns aus Freiheit an den Anfang der philosophischen Reflexion. Das Wissen muß vollständig aus der **vernünftigen Selbstbestimmung** des Menschen heraus entwickelt werden. Die Welt in ihrem faktischen und materialen Gegebensein stellt kein ursprüngliches Problem der reinen Vernunft dar, sondern empfängt ihre Bedeutung innerhalb eines Wissens, das sich durch sich selbst konstituiert.

Das fundamentale Prinzip der frühen Wissenschaftslehre ist deswegen die ursprüngliche, alle Tatsachen des Bewußtseins konstituierende und durchdringende ›**Tathandlung**‹ des Ich. Fichtes äußerst komplizierte Argumentation seiner frühen Wissenschaftslehre kann hier lediglich skizziert werden (vgl. Seidel 1997, S. 60ff.). Das Ich, das in Anlehnung an Kants transzendentale Einheit der Apperzeption (s. Kap. I.2.3.1) reine intellektuelle Tätigkeit ist, handelt, indem es ›setzt‹. Kraft dieser **apriorischen Setzung** bedingt es die apriorische Genese sowohl der reinen logischen Strukturen als auch des Bestimmtseins des Wissens. Als Bedingung der Möglichkeit seines eigenen Vollzugs setzt es zunächst sich selbst als ›Ich‹ (erster Grundsatz) und dann ein ihm Entgegengesetztes, das ›Nicht-Ich‹ (zweiter Grundsatz). Da aber diese absolute und noch statische Entgegensetzung von absoluter, in sich identischer Realität und ihrer Negation das Bewußtsein noch nicht zum bestimmten Wissensinhalt führt, ist die dritte Setzung für die weitere transzendental zu erschließende Genese des Wissens ausschlaggebend: Das Ich setzt dem teilbaren Ich ein teilbares Nicht-Ich entgegen (dritter Grundsatz). Erst durch wechselseitige Begrenzung können für ein Bewußtsein Inhalte bestimmbar werden. Aus dem dritten Grundsatz der Wissenschaftslehre erfolgt erst die Einteilung der Vernunft in ihren theoretischen und ihren praktischen Gebrauch. Bestimmt das teilbare Nicht-Ich das teilbare Ich, dann handelt es sich um die theoretische, im anderen Falle um die praktische Vernunft. In jedem Fall ist das Wechselverhältnis zwischen Ich und Nicht-Ich das der gegenseitigen passiven Beschränkung und aktiven Bestimmung.

Angesichts dieses Wechselverhältnis ist dem Menschen die grundsätzliche Entscheidung freigestellt, in welcher Weise er sich selbst verstehen will. Er wählt entweder die Freiheit bzw. den Idealismus oder den Determinismus bzw. den Dogmatismus. Er versteht entweder sich selbst durch das Bestimmtwerden durch das Sein, oder aber er versteht die Welt als durch das Seinsollen zu bestimmende und folgt damit dem Prinzip der Freiheit. An jeder Stelle seiner Philosophie erscheint **Fichte als Philosoph der Freiheit** (vgl. Schulz 1977; Seidel 1997, S. 44ff.), und der pädagogische Duktus vieler seiner Schriften, vor allem der späteren popularphilosophischen, erklärt sich aus der Tatsache, daß die Freiheit als Bestimmungsgrund des Selbst- und Weltverständnisses anzunehmen eine Frage der Wahl und keine Selbstverständlichkeit ist. Aber eben diese Wahl in ihrer Notwendigkeit plausibel zu machen, ist Fichtes Hauptanliegen.

Als Philosophie der Freiheit mußte die Wissenschaftslehre dort, wo sie auf **Gott und Religion** Bezug nimmt, auf Widerstand stoßen. Dem Verhältnis von reiner Moralität und Vernunftreligion im Sinne Kants weiterhin verpflichtet, entzieht Fichte die Religion und das Wesen Gottes jeder philosophischen Bestimmung, die ihren intelligiblen Gehalt nicht aus der Vernunft empfängt. Theoretische, praktische und religionsphilosophische Aspekte sollen sich zu einem geschlossenen Selbst- und Weltverständnis vereinen. Die folgende Passage aus der Schrift *Über den Grund unseres Glaubens an eine göttliche Weltregierung* (1798; FW V) stellt die entscheidenden Gedanken Fichtes bündig zusammen:

> »Die Welt ist nichts weiter, als die nach begreiflichen Vernunftgesetzen versinnlichte Ansicht unsers eigenen inneren Handelns, als bloßer Intelligenz, innerhalb unbegreiflicher Schranken in die wir nun einmal eingeschlossen sind, – sagt die transzendentale Theorie. [...] Unsere Welt ist das versinnlichte Materiale unserer Pflicht; dies ist das eigentlich Reelle in den Dingen, der wahre Grundstoff aller Erscheinung. Der Zwang, mit welchem der Glaube an die Realität derselben sich uns aufdringt, ist ein moralischer Zwang; der einzige, welcher für das freie Wesen möglich ist. [...] So, als das Resultat einer moralischen Weltordnung angesehen, kann man das Prinzip dieses Glaubens an die Realität der Sinnenwelt gar wohl Offenbarung nennen. Unsere Pflicht ists, die in ihr sich offenbart. – Dies ist der wahre Glaube; diese moralische Ordnung ist das *Göttliche*, das wir annehmen. Er wird konstruiert durch das Rechttun. [...] Jene lebendige und wirkende moralische Ordnung ist selbst Gott.« (ebd., S. 184ff.)

Mit diesen und anderen Äußerungen, die Gott Persönlichkeit und Bewußtsein absprachen, löste Fichte den sog. ›**Atheismusstreit**‹ aus, der ihn schließlich seine Professur in Jena kostete (vgl. Verweyen 1995, S. 204–208). Fichte hat sich vehement gegen diesen Vorwurf zur Wehr gesetzt, aber auch erkannt, daß seine bisherige Philosophie dem Thema Religion noch nicht angemessen begegnet ist. Seine Konzeption des absoluten Ich gab nicht nur oberflächlich Anlaß zum Vorwurf, daß für Gott jenseits dieses Ich kein Platz mehr sein konnte. Fichte sah sich auch aus systemimmanenten Gründen veranlaßt, den Zusammenhang von Freiheit und Realität, von intelligibler und sinnlicher Ordnung in der Wissenschaftslehre noch tiefer zu fassen.

Das absolute Ich als tätiger Einheitsgrund des Wissens erweist sich insofern als ungenügend, als es in seiner **Selbstspaltung** in Ich und Nicht-Ich über die wechselseitige und sich immer weiter ausdifferenzierende Einschränkung nicht zur höchsten Einheit beider führen kann. Das Übereinkommen der intelligiblen ›Bestimmung des Menschen‹ mit der sinnlichen Welt, das als Höchstes Gut den Endzweck des Seinsollens darstellt, kann zwar als ursprüngliches **Streben** des ›Ich‹ benannt und als dem Menschen a priori aufgegeben erkannt werden. Aber das Streben zur Erfüllung der

Einheit kann hinreichend nur dann geklärt werden, wenn es selbst bereits der Ausdruck der Einheit ist und sich aus dieser Einheit vollzieht. Die Einheit des Sensiblen und Intelligiblen, von Freiheit und Welt darf nur insofern am Ende stehen, als diese Einheit das Streben schon trägt und begründet.

Ein weiterer Anstoß zur Modifizierung der Wissenschaftslehre liegt für Fichte in den Resultaten seiner Sitten- und Rechtslehre. **Die Freiheit des Einzelnen** ist nur in der Freiheit der Gemeinschaft zu begründen und sinnvoll zu realisieren. Die wechselseitige Einschränkung der freien ›Iche‹ ist die Voraussetzung dafür, daß sich die allgemeine Bedeutung von Freiheit und Moralität, die die *eine* intelligible Menschheit (›Geisterwelt‹) voraussetzt, überhaupt durch das Handeln realisieren läßt. Auch die Freiheitsidee verlangt also ihre Begründung in einem Prinzip, das die Freiheit des Einzelnen in der Freiheit der Menschheit aufgehen läßt.

In den Weiterentwicklung der Wissenschaftslehre sucht Fichte diesen Anforderungen gerecht zu werden. Die Wissenschaftslehre erhält jetzt den Charakter einer **Erscheinungslehre** (ab 1804). Das gesamte System der Wissenschaftslehre macht sich dabei die Realität oder das Sein nicht zum Gegenstand, sondern ist der sich selbst begreifende und als Wissen darstellende Ausdruck oder, wie Fichte es sagt, **das ›Bild‹ dieses Seins** selbst. Das Ich wird lediglich im Rahmen der genetischen Herleitung dieses Wissens bemüht, löst sich aber schließlich im absoluten Wissen auf. Fichte ist sich der Schwierigkeit, diesen neuen Ansatz zu verstehen, durchaus bewußt. Seine Sprache fällt daher oft recht eigenwillig aus, wenn er das mediale Vernunftgeschehen als ›Durch‹ oder ›Als‹ bezeichnet. Diese Termini sollen das dynamische, die philosophische Lehre selbst konstituierende Begründungsverhältnis von Grund und Erscheinung des Grundes ausdrücken: Das Absolute ist ›als‹ oder ›durch‹ das philosophische Wissen als das Begreifen der Wahrheit ›da‹.

Durch dieses Begründungsverhältnis tritt die **Wissenschaftslehre** immer mehr **als Gotteslehre** auf. Die Erscheinung ist die Gegenwart Gottes, sofern er *als begriffene Welt* im menschlichen Selbstbewußtsein ›da‹ ist. Die Wissenschaftslehre ist das Begreifen der erscheinenden Gegenwart Gottes für das Selbstbewußtsein und im Selbstbewußtsein. Gott bleibt die unvordenkliche absolute Realität, die keineswegs in irgendeine Relation zum Endlichen tritt. Eine solche Perspektive verlöre den Gewinn der neuen Wissenschaftslehre aus dem Blick. Es ist vielmehr diese Relation selbst, die das menschliche Selbstbewußtsein und Wissen, das sich an einer scheinbar für sich bestehenden Welt findet und diesen Schein durch die Reflexion zu überwinden hat, *ist*.

Fichtes Verhältnisbestimmung von **Religion und Philosophie** gewinnt dadurch an Eindeutigkeit: Was Religion ihrem Inhalte nach *ist*, wird durch die Wissenschaftslehre zum vollendeten Selbstverständnis des Menschen erhoben, eben weil die Wissenschaftslehre nichts anderes ist als das Begreifen der absoluten Realität, in der der Mensch immer schon steht und aus der er ›lebt‹. Sie erzeugt also nicht den Inhalt der Religion, sondern bringt deren Wahrheit im Selbstbewußtsein des Menschen zu sich selbst. Im Fragment *Rückerinnerungen, Antworten, Fragen* (1799; FW V) erscheint der **Religionsbegriff** entsprechend als unmittelbare Einheit von Leben und Gott, die ohne Vorstellung oder Begriff in die Philosophie nicht eingehen kann:

> »Der Philosoph hat gar keinen Gott und kann keinen haben; er hat nur einen Begriff vom Begriffe oder von der Idee Gottes. Gott und Religion gibt es nur im Leben.« (ebd., S. 348) – »Religionsphilosophie ist nicht Religion, und nicht für alle und für aller Urteil:

die Religion ist wirkend und kräftig, die Theorie ist tot an ihr selber; die Religion erfüllt mit Gefühlen und Empfindung, die Theorie spricht nur von ihnen; sie zerstört sie weder, noch sucht sie neue zu erzeugen.« (ebd., S. 351) – »Unsere Philosophie macht [...] das Leben, das System der Gefühle und des Begehrens zum Höchsten und läßt der Erkenntnis nur überall das Zusehen.« (ebd., S. 352)

Was hier wie eine Bescheidung des philosophischen Denkens wirkt, wird in der *Anweisung zum seligen Leben, oder auch die Religionslehre* (*Anweisung*, 1806; FW V) richtiggestellt. In der *Anweisung* läßt Fichte keinen Zweifel daran, daß das göttliche Wesen des Seins nur in der begrifflichen Durchdringung seines Erscheinens im und für den Menschen wahrhafte menschliche Existenz und zuletzt ›Seligkeit‹ bedeuten kann.

Die *Anweisung* ist deswegen als Religionsphilosophie zugleich Wissenschaftslehre, in der Gott oder Religion nicht mehr als notwendige Forderungen aus der Moralität hervorgehen, um dem Streben innere Gewißheit zu vermitteln. **Gott** ist jetzt absolute Instanz des Seins, die sich selbst im eigenen Dasein frei entäußert, in dieser Entäußerung das Totalgeschehen der Realität ist und also bei sich bleibt. Es ist unmöglich, diesen Grundsatz: »Das Sein – ist da« durch die Relationen des Begreifens zu erfassen. Vielmehr ist es das Begreifen selbst, das dieses Geschehen, dieses ›göttliche Leben‹ als Wissen ist. »Das Sein – ist da, und das Dasein des Seins ist notwendig Bewußtsein oder Reflexion, nach bestimmten, in der Reflexion selber liegenden und aus ihr zu entwickelnden Gesetzen: dieses ist der [...] Grund unserer ganzen Lehre.« (*Anweisung*, FW V, S. 539)

Fichte interpretiert in diesem Sinne die Theologie des **Johannes-Evangeliums**, das in seinen Anfangsversen das Sichentäußern Gottes im ›Wort‹, d.h. die Selbstoffenbarung in einem geistigen Element ausspricht. Es ist das menschliche Bewußtsein, das als ›sehendes‹ Medium zugleich Gottes- und Weltbewußtsein ist. Das konkrete Existieren in der Welt, das der Mensch als Streben erfährt, ist daher als notwendige Bedingung für die Erkenntnis des ›Lebens aus Gott‹ offenbar. Das Streben ist ursprünglich und in seiner Wahrheit **Liebe**, ist unmittelbare Religion und als reine Liebe die Liebe Gottes, das Einssein von Gott und Welt im Leben des Menschen. Allerdings findet der Mensch nur durch die im Wissen erkannte, d.h. vom ›Gefühl‹ zum ›Gedanken‹ erhobene Liebe zu einem wahren Selbstverständnis seiner weltlichen Existenz.

»Das reale Leben des Wissens ist daher, in seiner Wurzel, das innere Sein und Wesen des Absoluten selber, und nichts anderes; und es ist zwischen dem Absoluten oder Gott, und dem Wissen in seiner tiefsten Lebenswurzel, gar keine Trennung, sondern beide gehen völlig ineinander auf.« (ebd., S. 443)

Fichtes Religionsphilosophie will im ganzen zeigen, daß nur im vollendeten Wissen, das die Erscheinung Gottes ist, das Viele und Disparate, das Werden und Vergehen auf den sich lebendig entäußernden Einheitsgrund zurückgeführt und **die Seligkeit für den Menschen** folglich nur durch das Wissen erreicht werden kann. Vermöge dieses Wissens fällt das Individuum »in das reine göttliche Dasein hinein« (ebd., S. 518) und vernichtet sich selbst als eigenständige Instanz, die sich lediglich durch die Bindung an eine für sich bestehende Welt behaupten kann.

Für Fichte kommt es deswegen darauf an, diese religionsphilosophisch angelegte Wissenschaftslehre allgemein bekannt zu machen, d.h. ›zum seligen Leben anzuweisen‹. Dies führt zwangsläufig in eine geschichtsphilosophische Betrachtung, die das Wissen, das die Gegenwart Gottes sein soll, auf die historischen Umstände bezieht und an ihnen erklärt. Die Sinnenwelt und die Geschichte müssen als Ort göttlicher Offenbarung für die Wissenschaftslehre, die die sich selbst begreifende Religion ist, ausgewiesen werden. In seinen letzten Überlegungen gelangt Fichte konsequent zu einer christologisch fundierten Geschichtsphilosophie (zur Spätphilosophie vgl. Schmid 1995).

2.3.2 Schelling und Hegel: Die Überwindung der Religion im philosophischen System

Von Religionsphilosophie, wie sie bei Kant und Fichte als Resultat einer längeren philosophischen Reflexion vorliegt, kann angesichts der Lehren Schellings und Hegels nur unter starken Vorbehalten gesprochen werden. Beide verstehen ihre Systeme als Darstellung eines Absoluten, das in seiner dynamischen Selbstentfaltung begriffen und so im menschlichen Selbstbewußtsein, wenn auch unter verschiedenen Vorzeichen, zur Einheit und Geschlossenheit des philosophischen Wissens gebracht werden soll. Durch diesen grundlegenden Anspruch stellt der **religiöse Glaube** eine vorläufige und durch das philosophische Wissen zu überwindende Einstellung dar, die das menschliche Bewußtsein dem Absoluten gegenüber einnehmen kann und im Prozeß der Selbstentfaltung in historischer oder individueller Hinsicht einnehmen muß. Der Glaube, und sei er auch als Vernunftglaube gefaßt, stellt also ein prinzipiell unzulängliches Verhältnis zum Absoluten dar und kann daher für Schelling und Hegel das menschliche Selbstverständnis nicht begründen. Was die Existenz des Menschen in der Welt in ihrer Wahrheit bedeutet, erschließt allein die **philosophische Reflexion**, die für den Glauben nur untergeordnet Raum läßt, sofern nämlich das, was geglaubt, d.h. was zwar gefühlt oder vorgestellt, aber nicht begriffen ist, ins philosophische Wissen erhoben wird. Von einer Religionsphilosophie bei Schelling und Hegel könnte folglich nur unter zwei Bedingungen gesprochen werden: Zum einen dann, wenn die gesamte philosophische Lehre durch ihre Verankerung im theoretischen Gottesbegriff und die theoretisch-spekulative Auslegung des weltlichen Geschehens als göttliche Offenbarung verstanden wird; zum anderen unter dem eingeschränkten Aspekt der Bestimmung religiöser Erscheinungsformen innerhalb des Prozesses der Selbstentfaltung des Absoluten für das menschliche Bewußtsein.

Diese beiden Auffassungen von Religionsphilosophie zu erläutern würde nun bedeuten, den Kontext des gesamten Systems, in das sie eingebettet sind, darstellen zu müssen. Da dies hier nicht zu leisten ist, soll im folgenden der jeweilige Ansatzpunkt Schellings und Hegels sowie die Abweichungen ihrer Lehren zumindest umrissen werden. Allerdings ist die Frage, die sich aus religionsphilosophischer Perspektive an diese Systeme herantragen läßt, ob nämlich diese Lehren überhaupt noch einen Glaubens- oder Religionsbegriff begründen, der nicht vom Totalitätsanspruch des philosophischen Systems absorbiert wird, schon im Vorfeld negativ beantwortet.

In **Friedrich Wilhelm Joseph Schelling** (1775–1854) findet der deutsche Idealismus im ersten Jahrzehnt des 19. Jhs. seinen exponiertesten Vertreter (zur Einführung in das Werk Schellings vgl. Baumgartner 1975; ders./Korten 1996; Sandkühler 1998). Er greift schon in jungen Jahren in die aktuellen philosophischen Debatten ein und verschafft sich über die Grenzen der Philosophie hinaus Gehör, da er philosophisches Systemdenken mit romantischem Zeitgeist zu durchdringen und in Person und Schaffen das Genialische mit wissenschaftlichem Anspruch zu vereinen versteht. Er knüpft an Kant und den frühen Fichte an, findet dabei aber schnell zu einer eigenen Fragestellung (vgl. Holz 1977), deren Ergründung und Ausgestaltung seinem gesamten Werk äußerste Vielschichtigkeit verleiht: die philosophische Klärung des ursprünglichen **Zusammenhanges von Geist und Natur**, von Kräften der Natur und Kräften des Geistes (vgl. Heckmann u.a. 1985). Von einem solchen Dualismus überhaupt auszugehen zeigt, daß Schelling ganz entschieden bemüht ist, über die transzendentale oder transzendental-idealistische Haltung des philosophischen Denkens hinauszugehen. So konzentriert sich Schellings Denken durch alle Phasen seines Schaffens hindurch auf das Problem, wie das *eine* Wissen Geist und Natur in sich vereinen kann, wenn doch zugleich klar ist, daß dieses umfassende Wissen vom Geist hervorgebracht wird (vgl. Jantzen 1998). Schelling erkennt an, daß die Natur vom **transzendental-idealistischen Standpunkt** vergeistigte Materie ist, die ganz in der Subjektivität aufgeht. Am Freiheitsgedanken, den dieser Standpunkt impliziert, hält Schelling dabei stets fest. Vom **naturphilosophischen Standpunkt** aus jedoch wirkt in der Natur ein tätiges Prinzip. Die philosophische Reflexion auf empirisch gegebene Naturphänomene muß in die Lage versetzt werden, dieses Prinzip zu bestimmen, ohne es restlos in der menschlichen Vernunft aufzulösen und dadurch seiner eigenständigen Kraft zu entledigen.

Transzendentaler Idealismus und Naturphilosophie stellen für Schelling deswegen innerlich aufeinander bezogene, aber zu unterscheidende Formen der philosophischen Erkenntnis dar; Kants *Kritik der Urteilskraft* gab hier die entscheidenden Anregungen und führte den jungen Schelling zunächst zur Konzeption einer metaphysischen Kunstphilosophie. Aber ihre Vereinigung muß tiefer, nämlich im Scin sclbst liegen und dieses selbst in ein wahrhaftes Wissen erheben, das folglich aus einer ursprünglichen ›Erkenntnis‹ eines zugleich Identitischen und Differenzierten entwickelt werden muß. Der Gegensatz des Subjektiven und des Objektiven kann für die philosophische Bestimmung dieser ursprünglichen Einheit keine Relevanz haben, sondern muß als aus ihr hervorgehend verstanden werden.

> »Gäbe es nicht in unserem Geist selbst eine Erkenntnis, die von aller Subjektivität völlig unabhängig und nicht mehr ein Erkennen des Subjekts als Subjekt, sondern ein Erkennen dessen, was allein überhaupt auch ist, und allein erkannt werden kann, des schlechthin *Einen*, so müßten wir in der Tat auf alle absolute Philosophie Verzicht tun, wir wären ewig mit unserem Denken und Wissen eingeschlossen in die Sphäre der Subjektivität, und wir müßten das Resultat der Kantischen, sowie der Fichteschen Philosophie als das einzig mögliche ansehen und unmittelbar zu dem unserigen machen. [...] Nun müssen wir aber gestehen, daß Philosophie überall keinen Wert hat, führt sie nicht wirklich zu dem, was an sich, was ewig, was unveränderlich ist. Wie eine solche Erkenntnis möglich, ist nicht einzusehen, solange alle Erkenntnis als eine subjektive betrachtet wird, gleichsam als gehörte sie nicht auch *sie* zur Welt.« (AS 3, S. 153f.)

Der metaphysische Wissensbegriff Schellings, den er zunächst in seiner ›**Identitätsphilosophie**‹ darstellt (vgl. Zeltner 1975), ist dadurch charakterisiert, daß das philosophische Wissen dem Problem gerecht werden muß, einerseits Wissen des Absoluten, andererseits aber durch dieses Absolute begründet zu sein. Die menschliche Vernunft, die Subjektivität (das Ich) ist deswegen nicht *die* Vernunft, die als Gleichheit von Subjekt und Objekt des Erkennens gedacht werden muß: »In der Vernunft ist jene ewige Gleichheit selbst zugleich das Erkennende und Erkannte – nicht *ich* bin es, der diese Gleichheit erkennt, sondern sie selbst erkennt sich, und ich bin das bloße Organ von ihr.« (ebd., S. 153)

Schellings Ringen um die Einsicht in das *eine*, sich im Dualismus von Natur und Geist darstellende Absolute führt ihn zwangsläufig zu der Einsicht, daß das Absolute den unbedingten Ausgangspunkt nicht allein in dogmatisch-konstruktivem Sinne für das System, sondern vor allem für das philosophische Denken selbst darstellt. Als begreifendes, relational bestimmtes Denken bleibt es immer im Dualismus von Geist und Natur, von Ideellem und Reellem befangen und erweist sich durch dieses Befangensein auch als Produkt der Natur. Aber, und dieser Punkt ist für Schellings Selbstverständnis entscheidend, eben dieses Befangensein ist vor dem Hintergrund des transzendentalen Wissens nicht Aporie oder Widerstreit der Vernunft, sondern unmittelbare Bezeugung und Bestätigung der ewigen Selbstentfaltung des Absoluten im Dualismus von Natur *und* Geist. Gott ist in der Identitätsphilosophie der sich selbst begreifende, sich selbst affirmierende Begriff, die reine Identität und Indifferenz dessen, was sich dem begreifenden Denken zwar als Dualismus aufdrängt, aber seinem Wesen nach den Grund der Einheit des Begreifens und des Begriffenen darstellt.

Der Anfang der wahren Philosophie ist somit lediglich in der Selbstevidenz des Absoluten *durch* das Faktum seines Geschiedenseins für das Begreifen und Erkennen zu sehen. Das Absolute oder Gott ist die reine Identität oder reine Indifferenz, die allerdings als Selbstaffirmation eine **schöpferische Identität**, d.h. die ewige Geburt aller Dinge aus Gott ist. Schelling greift hier auf Spinoza zurück, modifiziert dessen Lehre aber im Sinne der neuplatonischen Emanationslehre (s. Kap. I.2.1.3).

»Außer der Lehre vom Absoluten haben die wahren Mysterien der Philosophie die von der ewigen Geburt der Dinge und ihrem Verhältnis zu Gott zum vornehmsten, ja einzigen Inhalt.« (ebd., S. 27) – Die Schrift, der dieses Zitat entstammt (*Philosophie und Religion*, 1804), markiert eine Zäsur in der Form, mit der Schelling dem **Problem der Begründung** begegnet. Die Vernunfterkenntnis des Absoluten, deren Gegenstand ja eine irrelationale Einheit von Ideellem und des Reellem sein sollte, wird konsequent als ein Akt des philosophischen Willens oder der Freiheit ausgesprochen, der selbst keiner Erklärung mehr fähig ist. Der Wille, durch das Begreifen das Absolute bestimmen zu wollen, geht ins Leere, weil jede Bestimmung sogleich in Relation zu anderer Bestimmung steht. Also muß sich der Wille schon aus der Einheit vollziehen. Schelling spricht sich in diesem Zusammenhang relativ klar über das religiöse Bewußtsein aus: Mag es auch durch »Erleuchtung« oder »Offenbarung« das Absolute gegenwärtigen – dieses bleibt gerade deswegen, weil es notwendig in die zeitliche Vollzugsform der Reflexion eingeht, auch dem Untergang in der Reflexion überantwortet.

> »Religion in dieser vorübergehenden Gestalt ist demnach ein bloßes Erscheinen Gottes in der Seele, sofern diese auch noch in der Sphäre der Reflexion und der Entzweiung ist; dagegen ist Philosophie notwendig eine höhere und gleichsam ruhigere Vollendung des Geistes; denn sie ist immer in jenem Absoluten, ohne Gefahr, daß es ihr entflieht, weil sie sich selbst in ein Gebiet über der Reflexion geflüchtet hat.« (ebd., S. 29f.)

›Die Flucht in ein Gebiet *über* der Reflexion‹ – mit dieser Selbsteinschätzung setzt Schelling die Begründung des Absoluten durch das theoretische Denken der ›negativen Philosophie‹, die durch ein formales Apriori des Wissens charakterisiert werden kann, zurück und widmet sich immer stärker der ›positiven Philosophie‹. In der Idee der **positiven Philosophie** (vgl. Teichner 1984) faßt Schelling vornehmlich den Vollzug der konkreten, das Seiende als solches ergreifenden Erkenntnis, sie mag naturwissenschaftlich oder historisch ausgerichtet sein, aus der unvordenklichen Einheit des Absoluten heraus, als dessen ›Organ‹ die menschliche Vernunft angesehen wird und die in dem, was sie ›weiß‹, den Dualismus gewissermaßen ertragen muß. Alles, was ist, ist durch Geist und Natur geprägt, aber ›potenziert‹ diese Momente in unterschiedlicher Form. Die ›**Potenzenlehre**‹ wird damit zur positiven Fortentwicklung der Identitätsphilosophie, da sie das Kräfteverhältnis an allen Seinsformen nachzuweisen unternimmt.

Durch die Mystik Jakob Böhmes geleitet, wird nun auch die metaphysische Spekulation um den Dualismus der Kräfte gewissermaßen ›positiver‹. Schelling versenkt ihn in den **Gottesbegriff** selbst: Gott selbst ist *in sich* durch ein ›dunkles‹ Drängen nach ›lichter‹ Selbstgewißheit charakterisiert (vgl. *Über das Wesen der menschlichen Freiheit*, 1809; zu dieser Schrift vgl. Tilliette 1975; Buchheim 1997). Das weltliche Geschehen ist die *explicatio*, die Ausfaltung dessen, was die ursprünglich göttlichen Kräfte des Materiellen als kontrahierender und des Lichtes als exponierender Macht in der Einheit Gottes als *implicatio* sind. In Gott selbst vereinigt Schelling somit Wollen und Erkennen, die vereint nur ein *telos* haben: das vollendete **Gleichgewicht der Kräfte**, in dem die Vergeistigung der Natur und die Materialisierung des Geistes ein und dasselbe bedeuten.

Der Mensch ist als das ebenbildliche, d.h. freie und sowohl wollend als auch erkennend strebende Geschöpf Gottes das Medium, in dem und durch das sich das Kräftespiel absolut verselbständigt. Die Freiheit Gottes manifestiert sich in der Freiheit des Menschen, und diese Manifestation ist nichts anderes als der Prozeß der Weltschöpfung, der allerdings im Menschen grundsätzlich verkehrt wird. Die Realität des **Bösen** wird damit zum gleichsam negativen Zeugnis der Gottesebenbildlichkeit des Menschen, der seine intelligible Freiheit – als Wahlfreiheit zwischen Gut und Böse – zunächst an das Dunkle, Materielle verliert, weil er sich als Partikularwille affirmiert. Dieser Verlust der Freiheit, der Sündenfall in der Selbstbehauptung, ist in der Freiheit selbst angelegt und die notwendige Bedingung für den Prozeß der vollendeten Entfaltung des Guten.

Die Geschichte ist dieser in sich freie Prozeß, in dem Natur- und Menschheitsgeschichte sich vereinen. Schellings spätes Denken greift im Sinne der positiven Philosophie auf alle Zeugnisse geschichtlichen Werdens zurück und entwickelt seine **Philosophie der Mythologie und Offenbarung**. »Wahre Mythologie ist eine Symbolik der Ideen, welche nur durch Gestalten der Natur möglich und eine vollkommene Verendlichung des Unendlichen ist« (ebd., S. 77). Mythologie ist somit nicht dichterische Erfindung, sondern der Beginn der göttlichen Selbstentdeckung im Menschen und damit ›Theogonie Gottes im menschlichen Bewußtsein‹. Erst durch das mythologische Selbstverständnis, in dem der Mensch sich der dunklen Seite Gottes unterwirft, wird die Offenbarung möglich, die auf die völlige Vergeistigung der Natur und damit die Versöhnung des freien Menschen mit Gott durch die Harmonie der erkannten und realisierten Kräfte hinwirkt.

Entscheidend für Schellings Konzeption von Gott, Welt und Mensch ist die prinzipielle Offenheit des *einen* Kräftespiels, d.h. der Universalgeschichte. Als Heilsgeschichte, d.h. als ›Sieg des Lichtes über das Dunkel‹, als vollständige Realisierung der göttlichen Potenzen, deren Dreiheit von Schelling durchaus trinitarisch interpretiert wird, folgt sie keiner logischen Notwendigkeit, von der das philosophische Wissen a priori ausgehen könnte. Von dieser **Spannung** zwischen einem idealistischen und einem mystischen Wissensbegriff lebt das gesamte Spätwerk Schellings. Die Freiheit bleibt das nicht zu reduzierende Grundfaktum des menschlichen Selbstverständnisses und auch der philosophischen Lehre. Sie versteht sich aus Gott und interpretiert kraft dieser Herkunft die konkreten Zeugnisse in Natur und Geschichte. Angesichts der Tatsache, daß Schelling diese Spannung in seinem Werk auf sich nimmt und durchhält, ließe sich sagen, daß gerade das naturphilosophische Anliegen das Denken in eine unmittelbar religiöse Gewißheit zurückführt und jede Selbstgenügsamkeit philosophischer Reflexion zunichte macht.

Ungeachtet der großen Unterschiede in der Konzeption ihrer Systeme steht das philosophische Denken Fichtes und Schellings in einem grundsätzlich gespannten Verhältnis zur Religion. Solange das Problem der Wissensbegründung und mit ihm die Frage nach einem adäquaten Verständnis der Intelligibilität der Welt die Lehre beherrscht, weist das gewonnene Selbstverständnis die Tendenz auf, die Autorität des philosophischen Denkens einem ihm übergeordneten Absoluten unterzuordnen. **Georg Friedrich Wilhelm Hegel** (1770–1831) hat diese Tendenz im Denken seiner Zeitgenossen genau verfolgt und die ihr zugrundeliegende Spannung ›aufgehoben‹, indem er diese zum immanent-dynamischen Wesen des **absoluten Wissens** macht (zur Einführung in das Werk vgl. Pöggeler 1977; Düsing 1998). Über viele Jahre ein philosophischer Weggefährte Schellings, löst Hegel das Problem der *Begründung* des Wissens dadurch, daß er es in seiner *Darstellung* vollständig aufgehen läßt. Sein System, das mit der *Phänomenologie des Geistes* (1807) in seinen Grundzügen entworfen und später v.a. in der *Enzyklopädie der philosophischen Wissenschaften* (1817) systematisch und den *Vorlesungen* in ›geistesgeschichtlicher‹ Hinsicht ausgearbeitet wird, erscheint somit als die Vollendung der Philosophie des Deutschen Idealismus. Das berühmte Bild vom Kreis, den die Philosophie darstellt, d.h. einer dialektisch fortschreitenden Entwicklung des Wissens, die am Ende zu ihrem Anfang zurückkehrt, darf durchaus ernst genommen werden. Die Philosophie als Wissen hat keinen Anfang (W 8, 63); sie ist, was sie ist, in dem unvordenklichen Moment, in dem das Wissen für ein Bewußtsein geschieht, d.h. sich durch vielerlei Stadien und Gegensätze zum absoluten Wissen fortentwickelt und im Verlauf dieser Entwicklung alle konkreten Bestimmungen des Wissens in sich aufnimmt.

Während bei Fichte und Schelling das **Ringen um das Wissen des absoluten Grundes** noch in der Lehre selbst zum Ausdruck kommt, hat Hegel seiner Spekulation konsequent die Erkenntnis zugrunde gelegt, daß dieses Problem theoretisch nicht zu lösen ist. So ließe sich sagen, daß sein System die Darstellung eben dieses Ringens der selbstbewußten Reflexion des Menschen ist, dem der Philosoph lediglich ›zuzuschauen‹ hat. Aus der Einheit des absoluten Geistes heraus verzeichnet er den fortschreitenden Prozeß seiner Stadien und führt ihn – kraft der spekulativen Einsicht in sein dynamisches Wesen – der Vermittlung oder Versöhnung der Gegensätze entgegen. Weder Fichtes Pathos der Freiheit noch Schellings mystische Abgründigkeit finden sich bei Hegel, für den die Einheit von Sein und Bewußtsein im Prozeß der Selbstentfaltung vollständig zur **Klarheit des Begriffs** gebracht werden muß, eben weil das Auseinandertreten dieser Einheit für die philosophische Reflexion nur die Weise ist, wie die Einheit sich für die endliche Vernunft darstellt. Das hermetische, die ›Fülle des Seins‹ umschließende System ist daher von ›außen‹ gar nicht zugänglich. Das Selbstdenken, das Kant und Fichte noch eingefordert haben und ganz wesentlich auf das Problem der transzendentalen Begründung abzielt, verliert *innerhalb* des Hegelschen

Systems an Bedeutung. Die immanente Notwendigkeit dieser Lehre ergreift nicht nur alle Tatsachen, sondern vor allem die vielen Formen menschlichen und philosophischen Selbstverständnisses, das sich an der Gegenständlichkeit des Wissens selbst gewinnt und zugleich verliert, solange das Gegenständliche nicht vollkommen den Geist ausdrückt oder – wie Hegel in einer berühmten Formulierung sagt – die Substanz nicht vollkommen als Subjekt verstanden ist. Jene Formen des Selbstverständnisses werden folglich durch Hegels Spekulation in ihrem Ungenügen ausgewiesen und als vorläufige Stadien auf das eine und letzte Selbstverständnis hingeführt, in dem der absolute Geist im absoluten Wissen ganz ›bei sich‹ und zugleich bei allem, d.h. An-und-für-sich-Sein ist.

Hegels Konzeption des absoluten Geistes hat durchaus **religionsphilosophische Hintergründe** (zur religionsphilosophischen Frage bei Hegel vgl. Jaeschke 1983 u. 1986). Vor allem in der frühen Frankfurter Zeit (bis 1800) beschäftigte sich Hegel mit den grundlegenden Fragen der Kantischen und Fichteschen Philosophie, deren Auflösung er in einem am Christentum orientierten, aber metaphysisch ausgelegten Gefühl der Liebe sieht. In ihr vereinen sich die vielschichtigen Gegensätze von Gegenständlichkeit und Vollzugsform; im liebenden Vollzug schwinden die Grenzen der Endlichkeit für den Menschen, indem sie zugleich ihre vollständige Anerkennung finden. Allerdings wird diese frühe Position bald verworfen, und an die Stelle des Gefühls tritt die Durchdringung allen Geschehens durch den spekulativen Begriff, in dem und durch den der Geist sich selbst als absolute Realität zu verstehen hat. Die **Religion** ist eine der Gestalten im Prozeß des Sichbegreifens des Geistes. Sie hat dementsprechend eine innere, den Geist selbst ausdrückende Dimension, und eine äußere, die die geschichtliche Realisierung betrifft. Religion ist im ganzen das »Werk der sich offenbarenden Vernunft« (W 18, S. 82), die für das »religiöse Bewußtsein« in den Formen von »Gefühl«, »Anschauung« und »Vorstellung« (W 16, S. 114ff.) geschieht, welche dann im Denken vermittelt und ›aufgehoben‹ werden müssen. »Die Vernunft ist der Boden, auf dem die Religion allein zu Hause sein kann« (ebd., S. 196), denn »die Religion [ist] Wissen des göttlichen Geistes von sich *durch die Vermittlung des endlichen Geistes*« (ebd., S. 198).

Die historischen Gestalten von Religion werden von Hegel in diesem Sinne ausgelegt (vgl. Günther 1995). Das Auszeichnende der christlichen Religion ist es, Gottes Natur, »reiner Geist zu sein«, offenbar gemacht zu haben (W 12, 391). Dadurch wirkt das Christentum darauf hin, daß die bloße Vorstellung Gottes, die immer die Gefahr der Vergegenständlichung und damit Selbstentfremdung des Geistes mit sich führt, im Begriff aufgehoben werden kann. Das folgende Zitat zeigt, wie eng sich für Hegel Philosophie, Religion und Geschichte zu einer einzigen Bedeutung zusammenschließen.

> »*Das Absolute ist der Geist*; dies ist die höchste Definition des Absoluten. Diese Definition zu finden und ihren Sinn zu begreifen, dies, kann man sagen, war die absolute Tendenz aller Bildung und Philosophie, auf diesen Punkt hat sich alle Religion und Wissenschaft gedrängt, aus diesem Drang allein ist Weltgeschichte zu begreifen. Das Wort und die Vorstellung des Geistes ist früh gefunden, und der Inhalt der christlichen Religion ist, Gott als Geist zu erkennen zu geben. Diesen [...] in seinem eigenen Elemente, dem Begriffe zu fassen, ist die Aufgabe der Philosophie.« (W 10, S. 29f.)

In Hegels System wird die Problematik einer streng philosophischen Religionsphilosophie besonders deutlich. **Religion und Philosophie** stehen »auf gleichem Boden«, sind durch ihren gemeinsamen Gegenstand »verwandt«: »die allgemeine, an und für sich seiende Vernunft« (W 18, 81ff.). Da diese Vernunft als Garant und Inbegriff des menschlichen Selbstverständnisses fungiert, fällt die Religion notwendig unter ihre Autorität, d.h. unter den Begriff. Soll dieser auch nicht abstrakt, sondern konkret verstanden sein, soll die ›Aufhebung‹ von Gefühl und Vorstellung in den Begriff nicht deren Verschwinden, sondern deren Erhaltung und Erhöhung bedeuten, – es bleibt doch dabei, daß Hegels Vernunft- und Wissensbegriff Gott und Religion vollständig in sich absorbiert und durch sich in ihrer Wahrheit und Geltung bestimmt. Gerade durch diese *völlige* Integration der Religion in die Philosophie hat Hegel jeden Unterschied zwischen ihren Geltungsansprüchen zugunsten der Philosophie beseitigt. Wenn die Philosophie absolutes Wissen und Wissen des Absoluten ist, ist die Religion überflüssig geworden, eben weil ihre Autorität nun im philosophischen Denken selbst waltet (vgl. Kimmerle 1977).

2.3.3 Schleiermacher: Die schlechthinnige Abhängigkeit der Vernunft

Für **Friedrich Daniel Ernst Schleiermacher** (1768–1834) erweist sich die zeitgenössische Diskussion um das Verhältnis von Philosophie und Religion als äußerst furchtbarer Boden für ein originär religionsphilosophisches Denken, das vor allem im Protestantismus noch heute fortwirkt. Seine erste Bildung empfängt er im Kreis der Herrnhuter Brüdergemeinde, die der **Tradition des Pietismus** zuzurechnen ist und eine christozentrische, vorwiegend durch das Evangelium bestimmte Frömmigkeit pflegte und zu verbreiten suchte. Schleiermacher, der später religiöses Gefühl und Frömmigkeit zu fundamentalen Begriffen seiner Religionsphilosophie machen wird, sieht sich jedoch durch diese Praxis in seinen Interessen und Anlagen eingeengt. Er nimmt daher an der Hallenser Universität, die damals eines der Zentren der deutschen Aufklärung war, das Theologiestudium auf, widmet sich jedoch bald auch der Philosophie, allem voran der Kantischen sowie der griechischen. Diese beiden Tendenzen **religiöser Innerlichkeit und aufklärerischer Weltoffenheit** vereinen sich in Schleiermacher zu einer **undogmatischen Haltung**, die seinem gesamte Denken und Wirken zugrundeliegt (zum Werk Schleiermachers vgl. Jeanrond 1995; Kantzenbach 1995; Lange 1985; Scholz 1984).

Schleiermacher erkennt, daß die Religion dann, wenn sie der Autorität des philosophischen Denkens unterworfen ist, jede selbständige Geltung verlieren muß. Selbst wenn die Philosophie zur positiven Religion zurückkehrt und ihr eine gewisse Anerkennung zuteil werden läßt, so geschieht dies doch niemals um der Religion willen und erweckt leicht den Eindruck der Verlegenheit oder Halbherzigkeit. Für eine ursprüngliche Religiosität jedenfalls, die für den gläubigen Menschen aller theoretischen oder praktischen bzw. kultischen Auslegung vorhergeht und diese aus eigener Autorität zu bestimmen sucht, kann es in der Philosophie keinen Platz geben. Zum andern aber greift der Versuch der philosophischen Begründung der Vernunft doch auf die Gehalte der Religion zurück und führt zu deren Vereinnahmung und Ausdeutung durch die philosophische Reflexion. Denn je tiefer in die Problematik der Selbstbegründung der Vernunft eingedrungen wird, desto näher rückt das philosophische Denken an ein metaphysisches Seins- oder Realitätsverständnis heran, durch das das Wesen der menschlichen Vernunft selbst verstanden werden muß. Das Intelligible, Unbedingte oder Absolute, das auf diese Weise zur Begründung der Vernunftautonomie herangezogen wird, stellt damit stets einen zumindest indirekten Zusammenhang mit der Religion her. Solange aber das Wesen der Religion zum einen nur durch innerliches Erleben oder äußerliche Religionspraxis, zum anderen nur durch die rationale Kritik ihrer historischen Erscheinungsformen bestimmt wird, besteht keine Möglichkeit, die Religion als ursprüngliches und fundamentales Prinzip des menschlichen Selbstverständnisses ausweisen zu können.

Um nun die Religion aus dieser einseitigen Vereinnahmung durch die genannten extremen Positionen zu befreien, geht Schleiermacher in seiner ersten religionsphilosophischen Schrift *Über die Religion – Reden an die Gebildeten unter ihren Verächtern* (1799) daran, die unbedingte **Eigenständigkeit der Religion** für das menschliche Selbstverständnis darzulegen (zu den *Reden* vgl. Ringleben 1985). Dafür muß der Religion ein eigenes Gebiet zugewiesen werden, auf dem sie sich der Autorität der Philosophie gegenüber zu behaupten vermag, ohne dabei der rationalen Begründung zu bedürfen. Gleichwohl ist aber auch zu vermeiden, dadurch einem schwärmerischen oder dogmatischen Irrationalismus Tür und Tor zu öffnen. Beide Aspekte vereint stellen somit die grundsätzliche Aufgabe, die Religion und die verschiedenen Ausdrucksformen des Fühlens, Wissens und Handelns im Menschen ursprünglich aufeinander zu beziehen, ohne dabei eine widersprüchliche Situation für das menschliche Selbstverständnis zu erzeugen.

In den *Reden* hebt Schleiermacher mit einer **Apologie der Religion** an (*Erste Rede*), die für seine ›gebildeten‹ Zeitgenossen auf die Stufe eines würdigen Kulturerbes, einer Stütze allgemeiner Sittlichkeit oder einer metaphyisch-spekulativen Herausforderung herabgesunken ist. Diese Apologie riskiert zwar, durch ihre Abkehr von der Autorität der theoretischen Begründung zunächst als unphilosophisch abgetan zu werden. Aber gerade dieser Verzicht eröffnet doch auch die Möglichkeit, das religionsphilosophische Denken als direkten Ausdruck des religiösen Bewußtseins vorzubringen, das nicht philosophisch konstruiert, sondern in der **Beschreibung** seiner selbst die Mitteilung des sich im Einzelnen ereignenden Wesens der Religion ist:

> »Daß ich rede rührt nicht her aus einem vernünftigen Entschlusse, auch nicht aus Hoffnung oder Furcht, noch geschieht es einem Endzwecke gemäß oder aus irgendeinem willkürlichen oder zufälligen Grunde: es ist die innere unwiderstehliche Notwendigkeit meiner Natur, es ist ein göttlicher Beruf, es ist das, was meine Stelle im Universum bestimmt, und mich zu dem Wesen macht, das ich bin.« (*Reden*, S. 5)

Um Schleiermachers Denken nachvollziehen zu können, ist diese Selbsteinschätzung von größtem Gewicht. Für den religiösen Menschen liegt die Autorität seines Sprechens weniger in der Vernunft oder in der theoretisch ausgewiesenen Allgemeinheit des Begriffs, als vielmehr in der individuellen **Mitteilung** der Religion: Sie ergreift den Einzelnen durch ihr konkretes Zeugnis und kann daher die Religion weder durch sich begründen wollen noch sie erschöpfend darstellen.

Diese Eigentümlichkeit der religiösen Mitteilung macht sie zu einem menschlichen Akt der Vermittlung der unbedingten **Gegenwart des Universums**. Das Universum ist weder als ›objektiver‹ Gegenstand der Religion bzw. des religiösen Bewußtseins zu verstehen, noch als eine durch ihren Gegensatz zum Objektiven konstituierte subjektive Sphäre. Das Universum geschieht vielmehr als ein ursprüngliches In-Beziehung-stehen von Mensch und Welt, das von allen anderen Formen bewußter Relationen abzugrenzen ist:

> »Sie [die Religion] begehrt nicht, das Universum seiner Natur nach zu bestimmen und zu erklären wie die Metaphysik, sie begehrt nicht aus Kraft der Freiheit und der göttlichen Willkür des Menschen es fortzubilden und fertig zu machen wie die Moral. Ihr Wesen ist weder Denken noch Handeln, sondern Anschauung und Gefühl. Anschauen will sie das Universum, in seinen eigenen Darstellungen und Handlungen will sie es andächtig belauschen, von seinen unmittelbaren Einflüssen will sie sich in kindlicher Passivität ergreifen und erfüllen lassen.« (ebd., S. 50)

Religion ist die unbedingte **Gegenwart des »Universums« in Gefühl und Anschauung**. Es wäre vergeblich, diese universelle Bedeutung durch die Allgemeinheit des Begriffs oder gar des Systems erfassen zu wollen. Es geht Schleiermacher aber auch nicht darum, ein subjektives Gefühl über den Begriff zu erheben, wie Hegel es ihm vorwarf, oder darum, das Anschauen gegen die Rationalität auszuspielen. Gefühl und Anschauung bezeichnen eine zwar begriffslose, aber gerade deswegen auch wahrhaft universelle Beziehungsart von Mensch und Welt, die *als diese Beziehung* das »Unendliche« oder Absolute für den Menschen ist. In diesem Gedanken nimmt Schleiermacher Grundideen der Romantik auf, in deren Umfeld er seine ersten Berliner Jahre verbrachte, und macht sie religionsphilosophisch fruchtbar.

Das Universum ist also weder der spekulative Begriff der Natur noch die Welt des Handelns, deren Horizont vom praktischen Vermögen absteckt wird. In diesen beiden Fällen würde es sich um nachträgliche Operationen der menschlichen Vernunft handeln. Für das theoretische Denken aber kann die Gegenwart des Universums als ›transzendenter Grund‹ nicht selbst ausschließlich durch eine Vernunftleistung bestimmt werden, sondern nur in einer ursprünglichen **Passivität** zugänglich sein. »Es gibt kein Streben nach dem Wissen, dem nicht die Idee der Einheit des transzendenten Grundes zur Basis diente. [...] Des transzendenten Grundes können wir uns als der Grenze unseres Denkens bewußt werden.« (*Dialektik*, S. 310–314)

In den *Reden* selbst entwickelt Schleiermacher eine transzendentale Begründung des vernünftigen Menschseins durch die Religion nur in Ansätzen, die meist in weitläufige Ausführungen eingeflochten sind. Aber auch angesichts des späteren Werkes bleibt es Sache der Interpretation, diese Begründung systematisch nachzuvollziehen (vgl. Barth 1983). Das Entscheidende über das Wesen der Religion ist aber bereits in den *Reden* gesagt: Anschauung und Gefühl als Formen der Religion verweisen auf eine in ihnen und durch sie unmittelbar gegenwärtige **selbsttätige Realität:**

> »Alles Anschauen geht aus von einem Einfluß des Angeschauten, von einem ursprünglichen und unabhängigen Handeln des ersteren, welches dann von dem letzteren seiner Natur gemäß aufgenommen, zusammengefaßt und begriffen wird.« (ebd., S. 55) – »Das Universum ist in einer ununterbrochenen Tätigkeit und offenbart sich uns in jedem Augenblick.« (ebd., S. 56)

Es ist ersichtlich, daß Schleiermacher mit seiner Konzeption einer unmittelbaren Anschauung des Universums auf Kants Lehre von der Erscheinung zurückgreift und dabei die reflektierende Urteilskraft und die Einbildungskraft durch seinen Begriff der »Phantasie« umdeutet. In Gott oder ›der Gottheit‹ ist das ›intelligible Substrat‹ der gegebenen Dinge zu sehen, allerdings ohne diese ›Erfahrung‹ durch einen objektiven Wissensbegriff einzuschränken. »Alle Begebenheiten in der Welt als Handlungen eines Gottes vorstellen, das ist Religion« (ebd., S. 57). Daß Schleiermacher der Vorwurf gemacht werden konnte, einen **Pantheismus** zu vertreten, der Gottes Wesen in der Natur auflöse, ist vor dem Hintergrund solcher Aussagen leicht nachzuvollziehen. Aber dieser Vorwurf verkennt, daß Schleiermacher gerade nicht auf die metaphysische Behauptung eines *an sich* intelligiblen Naturzusammenhanges abzielt, sondern auf das Einzelne, Konkrete, das *in seinem bloßen Gegebensein* das unbedingte Geschehen der Realität für das menschliche Bewußtsein ist. Es ist nicht das Einzelne der objektiven Dingerkenntnis, sondern reine Gegenwart des Seins in seiner konkreten Gestalt *vor* aller rationalen, begrifflichen Synthesis:

> »Bei den unmittelbaren Erfahrungen vom Dasein und Handeln des Universums, bei den einzelnen Anschauungen und Gefühlen bleibt sie stehen; jede derselben ist ein für sich bestehendes Werk ohne Zusammenhang mit anderen oder Abhängigkeit von ihnen; von Ableitung und Anknüpfung weiß sie nichts [...]. Nicht nur eine einzelne Tatsache oder Handlung, die man ihre ursprüngliche und erste nennen könnte, sondern alles ist in ihr unmittelbar und für sich wahr.« (ebd., S. 58)

In den ersten beiden *Reden* versucht Schleiermacher, die **Autonomie der Religion** aus ihrer scheinbaren Abhängigkeit von der philosophischen Vernunft zu befreien. So verlieren auch die metaphysischen Gegenstände Gott und Unsterblichkeit der Seele für Schleiermacher ihre unbedingte Geltung und werden der Anschauung des Universums untergeordnet. Die *Dritte Rede* legt im wesentlichen dar, wie die Religion als »Sinn und Geschmack fürs Unendliche« (ebd., S. 52) von jedem Einzelnen in sich selbst zu entdecken ist, denn jeder wird »mit der religiösen Anlage geboren wie mit jeder anderen« (ebd., S. 144). Auch Schleiermacher selbst ordnet sich und seine *Reden* diesem Grundsatz unter. Die *Vierte Rede* handelt vom Verhältnis der Religion zur Gemeinschaft und zur Kirche im besonderen (vgl. Grass 1985). **Die »wahre Kirche« ist die dialogische Gemeinschaft** der religiösen Menschen, die als Einzelne einander das begriffslose Wesen der Religion mitteilen und dadurch einerseits individualisieren, andererseits aber auch für die Menschheit geschichtlich werden lassen. Je größer die Zahl verschiedener Stimmen in diesem Dialog ist, desto klarer tritt das undogmatische, freie Wesen der Religion hervor. Die Kirche kann prinzipiell keine Institution zur Ausbildung von Religion oder Religiosität sein, und vor allem ihre Einbindung in das Staatswesen verdirbt ihren wahren Charakter. Schleiermachers Ausführungen zur Institution der Kirche gaben in ihrer Kompromißlosigkeit und mit ihrer mitunter romantischen Überzeichnung der ›wahren Kirche‹ Anlaß zu starker Kritik. Sie machen aber auch deutlich, wie konsequent er das Menschsein aus der Religion heraus versteht. Für Schleiermacher ist nicht *erst* der Mensch da, der *dann* ›auch‹ Religion hat oder sucht. **Menschsein und Religion** sind vielmehr ein und dasselbe. Denn der Mensch steht immer schon in der unbedingten Gegenwart des Universums, in dem sich Gott dem einzelnen Menschen und durch ihn vermittelt auch der geschichtlichen Menschheit mitteilt. In diesem Sinne bezieht sich Schleiermacher in der *Fünften Rede* auf die verschiedenen konkreten, historischen Erscheinungsformen der Religion. Die natürliche Religion der Aufklärung verwirft Schleiermacher als »magre und dünne« Idee (ebd., S. 275). Ihm geht es folglich allein um die verschiedenen positiven Religionen, die nichts anderes darstellen als notwendige Individuationen der einen, an sich aber nicht direkt darstellbaren Religion. Auch das **Christentum** kann nicht beanspruchen, die allein wahre Religion zu sein. Die Bedeutung Christi liegt vornehmlich in dem Zeugnis, das er als Einzelner von der »großen Idee« gab, »daß alles Endliche höherer Vermittlung bedarf, um mit der Gottheit zusammenzuhängen« (ebd., S. 301).

Diese ›höhere Vermittlung‹, durch die sich Gott im Menschen über das angeschaute Universum mitteilt, ist der entscheidende, nicht restlos zu erschließende Gegenstand der christlichen Religion. Schleiermachers diesbezügliche Darlegungen bleiben zwar etwas im Dunkel; der Grundgedanke aber ist, daß in der christlichen Religion die generelle Vermittlungsfunktion der Religion sich selbst zum Gegenstand macht. Sie ›vermittelt‹ gewissermaßen, wie sich Gott durch die Welt dem Menschen ›vermittelt‹. Daß der Gestalt Christi hier eine besondere Bedeutung zukommt, weist auf die christologische Ausrichtung von Schleiermachers Theologie hin.

Eine gründlichere Analyse dessen, was in den *Reden* in recht weitem Sinne als Religion bezeichnet wird, unternimmt Schleiermacher in seinem theologischen Hauptwerk *Der christliche Glaube* (1821), in dessen Einleitung die zentralen religionsphilosophischen Gedanken entwickelt werden. Hier bestimmt er nicht nur den Begriff des Gefühls näher, sondern versucht vor allem, das menschliche **Selbstbewußtsein als unmittelbares Gottesbewußtsein** darzulegen (vgl. Cramer 1985) und schließlich zu klären, daß alle menschliche Aktivität von der göttlichen Aktivität her zu verstehen und aufzunehmen ist (vgl. Eckert 1987).

Der zentrale Begriff für die Grundlegung des *Christlichen Glaubens* ist der der **Frömmigkeit** als ursprünglicher »Bestimmtheit des Gefühls oder des unmittelbaren Selbstbewußtseins« (§ 3). Eine theoretische Analyse kann zwar unter den verschiedenen Funktionen von Gefühl, Wissen und Tun alle erdenklichen Bedingungsverhältnisse konstatieren. Aber das unmittelbare, d.h. vor jeder theoretischen Auslegung und Objektivierung stehende Selbstbewußtsein enthält doch eine fundamentale Gewißheit, die als Gefühl zu bezeichnen nicht irrational, sondern der bewußten »Selbstbeobachtung« angemessen ist (*Christlicher Glaube*, S. 18). Diese Gewißheit betrifft das ursprüngliche Zugleichsein von »**Empfänglichkeit und Selbsttätigkeit**« (ebd., S. 17), von Abhängigkeit und Freiheit. Selbstbewußtsein ist für Schleiermacher nur unter der Bedingung einer Verbindung des »Freiheitsgefühls« mit dem Gefühl unbedingter Abhängigkeit möglich. »Ein schlechthinniges Freiheitsgefühl kann es [...] für uns nicht geben« (ebd., S. 21), denn Freiheit setzt ein Bestimmtsein der Existenz voraus, um überhaupt erfahren werden zu können. Das Bestimmtsein der Existenz jedoch ist absolut, es ist nicht von der freien Selbsttätigkeit des Menschen in seinem »Sosein« hervorzubringen. So ist es »das Wesen der Frömmigkeit , [...] daß wir uns unserer selbst als schlechthin abhängig, oder, was dasselbe besagen will, als in Beziehung mit Gott bewußt sind« (ebd., S. 16).

Mit diesem Begriff der **schlechthinnigen Abhängigkeit des Menschen von Gott** spricht Schleiermacher nicht nur den Grundsatz seiner Religionsphilosophie aus, sondern zielt ebenso auf eine Begründung aller geistigen Tätigkeit in Gott ab. Schon in den *Reden* heißt es: »Spekulation und Praxis haben wollen ohne Religion, ist verwegener Übermut, es ist freche Feindschaft gegen die Götter, es ist der unheilige Sinn des Prometheus, der feigherzig stahl, was er in ruhiger Sicherheit hätte fordern und erwarten können.« (*Reden*, S. 52)

Im *Christlichen Glauben* präzisiert Schleiermacher dieses umfassende Selbstverständnis. Gott ist der Inbegriff des im Selbstbewußtsein ursprünglich erfahrenen Abhängigkeitsverhältnisses, das als »Grundbeziehung« »alle anderen in sich schließen muß« (23). Deswegen konkretisiert sich die unbedingte Abhängigkeit in den Verhältnissen sowohl des weltlichen Begreifens und Erkennens als auch des Handelns, wie es die §§ 46 und 49 ausführen. Die Naturerkenntnis verlangt ebensowenig eine metaphysische Begründung wie das Prinzip der Freiheit. Beides wird im Rahmen des »endlichen Seins« ursprünglich vom Selbstbewußtsein, d.h. vom Bewußtsein ihrer unbedingten Abhängigkeit von Gott begleitet. Frömmigkeit und Naturerkenntnis widersprechen einander daher ebensowenig wie Frömmigkeit und freies Handeln. Vielmehr ist die Frömmigkeit das alles menschliche Wissen und Tun durchdringende Gefühl von der Unbedingtheit des Existierenden in seiner Totalität bzw. des ›Universums‹, von dem die *Reden* sprechen. Was der Mensch in Wissen und Handeln leistet, ist generell die Selbstauslegung seiner bedingten menschlichen Existenz aus der Einheit des frommen, sich von Gott her verstehenden Selbstbewußtseins heraus.

Schleiermacher gibt in seinem Werk Zeugnis für diese **Selbstauslegung der Frömmigkeit**, für die es keine Beschränkung durch die Gegenständlichkeit der verschiedensten Bereiche menschlichen Lebens geben kann. Für sein Wirken als Schriftsteller und Prediger, als Theologe und Philosoph, als Pädagoge und Übersetzer gilt, daß er überall aus der Notwendigkeit der Selbstmitteilung des frommen Bewußtseins heraus spricht. Die Mitteilung als Beschreiben und Übertragen, als Erkennen oder ›Organisieren‹ ist für Schleiermacher ein Prozeß, in dem das unbedingte Selbst- und Gottesbewußtsein *durch das Individuum* in eine nachgeordnete und bedingte Form überführt und damit die begriffslose Intelligibilität des Menschseins in der Endlichkeit dokumentiert wird. Aus dieser Perspektive sind sowohl die theologischen als auch die übrigen Schriften zur theoretischen und praktischen Philosophie, v.a. die *Dialektik* und die *Ethik*, zu lesen.

2.4 Kierkegaard: Die religiöse Wahrheit der menschlichen Existenz

Der Anspruch der Deutschen Idealisten, in das absolute Wissen der philosophischen Vernunft auch das Wesen der religiösen Wahrheit aufnehmen zu können, wird schon von Schleiermacher abgewiesen. Gleichwohl bleiben für ihn Rationalität und Vernunft legitime und begründete Ausdrucksformen der im Religiösen fundierten Wahrheit und sind somit an der Formulierung eines zwar undogmatischen, aber doch positiven Selbstverständnisses des Menschen beteiligt. Der dänische Philosoph und Theologe **Sören Kierkegaard** (1813–1855) geht noch weit über Schleiermacher hinaus, dessen philosophische Bemühungen um ein christliches Selbstverständnis er gleichwohl würdigt. Für ihn hat die philosophische Vernunft ihren Wert ausschließlich darin, den Einzelnen mit der Unmöglichkeit zu konfrontieren, durch sie die Wahrheit zu begreifen. Die Wahrheit der christlichen Religion, die in der Menschwerdung Gottes in der Gestalt Christi in die Welt getreten ist und zugleich die Wahrheit der menschlichen Existenz ist, kann ausschließlich im Glaubensakt anerkannt werden, der *jedes* rational begründete Selbstverständnis außer Kraft setzt. Kierkegaard hebt damit nicht nur jedes positive Verhältnis zwischen menschlicher Vernunft und christlicher Wahrheit auf, sondern angesichts der religiösen Wahrheit steht die philosophische Lehre geradezu in der Unwahrheit (zur Einführung in das Werk Kierkegaards vgl. Deuser 1985; Figal 1995; Liessmann 1993; Schrey 1971; Theunissen/Greve 1979).

Mit dieser Grundüberzeugung kann Kierkegaard durchaus in der Tradition des *credo quia absurdum* gesehen werden. Aber er stellt die Unbegreiflichkeit auf ein völlig neues Fundament. Wenn nämlich die Wahrheit der menschlichen Existenz allein in der Wahrheit der christlichen Offenbarung zu finden ist, dann muß die **Unbegreiflichkeit der religiösen Wahrheit** in direktem Zusammenhang mit der **Unbegreif-**

lichkeit der menschlichen Existenz stehen und folglich auch von dieser her gedeutet werden. Der Einfluß, den Kierkegaards später auf die Entwicklung des philosophischen und theologischen Denkens, vor allem in der Philosophie des Existentialismus und der Dialektischen Theologie, genommen hat (zur Wirkungsgeschichte vgl. Anz/Schmöe 1983), verdankt sich u.a. diesem entscheidenden Schritt, von der rational unergründlichen existentiellen Situation auszugehen und sie nicht trotzdem, sondern ›deswegen‹ zum Gegenstand des philosophischen und theologischen Denkens zu machen. Das Fehlen eines allgemein verbindlichen Kriteriums, das die menschliche Situation in der Welt angemessen begreifen läßt, ist selbst das **neue Kriterium**, das Kierkegaard seiner Analyse der menschlichen Existenz und seiner Bestimmung des christlichen Glaubens zugrunde legt (vgl. Pieper 1985; Hennigfeld 1998). Es findet seinen fundamentalen Niederschlag in der Gewichtung der **Existenz des Einzelnen**, in deren Sphäre *allein* die Frage nach dem menschlichen Selbstverständnis sinnvoll gestellt werden kann und muß.

Die Existenz des einzelnen, an einem genügenden Verständnis seines Daseins interessierten Menschen ist für Kierkegaard nicht bloß der zentrale Gegenstand seines Werkes, sondern zwangsläufig auch das Kriterium seiner Gestaltung. Eine unmittelbare oder ›objektive‹ Mitteilung der Wahrheit ist aufgrund ihrer Unbegreiflichkeit, aber auch angesichts des subjektiven Interesses des Einzelnen ausgeschlossen. Kierkegaard hat sich deswegen als »**religiösen Schriftsteller**« bezeichnet (*Der Gesichtspunkt für meine Wirksamkeit als Schriftsteller*, posthum 1859, XIII, S. 517ff.), der sich weitgehend der »indirekten Mitteilung« bedient, um den Menschen zu erreichen. Direkt kann von der religiösen Wahrheit nur im Sinne der Erbaulichkeit gehandelt werden. »Nur die Wahrheit, die erbaut, ist Wahrheit für Dich« (II, S. 318), aber der »erbauliche Gedanke« ist allein der, »daß wir gegen Gott immer Unrecht haben« (ebd., S. 315). Somit setzt die Erbaulichkeit voraus, daß sich der Mensch bereits in Ungenügen und Undurchsichtigkeit – in der Unwahrheit – erfahren hat und sich der christlichen Wahrheit bedürftig weiß. In den *Erbaulichen Reden* offenbart sich Kierkegaard ganz als der Einzelne, der sich zu seiner existentiellen Bedürftigkeit bekennt. Allerdings war Kierkegaard zutiefst überzeugt, daß die Wahrheit des Christentums, die den Einzelnen in seiner Existenz anspricht, in der bestehenden Christenheit verlorengegangen ist, ja daß in seiner Zeit »die ›Christenheit‹ ein ungeheuerlicher Sinnentrug ist« (VIII, S. 529).

Seine ›indirekten‹ Schriften sprechen den Einzelnen deswegen dort an, wo er sich tatsächlich befindet: in seiner zeitlichen, vereinzelten und an die bestehende Welt und das in ihr gültige ›Menschliche‹ gebundenen Existenz. In der Wahl der Pseudonyme, aber auch generell in der literarisch-ästhetischen Qualität seiner philosophischen Schriften, in denen vorwiegend eine hochreflektierte ›dialektische‹ Existenzanalyse vollzogen und an das Christentum bestenfalls von außen herangetreten wird, ist die Indirektheit der Mitteilung das grundlegende Stilmittel. Kierkegaard beruft sich auch auf die sokratische Methode der **Maieutik** (Geburtshilfe), um den Menschen, der ohne Glauben immer in der Selbsttäuschung existiert, ›in das Wahre hineinzutäuschen‹ (XIII, S. 541). Der religiöse Schriftsteller treibt »die Teufel nur aus mit des Teufels Macht« (III, S. 113), und daß die Subtilität der philosophischen Reflexion, der Existenzdialektik und des Gedankenspiels ebenfalls nur Täuschung sind, solange sie nicht als **Reflex der Wahrheit in der Unwahrheit** verstanden sind, verleiht den Schriften Kierkegaards ihren leidenschaftlichen, subtilen und doch stets von innerem Zwiespalt getragenen Charakter. In seiner Absicht, »aufmerksam zu machen auf das

Religiöse, das Christliche«, hierzu aber keine »Vollmacht« des Amtes oder der Erwählung zu besitzen (XIII, S. 501), ist Kierkegaard zeit seines Lebens von schweren Selbstzweifeln verfolgt worden (vgl. auch die *Tagebücher* der letzten Lebensjahre). Denn in letzter Konsequenz ist auch die Behauptung der Unbegreiflichkeit der Wahrheit noch eine Unwahrheit, die im Glaubensakt des Einzelnen, durch den er allein seine wahrhafte Existenz ergreift, überwunden werden muß.

2.4.1 Die philosophische Reflexion der Existenz

Der Mensch ist **Geist**, und der Mensch **existiert**. Um diese beiden Aussagen zentriert sich das gesamte Denken Kierkegaards, denn vereint drücken sie die tatsächliche Situation des Menschen in der Welt aus: als Geist zu existieren. Es gibt weder die Existenz ohne den Geist, noch den Geist ohne die Existenz. Und dieser in die Existenz gebundene Geist ist keine philosophische Idee von allgemeinem Charakter, sondern das Grundfaktum, das der Einzelne konkret an sich selbst erfährt und das, ist es einmal erfahren und zu Bewußtsein gekommen, seine Existenz mit unbedingter Macht erschüttert. Denn kein Gedanke, kein Begriff und schon gar kein System vermag es, der Existenz in ihrem konkreten, vor allem von Zeitlichkeit und Leiblichkeit geprägten Geschehen gerecht zu werden (vgl. Schulz 1977).

> »Was ist abstraktes Denken? Das ist das Denken, bei dem es keinen Denkenden gibt. Es sieht von allem anderen, was nicht Gedanke ist, ab, und nur der Gedanke ist in seinem eigenen Medium. Die Existenz ist nicht gedankenlos, aber in der Existenz ist der Gedanke in einem fremden Medium.« (VII, S. 287)

Und doch ist der Mensch auch unfähig, in der Unmittelbarkeit der Sinnlichkeit, d.h. der Gedankenlosigkeit zu existieren. Die menschliche Existenz ist wesentlich von Bewußtsein begleiteter Lebensvollzug, in dem Existenzmöglichkeit und Existenzwirklichkeit aufeinander bezogen und ›reflektiert‹ werden, – selbst dann, wenn sich diese Reflexion in der scheinbaren Selbstgenügsamkeit und Abgeschlossenheit eines Lebensentwurfes verbirgt und vom Einzelnen nicht wahr- und aufgenommen wird.

Im Fragment *De omnibus dubitandum est* (posthum 1872) wird der die Existenz des Menschen durchdringende Zwiespalt oder Widerspruch, der sich durch keine rationale Anstrengung erschließen läßt, durch den **Zweifel** angegeben. Hier ist nicht der theoretische oder systematische Zweifel der Reflexion gemeint, sondern ein Zweifel, der das Bewußtsein des Menschen in seinem ›zwiefältigen‹ Existenzvollzug a priori konstituiert und von der Reflexion zunächst nur ›abstrakt‹ aufgenommen wird. Dieser Zweifel zeigt sich in jedem Augenblick, in dem der Mensch seine Existenz bewußt zu bestimmen sucht. Zwischen Idealität und Realität, zwischen zeitloser Idee und zeitlichem Werden und Vergehen kann der Mensch keine Identität stiften; er ›ist dazwischen‹ – inter esse –, und dieses Inter-esse ist das Bewußtsein. Das existentielle Interesse des Menschen erscheint im und als Bewußtsein, und die Reflexion kann dieses Interesse verdunkeln und unter der Abstraktion begraben, oder aber es aufnehmen und dialektisch verfolgen, was das Wesen der sog. ›Doppelreflexion‹ ausmacht. So nähert sich der grundlegende Zweifel, die apriorische Zweifelhaftigkeit der Existenz immer mehr der bewußten Verzweiflung, an einen inneren, die Existenz konstituierenden Widerspruch ausgeliefert zu sein, ohne ihm je entgehen und ohne ihn je ›aufheben‹ zu können.

In der späten Schrift *Die Krankheit zum Tode* (1849, XI, KzT), in der Kierkegaard unter dem Pseudonym *Anti-Climacus* die Existenzanalyse durch die philosophische Reflexion in vollendeter Form darstellt, wird der existentielle Vollzug des Geistes als eines in sich widersprüchlichen Selbst-Verhältnisses grundsätzlich charakterisiert. Denn Geist zu sein heißt, ein **Selbst** zu haben.

> »Das Selbst ist ein Verhältnis, das sich zu sich selbst verhält, oder ist das an dem Verhältnisse, daß das Verhältnis sich zu sich selbst verhält; das Selbst ist nicht das Verhältnis, sondern daß das Verhältnis sich zu sich selbst verhält. Der Mensch ist eine Synthesis von Unendlichkeit und Endlichkeit, von dem Zeitlichen und dem Ewigen, von Freiheit und Notwendigkeit.« (XI, S. 127)

Der Geist ist als Selbstverhältnis das »positive Dritte«, das über die konstitutiven Elemente der Synthese erhoben und doch zugleich an sie gebunden ist. Der Mensch, sofern er beispielsweise auch die Synthese von Leiblichem und Seelischem ist, verhält sich weder in seiner Leiblichkeit zum Seelischen, noch umgekehrt. Er ist vielmehr *als Geist* das im Selbst und als Selbst zu Bewußtsein kommende Verhältnis von Leiblichem und Seelischem. Der entscheidende Gedanke Kierkegaards ist hier, daß sich der Geist als dieses Dritte zugleich als **Macht und Ohnmacht** erfährt. Er ist Macht, weil er als selbstbewußtes Verhältnis von den ihn konstituierenden Momenten auch frei ist und sich somit in der Freiheit und seiner ewigen Bestimmung erlebt, sich als Selbst realisieren zu können. Und er ist Ohnmacht, weil er doch nur in dieser Auslieferung an die einander strikt widerstreitenden Momente sich als Selbst bestimmen, d.h. konkret existieren kann. Da aber niemals ein Gleichgewicht, eine in sich ruhende Synthese hergestellt werden kann, sondern der Existenzvollzug als *Miß*verhältnis wesentlich unabgeschlossen und unabschließbar ist, ist der natürliche Zustand des Geistes der der **Verzweiflung** (vgl. Theunissen 1991). In ihr verhält sich der Mensch also implizit immer zu derjenigen Macht, die das Verhältnis begründet oder »setzt«. Das Bewußtsein um die Verzweiflung ist daher als Sündenbewußtsein auch Gottesbewußtsein (s. Kap. I.2.4.2).

Im *Begriff Angst* (1844, VI) versucht Kierkegaard (alias ›Vigilius Haufniensis‹), den Ursprung dieser menschlichen Situation in Anlehnung an den Sündenbegriff psychologisch zu deuten. Vor dem Eintritt in die Sündigkeit ist der Mensch als Geist, als Selbstverhältnis noch nicht gesetzt. Er ist bloß »träumender Geist« im Zustand der Unwissenheit und Unschuld.

> »In diesem Zustand ist Friede und Ruhe; aber da ist zu gleicher Zeit noch etwas Anderes, welches nicht Unfriede und Streit ist; denn es ist ja nichts da, damit zu streiten. Was ist es denn? Nichts. Aber welche Wirkung hat das Nichts? Es gebiert Angst. [...] Träumend spiegelt der Geist seine eigene Wirklichkeit hin, aber diese Wirklichkeit ist Nichts...« (IV, S. 313) – »Daß die Angst sichtbar werde, das ist der Angelpunkt des Ganzen.« (ebd., S. 315)

Die Realisierung des Geistes als bewußtes Selbst-Verhältnis geschieht aus Freiheit, die im träumenden Geist ganz in der Möglichkeit verbleibt, also absolut unbestimmte und deswegen ängstigende und zugleich verlockende Möglichkeit ist. Durch einen »**qualitativen Sprung**« wird aus dieser Möglichkeit eine Wirklichkeit – die des Geistes, der sich nunmehr seiner träumenden Ewigkeit begeben hat und in die Geschlechtlichkeit und Geschichtlichkeit eingetreten ist. Erst hier tritt der Einzelne hervor, das Individuum, in dem die Gattung als Möglichkeit zwar erhalten, aber doch ganz unter die Verantwortung des Individuums gestellt ist. Im existierenden Individuum lebt die Angst somit als zwiespältiger Zustand fort und wird in der Verzweiflung bewußt erlebt.

In der KzT werden die **Formen der Verzweiflung**, je nach dem Grad ihrer Bewußtheit und Reflektiertheit und der Gewichtung eines der Elemente des Verhältnisses, in ihrer existentiellen Dialektik analysiert. Als noch unbewußte Verzweiflung ist sie noch »uneigentlich« und »die allgemeinste in der Welt« (XI, S. 157). Der Mensch weiß sich nicht als Geist, er erfährt sich nicht in seiner »ewigen Bestimmung«, Geist zu sein und ein Selbst zu haben, und ist in dieser Unwissenheit »völlig sicher in der Verzweiflung Gewalt« (ebd.), die im Augenblick einer Erschütterung der Existenz hervorbricht. Ist dagegen die Verzweiflung bewußt geworden, sind zwei Formen zu unterscheiden: verzweifelt nicht man selbst sein wollen – die Verzweiflung der Schwachheit –, und verzweifelt man selbst sein wollen – die Verzweiflung des Trotzes. In der **Schwachheit** erlebt sich der Mensch vorrangig in der Ohnmacht und verhält sich passiv zu dem Mißverhältnis, an das er sich ausgeliefert sieht. Er verzweifelt einseitig entweder am Ewigen oder an etwas Irdischem, das ihm verloren scheint. Die Verzweiflung des **Trotzes** ist dagegen reflektierter. Hier weiß sich der Mensch bereits verantwortlich für sein Selbst, er will es als Verhältnis ›setzen‹ und eigenmächtig – selbstisch – realisieren. Je weniger dies gelingt, desto stärker der Trotz, desto abgründiger und ›dämonischer‹ die Reflektiertheit, und desto tiefer wiederum die Verzweiflung. In diesem Zustand wendet sich der Mensch schon dem Gottesverhältnis zu, und sein Trotz ist der Trotz wider Gott als die Macht, die er für sein Mißverhältnis verantwortlich macht und gegen die er vergeblich ankämpft.

Neben den existentiellen Kategorien der Angst und der Verzweiflung gibt Kierkegaard in seinem Werk noch eine weitere Bestimmung der menschlichen Existenz, indem die **ästhetische**, die **ethische** und die **religiöse Lebensform** unterschieden werden. All diesen Formen liegt die Freiheit des Menschen zugrunde, sich selbst in seiner Existenz zu wählen und zu verantworten. Die Wahlfreiheit betrifft allerdings weniger die konkreten Inhalte des Lebens als die Haltung des Einzelnen, diese Wahl in ihrer aufgetragenen Verantwortlichkeit überhaupt auf sich zu nehmen. In *Entweder-Oder* (1843) entwirft Kierkegaard literarisch das Bild der ästhetischen und der ethischen Lebensform. Der Ästhet führt eine Scheinexistenz in tiefer Melancholie, da er sich in seiner kontemplativen Indifferenz nicht entscheiden kann, seine Existenz überhaupt zu wählen. Er verliert sich an die Sinnlichkeit und an den Augenblick, sublimiert diese vielleicht auch im Genuß der Kunst, wird aber auf diesem Wege unweigerlich in die Verzweiflung geführt. Der ethische Mensch dagegen übernimmt die Wahl. Das Ethische wird zwar als das Allgemeine, d.h. die Menschheit betreffende Sittlichkeit bestimmt, aber dieses Allgemeine ist in der ›**absoluten Wahl**‹, die das Wählen wählt, d.h. in der Entscheidung, sich als Einzelner zu sich selbst zu bekennen, bereits enthalten. Das Ethische und das Religiöse sind daher eng miteinander verflochten, da dieses Selbst, das gewählt und in Verantwortung übernommen wird, in seiner Unvollkommenheit von Gefühlen des Ungenügens und der Reue begleitet wird.

2.4.2 Der Sprung in den Glauben

Aus der philosophischen Analyse der menschlichen Existenz geht die grundlegende Einsicht hervor, daß der Mensch es nicht vermag, sich als Geist in der Existenz angemessen zu verstehen und zu realisieren. Die **Unbegreiflichkeit der menschlichen Situation**, die das existentenzdialektische Denken reflektiert, ist keine theoretische, sondern eine den konkreten Lebensvollzug des Einzelnen betreffende Unbegreiflichkeit. In seinem Werk führt Kierkegaard zur Klärung dieser Unbegreiflichkeit das **Problem der Wiederholung** an (vgl. v.a. *Die Wiederholung*, 1843, III; vgl. Guarda 1980). Die Wiederholung ist »das Interesse der Metaphysik und zugleich dasjenige Interesse, an dem die Metaphysik scheitert« (III, S. 189). Gegen Hegels spekulativen Begriff der ›Vermittlung‹ gerichtet, stellt die Wiederholung das entscheidende ›ethisch-religiöse‹ Problem sowohl für den Existenzvollzug als auch für das ihn reflektierende Denken dar. Es ist also das wahre metaphysische, allgemeine Problem, das zugleich das Interesse der Subjektivität an ihrer konkreten Wirklichkeit und Zeitlichkeit ist. Denn eine konkrete Situation – einen Augenblick – im Leben zu wiederholen und dadurch ›wieder-zu-holen‹ bedeutet, die Ewigkeit in der Zeitlichkeit, die allgemeine Idee im besonderen Zustand zu versenken und zu bestätigen, was Kierkegaard besonders eindringlich am Beispiel der Ehe literarisch ausführt. Die Wiederholung scheitert jedoch an der durch den Widerspruch charakterisierten Verfassung des Menschen. Für die ethische Lebensform kann und muß sie zwar angenommen werden, denn in ihr ordnet sich der Mensch ganz der Realisierung des All-gemeinen unter, das »in jedem Augenblick gültig ist« und sein soll (ebd., S. 104). Aber diese Realisierung, kraft derer sich der Einzelne seiner Innerlichkeit entäußert und sich ganz im Äußeren offenbart und ausdrückt (III, 130ff.), bleibt nur gefordert, denn sie würde konkret bedeuten, daß sich der Einzelne seiner Individualität völlig begibt, was jedoch unmöglich ist. Daher führt die ethische Forderung in die »unendliche Resignation« und stößt an das **Absurde**. Das ethisch Absurde bereitet so den Glauben, das religiös Absurde vor, das den Einzelnen und seine konkrete Existenz wieder völlig zur Geltung kommen läßt, indem der Mensch in ein Verhältnis zum Absoluten tritt.

Besonders anschaulich wird das **Paradox des Glaubens** in *Furcht und Zittern* (1843, III) dargestellt. In der Gestalt Abrahams, der seinen Sohn Isaak auf Gottes Geheiß zu opfern hat, wird das Absurde durch die ›Suspension des Ethischen‹ drastisch vor Augen geführt.

> Abrahams »Leben ist nicht bloß das paradoxeste, das sich denken läßt, sondern so paradox, daß es sich gar nicht denken läßt. Er handelt in kraft des Absurden; denn das eben ist das Absurde, daß er als Einzelner höher ist denn das Allgemeine. Dies Paradox läßt sich nicht vermitteln.« (III, S. 106f.) – »Des Glaubens Paradox ist also dies, daß der Einzelne [...] sein Verhältnis zum Allgemeinen durch sein Verhältnis zum Absoluten bestimmt, nicht sein Verhältnis zum Absoluten durch sein Verhältnis zum Allgemeinen.« (ebd., S. 119)

Hat das Allgemein-Ethische seine bestimmende Bedeutung verloren, bleibt nur der Einzelne und das Paradox, d.h. die Unbegreiflichkeit, daß er gleichwohl im **Verhältnis zum Absoluten** stehen kann und kraft dieses Verhältnisses seine konkrete Existenz wiedergewinnt. In der KzT wird das Gottesverhältnis oder der Glaube entsprechend als die völlige Tilgung der Verzweiflung, die jedes menschliche Selbstverständnis ›ohne Gott‹ bestimmt, beschrieben: »Indem es sich zu sich selbst verhält, und indem es es selbst sein will, gründet sich das Selbst durchsichtig in der Macht, welche es gesetzt hat« (XI, S. 128).

Die alles entscheidende Frage liegt nun für Kierkegaard im Problem der **Annahme des Glaubens**, durch den sich der Einzelne in seiner Existenz als in Gott gegründet erfährt. Den Glauben anzunehmen, ihn sich anzueignen steht dabei für Kierkegaard grundsätzlich im Verhältnis zu seiner ›theoretischen‹ bzw. hypothetischen Annahme, die durch das Paradox, das Absurde und das Ärgernis gekennzeichnet ist. Ein unmittelbarer, sich bloßer religiöser Frömmigkeit verdankender Glaube findet in Kierkegaards Denken keinen Raum. »Es gibt keine unmittelbare Gesundheit des Geistes« (ebd., S. 139), und so ist die ›Krankheit‹ der Verzweiflung das Apriori der menschlichen Existenz. Der Glaube kann deswegen allein durch das Sündenbewußtsein vorbereitet und getragen werden, und die Form der Sündigkeit, auf die Kierkegaard seine ganze Aufmerksamkeit und Leidenschaft richtet, ist die der Reflektiertheit, des Bewußtseins oder des selbstischen Geistes.

In die durch Ungenügen und Verzweiflung charakterisierte menschliche Situation bricht das Christentum mit einer **geoffenbarten Wahrheit** ein, die dem Menschen das Paradox, das Absurde und vor allem das Ärgernis ist. Durch diese Charakteristik grenzt Kierkegaard nicht nur den Glauben konsequent von jeglicher rationalen Bestimmung der religiösen Wahrheit ab; er verdeutlicht damit auch seine grundsätzliche Auffassung, daß es einen Glauben ohne die ›Rationalität‹, d.h. ohne die Verzweiflung nicht geben kann. »Alle Religiosität liegt in der Subjektivität, in der Innerlichkeit, darin, daß man zu sich selbst kommt« (VII/2, B 235, S. 185); aber diese Innerlichkeit ist geprägt und bedingt durch den Widerspruch, durch die Freiheit und die Ohnmacht, Geist zu sein und sein zu müssen, und durch die aus diesem Widerstreit hervorgehende Verzweiflung. Je bewußter und innerlicher diese Verzweiflung ist, desto näher steht der Mensch dem Gottesverhältnis und damit vor dem **Sprung in den Glauben**, der zugleich der Sprung in die konkrete, den Menschen unter seiner ›Bestimmung Geist‹ tragende Wirklichkeit ist. Die christliche Offenbarung ist für Kierkegaard daher nichts anderes als die Offenbarung der Wahrheit der menschlichen Existenz selbst. Sie begegnet der verzweifelten Unbegreiflichkeit und dem Scheitern eines selbstgenügsamen Existenzvollzuges, die der auf sich selbst gestellte Mensch erfährt, mit der Menschwerdung Gottes und der verheißenen Erlösung, die beide dem selbstischen Begreifen ein Ärgernis sind und sein müssen. »Das Christentum ist Geist, Geist ist Innerlichkeit, Innerlichkeit ist Subjektivität, Subjektivität ist wesentlich Leidenschaft, und im Maximum unendliche, persönlich interessierte Leidenschaft für ihre ewige Seligkeit.« (VII, S. 21)

In den *Philosophischen Brocken* (1844) und der ihnen nachfolgenden *Abschließenden unwissenschaftlichen Nachschrift* (1846) entwickelt Kierkegaard – in Anlehnung an Lessings Thesen zur historischen Begründung der Offenbarungswahrheit (s. Kap. I.2.1.3) – die wesentlichen Elemente des christlichen Glaubens, die dann vor allem in der *Einführung ins Christentum* (1850) und in *Der Liebe Tun* (1847) weiter entfaltet werden. Der paradoxe Charakter der Offenbarungswahrheit liegt vor allem in der Gegenwart des Ewigen in der Zeit, in der Erscheinung der göttlichen Herrschaft in Knechtsgestalt, in der Verheißung des ewigen Lebens im Tode und in der Sündenvergebung.

»Das Christliche *hat* keine Geschichte, denn das Christliche ist jenes Paradox, daß Gott einmal in der Zeit gegenwärtig geworden ist. Das ist der Anstoß, aber auch der Ausgangspunkt; und ob es vor 1800 Jahren geschehen ist oder gestern: man kann gleich gut

> damit gleichzeitig sein. [...] Das Christliche ist ein ewig Abgeschlossenes, wozu nichts hinzugetan, oder wovon nichts weggenommen werden darf, und jede Generation, jeder Einzelne, falls er in Wahrheit Christ ist, beginnt von vorn, bei jenem Paradox.« (*Das Buch über Adler*, VII/2, B 235, S. 78)

Durch die Geschichtslosigkeit der christlichen Wahrheit ist der Glaube Ausdruck der vollkommenen **Gleichzeitigkeit mit der Erlösungstat Christi**, in der auch das Problem der Wiederholung für den Glaubenden gelöst ist. Kierkegaard geht es prinzipiell weniger um das Christsein als um das **Christwerden**, und dazu bedarf es nicht eines einmaligen Bekenntnisses, sondern eines permanenten, sich in jedem Augenblick wiederholenden ›qualitativen Sprungs‹ aus der Sündigkeit und Anfechtung in den Glauben hinein (vgl. Kiefhaber 1997). Er verlangt daher angesichts des weltlich und menschlich ›Bestehenden‹ die uneingeschränkte Bereitschaft zum Leiden, das in der Nachfolge Christi liegt und liegen muß.

Angesichts der ›asketischen‹ Radikalität, mit der Kierkegaard das Christwerden beschreibt und vom Einzelnen einfordert, verwundert es nicht, daß dies nicht nur von der späteren theologischen Interpretation kritisiert wurde, sondern er auch mit seinen Zeitgenossen und der ›bestehenden Kirche‹ in Konflikt geraten mußte. In seinen letzten Lebensjahren wurde dieser Konflikt zum offenen Kampf, in dem Kierkegaard seine Kräfte aufrieb und die ganze Zwiespältigkeit und Mißverständlichkeit seines Schaffens zwischen Dichterexistenz und christlich-religiöser Intention erfahren mußte.

3. Religionsphilosophie im 20. Jahrhundert

(Stephan Grätzel)

3.1 Einleitung: Die Suche nach dem religiösen Apriori

Obwohl Jahrhundertwenden keine ausschlaggebenden Schwellen darstellen müssen, eignen sie sich doch immer wieder gut zu geschichtlichen Markierungen, vielleicht auch deshalb, weil sie selbst eine Rückwirkung auf die Stimmung in Gesellschaft und Kultur ausüben. So wirkt sich die bedrückende Stimmung des »Fin de siècle« ebenso auf das zu Ende gehende 19. Jh. aus wie die Aufbruchsstimmung zu Beginn des 20. Jhs. auf die weiteren Ereignisse in diesem Jahrhundert. In beiden Reaktionen auf den Jahrhundertwechsel findet sich eine erhöhte **Sensibilität für das Phänomen Kultur**. In den Geisteswissenschaften erwachte ein besonderes Interesse an den durch Kultur bestimmten Werten, die wiederum maßgeblich wurden für den Sinn und die Bedeutung des individuellen und gesellschaftlichen Lebens. Erstmals tauchten Begriffe wie »Kulturphilosophie« oder »Kulturwissenschaft« auf und schafften damit die konzeptionelle Grundlage für einen neuen wissenschaftlichen Gegenstand (vgl. Konersmann 1996).

Nicht zuletzt als Folge des Kolonialismus und Imperialismus der europäischen Politik nimmt das Interesse an fremden Kulturen und Religionen zu. Hier werden Spiegelbilder und Urbilder der eigenen Kultur gesucht, konstruiert und aus unterschiedlichen ideologischen Interessen heraus mit der eigenen verglichen. So dienen die Vergleiche zum einen der Selbstüberhebung europäischer Kultur, sie dienen aber auch der ideologischen Selbstabwertung, indem sie als geeignet erscheinen, die Müdigkeit und Dekadenz des alten Europa hervorzuheben.

Diese unterschiedliche Darstellung eigener Kultur im Spiegel fremder, sogenannter wilder oder primitiver Völker ist keineswegs als Gegensatz zu verstehen, sondern zeigt zwei Seiten desselben Phänomens. So sind sowohl der Fortschrittsglaube des Evolutionismus, der weitgehend auf Charles Darwin und Herbert Spencer zurückgeht, als auch die theologisch-gnostische Degenerationstheorie, die Geschichte als Verfall einer ursprünglich sehr hoch stehenden Kultur versteht, theoretische Konstruktionen zur Selbsteinschätzung des europäischen Geistes und seiner imperialistischen Ausrichtung um die Jahrhundertwende. Ihre Gemeinsamkeit liegt in einem linearen Geschichtsverständnis, wobei sowohl die optimistische als auch die pessimistische Seite ihre Bewertung ausschließlich an der europäischen Kultur festmachen und sie damit zum Wertmaßstab für Kultur schlechthin wird (vgl. Auffarth u.a. 1999).

Mit dieser Ambivalenz ist jedoch nur ein grobes Muster entworfen, das besonders im Hinblick auf die Religionsphilosophie noch differenziert werden muß. So ist Rousseaus Kulturkritik, die zur **Rückkehr zum Natürlichen** auffordert, eine Modifikation der Degenerationstheorie. **Friedrich Nietzsche** gibt am Ende des 19. Jhs. diesem kulturpessimistischen Ansatz noch eine ethische Wendung. Seine **Umwertung der Werte** geht vom Standpunkt der Antike aus und sieht von hier aus die jüdisch-christliche Kultur als Degeneration. Die Rückkehr zur Natur ist für Nietzsche daher nur in einer Umkehrung christlicher Werte durch eine an der »Physiologie« orientierten Kunst möglich. So werden beispielsweise die »evangelischen Räte«, also Keuschheit, Gehorsam und Armut, durch eine »heilige Wollust, Herrschsucht und Selbstsucht« (*Zarathustra*, KSA 4, Von den drei Bösen) ersetzt. Solche »Umwertungen« geben nicht nur die Stimmung des ausgehenden Jahrhunderts wieder, sie lassen die Herkunft neuer Werte aus einer für ursprünglich gehaltenen, auf die Leiblichkeit gegründeten Naturreligion erkennen. Der Dionysos-Kult der Antike, wie ihn sich ein Mensch des 19. Jhs. vorstellt und ihn als Katharsis und Erlösung beschwört, gilt hier als Vorbild. Für Nietzsche ist der dionysische Mensch der wahrhafte Mensch, er hat in den Abgrund der Existenz geschaut und ist besessen von seiner Einheit mit der Natur, die er hier erkennt. In den Symbolen und im Rhythmus läßt die Sprache ihre Herkunft aus dieser Einheit erkennen. Nicht das »Wort, das durch den Mund Gottes geht« (5. Mos. 8; Matth. 4), sondern die »elementare Symbolik des Rhythmus« (*Über den Rhythmus*, 1875) gibt dem Menschen das höhere Reich der Ordnung und des Sinnes und läßt ihn zur Versöhnung mit der Natur – und damit zur Wiederherstellung aller – kommen.

Bei aller Fragwürdigkeit von Nietzsches Einschätzung der Antike führt sein Denken zu einer **Erweiterung des Kulturbegriffes**, indem er die Bedeutung von Leben, Fest, Spiel und Theater auf eine neue Grundlage stellt, in der Mythos und Kultus eine vollständige Einheit bilden. Dies hat Auswirkungen auf die Mythosforschung im 20. Jh. (vgl. Otto 1987; 1996). Davon betroffen ist auch das Verständnis von Religion, die nicht auf historische Ereignisse zurückgeht, sondern von kultisch-mythischer Herkunft ist (vgl. Albert 1991). Dies zeigt sich gerade in ihrem Verfall, der durch das Hervortreten historischer Erforschung des Ursprungs der Religion hervortritt:

> »Denn dies ist die Art, wie Religionen abzusterben pflegen: wenn nämlich die mythischen Voraussetzungen einer Religion unter den strengen, verstandesmäßigen Augen eines recht-

gläubigen Dogmatismus als eine fertige Summe von historischen Ereignissen systematisiert werden und man anfängt, ängstlich die Gläubigkeit der Mythen zu verteidigen. Wenn also das Gefühl für den Mythus abstirbt und an seine Stelle der Anspruch der Religion auf historische Grundlage tritt.« (*Die Geburt der Tragödie*, KSA 1, S. 74)

Nietzsche stellt hier die untergeordnete, ja sogar schädliche Bedeutung der historischen Bemühungen für die Überlieferung selbst heraus und wirft damit die Frage nach den davon unterschiedenen Faktoren auf, die er vor allem in der **Kunst** wirksam sieht (vgl. Figal 1999). Er regt damit zu einer Differenzierung innerhalb der Überlieferungen an, die für das kulturelle Verständnis und die Frage eines kulturellen Gedächtnisses grundlegend ist (vgl. Assmann 1997).

Nietzsche Auslegung der Kultfeiern der Antike ist nur ein – wenngleich bedeutendes – Beispiel einer regen Suche vieler Zeitgenossen nach der Ursprünglichkeit von Naturreligionen, wie gerade an den Gründern der Religionswissenschaft und Ethnologie, vor allem Friedrich Max Müller, Edward Burnett Tylor oder James Georges Frazer, um nur die bekanntesten zu nennen, zu sehen ist (vgl. Michaels (Hg.) 1997). Ihre Arbeiten, die sowohl zur Ent- als auch zur Remythisierung beigetragen haben (Müllers Theorie der Götternamen, Tylors Animismus und Frazers Magiebegriff), dokumentieren ein neues **Interesses an Religion**, wie es für die Jahrhundertwende charakteristisch ist. Dabei wird Religion als ein grundlegender und integraler Bestandteil der Kultur und Gesellschaft gesehen.

Dieses kulturwissenschaftlich zu nennende Interesse hat aber nicht nur neue Forschungen und ganze Wissenschaftszweige wie die Religionswissenschaft hervorgebracht und vor allem angeregt, es hat auch die Philosophie verändert. Die scheinbar paradoxe Tatsache, daß Nietzsche für einige Religionsphilosophen des 20. Jhs. zu einem wichtigen Vordenker wird, beruht letztlich auf seiner Kulturkritik, die über seinen religionskritischen Ansatz hinausgeht. Dabei ist es gerade die in den Kultfeiern **wiederentdeckte Religiosität**, die er in seiner Rückwendung zur Antike gegenüber dem Abendländisch-Christlichen hervorhebt. Die Religiosität des antiken Menschen wird der des modernen als Vorbild entgegengehalten, um das Christentum und hierbei noch besonders das reformierte als Degenerationsform von Religion zu brandmarken.

Nietzsches Interesse an einem ursprünglichen Mythos der Religion, der alle kulturelle Entwicklung beeinflußt, hat für die Religionsphilosophie des 20. Jhs. eine entscheidende Bedeutung. Religion wird jetzt nicht mehr nur als Teil und Erscheinung ihrer Kultur verstanden, sondern als das die Kultur aufbauende und sie auch wieder zerstörende Element. Kultur entsteht aus Religion und wird durch Religion wieder aufgelöst. Religion wird dabei als perspektivischer Fluchtpunkt verstanden, in dem alle kulturellen Vorgänge und Handlungen zentriert sind. Geht diese Zentrierung verloren, dann löst sich eine Kultur auf. Vor dem Hintergrund dieses Kulturverständnisses von Nietzsche läßt sich eine grundsätzliche Gemeinsamkeit der Religionsphilosophien im 20. Jh. erkennen. Sie besteht darin, daß Religionsphilosophie in diesem Jahrhundert zu einem wesentlichen Teil als **Kulturkritik** auftritt (vgl. Taubes 1996). Diese Kritik stützt sich wesentlich auf die Darstellung und Analyse der **religiösen Handlungen**, die sich von allen anderen Handlungen im Alltag unterscheiden. Wie bei Nietzsches Herausstellung des »Dionysischen« geht es dabei um die Beschreibung der Gegenwelten zum alltäglichen kulturellen Lebens, um die Beschreibung und das Verstehen eines Abgrundes und Grauens, das in allen Kulturen auftritt und mit verschiedenen Benennungen als Heiliges, als Tabu oder Numen die Bedeutung des **Ganz**

Anderen kennzeichnet. Da das Ganz Andere in der eigenen Kultur nicht mehr zu finden war, wurde es in fremden oder archaischen Kulturen gesucht. In den Anfängen der Religionswissenschaft sind diese Forschungen – ganz im Stil von Nietzsche – Projektionen, die weitgehend vom Schreibtisch aus erstellt werden und meistens keine empirische Grundlage haben (vgl. Otto 1993).

Trotzdem wird hier eine Methode entwickelt, die für die Religionswissenschaft und speziell für die Religionsphilosophie von großer Bedeutung ist. Sie liegt in der Darstellung und Heraushebung des **religiösen Aktes** als eigenes und nicht reduzierbares **Phänomen**. Danach sind religiöse Handlungen und Gebräuche keine Folgeerscheinungen von psychischen oder gar psychopathologischen Veranlagungen oder von gesellschaftlichen Voraussetzungen. Sie sind vielmehr völlig autonome Phänomene, die zur Grundlage für kulturelle und gesellschaftliche Veränderungen werden. Alle religiösen Handlungen und Gebräuche in ihrer Nähe zu den natürlichen **Grenzerfahrungen von Geburt, Geschlechtsreife und Tod** widersetzen sich den Erfahrungen des Alltags und stehen deshalb in kritischer Distanz dazu. Die Religionswissenschaft stellt in ihren Beobachtungen eine jeweils gleiche Bedeutung der religiösen Phänomene und Handlungen in den verschiedenen Kulturen fest, was zu einer anthropologischen Bewertung der Religion führt (Lanczkowski 1991). Dies geschieht vor allem in der sogenannten **Religionsphänomenologie**, die in den verschiedenen religiösen Phänomen ihre Eigengesetzlichkeit und Intention herausstellt (vgl. Heiler 1979). Dabei widerspricht die kulturelle Vielfalt und Unterschiedlichkeit der religiösen Phänomene keineswegs ihrer Herkunft aus anthropologischen Grundkonstanten, sondern ist im Gegenteil deren Ausdruck (Lanczkowski 1978). So sind es immer die gleichen Fragen nach dem Woher, Wohin und Warum des Lebens, die in diesen Phänomen religiös behandelt und entfaltet werden. Im Unterschied zu einer intellektuellen Bewältigung werden die Fragen nicht aus der Distanz des Zuschauers oder gar kritischen Beobachters verarbeitet, sondern in einer lebendigen Auseinandersetzung in Form kultischer Rituale und **Reinszenierungen grundlegender religiöser Ereignisse**. Die dramatische Verarbeitung zeigt das Ausmaß der emotionalen und intellektuellen Erschütterungen, die von diesen Fragen ausgehen. Davon ist auch der Alltag und vor allem das politische Leben bestimmt. Viele scheinbar irrationale Verhaltensweisen und Beschlüsse sind in dieser Weise motiviert und können von daher verständlich gemacht werden. Die verschiedenen Ansätze der Religionsphilosophie im 20. Jh. sind deshalb ein Beitrag des **interkulturellen Verständnisses** und werden unter diesem Aspekt hier aufgeführt (vgl. Elsas 1994). Dies gilt sowohl für die phänomenologischen Ansätze von Rudolf Otto und Gerardus van der Leeuw als auch für die Mythos- und Symboltheorien bei Ernst Cassirer und Mircea Eliade. Besonders interessant ist hier die Nähe zur Existenzphilosophie in den Fragen der Zeit-, Raum- und Ursprungsbestimmung der menschlichen Existenz. Darüber hinaus können die in der **Existenzphilosophie** grundlegenden Begriffe der Sorge, Angst, aber auch der Begierde als säkularisierte oder profanierte religiöse Begriffe verstanden werden. Religionsphilosophie und Existenzphilosophie beschäftigen sich also vielfach mit den gleichen Phänomenen und haben deshalb gemeinsame Fragestellungen und Lösungen. So wird von beiden Seiten her die Offenheit der Vernunft und Existenz als Voraussetzung und Bedingung für das Zustandekommen religiöser oder existentieller Erfahrung gesehen. Diese Berührungspunkte werden besonders bei Autoren deutlich, die Religionsphilosophie auf existenzphilosophischer Basis betreiben wie Paul Tillich, Karl Rahner oder Berhard Welte. Sie treten aber auch dort hervor, wo eine ausgesprochene antiphilosophische und sogar antireligiöse Position bezogen wird wie bei den Vertretern der Dialektischen Theologie.

Religionsphilosophie im 20. Jh., soweit sie nicht in der Engführung der Analytischen Philosophie steht (vgl. Laube 1998), ist damit eine Herausstellung der allgemeinen philosophischen Grundfragen und Methoden (vgl. Brose 1998). In diesem Zusammenhang kommt es auch zu dem speziellen **Problem eines religiösen Apriori.** Dieser von Ernst Troeltsch (1865–1923) geprägte Begriff, so mißverständlich und ungenau er in vielerlei Hinsicht sein mag, hat eine gleichsam programmatische Funktion für die Religionsphilosophie. In einem wegweisenden Aufsatz zum »Wesen der Religion und Religionswissenschaft« (1909) sieht er die Aufgabe der Religionsphilosophie in der Herausarbeitung dieses Apriori und seines Zusammenhanges mit dem ethischen, logischen und ästhetischen Apriori. Die Schwierigkeit einer solchen Aufgabe liegt in der Autonomie der Vernunft, die seit Kants Verständnis im Begriff der Apriorität zum Ausdruck kommt. Für Kant war die Apriorität Ausdruck der Selbstbestimmung der Vernunft in den theoretischen, praktischen und ästhetischen Fragen. Die religiösen Fragen sah er davon nicht betroffen, wenngleich für ihn »Moral unausweichlich zur Religion« führt. Religion war damit für Kant nicht Teil der Autonomie der Vernunft (s. Kap. I.2.2). Wenn Troeltsch nun die Konzeption eines religiösen Apriori fordert, so ist für ihn die **Vernunft** nicht nur logisch, ethisch und ästhetisch, sondern auch **religiös**. Vom Autonomiebegriff Kants her verstanden, kann eine religiöse Vernunft nur ein innerer Widerspruch sein, da die Selbstbestimmung der Vernunft durch Religion zwar erweitert, aber nicht begründet wird. Die Aufgabe, die Troeltsch der Religionsphilosophie mit dem religiösen Apriori stellt, ist der Lösung dieses Widerspruchs gewidmet. Vernunft kann nur dann ihre Autonomie bewahren, wenn sie sich offenhält für das Grundgeheimnis des Lebens. Wie in dem Aufsatz »Psychologie und Erkenntnistheorie in der Religionswissenschaft« (1905) ausgeführt, kann die hervorbringende Kraft des Göttlichen nur durch eine freie und autonome Vernunft verstanden werden. Die Selbstbestimmung der Vernunft wird im religiösen Apriori um ein wesentliches Moment ergänzt, um die **Bedeutung von Kreativität** für die Erkenntnis und das Handeln. Troeltschs wegweisende Sichtung des Zusammenhanges von Kreatur, Kreaturgefühl und Kreativität vermittelt einen neuen Begriff von Autonomie, der sich von drohenden Einseitigkeit einer selbstgerechten Vernunft wegbewegt. Wie Rudolf Otto herausstellen wird, kann Vernunft auch und gerade im Kreaturgefühl selbstbestimmend sein, ohne sich dabei gleich im Zustand der »schlechthinnigen Abhängigkeit« zu befinden und zu begreifen. Im religiösen Apriori versteht sich die Vernunft als Einheit von schaffender und geschaffener Vernunft. Das Kreaturverständnis öffnet die Vernunft aus der drohenden Selbstverklammerung, die ihr von der logischen, ethischen und ästhetischen Apriorität droht. Aus diesem Verständnis heraus ist auch die Frage nach Gott wieder neu gestellt (vgl. Weischedel 1994).

Dieser Aspekt ist gerade in jüngerer Zeit im Zuge des **Poststrukturalismus** und seiner **Herausstellung der Kategorie des Erhabenen** noch einmal aktuell geworden (vgl. Pries 1989). Auch das Erhabene öffnet mit seiner ambivalenten Provokation der Furcht und Gleichzeitig der Faszination die Grenzen des Selbst und macht es in jeder Hinsicht bescheiden. Als profanisierte religiöse Kategorie hat sie schon bei Kant eine moralische Funktion. Der Poststrukturalismus sieht in ihr ein »Zeugnis des Nichtdarstellbaren« (Lyotard 1990). Dieses Zeugnis wird nicht nur in einem Bekenntnis abgelegt, sondern durch die wissenschaftlichen und künstlerischen Methoden konkret vorgestellt. Damit soll ein weiterer Schritt zur Befreiung von einem Totalitarismus der Vernunft verwirklicht werden. (Luibl 1995; Martin u.a. 1996).

Religion ist in diesem Jahrhundert also zu einem Problembereich geworden, in dem längst nicht mehr allein die theologischen und philosophischen Fragestellungen behandelt werden, vielmehr läßt sich hier ein Brennpunkt unterschiedlicher wissenschaftlicher und kultureller Bemühungen feststellen (vgl. Elsas 1975; Kerber (Hg.) 1993; Derrida/Vattimo 1997).

3.2 Religion als kulturelles Element

3.2.1 Mythisches und religiöses Symbol (Ernst Cassirer)

Die Kulturphilosophie Ernst Cassirers (1874–1945) geht auf den **Grundgedanken der Apriorität Kants** zurück, wonach die theoretischen und praktischen Vermögen des Menschen die sinnliche Erfahrung erst möglich machen (vgl. Paetzold 1993). Es ist die besondere Leistung Cassirers, Kants Konzeption um das kulturelle Apriori erweitert zu haben. Wie schon Immanuel Kant, geht Cassirer von der einen gemeinsamen Vernunft aus, die durch alle Kulturen und Zeiten hindurch in ihren Grundanliegen gleichbleibt. Diese Grundanliegen sind festzumachen an den Grundfragen nach dem Woher, Wohin und Warum des Lebens, sie sind aber auch in der konkreten Verstandesarbeit bis in apriorische Vorgänge hinein zu verfolgen. Auch für Cassirer verbürgt die Einheit der synthetischen Urteile a priori die Möglichkeit der Erkenntnis (s. Kap. I.2.2.2). Auf der Grundlage des analytischen Verstandes, der die Erscheinungen zunächst trennt und differenziert, wird dann das verbindende Element gefunden, das die Teile nicht nur zusammenfügt, sondern zu einer neuen geistigen Gestalt formt. So kommt es zu immer neuen symbolischen Welten (vgl. Schwemmer 1997).

In seiner »Kritik der Kultur«, die er in seinem umfassenden System in der *Philosophie der symbolischen Formen* (SF) ausgeführt hat, wird dieses Apriori systematisch anhand der **Entwicklungsformen des Symbols** dargestellt. Dadurch kann er die Einheitlichkeit aller Symbolsprachen vom Mythos bis hin zu den Wissenschaftssprachen aufzeigen. Ungeachtet der Problematik einer solchen Ganzheitstheorie der Kultur, die in dieser Form heute kritisch betrachtet werden muß, leistet sein Ansatz den Zugang zu einer Betrachtung aller kulturellen Inhalte von ihrer spezifischen Eigenart her, ohne dabei psychologisch oder soziologisch zu reduzieren. Die geistigen Produkte der Kultur sind in den Symbolen wiederzufinden, die deshalb auch keine bloßen Bilder oder Abbilder irgendeiner Realität, sondern geistige Vorgänge sind (Geertz 1983).

An diesen Vorgängen ist neben dem Sachgehalt, der sich inhaltlich ausdrückt, auch der kulturelle Vorgang, die geistige Bewegung selbst abzulesen, die sich im jeweiligen Ausdruck und Stil niederschlägt. **Symbole sind damit geistige Realitäten**, die das Gegebene, soweit davon überhaupt gesprochen werden kann, gestalten und ordnen. Die Symbole in den Worten der Sprache, in den Bildern des Mythos und in den Einsichten der Wissenschaft haben für Cassirer gemeinsam, daß sie Schöpfungen und Konstruktionen des Geistes sind, deren **Ergebnis die Objektivität der Welt ist.** Das **religiöse Symbol** charakterisiert diejenige dieser Welten, in der das Geistig-Sittliche gefunden und gestaltet wird. Im Unterschied zu den mythischen Urteilen, die noch ganz in der Sinnlichkeit liegen, repräsentieren die religiösen Symbole so die geistig-sittlichen Werte von Freiheit und Liebe.

Die Objektivität der Welt ist damit niemals eine frei erfundene, sie ist immer eine geschaffene. Hier schließt sich Cassirer an Schelling an, für den die Mythen ebenfalls keine freien Erfindungen sind, sondern die Entwicklung und den Ausdruck der Kultur objektiv bezeugen (s. Kap. I.2.3.2). Kulturelle Produkte wie Sprache, Mythos und Wissenschaft sind Produkte der *Mimesis* und *Poiesis*, also der Nachahmung und der Schöpfung. Die Mimesis gehört zur Poiesis, da alle natürlichen Zeichen Wiederholungen eigener Art sind, wobei jedes Nachzeichnen und jede Nachbildung eines natürlichen Vorganges ein »Vorbilden« ist (SF, 1/S. 131). Gerade die Sprache zeigt, daß jede Reproduktion an eine Produktion geknüpft ist. Die Produktion nennt Cassirer »Wandlung zur Gestalt« (SF, 1/S. 43), wobei diese Wandlung in Mythos, Kunst und letztlich Wissenschaft zu unterschiedlichen Ergebnissen kommt. Die Gemeinsamkeit dieser unterschiedlichen Symbolbildungen liegt in der Eigenständigkeit der Gestalten selbst. Dem Mythos kommt insofern genau so viel Objektivität zu wie einem wissenschaftlichen Symbol in der Physik oder Chemie.

Innerhalb der Entwicklung der Symbole vom Mythos bis hin zur Wissenschaftssprache kommt es zu fundamentalen Krisen, an denen sich die Übergänge von einer symbolischen Umwelt zur anderen markieren lassen. Eine dieser Krisen entsteht im **Übergang vom Mythos zur Religion.** Die mythischen Bilder verlieren ihre Objektivität, sobald sie gegenüber einer neuen Realität nur noch Bilder und Zeichen sind: »Die Religion vollzieht den Schnitt, der dem Mythos als solchem fremd ist, indem sie sich der sinnlichen Bilder und Zeichen bedient, *weiß* sie sie zugleich als solche, als Ausdrucksmittel.« (SF, 2/S. 286) Diese Tatsache weist auf einen inneren Fortschritt hin, durch den die sinnlichen Zeichen die geistigen Gehalte nicht mehr zum Ausdruck bringen können. So werden in den großen Religion die Bilder bestenfalls zu Mitteln der Veranschaulichung und erhalten allegorischen Charakter. Damit haben sie die Eigenständigkeit symbolischer Bildhaftigkeit verloren.

Auf das Ganze der Kultur gesehen ist ein solcher grundsätzlicher Wechsel kein Verlust, da die Religionen eine neue Form des symbolischen Verstehens entwickeln. Indem die Religionen, allen voran die jüdische, die Trennung religiöser Symbole vom Bild vollziehen und durch diese Vergeistigung das Bild überhaupt erst zu einem bloßen Bild degradieren, entwickeln sie die Dimension des »geistig-sittlichen Verhaltens« (SF, 2/S. 288). Diese Entsinnlichung bringt einen Fortschritt auf dem Wege der Heilsfindung, da die religiösen Symbole – genau wie der Mythos – Bilder eines Heilsweges sind. Das Bilderverbot der jüdischen Religion stellt erstmals die übersinnliche Bedeutung des Göttlichen heraus.

Die mythische **Ur-Teilung zwischen Profanem und Heiligem**, durch die es zu einer Aufteilung und Zentrierung der Welt kommt, wird in den großen monotheistischen Religionen überwunden und durch die Teilung in eine sinnliche und eine übersinnliche Welt ergänzt (SF, 2/S. 310). Da Cassirer die Differenzierung und Dissoziation grundsätzlich als geistigen Vorgang versteht, ist auch diese neue Teilung der Welt als symbolischer Fortschritt zu bewerten.

Auch im Christentum entwickelt sich das übersinnliche, sittliche Ideal über die mythische Bild-Realität heraus. Dies zeigt sich an der auch hier sehr kontroversen Auseinandersetzung mit den Sakramenten, deren Bedeutung weniger im Sinnlichen, als mehr im Geistig-Sittlichen verstanden wird. In dieser **Hinwendung zum Geistig-Sittlichen der Symbole** findet der Mensch im christlichen Verständnis die adäquate Beziehung zu Gott. Gott als der Ganz Andere kann danach nicht mehr, wie im Mythos, auf natürliche und gleichsam dingliche Weise erfaßt werden. Der religiöse Akt kann kein sachlicher und anschaulicher Vorgang mehr sein. Im Unterschied zum Mythos haben die religiösen Symbole keinen sinnlichen Status mehr. Somit ist das Ganz Andere, dem im Mythos noch eine raum-zeitliche Gegenwart eingeräumt wird, im Religiösen nicht mehr raum-zeitlich repräsentiert und vorgestellt.

Doch bleibt auch in der religiösen Wahrheit stets die Sinnlichkeit und das Sinnliche von Bedeutung. In dem vierten, postum (1995) veröffentlichten Teil der *Philosophie der symbolischen Formen* mit dem Titel *Metaphysik der symbolischen Formen* spricht Cassirer konkret diesen Konflikt zwischen Bild und seinem Abstraktum, dem Sinn an. Der Prozeß der Symbolisierung und damit der Vergeistigung kann nicht als Abschied und Distanzierung des Lebens von sich selbst verstanden werden (vor allem gegen Klages). Er ist vielmehr ein **Reflex des Lebens auf sich selbst** und dementsprechend ein geistiger Rückgang auf das Leben. Sinn und Bedeutung sind damit nicht etwa bildfremd, sie sind dem Bild als reine Gestaltungen inhärent.

Dieser Rückgang zeigt sich in den Bildern der Mysterien, in denen die Natur geheiligt wird. Sie sind Ur-teile der Natur in die Kategorien des Profanen und Heiligen. Die in den **mythischen Urteilen** vollzogene Abtrennung ist nicht unüberbrückbar. Als Urteile haben diese eine dissoziative und zugleich synthetisierende Funktion. Sie unterscheiden nicht nur einen neuen geistigen Bereich vom alten, sie binden auch das Neue an das Alte an. Cassirer greift hier auf Kants Begriff des Urteils zurück, um es gegen die Degenerationstheorie der Lebensphilosophie zu stellen. Eine geistige Entwicklung ist kein Verlust einer ursprünglichen Bilderwelt, in erster Linie deswegen, weil Bilder immer schon als Urteile zu verstehen sind. Dies ist gerade an der Teilung (Urteilung) von Profan und Heilig zu beobachten, in der das Ganz Andere des Heiligen zunächst einmal ausgegrenzt wird, um das Ganz Andere zum eigentlichen Grund der Welt machen zu können.

Dieser Vorgang der Ausgrenzung und Rückbindung im Urteil ist auch im religiösen Akt zu sehen. Hier wird das Übersinnliche ausgegrenzt, um es aber doch in seiner Bedeutung für das Sinnliche geltend zu machen. Das Apriori liegt in der synthetischen Einheit von Übersinnlichem und Sinnlichem. Das Urteil trennt das Übersinnliche vom Sinnlichen ab, um es für das Sinnliche bedeutend und grundlegend zu machen.

Sinnliches und Übersinnliches sind im **religiösen Urteil** ebenso verbunden wie Heiliges und Profanes im mythischen Urteil. Der Unterschied zwischen dem mythischen und dem religiösen Urteil liegt in der Problematisierung des Sinnlichen im religiösen Urteil. Das Sachliche und Bildliche genügt dem sittlichen Anspruch des Religiösen nicht mehr. Das religiöse Urteil trennt damit sinnliche Gehalte von religiösen Inhalten ab und weist ihnen prinzipiell den Status des Ungenügsamen oder bestenfalls des Allegorischen zu. In der Allegorie aber ist das Bild nur noch Mittel zur Bedeutung, es ist nicht mehr die Bedeutung selbst (SF 2/S. 286ff).

Cassirers Symboltheorie ist infolge des Versuchs einer kulturellen Fundierung des Symbolbegriffes wirkungsgeschichtlich von besonderer Bedeutung, obwohl die interkulturelle Anwendung dieses Begriffs infolge seiner klar begrenzten Herkunft aus der Kantischen Philosophie auch in Frage gestellt wird (vgl. Mohn 1998).

3.2.2 Die Kategorie des Heiligen (Rudolf Otto)

Von seiner Wirkungsgeschichte her ist das 1917 erschienene Werk Rudolf Ottos (1869–1937), *Das Heilige*, die bedeutendste religionsphilosophische Auseinandersetzung des Jahrhunderts. Anknüpfend an Schleiermachers Konzept der schlechthinnigen Abhängigkeit (s. Kap. I.2.3.3) entwickelt er den **Begriff des Heiligen als Grundkategorie** eines Verhältnisses des Menschen zu seinen nicht verfügbaren höheren Mächten, die Leben bewirkt haben. Während für Schleiermacher die subjektive Komponente in diesem Verhältnis der schlechthinnigen Abhängigkeit von genuiner Bedeutung ist, versucht Otto diese Beziehung des Subjekts zu seinen nichtindividuellen Gründen der Herkunft und des Heils auf eine objektive Größe zu stützen. Otto hat deshalb auch eine andere Bezeichnung für dieses Abhängigkeitsverhältnis. Er nennt es **Kreaturgefühl** (*Das Heilige*, S. 10). Dieses Gefühl lebt in allen Religionen und Kulturen, es ist die Ursache für Religiosität. Der einzelne Mensch erfährt und erkennt sich hierbei in dem Grundverhältnis, das er zu seinem Ursprung und zu seinem Schicksal hat. Das Kreaturgefühl erfaßt den Einzelnen, soweit er sich seiner Existenz bewußt werden kann.

Im Unterschied zur gegenstandslosen schlechthinnigen Abhängigkeit Schleiermachers stellt Otto die Erkenntnis der eigenen Nichtigkeit in den Zusammenhang mit einem unsagbar übermächtigen Objekt, das er **das Numinose** nennt. Dieses Objekt ist Grundlage des Kreaturgefühls. Das Objekt stellt ein Verhältnis der Überlegenheit her, das die einzelne bewußte Kreatur gegenüber ihren Ursprüngen, ihrem Schöpfer hat.

Für Otto ist aber das Heilige voll und ganz kontrovers zu dieser Welt. Wenn es sich offenbart, dann entsteht im Menschen ein abgrundtiefes Grauen, das so weit geht, daß es alle Einbindungen in die profane Alltagswelt zerreißt und das Leben selbst in Frage stellt. Hier wird das Unheimliche des Daseins offenbar. Das Heilige ist deshalb nicht Teil dieser Welt, es ist unterschieden vom Profanen. Dementsprechend zeigt sich im Kreaturgefühl nicht die Eingebundenheit des Menschen in die Natur, wie dies die Konzeption der schlechthinnigen Abhängigkeit impliziert. Vielmehr wird im Kreaturgefühl und seinem objektiven Bezug auf das Numinose das Ganz Andere zur Natur deutlich.

Davon ausgehend ist die Kausalität bereits eine Rationalisierung dieses Gefühles der Abhängigkeit der Kreatur vom Schöpfer. Dabei ist das Heilige zum höchsten sittlichen Gut und die **Geschöpflichkeit zur biologischen Geschaffenheit** umgedeutet worden. Das Ziel der Rationalisierung ist die intellektuelle Bewältigung und Überwindung des fundamentalen Bruches, der sich im Kreaturgefühl auftut und die Ambivalenz von Grauen und Faszination erzeugt. Während im Kreaturgefühl keine Brücke zu diesem Ganz Anderen des Grauens und der Faszination gefunden wird, wird in der Rationalisierung des Kreaturgefühls eine Interpretation oder mindestens eine Anbindung des Ganz Anderen an die Vernunft gesucht.

Otto kritisiert den religionsphilosophischen Ansatz von Kant, Religion innerhalb der Grenzen der Vernunft anzusiedeln. Kant rationalisiere dabei das Kreaturgefühl und verkenne die eigentümliche Weise von Vernunft, die Religion gerade in der Abgrenzung zu dem Numinosen zu gründen. Für Otto kann Religion nie innerhalb der Grenzen der Vernunft vorkommen, da sie die Vernunft zerstören würde. Religion ist vernunftfeindlich, weil das Numinose jeden vernünftigen Lebenssinn zerstört. Vernunft ist religionsfrei, weil sie den Abgrund des Numinosen überbrückt.

Für Otto hat die Aufklärung das Heilige und Numinose zu einer sittlichen Kategorie gemacht und es auf diese Weise in die Vernunft integriert. Kant rationalisiere das Heilige und mache es zu einem Postulat des Handelns, Schleiermacher verkleinere es zu dem Gefühl der schlechthinnigen Abhängigkeit. Ottos Deutung der Religiosität ist eine Kritik an diesem aufklärerischen Vernunftbegriff. Sein Ansatz ist aber keineswegs ein Rückschritt hinter Aufklärung, vielmehr gelingt ihm eine neue Blickweise auf Religion, die als religionsphänomenologische bezeichnet wird. Im Unterschied zum aufklärerischen Verständnis, aber auch zur psychologischen oder soziologischen Betrachtungsweise wird hierbei **das religiöse Phänomen des Heiligen** weder auf die Vernunft noch auf die Psyche oder die Gesellschaft reduziert (vgl. Raphael 1997). Da es eine über und vor aller Vernunft bestehende Bedeutung hat, die sich auf ein besonderes Objekt, das Numinose bezieht, kann es von der Intentionalität her betrachtet werden, mit der sich die Vernunft auf dieses Objekt richtet. Hieraus ergeben sich die verschiedenen religiöse Phänomen als »Momente des Numinosen«. Die menschliche Kreatur, die sich ihres Kreaturseins bewußt ist, erkennt sich in diesem Kreatursein nicht als einfaches Glied der Natur, der Gemeinschaft und Gesellschaft, sondern als ein Wesen, das in dieser Eingebundenheit, die es natürlicherweise ist, vor dem Abgrund seiner Geschöpflichkeit steht. Auf diese Weise erfährt sich die Kreatur vor dem Hintergrund einer unüberschaubaren und unheimlichen Herkunft. Diese Erkenntnis des Kreaturseins, sich als Kreatur zu wissen, ohne das Woher, Wohin und Warum zu kennen, führt zu den **Grundgefühlen des Grauens, der Faszination, der Angst** oder des Erhabenen.

In diesen Konzeptionen Ottos sind also schon die **Ansätze der Existenzphilosophie** zu finden, die Heidegger zu seinem System des In-der-Welt-seins ausgearbeitet hat (s. Kap. I.3.4.1). Das Kreaturgefühl zeigt auch die Ganz-Andersheit des Lebens und wirft es in einem gleichzeitigen Grauen und einer Faszination auf sich selbst zurück. Ottos Werk gibt also noch zahlreiche Anregungen, die über die Religionsphilosophie hinausgehen. Neben der Existenzphilosophie Heideggers ist es auch die Dialektische Theologie Karl Barths und Emil Brunners, die sich in eine kritische Auseinandersetzung mit Otto begibt und von daher zu einer neuen Deutung des Abgrundes Mensch und seiner Gewißheit des Ganz Anderen kommt.

3.2.3 Das Heilige und seine Ethisierung (Max Weber, Georges Bataille)

Die Herausstellung des Heiligen als eigenes Phänomen und seine Rationalisierung läßt bei Otto die Frage offen, wieweit das Kreaturgefühl wirklich verändert wird und in welcher Form es als das Ganz Andere im Bewußtsein oder Unterbewußtsein fortlebt. Dieser Frage ist die Psychoanalyse nachgegangen, vor allem Carl Gustav Jung. Auch die Untersuchungen Max Webers (1864–1920), zunächst an der protestantischen Wertethik (*Die protestantische Ethik und der »Geist« des Kapitalismus* (PE), 1904), später dann an den großen Weltreligionen, gehen der Frage nach, wohin die zunehmende Rationalisierung der Heilsvorstellungen (**Entzauberung der Welt**) führen. Am Beispiel des Protestantismus belegt er die These, daß die Heilsvorstellungen sich verweltlichen und damit zum wesentlichen Grund für die gesellschaftlichen und wirtschaftlichen Veränderung seit der Reformation werden. Im Zentrum seiner Analysen steht dabei die Umwertung der Arbeit. War sie von ihrer religiösen Bedeutung her immer ein Fluch, so ändert sich dies durch die Aufwertung, die sie mit dem Begriff des Berufs bekommt. Weber zeigt die Herkunft des Berufs von der religiösen Bedeutung der Berufung und stützt sich dabei auf die Übersetzung Luthers, die an den entsprechenden Stellen der Bibel für die griechischen und lateinischen Begriffen das Wort Beruf setzt. Diese »sittliche Qualifizierung des weltlichen Berufslebens« nennt er »eine der folgenschwersten Leistungen der Reformation« (PE, S. 41), die zu einer auf Heilsvorstellungen ausgerichteten Rationalisierung des Lebens führt. Arbeit bekommt dabei eine asketische Aufgabe, ihr Erfolg wird – und hier spielt der Calvinismus hinein – zum Garanten des Erwähltseins und der Gnade. Weder der Besitz von Reichtum noch sein Genuß haben den Kapitalismus ermöglicht. Vielmehr hat die **sittlich aufgewertete Arbeit als Berufung** zu einer Relativierung und Herabsetzung aller sonstigen Werte geführt und die Produktion um der Produktion willen zum höchsten Wert bestimmt. In der Absicht, das Heil an den irdischen Werken ablesen zu können, ist der Beruf zu einer sakralen Institution geworden.

Die Studie zur Ethik des Protestantismus und seine Auswirkung auf den modernen Kapitalismus weitet Weber in seinen Schriften zur Religionssoziologie auf die großen Religionen aus (*Gesammelte Aufsätze zur Religionssoziologie*, 1920), wobei er jedoch den Islam und alle sogenannten primitiven Religionen außer acht läßt. Auch dabei geht es ihm um die Rationalisierung der Lebensführung aufgrund des vom Alltagshandeln und Beruf erwarteten Heils. Je sinnloser und entfremdeter die Arbeit, umso stärker ihre asketische Bedeutung. Sie wird also durch die steigende Entfremdung aufgewertet. Die Entzauberung der Welt rührt wesentlich von dieser praktischen Konsequenz der Heiligsprechung der Arbeit her, die Inhalte und Ziele der Arbeit werden immer stärker entwertet und durch das »Arbeiten um der Arbeit willen« ersetzt. Diese Ethisierung der Arbeit hat die Welt wesentlich entzaubert und den Kapitalismus kulturell fundiert (vgl. Wach 1951).

Für Georges Bataille (1897–1962) zieht die Ethisierung der Arbeit weitreichende Konsequenzen für die Entfremdung zwischen Mensch und Welt nach sich. In seinen ökonomischen Schriften greift er den Gedanken von Weber auf und zeigt, daß die mit der Ethisierung verbundene **Verfluchung des Reichtums** (*La part maudite*) zu einer Akkumulation des Schuldbewußtseins im modernen Menschen führt (vgl. Ochs 1995). Das Verhältnis des Menschen zu seiner Umwelt geht auf das ökonomische Prinzip des Tausches zurück und entspricht dem gegenseitigen Austausch von Geschenken. Dieses auch bei Naturvölkern zu findende Prinzip (Bataille bezieht sich hier vor allem auf die Forschungen des Soziologen und Religionswissenschaftlers Marcel Mauss) führt zu maßlosen Verschwendungen in rituellen Opfern. Der natürliche Mensch versucht hier, der Natur das zurückzugeben, was er von ihr gratis bekommen hat. Die heilige Zeit der Feste ist eine Zeit der Verschwendung und Verausgabung der Gegengabe. Sie soll zur rauschhaften Vereinigung mit der Natur führen. In diesem Rausch wird die natürliche Kontinuität des Lebens erfahren, die sich als eine heilige Erfahrung von der durch das Bewußtsein erzeugten Diskontinuität absetzt und es mit ihrer Faszination für das Ewige und Unsterbliche sogar bedroht. Die Religion ist damit die Rückversetzung des Menschen in sein unmittelbares Verhältnis zur Natur, die Erfahrung des Beschenkt-seins und das Zurückgeben im Opfer.

Für Bataille ist **Religion damit eine subversive Kraft**, die sich gegen die Verdinglichung und Nutzbarmachung der Natur und des Menschen wendet. In den Phasen heiliger Zeiten sind Übertretungen der auf Nutzbarkeit abgestellten Gesetze zugelassen und sogar vorgeschrieben. In engem Zusammenhang dazu steht Roger Caillois'

Theorie des Heiligen. In dem Buch *L'homme et le sacré*, (*Der Mensch und das Heilige*, 1950) stellt er dar, wie alle Werte auf den Grundwert der Verausgabungen ausgerichtet sind. Problematisch dabei ist, daß auch in Caillois' Theorie die Ebene der Sachwerte letztlich nicht verlassen wird, da er, ebenso wie Bataille, **das Heilige als ökonomischen Wert** begreift. Insofern wird hier der Ansatz Webers, für den das Heilige durch die Profanierung und Ethisierung der Askese zu einem innerweltlichen Wert wird, noch radikalisiert. Für Bataille und Caillois hat das ökonomische Verhalten in seiner Ursprünglichkeit des Gabentausches die Bedeutung eines religiösen Aktes, bei dem sich der Mensch in Verschwendung der sich verschwendenden Natur angleicht, um dadurch in ihrer Unendlichkeit aufzugehen. Dieser **ökonomische Begriff des Heiligen** hat den sogenannten französischen Poststrukturalismus stark beeinflußt und zu einer kritischen Auseinandersetzung mit marxistischen Theorien der Ökonomie geführt (vgl. Baudrillard 1976; 1979).

3.2.4 Das Heilige als höchster Wert (Max Scheler)

Max Scheler (1874–1928) geht in seinem Werk *Der Formalismus in der Ethik und die materiale Wertethik* (MW, 1913–16) religionsphilosophisch von einer sogenannten »**materialen Wertethik**« aus. Wie dieser Begriff schon andeutet, geht es ihm darum – im Gegensatz zu Kant und dessen Fundierung der Religionsphilosophie auf eine formale Ethik – die ethischen Werte und damit auch das Heilige als gelebte Erfahrungen zu verdeutlichen. Die Kritik an Kant hat eine positive und eine negative Seite. Einerseits ist es nach Kant nicht mehr möglich, Ethik auf Güter und Zwecke zurückzuführen. Wie Kant gezeigt hatte, ist eine utilitaristische Begründung der Moral unmoralisch. Sie ist an Güter und Zwecke gebunden, die selbst Werte sind, aber keine moralischen, sondern sachliche. Utilitaristische Werte sind deshalb im Bereich der Sachwerte anzusetzen. Als solche zählen sie zu den unteren Werten und können deshalb nicht gleichzeitig Träger oder Begründer von höheren Werten sein. Vielmehr sind umgekehrt die heteronomen Sachwerte von den höherstehenden autonomen Gesetzen der Moral bestimmt. Für Scheler sind Freiheit und Autonomie Werte von hohem Rang, die aber durch den **Wert des Heiligen** übertroffen werden. Auch hier kann es nur eine Bestimmung der Werte von oben nach unten, nicht von unten nach oben geben. Kants Ablehnung einer Reduktion moralischer Werte auf Interessen hat hier also wesentlich zur Entwicklung von Schelers Wertbegriff beigetragen. Trotz dieser Kritik am Utilitarismus unterliege Kant andererseits aber selbst dem Utilitarismus, indem für ihn das höchste Gut oder der Endzweck aller Handlung auch nur ein Sachwert sei. Auch Kant verwechsele in seiner Konzeption des höchsten Guts Werte und Güter.

Güter sind Sachwerte und können nach Scheler nicht als ethische Werte gelten. Sachwerte drücken einen faktischen Gehalt aus, ihr Wert liegt in der Selbstgenügsamkeit des Sachlichen. Diese Selbstgenügsamkeit hat keinerlei Verweisung über sich hinaus, im Gegenteil liegt ihr Wert in der Neutralität des Sachlichen und ihrer Immunität gegenüber den höheren Werten der Person oder des Subjekts.

In der grundsätzlichen Ansicht über Sachwerte stimmt Scheler mit Kant überein. Der Unterschied zeigt sich erst dort, wo Kant im Falle des höchsten Gutes eine Ausnahme zu machen scheint. Da Scheler den Werten ein Apriori vor aller Sachlichkeit zuerkennt, können sie auch nicht sachlich festgestellt werden. So läßt sich zum

Beispiel sachlich nicht feststellen, worin der Wert des Schönen liegt und wodurch er vom Häßlichen unterschieden ist. Das gleiche gilt für alle Werte, die über der Sachebene liegen, also alle kulturellen und religiösen Werte. Die **Unabhängigkeit der Werte von den Gütern** bewirkt eine Hierarchisierung der gesamten Dingwelt durch die Wertewelt. Von sich aus kommen den Dingen also keinerlei Werte zu, die Werte können auch nicht aus der Wertewelt herausgelöst und isoliert werden.

Nach Scheler ist die Werteskala in allen Kulturen gleich und damit a priori. Die Ordnung der Werte beginnt bei den profanen Sachwerten und endet bei dem höchsten Wert des Heiligen. Kulturabhängig und damit unterschiedlich ist die jeweilige Ausgestaltung und inhaltliche Bestimmung dieser Werte. So ist der höchste Wert des Heiligen in den verschiedenen Kulturen ganz unterschiedlich bestimmt. Gleich bleibt aber die mit diesem Wert verbundene Bedeutung des Heiligen für den Einzelnen und die Gemeinschaft.

In ihrer sinnstiftenden und kulturbildenden Bedeutung haben die höchsten Werte der unterschiedlichen Kulturen diesen phänomenologischen Befund gemeinsam, die Bedeutung des Lebensgeschehens selbst auszudrücken. Das Leben selbst ist durch sie gedeutet und geordnet. Deshalb geht die Bedeutung von dem höchsten Wert des Heiligen auf die niedrigeren Werte über. Alle niedrigeren Werte, der Wert des Lebens, der Kultur und natürlich auch die Sachwerte erhalten so ihre Ausrichtung und Bedeutung. Hier wird letztlich festgelegt und gegründet, worin der Wert und Sinn des Lebens, der Personen und der Güter besteht. **Das Heilige und das Profane** sind damit nicht zwei Bereiche der Welt, sie sind die beiden entgegengesetzten Extreme auf der Wertskala.

Schelers Sichtweise verbietet es auch, die Differenzierung zwischen dem Profanen und dem Heiligen an der Erfahrung festzumachen, also die profane Welt als sinnliche und die heilige als übersinnliche Welt zu bezeichnen. Solche sachlichen Differenzierungen verkennen den entscheidenden Unterschied, der in den unterschiedlichen Wertbereichen besteht. Der Unterschied ist also grundsätzlich innerhalb der Wertewelt zu suchen, der die sachliche Differenzierung der Güterwelt nachgeordnet ist.

Der höchste Wert des Heiligen ist dem Menschen übergeordnet (MW, S. 293). Es ist ein über-menschlicher Wert, der es dem Menschen erlaubt, sich selbst als Übergang zu verstehen. Das Heilige erhöht den Menschen über sein bloß biologisch-vitales Wesen, indem es ihm die **Unabgeschlossenheit der Welt** verdeutlicht. Diese Bewertung der Welt aus der Perspektive einer überweltlichen Sicht führt zur ständigen Selbstüberschreitung bis hin zur Entselbstung. In den konkreten Handlungen der Hingabe und Opferung spiegelt sich also dieser Prozeß der Transzendenz wider. Sie sind heilige Handlungen der Überschreitung, die sich den bewahrenden und selbstgenügsamen Kultur- und Sachwerten widersetzen. Das Heilige stellt damit ein Höchstmaß an kultureller Herausforderung und Kontroverse dar. In den heiligen Handlungen und religiösen Akten zeigt sich die Transzendenz nicht als eine sublime Form der Sachwelt, sondern als radikale Bedrohung der Sach- und Kulturwelt. Auch für Scheler ist damit **das Heilige eine subversive Kraft.**

Werte sind keine Eigenschaften der Gegenstände, sondern Anleitungen und Ausrichtungen von Handlungen. Sie sind von ihrem intentionalen Charakter her zu bestimmen, der im Wie des Bezuges wertsetzender Vollzüge zum Ausdruck kommt. Eine wertfreie, neutrale und reine Intention ist dabei nur möglich, wenn sich der Bezug auf das Gegebene mit dem reinen Sachgehalt zufrieden gibt. Dies ist dann der

Fall, wenn der Bezug im Sinne der oben genannten Selbstgenügsamkeit des Sachlichen ausgedrückt ist.

Der Unterschied zwischen den verschiedenen Wertebenen ist für Scheler auch maßgeblich für die unterschiedlichen rationalen Auseinandersetzungen in Religion und Philosophie. Während Philosophie sich nur um die Erkenntnis der Wirklichkeit, vielleicht auch der absoluten Erkenntnis in der Metaphysik bemüht, sich also auf der Sachebene und allenfalls der Ebene der sittlichen Werte bewegt, zielt die Intention der Religion auf den höchsten Wert des Heils. Auch wenn sich Religion und Metaphysik mit dem Göttlichen beschäftigen und von daher eventuell den gleichen Sachverhalt oder Gegenstand im Auge haben, gestaltet sich doch ihre Intention sehr unterschiedlich aus. Anhand dieses Unterschiedes sieht Scheler in der Religion den Vollzug des religiösen Aktes, in der Religionsphilosophie aber die Wissenschaft oder die philosophische Erkenntnis dieses Aktes.

Wie Scheler in seinem bedeutenden und wirkungsgeschichtlich weitreichenden Buch *Vom Ewigen im Menschen* (EM 1921) ausführt, kann die **Aufgabe einer Religionsphilosophie** keineswegs darin bestehen, Gott philosophisch zu beweisen oder zu widerlegen. Abgesehen davon, daß dies prinzipiell nicht möglich ist, da Gott oder das Heilige nicht von ihrem Sachgehalt her behandelt werden können, kommt der Religionsphilosophie nur die Aufgabe zu, die Intentionalität der Erkenntnisse und Werte herauszustellen und dabei die Eigentümlichkeit des religiösen Aktes hervorzuheben. Scheler hat damit der Religionsphilosophie die phänomenologische Aufgabe gestellt, Religion von ihren intentionalen Akten her als eigenen wissenschaftlichen Gegenstand zu behandeln. Religionsphilosophie ist damit kein Teil der Theologie. Völlig unabhängig von theologischen Problemen wendet sich die Religionsphilosophie dem religiösen Akt als intentionalem Akt zu und untersucht seine vom Wert des Heiligen bestimmte Ausrichtung.

Hierbei werden auch religiöse Akte von der psychischen Disposition des Handelnden differenziert. So ist die Intentionalität eines Gebetsaktes nur aus dem Sinn und der Bedeutung dieses Aktes selbst erschließbar und nicht aus psychischen Verfassungen wie Freude, Trauer, Angst oder Schmerz. Wie für jede Handlung, so ist auch für die religiöse der gesamte Handlungszusammenhang maßgeblich, der bei Scheler – im Anschluß an Rudolf Ottos Kritik an Schleiermacher – die **Kreatürlichkeit der Kreatur** bedeutet (EM, S. 383). Kreatürlichkeit wird hier nicht im Sinne eines Kausalverhältnisses verstanden, sie ist eher in der Weise zu sehen, wie der Künstler in seinem Kunstwerk gegenwärtig oder anwesend ist. Die Intention des Künstlers im Kunstwerk ist nicht reduzierbar auf die faktische Tatsache, daß er der Urheber des Werkes ist, sie wird vielmehr erst in der Ausführung sichtbar. Kreatürlichkeit spiegelt also die Intention des Künstlers im Kunstwerk wider und läßt ihn hierbei anwesend sein. Gleichermaßen ist die Anwesenheit des Schöpfers im Geschöpf zu sehen. Auch sie ist an der Intentionalität erkennbar. An diese Gegenwart des Göttlichen im Kreatursein wendet sich der religiöse Akt.

In der religiösen Handlung nimmt der Mensch Bezug auf sein Geschaffensein und auf den im Geschaffensein erkennbaren Schöpfer. Diese Erkenntnis ist aber weder metaphysisch noch gar sachlich, sie ist religiös und damit etwas völlig eigenes. Die **religiöse Gewißheit** ist die reine Gewißheit, Kreatur innerhalb einer Welt von anderen Kreaturen zu sein. Das Kreatursein wird gewiß »an der anschaulichen Tätigkeit des ›Wirkens‹, die als unreduzierbarer Tatbestand in alle konkreten Kausalbeziehungen eingeht« (EM, S. 383). Die Kreatürlichkeit ist dabei immer eine »erlebte Relation« (ebd.), nie eine bloß gedachte wie das Kausalgesetz. Deshalb ist auch das Nachdenken über Gott nicht mit dem religiösen Akt zu verwechseln. Das Nachdenken über Gott in philosophischen und theologischen Überlegungen kann Gott nur als Faktum oder Denkinhalt darstellen. Als solcher kommt er aber im religiösen Akt nicht vor.

Die Verwechslung von Denkakt und religiösem Akt schleicht sich für Scheler auch in die Frage nach einer möglichen wissenschaftlichen Ableitung des religiösen Aktes ein. Neben der schon erwähnten Fehldarstellung des religiösen Aktes als psychologischen Phänomens wird er auch auf kulturelle oder wirtschaftliche Verhältnisse zurückgeführt. Entsprechend den unterschiedlichen Wertebereichen von Religion und Kultur ist für Scheler aber Religion nicht aus einem vorreligiösen Zustand ableitbar (EM, S. 398ff.). Die religiösen Phänomene gehen allein auf die spezielle Handlungsintention des religiösen Aktes und seiner Erfahrung von Kreatursein zurück. Das Wissen, Kreatur zu sein, steht damit im Zentrum jeder religiösen und heiligen Handlung.

3.2.5 Die heiligen Handlungen (Gerardus van der Leeuw)

Schelers religionsphilosophischer Ansatz auf der Basis der Apriorität von Werten eröffnet die Möglichkeit der interkulturellen Vergleiche verschiedener Religionen und deren Kulten und Gebräuchen. Der auf die Intentionalität von Handlungen und ihre unterschiedlichen Wertbereiche zurückgehende Ansatz der Religionsphänomenologie wird vor allem von dem niederländischen Religionswissenschaftler Gerardus van der Leeuw (1890–1950) systematisch ausgebaut. In seinem 1933 erschienenen Werk *Phänomenologie der Religion* wird ein umfangreicher Katalog verschiedener religiöser Akte und ihrer Erscheinungsformen vorgestellt. Bereits Friedrich Heiler hatte in seinem bedeutendem Buch *Das Gebet* (1918) die unterschiedlichen heiligen Handlungen untersucht und dabei das **Gebet zum wichtigsten religiösen Akt** und zum zentralen Phänomen der Religion erklärt. Während für Heiler das Gebet ein außerordentlicher, mit anderen Kulthandlungen nicht zu vergleichender religiöser Akt ist (*Das Gebet*, S. 4), gibt es für van der Leeuw keine besondere religiöse Handlung, die gegenüber den anderen hervorragen würde. Im Gegenteil spürt er auch jene religiösen Handlungen auf, die im alltäglichen Leben eingegangen und damit profanisiert sind, wie zum Beispiel der Gruß. Die **Profanisierung heiliger Handlungen** zeigt nur, daß ihr religiöser Charakter unverständlich geworden ist, sie bedeutet nicht, daß er nicht in irgendeiner Weise noch in dieser Handlung fortlebt. Religiöse Handlungen sind also auch in einem nicht-religiösen Umfeld zu finden.

Neben solchen profanisierten Zeichen sind es aber vor allem die religiösen Zeichen selbst, die van der Leeuw in ihrer Phänomenologie, also ihrer Art und Weise des Hervorgehens aus dem religiösen Akt untersucht. Als Beispiel seien **die Sakramente** erwähnt. Sie sind nicht beliebige Zeichen, sondern gehen auf elementare Handlungen des Lebens, also auf Essen, Trinken, Geschlechtsleben, Sterben, aber auch auf Reinigung oder Hygiene zurück. Die elementaren Handlungen gelten der Bewahrung des Lebens und sind damit also intentional auf das Leben selbst bezogen. Ihre elementare Bedeutung gilt dem Leben, seiner Erhaltung und Gestaltung.

Die Zeichen, die aus diesen elementaren Handlungen hervorgehen, zeigen also das nackte Kreatursein des Lebens. In dieser Intention sind die Zeichen nicht bloße

Wiederholungen des elementaren Lebens, sie gehen als Lebensbedeutsamkeit über die elementaren Vollzüge hinaus. Es ist also nicht die natürliche Funktion, die im religiösen Akt der Sakramente Ausdruck findet, also etwa die biologische Bedeutung von Essen, Trinken oder Geschlechtsverkehr. Es ist die Gesamtheit des Lebens, die in diesen religiösen Akten zum Vorschein kommt. Daher wird in den heiligen Handlungen das Leben auf die Macht bezogen, von der es auszugehen scheint, die also Schöpfer oder Urgrund des Lebens ist.

Sakramente sind deshalb auch **Zeichen der Wandlung und Verwandlung**, weil sie in ihrer Bedeutungshaftigkeit die Verbindung zwischen dem Natürlichen und der dem Natürlichen innewohnenden Lebenskraft herstellen. Es sind somit Zeichen, die die Handlung des Einzelnen in den Zusammenhang mit dem kosmischen Drama, der Kosmogonie bringen. Handlung ist grundsätzlich in einem kosmischen Zusammenhang zu verstehen und kann somit als Geschehen auf der Bühne des Welttheaters verstanden werden. Dieser Gedanke des *theatrum mundi* ist nicht erst eine Erfindung des Barock, sondern – zumindest im europäischen Sprachgebrauch – eine Implikation des Handlungsbegriffes, die auf den religiösen Hintergrund verweist, vor dem jede Handlung stattfindet. »Tun hat in manchen Sprachen den Nebensinn: kultisch Tun, Opfern, Zaubern (lat. facere, ital. fatura, gr. dromena). Ein Dromenon ist immer abhängig von einer dem Menschen überlegenen Tat, es ist immer vorgetan oder wieder-getan.« (*Phänomenologie*, S. 350)

Handlung heißt hier die Darstellung, Nachfolge oder Wiederholung göttlicher Handlung. Der **Priester** ist Stellvertreter und Repräsentant der göttlichen Handlung, die er nur wiederholt. In dieser Rolle ist er nicht er selbst, sondern ein **Medium der göttlichen Macht**. Darin liegt auch die Bedeutung der Verkleidung und Maskierung.

In der kultischen Handlung werden im Unterschied zu zeitgenössischen Vorstellungen keine Rollen gespielt, da die hier vorgeführte Handlung authentisch und ursprünglich ist. Ihre Authentizität rührt daher, daß das Kreatursein des Menschen selbst zur Aufführung gelangt. In den kultischen Handlungen ist also das menschliche Leben zentriert. Die alltäglichen Handlungen werden durch den sakralen Akt über das Natürliche hinaus bedeutet. Das kultische Drama gehört als seine Begründung und Bedeutung zur Wirklichkeit des Lebens. Deshalb gibt es hier auch keine Zuschauer, alle Beteiligten sind in diesen religiösen Akt einbezogen. Der religiöse Akt findet damit in Form einer gemeinschaftlichen Begehung statt (vgl. Kehnscherper 1998).

Geburt, Pubertät, Hochzeit und Tod sind deshalb nicht nur natürliche Brüche oder Krisen, sondern werden als große Lebenskrisen in einer religiösen Handlung gemeinsam begangen. An ihnen wird deutlich, wie und in welcher Form die kritischen Phasen des Lebens über ihre natürliche Erscheinung hinaus dramatisiert werden. Zumeist werden bestimmte mythische Erzählungen um ein Urgeschehen, aus dem die gesamte Kreatur hervorgegangen ist, im Drama reaktiviert. In der Wiederholung eines Urgeschehens wird gerade seine Einmaligkeit und Ursprünglichkeit unterstrichen. Die Wiederbegehung, die Reaktivierung des Mythos im Drama des Kultes, ist damit keine bloße Wiederholung, sondern ein Wiedererleben des Urgeschehens. Diese rhythmische Zeiterfahrung bestimmt das Drama und seine Sprache. Deshalb ist für van der Leeuw auch der Tanz diejenige Ausdrucksform, die diesen rhythmischen Zusammenhang des Lebens authentisch wiedergeben kann.

Die hier aufgegriffenen Beispiele **religiöser Phänomene wie Gebet, Gruß, Sakrament, Drama oder Tanz** sind für van der Leeuw heilige, teilweise auch profanisierte Handlungen, die den Menschen in den Bereich des Unnennbaren und Fremdartigen bringen. Sie öffnen den Hintergrund und binden das alltägliche Leben in einen übergeordneten gesellschaftlichen oder kosmischen Zusammenhang ein.

3.2.6 Die Zentrierung der Welt im Heiligen (Mircea Eliade)

Die Religionsphänomenologie ist wirkungsgeschichtlich von großem Einfluß auf die Forschungen des Religionswissenschaftlers Mircea Eliade (1907–1986). Auch für Eliade ist im Heiligen der Ursprung aller Werte zu suchen. Das Heilige kann an beliebigen Gegenständen festgemacht werden, da es, wie alle Werte, nicht vom Gegenstand selbst, sondern von der Intentionalität abhängt, die sich auf diesen Gegenstand richtet. Sie und nicht der Gegenstand selbst ist der Ausgangspunkt der Bewertung. Dieser grundlegende religionsphänomenologische Ansatz, für den religiöse Inhalte nicht in Form von Sachgehalten zum Ausdruck kommen können, sondern ihre eigene, wertegebundene Herkunft haben, ist auch für Eliade maßgeblich (vgl. Wachtmann 1996). Von daher ist es verständlich, daß für ihn der religiöse Akt einen Sachgehalt sogar auflösen und Dingen eine andere Identität geben kann (*Das Heilige und das Profane*, S. 15). Ein Ding ist dann nicht mehr ein Ding, ein Baum nicht mehr ein Baum. Sie sind Vollzugsformen eines religiösen Aktes.

Die Schwierigkeit, die das abendländische Denken mit solchen Identitätsverschiebungen und Überschreitungen hat, liegt in der hohen Bewertung von Sachwerten, die sie meist über andere Werte stellt. Dies geht auf die Intention der abendländischen Rationalität zurück, die Dinge an sich begreifen zu wollen. Eliade sieht in dieser Intentionalität eine **Entsakralisierung**, wobei er aber zugleich betont, daß dieser Rückgang zu den Sachen selbst, zu dem Ding an sich nie vollständig gelingen kann. Auch für den entsakralisierten Menschen gibt es Orte, Räume und Zeiten, denen ein heiliger Charakter zukommt, weil sie mit sehr starken Erinnerungen verbunden sind. Die Intentionen, die in solchen Akten zum Ausdruck kommen, gehen weit über den Sachwert hinaus. Deshalb kann auch in einer entsakralisierten Kultur von religiösen Akten gesprochen werden. Eliade sieht sie in kryptoreligiösen Verhaltensweisen aufgehen, in denen besondere Ereignisse des Lebens im privaten Bereich kultiviert werden.

Die Gemeinsamkeit zwischen solchen privaten Kultivierungen in pseudoreligiösen Akten und den religiösen Akten selbst liegt in der Bedeutung der Raum- und Zeiterfahrung. Während der geometrische Raum und die metrische Zeit homogen sind, indem sie eine Gleichzeitigkeit der verschiedenen Raumpunkte und eine Stetigkeit des Zeitverlaufes zugrunde legen, ist die religiöse Zeit- und Raumerfahrung inhomogen. Der religiöse Raum ist perspektivisch auf einen besonderen Punkt zentriert, die religiöse Zeit ist auf einen Ursprung ausgerichtet. Dieser Bezug auf ein Zentrum und einen Ursprung aber ist homogen oder stetig, er kann nur durch eine Schwellenerfahrung, einen Bruch der Homogenität und die Überschreitung des Bruches vollzogen werden.

Schwellenerfahrungen gehen auf einen Wandel im kosmischen, natürlichen und individuellen Leben zurück. Hierzu gehören vor allem die großen Brüche im Leben, also Geburt, Pubertät, Hochzeit und Tod. Sowohl die zeitlichen Brüche solcher Schwellenerfahrungen als auch die räumliche Segmentierungen in heilige und profane Bezirke dienen letztlich der Zentrierung von Raum und Zeit. In beiden Fällen wird der räumliche und zeitliche Mittelpunkt der Welt, der Nabel der Welt, gefunden. Diese Zentrierung im Nabel der Welt ist eine zeit-räumliche Koordination des gesamten Lebens, vom kosmischen über das natürliche, das gemeinschaftliche und einzelne Leben. Die räumlich-zeitliche Zentrierung der Welt ordnet das Chaos vom höchsten Wert des Heiligen her, vom heiligen Ursprung und der heiligen Mitte der Welt. Zu diesen Werten des Heiligen kann keine unmittelbare Verbindung hergestellt werden. Hierin liegt letztlich die Notwendigkeit begründet, die Homogenität oder Stetigkeit der Zeit zu unterbrechen. So werden die natürlichen Brüche wie Geburt, Pubertät und Tod bewertet.

Auf dieser Grundlage wird die Verbindung zum Heiligen in Form von spezifischen **Übergangsriten** gesucht und inszeniert. Übergangsriten (vgl. van Gennep 1911) dienen also dazu, eine notwendig vorausgesetzte Inhomogenität von Zeit und Raum durch spezifische und spezielle Rituale zu überbrücken. Die Symbole, die zur Überbrückung des notwendigen Grabens zum Heiligen hin verwendet werden, zeigen für Eliade eine eigentümliche Einheitlichkeit. So werden Bäume, Säulen, Leitern, aber auch Berge zu heiligen Zeichen, weil sie grundsätzlich diesen **Transzendenzvorgang, den Überstieg vom Profanen ins Heilige** anschaulich und nachvollziehbar machen. Die Zeit-Räumlichkeit dieser Transzendenzvorgänge zeigt sich in ihrer zeitlichen und örtlichen Funktion. In dieser Weise kann die zeitliche Bedeutung des Frühlings als Übergang in ein neues Jahr und damit in einen neuen Lebensbeginn mit der räumlichen Bedeutung des aufstrebenden Baumes zusammenfallen. Solche Koinzidenzen sieht Eliade zum Beispiel auch im Begriff des Tempels, in dem vom lateinischen Begriff her das räumliche *templum* mit dem zeitlichen *tempus* zusammenfällt. In der raum-zeitlichen Doppelheit nehmen die Symbole die Funktion der Zentrierung ein. Zentrierung des Lebens anhand von raum-zeitlichen Symbolen kann also als ein religiöses Apriori gesehen werden. Die in den Festen und Ritualen gemeinsam und gemeinschaftlich begangenen raum-zeitlichen Zentrierungen der Welt dienen jeweils der kulturellen Erneuerung dieser Gemeinschaften. In dieser Form der rituellen Wiederbelebung liegt die Bedeutung von Heiligkeit. Hier wird eine vollständige Regeneration des Einzelnen und der Gemeinschaft in Form einer Wiederholung der kosmischen Erneuerung gefunden (Duerr 1984).

Der Schnittpunkt der Bedeutungen von Erneuerung und Zentrierung im religiösen Akt findet sich auch im mystischen Dreischritt wieder, wie er über das neuplatonische Denken in die christliche Religion Eingang gefunden hat (s. Kap. I.1.) Reinigung, Erleuchtung und Einung ist der Dreischritt, der die Rückkehr oder Umkehr der Schöpfung symbolisiert und begeht. Die *Epistrophé*, die Rückwendung entspricht der zyklischen Neuordnung des Kosmos und der Gesellschaft. Sie ist verbunden mit der völligen Erneuerung des Einzelnen, dem Ablegen des alten Menschen. Der mystische Dreischritt, den Dionysius Areopagita (vgl. Kap. I.) in den kirchlichen und himmlischen Hierarchien institutionalisiert, indem er jeder Stufe dieses Dreischrittes eine entsprechende Position kirchlicher und himmlischer Ämter zuweist, zielt auf die Erneuerung des Menschen und der Welt ab. Die Hierarchie (gr. heilige Ursache) bedeutet damit ebenfalls eine Zentrierung und Grundlegung der Welt auf den Ursprung.

Die Rückführung, die von Eliade als *regressus ad uterum* gesehen wird, ist in einem Raum und einer Zeit, die als homogen und stetig verstanden und ausgelegt werden, nicht nachvollziehbar. Eine **Erneuerung des Menschen** ist nur dort möglich, wo ein Weg aus der Profanität des homogenen Raumes und der stetigen Zeit gefunden wird. Die Gemeinsamkeit aller Übergangsriten besteht nun gerade darin, diesen Ausweg aus der Profanität zu finden und eine Dramaturgie zu erstellen, in der der Mensch sich erneuern kann. Im Dreischritt des Absterbens, der Verwandlung und letztlich der Auferstehung vollzieht sich das kosmische und individuelle Drama einer Erneuerung des Lebens. Das religiöse Apriori widerspricht also der Selbstgenügsamkeit des Lebens. Seine subversive Kraft deutet die natürlichen Vorgänge des Absterbens und Wiederauferstehens symbolisch, um dadurch das Geschehen selbst zu erneuern und neu zu bewerten.

3.2.7 Zusammenfassung: Religion als kulturelles Element

Rudolf Ottos Buch über das Heilige schlägt einen neuen Weg der Religionsphilosophie, indem hier **das Heilige als ein objektives Phänomen** herausgestellt wird. Dieser Ansatz wird erweitert durch Max Scheler, der das objektive Phänomen des Heiligen als **Wert** erkennt und ihm den höchsten Platz auf der Werteskala einräumt. Das Heilige wird damit ein Phänomen, das einerseits zum empirischen Gegenstand von Untersuchungen in der **Religionswissenschaft** werden kann, das andererseits aber auch in der **Ethik** die Bedeutung des Basiswertes bekommt. In beiden Fällen ist das Heilige als religiöses Apriori die Grundlage und der Ausgangspunkt für jede Kultur. Über Otto und Scheler hinaus befaßt sich Eliade (in Anlehnung an Gerardus van der Leeuw) besonders mit dem Handlungsaspekt und der **Dramaturgie des religiösen Aktes**. Der religiöse Akt ist dabei nicht nur individuelle Heilssuche. Vielmehr steht er im generellen Erneuerungskontext von **Gemeinschaft** und Kosmos, an dem das individuelle Seelenheil partizipiert. Eliade hat damit dem gesellschaftlichen Aspekt eine zentrale Rolle zugewiesen. Der religiöse Akt verbindet den Mikrokosmos mit dem Makrokosmos, die Geschichte des Einzelnen mit der Geschichte der Gemeinschaft zu einem umfassenden kosmischen Geschehen. Erst in dieser Verbindung wird das Leben raumzeitlich geordnet und damit der Anfang der Zeit und Geschichte festgelegt. Eliade hat diese philosophische Bedeutung des religiösen Aktes für die Religionswissenschaft und Ethnologie fruchtbar gemacht.

3.3 Religion und Welttheater

3.3.1 Die Anthropologie des Spiels (Helmuth Plessner, Victor Turner)

In den anthropologischen Schriften von Max Scheler, Helmuth Plessner, Arnold Gehlen, hat das Spiel eine fundamentale existentielle Bedeutung, die zu spezifischen Untersuchungen bei Jan Huizinga (*Homo ludens*, 1939), Roger Caillois (*Die Spiele und die Menschen*, 1958) und Eugen Fink (*Spiel als Weltsymbol*, 1960) führen. Auf moderner Grundlage wird die Aussage von Schiller bestätigt, der Mensch werde nur im Spiel und durch das Spiel zum Menschen und entwickle hierin das spezifisch Menschliche (Schiller, *Über die ästhetische Erziehung des Menschen*, 15. Brief). Die Weltoffenheit des Menschen, des »nicht festgestellten Tieres« (Nietzsche), kann nur im und als Spiel verwirklicht werden. Diese anthropologische Bedeutung des Spieles trifft eine grundsätzliche Aussage über die Vollzugsart von menschlichen Handlungen. Da sie Vollzüge in einer nicht festgelegten Raum-Zeitlichkeit sind, da sie also offene Geschichten spielen, können sie weder instinktiv noch mechanisch ablaufen oder so gedeutet werden. In der »Nicht-Festgestelltheit« gibt es keine festgelegte äußere Realität, die es nur zu übernehmen gälte. Die Realität muß erst gefunden und gestaltet werden. Dies ist nur im Spiel möglich, wobei auch das Spiel selbst nicht plötzlich einsetzt und aufhört, sondern seine Offenheit in einem dramatischen Verlauf zu erkennen gibt, der, wie der niederländische Anthropologe Frederik J. J. Buytendijk (*Wesen und Sinn des Spiels*, 1933) herausgestellt hat, mit einem kaum noch als Spiel erkennbaren Vor-Spiel beginnt, um nach dem eigentlichen Spiel am Ende auch in einem Nach-Spiel auszuklingen. Gerade solche Beobachtungen machen deutlich, daß im Spiel eine eigentümliche Wendung stattfindet, die Wegwendung von einer alltäglichen Wirklichkeit hin zu einer eigenen Wirklichkeit, die ungebunden und frei erscheint. Als Hinwendung zu dieser inneren Freiheit ist das Spiel die Urform der Reflexion und damit auch dasjenige, was Besinnung und Ernst ermöglicht. In dieser weitreichenden Bedeutung ist es zu einem Grundbegriff der Anthropologie und damit auch religionsphilosophisch zu einer wichtigen Kategorie geworden. Spiel ist überall dort konzeptionell grundlegend, wo die rein informative Bedeutung einer Botschaft oder auch einer Offenbarung durch die performative ergänzt werden muß, um überhaupt Nachricht, Botschaft oder Offenbarung sein zu können.

Der maßgebliche Begriff der Weltoffenheit, den Scheler von Nietzsches »Nicht-Festgestelltheit« übernimmt, wird in Plessners Konzeption der »exzentrischen Position« verfeinert. In der **exzentrischen Position** ist der Mensch nicht nur weltoffen, er muß diese Weltoffenheit in einem ständigen Außer-sich-sein erleben und gestalten. Er befindet sich in einem ständigen Zwang, sich sein Zentrum präsentieren zu müssen, ohne es jedoch vereinnahmen und besitzen zu können. Der Mensch ist zu einem ständigen Neben-sich-stehen gezwungen und erlebt seine Identität in einer ununterbrochenen und nicht vollendbaren Repräsentation, so Plessner in *Die Stufen des Organischen und der Mensch* (1928).

In dem Zwang zur Präsentation des eigenen, exzentrischen Ichs liegt für Plessner die dramatische Verankerung der menschlichen Existenz. Sie umfaßt die imaginative Annäherung an das exzentrische Zentrum in Form von Vorstellung, Rollenspiel und Nachahmung, insgesamt in **theatralen Handlungen**. Die exzentrische Position des Menschen verlangt ein ständiges Aktualisieren des Selbst im Tun in Form von Vorstellung und Spiel. Diese **Re-Präsentation als Urform der Handlung** ermöglicht aber auch Verstellung und falsches Spiel. Die Frage nach der Authentizität kann grundsätzlich nicht gestellt werden, weil der Mensch sein Zentrum und damit seine Authentizität nicht in sich trägt. Die anthropologische Tatsache des Nicht-in-sich-Gegründetseins ist der Ausgangspunkt der Schauspielerexistenz Mensch. Von hier aus nimmt der Begriff der Rolle eine zentrale Position für die Theorie der Handlung ein.

Plessner sieht in der modernen Gesellschaft den **funktionalistischen Rollenbegriff** (»Die Rolle der Kadernwelle im Auto«) dicht an den **theatralen Rollenbegriff** gerückt (GS X/S. 233). Rolle als Träger einer Funktion zeigt den »um die kosmische Szene verkürzten theatralischen Rollenbegriff, der sich nur noch auf das menschliche Doppelgängertum stützt«. Im Doppelgängertum gibt es nur noch die private und öffentliche Rolle, eine Unendlichkeit von Spielmöglichkeiten scheint auf diese Dualität reduziert.

Dies gilt grundsätzlich für alle Handlungen, es gilt aber besonders für den religiösen Akt und seine Spielbreite. Oszillierend zwischen der öffentlichen und privaten Funktion ist keine Wegwendung in dem Sinn zu erkennen, wie sie als Spiel gefordert ist, nämlich als Hinwendung zu dem eigenen inneren Reich und der freien und phantasievollen Ausgestaltung. Das Rollenverständnis des **Doppelgängertums** und seiner Spielbreite zwischen privat und öffentlich läßt also einen religiösen Akt gar nicht verständlich werden. Viel eher ist hier ein Rollenbegriff gefragt, dem es um die Bedeutung von Rolle und Spiel selbst geht, der also nicht die Frage stellt, ob das Ich gerade eine private oder öffentliche Rolle spielt, sondern wer es in dieser Rolle ist und was es im Spiel an Besinnung Erkenntnis oder Offenbarung erfährt (vgl. Gantke 1998, Kap. I.3.3).

Victor Turner (1920–1983) gehört zu den großen Innovatoren im Bereich der Kulturanthropologie, der als einer der wenigen amerikanischen Ethnologen auch in der europäischen philosophischen Geistesgeschichte verwurzelt ist. Bei ihm finden sich Spuren thomistischen Denkens, vor allem der Gedanke der Aktualität Gottes, er zeigt aber auch ein besonderes Verständnis für Dilthey und die hermeneutische Methode zur Erforschung des Erlebnisses. Dies spielt besonders in seinem Buch *Vom Ritual zum Theater* (1989) eine Rolle.

Turner betont dramatische Elemente im individuellen und sozialen Leben. In modernen Industriegesellschaften lassen sich zwar immer noch Rituale auffinden, die äußerlich den Übergangsriten ähneln. Sie werden aber nicht mehr als religiöse Akte vollzogen. Indem der religiöse Akt sein liturgisches Element verliert und gleichsam ein privater religiöser Akt wird, ändert sich das gesamte Verständnis von Spiel, Theater und damit auch von Wirklichkeit. Wird das Spiel gegenüber dem Ernst der Wirklichkeit abgewertet, dann ist Kult und Theater gegenüber der Realität bloßer Schein geworden. Der Hintergrund für diese kulturelle Verschiebung findet Turner (*Vom Ritual zum Theater*, S. 44ff.) in der Trennung von Arbeit und Spiel in modernen Gesellschaften. Diese wirkt entscheidend auf die Bedeutung des Kultischen ein, das auf die Aufführung angewiesen ist. Die Liturgie wird infolgedessen zu einem theatralen Ereignis degradiert, das der modernen Wirklichkeitsnorm nicht mehr entspricht. Den **Wirklichkeitskern im Theatralen** wieder zu entdecken und wissenschaftlich auszuwerten, ist Turners zentrales Anliegen. Die Entdeckung dieser Wirklichkeit des Theatralen, des Spiels und der Performanz versucht eine Kluft zu schließen, die durch die Ethisierung der Arbeit aufgerissen wurde.

3.3.2 Die menschliche Handlung im Welttheater (Hans Urs von Balthasar, Erich Przywara, Romano Guardini)

Die Religionsphilosophie Hans Urs von Balthasars (1905–1988) ist im Wesentlichen eine Auseinandersetzung mit der geistesgeschichtlichen Tradition des Abendlandes. In seinen über 80 Büchern zeigt er sich als großer Kenner der Patristik, insbesondere des Origenes und des Dionysius Areopagita, beschäftigt sich aber ebenso mit dem Deutschen Idealismus und der Philosophie wie der Literatur des 19. und 20. Jhs. (vgl. Guerriero 1993). Balthasar vereint dabei die Ansätze aus der Theologie, der Philosophischen Anthropologie und der Literaturwissenschaft mit dem Ziel, den Begriff des **Welttheaters**, der Welt als Bühne und damit auch den Spiel- und Handlungsbegriff in seiner übergreifenden Dimension herauszustellen. Dabei wird die menschliche Existenz als Drama verstanden, das in seinen konkreten geschichtlichen und geistesgeschichtlichen Abläufen eine Verkettung individueller Geschicke und Sendungen hervorbringt (vgl. Disse 1996). Die menschliche Geschichte erfährt hierin eine eschatologische Bedeutung, die jedoch in jedem Moment des Lebens präsent ist. Die Wirklichkeit des Augenblicks steht deshalb immer in Spannung zu diesem **Bild seiner Vollendung**. Von daher ist der Bildbegriff der Analogie, den Balthasar seinem Lehrer Erich Przywara zu verdanken hat, von konzeptioneller Bedeutung. Diese Konzepte fließen ein in die Theorie der Theodramatik, die den Theaterbegriff erweitert und dem **Drama der Existenz** seine Bühnen und seinen Aufführungsraum aufzeigt. Hier sind es vor allem die von Romano Guadini ausgehenden Reformen der **Liturgie**, die einen wesentlichen Einfluß auf den integralen Handlungsbegriff Balthasars ausgeübt haben.

Das Bild der Vollendung

Balthasars Konzeption einer theologischen Ästhetik, die er in den drei Bänden seiner *Herrlichkeit* (1961–69) umrissen hat, ist der erste Teil seiner *Trilogie*, deren zentraler Teil sein Hauptwerk der *Theodramatik* (1973–83) bildet und die durch die *Theologik*, (1985–87) abgeschlossen wird. Der ästhetische Ansatz ist grundlegend für das Verständnis des gesamten Werkes (vgl. Roberts 1987) und ist wesentlich inspiriert von der Symboltheorie des Theologen und Religionsphilosophen Erich Przywaras (1989–1972), der anfänglich sein philosophischer Lehrer und später ein wichtiger Gesprächspartner wurde. Der Bildbegriff Przywaras geht aus der Konzeption der *analogia entis* hervor (*Analogia entis*, 1962), die die höchste Form des Symbols darstellt. Przywara führt seinen Begriff der Analogie zurück auf eine Entscheidung des vierten Laterankonzils von 1215, die den allegorischen Analogiebegriff des Aristoteles zugunsten einer Konzeption von Analogie zurückweist, in der das bildhafte Verhältnis zwischen Geschöpf und Schöpfer durch die »je immer größere Unähnlichkeit in noch so großer Ähnlichkeit« ausgedrückt ist. Für Przywara geht es in dieser Formel um das **Verhältnis zwischen Schöpfer und Geschöpf** (*Analogia entis*, S. 330f.), das sich jeder Form der Gleichsetzung oder Gleichung verweigert. Sie drückt damit die Kreatürlichkeit des Menschen aus. Das Kreatursein, das nur bildhaft und gleichnishaft erfaßt werden kann, wird hier in seiner ganzen Spannung und Dramatik erfaßt. In der Analogie wird das Geheimnis einer immer größeren Distanz in der Annäherung an Gott offenbar. Religion ist der Ausdruck dieser dialektischen Spannung zwischen Annäherung und Distanz.

Die echte religiöse Erfahrung ist also die der wachsenden Distanz in der Annäherung an das Heilige (ebd.). Dies gilt für alle religiösen Akte (die Liturgie, das Opfer, das Gebet), die sich in der Erfahrung wachsender Distanz ernüchtern und dabei dem Gefühl der Ehrfurcht Raum geben. Der religiöse Akt in der Analogie ist geprägt von Ernüchterung und Enttäuschung bei wachsender Ehrfurcht. Darin kommt zum Ausdruck, daß sich das Bildhafte einer begrifflichen Erfassung entzieht und verweigert. Der wachsenden Enttäuschung entspricht eine wachsende Ehrfurcht vor der Bildhaftigkeit, gerade weil sie nicht durch den Begriff vereinnahmt werden kann.

Das exzentrische Zentrum, um in der Sprache der Anthropologen zu sprechen, kann nicht begriffen und vereinnahmt werden. Gerade in diesem Unvermögen aber wächst die Ehrfurcht vor dem, was sich der Annäherung entzieht. Die in der *analogia entis* zum Ausdruck kommende Spannung zwischen Bild und Begriff führt zu einem »progressiven Rhythmus«, der das Bild zum Gleichnis, das Gleichnis zum Symbol, das Symbol zum Mythos und Mysterium und das Mysterium zum Logos werden läßt. Diesem progressiven Rhythmus entspricht ein »regressiver Rhythmus« vom Logos zum Bild, also einem Rückgang vom Wort zu dem Reich der Bilder (*Analogia entis*, S. 368f.). In beiden Formen der Verbildlichung von Existenz, des begrifflichen Erfassens der Gottesebenbildlichkeit, ist es gerade der Spannungsgegensatz zwischen Bild und Logos, der die Identifikation des Logos mit sich selbst, des ›Ich gleich Ich‹ verhindert. Im religiösen Akt als Analogie ist Gott also weder bildlich darstellbar noch begrifflich faßbar, er verweigert sich allen eindeutigen Bildern und Begriffen. Sie werden im Logos ernüchtert und zur Ehrfurcht gemacht. Gerade dadurch ist gewährleistet, daß das Bild als Bild erhalten bleibt und nicht zum bloßen Abbild und zur Reproduktion wird.

Auch die einzelnen Symbole im religiösen Akt sind von dieser Spannung gekennzeichnet. In ihnen findet sich der Gegensatz von Bild und Logos in seinem progressiven und regressiven Zueinander der Pole wieder. **Symbole sind damit dynamische Zeichen**, in denen die Spannung zwischen dem Sachgehalt und seiner Unangemessenheit, seiner Unähnlichkeit zu dem, was er zu bedeuten hat, Ausdruck findet.

Balthasar erweitert Przywaras Konzeption der Analogie, indem er sie zu einem dramatischen Geschehen der Gottsuche macht. Bei dieser Suche gerät der Mensch in den Konflikt, sich Gott (prometheisch) anzunähern, um gerade dabei die Gottesebenbildlichkeit aus dem Auge zu verlieren und sich selbst zu vergotten. Die Dramatik ist durch die Gottebenbildlichkeit und die Analogie angelegt. Hier liegt die anthropologische Basis für das Theodrama. Das Problem des modernen Menschen liegt darin, daß er in faustischer, prometheischer Art versucht, die **Analogie zu einer Identität zu machen** und den inneren Graben zu schließen. Ein solches Ansinnen ist zum Scheitern verurteilt, weil im Zugriff auf die Ähnlichkeit nur die immer größere Unähnlichkeit hervortritt. Im faustischen, prometheischen Prinzip soll die Ähnlichkeit in die Gleichung ›Ich gleich Gott‹ überführt werden. Statt dieser gewünschten Verschmelzung zwischen Ich und Gott kommt es aber zu einer immer größeren Zerrissenheit des Menschen.

Diese Zerrissenheit sieht Balthasar gerade in der Literatur und Philosophie des 19. und 20. Jhs. dokumentiert. Dabei wird das Prometheusprinzip vom Dionysosprinzip abgelöst. Sinnbild des sterbenden Prometheus ist Wagners Wotan: »Seine *Realwerdung* muß etwas sein, was ihn über sich erhebt, was *er* und zugleich mehr als er ist, seine Göttlichkeit, sein Planen und Wollen, aber in *Freiheit wirklich geworden* [...] darum hülfe dem Gott nur eins: *er gegen sich selbst.*« (AdS, 1/S. 687). Das Prometheusprinzip muß untergehen, aber aus seiner Asche erhebt sich Dionysos, dessen Eschatologie vom Züchtungsgedanken getragen ist. Hat das Prometheusprinzip die Gleichung ›Ich gleich Gott‹ nicht geistig herzustellen vermocht, dann muß sie jetzt biologisch durch Züchtung verwirklicht werden. Balthasar spricht hier die Möglichkeiten der modernen Wissenschaften an und zeigt sie unter dem Aspekt des religiösen Aktes als Überwindung der Analogie und Bildhaftigkeit der menschlichen Existenz. Das Ergreifen des Seins und seine materiale Gestaltung widersetzt sich hier der Bildhaftigkeit der Existenz und fordert damit das Drama des modernen Menschen heraus.

Das Drama der Existenz

Im Umfeld eines degradierten Spiel- und Handlungsbegriffes kommt der philosophischen Wiederentdeckung des Spiels und der Handlung, gerade auch in Hinblick auf den religiösen Akt, besondere Bedeutung zu. Nachdem Maurice Blondel in seinem

Werk *L'action* von 1893 die Handlung zur religionsphilosophischen Thematik erklärt hatte (vgl. Verweyen 1974), ist es vor allem der Ansatz von Hans Urs von Balthasar, der diesen Komplex des Spiel- u. Handlungsbegriffes und der Performanz weiter ausführt. Balthasar kommt das besondere Verdienst zu, die Bedeutung des Spiels für die religiöse Handlung historisch und systematisch herausgestellt zu haben. Vor allem in Balthasars Hauptwerk, seiner *Theodramatik* (TD), wird die menschliche Handlung auf ihren dramatischen, genauer gesagt: ihren theodramatischen Gehalt hin untersucht.

In der Konzeption der Theodramatik sind ganz unterschiedliche Komponenten aus der Anthropologie, der Theologie und der Religionswissenschaft vereinigt. Dieses übergreifende Moment zeigt sich besonders an dem zentralen **Begriff der Rolle**, den Balthasar kritisch hinterfragt und auf seine existentielle Grundlage stellt. Vor allem ist es die Funktionalisierung der Rolle durch Soziologie in der Gefolgschaft von Rolf Dahrendorf, der sich Balthasar widersetzt und damit die Übernahme der Theaterbegrifflichkeit in die Soziologie in Frage stellt (TD 1/S. 499ff). Die Reduktion des theatralen Rollenbegriffs auf den funktionalen verzerrt die gesamte Konzeption von Rolle. Diese besteht gerade darin, in der Rolle das Element des Spieles zum Ausdruck zu bringen. In der Rolle verwirklicht sich die menschliche Freiheit, indem sie sich allen Festlegungen entzieht und aus den Funktionen heraustritt. In diesem spielerischen Moment wird aber immer die Frage nach dem eigentlichen Akteur des Spiels und damit die gesamte Existenz des Menschen in Frage gestellt. Eine solche Fragestellung führt weg von der wissenschaftlichen Auseinandersetzung, wie sie in der Soziologie und der Psychologie in Bezug auf den Menschen gestellt wird: »Die Frage, die gestellt werden muß, lautete nicht: *Was* für ein Wesen ist der Mensch, sondern *Wer bin ich*. [...] Gäbe man mir zur Antwort: Du bist ein Fall von Mensch, (und alle Wissenschaft wird mir in dieser Weise antworten), so wüßte ich, daß meine Frage entweder mißverstanden wurde oder unbeantwortbar wäre.« (TD 1/S. 454f.)

Gerade der Begriff der Rolle verweigert sich also einer funktionalistischen Sichtweise im Sinne eines »Falles von«, weil Rolle die Möglichkeit des Spiels mit Identitäten in den Mittelpunkt der Betrachtung stellt. Hier wird die Exzentrizität des Menschen vom ausschließlich dramatischen Gesichtspunkt her behandelt, der nur vor dem Hintergrund der Freiheit, nicht der Funktionen, sichtbar wird. Der Mensch kann seinen Lebenssinn und Auftrag nicht in bloßen Funktionen aufgehen lassen. Dies betrifft sowohl die Deutung des Lebens durch funktionalistische Weltbilder der Biologie oder Psychologie als auch die Orientierung der Lebensführung an ethischen oder sozialen Programmen.

Konzeptionell ist die *Theodramatik* vorbereitet in Balthasars frühen Schriften zur Eschatologie, also seiner Doktorarbeit *Geschichte des eschatologischen Problems in der modernen Literatur*, 1928 (GeP) und der breit angelegten *Apokalypse der deutschen Seele,* 1937–39 (AdS) (vgl. AdS, S. XXV–XLVIII). Balthasars religionsphilosophisches Interesse ist von Anfang an am **Drama der menschlichen Existenz** orientiert, das sich aus seiner **eschatologischen** Perspektive heraus gestaltet. Eschatologie versteht Balthasar als die »Lehre vom Verhältnis des Geistes zu seinem endgültigen oder ewigen Schicksal« (GeP, S. 13). Während des Mittelalters bis hin zur Reformation ist die Eschatologie auf die kirchliche Gemeinschaft gegründet und wird aus dieser Perspektive erlebt. Die neuzeitlichen Eschatologien seit der Aufklärung und vor allem seit dem Deutschen Idealismus hingegen sind wesentlich auf das Individuum und seine Selbstverwirklichung reduziert. Sie stellen die Einzelheit als anthropologische Grunderfahrung heraus und verlangen vom Einzelnen, sein Schicksal selbständig zu finden und zu verwirklichen. Aus dieser Selbstüberlassenheit entwickelt sich das faustische Bewußtsein mit seiner paradoxen »Eigenheit von zeitlich unendlicher Ferne (Utopie) und überzeitlicher Nähe (Augenblick als Ewigkeit)« (GeP, S. 19). Dieses paradoxe Verhältnis zur Zeit ist Ausdruck einer kulturellen Verfassung, für die Balthasar die Typusbezeichnung »Prometheus« trifft. Als apokalyptisches Prinzip ist Prometheus die Gestalt, die alle Entdeckungen und Enthüllungen sich nur noch auf der Bühne des Ichs abspielen läßt. **Das Ich wird damit zum Zentrum des Dramas**, also auch zum Zentrum der Welt, ein Zentrum aber, das einerseits aktiver Pol (Fichtes Tathandlung, s. Kap. I.2.3.1.), andererseits ganz hingebungsfähig und leidensfähig sein soll (Schellings Natur, s. Kap. I.2.3.2.).

Der Gegensatz von Handlung und Hingabe, der sich am Prometheusprinzip zeigt, ist für Balthasar ein dramaturgisches Problem, für das er die anthropologische Grundgröße der »Exzentrizität« des Menschen verantwortlich macht. Balthasar argumentiert damit vom Standpunkt seiner Zeitgenossen Max Scheler und Helmuth Plessner und deren Konzeption des exzentrischen Zentrums aus (s. Kap. I.3.3.1). Diese Konzeptionen beeinflussen Balthasars religionswissenschaftliche und darüber hinaus religiöse Ausdeutung der anthropologischen Bestimmung. Das Zentrum, das der Mensch außer sich hat, ist sein Ebenbild Gottes, das er durch verschiedene Strategien in Besitz bringen möchte, nachdem er das »Ungeheuere, Apokalyptische dieser Lage« (AdS, 1, S. 142) im Idealismus entdeckt hatte. Dabei kommt es zu einer Hinbewegung zum Zentrum in einem »reinen Vonsichwegblick« (plotinisch-christlicher Regressus), dem die eigentliche Systematik des Idealismus entgegensteht, »wo der Mensch schöpferisch mit Gott in die Welt schreitet: plotinischer Egressus« (AdS, S. 143). In der Übernahme dieser Bewegtheit vom Zentrum weg und zum Zentrum hin in das Ich liegt der prometheische, faustische Anspruch. Gott ist hier nur noch »Seelenfünklein«, das Zentrum im Menschen, die Ebenbildlichkeit, ist zu einer inneren Dialektik des Geistes geworden. In seiner Kritik am Idealismus zeigt Balthasar, daß die Exzentrizität nicht immanent, als innere Aufspaltung verstanden werden darf, da sie den Menschen in den gegensätzlichen Strömungen des Logos zerreißt. Dagegen läßt der christliche Aspekt der Gottesebenbildlichkeit des Menschen die Bildhaftigkeit des externen, exzentrischen Zentrums zu.

Die Liturgie

Wie Balthasar in dem einleitenden Band zu seiner *Theodramatik* herausstellt, wird der religiöse Akt durch Bilder und Symbole zwar umschrieben, aber nicht in der Einmaligkeit seines Geschehens erfaßt. Dieses kann letztlich nur unter dem spezifischen Aspekt der Verwirklichung des Lebens und des Heils geschehen. Das Drama des menschlichen Lebens und der Existenz vollzieht sich nicht als ein äußerlicher Vorgang, sondern thematisiert dabei sich selbst. Die Selbstthematisierung des Dramas ist ein wesentlicher Bestandteil seiner Aufführung und Aktualisierung. Die ästhetische und theoretische Auseinandersetzung mit diesem Geschehen reicht nicht aus, es in seiner ganzen Dramaturgie zu umfassen. Diese Dramaturgie menschlicher Existenz drückt sich in der Liturgie aus, die damit zur realen Darstellung des religiösen Aktes wird. Liturgie ist kein bloßes Theater, wie schon Romano Guardini (1885–1968) in seinem Buch *Vom Geist der Liturgie* (1918) hervorgehoben hat, sondern geht aus der »sittlichen Voraussetzung hervor: dem Verlangen nach Gerechtigkeit, Reue, Opferwilligkeit usw.« (ebd., S. 24). Liturgie ist für Guardini kein aufgesetzter Zauber, sondern die Umsetzung der sittlichen Werte in Form einer ständigen »Erneuerung des Lebens Christi im Laufe eines Kirchenjahres« (ebd., S. 76). Die Göttlichkeit des Menschen und ihre Zeugenschaft durch Jesus Christus ist nicht einfach gegeben oder vorhanden, sie muß in der ständigen Erneuerung immer wieder verwirklicht werden. Neben der religionswissenschaftlich herausgestellten Bedeutung der **Feier** ist es aber gerade ihre sittliche Bedeutung, die Guardini in seinem wirkungsgeschichtlichen Werk zur Liturgie auseinandergelegt hat.

Für Balthasar ergibt sich die Notwendigkeit einer Liturgie aus der Dramaturgie der menschlichen Existenz selbst. Hier ist es vor allem die Endlichkeit, die dem menschlichen Leben die dramatische Gestalt gibt und die es von jedem anderen Geschehen unterscheidet. Das Leben hat nicht nur einen Anfang und ein Ende, der Mensch weiß auch darum, und dieses Wissen gestaltet das Leben bis in die kleinsten Handlungsverläufe hinein. Die Liturgie als Repräsentation des Heilsdramas (TD 2,1/S. 45) unterstellt das persönliche Drama des Lebens und seine Vergänglichkeit unter **das umfassende Symbol des Kreuzes**. Das Kreuz steht dabei als Zeichen der Vergänglichkeit und zugleich ihrer Aufhebung. Es ist damit nicht bloß Bild oder Symbol, es ist selbst das umfassende Drama. Hieraus wird verständlich, warum Balthasar an der **Vorstellung des Welttheaters** festhält. Das Schicksal des Einzelnen ist hier nicht auf sich selbst gestellt, sondern Teil eines umfassenden Dramas.

Mit dem deutlichen Hinweis darauf, daß hier eine Analogie im Sinne von Przywara vorliegt (vgl. TD, 1/S. 18f.), also weder eine Metapher noch ein philologischer Fachbegriff, zeigt Balthasar im Begriff des Welttheaters die innere Zuordnung von göttlicher und menschlicher Handlung auf. Gott spricht »auf der Menschenbühne durch Menschen schließlich *als* Mensch mit« (ebd., S. 19). Dieses Mitspielen kann weder episch noch theoretisch erfaßt werden. Aus dieser Perspektive wird auch der Vorbehalt Balthasars gegen Luthers *sola scriptura* verständlich.

> »Wo nicht mehr die handelnde Offenbarung, sondern ihre Widerspiegelung in der Schrift (die von jener gewiß nicht adäquat trennbar ist) als letzte Norm angesetzt wird, wird sich logisch die episch-narrative Theologie eine Stellung zuschreiben, die sie – in der Distanzhaltung des Berichterstatters – zum Richter über die Ereignisse und deren Aktualisierung habilitiert.« (TD 2,1/S. 50)

Mit solchen Ausführungen greift Balthasar auf einen Grundgedanken von Nietzsche und dessen Kritik der Episierung des Theaters zurück. Schon für Nietzsche war diese Episierung ein Zeichen untergehender Religion (vgl. *Die Geburt der Tragödie*, KSA 1). Für Balthasar ist das Epische immer eingebunden in das Drama, es kann sich davon gar nicht loslösen. Das Epische aber, das sich zum absoluten Wissen fortentwickelt (Hegel), vernichtet den dramaturgischen Aspekt des menschlichen Lebens und Daseins, da es nur noch den externen Beobachter als authentischen Zeugen anerkennt. Das absolute Wissen ist aber nicht nur ein Problem der Hegelschen Philosophie, es ist das grundlegende Problem im heutigen Wissenschaftsverständnis. Wissenschaft – soweit sie sich auf den Standpunkt des externen Beobachters begibt und dabei absolutes Wissen sein will – gibt vor, außerhalb des dramatischen Zusammenhanges zu stehen. Gegen diese anmaßende Perspektive gerichtet, die letztlich der Ideologie eines »absoluten Wissens« verpflichtet ist, muß Balthasars Entwurf seiner *Theodramatik* verstanden werden. »Das absolute Wissen ist der Tod der Theodramatik, aber Gottes ›alle Gnosis übersteigende Liebe‹ ist der Tod des absoluten Wissens.« (TD, 2/1/S. 80). Damit ist die Theodramatik ein antitotalitäres Konzept und steht in der Nähe von Lévinas' *Totalité et infini*. Wie Lévinas vom Judentum her (s. Kap. II.6.3) versucht Balthasar, die Humanität des Anderen als allgemeine ethische Größe vom Christentum her zu begründen.

3.3.3 Zusammenfassung: Religion und Welttheater

Die der Anthropologie Schelers und Plessners nahestehende Religionsphilosophie versucht, die vom Protestantismus ausgehende Bewertung von Wahrheit und Schein, die aus der Trennung von Arbeit und Spiel erfolgt, aufzuheben und den integralen, alle Tätigkeit umfassenden und beschreibenden Gesichtspunkt der **Handlung** wieder hervorzuheben. Die Handlungen stehen in der Spannung des Einzelnen zu seiner **Rolle** und thematisieren implizit die existentielle Situation, die auf die Frage nach der Bedeutung oder Sendung der Rolle zielt. Die soziologische und eher funktionalistische Bedeutung von Rolle, daß die Menschen verschiedene Rollen voreinander spielen, wird hier um die Fragestellung nach dem Wer der Rolle ergänzt. Balthasar sieht in dieser Sichtweise des **Welttheaters** den Zugang zu einer humanen, nicht mechanistischen Beschreibung der Handlung. Nicht durch Verhalten oder Reaktion, sondern allein durch Handlung kann der Einzelne das Wer seiner Rolle und der Rolle des Anderen erfahren.

3.4 Religion und Existenz

3.4.1 Die Aufhebung der Selbstgenügsamkeit des Faktischen (Martin Heidegger)

Schon in einer frühen Vorlesung Martin Heideggers (1889–1976) von 1920/21 mit dem Titel *Einleitung in die Phänomenologie der Religion* findet sich eine existenzphilosophische Deutung des Religiösen. Heidegger stellt dem Faktischen der Welt, ihrem Was, das Wie der Lebenserfahrung, **die Faktizität des Lebens** gegenüber. Während die Lebensführung weitgehend vom Faktischen bestimmt wird, bleibt die Faktizität normalerweise verborgen und tritt deshalb im alltäglichen Leben auch nicht in Erscheinung. Die Lebensführung hält sich bei den Dingen des Alltags auf und bekümmert sich auf diese Weise um sich. In dieser **Bekümmerung des Alltags** (später dann **Sorge** genannt) deutet der Einzelne sich und die Dinge im Verhältnis zu seiner Welt. Diese Bedeutsamkeit wird durch die Bekümmerung der alltäglichen Existenz gestaltet, wobei sich eine Selbstgenügsamkeit des Lebens aufbaut, in der das Sich-verstehen des Menschen durch das Besorgen abgedeckt wird. Diese Selbstgenügsamkeit des Wissens reicht bis in die Wissenschaften hinein, die das Leben unter dem Aspekt der Bekümmerung erforschen, verstehen und gestalten. Dabei wird aber gerade die Faktizität zugunsten eines blinden Aufgehens im Faktischen verdrängt. »Die faktische Lebenserfahrung verdeckt immer wieder selbst eine etwa auftauchende philosophische Tendenz durch ihre Indifferenz und Selbstgenügsamkeit. [...] Sie strebt ständig der Artikulation zur Wissenschaft und schließlich einer ›wissenschaftlichen Kultur‹ zu.«

(*Einleitung*, S. 15). Die Selbstgenügsamkeit des Faktischen wird zur Grundformel einer irreligiösen, bloß mit der Bekümmerung und Besorgung des Alltags befaßten Lebenshaltung. Von der Kategorie der Bekümmerung getragen, ist Kultur das Sich-einrichten in der Welt. Dieses Einrichten braucht in keiner Weise eine Thematisierung des Wie und kann sich sogar im Zuge der technischen Ausweitung der Kultur immer stärker davor bewahren.

Das blinde Aufgehen im Faktischen widersetzt sich einer immer wieder auftauchenden »philosophischen Tendenz«, die die Selbstgenügsamkeit des Faktischen in Frage stellt. Diese Tendenz tritt in Gegensatz zum alltäglichen und wissenschaftlichen Auslegen und befaßt sich mit der Faktizität des Lebens selbst. Heidegger sieht nun gerade in der christlichen Religion die subversive Kraft, der Selbstgenügsamkeit der Bekümmerung gegenüberzutreten und sie zu brechen. Die christliche Religion gibt dem Leben nicht einen bestimmten Halt, sondern zieht im Gegenteil jeglichen Boden unter den Füßen weg, indem sie Verzicht leistet auf das alltäglich Sich-Durchkämpfen: »Durch den Verzicht auf die weltliche Weise des Sich-Wehrens wird die Not seines Lebens gesteigert.« (*Einleitung*, S. 121) In dieser Situation zerbricht die Selbstgenügsamkeit des Faktischen und die Faktizität selbst tritt hervor. An ihr kann nun der Mensch erkennen, daß sie nicht »aus eigener Kraft gewonnen werden kann, sondern von Gott stammt« (ebd). Gott wird deshalb nicht innerhalb der Bedeutsamkeit des Faktischen erkannt, sondern im Zurückgehen auf den Vollzug der Bedeutsamkeit, auf die Faktizität. Dieser Rückgang aber nur in der christlichen Lebenshaltung der Feindesliebe möglich.

Schon in dieser frühen Vorlesung zeigt sich Heideggers wissenschafts- und technikkritischer Ansatz, der in seinen späteren Schriften ausgeführt wird und sich dabei mehr dem Mythos zuwendet (vgl. Pöltner 1991). Die faktische Selbstgenügsamkeit der Kultur ist etwas, das sich dem Weltlichen »zudreht« und sich in dieser Selbstgenügsamkeit ein eigenes »Gestell« schafft (*Das Ge-Stell*, 1949; *Bremer und Freiburger Vorträge*, 1994). Technik als Mittel der kulturellen Einrichtung in der Welt realisiert leibhaftig die eigentümliche Künstlichkeit des Bekümmerns und Besorgens. Die Kultur schafft durch die Technik eine immer größere Abdichtung und Immunisierung gegen das Wie, die Kultur ist ganz dem Was zugedreht und damit, im doppelten Sinn von »zudrehen« (vgl. *Wozu Dichter*, 1946; *Holzwege*, 1994), gegen die religiöse Erfahrung immunisiert.

3.4.2 Antireligiöse Religionsphilosophie (Karl Barth, Emil Brunner)

Zu den wichtigsten Erkenntnissen der Religionsphilosophie im 20. Jh. gehört die Differenzierung der Religion von allen anderen kulturellen Erscheinungen und wissenschaftlichen Ergebnissen sowie die daraus resultierende Unabhängigkeit und **Autonomie des religiösen Aktes**. Sowohl die Eigentümlichkeit seines Erlebnisses als auch die Eigenheit seiner Sprache und Symbole sind keine Erscheinungen und Folgen psychischer, sozialer oder kultureller Gegebenheiten. Vielmehr strahlt die Religiosität in diese Bereiche hinein und bestimmt sie wesentlich mit.

Der Nachweis einer religiösen Autonomie führt zu einer Neubewertung der religiösen Existenz, wobei es zu unterschiedlichen Auslegungen kommt. Einerseits werden mystische Erlebnisse und Mystik überhaupt sowie die religiöse Symbolik aufgewertet. Traditionsgemäß ist hier der Katholizismus stärker vertreten als der Protestantismus. Andererseits wird gerade im Protestantismus die Unmittelbarkeit zu Gott in das Zentrum der menschlichen Existenz gestellt.

Dies hat auch zu tiefgreifenden Unterschieden zwischen den Religionsphilosophien der katholischen und protestantischen Konfession geführt. Während die katholische Religionsphilosophie weitgehend den kulturellen und anthropologischen Zusammenhang des religiösen Aktes im Auge behält, lehnt die protestantische eine anthropologische Auslegung des Gott-Mensch-Verhältnis ab. Diese vor allem aus der sogenannten **Dialektischen Theologie** hervorgehende Weltanschauung, die wesentlich auf Barth und Brunner zurückgeht, bekämpft deshalb nicht nur fragwürdige mythische Vorläufer von Religion, sondern widersetzt sich der Religion als Art und Weise des Verhältnisses von Gott zu Mensch. Die Beziehung des **Menschen zu Gott wird vom Wort getragen**, nicht von Bildern, Symbolen oder mystischen Vereinigungen. Allein das Wort ist unmittelbar zu Gott, alle anderen Sprachen, auch die Sprache der Religion sind darüber hinausgehende Vermittlungsversuche, die aber die Unmittelbarkeit des Wortes nur unterbieten und verschleiern können. Gott als das Ganz-Andere der Dialektischen Theologie lebt unmittelbar im Wort und kann darüber hinaus weder bildlich noch ereignishaft vergegenwärtigt werden.

Diese Radikalisierung der Theologie wirkt sich auch auf die Religionsphilosophie aus. Der religiöse Akt wird zu einem persönlichen Dialog zwischen Gott und Mensch spezifiziert und damit noch weiter von allen lebensweltlichen Bestimmungen entfernt. Die Existenz des Einzelnen ist der tiefe Ernst, in dem er Gott gegenübersteht und von ihm in seinem Ich und als sein Ich angerufen wird. Alle religiösen Auslegungen dieses Verhältnisses entlarven sich als Verkleinerungen und Verharmlosung dieses Ernstes. Dies gilt besonders für die Philosophie.

Der Hauptvertreter der Dialektischen Theologie ist Karl Barth (1886–1968). Obwohl er zu den entschiedenen Gegnern einer Religionsphilosophie wie überhaupt von Religion gehört, ist sein Menschenbild besonders in den Frühschriften nicht nur theologisch, sondern auch philosophisch geprägt. Mit seinem 1919 erschienenen Buch *Der Römerbrief* (vor allem mit der völlig überarbeiteten Auflage 1922) schlägt er ein neues Kapitel protestantischer Theologie auf, deren erklärtes Angriffsziel die philosophisch fundierte, am Prinzip der *analogia entis* orientierte Theologie ist. Dieses Prinzip hält Barth für eine »Erfindung des Antichristen« (vgl. Kupisch 1996). Seine Deutung des Analogieprinzips gilt vor allem Przywaras Konzeption einer Bewegung vom Bild zum Logos und zurück vom Logos zum Bild. Przywaras Ansinnen war es dabei, mit der Konzeption der *analogia* einen Zugriff auf Gott ad absurdum zu führen (s. Kap. I.3.2.2) Doch gerade die große Bedeutung des Bildes und des Symbols widerspricht der rein auf den Logos ausgerichteten Theologie Barths.

Daneben gibt es noch eine Reihe weiterer Differenzen zur katholischen Theologie, die auch für die Religionsphilosophie bedeutsam sind. So ist für Barth die Liebe zu Gott keineswegs in einem religiösen Apriori heiliger Erotik schon angebahnt, sondern ist gebrochen angesichts des blitzenden Schwertes des Todes und der Ewigkeit (*Römerbrief*, S. 331). Dieses **gebrochene Verhältnis in der Liebe zu Gott** beruht auf der gesamten Situation des Menschen in der Welt, das vom **Nicht-Wissen** getragen ist: »Wir wissen, daß Gott der ist, den wir nicht wissen, und daß eben dieses Nicht-Wissen das Problem und der Ursprung unseres Wissen ist.« (*Römerbrief*, S. 22). Das menschliche Wissen entsteht aus dem Nicht-Wissen Gottes, dieses Nicht-Wissen durchzieht sein ganzes Bemühen. Daher kommt es, daß die ganze Welt »Gottes Spur« ist (*Römerbrief*,

S. 20). Durch Zuwendung zu den Dingen im Wissen geht diese Spur des wissenden Nicht-Wissens verloren. Dies ist der Zustand des Versachlichung, in dem Gott plötzlich gewußt zu sein scheint. Das Wissen begeht so einen Verrat am Wissen des Nicht-Wissens und stellt dabei Gott auf die Ebene der Dinge, auf der es ihn nun bejahen und verneinen kann. Von daher wird deutlich, daß Barth alle religiösen Vorstellungen der Frömmigkeit und Verschmelzung mit Gott als »unverschämt und mißlingend« (*Römerbrief*, S. 27) verurteilen muß. Dieses Denken und Fühlen des Wissens profanisiert alles, was es deutet und bedeutet. Im Wissen um Gott gibt es »keine göttliche Gegebenheit, keine Anschaulichkeit, keine Gegenständlichkeit! Gäbe es sie, Gott wäre nicht Gott! Kein Hinübergreifen des Menschen findet statt in jenes Reich und kein Hineinragen jenes Reiches in diese Welt. Wir sind *die* Menschen, für die Gott endgültig und auf der ganzen Linie dessen, was wir wissen, der Andere, der Fremde ist.« (*Römerbrief*, S. 329)

Da sich das Wissen versachlicht, darf Gott nur so gedacht werden, daß ein **Bruch** entsteht zu dem, als was er gedacht wird. Das Wissen bewirkt ein ständiges Hinter-sich-Abbrechen des Gewußten. Herz und Denken müssen durch »Vernünftiges Schauen« gebrochen werden. (*Römerbrief*, S. 25). Auf Gott hin kann nur in der Gebrochenheit gedacht werden. Findet diese Brechung nicht statt, wie bei religiösen Gefühlen oder in einem auf Gott zugreifenden Denken, dann kann Gott von der Welt nicht mehr unterschieden sein, er hat seine Bedeutung als das Ganz Andere damit verloren.

Gerade in dieser Radikalität der **Trennung von Gott und Welt** schließt sich Barth den religionsphilosophischen Tendenzen seiner Zeit an, allen vorweg Rudolf Otto. Gegenüber einer Auslegung des religiösen Aktes als Bezugnahme auf das Ganz Andere, wie sie Schleiermacher und Rudolf Otto gegeben haben, ist aber für Barth der Bezug zum Ganz Anderen nur über das Wort und die persönliche Begegnung in der Offenbarung möglich. Darauf weist auch Brunner (1889–1966) in seiner *Religionsphilosophie evangelischer Religion* hin (1928). Das Wort und die Begegnung sind die einzigen »Medien«, in denen ein Wissen von Gott denkbar ist. Alle anderen Formen wie das Symbol oder das religiöse Gefühl sind unzulässige Repräsentation und Vorstellungen dieser primären Form in Wort und Begegnung. Sie sind unzulässige Strategien, den Abgrund zwischen Gott und Mensch zu überbrücken und gehören zu jenen unverschämten und mißlingenden Versuchen, das Ganz-Andere Gottes zu vereinnahmen, indem er zum *Nicht-anderen* erklärt wird. Aus diesem Grund lehnen Barth und Brunner alle Formen von Philosophie und von Religion ab, die denkerisch und vom Gefühl her diese Brücken schlagen wollen.

Doch trotz dieses Gegensatzes zur Religionsphilosophie gibt es eine Reihe von Gemeinsamkeiten mit religionsphilosphischen Ansätzen. Dazu gehört die Einsicht, daß der religiöse Akt in sich widersprüchlich ist, indem einerseits die Anbindung an Gott gesucht und dargestellt ist, indem aber andererseits in dieser Darstellung eine permanente Verweigerung liegt, weltliche Güter und Verhaltensweisen zu Trägern des Religiösen zu machen. Auch bei Barth und Brunner ist deshalb das religiöse Apriori einer Ablehnung der Selbstgenügsamkeit wiederzufinden. Dieser Gedanke des Widerspruchs stellt sogar ein Kernstück der Dialektischen Theologie dar: »Wir können das Nein des zufälligen Lebensinhaltes bejahen, so gewiß wir sehr oft sein Ja verneinen können und müssen. Wie ist das möglich? Weil wir wissen. [...] Wissen wir es? Nein, wir wissen es nicht. Wir wissen, daß wir es nicht wissen.« (*Römerbrief*, S. 144)

Die scheinbare Kontroverse entsteht für Brunner durch eine einseitige Vorstellung von Vernunft als einem natürlichen Organ: »Gegenstand des Glaubens ist das für die Vernunft Absurde, das Paradoxe, und an allen echten Glaubensaussagen haftet als ihr Kennzeichen das Merkmal logischer Unmöglichkeit: der Widerspruch.« (Brunner 1928, S. 25)

Blickt man auf Kant zurück und seine Kritik der Vernunft, so ist der bis zum Absurden führende Widerspruch der Vernunft als notwendige Voraussetzung für die Humanisierung herausgestellt. Auch dieser Gedanke ist in der Dialektischen Theologie wiederzufinden (vgl. J. F. Lohmann: *Karl Barth und der Neukantianismus*, 1995). Da sie von der Offenbarung als einzigem religiösen Geschehen ausgeht, stellt sie auch die Frage nach dem Ort dieser Offenbarung. Dieser kann nur negativ bestimmt werden als die Offenheit der Vernunft, die sich in der durch die Vernunft aufgeworfenen Fragwürdigkeit des Lebens zeigt. Diese Selbstbesinnung ist notwendige Voraussetzung für die Offenbarung, sie kann nur in diesem »Bewußtsein der Lebensnot, das zugleich Bewußtsein der Schuld ist« (Brunner 1928, S. 8), eintreffen.

Der Wissensbegriff bei Barth und Brunner wird also weniger in einem philosophischen, auch von Kant gebrauchten Sinne, als vielmehr in einem positivistischen Sinne verstanden. Daher stimmt auch die Kritik von Barth und Brunner in den Wissenschaften und in der Glaubenspraxis mit anderen religionsphilosophischen Ansätzen überein. Generell gesprochen liegt hier die gemeinsame **Ablehnung eines intellektuellen** (Aufklärung) oder anti-intellektuellen (Romantik) **Zugriffes auf Gott** vor. Vernunft ist weder die Selbstverherrlichung des Individuums in der prometheisch-faustischen Selbstbehauptung noch seine vollständige Selbstverneinung in einer vorgetäuschten Verschmelzung mit Gott. Vernunft ist die Selbstbesinnung auf die Lebensnot, also die existentielle Auseinandersetzung mit der Situation, da zu sein (vgl. Brunner 1924). Von dieser Grundvoraussetzung aus ist Vernunft die Beibehaltung der Fragwürdigkeit dieser Situation, das bedeutet die Ablehnung aller Lebensentwürfe, die diese Situation verharmlosen und relativieren wollen. Die Absurdität der menschlichen Existenz und ihrer Zufälligkeit und Unlösbarkeit der Lebenssituation ist daher die notwendige Bedingung für die Vernunft, für das »Vernehmen« des Wortes und seine Offenbarung. Darüber hinaus gibt es keine »religiösen Phänomene«, da Phänomene weltlicher Art sind und auch nur Weltliches andeuten können. Ein Wirken Gottes kann also nicht zum Ausdruck und zur Erscheinung kommen, sondern nur offenbart werden.

3.4.3 Atheismus und Transzendenz im religiösen Akt (Paul Tillich)

Die Haltung der Dialektischen Theologie hat in der evangelischen Religionsphilosophie die Auseinandersetzung mit dem religiösen Akt nur selten aufkommen lassen. Eine Ausnahme findet sich bei Paul Tillich (1886–1965). Im Gegensatz zu Barth und Brunner ist Tillich ein Fürsprecher der Religion, für ihn kann es eine von der Religion getrennte Offenbarung nicht geben. Tillich knüpft damit wieder an die kulturphilosophische und anthropologische Sichtweise an und hebt die Bedeutung religiöser Akte hervor. Sein kulturphilosophischer Ansatz wird darin erkennbar, daß er sich vor allen Dingen mit den **religiösen Symbolen** beschäftigt.

In einem grundlegenden Aufsatz zur Theorie des religiösen Symbols (1928), der Cassirers Konzept der *Philosophie der symbolischen Formen* aufgreift, unterscheidet Tillich grundsätzlich zwischen Symbol und Zeichen, wobei Zeichen beliebig, Symbole dagegen wegen ihres Vertretungsstatus nicht willkürlich sind. Der Vertretungsstatus drückt sich in der Teilhabe der Bedeutung oder Macht aus, die Symbole darstellen und auch erschließen, wie etwa das Symbol der Fahne für staatliche Macht. Innerhalb der Reihe von Symbolen hat das religiöse Symbol eine besondere Stellung, da ihm die Vertretung eines Letztgültigen zukommt. Die religiösen Symbole sind in zwei verschiedene Schichten zu unterteilen, eine fundierende Schicht der Gegenstandssymbole und eine darauf aufbauende Schicht der Hinweissymbole (*Das religiöse Symbol*, S. 221). Die Gegenstandssymbole nehmen im religiösen Akt die Bedeutung ein, über jede Art der positiven Setzung von Wesenheiten – und handelte es sich auch um das höchste Wesen – grundsätzlich hinauszuführen. Diese Gegenstandssymbole sind deshalb nur Vertretungen des im religiösen Akt »Letztgemeinten«. Sie gelten also nicht als dasjenige, was sie sind. Der Vertretungscharakter der Symbole im religiösen Akt führt dazu, alle Festlegungen von Wesenheiten und Göttlichkeiten durch die Eigendynamik der Symbole wieder aufzulösen. Religiöse Setzungen mit dem Charakter von Sachfeststellungen werden also durch die Symbole aufgehoben. Tillich nennt diesen Vorgang den »**immanenten Atheismus des religiösen Aktes**« (ebd., S. 222). Gegenstandssymbole implizieren also grundsätzlich einen Stellvertreterstatus. Im Unterschied zu profanen Begriffen und Symbolen wird das Wie, also ihr Stellvertreterstatus, am Was thematisiert. Das religiöse Symbol erzeugt damit eine Schwebe zwischen Setzung und Aufhebung. Dabei spielt die Anschaulichkeit und Sinnlichkeit der Setzung eine sekundäre Rolle. Der Stellvertreterstatus ist grundsätzlich in Frage gestellt durch das Wie, durch den Modus der bloßen Repräsentation des religiösen Symbols.

Der immanente Atheismus des religiösen Ursymboles, die Ambivalenz zwischen wesenhafter Setzung und überwesenhafter Auflösung, ist auch an allen Handlungen religiöser Art wiederzufinden. Er bildet damit gleichsam eine Grundkonstante des religiösen Aktes, der sich auch auf die Gegenstände dieses Aktes, auf die historischen Persönlichkeiten der Religionen selbst ausweitet. Auch die historischen Persönlichkeiten werden im religiösen Akt zu bloßen Veranschaulichungen des unbedingt Transzendenten. Auch sie haben nur den Status der Stellvertretung und tauschen im religiösen Akt ihre historische Wirklichkeit gegen eine überhistorische, eine heilige Wirklichkeit ein. Der Wechsel der Wirklichkeitsebenen ist sogar Voraussetzung dafür, daß Persönlichkeiten zu religiösen Persönlichkeiten werden können. Tillich sagt damit etwas Grundsätzliches zum religiösen Akt aus: Nicht nur die göttlichen Wesen oder ihre Handlungen, auch die historischen Persönlichkeiten und Ereignisse werden, soweit sie zu Symbolträgern werden, von ihrer Selbstverständlichkeit, die sie als empirische oder historische Persönlichkeiten haben, entbunden und werden zu Symbolen. Die Aufgabe des immanenten Atheismus ist es, zu verhindern, daß diese symbolisch gewordenen Persönlichkeiten auf ihre empirische und historische Realität reduziert werden. Der immanente Atheismus des religiösen Aktes vollzieht hier auch, wie im Falle des höchsten Symbols, einen Dienst am Transzendenten selbst.

Dieses auf den ersten Blick ungewöhnliche Verständnis von Atheismus richtet sich also grundsätzlich gegen jede Form von **Vergegenständlichung des Göttlichen.** Gott kann nicht Teil der Welt sein oder aus ihr heraus begriffen werden, er ist das Symbol, das Zeichen einer weltübergreifenden und die Welt auf die Profanität reduzierenden Symboles. Tillichs Symboltheorie sieht in der religiösen Handlung trotz ihrer weltverneinenden Ausrichtung den weltlichen Charakter. Als Zeichen ist sie ein weltliches Mittel, das dennoch die Welt in ihrer Begrenztheit aufweist.

Neben diesen grundsätzlichen Gegenstandssymbolen weist Tillich noch auf die Hinweissymbole hin, die vor allen Dingen in Ritualen und kultischen Gebräuchen vorkommen. Tillich sieht in ihnen »depotenzierte Gegenstandssymbole« (ebd., S. 224), also Symbole, die ursprünglich eine magisch-sakramentale Kraft hatten. Es handelt sich um Zeichen, die die eigentliche symbolische Bedeutung des Vertretungsstatus des Letztgültigen verloren haben und zu bloßen Zeichen geworden sind. **Das Werden und Vergehen religiöser Symbole** führt Tillich auf den Schwebezustand der Symbole selbst zurück, ihren über sich selbst auf das Letztgültige verweisenden Zeichencharakter. Dieser Status kann grundsätzlich nie stabilisiert werden.

Eine andere wichtige Unterscheidung in Tillichs Religionsphilosophie ist die **Differenz von Autonomie und Theonomie**. Während Autonomie ein aus der Aufklärungsphilosophie hinreichend bekannter Begriff ist, bezieht sich Theonomie auf eine Kultur, die religiös auf Gott hin zentriert ist. Tillich sieht eine solche Kultur vor allem im Mittelalter des Abendlandes. Auf Grund der Instabilität und des Schwebezustandes der religiösen Symbole, ihrem immanenten Atheismus, kann eine theonome Kultur immer nur vorübergehend sein. Gerade die Absicht, die Symbole festzuschreiben, sie als das Letztgemeinte selbst zu nehmen, führt zur Auflösung des Symbolcharakters. Die ursprünglich theonomen Symbole werden dabei zu heteronomen. In der Heteronomie ist der religiöse Ausdruck nicht mehr durch die Symbole selbst gewährleistet, sondern durch eine externe (z.B. staatliche) institutionelle Macht. Dieser heteronome Zustand des Religiösen kann auch nur vorübergehend sein, er ist der Boden für die kritische Philosophie und ihre Herausstellung von Autonomie. Heteronome Symbole haben also keine religiöse Legitimität und werden durch die autonomen Symbole abgelöst.

Die in der Autonomie zum Ausdruck kommende Selbstgerechtigkeit aber ist problematisch. Im Unterschied zu einer theonomen Kultur ist die autonome auf die »unbedingte Geltung der logischen oder ethischen oder ästhetischen Form« (ebd., S. 89) angewiesen. Der Autonomie bleibt zuletzt nichts anderes als die leere Formalität des ›Du sollst‹. In der Form des ›Du sollst‹ können aber die höchsten Werte nicht mehr vermittelt werden. Die Kultur degeneriert hier zu einer reine Verwaltung und Bürokratie des formal Unbedingten. In einem 1931 für ein Lexikon verfaßten Artikel mit dem Titel *Theonomie* spitzt Tillich den Gegensatz von Theonomie und Autonomie auf das Zugrundegehen der autonomen Kultur »zur Erfüllung durch dämonisch-zerstörerische Kräfte« (*Theonomie*, S. 251) zu. Tillich spielt auf den aufkeimenden Nationalsozialismus an und gehört damit zu jenen Wissenschaftlern, die die Remythisierung der Nazi-Ideologie aus religionsphilosophischer Perspektive kritisch bewerten und auch auf die Mitverschuldung der profanierten Kultur eingehen. Dabei werden die negativen Auswirkungen einer autonomen Kultur und ihr Heraufbeschwören zerstörerischer Kräfte in einer weitgehenden Entleerung des symbolischen Lebens gesehen (vgl. Kadereit 1997).

Neben dieser Theorie des religiösen Symbols findet sich bei Tillich die Einarbeitung existenzphilosophischer Konzepte in die Religionsphilosophie. Wie schon herausgestellt werden konnte (s. Kap. I.3.4.1), gibt es enge Verbindungen zwischen religionsphänomenologischen und existenzphilosophischen Fragestellungen. Hier ist es vor allen Dingen die Frage nach dem Woher und Wohin der Existenz, die letztlich auch für die Theorie des religiösen Aktes wichtig ist. Von besonderer Bedeutung sind dabei **die Begriffe von Angst und Verzweiflung**, die sowohl für die existenzphilosophische als auch für die religionsphilosophische Interpretation bedeutsam werden.

Die Existenzphilosophie greift auf die religiöse Auseinandersetzung des Menschen mit seiner Situation, da zu sein, zurück. Diese Auseinandersetzung ist stets von der Unangemessenheit der Sachlichkeit und Weltlichkeit überhaupt in bezug auf die Existenz geprägt. Die menschliche Existenz ist durch die weltliche Existenz nicht zum Ausdruck gebracht und kann von daher nicht begriffen werden. Der immanente Atheismus verhindert, daß sachliche und weltliche Güter zu Göttern erklärt werden. Die Existenzphilosophie ist gleichsam der Vertreter dieses immanenten Atheismus und macht es dem modernen Menschen schwer, unbefangen den religiösen Symbolen gegenüberzutreten.

Doch in dieser Erschwernis liegt ein Gewinn für die religiösen Symbole. Sie können existenzphilosophisch in ihre essentialistische und ihre existentialistische Seite unterschieden werden. Wegweisend dafür ist die existenzphilosophische Unterscheidung von Angst und Furcht, die maßgeblich auf Kierkegaard zurückgeht (s. Kap. I.2.4). Hierbei wird zwischen der von konkreten Ereignissen ausgelösten Furcht und der aus dem Nichts aufsteigenden Angst unterschieden. Die Angst kann nur dadurch entstehen, daß dem Menschen die Gesamtheit seiner Existenz erscheint. Dieses allein aus dem **Verstehen des Daseins selbst** entstehende Gefühl ist insofern auch ein **Existential**, also ein Begriff, mit dem sich das Dasein selbst erfaßt. Eine ähnliche Unterscheidung ist bei dem Grundbegriff der Entfremdung feststellbar (*Existentialanalyse*, S. 228). Auch dieses Gefühl ist nicht mit dem der Fremdheit zu verwechseln, das in den Bereich der essentiellen Bezüge zwischen Menschen und Menschen oder zwischen Menschen und Welt gehört. In der Entfremdung dagegen ist wieder das menschliche Dasein vor sich selbst gebracht und in seiner unendlichen Einsamkeit veranschaulicht. Weitere essentialistisch-existentialistische Differenzierungen an den Begriffen der Schuld und des Zweifels machen deutlich, wie weit die existentialistische Analyse zur Interpretation religiöser Symbole beitragen kann. Dies zeigt sich z.B. am **Symbol des ewigen Lebens**, das sowohl die Unabgeschlossenheit des Lebens als auch die Hoffnung auf einen letzten Sinn zum Ausdruck bringt (*Existentialanalyse* S. 235). Im Unterschied zu Begriffen wie »Leben nach dem Tod, Unsterblichkeit, Reinkarnation oder Himmel«, die alle essentialistisch verstanden werden, wird in diesem Symbol ein existentialistisches Verständnis geweckt. Dabei wird die menschliche Existenz nicht von wesentlichen, aber letztlich doch immer sachlichen Gründen her interpretiert, sondern von der Offenheit der Existenz selbst. Auch zum zentralen Symbol »Gott« kann nur ein existentielles Verständnis hinführen: »Wir dürfen nicht mit der Frage nach dem Wesen Gottes beginnen, die, wenn man sie als Frage nach der Existenz oder Nicht-Existenz Gottes behandelt, einen Rückfall darstellt in eine unsymbolische, dinghafte Interpretation.« (*Existentialanalyse*, S. 236)

3.4.4 Sein in der Verendlichung (Gustav Siewerth, Ferdinand Ulrich)

Der Freiburger Religionsphilosoph Gustav Siewerth (1903–1963) greift in seinem Werk *Der Thomismus als Identitätssystem* (1939) auf den thomistischen Schöpfungsbegriff als »Verendlichungsbewegung des Seins« zurück. Gott offenbart sich in dieser Verendlichung und durch sie hindurch. In der Verendlichung geht das Sein in seinen Erscheinungen vollständig auf, ohne in diesen Erscheinungen erkannt zu werden. Gerade diese »Zweideutigkeit« der Erscheinungsweise verführt nun das Denken zu einer dinglichen und sachlichen Fixierung des als reine Aktualität geschehenden Seins.

Auch in seiner philosophiegeschichtlichen Auseineinandersetzung *Das Schicksal der Metaphysik von Thomas zu Heidegger* (1959) greift Siewerth die Zweideutigkeit der Verendlichung auf und stellt sie von der **Versuchung** der »fortschreitenden Ermächtigung« des abendländischen Denkens durch das »Einrücken in den göttlichen Grund« (*Das Schicksal der Metaphysik von Thomas zu Heidegger*, S. 263) dar.

Siewerths Werke sind vor allem von ihrer Wirkungsgeschichte her von Bedeutung. Vor allem gilt dies für die Arbeiten von Ferdinand Ulrich (geb. 1931), der zu den wichtigsten Religionsphilosophen des Jahrhunderts gezählt werden muß. Sie verbinden Siewerths Ansatz der Verendlichung mit Thomas von Aquins Lehre der »Nichtsubsistenz des Seins« (vgl. Bieler 1991). Das Sein selbst (*ipsum esse*) wird von Thomas als *actus ultimus* begriffen. Ulrich interpretiert die Aktualität des Seins als eine selbstverströmende Handlung, deren Eigenart es ist, gerade nicht zu subsistieren.

In seinem Hauptwerk *Homo abyssus* (1961), das in seiner Vorgehensweise an Jean Paul Sartres philosophisches Hauptwerk *Das Sein und das Nichts* (1943) erinnert und vielleicht auch von diesem inspiriert ist, geht Ulrich in weiten Teilen auf diese Versuchung des Denkens ein. Ulrich zeigt hier die Bewegung des Seins, die nicht physikalisch (*motus*), sondern charismatisch (*gratia*) ist, zunächst als **Nichtung**. Die Bewegung des Seins als »Nicht-an-sich-halten« bringt die Nicht-Subsistenz des Seins zum Ausdruck. Sie kann sich deshalb auch nicht an-sich zeigen, sondern nur für-uns. Obwohl wir also das Sein erleben als dasjenige, was uns vollständig ausmacht und trägt, können wir es nicht erfassen. Es bleibt in der Form des Für-uns bestehen und kann nicht in ein Von-uns überführt werden. Es ist weder als objektiver Tatbestand zu erfassen, noch kann sich das Subjekt selbst als Urheber ansehen. Sein Wesen ist also nicht essentialistisch zu begreifen, weder vom Objekt noch vom Subjekt her. Im Unterschied zu Sartre benennt Ulrich diesen Status des Seins als Für-sich als **Gabe**. Das Für-sich ist damit nicht in seiner Einsamkeit eingekerkert, sondern verweist auf einen – wenn auch nicht als essentiell – vorgestellten Geber.

Die Schwierigkeit dieses Ansatzes liegt nun darin, diesen Geber aus der Nichtung des Seins, die wir im bloßen Für-uns erfahren, notwendig mitzudenken. Auch hier ist der Vergleich zu Sartre aufschlußreich, für den dieser Geber auch notwendig ist, jedoch nur in Gestalt des Anderen, des Mitmenschen, der mich anblickt und auf diese Weise mich »seint«. Für Sartre sind diese Bestimmungen des Seins vom Anderen her einerseits absolut, weil der Andere das tut, was ich selbst nicht tun kann (mich als Sein zu fassen), andererseits sind sie unzureichend, weil sie dem Sein als Nichtung nicht entsprechen, sondern im Gegenteil das Sein am Äußerlichen der Körpererscheinung festmachen.

Diesen eigentlich unlösbaren Konflikt gibt es bei Ulrich nicht, weil er jede Bestimmung des Seins, und sei es auch die Bestimmung vom Anderen her, als Versuchung erkennt, dem das Denken zwar grundsätzlich unterliegt, dem es sich aber im Blick auf die Verendlichungsbewegung des Seins entziehen kann. Die Versuchung sucht den Anfang oder Ausgang dieser Bewegung zu ergreifen, um darin das Für-uns als An-sich festzuhalten. Damit wird die (charismatische) Bewegung »fest-gestellt« und »vergreist« in einem »Immer-schon-Gewesensein«. Dieser Herrschaft alles Vergangenen als Unvergangenes unterstehen dann auch alle auf die Zukunft gerichteten Wünsche, Erwartungen und Hoffnungen und lassen sie nicht zur Entfaltung kommen. Das Besitzen-wollen (An-sich-halten) des Seins führt somit zur Unfreiheit eines ursprünglich als Freiheit geschenkten Seins.

Ulrichs *Homo abyssus* zeigt in dieser Auslegung von Freiheit und Besitz eine klare Differenz zu Sartre. Ob von mir aus oder vom Anderen aus vollzogen, in keinem Fall ist für Ulrich das Sein als Nichtung vernichtend und selbstvernichtend, wie für Sartre. Die Nichtung ist kein Widerspruch zum Sein, sondern die Erscheinungsform, in der es sich mir als Gabe zeigt. Ohne diese Nichtung bliebe es an-sich, durch diese Nichtung ist es mir geschenkt.

Die Nichtung führt deshalb auch nicht zur Besessenheit, wie bei Sartre (Masochismus oder Sadismus), da die Verendlichungsbewegung der Liebe nicht fixiert werden kann, auch nicht in der Negation. In der »rückhaltlosen Hingabe«, die das Sein ist, kann sich zwar das Denken ermächtigen und zum Urheber machen. Es wird dabei aber die Bewegung der Verendlichung (*gratia*) nicht in den Griff bekommen, auch wenn es in seinen Vergegenständlichungen darauf abzielt. Letztlich kann der Mensch das Sein nicht vollständig zum Stehen bringen oder »**durchnichten**« (*Homo abyssus*, S. 50). Die Durchnichtung kann weder zum Gegenstand noch zur Methode des Denkens gemacht werden, sie ist die vollständige »Armut« und »Hingabe« und wird nur in der Liebe offenbart. Die Durchnichtung als die Steigerung des bloßen Nichts deutet den Triumph der Liebe über das Nichts an. Ulrich vollendet und überwindet hier den Existentialismus, für den das bloße Nichts den Menschen »seint«, nicht nur in der Frage der Sterblichkeit, sondern in den täglichen Erfahrungen des Nichts. Das Nichts kann für Ulrich aber nicht gedacht werden, ohne auf seine radikale Form der Durchnichtung zurückgeführt zu werden. Sie erst offenbart den eigentlichen Kern des Nichts, der in der Liebe und Hingabe liegt.

Ulrichs Werke stehen in enger Verwandtschaft zu Balthasars Arbeiten, wobei die gegenseitige Beeinflussung herauszuheben noch Aufgabe der Forschung ist.

3.4.5 Menschliche Existenz als Offenheit zu Gott (Karl Rahner, Bernhard Welte)

In der Reihe der Religionsphilosophien des 20. Jhs. muß das philosophische Werk Karl Rahners (1904–1984) etwas außerhalb der hier behandelten Ansätze eingeordnet werden, da es sich selbst theologisch versteht. Philosophie ist für Rahner eine zwar notwendige, aber letztlich doch propädeutische Vorstufe zur Theologie (vgl. Chojnacki 1996). Dennoch ist sein Werk von hoher philosophischer Qualität und Bedeutung, da er, erstmals in seiner Dissertation *Geist in Welt* (1939), eine Verbindung herstellt zwischen Thomistischer Ontologie, Kantischer transzendentaler Erkenntnislehre und Heideggerscher Existentialphilosophie. Diese integrative Leistung weist auch verwandte Züge zwischen diesen unterschiedlichen Ausgangspunkten auf und gibt damit eine Möglichkeit, Verbindungen zwischen sehr gegensätzlichen Positionen zu finden und damit den Dialog vor allem zwischen scholastischer und kritischer Philosophie zu eröffnen. Damit geht Rahner auch über die Arbeiten von Siewerth und dessen gleichzeitig erschienenes Werk (s. Kap. I.3.4.4) hinaus, in der die Verbindung zwischen Thomistischer Philosophie und Heidegger bereits gefunden waren. Für Rahner ist dagegen Kants Transzendentalphilosophie das Zentrum seiner Untersuchung, wenngleich sie nicht an erster Stelle erscheint.

Zunächst ist *Geist in Welt* eine durchaus als Prüfungsarbeit verstandene Auseinandersetzung mit der Quaestio 84, Artikel 7 des Ersten Teils der *Theologischen Summe* von Thomas von Aquin. Die dabei im Zentrum stehende Aussage von der

»conversio intellectus ad phantasmata« soll die fundamentale Bedeutung der Sinnlichkeit für den Geist und damit seine weltliche Einbindung herausstellen. Geist in Welt bedeutet also das »In-der-Welt-sein« des Menschen in der von Heideggers verstandenen und definierten Weise. In Heideggers Perspektive versteht der Mensch das In-sein nicht nur als ein räumliches, vielleicht auch zeitliches Darinnnensein, sondern als Da-sein in der Welt. Damit ist im In-sein die ganze Fragwürdigkeit der weltlichen Existenz aufgeworfen. Das In-sein hat also nicht die Selbstverständlichkeit und Fraglosigkeit des räumlichen oder zeitlichen In-sein, die sich aus seiner Geschlossenheit ergeben. Geometrische Räume und Zeiträume sind immer geschlossen, sie umgrenzen Bezirke oder Epochen. Ganz anders ist das existentielle In-sein. Das existentielle In-sein ist vollständig offen, da weder die räumliche noch die zeitliche Einbindung des Menschen in die Welt von außen her beurteilt werden kann. Es bleibt grundsätzlich offen, warum ein so-beschaffener Mensch gerade zu diesem Zeitpunkt und an diesem Ort geboren wird. Hier bricht also die ganze Fragwürdigkeit der Existenz auf.

Da diese Grundfrage nicht beantwortet werden kann, ist der Mensch auf die *»conversio ad phantasmata«*, **die Zuwendung zu den Dingen der Welt**, angewiesen. Rahner verbindet hier die existentielle Grundbestimmung des Daseins bei Heidegger mit der Thomistischen Erkenntnis des *intellectus agens*. Die Zuwendung zu den Dingen offenbart nicht nur die Eigenschaften der Dinge, sondern auch ihr Begrenztsein und darin das über die Zuwendung Hinausgehende. In der Zuwendung erfährt sich der Geist als begrenzter, die Erkenntnis des In-seins ist nur möglich durch die (transzendentale) Erkenntnis des Außer-sich-seins. Zuwendung ist also zugleich auch das Hinausgreifen über die Dinge. Sie ist ein transzendentaler Akt, ganz im Verständnis von Kant.

Schon für Kant diente die Kritik der Vernunft der Grundlegung einer neuen Metaphysik, die sich der metaphysischen Fragen als unabwendbarer Fragen annimmt. Ist Heidegger diesen Weg weitergegangen, indem er die Unabwendbarkeit der metaphysischen Fragen zur Seinsfrage machte, so geht Rahner diesen Weg von Heidegger wieder zu Kant zurück, indem er die Seinsfrage als Öffnung der Vernunft auf das Unbedingte erkennt. Die unabwendbaren Fragen müssen als Vorgriff (*excessus*) erkannt werden, wobei die Betonung auf die Aktivität der Vernunft gelegt wird. In dieser Aktivität wird das menschliche Leben in seiner Ganzheit in den Blick genommen.

Deutlich erkennbar zieht Rahner dabei die Konzeption der »Ekstasen« heran, die Heidegger für die Beschreibung der unterschiedlichen Zeitdimensionen verwendet. Die Ekstasen der Zeit, Gewesensein, Gegenwärtigsein und Zukünftigsein gründen für Heidegger in dem »Sich-vorweg-sein« der Sorge (Heidegger: *Sein und Zeit*, 1927). Für Heidegger ist dieser Vorgriff nicht an Gegenständen orientiert, sondern gründet und ermöglicht überhaupt erst die Gegenstände.

Rahner ist auch in diesem Punkt konsequenter als Heidegger. Für Rahner kann das Worauf des Vorgriffes (*excessus*), das die Gegenstände bestimmt und begrenzt, selbst nie vollständig in der Welt aufgehen und sie durchstrukturieren, wie die Sorge bei Heidegger. Es bleibt immer ein **Rest von Unerfülltheit in allem Besorgen** (*Geist in Welt*, S. 117). Dies bedeutet aber auch nicht, daß der Vorgriff auf ein Nichts zugreift, Heideggers Alternative zur Sorge. Denn im Vorgriff werden ja gerade die Dinge in ihrer Konkretheit umfaßt. Welt kann nicht anhand eines Nichts erkannt werden (*Geist in Welt*, S. 118). Daß Erkenntnis sich als über ihren Inhalt hinausgehend erfährt, kann nur von der Konkretheit des Vorgriffes her verstanden werden, nicht von der Unbestimmtheit des Nichts.

Der **Vorgriff auf das Sein**, der in jeder konkreten Bestimmung eines Seienden vollzogen wird, läßt die Konkretheit der Dinge nie als abgeschlossene verstehen. Jede gegenständliche Bestimmung ist als Vorgriff die Öffnung auf das Sein selbst, eine Öffnung, die weder als Nichts noch als Angst mißverstanden werden darf. Alle diese Fehlinterpretationen mißverstehen den Vorgriff als einen innerweltlichen Vollzug. Für Rahner ist der Vorgriff überhaupt die Bedingung dafür, handeln zu können. Handlung ist aber kein innerweltlicher Vollzug wie instinktive oder mechanische Ereignisse. Handlung bringt Geist in die Welt, indem sie das In-der-Welt-sein selbst zum Thema macht und es gegen sein Außen abzugrenzen in der Lage ist. Sie ist sich damit im Gegensatz zu allen innerweltlichen Vollzügen selbst nie genug.

In *Hörer des Wortes*, einer Vorlesungsreihe, die Rahner 1937 in Salzburg hielt, stellt er die Frage nach dem Verhältnis von Theologie und Religionsphilosophie. Er definiert hier Religionsphilosophie als das »vom Menschen her erreichbare Wissen um das rechte Verhältnis des Menschen zu Gott« (*Hörer des Wortes*, S. 15). Gott ist in diesem Verhältnis keine »Tatsache«, die »vom Menschen und seiner Erfahrung unmittelbar in ihrem eigenen Selbst ergriffen werden könnte« (ebd.). Diese auf Thomas zurückgehende Ablehnung der Gottesvorstellung als »Subjekt« ist die Voraussetzung für die Möglichkeit, einer göttlichen Botschaft »Gehör« schenken zu können. Wie schon in *Geist in Welt*, geht es Rahner also auch hier um die transzendentalphilosophische Fragestellung, die Bedingung der Möglichkeit zu erforschen, allerdings nicht die der Erfahrung, sondern die der **Offenbarung**: Welche Voraussetzung müssen gegeben sein, damit der Mensch Offenbarungen erfahren kann, damit er »Hörer des Wortes« wird? Auch hier ist für Rahner der Mensch anthropologisch darauf vorbereitet, **in seine eigene Geschichte hineinhorchen zu können**. Er ist in seinem Wesen schon »hingerichtet auf das geschichtliche Vorkommnis einer Offenbarung« (*Hörer des Wortes*, S. 29). Diese Ausrichtung, in der wir den in *Geist in Welt* ausgeführten »*excessus*«, den Vorgriff, wiederfinden, führt dazu, daß das Ausbleiben einer Botschaft Gottes als das »Schweigen Gottes« vernommen werden kann. Auch das **Schweigen Gottes ist ein Vernehmen**, das auf die Möglichkeit des Horchens zurückgeht. Auch das Schweigen ist »eine Antwort, die das Horchen sinnvoll macht« (*Hörer des Wortes*, S. 271), weil in dieser Abweisung sich der Mensch als Person erfassen muß. Sein metaphysisches Ausgerichtetsein auf Gott macht es unmöglich, dieser Dialogsituation ganz zu entgehen und sich vollständig auf sich und die Dinge zurückzuziehen. Das Ungenügen eines Sich-vernehmens oder Sich-genügens ist der Antrieb für die metaphysische Suche. Gerade diese Offenheit läßt den Menschen nicht in den Besitz der Wahrheit und der Transzendenz kommen. Ausgehend von der Endlichkeit seiner Situation ist dieses Nichtverfügen-können der Transzendenz kein Defekt, sondern im Gegenteil gerade die Garantie dafür, als endliches Wesen im Dialog mit Gott, Hörer des Wortes oder Hörer des Schweigens zu sein. Eine metaphysische Anthropologie, als die Rahner seine Religionsphilosophie versteht, ist der Versuch, den Menschen in seiner Offenheit für eine mögliche Offenbarung zu verstehen, um ihn als freie Person behandeln zu können (vgl. Sandler 1996). In diesem Menschenbild ist auch Rahners Konzeption vom **anonymen Christen** verankert. Humanität ist nur dort gewährleistet, wo dem Menschen in der Theorie und im gesellschaftlichen und politischen Umgang die Möglichkeit zugestanden wird, Hörer des Wortes zu sein (vgl. Raffelt/Verweyen 1997).

Bernhard Welte (1906–1983) führt in seinem erstmalig 1977 veröffentlichtem Buch zur *Religionsphilosophie* Rahners Ansatz des Schweigens in der Offenheit der

Existenz weiter. Er geht dabei von der **metaphysischen Grundfrage**, also von der Frage: »Warum ist überhaupt etwas und nicht vielmehr nichts?«, aus und wendet sich der Legitimation der Fragestellung selbst zu. Die Grundfrage, die von einer möglichen Alternative zum Sein, also dem Nichtseins spricht, ist nur in Form dieser Frage berechtigt. Es ist nicht legitim, diese Frage zu beantworten, da die Frage bei jeder denkbaren Antwort ihren grundsätzlichen und ultimativen Charakter verliert. Sie wäre dann keine Frage mehr nach dem Sein, sondern allenfalls eine Frage nach einem letzten Seienden. Indem die Antwort ausbleiben muß, bleibt die Frage offen. Dadurch bleibt das Geheimnis des Lebens bewahrt. Das Leben selbst ist über die Geburt und den Tod hinaus ebenso offen wie diese Frage. Die Frage spiegelt damit die existentielle Situation des Lebens wider.

Welte konkretisiert die Grundfrage, indem er sie über die theoretische Klärung und Abklärbarkeit hinausgehen läßt. Es ist dies eine Frage, die in den Bereich des Personellen vorstößt, also in den Bereich von Ich und Du, von Personalität und Transzendenz. Sie wird zur Frage: »Warum gibt es Du und Ich, warum gibt es den personalen Bereich und seine welteröffnende Kraft?« (*Religionsphilosophie*, S. 178) Die Frage führt dabei zur Einsicht, daß »jedes Sich-selbst-Gehören das Vollziehen dieses Sich-Öffnens zu den anderen hin ist.« (*Religionsphilosophie*, S. 185). Die Frage verlagert die Begegnung von Ich und Du in die Offenheit, in der allein zwischenmenschliche Begegnungen stattfinden.

Auch in der **Kultsprache** bricht die Sprache mit ihrer funktionellen Geschlossenheit und Abgeklärtheit von Frage und Antwort und läßt sich auf das Offene der Frage selbst ein. Dies geschieht in einer ursprünglichen und einfachen Zeichensprache in den kultsprachlichen Symbolen wie Wasser, Feuer, Brot und Wein. Sie sind ursprachliche Elemente, die von der geschöpflichen Ursprünglichkeit zeugen (*Religionsphilosophie*, S. 294). In dieser Einfachheit der Zeichen ist Sprache zugleich Handlung, die die Geschöpflichkeit offenbaren kann und dabei diese Offenbarung als Geheimnis bewahrt. Als elementare Handlungen sind diese symbolischen Handlungen geeignet, dem Leben neue Kraft zu geben (vgl. Kirsten 1998).

Im echten Kult sind die äußeren Zeichen des Kultes mit dem **Schweigen** verbunden. Das Schweigen versteht die Welt im reinen Hören, ohne dabei etwas zu hören (*Religionsphilosophie*, S. 243f.). Erst im reinen Hören öffnet sich der verstehende Mensch vollständig auf die Grundfrage hin, hier wird die Grundfrage schweigend vernommen. Das Schweigen garantiert das Ausbleiben der Antworten auf die Grundfrage und leitet den Vernehmenden auf die Zeichen der Kulthandlung hin. Von ihnen kann er etwas erfahren, solange auch sie in die Offenheit der Grundfrage gestellt bleiben.

Trotzdem »birgt der Kult die größte Gefährdung der Religion.« (ebd., S. 310). Welte sieht diese – in Anlehnung an Rahner – in der »conversio ad phantasmata« (s.o.), in der eine Verführung zum Vordergründigen angelegt ist. Hier ist es allein die »tiefste Neigung im Mensch«, alle Grenzen zu überschreiten (*Religionsphilosophie*, S. 311), die solche Verfestigungen im Kult immer wieder durchbricht.

3.4.6 Zusammenfassung: Religion und Existenz

Trotz ihrer peripheren Erscheinungsform (als frühe Vorlesung) stellt Heideggers Vorlesung zur *Einleitung in die Phänomenologie der Religion* einen wichtigen Beitrag zur Religionsphilosophie dieses Jahrhunderts dar. Die Vorlesung läßt erkennen, wie tief die Existentialanalyse mit religionsphilosophischen Fragestellung verbunden ist. Auch wird eine Verbindung zur Religionsphänomenologie Rudolf Ottos und dessen Heraushebung der Angst sichtbar. Diese Verbindungen sind auch für den Umstand bedeutsam, daß die Religionsphilosophie des 20. Jhs. konzeptionell weitgehend auf der Existenzphilosophie Heideggers aufbaut. Dies gilt für die evangelische wie die katholische Religionsphilosophie, die ansonsten konträre Positionen vertreten. Gemeinsam ist allen Ansätzen der **Ausgang von der menschlichen Existenz** und der spezifischen Form, wie Existenz vom Menschen gewußt wird. Das existentielle Wissen ist von allem inhaltlichen oder formalen Wissen darin unterschieden, daß es die gesamte Existenz des Menschen in den Blick bringt. Damit stimmt auch die Dialektische Theologie überein, die die menschliche Existenz völlig unvermittelt zu Gott sieht.

4. Philosophische Kritik der Religion

(Armin Kreiner)

4.1. Einleitung

Die Kritik der Religion ist kein ausschließliches Privileg der Philosophie, sondern zuvor schon ein integraler Bestandteil jeder religiösen Tradition (vgl. Schaeffler 1985, S. 117f.). Zumindest anfänglich muß sich jede Tradition von ihrem religiösen Entstehungskontext kritisch absetzen. Dieser Prozeß gehört zwangsläufig zur Legitimation ihrer eigenen Existenz. Im weiteren Verlauf ihrer Entwicklung richtet sich die Kritik dann auch auf sich selbst. Gewöhnlich erfolgt diese Selbstkritik unter Berufung auf Vorgaben, deren Ursprung in der betreffenden Tradition liegt, die aber nach Ansicht der Kritiker verschüttet gingen oder in Vergessenheit gerieten. Diese **Kritik bzw. Selbstkritik der Religion** ist im wesentlichen religiös motiviert und orientiert.

Demgegenüber geht die genuin philosophische Kritik der Religion von Voraussetzungen aus, denen als solchen kein bestimmtes religiöses Bekenntnis zugrunde liegt. Ihre einzige Appellationsinstanz ist die Vernunft, d.h. die Einsicht in die Überzeugungskraft ihrer Argumente. Über die pro- oder antireligiösen Konsequenzen philosophischer Religionskritik ist dadurch allein noch nicht vorentschieden, ebensowenig wie über den religiösen Standpunkt des Kritikers. Auch ein Großteil der philosophischen Kritik zielte seinem Selbstverständnis nach nicht auf die Abschaffung der jeweiligen religiösen Tradition, sondern auf ihre Reform. Ob und inwieweit sich diese Kritik tatsächlich in den religiösen Selbstvollzug integrieren läßt, hängt von verschiedenen Faktoren ab, letztlich wohl von der Radikalität, mit der sie vertreten wird. Radikal wird die philosophische Kritik dort, wo sie nicht nur bestimmte Erscheinungsweisen und Entwicklungsformen der Religion kritisieren und korrigieren will, sondern deren Kern in Frage stellt. Worin dieser Kern im einzelnen besteht, ist umstritten. Im Kontext theistischer Religionen besteht er auf jeden Fall im Bekenntnis zu

Gott, und zwar unabhängig davon, wie der Gottesbegriff im einzelnen expliziert wird. Insofern manifestiert sich radikale Religionskritik hier zwangsläufig als argumentative Bestreitung der Existenz Gottes, d.h. als Atheismus. (Zur Literatur über den Atheismus in der Antike vgl. Winiarczyk 1994. Zur Entstehung des neuzeitlichen Atheismus und seiner theologischen Bewertung vgl. Kors 1990, Buckley 1987, Barth 1971, Hunter/Wootton 1992. Zur Vieldeutigkeit des Atheismus-Begriffs vgl. Wucherer-Huldenfeld/Figl 1985, S. 95ff.)

So vielfältig die atheistische Religionskritik auch sein mag, eine ihrer Grundvoraussetzungen ist die für sich genommen noch keineswegs antireligiöse **Kritik der Gottesbeweise**. Denn nur unter der Voraussetzung, daß sich die Existenz Gottes vernünftigerweise nicht beweisen läßt, kehrt sich die philosophische Kritik des Theismus nicht gegen die Vernunft selbst, als deren Sprachrohr sie sich üblicherweise versteht. Aus diesem Grund wird der Diskussion der atheistischen Einwände gegen den Glauben an die Existenz Gottes ein Abschnitt über die Kritik der Gottesbeweise vorangestellt. Die traditionellen Gottesbeweise und ihre Kritik bildeten einen Schwerpunkt der abendländischen Religionsphilosophie. Die Kritik der Gottesbeweise ist deshalb weder atheistisch noch religionskritisch, weil erstens der religiöse Selbstvollzug keineswegs von der Stichhaltigkeit der Gottesbeweise abhängt, weil es zweitens auch eine genuin religiös motivierte Kritik dieser Beweise und ihrer religiösen Relevanz gibt und weil drittens die Überzeugungskraft dieser Argumente für den religiösen Glaubensentscheid ohnehin keine große Rolle zu spielen scheinen (vgl. Hick 1970, S. 101ff.).

Religionskritisch relevant wird die Kritik der Gottesbeweise erst dann, wenn sie in ein **Rationalitätsverständnis** eingebunden wird, wonach es irrational ist, eine Überzeugung ohne hinreichende Beweise zu akzeptieren. Dieser Zusammenhang wird im folgenden unter dem Stichwort der **Irrationalität des Gottesglaubens** diskutiert. Genaugenommen handelt es sich auch dabei noch nicht um ein Argument *gegen* die Existenz Gottes, weil aus der Unbeweisbarkeit der Existenz Gottes nicht auf dessen Nicht-Existenz geschlossen werden kann, sondern allenfalls darauf, daß es in Ermangelung entsprechender Beweise illegitim bzw. unvernünftig ist, an Gott zu glauben. Konsequenterweise lassen sich solche Positionen eher als agnostische denn als atheistische verstehen, wobei die Übergänge fließend sind. Im Gegensatz zum Agnostiker, der keine hinreichenden Gründe *für* den Glauben an die Existenz Gottes findet und aus diesem Grund auch nicht an Gott glaubt, behauptet der Atheist darüber hinaus, auch einleuchtende Gründe zu haben, die *gegen* die Existenz Gottes sprechen. Mit der Diskussion dieser Gründe befassen sich die restlichen Abschnitte dieses Kapitels.

4.2 Die Kritik der Gottesbeweise und die Irrationalität des theistischen Bekenntnisses

Abgesehen von wenigen Ausnahmen, zählte die Existenz Gottes quer durch alle theologischen, konfessionellen und philosophischen Positionen lange Zeit zu den vernünftigerweise unbezweifelbaren Wahrheiten. Bis ins 18. Jh. hinein kam der **Atheismus** deshalb häufig nur als moralische Fehlleistung in den Blick, als ein Leben ohne Gott. Ein solches Leben konnte eigentlich nur wider besseres Wissen geführt werden und ließ sich folglich nur durch die ungehemmten Begierden erklären, denen der Atheist offenbar erlegen war. Als intellektuell respektable Position war der Atheismus aufgrund der offensichtlichen Evidenz der Existenz Gottes nahezu undenkbar (vgl. Kors 1990, S. 17–43). (Eine ähnliche Entwicklung scheint sich auch in der griechischen Antike vollzogen zu haben: ›Atheos‹ bezeichnet zunächst den im moralischen und vor allem kultischen Sinn ›Gottlosen‹ (asebeia) und erst etwa ab der zweiten Hälfte des 5. Jhs. den Leugner der Existenz der Götter; vgl. Fahr 1969, S. 168f.) Die Beweislage sprach eindeutig zugunsten der Existenz Gottes. Wer sich ihrer aus welchen Gründen auch immer vergewissern wollte, brauchte sich nur an die Argumente der philosophischen Spezialisten zu wenden.

Das Verständnis der traditionellen Gottesbeweise ist und bleibt strittig. Ein Beweis bzw. ein Argument besteht aus Prämissen, aus denen eine Konklusion gefolgert wird. Im Falle der Gottesbeweise lautet die Konklusion natürlich: Gott existiert. Entsprechend der unterschiedlichen Prämissen werden die Gottesbeweise üblicherweise in apriorische und aposteriorische eingeteilt. Apriorische Argumente gehen von Prämissen aus, die aus sog. **Vernunftwahrheiten** bestehen; aposteriorische Argumente gehen im wesentlichen von **Erfahrungstatsachen** aus. Interpretiert man die Gottesbeweise als deduktive Argumente, dann müßten sie im Falle ihrer Stichhaltigkeit so beschaffen sein, daß es widersprüchlich wäre, einerseits die entsprechenden Prämissen zu akzeptieren und andererseits die Konklusion abzulehnen. Theistische und atheistische Religionsphilosophen stimmen inzwischen zwar nicht durchgängig, aber weitgehend darin überein, daß keiner der traditionellen Gottesbeweise dazu in der Lage ist, einen solchen Nachweis zu erbringen. Aus der vernünftigerweise unbezweifelbaren Tatsache der Existenz Gottes wurde eine – rational betrachtet – problematische und fragliche Annahme. Dieser neue Konsens hat viele ›Väter‹. Die keineswegs einzigen, wohl aber prominentesten dürften David Hume (1711–1776) und Immanuel Kant (1724–1804) sein. Im folgenden werden die drei wichtigsten Gottesbeweise samt den entsprechenden Einwänden vorgestellt.

4.2.1 Das ontologische Argument

Das herausragende Beispiel eines apriorischen Gottesbeweises ist das ›ontologische‹ Argument, dessen klassische Gestalt sich im *Proslogion* des Anselm von Canterbury (1033–1109) findet (s. Kap. I.1.2.1). Obwohl das Argument mehrfach totgesagt wurde, erfreut es sich nach wie vor großen Interesses (vgl. Barnes 1972). Nach der geläufigen Deutung besteht seine Pointe darin, vom Begriff Gottes auf seine Existenz bzw. sein Dasein zu schließen. Wenn Gott (1) definitionsgemäß das maximal vollkommene Wesen ist und (2) Existenz zur Vollkommenheit gehört, wäre es widersprüchlich, einerseits diese Definition des Gottesbegriffs zu akzeptieren und andererseits die Existenz Gottes zu leugnen. Die entsprechende Begründung lautet folgendermaßen: Wer Gott als maximal vollkommenes Wesen denkt, ihm aber die Existenz abspricht, hätte gar nicht das allervollkommenste Wesen gedacht. Denkt man also den Gottesbegriff konsequent, muß man notwendigerweise Gott als existierend denken. So verstanden, handelt es sich bei diesem Beweisgang um ein eindeutig deduktives Argument, denn es soll gerade gezeigt werden, daß es widersprüchlich wäre, die Prämisse bzw. die Definition des Gottesbegriffs zu akzeptieren, aber die Konklusion bzw. die Existenz Gottes zu leugnen.

Der Standardeinwand gegen das ontologische Argument konzentriert sich auf den entscheidenden **Übergang vom ›Begriff‹ zum ›Dasein‹ Gottes**. Daß dieser Übergang als problematisch empfunden wird, läßt sich mühelos nachvollziehen. Was daran aber nun genau problematisch ist, liegt nicht ohne weiteres auf der Hand. Der Übergang scheint dadurch erzwungen zu werden, daß das Dasein als ein Prädikat Gottes behandelt wird, das aus anderen Prädikaten, nämlich dem der Vollkommenheit, deduziert wird. So wie sich etwa die Allwissenheit Gottes aus seiner Allmacht ableiten läßt, weil ein allmächtiges Wesen definitionsgemäß auch die Macht hat, alles erkennen zu können, was es erkennen will, scheint im ontologischen Argument die Existenz aus der Vollkommenheit deduziert zu werden. **Kants berühmte Kritik des ontologischen Arguments** knüpft an diesem Punkt an: Beim Dasein, so Kant, handle es sich nicht um ein Prädikat, jedenfalls um kein normales bzw. ›reales‹ Prädikat:

> »Wenn ich also ein Ding, durch welche und wie viel Prädikate ich will (selbst in der durchgängigen Bestimmung), denke, so kommt dadurch, daß ich noch hinzusetze, dieses Ding *ist*, nicht das mindeste zu dem Dinge hinzu. Denn sonst würde nicht eben dasselbe, sondern mehr existieren, als ich im Begriffe gedacht hatte, und ich könnte nicht sagen, daß gerade der Gegenstand meines Begriffs existiere.« (KrV, B 628)

Kants Kritik gipfelt in der Formulierung, daß »Hundert wirkliche Taler [...] nicht das mindeste mehr, als hundert mögliche« (ebd., B 627) enthalten.

Dieser nicht unmittelbar einleuchtende Einwand läßt sich folgendermaßen veranschaulichen: Angenommen, ein Begriff X ist durch die Prädikate a, b und c vollständig beschrieben. Wenn nun behauptet wird »X existiert«, so kommt kein neues Prädikat zu a, b und c hinzu. Es wird vielmehr behauptet, daß das durch a, b und c beschriebene X existiert oder »instantiiert« ist. Andernfalls würde die Existenz als ein weiteres Prädikat d verstanden. Dies würde allerdings die absurde Konsequenz nach sich ziehen, daß es sich um zwei verschiedene X handelt, im einen Fall um X = a, b, c, im andern Fall um X = a, b, c, d. Anders formuliert: Ein Begriff, der durch das Existenzprädikat beschrieben wird, würde einen anderen Gegenstand bezeichnen als der ohne das Existenzprädikat beschriebene Begriff. Auch wenn es natürlich einen entscheidenden Unterschied macht, ob man hundert Taler als Begriff im Kopf oder bar in der Tasche hat, dem begrifflichen Gehalt nach besteht zwischen hundert gedachten und existierenden Talern kein Unterschied.

Inwiefern wird nun das ontologische Argument durch diese Analyse des Existenzprädikats getroffen? Auch die Beantwortung dieser Frage ist keineswegs eindeutig. Wenn Kants Analyse zutrifft, dann scheint dadurch prinzipiell ausgeschlossen zu werden, die Existenz eines Gegenstandes aus anderen Prädikaten abzuleiten. Die **Definition** ist eine Sache, die Frage nach der **Existenz** eine ganz andere. Daß dies gewöhnlich der Fall ist, dürfte auch den Protagonisten des ontologischen Arguments bewußt gewesen sein. Das Argument sollte aber zeigen, daß der Gottesbegriff von dieser Regel eine Ausnahme macht, und zwar aufgrund des Prädikats der Vollkommenheit. Wenn es aber auch im Falle Gottes nicht zulässig wäre, die Existenz aus anderen Prädikaten abzuleiten, dann stellte die Leugnung der Existenz Gottes keinen Widerspruch dar, woraus wiederum folgen würde, daß der ontologische Gottesbeweis kein deduktiv gültiges Argument ist. Kant illustriert seine Kritik durch den Vergleich zwischen der Eigenschaft eines Dreiecks, drei Winkel zu besitzen, und der Existenz Gottes. Es wäre in der Tat widersprüchlich, ein Dreieck zu denken, diesem Dreieck aber gleichzeitig die Eigenschaft abzusprechen, drei Winkel zu haben. Ebenso widersprüchlich wäre es, Gott zu denken, ihm aber etwa die Eigenschaft der Allmacht abzusprechen. Denn die Allmacht gehört definitionsgemäß zu den Prädikaten Gottes, weil ein nicht-allmächtiges Wesen nicht Gott wäre. Mit dem Prädikat der Existenz funktioniert dies aber gerade nicht, eben weil die Existenz nicht zu den ›realen‹ Prädikaten zählt. Folglich läßt sich die Existenz Gottes widerspruchsfrei leugnen:

> »Wenn ihr aber sagt: *Gott ist nicht*, so ist weder die Allmacht, noch irgend ein anderes seiner Prädikate gegeben; denn sie sind alle zusamt dem Subjekte aufgehoben, und es zeigt sich in diesem Gedanken nicht der mindeste Widerspruch.« (ebd., B 623)

Nun könnte man erwidern, daß diese Kritik dem ontologischen Argument nicht gerecht werde, weil unter anderem folgender Aspekt unberücksichtigt blieb: Das ontologische Argument zielt nicht darauf ab, daß Gott irgendwie existiert, sondern daß er **notwendigerweise** existiert (vgl. Hick 1970, S. 84ff.). Die Notwendigkeit, von der jetzt die Rede ist, bezieht sich also nicht auf die **logische** Wahrheit des Satzes, daß Gott existiert, sondern auf die **ontologische** Existenzweise Gottes. Daß etwas notwendigerweise existiert, könnte bedeuten, daß seine Existenz von nichts anderem abhängt, daß es folglich ewig, unverursacht und unzerstörbar ist. Wenn Gott existiert, dann scheint seine Existenz in diesem ontologischen Sinne notwendig zu sein. Jetzt stellt sich das Problem, wie aus der ontologischen Notwendigkeit Gottes die logische Notwendigkeit des Satzes »Gott existiert« gefolgert werden kann (vgl. Malcolm 1992, S. 276ff.). Man kann nun darüber streiten, ob es sich dabei nur um eine andere Formulierung des bereits bekannten Arguments handelt oder ob sich dahinter eine neue Version des ontologischen Argument verbirgt. Letzten Endes scheint wiederum von der Definition Gottes, die ontologische Notwendigkeit impliziert, auf die logische Notwendigkeit seiner Existenz geschlossen zu werden, so daß der erste Teil der Kritik Kants nach wie vor zutrifft. Dies scheint auch für den zweiten Teil zuzutreffen: Aus der Tatsache, daß sich der Gottesbegriff nur stimmig denken läßt, wenn Gott als ›notwendigerweise existierend‹ gedacht wird, folgt immer noch nicht, daß Gott auch tatsächlich existiert oder daß die Leugnung seiner Existenz widersprüchlich wäre. Denn man kann erneut fragen, ob ein als notwendigerweise existierend zu denkendes Wesen auch wirklich existiert:

> »Zugestanden sei, daß es einen Begriff von einem Wesen gibt, *über das hinaus Größeres nicht gedacht werden kann und das nicht als nicht-existierend gedacht werden kann.* Doch dann wiederholt sich die Diskussion nur auf einer höheren Ebene. Es ist wiederum zu fragen, ob *dieser* Begriff realisiert oder instantiiert ist. Wenn wir sagen, er sei nicht realisiert, widersprechen wir uns nicht. Wir behaupten ja nicht, ein Wesen, das nicht als nicht-existierend gedacht werden kann, könne als nicht-existierend gedacht werden; wir ziehen ›kann als nicht-existierend gedacht werden‹ nicht in den Begriff hinein, wo es im Widerspruch zu den anderen Teilen dieses Begriffs stünde. Wir sagen nur, es *gibt kein* Wesen, das nicht als nicht-existierend gedacht werden kann.« (Mackie 1985, S. 88f.)

Die Stärke des ontologischen Arguments scheint eher in der **Explikation des Gottesbegriffs** als im Nachweis seiner Existenz zu liegen (vgl. Morris 1991, S. 27ff.). Die Idee maximaler Vollkommenheit ist besser als alle alternativen Begriffe dazu in der Lage, den Ausgangspunkt zur Erschließung des Gottesbegriffs zu bilden. Aus der Vollkommenheit würde dann auch die Notwendigkeit folgen, nach dem Motto: Wenn Gott existiert, dann existiert er notwendigerweise. Ob er allerdings existiert, dürfte sich am Gottesbegriff allein nicht ablesen lassen.

4.2.2 Das kosmologische Argument

Aposteriorische Gottesbeweise gehen von unterschiedlichen **Erfahrungstatsachen** aus. Bei den mit Abstand wichtigsten aposteriorischen Argumenten, dem kosmologischen und dem teleologischen, handelt es sich nicht um exakt abgrenzbare Gedankengänge, sondern eher um grobe Klassifizierungen verwandter Argumente (vgl. Craig 1980).

Das kosmologische Argument geht gewöhnlich von der Tatsache aus, daß überhaupt etwas existiert, und schließt daraus auf die Existenz Gottes. Eine Schlüsselrolle spielt dabei die Eigenschaft der ›notwendigen‹ bzw. unbedingten oder unverursachten Existenz: Im Unterschied zum ontologischen Argument versucht das kosmologische, die Existenz eines notwendig existierenden Wesens bzw. eines *ens necessarium* nicht aus dem Begriff Gottes, sondern **aus der Erfahrung der Weltwirklichkeit** abzuleiten. Zu diesem Zweck bedarf es weiterer Prämissen, wie etwa des Satzes vom zureichenden Grund oder der These von der Unmöglichkeit eines infiniten Regresses.

Eine mögliche Rekonstruktion des Arguments lautet folgendermaßen: Was überhaupt existiert, ist die Welt. Was aber in der Welt existiert, existiert kontingent, d.h. es entsteht, vergeht und verdankt seine Existenz etwas anderem als sich selbst. Nun kann aber nicht alles in diesem Sinn kontingent existieren. Folglich muß etwas notwendigerweise existieren, und dieses Etwas ist Gott. In dieser Version hängt die Stichhaltigkeit von der Begründung der Behauptung ab, daß nicht alles kontingent existieren kann.

Ein solcher Begründungsversuch findet sich im dritten der fünf Wege des Thomas von Aquin (ca. 1224–1274). Der entscheidende Satz lautet: »Si igitur omnia sunt possibilia non esse, aliquando nihil fuit in rebus.« Würde alles kontingent existieren bzw. die Möglichkeit haben, nicht zu existieren, dann wäre auch einmal nichts gewesen. Dies ist aber unmöglich, denn wenn einmal buchstäblich nichts existiert hätte, dann würde auch jetzt nichts existieren, was aber der Erfahrung eindeutig widerspricht. Die Begründung hierfür ist ebenso einfach wie plausibel: *ex nihilo nihil fit* – aus nichts kann auch nichts werden. Zweifellos existiert jetzt aber etwas, folglich muß auch etwas notwendigerweise existieren (vgl. *Summa theologiae*, I, q.2, a.3).

Dieser Begründungsversuch scheint problematisch zu sein: Unter der Voraussetzung, daß alles kontingent existiert, wäre es zwar tatsächlich denkbar, daß zu einem Zeitpunkt nichts mehr existiert. Aber dieser Fall muß natürlich nicht eintreten; und schon gar nicht mußte dieser Fall bereits in der Vergangenheit eingetreten sein. Anders formuliert: Aus dem Satz »Es ist möglich, daß jedes Seiende nicht existiert« folgt nicht unbedingt der Satz »Es ist möglich, daß alles Seiende nicht existiert«. Ebensowenig folgt daraus der Satz: »Diese Möglichkeit muß zu irgendeinem Zeitpunkt realisiert sein« (vgl. Kenny 1969, S. 56f.). Es wäre auch denkbar, daß alle Dinge kontingent existieren, daß sie allesamt nach einer gewissen Zeit vergehen, sich aber in ihrer zeitlichen Erstreckung überlappen, so daß niemals – weder in der Vergangenheit noch in der Zukunft – eine Lücke entstand oder entstehen wird, in der überhaupt nichts existiert (vgl. Mackie 1985, S. 142). Unter der weiteren Voraussetzung, daß die Abfolge des Entstehens und Vergehens dieser kontingenten Dinge anfanglos ist, scheint nichts dazu zu zwingen, ein notwendiges bzw. unverursachtes Wesen zu postulieren.

Die Chancen des kosmologischen Arguments würden drastisch steigen, wenn sich vorab die **Ewigkeit der Welt** ausschließen ließe. Denn unter dieser Voraussetzung müßte der Atheist die Entstehung der Welt aus nichts erklären, was ein eher aussichtsloses Unterfangen darstellen dürfte. Thomas selbst teilte zwar aus theologischen Gründen nicht die Auffassung der Ewigkeit der Welt, hielt sie aber für philosophisch nicht widerlegbar. Unter dieser Voraussetzung muß ein philosophisches Argument für die Existenz Gottes auch überzeugen, wenn man die Ewigkeit der Welt zugrunde legt. Die ersten beiden Wege des Thomas wollen zeigen, daß die Reihe von Veränderungen nicht unendlich sein kann, sondern einen unbewegten Beweger bzw. eine erste – genauer gesagt – oberste Ursache erfordert. Da eine in zeitlicher Hinsicht unendliche Abfolge von Ereignissen philosophisch nicht ausgeschlossen werden kann, ist diese Reihe nicht als zeitliche Abfolge, sondern eher als logisch strukturierte Hierarchie von simultan wirkenden Ursachen zu verstehen. Wenn nun aber in zeitlicher Hinsicht eine unendliche Abfolge von Ereignissen logisch möglich ist, weil die Notwendigkeit einer (zeitlich verstandenen) *causa prima* nicht zu beweisen ist, fragt sich, warum nicht gleiches auch in logischer Hinsicht gilt. Warum soll der infinite Regreß zeitlich möglich, aber logisch unmöglich sein?

Eine Antwort auf diese Frage hat Gottfried Wilhelm Leibniz (1646–1716) vorgeschlagen (*Über den ersten Ursprung der Dinge*, S. 39f.): So wie alles, was in der Welt geschehe, einen zureichenden Grund habe, so bedürfe auch die Welt als ganze eines solchen Grundes, und zwar völlig unabhängig davon, ob die Reihe der innerweltlichen Ereignisse begrenzt oder unbegrenzt ist. Auch angesichts einer anfanglosen Welt bzw. Reihe von Ereignissen stelle sich immer noch die Frage nach dem zureichenden Grund für diese Reihe als ganze. Warum existiert überhaupt etwas und nicht nichts? In dieser Version des kosmologischen Arguments scheint der Satz vom zureichenden Grund der Dreh- und Angelpunkt zu sein. Hier stellt sich natürlich die Frage, woher man wissen kann, daß alles einen zureichenden Grund hat. Und völlig unklar bleibt auch, aus welchen Gründen ein infiniter Regreß ausgeschlossen werden muß. Selbst wenn alle innerweltlichen Ereignisse einen solchen Grund hätten, wäre immer noch fraglich, ob dies auch für die Welt im ganzen gilt (vgl. Mackie 1985, S. 131ff.).

Eine andere Version des kosmologischen Arguments, das sog. **Kalam-Argument**, versucht, einem Teil dieser Schwierigkeiten durch den Versuch zu entgehen, die Vorstellung einer anfanglos existierenden Welt ad absurdum zu führen. Die Welt kann sich nicht endlos in die Vergangenheit erstrecken, sondern muß einen Anfang haben, der wiederum nach einer Ursache verlangt, die notwendigerweise existieren muß. Die Begründung stützt sich traditionell auf philosophische Argumente, neuerdings auch auf naturwissenschaftliche. Die philosophischen Argumente sollen zeigen, daß die Anfanglosigkeit der Welt eine aktual unendliche Vergangenheit implizieren würde, daß aber nichts aktual Unendliches existieren kann. Die naturwissenschaftlichen Argumente beziehen sich auf die Urknall-Theorie, wonach das Universum vor ungefähr 15 Milliarden Jahren zu existieren begann (vgl. Craig 1993a).

Die Kritik dieser Version des kosmologischen Arguments verfolgt an diesem Punkt zwei Strategien: Zunächst kann bestritten werden, daß das Universum in seiner zeitlichen Erstreckung endlich ist und folglich einen Anfang haben muß. In diesem Fall müßte der Kritiker zeigen, daß die Annahme einer unendlichen Vergangenheit philosophisch plausibel und physikalisch zumindest möglich ist. Wenn dies gelänge, wäre die Kalam-Version des kosmologischen Arguments gescheitert. Ein völlig neues Szenario entwerfen Stephen Hawkings neuere Thesen: eine ›anfanglose Endlichkeit‹ des Universums bzw. die These, »daß Zeit und Raum möglicherweise eine gemeinsame Fläche bilden, die von endlicher Größe, aber ohne Grenze oder Rand ist« (vgl. dazu Hawking 1988, S. 173; kritisch dazu Craig 1993b). Nun kann man sich die verwickelte Diskussion der Probleme der Ewigkeit der Welt ersparen und dem kosmologischen Argument entgegenkommen, indem man einräumt,

(1) daß die Welt endlich ist und
(2) daß etwas tatsächlich notwendigerweise (*ens necessarium*) existieren muß.

Selbst in diesem Fall zeigt das kosmologische Argument immer noch eine gravierende Lücke, von der alle Versionen betroffen sind. Denn es bleibt nach wie vor fraglich, ob durch den Beweis eines *ens necessarium* auch schon die Existenz *Gottes* bewiesen wäre. Der Gottesbegriff ist nicht nur durch ›notwendige Existenz‹, sondern durch ›maximale Vollkommenheit‹ definiert. Im günstigsten Fall beweist das kosmologische Argument allenfalls, daß irgend etwas notwendigerweise, d.h. unverursacht und ewig existiert. Zwischen dieser Behauptung und dem Nachweis, daß es sich dabei um das allervollkommenste Wesen handelt, klafft im kosmologischen Argument aber nach wie vor eine Beweislücke. Diese Lücke müßte geschlossen werden, um aus dem kosmologischen Argument einen *Gottes*beweis zu machen. Kant war davon überzeugt, daß das kosmologische Argument nicht dazu in der Lage ist, diese Kluft zu überbrücken (vgl. dazu schon in der vorkritschen Phase Kant: *Der einzig mögliche Beweisgrund zu einer Demonstration des Daseyns Gottes*, A194f.). Dies gelänge nur unter der Voraussetzung, daß schlechthinnige Vollkommenheit auch notwendige Existenz impliziert. Diesen Nachweis zu erbringen, war aber gerade das Ziel des gescheiterten ontologischen Arguments. Wenn nun aber das kosmologische Argument des ontologischen bedarf, um die letzte und entscheidende Hürde zu nehmen, nämlich den **Sprung vom ens necessarium zum ens realissimum**, dann zieht das Scheitern des letzeren auch das Versagen des ersteren nach sich (vgl. Kant: KrV, A603–614).

4.2.3 Das teleologische Argument

Im Unterschied zum kosmologischen Argument geht das teleologische von einer näher bestimmten Beschaffenheit des Universums aus, nämlich von seiner Komplexität und Zielgerichtetheit. Das Argument hat eine lange Geschichte, die bis in die Antike zurückreicht (vgl. Barrow/Tipler 1986, S. 27–122). Seinen Höhepunkt erlebte es im 18. Jh. In einer Version beruht es auf einem **Analogieschluß**, dem die Prämisse zugrunde liegt, daß ähnliche Wirkungen auch ähnliche Ursachen haben. Die Ähnlichkeiten bestehen zwischen einem menschlichen Artefakt einerseits und der Welt im ganzen andererseits. So wie von einem menschlichen Artefakt, z.B. einer Uhr (vgl. Paley 1963), als einem komplexen und zielgerichteten Gegenstand auf einen intelligenten Planer als Urheber geschlossen wird, so lasse sich von der Welt im ganzen auf einen **göttlichen Planer und Schöpfer** schließen. Die Welt, verstanden als Summe zweckmäßig angeordneter und handelnder Systeme, verlangt nach einer zweck- bzw. absichtsvoll handelnden Ursache. Diese Ursache ist nicht in der Welt selbst zu finden, sondern nur außerhalb der Welt, d.h. in Gott. Kurz: Die Ordnung der Welt verlangt nach einem Plan, und der Plan verlangt wiederum nach einem Planer.

Die klassische Kritik des teleologischen Arguments findet sich in Humes *Dialogen über natürliche Religion* (vgl. Gaskin 1978, S. 9ff.). Humes Einwänden liegt die

Überzeugung zugrunde, daß die menschliche Erfahrungsbasis so unvollständig und begrenzt ist, daß sich keine fundierte Hypothese im Hinblick auf den Ursprung der Gesamtheit aller Dinge, d.h. des Universums, aufstellen läßt (vgl. Hume: *Dialoge*, S. 71). Im einzelnen kritisiert Hume folgende Aspekte des teleologischen Arguments:

(1) Der Schluß von der Ordnung des Universums auf Gott als dessen Ursache kann Gott nur jenes Maß an Macht, Intelligenz und Güte zuschreiben, das aus der uns bekannten Wirkung, nämlich dem Universum, ableitbar ist. Aufgrund des Prinzips, aus ähnlichen Wirkungen auf ähnliche Ursachen zu schließen, kann man von einem endlichen Universum (= Wirkung) nicht auf einen unendlich vollkommenen Schöpfer (= Ursache) schließen (vgl. ebd., S. 56).
(2) In eine ähnliche Kerbe schlägt folgender Einwand: Wenn das Design-Argument gültig wäre, dann wäre die Existenz des natürlichen Übels zwar kein Einwand gegen die Behauptung der Macht und Weisheit Gottes, wohl aber ein Einwand gegen die moralischen Eigenschaften (der Güte, Liebe usw.), die Gott in den theistischen Religionen beigemessen werden (vgl. ebd., S. 98ff.).
(3) Nur wenn erkannt wurde, daß zwei Arten von Gegenständen immer als Ursache und Wirkung miteinander verbunden sind, kann man den einen Gegenstand (Wirkung) aus dem anderen (Ursache) folgern. Von einer schlechthin einmaligen bzw. singulären Wirkung, die keiner bekannten Art zugeordnet werden kann, läßt sich daher nicht auf die Ursache schließen. Das Universum ist aber definitionsgemäß singulär (vgl. ebd., S. 30f.).
(4) Die Analogie zwischen den uns bekannten Gegenständen bzw. Artefakten, die sich einer bewußten Planung verdanken, und den natürlichen Gegenständen ist zu schwach, um daraus auf ähnliche Ursachen schließen zu können. In vielerlei Hinsicht ähnelt das Universum eher einem natürlichen Organismus als einem menschlichen Artefakt (vgl. ebd., S. 73f.).
(5) Wenn eine (transzendente) Intelligenz erforderlich ist, um die Ordnung in der Natur zu erklären, dann müßte eigentlich auch diese Intelligenz erklärt werden. Wenn wir aber bei dieser Intelligenz haltmachen und nicht nach früheren Ursachen weitersuchen, stellt sich die Frage, warum wir überhaupt so weit gegangen sind und nicht bei der materiellen Welt haltgemacht haben (vgl. ebd., S. 50).
(6) Es wäre durchaus plausibel und zur Erklärung der Ordnung auch ausreichend, wenn man ein ewiges, innerweltliches Ordnungsprinzip annehmen würde (wie z.B. Gravitation). Dann wäre das Design-Argument aber in religiöser Hinsicht völlig unbrauchbar. Es wäre auch ein System, ein Ordnungsprinzip der Dinge denkbar, das die Materie in ständiger Bewegung hält und dabei über unendlich lange Zeiträume hinweg einmal zufällig geordnete Strukturen hervorbringt (vgl. ebd., S. 77ff.).

Was zur Komplettierung von Humes Kritik noch fehlte, war eigentlich nur eine wissenschaftlich plausible und respektable Theorie, die dazu in der Lage war, die Entstehung von Ordnung rein wirkursächlich zu erklären, also ohne den Rückgriff auf einen planenden Urheber. Hume hatte die Möglichkeit einer solchen Theorie erwogen, ansonsten aber eher die ›Logik‹ des teleologischen Arguments kritisiert (vgl. Dawkins 1990, S. 18f.). Erst der Darwinismus stellte dann die entsprechende wissenschaftliche Theorie in Aussicht. Die Entdeckung erblicher Variationen und natürlicher Selektion versprach, die Vielfalt der Lebewesen und ihre Angepaßtheit an die Umwelt ausschließlich wirkursächlich zu erklären. Der Rückgriff auf einen intelligenten Planer, der sich all dies im voraus ausgedacht hatte, schien sich fortan zu erübrigen. Lange Zeit hatte es den Anschein, als habe der **Darwinismus** das teleologische Argument endgültig entkräftet. Bestätigt und verstärkt wurde dieser Eindruck durch die Entdeckung der genetischen und molekularbiologischen Gesetzmäßigkeiten der Entstehung und Fortpflanzung des Lebens.

Umso überraschender erscheint das gegenwärtige Comeback des teleologischen Arguments in Form des **anthropischen Prinzips** (vgl. Barrow/Tipler 1986). Ausgangspunkt ist dabei das Phänomen der **Feinabstimmung des Universums**. Darunter versteht man die Tatsache, daß die biologisch erklärbare Evolution des Lebens nur in einem Universum möglich war, dessen physikalische Parameter exakt aufeinander abgestimmt sein mußten. Das teleologische Argument wird gleichsam auf die physikalischen Voraussetzungen der Biologie zurückbezogen. Minimalste Abweichungen der betreffenden Parameter hätten zu Bedingungen geführt, die Leben unmöglich machen würden. Unter den unzähligen physikalisch möglichen Universen befindet sich nur ein winziger Bruchteil, möglicherweise sogar nur ein einziges Universum, in dem sich Leben und Menschsein entwickeln konnten. Diese physikalische Feinabstimmung erscheint im nachhinein als so extrem unwahrscheinlich, daß sie förmlich nach einer Erklärung schreit. Gott wäre nun eine solche Erklärung (vgl. Corey 1993, S. 202–286). Seine Intention, ein Universum zu erschaffen, in dem biologisches Leben und schließlich menschliches Bewußtsein entstehen konnten, könnte die Existenz der physikalischen Feinabstimmung erklären.

Solange **alternative Erklärungen der Feinabstimmung** zumindest denkbar bzw. nicht allzu abwegig sind, handelt es sich bei dieser Neuauflage des teleologischen Arguments um keinen deduktiv gültigen Beweis. Die Plausibilität der theistischen Erklärung hängt in diesem Fall davon ab, mit welchen naturalistischen Konkurrenten sie es zu tun hat. Als Konkurrenten bieten sich alle Theorien an, die von einer **Vielzahl von ›Welten‹** bzw. Universen ausgehen. Je größer die Zahl dieser ›Welten‹ wird, desto wahrscheinlicher wird es, daß sich darunter auch ein feinabgestimmtes Universum befindet. Auf diese Weise reduziert sich die Unwahrscheinlichkeit der Feinabstimmung und folglich auch die Notwendigkeit, auf einen ›Feinabstimmer‹ zu rekurrieren. Auf den ersten Blick erscheint die Annahme einer Vielzahl von ›Welten‹ bzw. Universen absurd, weil das Universum per definitionem alles – mit einer einzigen möglichen Ausnahme: Gott – umfaßt, was existiert, so daß es auch nur ein einziges Universum geben kann. Im Kontext einiger Hypothesen verliert die Rede von mehreren Universen allerdings diesen prima facie absurden Anschein. Eine solche Vielzahl nimmt beispielsweise die Theorie vom oszillierenden Universum an, wonach die Geschichte des Universums aus einer endlosen Abfolge von Singularitäten besteht, die in einem Urknall explodieren und ein Raum-Zeit-Kontinuum hervorbringen, das sich nach einer gewissen Zeit wieder zusammenzieht (vgl. Davies 1992, S. 50ff.). Nach einer anderen Alternative stellt das für uns überschaubare Universum nur einen Teil eines Super-Universums dar. Daß es sich bei diesem Teil um eine Insel der Ordnung in einem Meer von Chaos handelt, ist nicht weiter überraschend, da andernfalls niemand da wäre, dies festzustellen. Eine dritte Möglichkeit ist die Viele-Welten-Theorie, derzufolge eine Vielzahl physikalisch möglicher Universen, möglicherweise sogar alle, zwar nicht zeitlich nacheinander und auch nicht räumlich nebeneinander, aber gleichzeitig ›ineinander‹ existieren (vgl. Gribbin 1991, S. 250ff.).

Keine dieser Alternativen schließt den Rekurs auf eine theistische Erklärung aus. Jede kann aber deutlich machen, daß sich die »erstaunliche Feinabstimmung durchaus im naturalistischen Rahmen verstehen« läßt. »Es bedarf weder eines transzendenten Feinabstimmers noch eines neuplatonischen teleologischen Entwicklungsvermögens, um die erstaunlichen Koinzidenzen zu verstehen. Solange wir solche Denkmöglichkeiten zur Verfügung haben, besteht kein Grund zu der Annahme, daß es nicht in allen Ecken der Realität mit ›rechten Dingen‹ zugeht« (Kanitscheider 1993, S. 83). Somit dürften die Chancen des teleologischen Arguments auch in seiner neuen Variante nicht sonderlich gestiegen sein. Es kann das theistische Bekenntnis genauso wenig wie die anderen Argumente in einer Weise philosophisch beweisen, die es über jeden vernünftigen Zweifel erhebt.

4.2.4 Die induktive Deutung der Gottesbeweise

Im Gegensatz zu einem deduktiven Argument beweist ein induktives nicht die Wahrheit einer Konklusion. Es zeigt allenfalls, daß diese mehr oder weniger wahrscheinlich ist. Grundsätzlich lassen sich die traditionellen Gottesbeweise auch als induktive Argumente konstruieren. Als solche wären sie dann erfolgreich, wenn sie auf nachvollziehbare Weise zeigen würden, daß die Existenz Gottes wahrscheinlicher ist als die atheistische Position. Interpretiert jemand die Gottesbeweise als **induktiv gültige Argumente**, so will er damit natürlich nicht nur behaupten, daß es ihm subjektiv wahrscheinlicher *erscheint*, daß Gott existiert. Dies dürfte selbstverständlich sein, denn andernfalls würde er wohl kaum an Gott glauben. Er erhebt damit den Anspruch, zeigen zu können, daß dieser Glaube aus bestimmten intersubjektiv nachvollziehbaren Gründen wahrscheinlicher *ist*.

Eine brillante induktive Deutung der Gottesbeweise hat Richard Swinburne entwickelt (vgl. Swinburne 1987). Swinburne betrachtet den Glauben an Gott als Hypothese, die einen bestimmten Phänomenbereich erklären soll. Dieser Phänomenbereich besteht aus jenen Fakten, von denen auch die traditionellen aposteriorischen Gottesbeweise ausgingen, u.a. also aus den Tatsachen, daß überhaupt eine Welt existiert, daß diese Welt geordnet ist und Wesen mit Bewußtsein hervorbringen konnte. Hinzu kommen religiöse Erfahrungen und Wunderberichte. Die Bewertung der Wahrscheinlichkeit der theistischen Hypothese erfolgt mit Hilfe jener allgemeinen induktionslogischen Kriterien, die zur Beurteilung wissenschaftlicher Hypothesen herangezogen werden (vgl. Swinburne 1973). Swinburne greift zu diesem Zweck im wesentlichen auf das Bayessche Theorem zurück. Danach hängt die Wahrscheinlichkeit einer Hypothese von zwei Faktoren ab, ihrem **Erklärungswert und ihrer Ausgangswahrscheinlichkeit**.

Der Erklärungswert der theistischen Hypothese hängt davon ab, wie gut sie die Existenz des Phänomenbereichs erklären kann, d.h. wie wahrscheinlich das Vorliegen des betreffenden Phänomenbereichs wird, wenn die Hypothese stimmt, und wie wahrscheinlich, wenn sie nicht zutrifft. Wenn Gott existiert, dann hat er gute Gründe, ein Universum wie das unsere zu erschaffen, also ein geordnetes Universum, in dem sich Wesen mit Bewußtsein entwickeln können, in »dem Menschen und andere Geschöpfe reifen und ihrer Bestimmung gemäß leben können« (Swinburne 1994, S. 41). Insofern macht die theistische Hypothese diesen Phänomenbereich wahrscheinlich. Ihre naturalistische Konkurrentin schneidet diesbezüglich schlechter ab, denn für den Fall, daß das Universum einen Anfang hat, »kann die Wissenschaft nicht erklären, warum es einen Anfangszustand gab«, und für den Fall, daß das Universum bereits ewig existiert, »kann sie immer noch nicht erklären, warum es schon immer Materie gab (oder genauer: Materie-Energie), auf die die Naturgesetze faktisch einwirken konnten« (Swinburne 1994, S. 40). Gemessen am Erklärungswert hat die theistische Hypothese daher die besseren Karten.

Die Ausgangswahrscheinlichkeit einer Hypothese bemißt sich vor allem nach ihrer Einfachheit (vgl. Swinburne 1997), die in Swinburnes Argument eine entscheidende Rolle spielt.

> »Ohne das Kriterium der Einfachheit wäre die Wissenschaft völlig unfähig, auch nur einen Schritt über die beobachtbaren Daten hinaus zu gelangen. Denn man kann sich immer eine unbegrenzte Anzahl sehr unterschiedlicher Hypothesen vorstellen, die uns allesamt die Daten eher erwarten lassen, als wenn jede einzelne von ihnen nicht der Fall wäre. Ohne das Kriterium der Einfachheit gäbe es keine Möglichkeit, zwischen ihnen zu wählen« (Swinburne 1994, S. 38).

Swinburne geht davon aus, daß die Ausgangswahrscheinlichkeit der theistischen Hypothese hoch ist, weil sie deutlich einfacher ist als konkurrierende Alternativen. Zunächst führt die theistische Hypothese den gesamten einschlägigen Phänomenbereich auf eine einzige göttliche Person zurück. Außerdem handelt es sich dabei um eine »Person mit der einfachsten Beschaffenheit, die möglich ist«, nämlich um eine Person, deren Macht, Wissen und Freiheit unendlich sind (ebd., S. 40). – In seiner abschließenden Bewertung, in die vor allem die Glaubwürdigkeit religiöser Erfahrungen einfließt, kommt Swinburne zu dem Ergebnis, daß »es auf der Basis unseres gesamten Beweismaterials insgesamt wahrscheinlicher ist, daß es einen Gott gibt, als daß es ihn nicht gibt« (Swinburne 1987, S. 404). Die **Wahrscheinlichkeit der theistischen Hypothese** ist also alles in allem größer als 0.5 und somit natürlich größer als die Wahrscheinlichkeit ihrer naturalistischen Konkurrentin.

Die kritische Diskussion konzentriert sich vor allem auf zwei problematische Punkte: Zunächst scheint das gesamte Argument mit quantifizierbaren Wahrscheinlichkeitswerten zu operieren. Auch wenn es sich dabei nur um sehr grobe Angaben handelt, lassen sich die einschlägigen Größen, wie z.B. Erklärungswert und Ausgangswahrscheinlichkeit, kaum auf eine intersubjektiv nachvollziehbare Weise eingrenzen und rechtfertigen (vgl. Hick 1996, S. 124f.). Gleiches gilt dann demzufolge für die Gesamtwahrscheinlichkeit der theistischen Hypothese, die nichts anderes ist als das Produkt dieser beiden Größen. Wenn das Argument an dieser Stelle scheitert, dann entpuppt sich sein Anspruch, zeigen zu können, daß die theistische Hypothese wahrscheinlicher *ist*, letzten Endes doch wiederum als bloße Behauptung, daß sie wahrscheinlicher *erscheint*. Gleiches gilt natürlich auch für die atheistische Gegenposition, wie sie John L. Mackie gegen Swinburne vertritt:

> »Wie groß die Ausgangsunwahrscheinlichkeit der nackten, unerklärten Tatsache, daß es eine Welt gibt, auch sein mag, weitaus unwahrscheinlicher ist immer noch die theistische Behauptung, es gebe als nackte, unerklärte Tatsache einen Gott, der die Macht habe, eine Welt zu erschaffen« (Mackie 1985, S. 400).

Es bleibt unerfindlich, wie sich diese gegensätzlichen Einschätzungen der Wahrscheinlichkeit auf eine intersubjektiv nachvollziehbare Weise entscheiden lassen.

Der zweite kritische Punkt bezieht sich auf die angebliche Einfachheit der theistischen Hypothese und somit auf ihre Ausgangswahrscheinlichkeit. Unter der Voraussetzung, daß jede universale Erklärung auf ein letzten Endes nicht mehr weiter erklärbares *factum brutum* rekurrieren muß, stellt sich die Frage, warum das Prinzip der Einfachheit hier eindeutig ›Gott‹, nicht aber die ›Welt‹ favorisieren soll. Muß ein Gott, der eine komplexe Welt erschafft, nicht mindestens so komplex sein wie die von ihm erschaffene Welt? Richard Dawkins bejaht diese Frage:

> »[...] natürlich muß jeder Gott, der etwas so kompliziertes wie die DNS-Eiweiß-Replikationsmaschine entwerfen kann, selbst mindestens ebenso komlex und organisiert sein wie diese Maschine selbst. Noch bei weitem komplexer, wenn wir davon ausgehen, daß er zusätzlich auch noch derart fortgeschrittene Funktionen ausfüllen kann wie Gebete anhören und Sünden vergeben« (Dawkins 1990, S. 166).

Etwas ernsthafter, aber der Sache nach identisch kritisiert auch Quentin Smith die These der größeren **Einfachheit der theistischen Hypothese**: Aus atheistischer Sicht sei das Universum aus der Explosion einer Singularität entstanden. Diese Singularität sei das einfachste physikalische Objekt: Sie habe ein räumliches Volumen und eine zeitliche Ausdehnung von Null; ihre Dichte, Temperatur und Krümmung seien unendlich. Die Hypothese, wonach das vierdimensionale physikalische Universum aus dem einfachsten physikalischen Zustand entstand, sei wesentlich einfacher als die theistische Hypothese, die zu diesem physikalischen Zustand noch einen personalen Erklärungsfaktor hinzufügt.

> »Die atheistische Erklärung des Ursprungs des vierdimensionalen Universums postuliert Phänomene nur einer einzigen Art (physikalische Phänomene), während die theistische Erklärung dieses Ursprungs zweierlei Arten von Phänomenen postuliert (physikalische Phänomene und [...] personale Phänomene). Auf der Basis der Einfachheit siegt die Hypothese von einer Singularität, die im Urknall explodiert, über die Hypothese von einer Gottheit, die die Urknall-Explosion aus dem Nichts erschuf« (Smith 1993, S. 251).

Swinburnes Ansatz kann sicherlich zeigen, daß die theistische Hypothese die induktionslogischen Kriterien wissenschaftlicher Theorien erfüllen kann, daß es sich dabei also um eine *gute* Hypothese handelt. Er macht deutlich, inwiefern der Gottesbegriff einen Erklärungswert im Hinblick auf Phänomene besitzt, die ansonsten entweder naturalistisch erklärt oder als unerklärbar vorausgesetzt werden müssen. ›Gut‹ heißt aber nicht unbedingt ›besser‹! Zweifelhaft ist vor allem, ob damit auch schon der Nachweis einer intersubjektiv ausweisbaren höheren Wahrscheinlichkeit erbracht ist, ob sich also mit der induktiven Logik die **›religiöse Ambiguität‹** der Welt beseitigen oder überwinden läßt (Hick 1996, S. 125). Solange daran berechtigte Zweifel bestehen, ist davon auszugehen, daß die Gottesbeweise weder in ihrer deduktiven noch in ihrer induktiven Fassung die erwünschte Durchschlagskraft besitzen.

Damit stellt sich die Frage nach den Konsequenzen, die aus diesem negativen Befund für die Rationalität des theistischen Bekenntnisses resultieren. Es ist zu erwarten, daß es hier zu einer gleichsam spiegelbildlich verkehrten Neuauflage jener Situation kommt, die zu Beginn des kritischen Prozesses herrschte: Damals galt die theistische Position als über jeden vernünftigen Zweifel erhaben. Aus dieser Warte mußte der Atheismus als intellektuelle Fehlleistung erscheinen, deren Ursachen in einer moralischen Verkommenheit liegen. Nachdem die Stichhaltigkeit der Gottesbeweise nach und nach doch durch vernünftige Zweifel in Frage gestellt wurde, war es nur konsequent, die Frage zu stellen, ob nicht die theistische Position eine intellektuelle Fehlleistung darstellt, nach deren moralischen und anderweitigen Ursachen es sich zu fragen lohnt. Genau darin besteht nun das Programm der atheistischen Religionkritik.

4.2.5 Die Irrationalität des Gottesglaubens

Bertrand Russell (1872–1970) hielt »alle großen Religionen der Welt [...] sowohl für unwahr als auch für schädlich« (Russell 1968, S. 13). Auf die Frage, was er antworten würde, falls sich nach seinem Tod wider Erwarten herausstellte, daß Gott doch existiert, und Gott ihn fragte, warum er zu Lebzeiten nicht an ihn geglaubt habe, soll Russell geantwortet haben: »Not enough evidence, God! Not enough evidence!« (vgl. Plantinga 1983, S. 17f.). Der »Mangel an Beweisen«, mit dem Russell seinen Atheismus vor Gott rechtfertigen würde, hängt natürlich mit der Kritik der Gottesbeweise zusammen. Diese Kritik allein stellt auch im Falle ihres vollständigen Erfolgs keinen Einwand gegen die Existenz Gottes dar. Sie besagt nur, daß die philosophischen Gründe für den Glauben an die Existenz Gottes nicht zwingend oder überzeugend sind. Nur unter Hinzunahme weiterer Voraussetzungen wird aus der Kritik der Gottesbeweise ein Rechtfertigungsgrund für den Atheismus. Diese Voraussetzungen hängen mit einem bestimmten Verständnis von Rationalität zusammen.

Der Rationalitätsbegriff schillert. In diesem Kontext bezeichnet er ganz allgemein das Verhältnis einer Person zu ihren Überzeugungen, also zu dem, was sie für wahr oder richtig hält. Eine **Theorie der Rationalität** bestünde dann darin, die Bedingungen festzulegen, unter denen jemand eine Überzeugung auf rationale oder irrationale Weise akzeptiert. Werden diese Bedingungen mit der Beweisbarkeit der betreffenden Überzeugungen in Zusammenhang gebracht, dann resultiert aus der Kritik der Gottesbeweise ein gewichtiger Einwand gegen den Glauben an Gott. Alvin Plantinga hat diesen Einwand als ›evidentialistisch‹ bezeichnet und kritisiert. In Plantingas Formulierung besagt der Einwand, »daß der Glaube an Gott irrational, unvernünftig, rational inakzeptabel, intellektuell unverantwortlich oder irgendwie noetisch unter Niveau sei, weil [...] die Beweise dafür unzureichend sind« (Plantinga 1983, S. 17).

Die Wurzeln des zugrundeliegenden Rationalitätsverständnisses reichen bis in die Anfänge der abendländischen Philosophiegeschichte zurück. Das aristotelische Wissenschaftsverständnis orientierte sich am **Ideal apodiktischer Beweisbarkeit**, und die neuzeitliche Erkenntnis- und Wissenschaftstheorie ist ihm zumindest in diesem Punkt weitgehend gefolgt. Wird dieses wissenschaftsspezifische Erkenntnisideal zur allgemeinen Norm für die rationale Akzeptanz von Überzeugungen, dann wird daraus die Regel, die Zustimmung zu Geltungsansprüchen grundsätzlich nach dem Grad ihrer Beweisbarkeit oder Begründbarkeit zu bemessen. In diesem Sinn empfahl John Locke in seiner Schrift *Of the Conduct of the Understanding* (Über den richtigen Gebrauch des Verstandes),

> »daß man allen Meinungen gegenüber völlig unparteiisch bleiben und von keiner wünschen soll, sie möge wahr sein, noch versuchen soll, ihr diesen Anschein zu geben, sondern daß man sie gleichgültig annehmen muß und sie nur insoweit sich zu eigen machen darf, als sie evident ist; das allein bürgt für ihre Wahrheit. Wer sich daran hält, wer also gegen alle Ansichten gleichgültig bleibt und sich nur durch Evidenz bestimmen läßt, wird finden, daß sein Verstand immer scharf genug ist, um Evidenz und Nichtevidenz, Sicheres und Zweifelhaftes zu unterscheiden. Und wer nie zustimmt oder ablehnt, es sei

> denn nach diesem Grundsatz, der wird mit seinen Ansichten stets das Richtige treffen« (Locke: *Über den richtigen Gebrauch des Verstandes*, S. 80).

Einen ähnlichen Grundsatz vertrat auch David Hume: »Ein besonnener Mann bemißt [...] seinen Glauben nach der Evidenz« (Hume: *Eine Untersuchung über den menschlichen Verstand*, S. 130). Im 19. Jh. hat William K. Clifford diese Position auf die gleichermaßen prägnante wie radikale Formel gebracht, wonach es immer, überall und für jeden falsch sei, etwas aufgrund unzureichender Beweise zu glauben (vgl. Clifford 1879, S. 186).

Vor dem Hintergrund dieses Rationalitätsverständnisses läßt die Einsicht in das Scheitern der Gottesbeweise nur den Schluß zu, daß der Glaube an Gott keine rationale Position ist und daß Agnostizismus oder Atheismus den Vorzug verdienen.

Anthony Flew betrachtet es als geradezu ›skandalös‹, wenn jemand in Fragen auf Leben und Tod Erkenntnisse beansprucht, dafür aber entweder überhaupt keine Gründe hat oder nur solche Gründe, die er in anderen und weniger wichtigen Angelegenheiten als unzureichend einschätzen würde. Angesichts des Scheiterns der Gottesbeweise sei die ›**Präsumption des Atheismus**‹ gerechtfertigt:

> »Wenn gezeigt werden soll, daß es einen Gott gibt, dann müssen wir gute Gründe für die Annahme haben, daß dem auch tatsächlich so ist. Solange und sofern keine derartigen Gründe geliefert werden, haben wir buchstäblich überhaupt keinen Grund, daran zu glauben. In dieser Situation besteht die einzig vernünftige Position darin, entweder negativer Atheist oder Agnostiker zu sein« (Flew 1976, S. 22).

Die Beweislast ruht also auf seiten des Theisten. Er muß deutlich machen, was er unter dem Gottesbegriff versteht, und entsprechende Gründe vorlegen, die seine Behauptung, daß Gott existiert, unterstützen. Solange dies nicht gelingt, bleiben ›**negativer**‹ **Atheismus oder Agnostizismus** die vernünftigen Ausgangspositionen. Ein ›negativer Atheist‹ ist nach Flews Terminologie nicht jemand, der behauptet, Gott existiert nicht, sondern jemand, der einfach nicht an Gott glaubt (vgl. Flew 1976, S. 14).

Eine demgegenüber radikalisierte Position vertritt Michael Scriven, der wenig Sinn für Flews Differenzierung aufbringt. Für Scriven resultiert aus dem Scheitern der Gottesbeweise die rationale Verpflichtung zu einer dezidiert atheistischen Position. Es bedarf keiner direkten Argumente gegen die Existenz Gottes, um den obligatorischen Charakter des Atheismus zu erkennen. Allein die Tatsache, daß keine Argumente *für* die Existenz Gottes vorliegen, reicht aus, um behaupten zu können, daß Gott nicht existiert. »Wo keine Beweise vorliegen, lautet die angemessene Alternative nicht nur Glaubensenthaltung (*suspension of belief*), sondern Unglaube (*disbelief*)« (Scriven 1966, S. 103). Dies sei im Fall des Weihnachtsmanns nicht anders als im Fall Gottes.

4.2.6 Rationalität ohne Beweise?

Setzt man das Scheitern der sowohl deduktiv als auch induktiv interpretierten Gottesbeweise und die Gültigkeit des entsprechenden Rationalitätsverständnisses voraus, dann wird der ›evidentialistische‹ Einwand unabweislich: Der Glaube an Gott erscheint unter diesen Bedingungen zwangsläufig als irrational, illegitim oder unvernünftig. Eine Reihe religionsphilosophischer Ansätze lehnen diese Schlußfolgerung jedoch ab. Sie gehen zwar auch davon aus, daß die Frage nach der Existenz Gottes auf argumentativer Ebene tatsächlich unentscheidbar ist, behaupten aber, daß es trotzdem philosophisch legitim sei, auch ohne Beweise an Gott zu glauben. Folglich laboriert ihrer Ansicht nach der ›evidentialistische‹ Einwand an Mängeln oder Einseitigkeiten hinsichtlich seines Rationalitätsverständnisses.

Blaise Pascal (1623–1662) hat eines der bekanntesten Argumente zu einer Rechtfertigung des Glaubens an Gott ohne Beweise entwickelt. Das Argument ging als **Pascals Wette** in die Geschichte der Religionsphilosophie ein. Es geht davon aus, daß mit Hilfe der Vernunft weder erkennbar ist, *was* Gott ist, noch *ob* er ist. Wenn Gott existiert, ist er unendlich und daher für die menschliche Vernunft unbegreifbar. Nun muß sich der Mensch aber notwendig entscheiden, denn er muß entweder an Gott glauben oder diesen Glauben verweigern. Diese Entscheidung ist unausweichlich, weil eine Enthaltung in diesem Fall auf eine Entscheidung gegen Gott, d.h. auf Unglaube hinauslaufen würde. Die Situation gleicht einer *Wette*, bei der man setzen muß, ohne den Ausgang zu kennen. Wie bei jeder Wette gibt es auch hier einen Einsatz: Der Einsatz, der auf dem Spiel steht, ist das menschliche Leben: »Ihr habt zwei Dinge zu verlieren: das Wahre und das Gute, und zwei Dinge einzusetzen: Eure Vernunft und Euren Willen, Eure Erkenntnis und Eure Seligkeit« (*Gedanken*, S. 168f.). Pascal will nun zeigen, daß es auch angesichts der Ungewißheit des Ausgangs in gewisser Weise vernünftig oder, genauer gesagt, *klug* ist, auf die Existenz Gottes zu ›setzen‹, und zwar sowohl für den Fall, daß Gott existiert, als auch für den Fall, daß er nicht existiert. In beiden Fällen sei es besser oder klüger, an Gott zu glauben. Zur Begründung seiner These spielt Pascal die möglichen Szenarien durch: Wer auf die Existenz Gottes ›setzt‹, gewinnt die ewige Seligkeit, falls Gott existiert. Sein Gewinn ist also unendlich. Falls Gott nicht existiert, hat er immerhin noch ein anständiges Leben gewonnen:

> »Welches Übel wird Euch nun aber daraus erwachsen, wenn Ihr diesen Entschluß faßt? Ihr werdet getreu, redlich, demütig, dankbar, wohltätig, ein aufrichtiger, wahrer Freund sein [...] Freilich werdet Ihr ohne vergiftete Freuden sein, ohne Ruhm und Vergnügungen, doch habt Ihr dafür nicht andere Freuden? Ich sage Euch, daß Ihr dabei in diesem Leben gewinnt und daß Ihr bei jedem Schritt, den Ihr auf diesem Weg tut, die so große Gewißheit des Gewinns und die so große Nichtigkeit dessen, was Ihr aufs Spiel setzt, sehen werdet, daß Ihr schließlich erkennt, Ihr habt Euch bei der Wette für etwa Gewisses und Unendliches entschieden, wofür Ihr nichts hergegeben habt« (ebd., S. 171).

Wer nicht auf die Existenz Gottes ›setzt‹, verliert das ewige Leben, falls Gott existiert. Sein Verlust ist also unendlich groß. Falls Gott nicht existiert, hat er nichts verloren außer einem hedonistischen Leben. Daraus folgt: Wer an Gott glaubt, kann nur gewinnen, ob Gott nun existiert oder nicht. Wer nicht an Gott glaubt, kann entweder ein unendliches Gut verlieren, wenn Gott existiert, oder nichts gewinnen, wenn Gott nicht existiert. Anders formuliert: Wenn Gott existiert, gewinnt der Gläubige alles; wenn Gott nicht existiert, verliert der Gläubige nichts – oder fast nichts. Pascals Fazit lautet: »Wettet also, ohne zu zögern, daß er ist« (ebd., S. 169).

Pascals Wette hat zweifellos etwas für sich. Sie hat aber auch einige offensichtliche Probleme, die damit beginnen, daß die Entscheidungssituation wohl nicht so eindeutig ist, wie es unterstellt wird (vgl. Jordan 1994). Denn es geht nicht nur um die Frage, ob man an Gott glauben soll, sondern immer auch darum, an welchen Gott man glauben soll. Sobald mehrere theistische Optionen zur Auswahl stehen, bröckelt die Logik der Wette. Weitere Schwierigkeiten hängen mit der Vorstellung zusammen, daß Gott den Menschen in eine Situation stellt, die der einer Wette gleicht. Was wäre von einem Gott zu halten, der denjenigen mit dem ewigen Leben belohnt, der den Weg des geringeren Risikos geht, und denjenigen bestraft, der aufrichtig zweifelt?

Daß der grundsätzliche Ansatz von Pascals Wette in modifizierter Form durchaus sinnvoll ist, hat William James (1842–1910) gezeigt. Wie Pascal geht auch er von der rationalen Unbeweisbarkeit Gottes aus. Und im Anschluß an Pascal möchte auch er begründen, warum es dennoch vernünftig bzw. legitim ist, an Gott zu glauben (vgl. James 1968). Für James gibt es Entscheidungssituationen, in denen man sich eines Urteils enthalten sollte, solange keine rationalen Gründe für die Wahrheit der entsprechenden Überzeugungen vorliegen. Diese Regel gilt z.B. im wissenschaftlichen Bereich. Hier sollte man die Zustimmung aufschieben, bis sich die Beweislage verändert. Daneben gibt es allerdings auch Entscheidungssituationen, in denen man legitimerweise einer Überzeugung zustimmen darf, auch wenn die Beweislage unentscheidbar ist. Diese zweite Regel findet unter folgenden Voraussetzungen Anwendung:

(1) Es muß sich um eine **lebendige** Option handeln; d.h. um eine Option mit unmittelbaren praktischen Konsequenzen.
(2) Es muß sich um eine **unvermeidbare** Option handeln, d.h. man muß sich entscheiden, weil auch die Verweigerung eine gewisse Entscheidung darstellen würde, weil also eine neutrale Enthaltung in diesem Fall gar nicht möglich ist.
(3) Es muß sich um eine **wichtige** Option handeln; d.h. durch die Zustimmung läßt sich ein wichtiges Gut gewinnen, durch die Verweigerung der Zustimmung hingegen verlieren.

Aufgrund der rationalen Unentscheidbarkeit geht man in solchen Situationen natürlich ein Risiko ein, weil man sich irren könnte. Die erste Regel verbietet eine Entscheidung, weil sie primär darauf zielt, Irrtümer zu vermeiden. Die zweite Regel erlaubt es hingegen, das Risiko des Irrtums in Kauf zu nehmen, um eine möglicherweise wahre Überzeugung zu bejahen. Eine Regel, die letzteres grundsätzlich ausschließt, kann keine uneingeschränkte Geltung beanspruchen.

Was könnte nun dazu veranlassen, die zweite Regel anzuwenden und ein derartiges Risiko einzugehen? James behauptet, daß man sich in theoretisch unentscheidbaren Situationen häufig in Entsprechung zu seinen Leidenschaften (*passional nature*) bzw. zu seinen Wünschen entscheide und daß derartige Entscheidungen auch völlig legitim seien. Unter den genannten Bedingungen resultiere aus dem Willen oder dem Bedürfnis, an Gott zu glauben, auch das Recht dazu. An diesem Punkt kommt James zu einem ähnlichen Ergebnis wie Pascal: Wenn das religiöse Bekenntnis wahr und die Beweislage trotzdem unzureichend ist, dann sollte man auf keinen Fall seine einzige Gewinnchance vertun. Diese Chance hängt aber von der Bereitschaft ab, ein Risiko einzugehen. Und dieses Risiko besteht darin, so zu entscheiden, als ob mein leidenschaftliches Bedürfnis, die Welt religiös zu deuten, richtig ist (vgl. James 1968, S. 27).

Der Standardeinwand gegen James' Argument besagt, es laufe auf die **Legitimierung des Wunschdenkens** hinaus. Solange keine Beweise vorliegen, könne man glauben, was man wolle. In diese Kerbe schlägt auch die Kritik Bertrand Russells, der James' Position folgendermaßen karikiert: James will, daß die Menschen glücklich sind, und wenn sie der Glaube an Gott glücklich macht, dann soll man sie halt glauben lassen (vgl. Russell 1955, S. 846). John Hick hat sich diesem Einwand angeschlossen. Gleichzeitig geht er aber auch davon aus, daß James in gewisser Hinsicht auf dem richtigen Weg war. Er war dies in zweifacher Hinsicht: Zum einen ist die Welt auch für Hick ambivalent, insofern sie sowohl religiös als auch naturalistisch interpretiert werden kann. Zum anderen kann ein religiöses Bekenntnis auch ohne hinreichende Beweisgrundlage durchaus legitim sein. Diesbezüglich steht Hick in einer Reihe mit Pascal und James. Problematisch war allerdings, daß James die Legitimation unbeweisbarer Überzeugungen bzw. das ›Recht zu glauben‹ auf den Wunsch gründete, sie mögen wahr sein. Hick will sie dagegen auf die religiöse Erfahrung gründen.

> »Der Schwachpunkt seiner Position, wie er sie selbst darlegt, ist, daß wir damit alles glauben dürften, was wir zu glauben hinreichend geneigt sind, sofern die betreffende Frage noch nicht schlüssig geklärt ist. Wenn man *möchte,* daß eine unbeweisbare Aussage wahr ist, dann wäre es James zufolge gerechtfertigt, hieran zu glauben. Dies wäre allerdings ein Freibrief zum Wunschdenken. Ich würde aber sagen, daß man James' zentrale Erkenntnis unter Vermeidung dieser inakzeptablen Konsequenz beibehalten kann, wenn man an die Stelle des bloßen Wunsches, eine unbewiesene und unwiderlegte Behauptung zu glauben, die bezwingende religiöse Erfahrung setzt. James' grundlegendes Argument wird dann zu einem Argument für unser Recht, unserer eigenen religiösen Erfahrung zu trauen und diese zum Anlaß zu nehmen, auch den Erfahrungen der großen religiösen Gestalten zu vertrauen« (Hick 1996, S. 250).

Hicks Programm einer »Legitimation religiöser Überzeugungen aufgrund religiöser Erfahrungen« scheint auf den ersten Blick ähnliche Schwächen aufzuweisen wie James' ›will to believe‹: Insofern zwischen allen religiösen Überzeugungen und entsprechenden Erfahrungen ein Zusammenhang herstellbar ist, scheint in beiden Fällen *zu viel* legitimiert zu werden. In diesem Punkt scheint der Wunsch, etwas zu glauben, nicht wesentlich wählerischer als die religiöse Erfahrung zu sein. Könnte es nicht gleichermaßen rational sein, an Gott wie an Hexen oder Dämonen zu glauben? Korrelieren nicht auch den aberwitzigsten religiösen Vorstellungen entsprechende ›Wünsche‹ und ›Erfahrungen‹? James und Hick haben in ihre Legitimationstheorien Einschränkungen eingebaut, die einer solchen Ausweitung vorbeugen sollen. Bei Hick besagt diese Einschränkung, es sei rational, den eigenen oder fremden Erfahrungen zu vertrauen, solange keine einschlägigen Gründe dagegen sprechen. Damit verschiebt sich die Bedeutung des Rationalitätsbegriffs. Entscheidend sind nun nicht mehr die Gründe oder Beweise, die *für* eine bestimmte Überzeugung sprechen; entscheidend werden vielmehr eventuelle Gegeneinwände. Nicholas Wolterstorff hat dieses Rationalitätsverständnis als ›**innocent-until-proved-guilty principle**‹ bezeichnet: Danach sei es rational gerechtfertigt, eine Überzeugung zu akzeptieren, solange keine entsprechenden Gründe bekannt sind, diese Überzeugung aufzugeben. »Our beliefs are rational unless we have reason for refraining; they are not nonrational unless we have reason *for* believing« (Wolterstorff 1983, S. 163).

Das veränderte Verständnis von Rationalität macht den Ausgang der Frage nach der Rationalität des theistischen Bekenntnisses von den atheistischen Einwänden gegen den Glauben an Gott abhängig, also davon, inwiefern es der theistischen Position gelingt, diese Einwände zu beantworten, zu parieren oder als gegenstandslos zu qualifizieren. Folglich steht jetzt die Sichtung und Diskussion dieser Einwände an.

4.3 Die natürliche Genese des Gottesglaubens

Sprechen keine rationalen Beweise für die Existenz Gottes, so liegt es nahe, die Entstehung des theistischen Bekenntnisses auf andere Weise zu rekonstruieren. »First you look for reasons, but where there are no reasons you look for causes« (Moreland/Nielsen 1990, S. 81). Ein Grundanliegen der Religionskritik bestand von Anfang an darin, die Entstehung der Religion auf rein natürliche Weise zu erklären, also ohne Rückgriff auf jene Entitäten, die nach religiösem Selbstverständnis für die Entstehung der Religion verantwortlich sind. Bereits in der Antike gab es Versuche, die Entstehung des Glaubens an Götter auf diese Weise zu erklären (vgl. Fahr 1969, S. 85–102). In der Neuzeit wurden diese Theorien wieder ausgegraben und durch neue und immer ausgeklügeltere ergänzt oder ersetzt. Die religionskritische Programmatik dieser Entstehungstheorien hat Friedrich Nietzsche (1844–1900) prägnant auf den Punkt gebracht:

> »Ehemals suchte man zu beweisen, dass es keinen Gott gebe, – heute zeigt man, wie der Glaube, dass es einen Gott gebe, *entstehen* konnte und wodurch dieser Glaube seine Schwere und Wichtigkeit erhalten hat: dadurch wird ein Gegenbeweis, dass es keinen Gott gebe, überflüssig« (*Morgenröthe*, § 95).

Die Durchführung dieses Programms hat zu verschiedenen Entstehungstheorien geführt, die allesamt den Anspruch erheben, den überirdischen Schleier, der die Religion umgibt, gelüftet zu haben. Was dabei nach Ansicht der Kritiker zum Vorschein kam, war eine durch und durch menschliche, ja eine nur allzumenschliche Angelegenheit.

4.3.1 Naturalistische Entstehungstheorien

Der erstmals um 1700 sicher bezeugte und anonym verfaßte *Traité des trois imposteurs* ist einer der ältesten dezidiert atheistischen Texte der aufklärerischen Religionskritik. Als Ursachen des Gottesglaubens nennt der Text die Unwissenheit über die wahren Ursachen der Naturereignisse und die damit zusammenhängende Furcht der Menschen. Diese Furcht ließ sich durch die Erfindung von Göttern eindämmen, denn durch deren Anrufung konnte man sich Hilfe in der Not sowie ein günstiges Schicksal erhoffen. Den weiteren Fortbestand der religiösen Hirngespinste erklärt dann das Herrschaftsinteresse jener, die von der Verbreitung religiöser Ideen profitieren (vgl. Anonymus 1992, S. 19).

Die zentralen Elemente ›Furcht‹ und ›Unwissenheit‹ spielen auch in dem 1757 erschienenen Werk *The Natural History of Religion* von David Hume eine zentrale Rolle. Entgegen dem damaligen deistischen Trend versucht Hume zu zeigen, daß nicht der Monotheismus, sondern der Polytheismus bzw. die Idolatrie am Anfang der Religionsgeschichte stand (vgl. Hume: *The Natural History*, S. 310). Die Religion habe sich im Laufe der Menschheitsgeschichte aus primitiven Anfängen entwickelt. An ihrem Ursprung stand nicht die menschliche Vernunft; auch nicht die Suche nach Wahrheit oder die spekulative Neugierde. Dies oder etwas Ähnliches hatten die Deisten angenommen. Für Hume war die Religion auf dem Boden von Unwissenheit und Furcht entstanden (vgl. ebd., S.317). Aufgrund der Unwissenheit über die Ursachen der Naturabläufe wuchs die Angst um das zukünftige Wohlergehen. Diese Angst bewog die Menschen dazu, an unsichtbare Mächte zu glauben. Mit Hilfe dieser Mächte erklärten sie sich die natürlichen Vorgänge; an diese Mächte konnten sie sich auch mit ihren Bitten um Hilfe und Schutz wenden. Erst ganz allmählich habe sich dann aus diesen Anfängen der Monotheismus entwickelt. Auch diese Entwicklung hin zum Monotheismus bewertete Hume nicht als reinen Fortschritt: Unter anderem habe sich der Glaube an mehrere Götter wesentlich toleranter verhalten als die monotheistischen Religionen (vgl. ebd., S. 337f.).

Humes Entstehungstheorie macht die Religion zu einer ganz und gar menschlichen Angelegenheit. Weder etwas Geheimnisvolles noch etwas Übernatürliches ist notwendig, um die Entstehung der Religion und des Gottesglaubens zu erklären. Vernünftige Überlegungen und Schlußfolgerungen scheinen ebensowenig eine Rolle gespielt zu haben. Als **rein menschliche Angelegenheit** hatte die Religion auch Anteil an den Absurditäten, an den Ungereimtheiten, an den Gemeinheiten und Grausamkeiten des Menschlich-Allzumenschlichen:

> »Welch vornehmes Privileg der menschlichen Vernunft ist es, die Erkenntnis des höchsten Wesens zu erreichen und dazu fähig zu sein, von den sichtbaren Werken der Natur auf ein so erhabenes Prinzip wie einen höchsten Schöpfer zu schließen. Aber, schau auf die Rückseite der Medaille! Betrachte die meisten Völker und die meisten Epochen. Überprüfe die religiösen Grundsätze, die tatsächlich in der Welt vorherrschten. Du wirst kaum zu der Überzeugung gelangen, daß es sich dabei um etwas anderes handelt als um die Träume kranker Menschen. Du wirst sie vermutlich eher als Verrücktheiten von Affen in menschlicher Gestalt beurteilen denn als ernstzunehmende positive dogmatische Behauptungen eines Wesens, das sich selbst mit dem Ehrentitel ›rational‹ schmückt« (ebd., S. 362).

Für Hume ging es bei der Entstehung und Entwicklung der Religionen ausschließlich um den Menschen, um seine Ängste und vor allem um seine Unwissenheit: »*Ignorance is the mother of Devotion*«. Hume zog am Schluß seiner Untersuchung keine atheistischen Konsequenzen, sondern riet zu Vorsicht und Urteilsenthaltung in religiösen Angelegenheiten (ebd., S. 363). Seine Entstehungstheorie lag aber ganz und gar auf der Linie der atheistischen Religionskritik, wie sie in dem 1770 – unter einem Pseudonym – erschienenen *Système de la nature* vertreten wurde. Sein wahrer Verfasser, Paul Thiry d'Holbach (1723–1789), radikalisierte und systematisierte die atheistischen Argumente und antireligiösen Vorwürfe seiner Zeit. Wie in einer Ouvertüre klingen im *System der Natur* nahezu sämtliche Motive an, die von der Religionskritik des 19. und 20. Jhs. aufgegriffen und auf unterschiedliche Weise entfaltet wurden: Die Aufdeckung der natürlichen Entstehungsbedingungen der Religion (vgl. d'Holbach: *System der Natur*, S. 448) findet sich ebenso wie die massive Kritik an den verheerenden Auswirkungen des Gottesglaubens in der Menschheitsgeschichte (vgl. ebd., S. 459). D'Holbach kritisiert die Widersprüchlichkeit des Gottesbegriffs, der unvereinbare Attribute enthalte (vgl. ebd., S. 446f.) und sowohl Erfahrung als auch Vernunft widerspreche (vgl. ebd., S. 87). Schließlich klingt auch der Verdacht an, daß der Gottesbegriff letzten Endes sinnlos sei (vgl. ebd., S. 595).

In Deutschland trat im 19. Jh. Ludwig Feuerbach (1804–1872) mit dem vehement erhobenen Anspruch auf, das Geheimnis der (zunächst nur christlichen) Theologie endgültig gelüftet zu haben. Dieses Geheimnis war die Anthropologie (vgl. Feuerbach: *Das Wesen des Christentums*, S. 250). Feuerbachs zentrale christentumskritische These lautet in der an Hegelsche Terminologie angelehnten Formulierung: »Das Bewußtsein Gottes ist das Selbstbewußtsein des Menschen, die Erkenntniss Gottes die Selbsterkenntniss des Menschen« (ebd., S. 15). Diese zunächst kryptisch wirkende These besagt: Die Eigenschaften bzw. Prädikate, die der christliche Glaube irrtümlicherweise Gott zuschreibt, wie z.B. Wille, Verstand, Bewußtsein usw., sind in Wirklichkeit Eigenschaften des Menschen. Die göttlichen Prädikate sind nichts anderes als **Anthropomorphismen** (vgl. ebd., S. 21). Diese Prädikate sind aber deshalb nicht schon irreal. Feuerbach möchte durchaus an ihnen festhalten, weil sie seines Erachtens eine bleibende Bedeutung haben, auch wenn das religiöse Subjekt dieser Prädikate, nämlich Gott, nicht existiert, sondern ein bloßes Phantasieprodukt ist. Das wirkliche Subjekt dieser Prädikate ist der Mensch. Der Gottesglaube entstand dadurch, daß diese Prädikate irrtümlicherweise Gott zugeschrieben bzw. auf Gott projiziert wurden. In diesem Sinn lautet die adäquate Übersetzung religiöser Rede: Gott ist nicht die Liebe, sondern die Liebe ist göttlich; Gott ist nicht die Güte, sondern die Güte ist göttlich, usw. (vgl. ebd., S. 74).

Bleibt noch zu klären, wie es überhaupt dazu kommen konnte, diese Prädikate einem imaginären göttlichen Wesen zuzuschreiben. Wie kam der Mensch auf den irrigen Gedanken, sein eigenes Wesen auf einen fiktiven Gott zu projizieren? Dabei handelt es sich um die Frage nach dem eigentlichen Entstehungsgrund der Religion. Feuerbachs Antwort lautet: Der **Entstehungsgrund der Religion ist die Selbstliebe des Menschen**. Die Religion wurzelt im egoistischen Wunschdenken. Der einzelne Mensch erfährt sich faktisch als abhängig, d.h. als endlich, unvollkommen, sterblich, begrenzt und ohnmächtig. Dies erweckt in ihm den Wunsch nach Vollkommenheit bzw. Glückseligkeit. Gott wird nun offenbar gerade als dasjenige Wesen gedacht, das alles, was der Mensch sein will, aber gerade nicht sein kann, besitzt. Gott wird als unendlich, vollkommen, ewig, allmächtig usw. gedacht. Das religiöse Wunschdenken kommt nun dadurch zu seinem Ziel, daß es Gott als dasjenige Wesen denkt, das die Wünsche und Sehnsüchte des Menschen erfüllen kann. Denn alles, was der Mensch sein will, aber offenbar nicht sein kann, wird ihm durch Gott zuteil. Somit bezweckt der Mensch mittels der Gottesidee eigentlich nur die Erfüllung seiner eigenen egoistischen Wünsche, indem er sich deren Erfüllung von Gott her erhofft. Denn in der Vorstellung der Gläubigen ist Gott alles, was er ist, *nur* für den Menschen. Durch die Projektion Gottes kompensiert der Mensch seine eigene Unvollkommenheit. Aus diesem Grund ist Gott nichts anderes als die befriedigte Selbstliebe des Menschen (vgl. ebd., S. 236f.).

Beide Argumentationslinien stehen in einem offensichtlichen Widerspruch zueinander: Wie kann das wahre Wesen der Religion darin bestehen, daß der Mensch das eigentliche Subjekt der göttlichen Prädikate ist, während gleichzeitig die Entstehung der Religion mit der Unvollkommenheit und Begrenztheit des Menschseins erklärt wird? Die Auflösung dieses Widerspruchs bildet den letzten Mosaikstein in Feuerbachs Entstehungstheorie des Christentums. Der Widerspruch löst sich dadurch auf, daß **der Mensch als Individuum unvollkommen, als Gattung aber göttlich** ist. Die ebenso emphatische wie kryptische Rede von der Gattung scheint nichts anderes als das Miteinander der Menschen zu meinen: Der Mensch ist für den Menschen Gott, die »Einheit von Ich und Du [...] ist Gott« (Gagern 1970, S. 255).

In der Schrift *Das Wesen der Religion* und in den *Vorlesungen über das Wesen der Religion* komplettiert Feuerbach seine Christentumskritik durch eine **Entstehungstheorie der vorchristlichen Religion**, worunter er die Naturreligionen versteht. Den Erklärungsgrund liefert jetzt nicht mehr der Mensch, sondern die Natur, als deren Teil der Mensch zu verstehen ist. Die vormalige These »Theologie ist Anthropologie« wird dementsprechend ergänzt durch »[...] und Physiologie«(Feuerbach: *Vorlesungen*, S. 26). Die göttlichen Prädikate werden demzufolge als **Prädikate der Natur** dechiffriert:

> »Die Existenz der Natur gründet sich nicht, wie der Theismus wähnt, auf die Existenz Gottes, nein! umgekehrt: die *Existenz Gottes* oder vielmehr der Glaube an seine Existenz *gründet sich* nur auf die *Existenz der Natur*« (Feuerbach: *Das Wesen der Religion*, S. 440).

Als Motiv der Projektion rückt das Abhängigkeitsgefühl von der Natur in den Mittelpunkt (vgl. Feuerbach: *Vorlesungen*, S. 31ff.). Die formale Argumentation verändert sich allerdings nicht: Wiederum erfolgt die Rettung der religiösen Prädikate durch die Findung eines neuen Subjekts; wiederum werden die Projektionsmechanismen und ihre Motive psychologisch erklärt.

Im kritischen Anschluß an Feuerbach haben auch Karl Marx (1818–1883) und Friedrich Engels (1820–1895) eine Theorie über die Entstehung der Religion entwikkelt: Religion ist danach ein **Teil des ideologischen Überbaus.** Zunächst besagt dies, daß die ideologischen Phänomene ein gesellschaftliches und nicht – wie bei Feuerbach – einfach nur ein menschliches Produkt sind (vgl. Marx: *Thesen über Feuerbach*, S. 7). Dementsprechend heißt es in der 6. These über Feuerbach: »Feuerbach löst das religiöse Wesen in das *menschliche* Wesen auf. Aber das menschliche Wesen ist kein dem einzelnen Individuum innewohnendes Abstraktum. In seiner Wirklichkeit ist es das ensemble der gesellschaftlichen Verhältnisse« (ebd., S. 6). Im ideologischen Überbau spiegeln sich die gesellschaftlichen Herrschaftsverhältnisse wider, die ihrerseits von den ökonomischen Bedingungen abhängen. Wird das Bewußtsein als Reflex oder Epiphänomen des gesellschaftlichen Seins betrachtet, dann sind die herrschenden Gedanken nichts anderes als die Gedanken der Herrschenden (vgl. Marx/Engels: *Deutsche Ideologie*, S. 46). Diesen Zusammenhang habe Feuerbach übersehen: »Feuerbach sieht [...] nicht, daß das ›religiöse Gemüt‹ selbst ein gesellschaftliches Produkt ist und daß das abstrakte Individuum, das er analysiert, einer bestimmten Gesellschaftsform angehört« (Marx: *Thesen über Feuerbach*, S. 7). Im Unterschied zur Ideologiekritik des 18. Jhs. wird der herrschenden Klasse aber kein gezieltes und bewußtes Betrugsinteresse unterstellt. Der ideologische Überbau spiegelt die materielle Verhältnisse auf eine wesentlich sublimere Weise wider, so daß durchaus auch die Herrschenden dem ideologischen Schein erliegen. Die marxistische Theorie tritt mit dem Anspruch auf, dessen Entstehungsgesetze und den dadurch erzeugten **Verblendungszusammenhang** zu erklären (vgl. Kolakowski 1981, S. 175ff.).

Die eigentliche Ursache der religiösen Ideologie ist die gesellschaftliche Entfremdung oder das gesellschaftliche Elend. Insofern ist die Religion Ausdruck des menschlichen Elends und nicht – wie bei Feuerbach – dessen eigentliche Ursache:

> »Die Religion ist der Seufzer der bedrängten Kreatur, das Gemüt einer herzlosen Welt, wie sie der Geist geistloser Zustände ist. Sie ist das *Opium* des Volkes [...] Die Religion ist nur die illusorische Sonne, die sich um den Menschen bewegt, solange er sich nicht um sich selbst bewegt« (Marx: *Zur Kritik der Hegelschen Rechtsphilosophie*, S. 378f.).

Die Religionskritik manifestiert sich daher folgerichtig als Kritik jener Welt, deren ideologischer ›Ausdruck‹ die Religion ist. Deshalb setzt die Religionskritik – wie jede Ideologiekritik – nicht direkt bei der Religion selbst an, sondern bei der gesellschaftlichen Wurzel des wirklichen Elends: »Der Kampf gegen die Religion ist also mittelbar der Kampf gegen *jene* Welt, deren geistiges *Aroma* die Religion ist«. »Die Kritik der Religion ist also im Keim die Kritik des Jammertales, dessen Heiligenschein die Religion ist.« »Die Kritik des Himmels verwandelt sich damit in die Kritik der Erde, die Kritik der Religion in die Kritik des Rechts, die Kritik der Theologie in die Kritik der Politik« (ebd., S. 378f.).

Die Maxime lautet hier deshalb nicht wie bei Feuerbach: zuerst Überwindung der Religion – dann Humanisierung des Menschen; sondern umgekehrt: zuerst Humanisierung der Verhältnisse – dann erfolgt quasi von selbst die Aufhebung der Religion. Die kommunistische Veränderung der ökonomischen Grundlagen der Gesellschaft wird dazu beitragen, daß die Religion von selbst abstirbt. Das Volk wird kein ›Opium‹ mehr benötigen, d.h. keinen jenseitigen Trost, keine Rechtfertigung der Unrechtsverhältnisse, keine moralische Sanktion des Elends.

Friedrich Nietzsches Christentumskritik läßt sich ebensowenig wie sein gesamtes Denken auf einen einfachen Nenner bringen (vgl. Kaufmann 1988). Er ›verkündigt‹ den Tod Gottes eher, als ihn durch Argumente zu ›begründen‹. Nicht mehr »Gründe«, sondern »unser Geschmack« spreche gegen das Christentum (*Die fröhliche Wissenschaft*, n. 132). Den Atheismus vertritt er »aus Instinkt« (*Ecce homo*, II, n. 1). Trotz aller Verachtung und allen Hasses, mit dem Nietzsche das Christentum bekämpft und beschimpft, zeichnet sich sein Atheismus durch ein unvergleichliches Gespür für den Verlust aus, den der Tod Gottes nach sich zieht (vgl. ebd., III, n. 125). Während Feuerbach, Marx und Engels das Heraufkommen des Atheismus uneingeschränkt begrüßen, scheint sich bei Nietzsche in seinen Haßtiraden auch so etwas wie Trauer und Beklommenheit über den Verlust Gottes einzumischen.

Wie seine Vorgänger hält auch Nietzsche genetische Rekonstruktionsversuche parat. Religion eigne sich einerseits hervorragend als »Züchtigungs- und Erziehungsmittel« in der Hand der Herrschenden (*Jenseits von Gut und Böse*, n. 62). Den Beherrschten gibt die Religion

> »eine unschätzbare Genügsamkeit mit ihrer Lage und Art, vielfachen Frieden des Herzens, eine Veredelung des Gehorsams, ein Glück und Leid mehr mit Ihres-Gleichen und Etwas von Verklärung und Verschönerung, Etwas von Rechtfertigung des ganzen Alltags, der ganzen Niedrigkeit, der ganzen Halbthier-Armuth ihrer Seele« (ebd., n. 61).

Andererseits jedoch kann die Religion auch aus dem gegenteiligen Effekt erklärt werden: »[...] in der Gesamt-Abrechnung gehören die bisherigen, nämlich *souveränen* Religionen zu den Hauptursachen, welche den Typus ›Mensch‹ auf einer niedrigeren Stufe festhielten« (ebd., n. 62). In diesem Fall bilden *décadence* bzw. *ressentiment* die Wurzeln, aus denen heraus der Gottesgedanke entstand. Die entscheidenden Motive sind die Angst vor dem Leben, die **Lebensverneinung** und die **Schwachheit der Lebensuntüchtigen**, die ›Gott‹ erfunden haben, um alles Starke am Boden zu halten. Eine wichtige Rolle spielt dabei die Erfindung der ›Sünde‹. Sie führt dazu, daß sich das Starke im Menschen nicht entwickeln kann. Die christliche Moral betont Mitleid und Schuld, um die Sklaven vor ihren Herren zu schützen, weil sie diese an der schrankenlosen Ausübung ihrer Herrschaft hindert. Das Christentum ist letztlich Sklavenmoral. Dies – so Nietzsche – sei jene Form des **Nihilismus**, aus dem die Gottesvorstellung entstanden sei. Den typisch christlichen Nihilismus (*Antichrist*, n.6f.), d.h. die christliche Lebensfeindlichkeit bzw. Gott als »Feind des Lebens«, lehnt Nietzsche mit aller Macht ab (*Götzen-Dämmerung*, n. 4).

Zu Beginn des 20. Jhs. führte Sigmund Freud (1856–1939) das Werk seiner religionskritischen Vorgänger mit psychologischen bzw. psychoanalytischen Mitteln fort. Freud entwickelte mehrere Theorien über die onto- und phylogenetische Entstehung der Religion. In der Schrift *Totem und Tabu* knüpfte er an den damaligen Forschungsstand der Religionswissenschaft an, die in der zweiten Hälfte des 19. Jhs. entstanden war und sich über lange Zeit hinweg mit der Ursprungsfrage befaßte (vgl. Sharpe 1986, S. 47–96). Freud schloß sich jenen Theorien an, die den **Totemismus** als ursprüngliche Form der Religion deuteten. Die Entstehung dieser Frühform erklärt Freud durch die Hypothese eines Dramas, das sich in den Anfängen der Menschheitsgeschichte abgespielt haben soll. Ort der Handlung ist die Urhorde (vgl. Freud 1978a, 313–317). In ihr hatte der Vater die Verfügungsgewalt über alle Frauen. Dieser für die Söhne unerfreuliche Zustand führte über kurz oder lang zur Ermordung des Vaters. Die Söhne bereuten ihre Tat alsbald. Da aber der Mord nicht mehr rückgängig zu machen war, projizierten die Söhne ihre Reue auf ein Totemtier, das fortan verehrt und in regelmäßigem Abstand gemeinschaftlich und feierlich verzehrt wurde. Aus dem Totem entwickelte sich allmählich die Gottesvorstellung. In der Entwicklung des einzelnen wiederholt sich ein ähnlicher Konflikt, den Freud als **Ödipuskonflikt** beschreibt. Letzen Endes wurzelt die Entstehung der Religion somit im Vaterkonflikt. Es zeigt sich, »daß für jeden der Gott nach dem Vater gebildet ist, daß sein persönliches Verhältnis zu Gott von seinem Verhältnis zum leiblichen Vater abhängt, mit ihm schwankt und sich verwandelt und daß Gott im Grunde nichts anderes ist als ein erhöhter Vater.« Kurz: Die »Wurzel aller Religionsbildung« ist die »**Vatersehnsucht**« (vgl. Freud 1978a, S. 317f.).

In der Schrift *Zukunft einer Illusion* geht Freud davon aus, daß das Leben für die Menschheit und für den einzelnen schwer zu ertragen sei. Die Kultur verlange Entbehrungen, die Menschen fügten einander Leiden zu, und die unbezwungene Natur bedrohe uns ständig. Daraus erwachse das Gefühl einer allgemeinen Hilflosigkeit, die zur Entstehung religiöser Vorstellungen führt: Götter entschädigen für erlittene Entbehrungen, Götter bändigen durch Gebote die zwischenmenschliche Aggressivität und Götter bannen schließlich auch die Schrecken der Natur. Entscheidend ist wiederum die Parallele zur kindlichen Vaterbeziehung: Wie sich das Kind in seiner Hilflosigkeit an seinen leiblichen Vater wende, so wende sich der Gläubige in seiner Ohnmacht an den himmlischen Gott. Der religiöse Mensch reagiere zeit seines Lebens wie ein Kind. Die gleiche Ambivalenz von Furcht und Bewunderung, die sich im Verhältnis zum Vater zeigt, manifestiere sich auch im Verhältnis zu Gott.

Religiöse Vorstellungen sind für Freud somit **Illusionen**, d.h. **Erfüllungen von Wünschen und Sehnsüchten**. Der Glaube an Gott oder Götter ist nicht das Resultat des Denkens, auch nicht der Niederschlag von Erfahrungen, sondern schlicht und einfach das Resultat von Illusionen: Das Geheimnis der Stärke der religiösen Ideen verdanke sich nichts anderem als der Stärke dieser Wünsche (vgl. Freud 1978b, S. 347). Freud ist sich darüber im klaren, daß Illusionen nicht notwendig auf Irrtum basieren müssen. Er räumt ein, daß die religiöse Illusion unwiderlegbar sei, fügt aber hinzu, daß sie auch unbeweisbar sei. Einige religiöse Ideen seien zwar so unwahrscheinlich, daß sie eher Wahnideen gleichen. Aber über »den Realitätswert der meisten von ihnen« könne »man nicht urteilen« (Freud 1978b, S. 349). Mit der Psychoanalyse war neben dem Marxismus die zweite dominante geistige Strömung des 20. Jhs. entstanden, die sich von Anfang an als dezidiert religionskritisch und atheistisch verstand.

4.3.2 Der genetische Trugschluß

Worin besteht der religionskritische Ertrag der Theorien über die natürliche Entstehung des theistischen Bekenntnisses? Bei der Beantwortung dieser Frage ist zunächst von vorrangigem Interesse, ob diese Theorien tatsächlich einen argumentativen Einwand gegen die Wahrheit des theistischen Bekenntnisses darstellen wollen, so daß, wie Nietzsche meinte, jeder weitere »Gegenbeweis« überflüssig wird, oder ob diese Theorien die Falschheit des theistischen Bekenntnisses schon voraussetzen, um im Anschluß daran nur mehr die Ursachen für die Entstehung des religiösen Irrtums zu untersuchen. Im ersten Fall hängt die Beurteilung der religionskritischen Relevanz entscheidend von der Stichhaltigkeit der Theorien ab; im zweiten Fall würde sich die Frage nach ihrer religionskritischen Relevanz erübrigen, weil eine solche gar nicht unmittelbar intendiert wäre.

Unter der Voraussetzung, daß den Entstehungstheorien ein religionskritisches Interesse zugrunde liegt, würde aus der Stichhaltigkeit dieser Theorien ein mehr oder weniger gravierender Einwand gegen das theistische Bekenntnis folgen. Eine solche Argumentation sieht sich nun mit dem Problem konfrontiert, das aus der Unterschiedlichkeit und Gegensätzlichkeit dieser Theorien resultiert. Insofern Hume, Feuerbach, Marx, Nietzsche und Freud unterschiedliche Theorien entwickeln, scheint daraus zunächst zu resultieren, daß sie nicht allesamt gleichermaßen wahr sein können, was wiederum ihre religionskritische Brisanz erheblich einschränken würde. Dagegen ließe sich einwenden, das religiöse Phänomen sei alles in allem so komplex und vielschichtig, daß durchaus unterschiedliche Theorien nötig seien, um den verschiedenen Aspekten gerecht zu werden (vgl. Mackie 1985, S. 312). Insofern lasse sich aus der bloßen Vielfalt der genetischen Theorien nicht auf ihre Unverträglichkeit und Falschheit schließen. Ein bestimmter Aspekt des Gottesglaubens bzw. des religiösen Bewußtseins könnte sich möglicherweise nach Hume, ein anderer nach Nietzsche rekonstruieren lassen.

Da es hier nicht um den Wahrheitsgehalt dieser Theorien, sondern um ihre religionskritische Relevanz geht, läßt sich die Auseinandersetzung darüber, welcher Einzelaspekt von welcher Entstehungstheorie nun am adäquatesten rekonstruiert wird, umgehen. Statt dessen sei vorausgesetzt, daß eine oder mehrere dieser Theorien zutreffend sind, und gefragt, inwiefern sich unter dieser Bedingung ein Einwand gegen die Wahrheit des theistischen Bekenntnisses ergibt. Angenommen also, die natürlichen Entstehungsbedingungen des Gottesglaubens wären hinreichend geklärt, so stellt sich immer noch die Frage, was daraus für seine Geltung bzw. Wahrheit resultiert.

Die **Destruktion des theistischen Bekenntnisses** ist das vorrangige Ziel der atheistischen Religionskritik. Nun ist die Wahrheit einer Überzeugung üblicherweise von nichts anderem abhängig als davon, ob sie mit den von ihr behaupteten Tatsachen übereinstimmt. Das heißt, die Wahrheit hängt nicht davon ab, wie die betreffende Überzeugung zustande kam. Übertragen auf die religiöse Thematik besagt dies: Selbst wenn Angst, Egoismus, Elend, *ressentiment*, Wunschdenken oder dergleichen die wahren Wurzeln des Gottesglaubens wären, so würde daraus nicht folgen, daß Gott nicht existiert. Aus diesem Grund liefern genetische Theorien **kein Argument gegen die Wahrheit** der theistischen Überzeugung. Andernfalls ließe sich der Spieß problemlos umdrehen, weil natürlich auch der Atheismus seine historischen, soziokulturellen, psychologischen oder anderweitigen Entstehungswurzeln hat, aus denen der Theist dann mit gleichem Recht die Falschheit des Atheismus ableiten könnte: So wurde z.B. die Entstehung des Atheismus mit der Angst vor göttlicher Strafe erklärt. Wer Gott leugne, der tue dies, um sich von dieser Angst zu befreien. Aus diesem vermeintlichen psychologischen Motiv läßt sich ebensowenig die Falschheit des Atheismus ableiten, wie aus den anderen Motiven die des Theismus.

Der **genetischen Methode liegt der gleichnamige Trugschluß** zugrunde. Selbst wenn die Gottesidee tatsächlich aus dem Wunschdenken des Menschen heraus entstanden wäre, folgte daraus allein nicht, daß dieser Idee keine Realität entspricht. Mit diesem Hinweis ist die religionskritische Brisanz natürlich noch nicht erledigt. Damit ist allenfalls festgestellt, daß die besprochenen Theorien nicht nachgewiesen haben, daß der Glaube an Gott falsch ist. Mit der ›genetischen‹ Methode dürfte dieser Nachweis auch gar nicht zu erbringen sein. John L. Mackie räumt ein, daß das gesamte Programm der genetischen Erklärung kein geeigneter Weg sei, den Theismus direkt argumentativ zu widerlegen. Er fügt die etwas zweifelhafte Behauptung hinzu, daß es auch gar nicht dazu gedacht sei. Seine Protagonisten seien schon Atheisten gewesen, bevor sie daran gingen, die Entstehung der Religion aufzuklären (vgl. Mackie 1985, S. 313).

Die Sache wird komplizierter, wenn ein theistischer Standpunkt untrennbar mit einer theologischen Theorie über seine eigene Entstehung einhergeht, die jede naturalistische Deutung definitiv ausschließt. Wo z.B. behauptet wird, jede wahre Gotteserkenntnis verdanke sich ausschließlich göttlicher Initiative, muß eine naturalistische Rekonstruktion dieser Gotteserkenntnis zwangsläufig als Bedrohung der theistischen Position erscheinen. Selbst in diesem Fall ist aber nicht einzusehen, daß die naturalistische Kritik einen Einwand gegen die Existenz Gottes darstellt, sondern allenfalls einen Einwand gegen die Art und Weise, wie jemand glaubt, Gott erkannt zu haben. Die Einsicht, daß im Prozeß der Gotteserkenntnis überhaupt ›naturalistische‹ Faktoren eine Rolle spielen, daß es also durchgängig Menschen mit all ihren vielfältigen Bedingtheiten sind, die Erfahrungen mit Gott machen und diese Erfahrungen in Aussagen kleiden, gehört zu den unrevidierbaren Resultaten der genetischen Religionskritik. Ohne die Berücksichtigung der menschlichen Vielfalt bliebe auch die Vielfalt religiöser Vorstellungen völlig unbegreiflich. Die Erklärung, daß nur die religiösen Überzeugungen der ›anderen‹ bedingt sind, die ›eigenen‹ aber direkt von Gott stammen, ließe sich prinzipiell für jede religiöse Position finden, ohne dadurch um einen Deut überzeugender zu werden.

Wie die Wissenschaft ist auch die Religion ein integraler **Bestandteil der menschlichen Wirklichkeitskonstruktion** und damit auch ein Bestandteil jenes Geflechts von Sehnsüchten, Bedürfnissen, Wünschen, Ängsten und Interessen, aus dem heraus Menschen ihre Erfahrung deuten. Daraus allein folgt nicht, daß es sich bei diesen theoretischen Konstruktionen um bloße Hirngespinste oder Phantasieprodukte handelt. Wäre die Kritik so angelegt, dann fiele sie augenblicklich auf den Kritiker zurück. Umgekehrt mag die Einsicht in die Bedingtheiten aller Wirklichkeitskonstruktion auf das religiöse Selbstverständnis ernüchternd und bisweilen sogar schockierend wirken. Aber auch eine ›religiöse‹ Theorie der Religion wird an dieser Einsicht kaum mehr vorbeigehen können.

> »Während also aus der möglichen und tatsächlichen Rolle, die psychologische Wünsche in der Religion spielen, wertvolle Einsichten im Hinblick auf das menschliche Verhalten gewonnen werden können, kann die Frage nach der Existenz Gottes durch derartige

Überlegungen nicht beantwortet werden. Was wahr ist, kann niemals durch eine Analyse dessen bestimmt werden, von dem Menschen wünschen oder nicht wünschen, es möge wahr sein« (Sproul 1974, S. 55).

4.4 Die funktionale Kritik der Religion

Der immense Einfluß der klassischen Religionskritik ließe sich allein aufgrund ihrer genetischen Rekonstruktionsversuche kaum erklären. Zur Aufklärung über die wahren Entstehungsgründe kommt ein zweiter Aspekt hinzu, der sich auf die angebliche **Funktion bzw. die Auswirkungen der Religion** bezieht und auf die Behauptung hinausläuft, daß sich der Gottesglaube auf die Menschheitsentwicklung insgesamt negativ ausgewirkt habe und aus diesem Grund zu überwinden sei. Letztlich kann wohl nur die Einsicht, daß die Religion keine harmlose, sondern eine verderbliche Illusion ist, den kämpferischen Impetus der Religionskritik erklären. Die im einzelnen gebrandmarkten Auswirkungen der Religion sind so vielfältig wie das religiöse Phänomen selbst und die Interessen ihrer Kritiker. Religionskritisch brisant dürften darunter nur diejenigen sein, die vermeintlich aus dem Wesen der Religion selbst folgen.

4.4.1 Die negativen Auswirkungen der Religion

Feuerbach kritisiert die Auswirkungen des Gottesglaubens als »grundverderblich« (*Das Wesen des Christentums*, S. 331). Diese negative Funktion sei keine zufällige Begleiterscheinung der Religion, sondern gründe in ihrem zentralen Trugschluß, nämlich darin, daß der religiöse Mensch sein eigenes Wesen außer sich in Gott setzt. Aus diesem Grund müsse der Glaube an Gott zwangsläufig der Liebe der Menschen untereinander widersprechen.

> »Die Religion ist das Verhalten des Menschen zu seinem eigenen Wesen – darin liegt ihre Wahrheit und sittliche Heilkraft – aber zu seinem Wesen nicht als dem seinigen, sondern als *einem anderen, von ihm unterschiedenen, ja entgegengesetzten Wesen* – darin liegt ihre Unwahrheit, ihre Schranke, ihr Widerspruch mit Vernunft und Sittlichkeit, darin die unheilschwangere Quelle des religiösen Fanatismus, darin das oberste, metaphysische Princip der blutigen Menschenopfer, kurz: darin der Urgrund aller Greuel, aller schaudererregenden Scenen in dem Trauerspiel der Religionsgeschichte« (ebd., S. 238).

Feuerbachs Vorwurf kulminiert in der Behauptung: »*Im Glauben liegt ein böses Prinzip*« (ebd., S. 303).

Feuerbach begründet diesen radikalen Vorwurf unter anderem folgendermaßen: Seinem tiefsten Wesen nach gründe der Glaube in der Selbstliebe, also im **Egoismus**. In der Gottesidee versuche der Mensch, seine eigenen Wünsche zu befriedigen. Dieser Egoismus schlage sich im Verhalten der Glaubensgemeinschaft nieder. So denke der Christ nur an sich, an sein Seelenheil. Der Glaubende verhalte sich in der Regel menschlich zu den anderen Gläubigen, aber grausam gegenüber den Ungläubigen. Aus dem Glauben resultiere unweigerlich **Intoleranz**: »*Verdammen* liegt im Wesen des Glaubens« (ebd., S. 303). Der Glaube führe auch dazu, daß sich die Menschen nicht mehr verantwortlich füreinander fühlen. Denn Gott gilt als Tröster der Notleidenden, als der, der sich um die anderen kümmert. Auch die christliche Ethik sei letztlich egoistisch. Wer den Nächsten nur liebt, weil es ein Gebot Gottes ist, liebe ihn nicht um seinetwillen, sondern einzig und allein um Gottes willen (vgl. ebd., S. 316).

Die zentrale Kritik Feuerbachs läuft also darauf hinaus, daß **zwischen Christentum und Humanismus ein unaufhebbarer Widerspruch** bestehe. Indem der Mensch Gott bejahe, verneine er »die Natur, die Welt und Menschheit« (vgl. *Vorlesungen über das Wesen der Religion*, S. 357). Er verschleudere seine ganze Kraft und Energie an ein imaginäres Wesen in einem imaginären Himmel. Aus diesem Grund will Feuerbach die Menschen aus »Gottesfreunden zu Menschenfreunden, aus Gläubigen zu Denkern, aus Betern zu Arbeitern, aus Candidaten des Jenseits zu Studenten des Diesseits« machen (ebd., S. 360). Die Erkenntnis und Kritik der Religion dient »zur Beförderung der menschlichen Freiheit, Selbstthätigkeit, Liebe und Glückseligkeit« (ebd., S. 28).

Die funktionale Kritik von Marx liegt auf der Hand. Wenn Religion das »Opium des Volkes« ist, dann lähmt und vertröstet sie. Unter anderem werde dies daran erkennbar, daß Christen nichts gegen das soziale Elend unternommen haben. Sie haben die **Unrechtsverhältnisse legitimiert** und sie mit dem Segen Gottes versehen.

> »Die sozialen Prinzipien des Christentums haben die *antike Sklaverei gerechtfertigt,* die *mittelalterliche Leibeigenschaft verherrlicht* und verstehen sich ebenfalls im Notfall dazu, die *Unterdrückung des Proletariats*, wenn auch mit einer etwas jämmerlichen Miene, zu verteidigen. Die sozialen Prinzipien des Christentums *predigen die Notwendigkeit einer herrschenden und einer unterdrückten Klasse* und haben für die letztere nur den frommen Wunsch, die erstere möge wohltätig sein. Die sozialen Prinzipien des Christentums *setzen die* konsistorialrätliche *Ausgleichung aller Infamien in den Himmel* und *rechtfertigen* dadurch *die Fortdauer dieser Infamien auf der Erde*. Die sozialen Prinzipien des Christentums erklären alle Niederträchtigkeiten der Unterdrücker entweder für *gerechte Strafe* der Erbsünde und sonstiger Sünden oder für *Prüfungen*, die der Herr über die Erlösten nach seiner unendlichen Weisheit verhängt. Die sozialen Prinzipien des Christentums predigen die *Feigheit,* die *Selbstverachtung*, die *Erniedrigung,* die *Unterwürfigkeit,* die *Demut,* kurz alle Eigenschaften der Kanaille, und das Proletariat, das sich nicht als Kanaille behandeln lassen will, hat seinen Mut, sein Selbstgefühl, seinen Stolz und seinen Unabhängigkeitssinn noch viel nötiger als sein Brot. Die sozialen Prinzipien des Christentums sind duckmäuserig, und das Proletariat ist revolutionär« (Marx: *Der Kommunismus des »Rheinischen Beobachter«*, S. 200).

Die radikalste Kritik stammt von Nietzsche:

> »Der christliche Gottesbegriff – Gott als Krankengott, Gott als Spinne, Gott als Geist – ist einer der corruptesten Gottesbegriffe, die auf Erden erreicht worden sind; er stellt vielleicht selbst den Pegel des Tiefstands in der absteigenden Entwicklung des Götter-Typus dar. Gott zum *Widerspruch des Lebens* abgeartet, statt dessen Verklärung und ewiges *Ja* zu sein! In Gott dem Leben, der Natur, dem Willen zum Leben die Feindschaft angesagt! Gott die Formel für jede Verleumdung des ›Diesseits‹, für jede Lüge vom ›Jenseits‹! In Gott das Nichts vergöttlicht, der Wille zum Nichts heilig gesprochen!« (Nietzsche: *Antichrist*, n. 18).

In seinem Haß gegen das Christentum geht Nietzsche sogar so weit, das Christentum als das bisher größte Unglück der Menschheit zu bezeichnen. Der christliche Glaube sei nichts anderes als ein »Verbrechen am Leben«:

> »Ich *verurtheile* das Christenthum, ich erhebe gegen die christliche Kirche die furchtbarste aller Anklagen, die je ein Ankläger in den Mund genommen hat. Sie ist mir die höchste aller denkbaren Corruptionen [...] Die christliche Kirche liess Nichts mit ihrer Verderbniss unberührt, sie hat aus jedem Werth einen Unwerth, aus jeder Wahrheit eine

> Lüge, aus jeder Rechtschaffenheit eine Seelen-Niedertracht gemacht. Man wage es noch, mir von ihren ›humanitären‹ Segnungen zu reden! Irgend einen Nothstand *abschaffen* gieng wider ihre tiefste Nützlichkeit, – sie lebte von Nothständen, sie *schuf* Nothstände, um *sich* zu verewigen [...] Diese ewige Anklage des Christenthums will ich an alle Wände schreiben, wo es nur Wände giebt – ich habe Buchstaben, um auch Blinde sehend zu machen [...] Ich heisse das Christenthum den Einen grossen Fluch, die Eine grosse innerlichste Verdorbenheit, den Einen grossen Instinkt der Rache, dem kein Mittel giftig, heimlich, unterirdisch, *klein* genug ist – ich heisse es den Einen unsterblichen Schandfleck der Menschheit« (ebd., n. 62).

Im Vergleich zu Nietzsches Tiraden fällt Freuds Kritik nüchtern und maßvoll aus: Die Religion habe die menschliche Gesellschaft nun über Jahrtausende hinweg beherrscht. Sie hatte Zeit zu zeigen, was sie zu leisten vermag. Man müsse sich jedoch fragen, ob es der Religion gelungen sei, »die Mehrzahl der Menschen zu beglücken, zu trösten, mit dem Leben auszusöhnen, sie zu Kulturträgern zu machen«. Wenn dies gelungen wäre, so würde es niemandem einfallen, nach einer Änderung der bestehenden Verhältnisse zu streben. Doch was sehen wir statt dessen? »Es ist zweifelhaft, ob die Menschen zur Zeit der uneingeschränkten Herrschaft der religiösen Lehren im ganzen glücklicher waren als heute, sittlicher waren sie gewiß nicht« (Freud 1978b, S. 354). Da die Leistungen der Religion für die Menschheit alles in allem erbärmlich sind, muß man sich fragen, ob man die Notwendigkeit der Religion für die Menschheit nicht überschätzt habe und ob man »weise« daran tue, die Kulturforderungen auf sie zu gründen. Wie das Kind sich eines Tages von seinem Vater lösen wird, so wird sich auch die Menschheit im ganzen eines Tages von der Religion lösen. Dieser Tag ist – für Freud – bereits angebrochen. Die Abwendung von der Religion werde sich mit der »schicksalsmäßigen Unerbittlichkeit eines Wachstumsvorganges« vollziehen (ebd., S. 357).

Die funktionale Kritik der Religion besagt: Gott ist keine harmlose Erfindung des Menschen, sondern eine **schädliche Illusion**, die die Verwirklichung wahren Menschseins verhindert. Das ist gleichzeitig die zentrale These der klassischen Religionskritik: Nach Feuerbach führen die religiösen Überzeugungen zu einer allgemeinen Entfremdung der Menschen untereinander und verhindern es, daß die Menschen sich einander zuwenden. Nach Marx verhindert die Religion, daß die sozialen Unrechtsverhältnisse als solche durchschaut und verändert werden. Statt dessen legitimiert die Religion das soziale Elend. Nach Nietzsche verhindert der Glaube an Gott die Bejahung des Lebens und verlangt dazu noch, daß diese Lebensfeindlichkeit zum allgemeinen sittlichen Maßstab erhoben wird. Nach Freud führt die Religion dazu, daß der Mensch zeit seines Lebens auf der Stufe eines infantilen Wunschdenkens bleibt.

4.4.2 Der Streit um das Humanun

Die funktionale Religionskritik läßt sich als ein **Wertekonflikt** interpretieren: Die Religionskritiker propagieren eine Reihe von Werten oder Zielvorstellungen, die das menschliche Dasein bestimmen sollten. Diesen Zielvorstellungen widersprechen angeblich jene Werte, die die Religion verkörpert. Aus diesem Grund gilt es, die Religion zu kritisieren und/oder anderweitig darauf hinzuarbeiten, sie zu überwinden. Die religionskritischen Zielvorstellungen unterscheiden sich zwar im einzelnen erheblich voneinander, laufen aber auf eine bestimmte **Deutung des Humanum** hinaus. In diesem Sinn verfolgt die Religionskritik ihrem Selbstverständnis nach ein ›humanistisches‹ Anliegen. Diesem positiven Anliegen korreliert der Vorwurf, die Religion verhindere die Verwirklichung gelungenen Menschseins und erweise sich im Rahmen der jeweiligen Wertvorgaben als in höchstem Maße kontraproduktiv.

Wie bereits gegenüber der genetischen Kritik ließe sich auch gegenüber der funktionalen erwidern: Der Glaube an Gott ist nicht deshalb falsch, weil er die Verwirklichung bestimmter Werte verhindert. Auch diese Erwiderung wäre formal korrekt. Insofern ist die funktionale Kritik, ebensowenig wie zuvor die genetische, dazu geeignet, den Glauben an Gott argumentativ zu widerlegen. Auch wenn diese Entgegnung formal korrekt sein mag, dürfte man es sich damit von religiöser Seite aus entschieden zu leicht machen. Diese Strategie wäre nur unter einer einzigen Voraussetzung ausreichend, dann nämlich, wenn die von seiten der Religionskritik propagierten Werte vorbehaltlos zurückgewiesen werden könnten. Unter dieser Bedingung könnte die funktionale Kritik ohne weiteres als gegenstandslos ad acta gelegt werden. Dies mag nun im Hinblick auf einige religionskritische Zielvorgaben durchaus sinnvoll sein. In diesen Fällen erweist sich die religiöse Auseinandersetzung mit der Religionskritik als Streit um die wahre Bestimmung des Menschseins, als **Streit um das Humanum**. Werden z.B. bestimmte Herrschaftsstrukturen als sinnvoll akzeptiert, dann greift der Vorwurf, Religion trage zur Legitimation dieser Strukturen bei, völlig ins Leere. Die eigentliche Auseinandersetzung kreist dann um die Rechtmäßigkeit der betreffenden Strukturen.

Von religiöser Seite aus wird man nun aber schwerlich die religionskritischen Wertvorgaben pauschal ablehnen können. Wenn zumindest einige dieser Werte einerseits auch für den religiösen Vollzug unverzichtbar sind, andererseits aber tatsächlich eine funktionale Unverträglichkeit bestehen sollte, verändert sich der Konflikt zwischen Religion und ihren Kritikern grundlegend. Er wird unweigerlich zu einem Wertekonflikt innerhalb des religiösen Subjekts. Man könnte auf Dauer nicht gleichzeitig religiös *und* humanistisch sein, wenn das eine das andere ausschließt. Hätte der Glaube an Gott tatsächlich irgendeine Form der **Entfremdung des Menschen** zur Folge, so wäre dies sicherlich ein überzeugender Grund, diesen Glauben abzulehnen. Selbst wenn er dadurch allein immer noch nicht als falsch erwiesen wäre, so erschiene er doch zumindest als inakzeptabel.

Eine Lösung dieses Konflikts konzentriert sich auf die Frage, ob die von seiten der Kritiker monierten Funktionen tatsächlich untrennbar mit dem Glauben an Gott zusammenhängen oder eher mit einem falschen oder verzerrten Gottesverständnis. Allgemein formuliert, geht es dabei um die Frage nach der Unterscheidung zwischen dem **Wesen und Unwesen der Religion**. Daß die Religionsgeschichte bis in die Gegenwart herein voller Beispiele ist, in denen im Namen Gottes himmelschreiender Unsinn verkündigt und menschenverachtende Verbrechen begangen wurden, können wohl auch religiöse Apologeten nicht leugnen. Sofern die Kritik der Religion derartige Entwicklungen aufzeigt, leistet sie der Religion einen Dienst und sollte sich eigentlich mühelos in das religiöse Selbstverständnis integrieren lassen. Ganz anders verhält es sich jedoch, wenn behauptet wird, daß die funktionalen Fehlleistungen unausweichlich aus dem theistischen Bekenntnis folgen. Diese Kritik läßt sich nicht mehr unter Hinweis auf die Unterscheidung zwischen Wesen und Unwesen der Religion entkräften, behauptet sie doch gerade, daß das Unwesen der Religion nur die Kehrseite ihres Wesens darstellt. Diese Kritik stellt die Religion vor die Alternative, ihr eigenes Wesen bzw. den Gottesbegriff so zu bestimmen, daß sich entweder die Wertekonflikte als gegenstandslos erweisen oder die konfligierenden Wertvorgaben ihrer Kritiker mit guten Gründen abgelehnt werden können. Beide Alternativen bewegen sich, wie die funktionale Kritik insgesamt, in einem ethisch-normativen Kontext, der die Frage nach der Existenz Gottes unmittelbar berührt. Denn der Gottesbegriff wird nicht zunächst unabhängig vom ethisch-normativen Diskurs entwickelt, um erst im Anschluß daran praktische Vorgaben daraus abzuleiten. Wäre dies so, dann ließen sich aus entsprechenden Vorgaben direkte Rückschlüsse auf die Existenz Gottes ziehen. Wenn aber der Gottesbegriff bereits von Anfang an aus einem ethisch-normativen Kontext heraus entwickelt wird, wenn er unter anderem auch die Wertvorgaben und -prioritäten der religiösen Subjekte widerspiegelt, dann schlägt sich auf religiöser Ebene der gleiche Konflikt um die Bestimmung des Humanum nieder, der sich auch im außer- oder vorreligiösen Bereich findet. Die Kritik, wonach sich die Religion in diesem Konflikt von ihrem Wesen her stets auf die Seite des ›Inhumanum‹ schlägt, erscheint in dieser Hinsicht aus der Luft gegriffen zu sein, auch wenn wahr sein mag, daß sie dies faktisch in vielen Fällen getan hat. Jeder einzelne Fall war und ist hier ein Fall zu viel. Die Ursachen hierfür gründen aber wohl eher in einer problematischen Ethik, die dem religiösen Vollzug zugrunde lag, als in einer grundsätzlich fehlgeleiteten Religion, aus der nur eine inhumane Ethik folgen kann.

4.5 Die Inkonsistenz des Gottesbegriffs

Die bisherigen atheistischen Einwände lieferten keine direkte Widerlegung der Behauptung, daß Gott existiert. Die genetische und funktionale Kritik der Religion scheinen so angelegt zu sein, daß sie eine Widerlegung selbst für den Fall nicht leisten können, daß sie zutreffen: Eine naturalistische Erklärung der Genese des Gottesbegriffs besagt nichts über die Existenz Gottes, und ebensowenig lassen sich aus der Funktion des Glaubens an Gott direkte Schlüsse auf seine Existenz oder Nichtexistenz ziehen. Diese Kritik zwingt das theistische Bekenntnis allenfalls zu einer selbstkritischen Reflexion über seine Entstehung und seine Funktion. Unter der Voraussetzung, daß der Glaube an Gott rational bzw. legitim ist, solange keine gravierenden Einwände dagegen sprechen, bleibt er dies auch angesichts der bislang vorgestellten Einwände.

Angesichts dieses Befunds fragt sich, wie eine Widerlegung des theistischen Bekenntnisses überhaupt beschaffen sein müßte, um wenigstens Aussicht auf Erfolg zu haben. Die naheliegende Antwort darauf lautet: Sie müßte zeigen, daß der Glaube an Gott *widersprüchlich* ist. Zwar könnte sich der religiöse Apologet auch dann immer noch aus der Affäre ziehen, indem er das Widerspruchsverbot ignoriert oder wenigstens für diesen Fall suspendiert. Aber solange er überhaupt argumentiert, bewegt er sich auf dem Boden der Logik, und solange er dies tut, kann er das Widerspruchsverbot schwerlich aufgeben. Andernfalls dürfte der philosophische Diskurs beendet sein.

Der **Vorwurf der Widersprüchlichkeit** kann nun zweierlei bedeuten:

1. Der Gottesbegriff könnte in sich widersprüchlich sein. Dies wäre der Fall, wenn er entweder mindestens zwei unverzichtbare Prädikate enthielte, die einander widersprechen, oder zumindest ein einziges Prädikat, aus dem sich Widersprüche ablei-

ten lassen. Die Behauptung, daß dies tatsächlich der Fall ist, wird im folgenden als Einwand der **Inkonsistenz** bezeichnet.

2. Das theistische Bekenntnis könnte aber auch im Widerspruch zu bestimmten Behauptungen stehen, die nicht unmittelbar aus dem Gottesbegriff folgen, aber aus anderen Gründen als wahr angenommen werden und im Falle ihrer Wahrheit dem Glauben an Gott widersprechen. Die Behauptung, daß dies der Fall ist, wird im folgenden als Einwand der **Inkohärenz** bezeichnet.

Wenn eines von beidem der Fall wäre, dann wäre das theistische Bekenntnis widerlegt. Je wahrscheinlicher eines von beidem zutrifft, desto unwahrscheinlicher erscheint die Behauptung, daß Gott existiert. Unter dieser Voraussetzung wäre es auch auf der Basis des veränderten Rationalitätsverständnisses irrational, an die Existenz Gottes zu glauben. Atheistische Philosophen haben häufig behauptet, dies sei der Fall. Sie haben daraus folgerichtig geschlossen, daß der Glaube an Gott entweder falsch oder doch äußerst unwahrscheinlich sei. Er ist **nicht nur unbeweisbar, er ist darüber hinaus auch widerlegt**. Wer weiterhin daran glaubt, ist gewissermaßen selber schuld! Dieser Abschnitt befaßt sich zunächst mit der inneren Widersprüchlichkeit oder Inkonsistenz des Gottesbegriffs.

4.5.1 Die Widersprüchlichkeit des Gottesbegriffs

Wenn es ein Prädikat Gottes gäbe, das einerseits für den Gottesbegriff essentiell bzw. unverzichtbar wäre, aber andererseits zu logischen Widersprüchen führt, wäre der Glaube an Gott widerlegt. Verschiedentlich wurde behauptet, die Allmacht sei ein solches Prädikat. Die Begründung hierfür lautet folgendermaßen: Allmacht besagt die Macht, jeden logisch widerspruchsfreien Zustand aktualisieren zu können. Einige dieser Zustände Z lassen sich so spezifizieren, daß sie angeblich zu einem **Paradoxon** führen. Die Struktur dieses Paradoxons ist so beschaffen: Wird die Frage, ob Gott die Macht hat, Z zu aktualisieren, verneint, so scheint zu folgen, daß er nicht allmächtig ist. Wird die Frage bejaht, so scheint in einigen Fällen ebenfalls zu folgen, daß er nicht allmächtig ist. Das klassische Beispiel für ein solches Z ist die Frage, ob Gott die Macht hat, einen Stein zu erschaffen, den er selbst nicht heben kann. Wenn er einen solchen Stein nicht erschaffen kann, ist er offenbar nicht allmächtig. Wenn er ihn erschaffen kann, dann kann er ihn nicht heben, so daß er ebenfalls nicht allmächtig ist (vgl. Martin 1990, S. 302).

Gravierender sind Einwände, wonach zwei oder mehrere essentielle Prädikate einander widersprechen. Ein solcher Widerspruch besteht angeblich zwischen zwei Gruppen von eng miteinander zusammenhängenden Prädikaten: Zur einen Gruppe gehören Aussagen, die Gott als ewig, überzeitlich und unveränderlich bezeichnen; zur andere Gruppe gehören Aussagen, die Gott als im weitesten Sinne personal beschreiben, wobei Personalität unter anderem die Fähigkeit impliziert, in Relation zu anderen Personen treten zu können. Ein schlechthin unveränderliches und außerhalb der Zeit existierendes Wesen kann aber in keine Beziehung zu zeitlich existierenden Wesen treten. Darüber hinaus scheint es überhaupt zeitliche Ereignisse nicht erkennen zu können, also nicht allwissend sein zu können, denn eine solche Erkenntnis impliziert offenbar Veränderung. Völlig unerfindlich bleibt schließlich, wie ein schlechthin unveränderliches Wesen eine menschliche Natur annehmen und gleichzeitig Gott bleiben kann.

4.5.2 Die Konsistenz des Theismus

Die Diskussion des Inkonsistenzeinwands hat folgende Aspekte zu berücksichtigen: Zunächst muß nicht gezeigt werden, daß alle in den theistischen Traditionen genannten **göttlichen Attribute miteinander logisch vereinbar** sind. Diese Traditionen haben völlig unterschiedliche Gottesvorstellungen entwickelt, so daß nicht einmal innerhalb ein und derselben Tradition ein Konsens über die Beschaffenheit des Gottesbegriffs herrscht. Eine Reihe von Prädikaten spielt zwar nahezu durchgängig eine zentrale Rolle, wie z.B. Unerschaffenheit oder Allmacht, andere Prädikate scheinen aber höchst umstritten zu sein, wie z.B. die Überzeitlichkeit oder Leidensfähigkeit. Aus diesem Grund dürfte es ausgeschlossen sein, sämtliche traditionellen und geläufigen Prädikate in einen konsistenten Gottesbegriff zu integrieren. Hinsichtlich der Vielfalt seiner historischen Verwendung scheint der Gottesbegriff de facto inkonsistent zu sein.

Die Ursachen dieser faktischen Inkonsistenz hängen zum einen mit der soziokulturellen Bedingtheit des Gottesbegriffs zusammen, zum anderen mit der immanenten Logik, die seiner Ausformulierung zugrunde liegt. In dieser Logik spielt der Begriff der Vollkommenheit eine Schlüsselrolle. Wenn es überhaupt so etwas wie ein formallogisches Grundgesetz der Explikation des Gottesbegriffs gibt, dann dürfte dies die Regel sein, Gott als diejenige Wirklichkeit zu umschreiben, über die hinaus nichts Größeres bzw. Vollkommeneres gedacht werden kann. Diese Intuition bringt Anselm von Canterburys Umschreibung des Gottesbegriffs gleichermaßen prägnant wie plausibel auf den Punkt. Die materiale Füllung des Gottesbegriffs bleibt dadurch aber unterbestimmt. Denn selbst wenn Konsens darüber herrscht, Gott als das schlechthin vollkommenste Wesen, als *ens perfectissimum* zu denken, ist über die konkrete Explikation dessen, welche Prädikate maximale Vollkommenheit im einzelnen impliziert, noch nicht entschieden. Eben diese Explikation scheint nun grundsätzlich von den jeweiligen soziokulturellen und teilweise auch individuellen Voraussetzungen abzuhängen, unter denen der Gottesbegriff expliziert wird. Gehört zu diesen Voraussetzungen beispielsweise die ›Unveränderlichkeit‹ als eminent hoher Wert, kann alles, was der Veränderung unterworfen ist, nicht als maximal vollkommen erachtet werden. Folglich muß dann auch Gott zwangsläufig als unveränderlich gedacht werden, d.h. als überzeitlich, leidenschaftslos und leidensunfähig. Gelten umgekehrt ›Liebe‹ und ›Mitleid‹ als hohe Werte, so kann ›Unveränderlichkeit‹ nur schwerlich zu den Eigenschaften eines maximal vollkommenen Wesens zählen. Einiges spricht dafür, daß die Unterschiede und Unvereinbarkeiten im Gottesbegriff damit zusammenhängen, daß **unterschiedliche Wertvorgaben im Gottesbegriff** konvergieren, die alles in allem nicht zusammenpassen. Ein Konflikt zwischen diesen Werten schlägt sich dann zwangsläufig auch in Inkonsistenzen des Gottesbegriffs nieder. Was im Hinblick auf die Religionsgeschichte insgesamt gilt, kann natürlich auch im Hinblick auf ein und denselben Autor zutreffen. Dabei handelt es sich – in den Worten Whiteheads – um nichts anderes als die »Unsitte«, Gott »mit metaphysischen Komplimenten zu schmeicheln«, die untereinander nicht konsistent sind (Whitehead 1988, S. 209).

Daraus folgt natürlich nicht, daß es keinen konsistenten Gottesbegriff geben kann. Grundsätzlich wären mehrere untereinander nicht identische, aber in sich widerspruchsfreie Konzeptionen des Gottesbegriffs denkbar. Der religionskritische Inkonsistenzvorwurf müßte dann nicht nur zeigen, daß die faktische Verwendung des Gottesbegriffs inkonsistent ist, sondern daß sich überhaupt kein konsistenter Gottesbegriff bilden läßt. Dieser Nachweis müßte also deutlich machen, daß die *essentiellen* Prädikate Gottes einander widersprechen. Und er wäre selbstverständlich nur schlagkräftig, wenn man sich zuvor darauf geeinigt hätte, welche Prädikate für den Gottesbegriff essentiell sind, was bekanntlich strittig ist.

Dies gilt auch für folgenden Vorschlag, der zunächst davon ausgeht, daß Gott ein irgendwie personales Wesen ist. Ist dies der Fall, dann scheint Gott auch über Erkenntnis, Willen und Macht zu verfügen. Trifft dies nun in vollkommener Weise zu, dann ist Gott definitionsgemäß allwissend, allgütig (d.h. sittlich vollkommen) und allmächtig (vgl. Swinburne 1993, S. 99–238). Da es undenkbar ist, daß ein vergleichsweise unvollkommenes Wesen ein maximal vollkommenes Wesen erschafft oder daß seine Existenz von einem weniger vollkommenen abhängt, folgt daraus, daß Gott unerschaffen ist bzw. notwendig existiert. Ein Wesen, das seine Existenz keinem anderen verdankt, existiert ewig, d.h. ohne Anfang und Ende. Auf entweder direkte oder indirekte Weise ist dieses Wesen dann auch der Schöpfer bzw. Grund all dessen, was außer ihm existiert. Unter der Voraussetzung, daß dieser Explikationsversuch alle essentiellen göttlichen Prädikate impliziert, zeigen sich zumindest keine offenkundigen Widersprüche. Gleichzeitig scheint damit auch der Kern der traditionellen Vorgabe abgedeckt zu sein. Jedenfalls wurden nicht in beliebiger Weise bestimmte essentielle Prädikate ausgelassen, nur um dadurch drohende Inkonsistenzen abzuwenden.

Wenn der Glaube an Gott widersprüchlich sein sollte, dann hängen diese Widersprüche nicht mit dem Gottesbegriff selbst zusammen, sondern damit, daß dieser Glaube Überzeugungen widerspricht, die aus anderweitigen Gründen akzeptiert werden. In der hier vorgeschlagenen Formulierung hängen sie also nicht mit der Inkonsistenz, sondern mit der Inkohärenz des theistischen Bekenntnisses zusammen.

4.6 Die Inkohärenz des theistischen Bekenntnisses

Unter den Überzeugungen oder Erfahrungen, die dem theistischen Bekenntnis zu widersprechen scheinen, kommen im wesentlichen zwei in Frage:

1. die Erfahrung menschlicher Willensfreiheit und
2. die Erfahrung von Übel und Leid.

Im ersten Fall entsteht die Inkohärenz im Hinblick auf die Eigenschaften der Allmacht und Allwissenheit; im zweiten Fall entsteht sie vor allem im Hinblick auf die Eigenschaften der Allmacht und sittlichen Vollkommenheit. Beide Probleme beschäftigen die Religionsphilosophie und Theologie seit ihren Ursprüngen.

4.6.1 Göttliche Allwissenheit und menschliche Freiheit

Die **Inkohärenz der Willensfreiheit** läßt sich folgendermaßen formulieren: Ein allwissender Gott weiß per definitionem alles, was aus logischen Gründen zu wissen möglich ist. Daher scheint Gott beispielsweise auch zu wissen, wie ich mich morgen entscheiden werde. Wenn Gott nun weiß, wie ich mich morgen entscheiden werde, habe ich morgen keine Möglichkeit, mich anders zu entscheiden. Habe ich aber keine Möglichkeit, mich anders zu entscheiden, dann bin ich in meiner Entscheidung nicht frei. Da Gott nun aber zu jedem Zeitpunkt die gesamte Zukunft voraussieht, kann es zu keiner Zeit freie Entscheidungen geben. Folglich besteht ein Widerspruch zwischen menschlicher Willensfreiheit und göttlicher Allwissenheit. Anders formuliert: Wenn es Wesen mit Willensfreiheit gibt, dann scheint es keinen allwissenden Gott geben zu können, und wenn die Allwissenheit zu den essentiellen Prädikaten Gottes gehört, dann scheint es überhaupt keinen Gott zu geben.

Die Inkohärenz der Willensfreiheit würde gegenstandslos, wenn man die Willensfreiheit entweder anders definiert oder deren Existenz leugnet. Willensfreiheit impliziert die Möglichkeit, sich unter den gleichen Bedingungen auch anders entscheiden bzw. anders handeln zu können. Wäre diese Möglichkeit kein Definiens der Willensfreiheit, dann würde sich der vermeintliche Widerspruch von selbst auflösen. Dies wäre z.B. dann der Fall, wenn Freiheit darin bestünde, so handeln zu können, wie man will. Man bezeichnet diese Form der Freiheit häufig als Handlungsfreiheit. Beispielsweise wäre ein Süchtiger – im Sinne der Handlungsfreiheit – dann frei, wenn nichts und niemand ihn daran hindern würde, den Suchtstoff zu konsumieren, den er konsumieren will. Im Sinne der Willensfreiheit wäre er dann frei, wenn er zwischen Konsum und Verzicht entscheiden könnte. Handlungs- und Willensfreiheit bezeichnen unterschiedliche Sachverhalte, so daß die Aufhebung der Inkohärenz zwischen göttlicher Allwissenheit und menschlicher Willensfreiheit, sofern letztere als Handlungsfreiheit ›redefiniert‹ wird, de facto auf eine Aufhebung bzw. Leugnung der Willensfreiheit hinausläuft und den Inkohärenzvorwurf eher bestätigt als behebt. Die implizite und explizite Leugnung menschlicher Willensfreiheit gehört im übrigen zu den Skurrilitäten der theistischen Traditionen, die sich keineswegs nur an ihren Rändern findet.

Die wohl berühmteste Lösung der Inkohärenz der Willensfreiheit findet sich im 5. Buch der *Consolatio philosophiae* (*Trost der Philosophie*). Boethius will hier zunächst zeigen, daß Gott menschliche Entscheidungen nicht *voraus*sieht, weil Gott überzeitlich existiert, so daß auf Gott die Unterscheidung zwischen Vergangenheit und Gegenwart nicht anwendbar ist. Gott erkennt alles in seiner unmittelbaren Gegenwart. Sodann will er zeigen, daß Gottes überzeitliche Erkenntnis der menschlichen Entscheidungen diese ebensowenig determiniert wie unsere gegenwärtige Wahrnehmung von Ereignissen diese determiniert.

> »Gleichwohl, wenn es überhaupt einen angemessenen Vergleich göttlicher und menschlicher Gegenwart gibt, so erblickt er alles in seiner ewigen Gegenwart, wie ihr einiges in eurer zeitlichen seht. Deshalb verändert diese göttliche Vorerkenntnis die Natur der Dinge und ihre Eigentümlichkeit nicht und erschaut bei sich jenes als gegenwärtig, was in der Zeit einst als zukünftig zum Vorschein kommen wird. Auch verwirrt sie nicht die Urteile über die Dinge, und in einem einzigen Schauen ihres Geistes erkennt sie ebenso das, was notwendig, wie das, was nicht notwendig kommen wird, so wie ihr tut, wenn ihr gleichzeitig einen Menschen auf der Erde wandeln und die Sonne am Himmel aufgehn seht; denn obwohl ihr beide zugleich erblickt, macht ihr doch einen Unterschied und stellt fest, daß jenes freiwillig, dieses notwendig geschehe. So verwirrt das das Weltall durchdringende Schauen Gottes die Eigenschaften der Dinge keineswegs, nur daß sie vor ihm gegenwärtig, in Beziehung zur Zeit aber zukünftig sind« (*Trost der Philosophie*, S. 140f).

Ob Boethius wirklich eine plausible Lösung des Problems gefunden hat, wird mit triftigen Gründen bezweifelt. Auch wenn Gott überzeitlich existieren würde, ändert dies nichts daran, daß zu jedem Zeitpunkt die Zukunft bereits feststeht, und zwar nicht unbedingt deshalb, weil Gott sie bestimmt hätte, sondern weil er sie bereits erkennen könnte. Da diese Erkenntnis per definitionem unfehlbar ist, ist der zukünftige Erkenntnisverlauf festgelegt, d.h. ich kann mich zu keiner zukünftigen Zeit anders entscheiden, als Gott dies immer schon weiß (vgl. Kreiner 1998, S. 281–319). Im Hinblick auf das Problem der Willensfreiheit bringt Boethius' Definition der Ewigkeit als Überzeitlichkeit keinen erkennbaren Fortschritt.

Ein **temporalistisches Ewigkeitsverständnis** geht davon aus, daß Gott gewissermaßen ›in‹ der Zeit existiert, daß der Unterschied zwischen Vergangenheit und Zukunft auch auf Gott zutrifft (vgl. Hasker 1989). Auf der Basis dieses Verständnisses von Ewigkeit ließe sich die Inkohärenz der Freiheit relativ mühelos lösen, indem man einräumt, daß Gott die zukünftigen Entscheidungen freier Wesen zum gegenwärtigen Zeitpunkt nicht kennt. Auf den ersten Blick scheint dadurch nun aber die Allwissenheit Gottes aufgehoben zu werden, denn Gott wüßte eben nicht, wie ich mich morgen frei entscheiden werde. Die Diskussion des Inkohärenzproblems legt den Schluß nahe, daß sich Erkennbarkeit und Freiheit solcher Entscheidungen aus logischen Gründen ausschließen. Die Allwissenheit Gottes besagt aber gerade, daß Gott alles weiß, was aus logischen Gründen zu wissen möglich ist. Es spricht einiges dafür, daß freie zukünftige Entscheidungen nicht darunter fallen. Folglich widerspräche es nicht der Allwissenheit Gottes, wenn er zukünftige freie Entscheidungen nicht voraussieht.

Das Problem der Inkohärenz zwischen Willensfreiheit und Allwissenheit läßt sich also auf verschiedene Weise lösen: zum einen durch die Leugnung der Willensfreiheit und zum anderen durch ein temporalistisches Ewigkeitsverständnis.

4.6.2 Das Theodizee-Problem

Das gravierendste Inkohärenzproblem des Theismus resultiert sicherlich aus der Erfahrung von Übel und Leid. Seit dem 18. Jh. bezeichnet man die damit zusammenhängende Problematik als Theodizee-Problem. Der von Leibniz geprägte Begriff der ›Theodizee‹ besagt wörtlich: die **Rechtfertigung Gottes** (angesichts der Übel dieser Welt). Diese Formulierung ist jedoch irreführend, denn genaugenommen geht es nicht um die Rechtfertigung Gottes, sondern um die Rechtfertigung des Glaubens an Gott. Das Theodizee-Problem bildet einen der ältesten und zentralsten Einwände gegen den Glauben an einen schlechthin vollkommenen Gott, der vor allem durch die Kritik der Gottesbeweise eine enorme Brisanz erhalten hat.

Das Problem liegt in zahlreichen Versionen vor. Im Prinzip handelt es sich dabei um Abwandlungen der ältesten bekannten Formulierung des Problems, die auf Epikur zurückgeht. In dieser Form lautet der Inkohärenzvorwurf in etwa folgendermaßen:

Prämisse 1: Wenn Gott allmächtig ist, *kann* er das Leid verhindern.
Prämisse 2: Wenn Gott gütig ist, *will* er das Leid verhindern.
Prämisse 3: Nun gibt es aber dennoch Leid in der Welt.
Folgerung: Gott kann nicht existieren.

An der Struktur des Problems lassen sich prinzipiell auch die Antwortversuche bzw. Reaktionen ablesen, die von theistischer Seite aus entwickelt wurden: Man kann

1. das Problem für unlösbar erklären, aber dessenungeachtet weiterhin an Gott glauben,
2. die Prämissen in Frage stellen bzw. modifizieren oder
3. die Prämissen ergänzen, und zwar durch Nennung von Gründen, aus denen heraus Gott Leid entweder verursacht oder zuläßt.

Im ersten Fall wird die Problemstellung letzten Endes ignoriert oder ausgehalten, im zweiten Fall wird sie korrigiert und im dritten Fall wird sie zu lösen versucht.
1. Antwortversuche der ersten Art akzeptieren üblicherweise die Problemstellung, verweigern aber eine Lösung, und zwar in der Regel mit dem Hinweis, daß das Problem zumindest vorläufig unbeantwortbar sei. Zwar mag es eine Antwort geben, aber diese Antwort entzieht sich – wenigstens vorläufig – menschlicher Erkenntnis. Diese Position bringt das theistische Bekenntnis in eine äußerst prekäre Situation: Denn der vermutlich entscheidende atheistische Einwand bliebe unbeantwortet. Zumal unter der Voraussetzung, daß die Kritik der Gottesbeweise gültig ist, gewinnt das Theodizee-Problem an Brisanz, weil der Glaube an Gott jetzt nicht nur unbeweisbar wäre. Dem theistischen Bekenntnis läge außerdem ein offensichtlicher Widerspruch zugrunde, von dem offenbar nicht gezeigt werden kann, wie er zu beheben ist. Natürlich ›kann‹ man auch unter diesen Bedingungen weiterhin an Gott glauben. Es gibt bekanntlich so gut wie nichts, woran Menschen nicht glauben. Als ›rational‹ wird man diesen Glauben aber kaum mehr bezeichnen können. Wenn einerseits Überzeugungen rationalerweise akzeptiert werden, solange keine triftigen Einwände dagegen sprechen, andererseits aber die Erfahrung von Übel und Leid tatsächlich einen prima facie gravierenden Einwand gegen das theistische Bekenntnis darstellt, scheint die Schlußfolgerung eindeutig zu lauten: Der Glaube an Gott ist irrational.
2. Eine Reihe von Lösungsversuchen stellt eine der Prämissen des Problems in Frage. Da sich die Existenz des Leids schwerlich leugnen läßt, bieten sich zu diesem Zweck am ehesten die beiden ersten Prämissen an, die den Gottesbegriff betreffen. Die **Modifikation des Gottesbegriffs** kann entweder bei der Allmacht oder bei der Güte bzw. sittlichen Vollkommenheit Gottes (oder bei beiden) ansetzen.

Eine Einschränkung bzw. Preisgabe der Allmacht Gottes liegt allen dualistischen Lösungen des Theodizee-Problems zugrunde. Darunter fallen nicht nur die traditionellen religionsgeschichtlichen Dualismen, wie sie sich etwa im Mazdaismus und Manichäismus finden, sondern auch die prozeßtheologische Theodizee (vgl. Kreiner 1998, S. 79–124).

Ein naheliegender Einwand gegen alle Versuche, das Theodizee-Problem durch eine Preisgabe der Prämissen 1 und 2 zu lösen, besagt, daß ein nicht-allmächtiges oder sittlich nicht-vollkommenes Wesen überhaupt nicht Gott wäre, daß diese Lösungen letzten Endes also nicht nur marginale Eigenschaften des Gottesbegriffs, sondern diesen selbst aufheben. Dieser Einwand mag auf den ersten Blick plausibel erscheinen, aufgrund der Umstrittenheit des Gottesbegriffs sind aber dennoch die Argumente klärungsbedürftig, mit denen begründet werden soll, warum Gott allmächtig und sittlich vollkommen sein muß. Andernfalls könnte sich leicht der Eindruck aufdrängen, hier werden Gott Vorschriften darüber gemacht, wie er zu sein habe, wohingegen man Gott eben so zu akzeptieren habe, wie er ist, und nicht so, wie man ihn gerne hätte.

An dieser Stelle ließe sich einerseits auf die **immanente Logik des Gottesbegriffs** rekurrieren, wonach ein schlechthin vollkommenes Wesen eo ipso auch allmächtig und sittlich vollkommen sein muß. Andererseits kann man auch auf die religiöse Praxis rekurrieren: Wenn Gott der Grund des Vertrauens ist, daß das Gute letztlich über die Macht des Bösen triumphieren und das Leben schließlich über den Tod siegen wird, und wenn diese Erwartungen und Hoffnungen so eng mit dem Glauben an Gott verbunden sind, daß ihre Erfüllung gleichsam darüber entscheidet, ob Gott existiert, dann scheint nur ein allmächtiger Gott als Garant dieser Hoffnung in Frage zu kommen. In diesem Sinn wäre ein ohnmächtiger ›Gott‹ gar nicht wirklich Gott. Demgegenüber ließe sich einwenden, daß ein Garant dieser Hoffnung nicht unbedingt ›allmächtig‹ sein müsse, sondern daß eine entsprechend große Machtfülle durchaus ausreiche. Allerdings dürfte auch eine solche im Vergleich zur Allmacht reduzierte Machtfülle die Fähigkeit implizieren, faktisch sich ereignende Übel verhindern zu können, so daß sich nach wie vor die Frage stellt, warum ein mit einer solchen Machtfülle ausgestattetes Wesen dies nicht tut. Insofern bliebe das Theodizee-Problem nach wie vor offen.

Aus einer **Preisgabe der sittlichen Vollkommenheit Gottes** ergeben sich noch gravierendere Probleme für die religiöse Praxis der Gottesverehrung. Denn ein sittlich ambivalentes Wesen würde es nicht verdienen, als Gott verehrt zu werden. Bloße Macht ohne Sittlichkeit könnte den Menschen allenfalls in Angst und Schrecken versetzen. Außerdem ist die religiöse Verehrung einer sittlich ambivalenten Gottheit eine zutiefst problematische Sache. Wer nämlich ›seinen‹ Gott davon suspendiert, sittlich vollkommen zu sein, der suspendiert damit in der Regel auch sich selbst davon, nach Sittlichkeit zu streben. Und die Folge davon ist in der Regel eine moralisch bedenkliche oder gar verwerfliche Form von Religiosität.

3. Die dritte Möglichkeit, auf das Theodizee-Problem zu reagieren, besteht darin, die Prämissen zu ergänzen, indem man zu zeigen versucht, daß es sehr wohl gute bzw. gerechtfertigte Gründe gibt, die die Zulassung oder Verursachung des Leids durch Gott plausibel erscheinen lassen. Diese Gründe müßten im Zusammenhang mit der Realisierung bestimmter Werte stehen, die es rechtfertigen, daß Gott Leid entweder verursacht oder zumindest in Kauf nimmt. Traditionell stellt die Willensfreiheit der Geschöpfe einen solchen Wert dar. Wenn die Willensfreiheit einen hohen intrinsischen Wert besitzt, damit aber unausweichlich die Möglichkeit eines leidverursachenden Mißbrauchs verbunden ist, dann könnte diese Werthaftigkeit der Willensfreiheit die Zulassung zumindest des **moralischen Übels bzw. der Sünde** und des daraus resultierenden Leids rechtfertigen. Das Argument der Willensfreiheit spielt nicht von ungefähr auch in der gegenwärtigen Diskussion noch eine zentrale Rolle (vgl. Kreiner 1998, S. 241–273). Unbeantwortet bleibt dadurch jedoch das Problem der **natürlichen Übel**, d.h. jener durch naturgesetzliche Prozesse verursachten Leiden. Ein naturgesetzlich geregelter Ereignisverlauf bildet zwar die Voraussetzung, unter der allein sittlich relevantes Handeln möglich ist, weil ein Handlungssubjekt für die Auswirkungen seiner Entscheidungen nur verantwortlich ist, wenn es diese absehen konnte, was wiederum nur in einer Welt möglich ist, deren Ereignisverlauf Regelmäßigkeiten aufweist. Dies erklärt aber gerade noch nicht die Existenz der natürlichen Übel. Die Tatsache, daß eine von Gott erschaffene Natur auch leidvolle Gefahren und Herausforderungen enthält, ließe sich dadurch erklären, daß eine solche Umwelt – im Gegensatz zu einem leidfreien Paradies – dazu geeignet ist, das intellektuelle, moralische

und spirituelle Potential des Menschen zu wecken. Dagegen wird häufig das enorme Ausmaß der natürlichen Übel angeführt, an dem Menschen nur allzu oft eben nicht reifen, sondern jämmerlich zerbrechen. Ein wesentlich geringeres Quantum an natürlichen Übeln wäre demnach völlig ausreichend gewesen, um das menschliche Potential zu wecken. Auf diesen Einwand läßt sich zunächst entgegnen, daß das gegenwärtige Leben nach religiöser Überzeugung nur eine Phase in einem Entwicklungsprozeß darstellt, der sich über den Tod hinaus erstreckt (vgl. Hick 1985, S. 318–364).

Die Überzeugungskraft dieser und ähnlicher Lösungsversuche des Theodizee-Problems hängt von unterschiedlichen Faktoren ab, unter anderem von der Beantwortung grundlegender Wertfragen und -abwägungen. Das atheistische Argument, wonach Übel und Leid den Glauben an Gott *widerlegen*, wäre dann entkräftet, wenn sich zumindest mögliche Bedingungen anführen ließen, unter denen sich der vermeintliche Widerspruch auflöst. Der Theodizee-Diskurs hat gezeigt, daß solche Bedingungen zumindest denkbar sind und daß diese im wesentlichen mit der Realisierung bestimmter Werte zusammenhängen, die in einer leidfreien Welt kaum realisierbar wären. Aus diesem Grund stellt das Theodizee-Problem im logischen Sinn **keine strikte Widerlegung des theistischen Bekenntnisses** dar, es läßt dieses Bekenntnis allenfalls als mehr oder weniger unwahrscheinlich erscheinen. Inwiefern dies der Fall ist, hängt direkt von der Überzeugungskraft der Antwortversuche ab: Je plausibler die Lösungen des Theodizee-Problems erscheinen, desto wahrscheinlicher wird das theistische Bekenntnis. Und umgekehrt gilt: Je weniger die Lösungen zu überzeugen vermögen, desto unwahrscheinlicher erscheint dieses Bekenntnis. Unabhängig davon werden die eher existentiellen Herausforderungen, die Leiderfahrungen für den Glauben an Gott darstellen, von solchen Lösungen wohl kaum berührt.

4.7 Das Problem der Sinnhaftigkeit der Rede von Gott

In der bisher diskutierten Kritik stand die Frage zur Debatte, ob der Glaube an Gott wahr oder falsch ist, bzw. die Frage, ob es vernünftigerweise gerechtfertigt ist, an Gott zu glauben. Von religionskritischer Seite aus wurde zu zeigen versucht, daß das theistische Bekenntnis falsch ist, weil seine Entstehung natürlich erklärbar, seine praktischen Auswirkungen schädlich oder seine Behauptungen widersprüchlich sind. Auch die Kritiker gingen dabei zunächst von der grundsätzlichen Wahrheitsfähigkeit des theistischen Bekenntnisses aus: Die Behauptung der Existenz Gottes könnte möglicherweise wahr sein; Gott könnte möglicherweise existieren. Aus den genannten Gründen spricht allerdings viel oder alles dagegen, daß er tatsächlich existiert, so daß es rational nicht gerechtfertigt ist, an Gott zu glauben. Vernünftigerweise verdienen Agnostizismus oder Atheismus den Vorzug.

Ein demgegenüber ganz anders gearteter und wesentlich radikalerer Einwand wurde im Bereich der sprachanalytischen Philosophie entwickelt. Vertreter des sog. **Neopositivismus** bzw. **Logischen Empirismus** (vgl. Haller 1993) haben in den 30er und 40er Jahren die These vertreten, daß der Glaube an Gott weder wahr noch falsch sei, weil Aussagen über Gott in einem ganz bestimmten Sinn ›sinnlos‹ seien. Radikaler ist diese Kritik insofern, als sie bereits die Wahrheitsfähigkeit des theistischen Bekenntnisses bestreitet. Der Theismus scheitert also nicht daran, daß seine Behauptungen nicht begründet werden können; er scheitert auch nicht daran, daß seine Behauptungen widerlegt wurden; er scheitert bereits daran, daß er gar keine sinnvollen Behauptungen zustande bringt. Träfe diese Kritik zu, so wäre der Streit zwischen Theisten und Atheisten letztlich gegenstandslos. Die prominentesten Vertreter dieser philosophischen Kritik waren Rudolf Carnap (1891–1970), Alfred Ayer (1910–1989) und Antony Flew.

4.7.1 Die Sinnlosigkeit religiöser Rede

Im Hintergrund der philosophischen Umwälzungen, die sich im Logischen Empirismus abzeichneten, steht ein Phänomen, das in der neuzeitlichen Philosophiegeschichte regelmäßig wiederzukehren scheint, nämlich ein tiefes Unbehagen über den trostlosen Zustand der Philosophie, insbesondere der Metaphysik (Stegmüller 1978, S. 351f.). Dieses Unbehagen führte zu wiederholten Anläufen, die Grenzen philosophischer Erkenntnis von neuem abzustecken und ihre Grundlagen zu sichern. Bei Kant hatte dieser Anlauf zu einer völligen Umgestaltung der traditionellen Metaphysik im Sinne der Transzendentalphilosophie geführt. Im logischen Empirismus führte er zur ersatzlosen **Streichung der Metaphysik**. Programmatisch formuliert Ludwig Wittgenstein diese Position in dem 1921 erschienenen *Tractatus logico-philosophicus*: »Die Gesamtheit der wahren Sätze ist die gesamte Naturwissenschaft« (*Tractatus*, 4.11). Da die Philosophie keine Naturwissenschaft ist, kann ihr ›Zweck‹ auch nicht darin bestehen, eine bestimmte ›Lehre‹ hervorzubringen. »Der Zweck der Philosophie ist die logische Klärung der Gedanken« (ebd., 4.112).

Eines der zentralen Anliegen des Logischen Empirismus bestand darin, eine **Grenze zwischen sinnvollen und sinnlosen Sätzen** zu ziehen. Das Resultat lautete: Die Sätze der Logik und Erfahrungswissenschaften liegen diesseits, die Sätze der Metaphysik jenseits dieser Grenze. Die Demarkationslinie zwischen sinnlosen und sinnvollen Aussagen deckt sich allerdings nicht mit der Grenze zwischen falschen und wahren Aussagen. Als sinnvoll gelten Aussagen, die möglicherweise wahr oder falsch sind; als sinnlos hingegen gelten Aussagen, die weder das eine noch das andere sind. Rudolf Carnap, einer der Protagonisten des Logischen Empirismus, faßt dieses Programm folgendermaßen zusammen:

> »Wenn wir sagen, daß die sog. Sätze der Metaphysik *sinnlos* sind, so ist dies Wort im strengsten Sinn gemeint. Im unstrengen Sinn pflegt man zuweilen einen Satz oder eine Frage als sinnlos zu bezeichnen, wenn ihre Aufstellung gänzlich unfruchtbar ist (z.B. die Frage: ›Wie groß ist das durchschnittliche Körpergewicht derjenigen Personen in Wien, deren Telephonnummer mit 3 endet?‹); oder auch einen Satz, der ganz offenkundig falsch ist (z.B. ›im Jahr 1910 hatte Wien 6 Einwohner‹), oder einen solchen, der nicht nur empirisch, sondern logisch falsch, also kontradiktorisch ist (z.B. ›von den Personen A und B ist jede 1 Jahr älter als die andere‹). Derartige Sätze sind, wenn auch unfruchtbar oder falsch, doch sinnvoll; denn nur sinnvolle Sätze kann man überhaupt einteilen in (theoretisch) fruchtbare und unfruchtbare, wahre und falsche. Im strengen Sinn *sinnlos* ist dagegen eine Wortreihe, die innerhalb einer bestimmten, vorgegebenen Sprache gar keinen Satz bildet. Es kommt vor, daß eine solche Wortreihe auf den ersten Blick so aussieht, als sei sie ein Satz; in diesem Fall nennen wir sie einen *Scheinsatz*« (Carnap 1931, S. 220).

Die Grenzziehung erfolgte mit Hilfe eines Kriteriums, das in der Entwicklung des Logischen Empirismus eine bewegte Geschichte erfuhr: das **Verifikationskriterium**. Danach gelten Aussagen, die sich nicht durch Beobachtungen bewahrheiten bzw. verifizieren lassen, eo ipso als sinnlos. Auf den ersten Blick scheint dieses Kriterium zu besagen, daß nur solche Aussagen als sinnvoll zugelassen werden, die sich zweifelsfrei durch Erfahrung beweisen lassen. Diese Deutung des Verifikationskriteriums läßt das gesamte Projekt augenblicklich als in höchstem Maße absurd erscheinen. Denn es gibt eine Fülle von Aussagen, die entweder wahr oder falsch und folglich auch sinnvoll sind, ohne daß gegenwärtig festgestellt werden kann, was nun der Fall ist, wie z.B. der Satz »Es gibt extraterrestrisches intelligentes Leben«. Würde ›Verifikation‹ tatsächliche Beweisbarkeit bedeuten, wäre das Verifikationsprinzip offenkundig absurd, weil es völlig unverdächtige erfahrungswissenschaftliche Aussagen mitsamt der Metaphysik als sinnlos eliminieren würde.

In der Version von Alfred J. Ayer lautet dieses Kriterium folgendermaßen:

> »Wir sagen, daß die an eine vermeintliche Tatsachenaussage zu richtende Frage nicht ist, ob irgendwelche Beobachtungen ihre Wahrheit oder Falschheit logisch gewiß machen würden, sondern einfach, ob irgendwelche Beobachtungen relevant sind, um ihre Wahrheit oder Falschheit festzustellen. Nur wenn auf diese zweite Frage eine negative Antwort gegeben wird, folgern wir, daß die betreffende Aussage unsinnig ist« (Ayer 1970, S. 48).

Nach dieser Version ist eine Behauptung nur dann sinnvoll, d.h. möglicherweise wahr oder falsch, wenn sie prinzipiell durch Beobachtungen bestätigt oder widerlegt werden kann. Sind keine solchen Beobachtungen denkbar, dann ist die entsprechende Behauptung sinnlos. Genaugenommen handelt es sich dann eigentlich um gar keine Behauptung, sondern um eine sinnlose Aneinanderreihung von Worten. Im Falle der Behauptung extraterrestrischen Lebens sind solche Beobachtungen sehr wohl denkbar, auch wenn sie gegenwärtig nicht möglich sind. Daher ist diese Behauptung sinnvoll, auch wenn de facto (noch) nicht entscheidbar. Im Falle metaphysischer Aussagen sind keine derartigen Beobachtungen denkbar, weil sie per definitionem metaempirische Sachverhalte zum Ausdruck bringen. Dies erklärt zum einen den endlosen Streit zwischen metaphysischen Systemen. Es macht zum anderen aber auch deutlich, daß überhaupt kein sachlicher Streitpunkt existiert. In dieser Version zielt die Verifikationsforderung also gar nicht auf die definitive Entscheidbarkeit zwischen ›wahr‹ oder ›falsch‹. An der Verifizierbarkeit entscheidet sich statt dessen die Wahrheitsfähigkeit eines Satzes, d.h. es geht darum, ob er überhaupt einen verstehbaren bzw. intelligiblen Sinn bzw. propositionalen Gehalt hat. Hat er dies nicht, dann lohnt es sich gar nicht, nach seiner Wahrheit oder Falschheit zu fragen, weil weder das eine noch das andere der Fall sein kann. **Das Verifikationskriterium fungiert somit als Sinnkriterium:** »[...] um sagen zu können: ›p‹ ist wahr (oder falsch), muß ich bestimmt haben, unter welchen Umständen ich ›p‹ wahr nenne, und damit bestimme ich den Sinn des Satzes« (Wittgenstein: *Tractatus*, 4.063). Ob diese ›Umstände‹ de facto einlösbar sind, spielt keine Rolle. Sind sie aber überhaupt nicht einlösbar, werden die betreffenden Aussagen automatisch sinnlos.

Wird das so verstandene Kriterium auf Aussagen über Gott angewendet, so müßten ebenfalls mögliche Beobachtungen angeführt werden, die die Behauptung der Existenz Gottes entweder bestätigen oder widerlegen können. Ob und inwiefern dies möglich ist, hängt entscheidend vom jeweiligen Verständnis des Gottesbegriffs ab. Eine mythologische Rede, die Gott bzw. den Göttern Körper mit Händen und Füßen oder einen Aufenthaltsort, wie z.B. den Olymp, zuschreibt, wäre zwar prinzipiell sinnvoll, aber offenkundig falsch. Eine metaphysische Rede von Gott, die Gott nur transzendente Attribute beimißt, ist hingegen sinnlos. »Der Begriff einer Person, deren wesentliche Attribute nichtempirisch sind, ist überhaupt kein vernünftiger Begriff« (Ayer 1970, S. 154).

Daß zumindest keine Widerlegungen des Glaubens an Gott möglich sind, besagt einer der bekanntesten religionskritischen Texte des 20. Jhs., die sog. **Gärtnerparabel** in der Version von Antony Flew (vgl. Flew 1961, S. 96f.). Die Parabel erzählt von zwei Forschern, die auf eine Lichtung im Urwald stoßen. Auf dieser Lichtung finden sie neben viel Unkraut auch allerlei schöne Blumen und andere Pflanzen. Einer der beiden Forscher behauptet nun: »Es gibt einen Gärtner, der sich um diese Lichtung kümmert«. Der andere ist skeptisch eingestellt. Er glaubt nicht, daß ein solcher Gärtner existiert. Die beiden schlagen ein Lager auf und warten ab. Der Gärtner läßt sich jedoch nicht blicken. Darauf behauptet der an den Gärtner glaubende Forscher: »Vielleicht ist es ein unsichtbarer Gärtner!« Sie versuchen nun, mit Stacheldraht, Elektrozaun und Bluthunden den Gärtner irgendwie dingfest zu machen. Alle Versuche bleiben erfolglos: keine Schreie, kein elektrischer Schlag, kein Hundegebell! Doch der Gläubige bleibt davon völlig unbeeindruckt. Er ist immer noch überzeugt davon, daß es einen Gärtner gibt. Allerdings behauptet er jetzt, es handle sich um einen unsichtbaren, unkörperlichen Gärtner, der weder gewittert noch gehört werden kann; einen Gärtner, der heimlich kommt, um sich um seinen Garten zu kümmern. Dem Skeptiker geht daraufhin die Geduld aus. Er fragt den anderen, was eigentlich noch von seiner ursprünglichen Behauptung übriggeblieben ist. Wie unterscheidet sich denn das, was er einen unsichtbaren, unkörperlichen, ewig unfaßbaren Gärtner nennt, von einem imaginären oder von einem gar nicht existierenden Gärtner? Flew meint nun, daß die anfängliche Hypothese von einem Gärtner im Laufe der Zeit völlig ausgehöhlt wurde, bis zuletzt eigentlich überhaupt nichts mehr behauptet wird. »Eine schöne, kühne Hypothese kann so schrittweise den Tod durch tausend Modifikationen erleiden.« Die anfängliche Behauptung hat sich gewissermaßen in Luft aufgelöst. Und genau darin liegt nach Flew das Übel theologischer Aussagen.

Gläubige behaupten z.B., daß Gott die Menschen liebt wie ein Vater seine Kinder. Nun stirbt ein Kind an einem inoperablen Krebsleiden. Sein irdischer Vater unternimmt alles, um das Kind noch zu retten. Aber was tut der himmlische Vater? Gläubige antworten damit, daß die Liebe Gottes eben anders sei. Flew kann diese Antwort nicht akzeptieren. Er fragt: Was schließt denn die Aussage über den liebenden Gott aus? Unter welchen Bedingungen würde ein Glaubender von seiner Behauptung abrücken? Was müßte geschehen, daß die Aussage »Gott liebt die Menschen« für den Gläubigen falsch ist? Der Glaubende läßt sich durch nichts davon überzeugen, daß seine Behauptung falsch ist; genauso wie der Gärtner in der Parabel. Statt dessen dreht und wendet er seine Behauptung so lange, daß schließlich gar nichts Erkennbares mehr behauptet wird. Dabei geschieht das gleiche wie im Fall des Gärtners: Die These »Gott liebt die Menschen« stirbt ebenfalls den Tod der tausend Modifikationen. Flews These, daß Aussagen über Gott nichts behaupten, läßt sich folgendermaßen verdeutlichen: Jede Behauptung schließt logischerweise etwas aus, nämlich ihre Negation. Die Behauptung, daß etwas der Fall ist (p), ist daher logisch gleichbedeutend ($\neq$) mit der Verneinung ($\sim$) ihrer Negation ($\sim p$). Das ergibt dann: $p \neq \sim(\sim p)$.

Nun hat sich gezeigt, daß der Glaubende eigentlich nichts ausschließt. Er kann in der Regel kein denkbares Ereignis angeben, das für ihn ein Gegenbeweis zur Existenz oder Liebe Gottes wäre. Was auch immer passieren mag, er glaubt weiterhin an

Gott. Wenn die Behauptung, daß Gott existiert, nichts verneint bzw. ausschließt, dann behauptet sie letztlich auch nichts; und damit ist sie in Wirklichkeit auch keine Behauptung. Somit kommt Flew im Endeffekt zu dem gleichen Ergebnis wie Carnap und Ayer: Die religiöse Rede von Gott ist sinnlos, und zwar sowohl in ihrer theistischen als auch in ihrer atheistischen Form. Konsequenterweise wird selbst der Agnostizismus unmöglich (vgl. Ayer 1970, S. 153).

4.7.2 Religionsphilosophische Reaktionen

Der **Sinnlosigkeitsvorwurf** hat die religionsphilosophische Diskussion längere Zeit beschäftigt (vgl. Diamond/Litzenburg 1975). Inzwischen ist das Interesse daran abgeklungen. Noch immer scheint man sich nicht darauf einigen zu können, ob das Ganze eine ernstzunehmende Herausforderung darstellt oder möglicherweise nur eine philosophische Obskurität (vgl. Plantinga 1983, S. 21). Nimmt man die Herausforderung ernst, dann läßt sie sich im Prinzip auf zweierlei Weise beantworten: Man kann (1) die Kritik als grundsätzlich zutreffend akzeptieren. In diesem Fall müßte man das Verständnis religiöser Rede anders konzipieren. Oder man kann (2) versuchen, die Kritik zu beantworten, indem man zeigt, wie ihre Forderungen erfüllt werden können.

1. Den ersten Weg deutete bereits Rudolf Carnap, einer der Wortführer der Kritik, an:

> »Wenn wir sagen, daß die Sätze der Metaphysik völlig sinnlos sind, gar nichts besagen, so wird auch den, der unseren Ergebnissen verstandesmäßig zustimmt, doch noch ein Gefühl des Befremdens plagen: sollten wirklich so viele Männer der verschiedensten Zeiten und Völker, darunter hervorragende Köpfe, so viel Mühe, ja wirkliche Inbrunst auf die Metaphysik verwendet haben, wenn diese in nichts bestände als in bloßen, sinnlos aneinandergereihten Wörtern? Und wäre es verständlich, daß diese Werke bis auf den heutigen Tag eine so starke Wirkung auf Leser und Hörer ausüben, wenn sie nicht einmal Irrtümer, sondern überhaupt nichts enthielten?«

Ein ähnliches Befremden dürfte auch die Behauptung der Sinnlosigkeit der theologischen Rede von Gott auslösen. Im Hinblick auf die Metaphysik nimmt Carnap diese Bedenken durchaus ernst:

> »Diese Bedenken haben insofern recht, als die Metaphysik tatsächlich etwas enthält; nur ist es kein theoretischer Gehalt. Die (Schein-)Sätze der Metaphysik dienen *nicht zur Darstellung von Sachverhalten*, weder von bestehenden (dann wären es wahre Sätze) noch von nicht bestehenden (dann wären es wenigstens falsche Sätze); sie dienen *zum Ausdruck des Lebensgefühls*« (Carnap 1931, S. 238).

Carnaps Vorschlag, den Sinn metaphysischer Rede zu deuten, läßt sich auch auf die religiöse Rede von Gott ausweiten bzw. übertragen. So verstanden geht es dabei nicht mehr um Aussagen, die bestimmte Tatsachen behaupten wollen. Es ist dann natürlich keineswegs verwunderlich, daß religiöse Rede weder empirisch verifizierbar noch falsifizierbar ist, denn sie will – im Gegensatz zur wissenschaftlichen – gar nicht im üblichen Sinn ›wahr‹ sein. Sie stellt keine Tatsachenbehauptungen bzw. keine kognitiv relevanten Geltungsansprüche auf. Es fragt sich dann nur noch, wie denn religiöse Rede angemessen zu verstehen ist. Carnap sprach vom »Ausdruck des Lebensgefühls«. In eine ähnliche Richtung weisen mehrere religionsphilosophische Ansätze, die religiöse Rede in einen expressiven, emotiven, moralischen, evokativen, performativen oder pragmatischen Sinn deuten. Danach dient sie zum Ausdruck von moralischen Optionen, emotionalen Einstellungen, allgemeinen Handlungsdispositionen oder als Mittel zur Erweckung und Verstärkung derselben.

Derartige religionsphilosophische bzw. theologische Positionen werden als **nonkognitivistische oder nonrealistische** bezeichnet (vgl. Trigg 1997). In gewisser Weise erwecken sie den Eindruck, die neopositivistische Kritik nicht beantwortet, sondern ratifiziert zu haben. Diese Kritik ging zunächst davon aus, daß von religiöser Seite aus durchaus wahrheitsfähige Geltungsansprüche erhoben werden *wollen*, daß dies aber aus den genannten Gründen nicht gelingt. Die nonrealistische Reaktion auf diese Kritik bestreitet, daß darin der eigentliche Sinn religiöser Aussagen bestehe. Die neopositivistische Kritik treffe deshalb nur ein falsches Selbstverständnis religiöser Rede, wonach diese sich selbst nach Art wahrheitsfähiger bzw. kognitiver Hypothesen *miß*versteht.

2. Wer eine nonkognitivistische Deutung religiöser Rede ablehnt und gleichzeitig das Anliegen des Logischen Empirismus wenigstens grundsätzlich akzeptiert, müßte zeigen können, unter welchen Bedingungen das Verifikationskriterium erfüllt werden kann. John Hick hat dies mit der häufig belächelten und noch häufiger mißverstandenen These von der **eschatologischen Verifikation** versucht (vgl. Hick 1966, S. 169–199). Seine Antwort beginnt zunächst mit einem Zugeständnis: Im gegenwärtigen Leben gibt es tatsächlich keine denkbare Erfahrung, die den Glauben an Gott definitiv bewahrheiten oder widerlegen könnte. Dennoch bestehe ein kognitiv relevanter Unterschied zwischen theistischer und atheistischer Wirklichkeitsdeutung. Der Logische Empirismus hatte nun aber gerade behauptet, daß sich ein solcher Unterschied nur sinnvoll vertreten lasse, wenn es wenigstens mögliche Erfahrungen gäbe, die für oder gegen die Existenz Gottes sprechen, was angesichts der metaempirischen Eigenschaften aber ausgeschlossen sei. Hicks Lösung des Problems besagt nun, daß eine solche Erfahrung in einem Leben nach dem Tod denkbar sei. Diesen Gedankengang erläutert er anhand einer Parabel, die als direkte Antwort auf Flews Gärtnerparabel zu verstehen ist (vgl. Hick 1966, S. 177): Zwei Reisende gehen einen Weg entlang. Sie machen die gleichen Wahrnehmungen und Erfahrungen. Der eine von beiden glaubt, daß der Weg zu einer himmlischen Stadt führt. Alles, was sich im Laufe der Reise ereignet, interpretiert er als Prüfungen, mit denen der König der Stadt herausfinden will, ob der Reisende würdig ist, ein Bürger der Stadt zu werden. Der andere Reisende hält das für Humbug. Er glaubt nicht, daß der Weg an ein letztes Ziel führt oder daß die gesamte Reise einen Sinn hat. Dementsprechend genießt er die angenehmen Seiten der Reise und erträgt die unangenehmen. Beide Reisende können während der Reise nicht mit Sicherheit entscheiden, welcher nun Recht hat. Insofern ist ihre Situation derjenigen der Forschungsreisenden in der Gärtnerparabel ähnlich. Keine Beobachtung oder Wahrnehmung kann momentan entscheiden, welche Hypothese die richtige ist. Aber – und das ist die Pointe in Hicks Parabel – es gibt eine zukünftige Situation, die darüber entscheidet, wer von beiden Recht hat. Wenn die beiden Reisenden um die letzte Kurve ihres Weges kommen, wird sich – anders als in der Gärtnerparabel – definitiv zeigen, welche Hypothese wahr ist. Dadurch wird auch klar, daß zwischen ihren beiden Deutungen ein wirklicher Unterschied besteht.

Hicks Parabel will zeigen, daß es einen durchaus erfahrbaren Unterschied gibt zwischen den Behauptungen »Gott existiert« und »Gott existiert nicht«. Daher ist sowohl der Theismus als auch der Atheismus sinnvoll bzw. wahrheitsfähig. Welche von beiden Positionen die wahre ist, wird sich definitiv erst nach dem Tode zeigen. Wenn Gott allerdings nicht existiert, werden die Gläubigen die Falsifikation ihres Glaubens vermutlich nicht mehr erleben können, weil es dann gar kein Leben nach dem Tod gibt. Wenn Gott hingegen existiert, werden sie das nach dem Tod mit Gewißheit erfahren können.

Handelt es sich bei der These der eschatologischen Verifikation um die Beantwortung des Sinnlosigkeitsverdachts oder nur um eine obskure Lösung eines noch obskureren Problems? Vereinzelt wurde vermutet, Hick habe versucht, unter Hinweis auf eine postmortale Erfahrung das theistische Bekenntnis hier und heute zu beweisen, was natürlich völlig abwegig wäre. Zur Debatte steht nicht die Wahrheit, sondern die Wahrheitsfähigkeit des theistischen Bekenntnisses. Der Logische Empirismus hatte behauptet, die Wahrheitsfähigkeit einer Aussage hänge von möglichen Erfahrungen ab, die für ihre Wahrheit oder Falschheit relevant sind. Wenn aus dem theistischen Bekenntnis keine derartigen Erfahrungen folgen, dann sei es kognitiv leer bzw. sinnlos und demzufolge auch nicht wahrheitsfähig. Hick will demgegenüber deutlich machen, daß die Klasse möglicher Erfahrungen, die das theistische Bekenntnis bestätigen oder widerlegen, nicht leer ist, und daß dieser Glaube daher nicht sinnlos ist, sondern wahr oder falsch sein kann.

Man könnte jetzt fragen, was für die Frage nach der Existenz Gottes resultieren würde, wenn es kein Leben nach dem Tod gibt. Hick meint, die Glaubenden würden dann die Falsifikation ihres Glaubens nicht erleben. Dies klingt so, als ob Gott nur dann existieren würde, wenn es auch ein Leben nach dem Tod gibt, was offenkundig absurd ist, denn die Existenz Gottes kann nicht von einem postmortalen Leben abhängen. Ob Gott existiert oder nicht, hängt davon ab, ob ein Wesen mit den metaempirischen bzw. transzendenten Prädikaten der Allmacht, Allwissenheit, Ewigkeit usw. existiert. Wie nun diese Prädikate empirisch eingelöst werden können, kann auch das Konzept der eschatologischen Verifikation nicht erklären. Wenn überhaupt, dann funktioniert Hicks Lösung nur unter der Voraussetzung, daß das theistische Bekenntnis mit der Erwartung eines Lebens nach dem Tode einhergeht, daß also Gott als Macht über den Tod verstanden und behauptet wird, was in den theistischen Traditionen durchgängig der Fall ist. Genau dadurch erhält die Rede von Gott einen unmittelbaren empirischen Bezug, insofern sie Aussagen über den Fortgang der individuellen Erfahrungsgeschichte enthält, die im Verlauf dieser Geschichte bestätigt werden könnten. Wie diese Erfahrungen im einzelnen beschaffen sein müßten, entzieht sich freilich einer konkreten Beschreibung. Die religiöse Rede hält dafür im wesentlichen nur Metaphern des eschatologischen Heils bereit, deren Analogie zu irdischen Erfahrungen zwar äußerst schwach, aber alles in allem ausreichend sein dürfte (vgl. Hick 1966, S. 188). Unter dieser Voraussetzung scheint die ›eschatologische Verifikation‹ eine plausible Antwort auf ein klar umrissenes Problem zu sein.

Davon ausgehend läßt sich möglicherweise auch das nach wie vor offene **Problem der metaempirischen göttlichen Prädikate** lösen. Die religiöse Rede von Gott ist nicht zunächst die Rede von einem Wesen, das völlig unabhängig von der menschlichen Existenz gedacht oder behauptet wird, wobei dann erst im Anschluß daran gefragt wird, welche Konsequenzen sich aus der möglichen Existenz dieses Wesens für das Menschsein ergeben. Ausgangspunkt der Rede von Gott ist das Rätsel der menschlichen Existenz, die Frage nach dem Woher, Wozu und Wohin des Menschseins. Der Gottesbegriff entstand in diesem Kontext existentiellen Fragen, und der religiöse Glaube an Gott ist daran bleibend gebunden. Auch die metaempirischen Prädikate, die Gott beschreiben sollen, entspringen dieser Situation und dienen der abschließenden metaphysischen Fundierung eines letztlich existentiellen religiösen Interesses. Davon abgelöst, müssen sie in der Tat sinnlos erscheinen, und zwar nicht unbedingt im Sinne des Logischen Empirismus, sondern deshalb, weil sie keinen unmittelbaren Erfahrungsbezug besitzen. Die Frage, ob ein schlechthin vollkommenes Wesen existiert, wäre völlig belanglos, wenn dessen Existenz für die menschliche Erfahrung weder gegenwärtig noch zukünftig Relevanz besäße, wenn sie – mit anderen Worten – keinen erfahrbaren Unterschied machte. In dieser Sicht hätte der Sinnlosigkeitsverdacht entgegen der Absicht seiner Protagonisten die Klärung des Sinns religiöser Rede ein entscheidendes Stück weit vorangebracht.

4.8 Fazit

Die atheistische Kritik der Religion will zeigen, daß der Glaube an Gott falsch, widerlegt, unwahrscheinlich, widersprüchlich oder sinnlos ist. Daraus würde folgen: Der Glaubende verhält sich letzten Endes **irrational**, denn er verstößt in irgendeiner Weise gegen seine intellektuellen Verpflichtungen und verhält sich intellektuell unredlich. Eine mögliche Reaktion auf diese Kritik besteht darin, den rationalen Diskurs auf sich beruhen zu lassen und das religiöse Bekenntnis bzw. den Glauben als Entscheidung zu vollziehen, die unabhängig von aller Vernunft und notfalls sogar wider alle Vernunft zu fällen ist. Diese Option bezeichnet man häufig als **Fideismus**. Die Diskussion der religionskritischen Einwände hat jedoch gezeigt, daß dies keineswegs die einzig mögliche Option ist. Zumindest im Hinblick auf das theistische Bekenntnis sind die religionskritischen Einwände alles andere als zwingend. Umgekehrt ist die religiöse Sache alles andere als aussichtslos. Die Philosophie der Religion ist weder die Magd der Theologie noch die Totengräberin aller Religion. Sie bildet eher ein Forum, auf dem Menschen sich und einander Rechenschaft über ihre Überzeugungen geben, indem sie deren Bedeutung klären und die Gründe für und gegen ihre Wahrheit kritisch prüfen, indem sie also – philosophieren.

II. RELIGIONSPHILOSOPHIE DES JUDENTUMS

(Christoph Nöthlings)

1. Die biblischen Grundlagen des jüdischen Monotheismus

Die älteste der drei monotheistischen Religionen (Judentum, Christentum und Islam) führt ihren Ursprung auf Abraham zurück. Kraft der an ihn ergangenen göttlichen Verheißung, es werde zu einem großen Volk (Gen 12, 2) gemacht werden, ist Abraham der Stammvater der Juden; aufgrund seines bedingungslosen Glaubens gilt er gleichsam als Entdecker des Monotheismus. Der eigentliche Religionsstifter jedoch ist Moses, der die israelitischen Stämme aus der ägyptischen Gefangenschaft führt. Am Berg Sinai schließt Moses im Namen des Volkes einen Bund mit dem sich offenbarenden Gott. Das entscheidend Neue des Offenbarungsgedankens besteht darin, daß Gott sich in Geboten als Gebieter des Volkes Israel zu erkennen gibt und – allgemeiner gesprochen – als ethische Instanz in ein Verhältnis zum Menschen tritt. Indem Gott sich in der Geschichte offenbart, ist er transzendent, d.h. er unterscheidet sich von allem innerweltlichen und natürlichen Geschehen. Diese **Transzendenz Gottes** (vgl. Cohen ^{3}1995, S. 41–57), seine ontologische Verschiedenheit von der Welt, ist die Bedingung für sein Verhältnis zum Menschen. Die Frage nach dem Wesen dieses Verhältnisses, nach dem richtigen Verständnis des Bundes, ist für das Judentum Mittelpunkt des religiösen Selbstverständnisses. Dieses soll einleitend in einigen zentralen Momenten dargestellt werden.

In der **Idee der Schöpfung** (Gen 1, 1) wird die pantheistische Ineinssetzung Gottes mit der Natur überwunden (vgl. Guttmann 1933, S. 13; Cohen ^{3}1995, S. 68–81). Als Schöpfer der Welt ist **Gott von der Natur unterschieden** und steht ihr als Herrscher gegenüber. Die Schöpfungsberichte im ersten Buch Moses bringen dieses Verhältnis zum Ausdruck, wenn sie die Ordnung der chaotischen Elemente zur einen Welt auf die Weisheit und Schöpfermacht Gottes zurückführen. Im Rahmen dieser Schöpfung fällt dem Menschen eine Sonderrolle zu. Er ist selber Geschöpf, jedoch durch die göttliche Gabe der Sprache von aller Kreatur unterschieden und von Gott zur Vollendung der Schöpfung aufgerufen. Die Stellung des Menschen als kreatürliches und gleichwohl von allem Weltlichen und Natürlichen verschiedenes Wesen läßt nach dem Sinn der menschlichen Existenz fragen.

Für die griechische Philosophie ergibt sich dieser Sinn aus der Interpretation der Welt als eines kosmischen Ganzen, dessen Gesetzen das menschliche Leben unterworfen ist und dessen Ordnung es sich harmonisch eingliedert. Für das antike Griechentum ist die Erkenntnis des Menschen durch die Erkenntnis des Kosmos bedingt. Im Unterschied zu einer solchen Position bestimmt der – historisch frühere – jüdische Monotheismus die Rolle des Menschen in der Welt nicht aufgrund einer theoretischen Betrachtung des Kosmos, sondern im Verhältnis zu einem sittlich fordernden Gott. Der Gottesbegriff des Judentums begründet die Andersheit des Menschen, seine Verschiedenheit von allem ›bloß‹ naturhaften Geschehen: weil Gott den Menschen anders geschaffen hat als alle Welt, steht er zu ihm in einem anderen Bezug als zur kreatürlichen Ordnung; das Verhältnis zwischen Gott und Mensch wird nicht aus der menschlichen Geschöpflichkeit allein einsichtig. Den Sinn seiner Existenz erfährt der Mensch erst in der Offenbarung als der an ihn gerichteten Anrede Gottes.

Die hebräische Bibel schildert die **Offenbarung als historisches Ereignis**. Der Überlieferung zufolge übermittelt Moses die von Gott empfangene Thora an das Volk Israel (Exodus 20). Gott offenbart in der Thora seinen Namen. Im Unterschied zu anderen Göttern und Dämonen gibt er sich als eine Wirklichkeit zu erkennen, die an kein vorhandenes Dasein gebunden ist: »Ich werde dasein, als der ich dasein werde« (*Schrift*, S. 158), übersetzen Buber und Rosenzweig den Gottesnamen *Ehijeh ascher ehijeh* in ihrer 1924 begonnenen Übersetzung der Bibel. Wenn Gott sich Moses gegenüber als »Ich werde dasein« bezeichnet, so wird darin die Unmöglichkeit deutlich, ihn mit einem gegenwärtig vorhandenen Zustand oder Dasein zu identifizieren. Die göttliche Transzendenz kommt im futurischen Tempus des Namens zum Ausdruck: jeder Versuch, Gott gegenständlich zu fassen, muß entweder fehlschlagen oder in Götzendienst ausarten. Auch das dekalogische Bilderverbot (Ex 20, 4) hält in diesem Zusammenhang an dem stets zukünftigen Sein Gottes fest: jede bildliche Darstellung würde die Unendlichkeit Gottes vernichten und ihn zu einem Ding unter anderen Dingen machen. Der unkörperliche Gott entzieht sich der vergegenständlichenden visuellen Wahrnehmung des Menschen. Wenn der Mensch dennoch von Gott weiß, dann allein deshalb, weil Gott in der Thora zu ihm spricht.

Die Thora (Lehre, Unterweisung, Gesetz) wird **als die schriftliche Fixierung des göttlichen Sprechens** verstanden: sie ist ursprünglich mündliche Lehre und umfaßt in einem engeren Sinne die Fünf Bücher Moses, also den Pentateuch, im weiteren Sinne die gesamte – mündliche wie schriftliche – Überlieferung des Judentums (vgl. Scholem 1970a, S. 90–120). Der auf der Überlieferung fußende jüdische Glaube fragt nicht nach dem Wesen Gottes, sondern nach seinem Willen. Diesen Willen erfährt der Mensch in den göttlichen Geboten, deren Beachtung ausschließlich in seine Verantwortung gestellt ist. Als Zeugnis des Bundes, den Gott mit Israel am Sinai schließt, ist die Thora die vom Menschen ständig einzulösende Aufgabe, Gottes Willen in der Welt zu verwirklichen und so die Schöpfung zu vollenden. Das göttliche »Ich werde dasein« ist gebunden an die Forderung (Ex 19, 5): »hört auf meine Stimme und wahrt meinen Bund« (*Schrift*, S. 203), mit der Gott sich an das Volk Israel richtet.

Nach der Landnahme Israels und der Gründung des Königreiches sind es die **Propheten**, die an die geschichtliche Dimension des Gottesbundes erinnern und Israels Treue diesem gegenüber einfordern (vgl. Cohen 1924, Bd. 3, S. 306–330). Die prophetische Predigt protestiert gegen den Götzendienst, dem die Israeliten verfallen, wenn sie im Baalskult Menschenopfer darbringen oder den eigenen Staat für die Erfüllung der göttlichen Verheißung halten. Über der Verehrung Gottes im Tempel sollen die göttlichen Forderungen nach Güte, Gerechtigkeit und einer positiven Rechtsordnung nicht in Vergessenheit geraten. Die Propheten treten dem nationalen Selbstbewußtsein entgegen und erheben im Namen Gottes ihre Stimme gegen die soziale Ungerechtigkeit, die als Preis für die staatliche Konsolidierung in Kauf genommen wird. Gottes Bund mit Israel wird weder im Kultus noch im Staatswesen eingelöst, sondern das Volk soll ihn im ethischen Handeln bewähren. Der prophetische Aufruf zur Gerechtigkeit gipfelt in der Erwartung des Messias. Die messianische Hoffnung soll das Bewußtsein dafür wachhalten, daß die Welt noch nicht erlöst ist (vgl. Cohen

[3]1995, S. 276–313). Im prophetischen Messianismus und der **Forderung diesseitiger Gerechtigkeit** entwickelt der jüdische Monotheismus eine historische Perspektive, die auf den zukünftigen Frieden der Völker ausgerichtet ist. Durch sein Festhalten an der Vorstellung einer Gemeinschaft aller Menschen erlangt das Judentum weltgeschichtliche Bedeutung (zu den hier einführend genannten sowie weiteren Aspekten vgl. auch die einschlägigen Aufsätze und Einträge im *Jüdischen Lexikon* und in der *Encyclopedia Judaica*, den beiden maßgeblichen deutschsprachigen Nachschlagewerken zum Judentum).

2. Der Traditionsbegriff des Judentums: Schrifttum, mündliche Lehre und Kabbala

2.1 Die schriftliche Lehre: die Thora

Das Selbstverständnis des Judentums beruht auf der steten Vergegenwärtigung der mündlich und schriftlich überlieferten Lehre. Die jüdische Überlieferung ist kein gesicherter und für alle Zeit festgelegter Kanon, sondern sie muß beständig durch die Interpretation der Quellen aktualisiert werden. Es ist diese Vergegenwärtigung der Lehre selbst, die im Zentrum des religiösen Lebens steht. Zwar läßt sich historisch die Entstehung der Lehre als ein Nacheinander der für das Judentum zentralen Texte schildern; der jüdische Glaube jedoch geht von der Gleichursprünglichkeit seiner tradierten Quellen aus. Der gesamte Bestand der jüdischen Tradition ist auf die individuelle Aneignung durch den Gläubigen angewiesen. Damit wird der Begriff der historischen Offenbarung als eines einmaligen Geschehens problematisch. **Offenbarung und Tradition** verweisen aufeinander: die Offenbarung Gottes – verstanden als das Geben der Thora (*Mathan Thora*) – stiftet die Tradition, kann jedoch selbst nur aus dieser heraus verstanden werden. Die Überlieferung der Lehre und ihre schriftliche Fixierung treten gewissermaßen an die Stelle der ursprünglichen Offenbarung, die doch keinen anderen Inhalt hatte als das Geben dieser Lehre selbst. Das Paradoxe dieses Verhältnisses läßt sich an dem Umstand ablesen, daß Moses am Sinai die Thora empfängt, dieses Geschehen aber selbst in der Thora berichtet wird. Die Tradition gründet ihre Autorität in der Offenbarung, die ihrerseits ausschließlich in der Tradition verbürgt ist. Dieses Spannungsverhältnis macht es unmöglich, die Frage nach dem Ursprung der Lehre befriedigend zu beantworten. Andererseits begründet es die stete Fortentwicklung der Überlieferung und die Lebendigkeit des Judentums, das sich in seiner Tradition überhaupt erst konstituiert (vgl. Scholem 1970a, S. 112). Denn die Tradition entsteht mit der Frage nach Sinn und Bedeutung der Thora als göttlicher Offenbarung. Aber dieser Sinn ist weder eindeutig noch endgültig festzulegen, sondern wird in einem unendlichen Prozeß der Lehre und des Lernens erschlossen.

Die jüdischen Quellen, auf die hier nur kurz eingegangen werden kann, stellen gleichsam die materielle Seite dieser Tradition dar. Diese bliebe bedeutungslos ohne das Lernen, durch das sie angeeignet – und weitergegeben – wird. Allein im fortgesetzten Studium können Bedeutung und Sinn der Schrift erschlossen werden; sie sind nicht schon als solche gegeben. Das **Lernen ist zentrale religiöse Pflicht**; es bezeichnet das Moment geistiger Spontaneität, das die Kette der Überlieferung weiterführt und ohne das die überlieferten Texte totes Material blieben. Dem traditionellen rabbinischen Studium liegen in erster Linie der **Talmud** – bestehend aus Mischna und Gemara (s. Kap. II.2.2) – und erst in zweiter Linie der **Tenach**, d.i. die hebräische Bibel, zugrunde. Der TeNaCh (akronym für Thora, Newi'im, Chetuwim) enthält

1) die Fünf Bücher Moses, also die Thora im engeren Sinne;
2) die prophetischen Bücher;
3) die Geschichtsbücher.

Die Thora, eines der ältesten Schriftwerke der Menschheit, stellt den Grundstein des jüdischen Glaubens dar; ihre schriftliche Fixierung beginnt im 10. Jh. v.u.Z.; von Esra wird sie im 5. Jh. v.u.Z. als kanonisches Werk eingeführt. Die Fünf Bücher Moses werden nach ihren hebräischen Anfangsworten benannt: *Bereschit* (›Im Anfang‹: Genesis), *Schemot* (›Namen‹: Exodus), *Wajjikra* (›Er rief‹: Leviticus), *BaMidbar* (›In der Wüste‹: Numeri), *Dewarim* (›Reden‹: Deuteronomium).

Die Bücher der Propheten, der zweite Teil des Tenach, gliedern sich in *Newi'im Rischonim* und *Newi'im Acharonim*, Vordere und Spätere Propheten, und sind zwischen 750 und 500 entstanden.

Die Geschichtsbücher (*Chetuwim*: Schriften) stammen größtenteils aus der Zeit des Babylonischen Exils (6. Jh. v.u.Z.). Zu ihnen gehören u.a. die Psalmen (*Tehillim*) und das Hohe Lied (*Schir HaSchirim*).

Anders als die Septuaginta-Übersetzung ins Griechische, die von etwa 250 bis 150 v.u.Z. für die Judengemeinden in Alexandria entstand und deren Kanon dem christlichen ›Alten Testament‹ zugrundeliegt, wird die Kanonisierung der Hebräischen Bibel erst um das Jahr 200 u.Z. abgeschlossen (zur Kanonoisierung der jüd. u. chr. Bibel vgl. Kooij 1998).

2.2 Die mündliche Lehre: der Talmud

Maßgeblich für das Verstehen der Schrift ist die mündliche Lehre (*Thora sche'be'alpe*) des Talmud (die klass. Einführungen sind: Stemberger [8]1992; Mielziner [4]1968). ›Talmud‹ (›das zu Lernende‹) ist die Bezeichnung für die beiden großen Textsammlungen, die zwischen dem 3. und 6. Jh. in den jüdischen Lehrhäusern in Babylonien und Palästina entstehen (unterschieden wird, nach Entstehungsort, zwischen *Talmud bawli* und *Talmud yerushalmi*). Diese beiden für das Judentum richtungsweisenden Sammlungen sind das Ergebnis einer Verschriftlichung der ursprünglich mündlichen Lehre, die in zwei Schritten – Mischna und Gemara – vollzogen wurde. Der Talmud umfaßt also

1) die Mischna, d.i. die nach Materien geordnete kanonische Sammlung von Lehrsätzen des jüdischen Gesetzes, verfaßt von den sog. Tannaiten und im 2. Jh. von Rabbi Jehuda haNassi redigiert;
2) die Gemara, d.i. der umfangreiche, von den sog. Amoräern entwickelte Kommentar zur Mischna.

Als Grundbestand der jüdischen Lehre ist die Mischna in beiden Talmudausgaben identisch; die Gemara indessen ist im *Talmud bawli* eine andere als im *Talmud yerushalmi*.

Die Bedeutung der ›Mündlichkeit‹ im Judentum läßt sich daran ersehen, daß dem rabbinischen Verständnis zufolge Moses die Thora zunächst in mündlicher Form von Gott ›gelernt‹, und dann erst dem Volk Israel als Vermächtnis übermittelt habe. Dieses Vermächtnis, die Lehre der Thora, umfaßt also **Schrift *und* gesprochenes Wort** und läßt sich nicht auf die Fünf Bücher Moses beschränken. Aus dieser – hermeneutischen – Gleichursprünglichkeit des mosaischen Gesetzes mit der Geschichte seiner Auslegung in der *einen* Offenbarung Gottes wird die Bedeutung des Lernens deutlich: ohne den Talmud bliebe der Sinn der schriftlichen Thora verborgen. Die biblischen Bücher werden erst in dem Moment wichtig, wo sie in den Auseinandersetzungen der talmudischen Gelehrten als Zitat Autorität erlangen. Der Talmud erschließt das Verständnis des Thoratextes in Zitat und Kommentar: durch das Zitat gibt sich der Kommentar das äußere Zeichen der Autorität, die ihn zur Konstruktion der Bedeutung ermächtigt. Die Bedeutung ist jedoch nicht völlig willkürlich, sondern sie verdankt sich der »Bemühung um das immer genauere Verständnis der Schrift« (Scholem 1970a, S. 96). Die mündliche Lehre kann also nur dann Autorität für sich beanspruchen, wenn sie die Schrift zitiert.

Die Bedeutung der Lehre steht in engem Zusammenhang mit der Zerstörung des Tempels und der Zerschlagung des jüdischen Gemeinwesens durch die Römer im Jahre 70. Unter den veränderten historischen Umständen galt es, die Existenz des Judentums auf eine Grundlage zu stellen, die von Tempel und Staat unabhängig war. Rabban (›Lehrmeister‹) Jochanan Ben Sakkai hatte durch die Gründung eines Lehrhauses in Jawne die Voraussetzung dafür geschaffen. Die mündliche Lehre konnte hier auch nach dem Verlust Jerusalems bewahrt – und weiter tradiert – werden. Unter dem Einfluß Ben Sakkais verlagert sich der Schwerpunkt der Lehre vom kultischen auf einen geistig-religiösen Bereich; an die Stelle der Verehrung Gottes im Tempel tritt die intellektuelle Beschäftigung mit der Lehre. Der Fortbestand des Judentums ist seitdem nicht mehr an Staat und Tempel gebunden, sondern einzig an die Bewahrung der Tradition. Der Kern dieser Tradition, die überlieferte mündliche Lehre, war jedoch nie schriftlich festgehalten worden, sondern wurde in den jüdischen Lehrhäusern durch die Rabbinen weitergegeben. Das Verbot einer schriftlichen Fixierung (vgl. Stemberger 1992, S. 41f.) sollte den für die Weitergabe erforderlichen Interpretationsspielraum, d.h. die stete Weiterentwicklung der Lehre gewährleisten.

Aufgabe der mündlichen Überlieferung war die **praxisbezogene Deutung der Thora**, die sich beständig an der historischen Wirklichkeit neuorientierte (vgl. Steinsaltz 1996, S. 75). Die räumliche Nähe der Lehrhäuser zueinander, wie sie in Jerusalem bis zum Ende des jüdischen Staates gegeben war, ermöglichte die Verständigung über die zentralen Inhalte und die relative Einheit der Lehre. Diese Voraussetzung ist nach dem Verlust Jerusalems nicht mehr gegeben. Durch die Zerstreuung der Juden in die *Galuth* (Diaspora) droht die Überlieferung sich auf räumlich entfernte Lehrhäuser, die nicht mehr miteinander in Kontakt stehen, zu verteilen. Das Auseinanderfallen der mündlichen Thora in verschiedene Traditionen, die sich nicht mehr miteinander in Einklang bringen lassen würden, hätte den Fortbestand des Judentums selbst gefährdet. Aus diesem Grund entschloß sich Rabbi Jehuda haNassi zu dem unorthodoxen Schritt, die mündliche Tradition zu kanonisieren und so die Einheit der Lehre zu bewahren.

Die Voraussetzung dafür wird in der Mischna, der Grundlage des Talmud, geschaffen. Die **Mischna** (Wiederholung) ist die **geordnete Darstellung der mündlichen**

Lehre, wie sie von den sog. Tannaiten (Lehrern) vorgetragen und von Jehuda haNassi gegen 200 u.Z. zusammengestellt worden ist (vgl. Stemberger 1992, S. 129). Sie besteht aus den rabbinischen Ausführungen und Kommentaren zu den traditionellen Vorschriften des jüdischen Gemeindelebens und gliedert sich in sechs Ordnungen (*Sedarim*), die in insgesamt 63 Traktate (*Massechtot*) unterteilt sind. Die Mischna behandelt vom Zivil- und Strafrecht bis zu den Vorschriften für Fest- und Feiertage (einschließlich des Sabbat) alle Lebensbereiche, die gesetzlich festgelegt sind. Obwohl später formuliert, gilt sie als die ursprüngliche mosaische Lehre (*Thorat Mosche*) nach dem Grundsatz *Halacha le-Mosche mi-Sinai*, der den Ursprung der gesamten Überlieferung auf die Offenbarung am Sinai zurückführt. In der **Gemara** (das Erlernte, das Vollendete) sind die Auseinandersetzungen der rabbinischen Lehrer (Amoräer) über den Sinn der Mischnatraktate festgehalten. Die oft seitenlangen Kommentare zur Mischna haben den Charakter eines Gelehrtengesprächs und vermitteln einen Eindruck von der Lebendigkeit jüdischer Lehrhäuser. Die verschiedensten Schriftgelehrten der Zeit zwischen 200 und 500 werden zitiert, als hätten sie sich zur Lesung und Kommentierung der Schrift versammelt. Merkmal talmudischer Gelehrsamkeit ist, daß die unterschiedlichen, oft einander widersprechenden Meinungen und Auslegungen unvermittelt nebeneinander stehenbleiben. Jegliche Synthese zum Dogma fehlt: die Widersprüchlichkeit soll erhalten bleiben, auch wenn es immer ein abschließendes Urteil darüber gibt, welche der vielen Ansichten handlungsweisend für die jüdische Gemeinschaft ist.

Lassen sich formal Mischna und Gemara unterscheiden, so gliedert sich der talmudische Stoff in Halacha und Aggada (vgl. Bialik 1944). Die **Halacha** (von ›gehen‹: Wegweisung) ist die jüdische Gesetzeslehre. Sie stellt die **Normen und Weisungen für das alltägliche Leben** gemäß der Thora auf und legt so deren gesetzliche Bestimmungen fest. Im Zentrum der Halacha steht die Frage, wie die Weisungen der Thora in der Lebensführung zur Anwendung kommen. Religion und Sittlichkeit werden in der Halacha miteinander verbunden; die religiös motivierte Gesetzestreue soll sich im ethischen Lebenswandel bewähren. Diese zentrale Stellung der Thora, die alle Bereiche des menschlichen Lebens umfaßt und daher nicht nur Gotteslehre sein will, macht es unmöglich, das Judentum auf den Begriff zu bringen, es auf einen bestimmten Wesenszug zu reduzieren oder es im gleichen Sinne als ›Religion‹ zu verstehen wie Islam oder Christentum. Die **Aggada** (Aussage, Erzählung) handelt von den nichtgesetzlichen Teilen der Thora. Neben der Schriftauslegung im eigentlichen Sinne stehen **Gleichnisse, Sentenzen, Sprichwörter** und Nationalgeschichtliches. Da die Aggada im Unterschied zur normativen Halacha nicht das Gesetz zum Gegenstand hat, wird in ihr eine weitaus großzügigere Freiheit der Auslegung entwickelt. Gefragt wird nach der Aussage der Schrift, die über den unmittelbaren Wortsinn (*peschat*) hinausgeht. ›Aggada‹ bezeichnet auch ein hermeneutisches Prinzip, demzufolge die Thora Gabe sowie Aufgabe ist, und zwar nicht allein im Sinne sittlicher Forderungen, sondern vielmehr als ein der menschlichen Vernunft zur Deutung Aufgegebenes. Im Unterschied zu Mischna und Gemara sind Halacha und Aggada nicht streng geschieden. Versteht man den Talmud als ihre Einheit, so läßt sich seine Bedeutung darin sehen, daß er Ethik und Exegese, Gesetz und Schriftauslegung in unmittelbaren Zusammenhang stellt: wie das kommentierende Lernen der Schrift (*Talmud Thora*) selbst schon Gebotserfüllung ist, so kann es für das jüdische Selbstverständnis kein ethisches Handeln geben, das nicht aus Treue zur Lehre geschieht.

2.3 Die geheime Lehre: die Kabbala

Zur jüdischen Tradition gehört neben Tenach und Talmud auch die Kabbala (das durch Tradition Empfangene). ›Kabbala‹ dient allgemein als Bezeichnung für die **jüdische Geheimlehre und Mystik**, deren Entstehung auf die letzte Periode des Zweiten Tempels, also in die Mitte des ersten Jahrhunderts, zurückgeht; im engeren Sinne ist damit die esoterische Bewegung gemeint, die um 1200 in Spanien und in der Provence entsteht und sich vom 16. Jh. an in der gesamten Diaspora verbreitet (zum Überblick vgl. Art. »Kabbala« von Scholem, in: *Encyclopedia Judaica*; zu den versch. Strömungen vgl. Scholem 1957; zu neueren Deutungsversuchen vgl. Idel 1988). Die Kabbalisten streben, im Unterschied zur christlichen Mystik etwa, weniger nach Vereinigung der Seele mit Gott, als nach einer **Welterkenntnis**, die **durch Kontemplation und Erleuchtung** gewonnen wird. Grundlage dieser überrationalen Erkenntnis ist die Versenkung in eine geheime Tradition, die in den Ursprung der Menschheit zurückverlegt und aus der Thora erschlossen wird. Die sinnlich wahrnehmbare Welt gilt der Kabbala als einer schöpferisch-geistigen entsprungen. Aufgabe des Menschen ist die Wiederherstellung (*Tikkun*) dieser ursprünglichen göttlichen Ordnung, zu der er durch seinen geheimen inneren Zusammenhang mit dem ganzen Kosmos befähigt ist. In der Kabbala verbinden sich neuplatonische, persische und astrologische Vorstellungen mit der **Erwartung des messianischen Heils**, das sich als Kehrseite des historischen Prozesses vollzieht.

Indem der Mensch in der *Schechina* (Einwohnung) die innerweltliche Allgegenwart Gottes erfährt, kann er zwischen der ursprünglich-göttlichen und der gefallenen Welt vermitteln und die Erlösung der letzteren vorbereiten. Die Gestalt dieser erlösten Welt und der Zeitpunkt ihres Eintretens bleiben jedoch unvorhersehbar. Von ihr läßt sich ebensowenig in positiven Begriffen sprechen wie von Gott. Der mystische Agnostizismus der Kabbala, der die absolute Unerkennbarkeit Gottes betont, führt zu einer Negativen Theologie. Die Kabbala bezeichnet Gott als *En Soph* (Unendlich) und meint damit eine Vollkommenheit jenseits aller Scheidungen und Differenzierungen. Gott ist seiner Schöpfung völlig transzendent, es kann nur aus der Endlichkeit auf ihn zurückgeschlossen werden. Die Welt kommt zustande durch die Selbstkontraktion (*Zimzum*) des Unendlichen. Bei der Schöpfung zieht das *En Soph* sich zusammen und stellt Schalen an seine Stelle. Indem diese Schalen zerbrechen, tritt es in zehn geistige Kräfte (*Sefirot*) auseinander, während die Bruchstücke der Schalen in die Welt verstreut bzw. als deren Material verwendet werden. Als leibgeistiges Wesen hat der Mensch die Aufgabe, durch Konzentration und Gebet den ursprünglichen Zustand der Ungeschiedenheit des *En Soph* wiederherzustellen und Gott, der sich in der Welt verendlicht hat, seine Unendlichkeit zurückzugeben (vgl. Safran 1966, S. 281f.).

Die genaue Entsprechung dieses mystischen Schöpfungsgedankens kommt in der kabbalistischen Vorstellung zum Ausdruck, Gott habe sich in der Schrift der Thora verendlicht. In der Thora offenbart Gott seinen Namen, doch dieser ist für den Menschen unverständlich und muß aus der Schrift ermittelt werden; Gottes eigentliches Wesen ist für den Menschen gar nicht faßbar. Das macht ein noch tieferes Eindringen in den Text notwendig. Gottes Offenbarung in der Thora bedeutet zugleich seine Verhüllung in den Text. Die Thora wird zu einer Art Hieroglyphenschrift, in der sich ein geheimer Sinn verbirgt, zu dessen Entschlüsselung sich die Kabbalisten einer Buchstaben- und Zahlenmystik bedienen (vgl. Scholem 1960; Kilcher 1998). Da jedem der 22 Buchstaben des hebräischen Alphabets sowohl ein symbolischer als auch ein Zahlenwert zugeordnet ist, ergeben sich aus Kombinationen und Quersummen der Buchstaben eines Wortes völlig neue Bedeutungsebenen des Textes insgesamt (vgl. Safran 1966, S. 51). Ein letzter definitiver Sinn der Schrift ist aber nicht zu ermitteln, denn als Wort des unendlichen Gottes ist die Thora unendlich ausdeutbar – es kann immer nur eine Annäherung, niemals eine Vereinigung mit dem Absoluten geben. Diese Annäherung vollzieht der Mensch in seinem Handeln, das die Unendlichkeit Gottes in der Welt wiederherstellen soll. In ihm erlöst der Mensch nicht nur die Welt und sich selbst, sondern zuletzt auch Gott selber.

3. Entstehung und Aufgabe der jüdischen Philosophie

Die jüdische Philosophie entsteht in dem Moment, in dem das Judentum mit dem philosophischen Denken der griechischen Antike in Berührung kommt. Durch Alexander den Großen war das Griechentum bis nach Ägypten und weit in den vorderasiatischen Raum vorgedrungen, wo es seit etwa 300 v.u.Z. Kultur und Bildung bestimmte. Philosophische Akademien, in denen griechische Philosophie gelehrt wurde, gab es auch in Alexandria und Babylonien, den beiden Hauptzentren des Judentums außerhalb Palästinas. Das von Platon und Aristoteles geprägte Denken stellt zu diesem Zeitpunkt die Autorität in Fragen des Wissens und der menschlichen Erkenntnis dar. Sowohl der biblische Monotheismus des Judentums als auch die griechische Philosophie treten mit absolutem Wahrheitsanspruch auf; das Judentum, indem es seine Lehre und Tradition auf die unhintergehbare ›Selbstverlautbarung‹ Gottes zurückführt; die Philosophie in ihrer Behauptung, die systematische Erkenntnis allen Seins sei allein durch die Teilhabe des Denkens am göttlichen *Logos* möglich. Jüdische Lehre und griechische Philosophie treten sich so als zwei Wege zur Wahrheit gegenüber. Die Konfrontation wird meist dadurch umgangen, daß bestimmte Begriffe (nicht die Ideenwelt insgesamt), des platonischen bzw. aristotelischen Denkens in die jüdische Tradition integriert werden. Als Ergebnis dieser Integration, wie Philon und die mittelalterlichen Rationalisten sie vornehmen, ist die jüdische Philosophie gewissermaßen die Fortsetzung der Tradition mit anderen Begriffen (die immer noch maßgebliche jüdische Philosophiegeschichte ist: Guttmann 1933; zur ersten Orientierung: Simon 1984; Essays auf neuestem Forschungsstand zu einzelnen Epochen und Autoren: Frank 1997).

Zu einer wirklichen Synthese von ›Judentum‹ und ›Griechentum‹ ist es jedoch, selbst wo Moses Maimonides (s. Kap. II.5.4) sich um eine solche bemüht, nie wirklich gekommen. Weil die jüdische Selbstreflexion sich zunächst nur der methodischen Klarheit des griechischen Denkens bedient, ohne dessen Gehalte aufzugreifen, braucht sie dieses nicht als feindliche Bedrohung der eigenen Tradition zu empfinden. In der talmudischen Überlieferung gilt die griechische Philosophie sogar als Bestandteil eines vergessenen jüdischen Erbes – und damit als Teil der mosaischen Lehre (vgl. Husik 1958, S. XVI). Begrifflichkeit und Systematik der griechischen Philosophie werden von den jüdischen Autoren in weiten Teilen fast unverändert übernommen. Unverkennbar jüdisch bleibt das **Festhalten am biblischen Gottesglauben**, d.h. am ethischen Monotheismus der Thora, der sich mit dem philosophischen Gottesbegriff freilich nicht vereinen läßt. Der Gott Israels gibt sich als moralisches Wesen zu erkennen, dessen Wille der Mensch verwirklichen soll, wohingegen die aristotelische Philosophie Gott nur als Prinzip des Denkens bzw. als ›ersten Beweger‹ kennt. Für Aristoteles ist Gott nicht Person oder Wille, sondern ›aktiver Intellekt‹. Seine Rolle als *causa prima* besteht darin, die Welt in Bewegung gesetzt, nicht aber geschaffen zu haben und ihre gesetzmäßige Weiterexistenz zu sichern. Durch Teilhabe am göttlichen Intellekt ist der menschlichen Seele die Erkenntnis der Welt als eines geordneten und ewigen Ganzen möglich.

Jüdische und griechische Philosophie haben verschiedene Auffassungen von Gott, Welt und Mensch. Die Vorstellung der Welt als eines ewigen ungeschaffenen Ganzen ist dem jüdischen Denken so fremd wie der abstrakte Gedanke eines rein intellektuellen Gottes, an dem der Mensch nur als denkendes – und nicht auch als ethisches, d.h. handelndes – Wesen teilhat. Am ethischen Grundcharakter der biblischen Tradition hält die jüdische Philosophie auch dann fest, wenn sie Theorie und Systematik der griechischen Antike übernimmt. Ihr wesentliches Merkmal besteht gerade darin, daß sie versucht, die Gehalte der jüdischen Tradition mit philosophischen Mitteln zu erfassen und zu durchdringen. Voraussetzung dafür ist die Gewißheit, daß Lehre und Überlieferung des Judentums eine Auseinandersetzung mit der rationalen Philosophie nicht zu scheuen brauchen, da sie selber vernunftgemäß sind, auch ohne über eine eigene Theorie der menschlichen Erkenntnis zu verfügen.

Lehre und Überlieferung des Judentums werden dabei nicht einfach in die Begrifflichkeit der Philosophie übersetzt, sondern auf ihren eigenen philosophischen Gehalt hin erforscht. Damit verbindet sich stets die Aufgabe, in einem konkreten historischen Kontext die Frage zu entscheiden: ›Was ist jüdisch?‹. Durch die **philosophische Begründung der Lehre** sollen sowohl abweichende Positionen innerhalb der Glaubensgemeinschaft zurückgedrängt als auch die Abgrenzung von anderen Religionen vollzogen werden. Neben der rationalen jüdischen Philosophie des Mittelalters, die den biblischen Glauben mit dem platonischen und aristotelischen Denken harmonisiert, entwickelt sich zunehmend eine metaphysikkritische Position, die die Überlegenheit der jüdischen Lehre über die philosophische Spekulation erweisen soll. Das jüdische Denken stellt die seit Parmenides behauptete Identität von Denken und Sein in Frage. Aus jüdischer Sicht ist es die griechische Philosophie, die der Korrektur und Erweiterung bedarf: außerstande, die Herkunft ihres vornehmsten Begriffes – des menschlichen Denkens – aufzuklären, verliert sie ihren Anspruch auf Totalität. Indem die jüdische Philosophie die Frage nach dem Ursprung der Vernunft selbst stellt, weist sie die Grenzen des griechisch-philosophischen Wissens auf und sichert so die Rechtmäßigkeit der eigenen Lehre.

In der Geschichte der jüdischen Philosophie lassen sich drei Epochen unterscheiden:

1. die frühe Entwicklung während der Diaspora in der hellenistischen Welt (zwischen 200 v.u.Z. und 50 u.Z.), die im Werk Philons von Alexandria erhalten ist;
2. die Blütezeit der jüdischen Philosophie in den islamischen Ländern während des Mittelalters (vom 9. bis zum 13. Jh.);

3. die moderne jüdische Philosophie nach der europäischen Aufklärung (vom 18. Jh. bis zur Gegenwart).

Bis zum Ende des Mittelalters stellen die jüdischen Autoren – mit Ausnahme Jehuda Halevis – ihre Religionsphilosophie als kritischen Rationalismus vor. Das Mittelalter, nicht die Moderne, ist das Zeitalter der jüdischen Aufklärung. Vor dem Hintergrund des biblischen und talmudischen Denkens entwickelt die jüdische Philosophie die Fragen nach der Einheit Gottes und seinen Eigenschaften, nach der Schöpfung der Welt und dem Verhältnis des Menschen zu Gott. Im Zentrum stehen darüber hinaus die hermeneutische Frage nach der Autorität der tradierten Texte und das Wechselverhältnis von Vernunft und Offenbarung. Die europäische Aufklärung hat in dieser Hinsicht der rationalen jüdischen Denktradition keine wesentlich neuen Impulse aufgegeben. Zusammenfassend läßt sich die jüdische Philosophie als der Versuch begreifen, die Gehalte der Lehre und Überlieferung des Judentums, wie sie in der Bibel und im Talmud zugrundegelegt worden sind, durch die Übersetzung in andere Sprachen allgemein mitteilbar zu machen. – Die einflußreichsten Autoren der hellenistischen und mittelalterlichen jüdischen Philosophie werden in den folgenden zwei Kapiteln kurz vorgestellt.

4. Die Begründung der jüdischen Religionsphilosophie durch Philon von Alexandria

Philon von Alexandria (ca. 25 v.u.Z. bis 45 u.Z.) ist der einzige jüdische Philosoph aus hellenistischer Zeit, dessen fast ausnahmslos auf Griechisch verfaßten Werke überliefert sind. Seine Pentateuch-Kommentare stützen sich auf die Septuaginta-Übersetzung der Bibel, die für den Bedarf der Griechisch sprechenden Juden in Alexandria entstanden war. Neben der Verwurzelung im Judentum ist das Denken Philons stark von Platon und der Stoa beeinflußt. Philon entwickelt keine systematische Philosophie, denn er versteht sich in erster Linie als Kommentator und Lehrer der biblischen Schriften, die er mit Hilfe platonischer und stoischer Begriffe als philosophische Lehre *sui generis* auslegt. Seine Deutung des biblischen Bilderverbotes (Ex 20, 4) als Kritik an jeder anthropomorphen, d.h. vermenschlichenden, Vorstellung Gottes legt den Grundstein für die gesamte – jüdische, islamische und christliche – scholastische Theologie des Mittelalters. Indem er die Einzigkeit, Geistigkeit und Unvergleichbarkeit Gottes als radikale Forderungen des Denkens aufstellt, wird Philon zum Begründer der philosophischen Rezeption des jüdischen Monotheismus. Die drei Prädikate sind der Grundstein für Philons **Negative Theologie**, die eine positive Bestimmung des Gottesbegriffs unterbindet. Philon wird tonangebend für den kritischen Rationalismus der mittelalterlichen jüdischen Philosophie (vgl. Wolfson 1947, Bd. 2, S. 439–460), obwohl er aufgrund seines Logosbegriffes von jüdischer Seite aus nicht direkt rezipiert worden ist.

In der **Lehre vom Logos** verbindet Philon platonische, stoische und jüdische Vorstellungen miteinander. Sie soll die Frage nach dem Verhältnis Gottes zu Mensch und Welt klären. Der **Logos** (gr. Vernunft, Sprache), von Gott selbst unterschieden, vermittelt zwischen Gott und der materiellen Welt einerseits sowie dem Menschen andererseits. Diese Vermittlung hat konkret zwei Seiten. Die Schöpfung der Welt vollzieht sich, indem Gott zuerst eine Ideenwelt entwirft, die dann als Modell für die Schöpfung der materiellen Welt dient. Der Mensch ist als Leib und Seele geschaffen und hat dadurch Anteil an beiden Welten: während sein Körper an die Materie gebunden bleibt, ist seine Seele durch den Logos mit Gott verbunden. Zwischen diesen beiden muß der Mensch sich entscheiden: entweder er folgt seinen unmittelbaren Leidenschaften und sinnlichen Antrieben oder er strebt nach der Erhebung seines gottentstammten Seelenkernes zu dessen Ursprung. Schon die Stoa hatte die Befreiung des Menschen von seinen Leidenschaften durch die Vernunft zur ethischen Aufgabe erklärt. Dieses stoische Element erhält nun bei Philon eine religiöse Bedeutung, insofern das menschliche Streben nach Gott allein in der Befolgung der Gebote sein Ziel erreichen kann. Das mosaische Gesetz selbst ist es, das die Vermittlung zwischen Mensch und Gott ermöglicht. Der Unterschied zur griechischen Auffassung besteht darin, daß der göttliche Logos vom Menschen handelnd, d.h. als ethisch-moralische Weisung, ergriffen wird. Erst die Rezeption des philonischen Logosbegriffs durch die Kirchenväter Clemens und Origenes läßt dieses jüdische Verständnis in den Hintergrund treten. Die Patristik nimmt den Logos für die Trinitätslehre und ihre Auslegung des Johannesevangeliums (besonders Joh 1, 1–14) in Anspruch und erläutert durch ihn die Fleischwerdung des Wortes, die dem Judentum als Blasphemie gilt.

Als Bibelkommentator greift Philon auf die Allegorese zurück, die als hermeneutische Methode zur Deutung der griechischen Mythen von der Stoa entwickelt worden war. Die **allegorische Textinterpretation** soll die biblischen Erzählungen auf eine Bedeutung hin untersuchen, die die narrativ-historische Ebene hinter sich läßt. Der philosophische Gehalt, den Philon in der Thora aufweist bzw. in sie hineinliest, ist jedoch nicht ihrem unmittelbaren Wortsinn zu entnehmen. Vielmehr verbirgt sich hinter der wörtlichen Bedeutung der Schrift ein tieferer Sinn, der erst entziffert oder aber konstruiert werden muß. Die Allegorese, d.i. die Deutung des allegorischen, verborgenen Sinns, bezeugt so die Priorität der Auslegung über den bloßen Buchstaben; es geht ihr nicht darum, eine letzte definitive Bedeutung aufzustellen, sondern die Schrift in der Interpretation zu beleben und auf diese Weise ständig zu aktualisieren. Mit Hilfe der Allegorese erkennt Philon im biblischen Text philosophische Begriffe des griechischen Denkens wieder. Der Fortgang Abrahams aus Ur in Chaldäa in das von Gott verheißene Land etwa (Gen 11, 31) erhält bei Philon den allegorischen Sinn, daß der Mensch sich aus seiner Bindung an Leib und Sinne lösen soll, um Gott als geistige Realität zu erkennen, die mit keiner innerweltlichen Wirklichkeit vergleichbar ist. Der Auszug aus Ägypten wird allegorisch als Befreiung der Seele von Trauer und Leid, aber auch von ihren Leidenschaften, gelesen.

Schon diese beiden Beispiele machen deutlich, daß der esoterische Sinn des Bibeltextes, um den es Philon geht, nur bedingt an die traditionellen Gehalte der jüdischen Lehre gebunden ist. Während die Beherrschung der Leidenschaften durch die Vernunft eine eindeutig stoische Forderung darstellt, ist die Vorstellung, daß die Welt in einen niederen materialen und höheren geistigen Bereich geschieden sei, platonischen Ursprungs. Philon ist weniger daran interessiert, eine bestimmte Lehrmeinung des Judentums darzustellen, als den Nachweis seiner philosophischen Gültigkeit zu erbringen. Aus den jüdischen Quellen entwickelt Philon die Einsicht in die **Freiheit des menschlichen Willens**, die er kritisch gegen Platon wendet. Die Geschaffenheit der Welt in der göttlichen *creatio ex nihilo* wird zur Voraussetzung für die menschliche Freiheit als philosophischen Begriff. Der Mensch ist frei, weil Gott, der sich selbst aus Freiheit zur Schöpfung entschließt, ihn in seinem Bild (*bezelem elohim*) geschaffen hat. Die allegorische Deutung, die Philon in seinen Bibelkommentaren entwickelt, führt also zu einer Kritik an der griechischen Philosophie, die den Begriff der Willensfreiheit nicht kennt.

Die umstrittene Bedeutung Philons für die weitere Entwicklung der jüdischen Philosophie ist nicht allein darauf zurückzuführen, daß er statt der hebräischen die Septuaginta-Bibel seinen Schriften zugrundelegte. Der Logosbegriff, den Philon von der griechischen Philosophie übernimmt, ist dem jüdischen Denken im Grunde fremd (vgl. Cohen 1907, S. 39; Rosenzweig 1937, S. 340). Denn der Versuch, das Verhältnis von Gott und Mensch als menschliche Teilhabe am göttlichen *Logos* zu begreifen, verstößt letztlich gegen die absolute Andersheit und Transzendenz Gottes, die im Zentrum der Tradition des Judentums steht. Erst über die christlichen Kirchenväter und den islamischen Kalam wird Philons philosophische Formulierung des Monotheismus in der jüdischen Religionsphilosophie des Mittelalters rezipiert (die bis heute gründlichste und umfangreichste Studie zu Philon ist: Wolfson 1947).

5. Die Entwicklung der jüdischen Religionsphilosophie im Mittelalter

Nach dem Ende des Hellenismus kommt es erst vom 9. Jh. an zu einer Wiederbelebung der jüdischen Philosophie. Sie geht zurück auf die Begegnung des Judentums mit der islamischen Welt und der Philosophie des Islams (s. Kap. III.3), die selber stark von aristotelischem und neuplatonischem Denken geprägt ist. Die mittelalterliche jüdische Philosophie, die mit Maimonides ihren Höhepunkt erreicht, hat direkt die christliche Scholastik, vor allem Thomas von Aquin (s. Kap. I.1.2.2), beeinflußt. Anders als in der christlichen Welt des Mittelalters war das Judentum im islamischen Raum lange Zeit anerkannter und aktiver Bestandteil des kulturellen und wissenschaftlichen Lebens. Die theologische und philosophische Auseinandersetzung mit dem Islam geschieht als von Toleranz geprägter intellektueller Austausch und ist zunächst frei von Verfolgung und Repression. Mit Ausnahme der hebräischen Lyrik der ›Dichterphilosophen‹ Jehuda Halevi und Shlomo ibn Gabirol sind die Werke der jüdischen Philosophen des Mittelalters fast ausschließlich auf Arabisch verfaßt. Ihre Ausgangsposition unterscheidet sich dabei wenigstens in zweifacher Hinsicht von der Situation Philons. Zum einen ist der Talmud zu diesem Zeitpunkt längst fester Bestandteil des jüdischen Denkens und Lebens geworden – fast alle Philosophen waren führende rabbinische Autoritäten ihrer Zeit –, zum anderen sieht sich das Judentum durch die Entstehung von Christentum und Islam mit zwei neuen monotheistischen Religionen konfrontiert, die sich jeweils auf eine eigene offenbarte Lehre berufen und in Konkurrenz zum jüdischen Wahrheitsanspruch treten.

Dieses Kapitel will einen Überblick über die wichtigsten Autoren und Positionen der mittelalterlichen Religionsphilosophie des Judentums geben; eine Gesamtdarstellung der jüdischen Philosophie des Mittelalters hätte zudem Leben und Werk von Autoren wie Isaak Israeli, Shlomo ibn Gabirol, Abraham ibn Esra, Abraham ibn Daud, Nachmanides, Gersonides, Crescas und Joseph Albo zu berücksichtigen (zu diesen vgl. Guttmann 1933; Husik 1958; Simon 1984; Sirat 1985; Frank 1997).

5.1 Saadia Gaon

Saadia ben Joseph Al-Fajjumi, meist Saadia Gaon (892–942) genannt, gilt als der Begründer der jüdischen Religionsphilosophie des Mittelalters. Als rabbinischer Vorsteher (*Gaon*) der Talmudakademie von Sura in Babylonien, dem damaligen Zentrum der jüdischen Lehre, ist er die höchste Autorität für die jüdische Welt des Exils (*Rosh Golah*). Seine Übersetzung der hebräischen Bibel ins Arabische, seine Bibelkommentare und die Redaktion des ersten jüdischen Gebetbuches (*Siddur*) haben die Weiterentwicklung des Judentums und seines Gemeindelebens gefördert; zusammen mit Saadias Wörterbuch und Grammatik des Hebräischen bilden sie die Grundlage für eine wissenschaftlich-kritische Bibelauslegung. Saadias Hauptwerk, *Das Buch der Glaubenssätze und Überzeugungen* (933), ist stark von der islamischen Lehre des Kalam beeinflußt. Es versteht sich als Antwort auf die Frage, wie die Gültigkeit der überlieferten Lehre aus der Vernunft eingesehen werden kann, und bringt den Glauben des rabbinischen Judentums in ein philosophisches System, dessen Begriffswelt den gesamten jüdischen Rationalismus des Mittelalters bestimmte.

Die verschiedenen theologischen Strömungen des Islam, die als **Kalam** bezeichnet werden, entstehen vom 8. Jh. an in der Absicht, Vernunft und Glauben miteinander in Einklang zu bringen. Unter dem Einfluß der griechischen Philosophie – vor allem Platons und Aristoteles' – auf muslimische Theologen hatte sich eine Vielzahl miteinander konkurrierender islamischer Sekten und Schulen gebildet.

Neben diesen gab es jüdische und christliche Gemeinden, die ihren Glauben gegenüber dem Islam zu rechtfertigen suchten, sowie zoroastrische und manichäische Strömungen. Innerhalb des Judentums sind es die Karäer, die die gesamte mündliche Lehre, Mischna und Gemara, ablehnen und damit die Autorität der Rabbinen bestreiten. Ein reger Austausch über konträre Ansichten bestimmte das intellektuelle Leben von Baghdad, dem philosophisch-theologischen Zentrum des Hochmittelalters. Unter den verschiedenen Richtungen des *Kalam* sind es die Mu'taziliten, die an einem streng rationalen Glaubensbegriff festhalten (s. Kap. III.2.1). Sie entwickeln eine Religionsphilosophie, in der Vernunft und Schrifttradition sich nicht gegenseitig ausschließen, sondern aufeinander verweisen. Die Rezeption von Philons allegorischer Schriftauslegung ermöglicht es den Mu'taziliten, den Widerspruch zwischen den anthropomorphen Formulierungen des biblischen Textes und der Doktrin von der Einzigkeit Gottes aufzulösen. Die Begriffe der **Einheit und Gerechtigkeit Gottes**, das Theorem der Schöpfung und die Autorität der Gebote erhalten eine rationale Grundlage.

Saadia übernimmt den mu'tazilitischen Vernunftbegriff und verbindet ihn im *Buch der Glaubenssätze und Überzeugungen* (hebr. *Sefer ha'Emunot we-ha-Deot*) mit der jüdischen Lehre zu einem spekulativen philosophischen System. Anliegen des Werkes ist es, den Leser von der Verunsicherung zu befreien, in die er angesichts der verwirrenden Vielfalt von Überzeugungen und Lehrmeinungen – Saadia hat die Situation in Baghdad vor Augen – zu geraten droht. Der Zweifel am Glauben soll durch die **Auslegung der jüdischen Tradition im Lichte der Vernunft** überwunden werden.

Indem er fordert, Schrift und Tradition nicht unkritisch anzunehmen, sondern rational zu prüfen, wendet sich Saadia sowohl gegen das talmudische Verbot der Spekulation als auch gegen die Traditionsfeindschaft der Karäer. Nur indem der jüdische Glaube auf Vernunft gegründet wird, kann er ›immun‹ sein gegen die Einwände, die von philosophischer Seite aus gegen ihn erhoben werden. Weil aber ihre eigene Erkenntnisleistung begrenzt ist, bedarf umgekehrt die Vernunft, sobald sie über Gott, Welt und Mensch nachdenkt, der Ergänzung durch den Glauben – d.h. des Vertrauens in eine zuverlässige Tradition.

Saadia stellt das Verhältnis von Glauben und Wissen, von Offenbarung und Vernunft in einen erkenntnistheoretischen Zusammenhang, wenn er zu Beginn des *Buches der Glaubenssätze und Überzeugungen* nach dem Grund von Irrtum und Zweifel fragt. Der Mensch irrt und zweifelt, *weil* er nach Wahrheit sucht. Es liegt in seiner Natur und Geschöpflichkeit, in der Anlage seiner Erkenntniskräfte begründet, daß sein Wissen *erstens* aus mehreren Quellen entspringt, die nicht notwendig miteinander übereinstimmen, und daß es ihm *zweitens* nicht unmittelbar gegeben ist, sondern im Laufe der Zeit erworben wird. Alles Wissen des Menschen führt Saadia auf vier Erkenntnisquellen zurück, die er in zwei Gruppen untergliedert. Deren erste umfaßt als die drei ›subjektiven‹ Wurzeln der menschlichen Erkenntnis:

1. Sinneswahrnehmungen;
2. Urteile der Vernunft (z.B. über wahr und falsch);
3. Folgerungen, die die Vernunft aus Wahrnehmungen und Urteilen ableitet.
   Neben diese treten als nicht subjektsursprüngliche Wissensquellen:
4. Tradition und jüdische Lehre.

Der zentrale erkenntniskritische Gedanke Saadias besteht nun darin, daß das Wissen, das aus den drei menschlichen Erkenntnisquellen entspringt, begrenzt ist und seine sinnvolle Ergänzung in der jüdischen Tradition findet. Erst unter Einbeziehung der überlieferten Lehre als vierter, gewissermaßen subjektübergreifender Quelle des Wissens können die Fragen beantwortet werden, die sich die menschliche Vernunft stellt, ohne sie aus eigener Kraft, also in der Beschränkung auf die drei ersten Quellen, befriedigend lösen zu können: Thora und Propheten geben Aufschluß über den Ursprung der Welt, den Willen Gottes und die Bestimmung des Menschen.

Von philosophischer Seite wirft Saadia die Frage auf, mit welchem Recht sich die Vernunft der Lehre des Judentums überhaupt anvertrauen darf. Widerlegt der Glaube nicht alles menschliche Wissen? Das, so lautet die Antwort, ist schon deshalb nicht möglich, weil der Glaube das Wissen voraussetzt und es ergänzt, nicht also in Konkurrenz zu ihm tritt. Saadia verdeutlicht das Verhältnis von Erkenntnis und Offenbarung, wenn er unterstreicht, daß die Tradition selbst auf einer Sinneswahrnehmung fußt: sie ist ursprünglich Hören (*schm'a*) des göttlichen Sprechens und als solches angewiesen auf das menschliche Verstehen. Der Glaube wird so nicht zum Gegensatz, sondern zu einer anderen Weise der *einen* menschlichen Vernunft, die sich, um Antwort zu finden auf ihre *eigenen* Fragen, der Tradition anvertraut, die als historische Zeugenschaft die Offenbarung Gottes überliefert. Weit entfernt die ›subjektiven‹ Erkenntnisquellen zu widerlegen, entspricht die Offenbarung ihnen in Form und Gehalt: sie setzt Hören, Verstehen und Einsicht des Menschen notwendig voraus.

Die Frage nach dem ›Wozu‹ von Offenbarung bzw. Tradition erhält auf diese Weise eine Antwort, die aus der philosophischen Spekulation gewonnen wird: den spezifischen Sinn der Offenbarung erkennt Saadia darin, daß sie dem Menschen sowohl konkrete Anweisung zum Handeln gibt als auch bestimmte Erkenntnisse über die Schöpfung und den Sinn der Welt vermittelt, die schwer aus der Naturbetrachtung selbst zu gewinnen sind. Auch gelangt nicht jeder Mensch durch bloßes Denken so weit, daß er von sich aus zur Wahrheit findet. Die Offenbarung hat also einen pädagogischen Sinn. Sie führt die menschliche Vernunft aus Unklarheit und Zweifel und bewahrt das philosophische Denken vor der vermeintlichen Gewißheit, es könnte im alleinigen Bezug auf die Natur oder auf sich selbst letztgültige Aussagen über Gott, Welt und Mensch treffen.

Saadias Philosophie setzt sich die Aufgabe, auf rationalem Weg den Gehalt der tradierten Lehre darzustellen. Die **Vernunftgemäßheit der Lehre** selbst ist die notwendige Voraussetzung ihrer Autorität. Saadia steht mit dieser Annahme ganz in der Tradition des rabbinischen Denkens, das immer wieder demonstriert, daß die *Thora* auf die Deutung durch den Menschen angewiesen ist und ihr Sinn sich nur in der Interpretation erschließt. Die Dignität sowohl der menschlichen Erkenntnis als auch der offenbarten Lehre erweist sich darin, daß die Schrift, um ihrer göttlichen Autorschaft willen, der Vernunftkritik unterworfen werden *soll*. Saadia macht die Widerspruchsfreiheit des Denkens zum Kriterium dessen, was überhaupt als Glaube gelten darf: die Schrift muß dann gegen ihren Wortsinn ausgelegt werden, wenn dieser der Vernunft widerspricht, denn das Widervernünftige kann unmöglich Gegenstand der Offenbarung sein.

Saadia unterscheidet zwischen einem theoretischen und einem praktisch-ethischen Gehalt der Lehre, zwischen Fragen nach dem Wesen Gottes und denen nach seiner Bedeutung für das menschliche Handeln. Gott ist der Erkenntnis nicht als unmittelbarer Gegenstand gegeben, Aussagen über ihn können allein auf dem ›Umweg‹ über die Welt getroffen werden. Im Zusammenhang seiner Argumentation übernimmt Saadia zwar das aristotelische Weltbild des einheitlichen und geordneten Kosmos, korrigiert es aber dahingehend, daß er die Ewigkeit dieses Kosmos leugnet. Aufgrund ihrer räumlichen Begrenztheit kann die Welt nicht von Ewigkeit an existiert haben. Wäre die Welt ewig, so müßte die Kraft, durch die sie ins Dasein getreten ist und erhalten wird, selber unbegrenzt sein. In diesem Falle aber würde sich die Welt immer weiter ausdehnen, denn eine unbeschränkte Kraft kann sich unmöglich im endlichen Kosmos manifestieren. Indem Saadia von der räumlichen Begrenztheit der Welt auf ihren Anfang in der Zeit zurückschließt, gelangt er zum Begriff der Schöpfung. Der **kosmologische Gottesbeweis** soll die Rechtmäßigkeit des Glaubens an den offenbarten Schöpfergott durch die Vernunft selber dartun – und zwar sowohl gegen die aristotelische Kosmologie, die die Ewigkeit der Welt behauptet, als auch gegen den Sensualismus, der jede Wirklichkeit jenseits der Sinneswahrnehmungen leugnet. Die Schöpfung beruht auf dem Glauben, daß Gott etwas gänzlich Neues zu schaffen imstande ist; daß er nicht aus einer vorgegebenen Materie ›formt‹, sondern *ex nihilo* erschafft.

Die Vernunft gelangt über das Wissen um die Begrenztheit des Kosmos zu der Einsicht, daß es einen zeitlichen Anfang der Welt geben muß. Aus dem Vorhandensein der Welt und der Einsicht in die Notwendigkeit eines ersten Anfangs zieht sie den Schluß auf die **Existenz Gottes**, der durch seinen Willen die Welt ins Dasein ruft. Gegen den persischen Dualismus, dem zufolge zwei Urkräfte, Gut und Böse, an der Entstehung der Welt beteiligt sind, wendet Saadia ein, daß die *eine* Welt nur durch *einen* Willen zustande gekommen sein kann. **Einheit und Einzigkeit Gottes**, die zentralen Gehalte der mosaischen Lehre, werden aus dem Dasein der Welt eingesehen. »Gott ist einer in dem Sinne, daß es in seinem Wesen keine Mannigfaltigkeit oder Verschiedenheit gibt, und auch in der Hinsicht, daß es neben ihm keinen andern geben kann.« (Simon 1984, S. 50). Konkret setzt die Schöpfung drei göttliche Eigenschaften voraus: Leben, Macht und Weisheit. Die so gewonnene Einsicht der Vernunft in die notwendigen Eigenschaften Gottes stimmt mit der Attributenlehre der Mu'taziliten überein: wie diese betont Saadia, daß die Mehrzahl der Attribute der Einheit Gottes nicht widerstreitet. Die einzelnen Attribute betreffen nicht verschiedene Wesen, sondern sie stellen nur verschiedene Weisen der menschlichen Gotteserkenntnis dar. Der vermeintliche Widerspruch geht auf die menschliche Sprache zurück, die die göttliche Einheit als solche gar nicht fassen kann, sondern sie in verschiedene Namen zerlegt.

Auf der theoretischen Grundlage des Schöpfungsbegriffs fragt Saadia in den weiteren der insgesamt 10 Abschnitte des *Buchs der Glaubenssätze und Überzeugungen* nach dem **Verhältnis Gottes zum Menschen**. Die Frage ist sinnvoll, weil sie die Schöpfung als bereits geschehen voraussetzt und Gott nicht als abstrakte Idee behandeln muß. Die Schöpfung selbst läßt ja auf die Art des Verhältnisses Gottes zum Menschen schließen. Ihr tiefster Grund wird nicht in den genannten Wesensattribute gefunden, sondern in der Güte Gottes. Aus freier Gnade, nicht weil er dazu gezwungen wurde, läßt Gott die Dinge entstehen. Das gilt insbesondere für die Schöpfung des Menschen. Gott erschafft ihn als Leib und Seele; er bewirkt nicht etwa nur deren Verbindung. Die platonische Lehre von der Präexistenz der Seele lehnt Saadia ab. Die Seele selber ist Schöpfung Gottes; existierte sie von Ewigkeit an, so wäre sie gleichen Ursprungs wie Gott. Diese Annahme aber würde der Vernunft, die die Einheit Gottes als Voraussetzung für die Schöpfung erkannt hatte, widersprechen. Hingegen betont Saadia das Fortbestehen der Seele nach dem Tode und ihre Wiedervereinigung mit dem Körper bei der messianischen Erlösung. Die Erwartung des Messias ist in dem Glauben an die **Gerechtigkeit Gottes** gegründet, der im Jenseits den Menschen für sein diesseitiges Leben straft oder belohnt.

Wie Gott die Welt erschaffen hat, weil er das Glück des Menschen will, so gibt er ihm in den Geboten und Verboten das Mittel an die Hand, dieses Glück zu erreichen. Durch die Einhaltung der Gebote erwirbt sich der Mensch das ewige Leben. Von zentraler Bedeutung – zumal für die weitere Entwicklung der jüdischen Philosophie des Mittelalters – ist die **Unterscheidung von Vernunft- und Traditionsgeboten** (*sichlioth – schim'ioth*), die Saadia in genauer Entsprechung zu dem eingangs erörterten Verhältnis von Wissen und Glauben einführt. Die Thora enthält zwei Teile, von denen nur einer rational begründbar ist. Wie die Vernunft (*sechel*) in der Erkenntnis ›autonom‹ ist, so gibt es Gebote, die sie aus eigener Kraft einsieht (*sichlioth*), und solche, denen sie gehorcht (*schim'ioth*, von *schm'a*: hören), auch ohne ihren Grund einzusehen. Zu den Vernunftgeboten rechnet Saadia die Gottesfurcht, wie sie die ersten drei Gebote des Dekalogs fordern, und die das menschliche Zusammenleben betreffenden Verbote von Totschlag, Ehebruch, Diebstahl und Falschheit. Das Gebot der Gottesfurcht gehört zur ersten Gruppe, weil es der Vernunft durch die Anerkennung der göttlichen Autorität einen Rückhalt gibt, den sie sich selbst nicht verschaffen könnte. Es legt den Grund für die Einhaltung der Traditions- bzw. Schriftgebote, also der Bestimmungen des Gemeindelebens (z.B. Feste) und der persönlichen Frömmigkeit (*Schabath*, *Kaschruth*), die nicht aus der Vernunft zu begründen sind. Weil die Verbindlichkeit dieser Gebote einzig auf der Autorität der Thora beruht, ist ihre Einhaltung eine Form von Gottesdienst. An der Verbindlichkeit der Gebote ändert jedoch ihre unterschiedliche Begründung nichts. Beide, *sichlioth* und *schim'ioth*, soll der Mensch als Ausdruck des göttlichen Willens beachten, um auf diese Weise der kommenden Welt würdig zu werden.

Der Gerechtigkeit Gottes entspricht die Freiheit des menschlichen Willens. Der Mensch muß frei sein, weil sonst die Gebote sinnlos wären: ihre Tatsache selbst setzt die **Willensfreiheit** voraus. Umgekehrt kann Gott nur dann gerecht sein – also belohnen und bestrafen –, wenn der Mensch Verantwortung für sein Handeln trägt. Die Gerechtigkeit Gottes wird für Saadia an keiner Stelle zum philosophischen Problem; sie wird vorausgesetzt und muß als zentraler Gehalt der Tradition nicht erst bewiesen werden. Saadia entwirft also keine Theodizee, sondern fragt vielmehr nach den Folgerungen, die sich aus der Prämisse der göttlichen Gerechtigkeit ziehen lassen. Diese äußert sich mit Notwendigkeit in der messianischen Weltordnung (*atid lavo*) am Ende der Zeit und in der Belohnung bzw. Bestrafung der Individuen in der kommenden Welt (*olam haba*). Nicht *wenn*, sondern *weil* Gott gerecht ist, wird der Mensch seinem Handeln gemäß beurteilt, und die Welt einem Zustand vollendeter Gerechtigkeit zugeführt werden.

Die Bedeutung Saadias besteht darin, daß er die Lehre des Judentums auf eine rationale Grundlage gestellt hat, auf der die weitere Entwicklung der jüdischen Philosophie aufbaut. Das *Buch der Glaubenssätze und Überzeugungen* stellt die erste systematische Erörterung zentraler Gehalte des jüdischen Glaubens in philosophischer Form dar. Die in ihm behandelten Fragen werden von den späteren Autoren immer wieder aufgegriffen, auch wenn nicht alle Saadias rationalistischen Ansatz teilen, um das Wesen jüdischer Religiosität darzustellen (das deutschsprachige Standardwerk zu Saadia ist: Guttmann 1882).

5.2 Bachja ibn Paquda

Biographisch ist über Bachja ben Joseph ibn Paquda wenig mehr bekannt, als daß er während der zweiten Hälfte des 11. Jhs. im islamischen Spanien lebte. Sein in arabischer Sprache verfaßtes *Buch der Herzenspflichten* (hebr. *Sefer Thorat Chovoth ha-Levavot*) gilt aufgrund seiner leichten Faßlichkeit und infolge vieler Übersetzungen als eines der populärsten Werke jüdischer Philosophie (zur Einführung vgl. Kahlberg 1914). In der konstruktiven Verknüpfung von Verstandeserkenntnis und Glauben setzt es den Rationalismus Saadias und des Kalam fort; in seiner kontemplativ-asketischen Grundhaltung ist es vom Sufismus, der islamischen Mystik, beeinflußt. Philosophisch greift es, etwa für den Beweis des Daseins und der Einheit Gottes, spekulative Ideen des Neuplatonismus auf.

Bachjas Anliegen ist die Besinnung auf die individuelle Frömmigkeit jenseits aller Institutionalisierung der Religion. Ausgehend von der Frage nach der wahren Grundlage des jüdischen Glaubens unterteilt er die Gebote der Thora in äußere und innere Vorschriften, in ›Pflichten der Glieder‹ (*Chovoth ha-Evarim*) und ›Pflichten des Herzens‹ (*Chovoth ha-Levavoth*). Die Unterscheidung impliziert eine Rangordnung, die die Bedeutung der Gebote überhaupt erkennen lassen soll: entscheidend ist nicht ihre nach außen hin sichtbare Befolgung oder Einhaltung, sondern allein die Gesinnung des Menschen, der sie sich zu eigen macht. Der Unterschied ist also anders gelagert als bei Saadia: Bachja geht es um den **Sinn der Gebote**, nicht um ihre Begründung oder Ableitung; aber dieser Sinn kann nur dann verstanden werden, wenn der Mensch ihn aus eigener Vernunfteinsicht vollzieht. Er darf und soll eine Antwort suchen auf die Frage, weshalb ihm die Gebote auferlegt sind und welchen Zweck sie erfüllen. Damit erkennt Bachja dem menschlichen Denken von vornherein die Rolle der kritischen Prüfungsinstanz zu: es soll Offenbarung und Tradition nicht einfach hinnehmen, sondern sie auf ihre – dem Menschen zugedachte – Bedeutung befragen: nur die auf Vernunft beruhende theoretische Erkenntnis kann auch den Grund legen für den wahren Gehalt des Glaubens: die Liebe zu Gott.

Bachja betont, daß Reinheit und Hingabe des Herzens, nicht schon die sichtbare Befolgung der Gebote, der wahre Kern der jüdischen Lehre seien. Das *Buch der Herzenspflichten* unternimmt es, diese Auffassung der Thora in strenger Argumentation darzulegen. Es stellt die in Bibel und Talmud enthaltenen Hinweise auf die Läuterung der Gesinnung systematisch zusammen und hebt ihre Übereinstimmung mit den Forderungen der Vernunft hervor. Die rationale Überzeugung, daß menschliches Denken und göttliche Offenbarung aufeinander verweisen, verknüpft Bachja mit dem der Mystik entlehnten Gedanken, daß die Seele des Menschen von sich aus nach Gott verlangt und keine Äußerlichkeit dieses Verlangen zu befriedigen vermag. Die Thora ist schon deshalb kein bloßer Vorschriftenkanon, weil ihr innerster Sinn darin besteht, eine Brücke zu schlagen zwischen Gott und Mensch. Sie kann dies aber nur, weil und insofern der Mensch ›mit ganzem Herzen, mit ganzer Seele und mit aller Macht‹ (Deut 6, 5) diese Verbindung ersehnt. Das *Buch der Herzenspflichten* läßt sich unter die Leitfrage stellen, wie dieses Verlangen des Menschen nach Gott erfüllt wird. Im Kern ist die Antwort darauf schon gegeben, wenn Bachja zwischen Glieder- und Herzenspflichten unterscheidet und sie als zwei Formen von Gottesdienst faßt:

> »Der offenbare umfaßt alle körperlichen Pflichten: Beten, Fasten, Wohltätigkeit, das Studium und Lehren der Thora, das Errichten der Laubhütten, das Gebet vom Palmzweige, das Tragen von Schaufäden [...] und dergleichen, deren Erfüllung durch die sichtbaren Glieder des Menschen bewerkstelligt wird. Doch der geheime Gottesdienst betrifft die Herzenspflichten: die innere Anerkennung der göttlichen Einheit, der Glaube an ihn und seine Lehre, die Hingebung zu seinem Dienste, die Ehrfurcht, Demut und Scham vor ihm, die Liebe zu ihm, das Vertrauen auf ihn [...]: alles was auf der inneren Gesinnung des Herzens beruht, ohne der sichtbaren körperlichen Glieder zu bedürfen.« (*Herzenspflichten*, S. 6)

Glieder- und Herzenspflichten schließen einander nicht aus; Bachja will die Gliederpflichten nicht aufheben, sondern ihnen in den Herzenspflichten ihre wahre Grundlage geben und sie dadurch vollenden. Die Erfüllung der Gebote hat nur dann einen ethischen und religiösen Wert, wenn sie von Herz, Seele und Verstand des Menschen ausgeht: ihr Sinn wird erst dann vollständig erfaßt, wenn sie als ›Herzenspflichten‹ den Menschen zur Liebe erziehen, die an keine äußere Bedingung geknüpft ist. Die Liebe hat zur Voraussetzung die **Einheit des Herzens**; aber diese Einheit ist dem Menschen nicht von Natur gegeben; vielmehr erwirbt er sie, indem er sich die Gebote zu *inneren* Pflichten macht und so überhaupt erst in ein Verhältnis zu Gott tritt. Die menschliche Erkenntnis selbst, fordert Bachja, muß zur Liebe werden, um sich ganz auf Gott richten zu können. Nur in der Korrelation zu dem *einen* Gott wird auch der Mensch selber *einer*. Und zu dieser Einswerdung, zur ›Einung‹ des Herzens, wie man den zentralen Begriff Bachjas, *yichud halev*, genauer übersetzen müßte, will das *Buch der Herzenspflichten* anleiten. Vollziehen kann sie allein der Mensch selbst, indem er all sein Denken, Wollen und Fühlen auf Gott richtet.

Den Übergang von der Erkenntnis zur Liebe, von der philosophischen Spekulation zur wahren Gottesschau, konzipiert Bachja als einen Weg, auf dem er seinen Leser durch 10 aufeinanderfolgende ›Pforten‹ (*she'arim*) führt. Die 10 Kapitel seines Buches stellen jeweils eine Herzenspflicht vor, weisen diese anhand von Bibel- und Talmudzitaten nach und geben ihr so eine ausführliche Begründung. Um zu ihrer Erfüllung anzuleiten, muß eine theoretische Erkenntnis gelegt werden. Die philosophische Entwicklung des Gottesbegriffs geht, wie schon bei Saadia und im Kalam, von der Einheit Gottes als oberstem Prinzip aus. Diese Einheit aber ist dem menschlichen Verstand, der nur Substanzen und Akzidenzien erkennt, nicht faßbar; wohl kann sie aus der Einheit der Schöpfung eingesehen werden. Das Zusammengesetzte kann nur durch eine Kraft zustandegekommen sein, die es zusammengesetzt hat; die zweckmäßige Ordnung der Welt läßt die Schöpferweisheit des göttlichen Verstandes erkennen. Saadias kosmologischer wird von Bachja in einen **teleologischen Gottesbeweis** gewendet: nicht der notwendige zeitliche Anfang der Welt, sondern ihre zweckvolle Einheit lassen auf Gott als *prima causa* schließen. Bachja greift hier den neuplatonischen Gedanken auf, daß die Vielheit der Dinge nur aus einer absoluten Einheit ihren Ursprung nehmen kann. Die formalen Attribute Gottes – Einheit, Existenz, Ewigkeit – erscheinen zwar als Dreiheit, sind in Wirklichkeit aber Ausdrücke für ein und denselben Sachverhalt, da jedes von ihnen die beiden anderen bedingt. Die Attribute vermitteln jedoch keine Einsicht in das Wesen Gottes, sondern schließen nur ihr jeweiliges Gegenteil aus. Auf das Dasein Gottes kann demnach einzig aus seinen Wirkungen geschlossen werden.

Die Anerkennung der Einheit Gottes, die Bachja als erste Herzenspflicht aufstellt, ist zugleich die notwendige Voraussetzung aller weiteren. Obzwar sie selbst keine eigentliche Erkenntnis vermittelt, ist sie die Grundlage für das Verhältnis der Seele zu Gott. Gott ist einer – weder gibt es in seinem Wesen Mannigfaltigkeit, noch neben ihm einen anderen. Als solcher aber ist er für die Erkenntnis unfaßbar. Der Mensch kann Gott nur durch die Schöpfung erkennen; die Betrachtung des von Gott Geschaffenen ist daher die zweite Herzenspflicht. Sie führt zu der Erkenntnis der Abhängigkeit der Schöpfung von Gott. Die Anerkennung dieser göttlichen Souveränität äußert sich im Gehorsam des Menschen gegenüber Gott und seinen Geboten, der dritten Pflicht des Herzens. Gott ist Schöpfer nicht nur der Welt, sondern auch allen Glücks und Unglücks – er ist es, der das menschliche Schicksal bestimmt. Die dieser Einsicht entsprechende Haltung bezeichnet Bachja als Gottvertrauen, der vierten inneren Pflicht. Der fünfte Abschnitt handelt von der Aufrichtigkeit des Tuns als der Pflicht, Gott allein zu dienen und alle Handlungen auf ihn zu beziehen. Die fünf weiteren Pflichten sind: Demut (sie folgt aus der Einsicht in die Größe und Erhabenheit Gottes), Buße, beständige Gewissensprüfung, Enthaltsamkeit und Liebe zu Gott.

Die philosophische Voraussetzung für die Unterscheidung von Glieder- und Herzenspflichten ist die **dualistische Spannung von Körper und Seele**, die Bachja vom Neuplatonismus übernimmt. Sie ist bei ihm deutlich stärker ausgeprägt als etwa im Talmud oder bei anderen jüdischen Philosophen und äußert sich vor allem in der **Betonung des Jenseitsgedankens**, der das *Buch der Herzenspflichten* insgesamt bestimmt. Das Leben in der Welt stellt Bachja ganz unter die Aufgabe der Bewährung und Prüfung vor Gott. Nur indem der Mensch sich stufenweise von allen weltlichen Sorgen und Zerstreuungen, von allem Bedingten also, lossagt, kann er zur wahren Gemeinschaft mit Gott gelangen. Das Leben im Unbedingten – nichts anderes meint Bachja, wenn er von der Hingabe der Seele spricht – ist jedoch keine mystische oder ekstatische Vereinigung mit Gott, sondern findet im Diesseits statt. Seine Voraussetzung ist die Reinheit der Gesinnung als einzige echte Wurzel der Sittlichkeit. Für sie trägt der Mensch eine Verantwortung, die ihm auch nicht durch die Teilhabe an der Glaubensgemeinschaft abgenommen wird: mit einer Sozialethik hat die Sittlichkeit, die die Gebote fordern, nichts gemein. Diese Einsicht führt Bachja an den Schnittpunkt der drei monotheistischen Religionen: statt die jüdische Lehre nach außen zu rechtfertigen, fragt er nach dem Verhältnis des einzelnen Menschen zu Gott.

5.3 Jehuda Halevi

Jehuda Halevi, um 1085 in Toledo geboren, ist in erster Linie für sein poetisches Werk bekannt. Es umfaßt rund 800 Dichtungen religiösen und weltlichen Inhalts, in denen er seiner Sehnsucht nach nationaler Wiedergeburt und politischer Eigenständigkeit des jüdischen Volkes Ausdruck gibt. Kein anderer der mittelalterlichen Philosophen betont so entschieden die Auserwähltheit Israels unter den Völkern; seine Hoffnung gilt der Rückkehr der Juden ins Land Israel (*Eretz Jisra'el*). Halevi war als Arzt in Cordoba tätig und verließ Spanien 1140 in Richtung Palästina. Ob er Jerusalem vor seinem Tod im Jahre 1141 erreicht hat, ist ungewiß. Philosophiegeschichtlich läßt er sich keiner Denktradition eindeutig zuordnen, auch wenn er einzelne neuplatonische Ideen (wie die Emanationstheorie) aufgreift und sich kritisch mit dem Aristotelismus islamischer Theologen auseinandersetzt.

Sein philosophisches Werk, das zwischen 1130 und 1140 in arabischer Sprache verfaßte Buch *Al-Chazarî* (hebräisch ›Kusari‹ genannt), ist vor dem Hintergrund der spanischen Judenverfolgung während der Reconquista entstanden. Sein Untertitel – »Buch der Begründung und des Beweises zur Verteidigung des verachteten Glaubens« – läßt die apologetische Absicht erkennen, die jüdische Lehre gegen die Verfolger – Muslime und Christen – zu rechtfertigen und das Judentum als auserwählten Träger der göttlichen Wahrheit zu erweisen. Der *Kusari* ist der großangelegte Versuch, diesen Wahrheitsanspruch sowohl gegen die Einwände von philosophischer Seite als auch gegenüber Islam und Christentum zu verteidigen. Sein literarischer Rahmen ist eine Bekehrungsgeschichte, die auf den Übertritt des Chasarenreiches zum Judentum im 8. Jh. zurückgreift (das Volk der Chasaren lebte in der Nähe des Kaspischen Meeres). Die genauen Umstände dieser Bekehrung sind nicht überliefert; als ungewiß gilt auch, auf welche Quellen Halevi sich stützt, wenn er das Gespräch, in dem sich der Chasarenkönig nach vergleichender Prüfung der drei monotheistischen Religionen zum Judentum bekennt, rekonstruiert (vgl. Halevi 1998, S. XXIIIff.). Der *Kusari* greift die Form der platonischen Dialoge auf und ist ganz in direkter Wechselrede verfaßt. Das insgesamt fünf Traktate umfassende Werk beginnt mit einer kurzen Einleitung, in der ein Philosoph sowie ein christlicher und ein islamischer Gelehrter ihre Standpunkte dem König erfolglos darlegen. Erst die Unterredung mit einem jüdischen Gelehrten vermag die Suche des Chasarenkönigs nach Wahrheit zu befriedigen und befreit ihn von den Zweifeln, die Philosophie, Christentum und Islam ihm nicht hatten nehmen können.

Die **Philosophiekritik** des *Kusari* steht in unmittelbarem Zusammenhang mit der Situation der spanischen Juden im 12. Jh. Das Ende der friedlichen Koexistenz von Menschen unterschiedlichen Glaubens wertet Halevi als Beweis für den Zusammenbruch universaler Vernunftwahrheiten. Die Verfolgung der jüdischen Minderheit widerlegt die Hoffnung, Frieden und Gerechtigkeit ließen sich aufgrund einer allgemeinen sittlichen Übereinkunft verwirklichen. Die Verteidigung des ›verachteten‹ (jüdischen) Glaubens ist allein vor diesem Hintergrund angemessen zu verstehen: weil die allgemeine Beantwortung der philosophischen Frage nach dem richtigen Leben für ihn unmöglich geworden ist, nimmt Halevi sie am Leitfaden der apologetischen Darstellung des Judentums vor.

Die **Überlegenheit der jüdischen Lehre über die aristotelische Philosophie** begründet er in einer radikalen Metaphysikkritik. Die Grundlagen der Metaphysik, so lautet das Hauptargument, sind nicht beweisbar, weil sie dem menschlichen Wissen verborgen bleiben. Einzig Logik und Mathematik – nicht einmal die Physik – ermöglichen rationale, d.h. allgemeine und notwendige, Gewißheiten. Jede darüber hinausgehende Aussage über Gott, Mensch und Welt bewegt sich im Bereich nicht überprüfbarer Hypothesen – oder aber des Glaubens, der auf der jüdischen Überlieferung fußt. Durch die Gegenüberstellung will Halevi zeigen, daß die jüdische Lehre den existentiellen Fragen des Menschen gerecht wird, während der Intellektualismus der aristotelischen Metaphysik der menschlichen Erfahrung fremd bleibt. Im Unterschied zu seinen Vorgängern geht es ihm nicht darum, Philosophie und Theologie bzw. Vernunft und Offenbarung miteinander zu versöhnen oder deren Übereinstimmung nachzuweisen, sondern ihre grundsätzliche Differenz möglichst klar herauszuarbeiten. Weder wird ein Ausgleich zwischen den konträren Positionen angestrebt, noch sollen Lehre und Tradition des Judentums rational begründet werden. Das Vorgehen ist zunächst negativ: Halevi weist nach, daß die Metaphysik sich bei ihrem Versuch, die letzten Gründe der Wirklichkeit zu erforschen, in Widersprüche verstrickt. Daß es in diesem Bereich kein rational überprüfbares Wissen gibt, ist für ihn schon aus dem Umstand ersichtlich, daß die verschiedenen philosophischen Schulansichten über den letzten Grund der Dinge miteinander im Widerstreit liegen.

In enger Anlehnung an das Werk des muslimischen Theologen Al-Ghazzali (s. Kap. III.3.4), *Über die Widersprüche der Philosophen*, erhebt Jehuda Halevi den Vorwurf, daß die philosophischen Theorien allesamt willkürlich seien und zu Unrecht beanspruchten, die Wirklichkeit zu erklären. So entbehrt z.B. die naturphilosophische These von den vier Grundelementen des Seins – Feuer, Wasser, Erde, Luft – jeder Grundlage, da die Elemente in der Erfahrung niemals in Reinform angetroffen werden. Gegenstand der Kritik Halevis sind vor allem die Lehren der islamischen Aristoteliker und der von diesen vertretene Gottesbegriff des ›aktiven Intellekts‹. Gott gilt hier als intellektuelles Prinzip, das, indem die Seele mit ihm in Verbindung tritt, die menschliche Erkenntnis der Welt als eines ewigen und unveränderlichen Ganzen gewährleistet. Diesem abstrakt-theoretischen Gottesbegriff stellt Halevi den lebendigen Gott gegenüber, der durch Moses und die Propheten zum Volk Israel gesprochen hat und dessen Lehre die jüdische Tradition überliefert.

Die Auseinandersetzung mit der philosophischen Tradition ist vor allem durch den Unterschied zwischen dem ›Gott des Aristoteles‹ und dem ›Gott Abrahams, Isaaks und Jakobs‹ bestimmt. Aus der Gegenüberstellung ergibt sich für Halevi die Frage, mit welchem Recht die griechische Philosophie im allgemeinen und Aristoteles im besonderen überhaupt von Gott sprechen können, ohne ihm eine eigene Wirklichkeit im Leben der Menschen einzuräumen. Wenn Gott die Funktion hat, die Gesetzmäßigkeit von Erkenntnis und Kosmos sowie deren Übereinstimmung zu begründen, dann ist er nur der theoretischen Spekulation zugänglich, tritt aber in kein existentielles Verhältnis zum Menschen: dem **Gott des Aristoteles** bleibt das Leben der Menschen indifferent. Was zeichnet demgegenüber den **Gott Abrahams** aus? Wie kann Gott wirklich sein, ohne sich zu vergegenständlichen und so zur mythischen Gottheit zu werden? Wodurch kommt es zu einem lebendigen Verhältnis zwischen Gott und Mensch, wenn doch der unkörperliche Gott nicht Gegenstand der Erfahrung sein kann? Diese Fragen stehen im Zentrum der sprachphilosophischen Überlegungen des *Kusari*, die im 20. Jh. Franz Rosenzweig weiterführt. Halevi beantwortet sie, indem er das Wechselverhältnis von Lehre, Tradition und Volk beleuchtet: Gott stiftet durch sein Wort – also durch die Thora – die Gemeinde des Volkes Israel. Ohne dieses *Prius* des göttlichen Sprechens, das die jüdische Tradition in Schrift und Wort überliefert, könnte auch der einzelne Mensch nicht von Gott wissen. Erst das Wort Gottes legt den Grund für die Sprache des Menschen – und ist Wirklichkeit, weil der Mensch selber spricht: die Lebendigkeit der menschlichen Sprache bezeugt die Lebendigkeit des göttlichen Sprechens. So kann zwar nicht gesagt werden, wer oder was Gott ist, wohl aber, was ohne ihn nicht wäre: das Miteinander der Menschen in einer Gemeinschaft.

Der ethische Sinn der Lehre ergibt sich nicht allein aus ihren Geboten, sondern auch – und vor allem – dadurch, daß sich in ihrer Überlieferung das Judentum als *Gottesvolk* konstituiert. In seiner Mitte ist Gott wirklich, solange die Thora in einer ununterbrochenen Kette von Generation zu Generation weitergegeben wird. Das individuelle Gottesverhältnis steht für Halevi immer schon im Rahmen dieser Tradition und kann nur aus ihr heraus sinnvoll beleuchtet werden. Mit anderen Worten: von Gott weiß der Mensch nur, weil er von seinem ›ursprünglichen‹ Wort erfährt. Und dieser Ursprung des göttlichen Sprechens ist die jüdische Lehre selbst: ihre Unhintergehbarkeit gründet darin, daß Gott sich ausschließlich in ihr offenbart hat. Halevi will also die individuelle Gotteserfahrung auf die ›historische‹ Offenbarung als deren eigentlichen Grund bezogen wissen: vor dem Hintergrund der biblischen Erzählungen erst wird der Gott Abrahams, Isaaks und Jakobs für den Menschen Realität; nur weil er durch die Propheten zum Volk Israel gesprochen hat – und dieses Sprechen tradiert ist –, kann er zum Gott aller Menschen werden (zum Erkenntnisanspruch vgl. Berger 1916).

Damit läßt sich der Unterschied der Gottesvorstellungen prägnant fassen: während der Gott des Aristoteles dem Denken immanent ist, tritt der Gott Abrahams, der im Mittelpunkt der jüdischen Tradition steht, in ein Verhältnis zum Menschen, indem er zu diesem spricht. Die Immanenz sowohl des Denkens als auch des weltlichen Geschehens wird vom transzendenten Gott ›aufgebrochen‹. Für Aristoteles hat der Mensch in seiner Eigenschaft als denkendes und erkennendes Wesen unmittelbaren Anteil am universalen göttlichen *Nous* (Vernunft, Denken); für Halevi indessen ist Gott weder Fundament noch Ergebnis menschlicher Spekulation, sondern eine eigene, von allem Denken und Gedachtwerden unabhängige Realität, die sich der menschlichen Seele mitteilt. Das wahre Verhältnis zwischen Gott und Mensch kann allein von Gott gestiftet, also auch nicht in kontemplativer Versenkung gefunden werden.

Eine Pointe der Philosophiekritik Halevis besteht darin, daß schon die Bibel in den beiden Gottesnamen *Elohim* und *Adonai* unterscheidet zwischen einem ›spekulativen‹ Gott, den das Denken entdeckt und anerkennt, und einem solchen, nach dem der Mensch mit Herz und Seele verlangt und der sich ihm erst zeigen muß, damit dieser ihn ›seinen‹ Gott nennt. Die **Unmöglichkeit einer anthropozentrischen Erklärung der Offenbarung** wird hier deutlich: sie ist nicht aus dem Bewußtsein abzuleiten, sondern widerfährt dem Menschen ›von außen‹. Das Urbild der göttlichen Anrede an den Menschen ist der Bund, den Gott mit Israel als Stellvertreter aller Menschen schließt: dieser Bund ist wesentlich dialogisch, d.h. er wird *stricto sensu* ins Dasein gerufen. Die Unbedingtheit der Gottesnachfolge läßt sich nicht argumentativ verhandeln: wenn der Mensch sich von Gott angesprochen weiß, dann fragt er nicht nach einer rationalen Begründung dieser Gewißheit.

Der sprachphilosophische Ansatz des *Kusari*, der im Rahmen der mittelalterlichen jüdischen Philosophie eine Sonderstellung einnimmt, ist eng verbunden mit dem messianischen Sendungsbewußtsein, das sich auf ähnliche Weise in den mystischen Strömungen des Judentums wiederfindet und insbesondere in den kabbalistischen Lehren zum Ausdruck kommt. Mit der Gründung des Gottesvolks als einer Sprachgemeinschaft, die sich in der Überlieferung der Lehre konstituiert, verbindet Halevi einen konkreten geschichtsphilosophischen Sinn. Dessen Dringlichkeit mag man an die Erfahrung der spanischen Judenverfolgung knüpfen, in deren unmittelbarem zeitlichen Zusammenhang der *Kusari* entstanden ist; seine theologische Dimension geht zurück auf das Selbstverständnis des jüdischen Messianismus selbst: damit seine Schöpfung vollendet werde, entäußert sich Gott in der Thora an Israel. Die Kette der Überlieferung darf deshalb nicht abreißen, weil allein sie die Menschen lehrt, nach Gottes Willen zu leben, und erst die Selbstvervollkommnung der Menschen auch die Welt vollendet. Das Geben der Thora (*Mathan Thora*) geschieht zu dem einen Zweck, Frieden in der Welt zu schaffen. Durch ihre Annahme verpflichtet sich das Judentum dazu, das Wort und den Willen Gottes in die Welt zu tragen und Einspruch gegen Leid, Ungerechtigkeit und Verfolgung zu erheben. Gott gegenüber trägt es Verantwortung für die Welt, deren Heil es sich zur geschichtlichen Aufgabe macht.

Das jüdische Volk gilt Halevi als der zum wahren religiösen Leben ausersehene Kern der Menschheit. Diese **Auserwähltheit Israels** unter den Völkern gründet in seiner prophetischen Begabung (*ha'inyan ha'elohi*); sie verschafft keine Privilegien, sondern verpflichtet die Juden, Vorbild für die anderen Völker zu sein. Die Prophetie ist für Halevi die höchste Form der Gottesnähe: durch völlige Hingabe seiner Seele an Gott ist der Prophet befähigt, die Gemeinschaft zwischen Gott und den Menschen zu erneuern. In der Weltgeschichte kommt diese Mittlerfunktion dem Judentum zu. Wie die biblischen Propheten das Volk Israel immer wieder an den Gottesbund erinnerten, so wahrt das Judentum seine messianische Aufgabe, indem es durch sein stellvertretendes Leiden für die Menschheit das Bewußtsein weckt für die Erlösungsbedürftigkeit der Welt insgesamt.

5.4 Maimonides

Ihren Höhepunkt erreicht die jüdische Philosophie des Mittelalters mit dem Werk von Moses ben Maimon, der als Maimonides oder Maimuni bekannt ist und hebräisch nach den Anfangsbuchstaben seines vollen Namens, Rabbi Moses Ben Maimon, auch RaMBaM genannt wird. Er ist 1135 in Cordoba geboren und stammt aus einer jüdischen Gelehrtenfamilie; sein Vater war Mitglied des Rabbinatskollegiums und

Richter an einem jüdischen Gerichtshof (*Dajjan*). Die erste Lebenshälfte Maimonides' ist geprägt von der Verfolgung der Juden durch die Almohaden, die 1148 an die Macht gelangten und ihren Einflußbereich bis nach Nordafrika ausdehnten: die Familie floh 1159 nach Fez in Marokko und ließ sich nach kurzem Aufenthalt in Palästina 1165 in Fostat (Alt-Kairo) nieder, wo Maimonides eine Stelle als Leibarzt des Sultans antritt und eine Reihe medizinischer Abhandlungen verfaßte. Er wird zum Oberrichter der ägyptischen Juden (*Nagid*) und später ihr offizielles politisches Oberhaupt. Aufgrund seiner talmudischen Gelehrsamkeit gilt er im gesamten europäischen und arabischen Mittelmeerraum, also bei *Aschkenasim* und *Sephardim*, als führende rabbinische Autorität. Er ist 1204 in Fostat gestorben und wurde in Tiberias (Palästina) beerdigt, wo sein Grab bis heute erhalten ist.

Seine nach wie vor zentrale Bedeutung für das Judentum verdankt Maimonides dem in arabischer Sprache verfaßten Kommentar zur Mischna, den er 1168 in Ägypten abschloß, vor allem aber seinem halachischen Hauptwerk *Mischne Thora* (1180). Der Kommentar zur Mischna gibt eine Einführung in die mündliche Gesetzeslehre und stellt die ihr zugrundeliegenden Prinzipien zusammen. Der hebräische *Mischne Thora* (›Wiederholung der Lehre‹), dessen epochale Wirkung mit Luthers Bibelübersetzung zu vergleichen ist, stellt die erste vollständige Darstellung und Kodifizierung der Halacha dar. Das 14bändige Kompendium umfaßt den gesamten rabbinischen Lehrstoff, den es systematisch durchdringt und dem Stand der zeitgenössischen Wissenschaft angleicht. Der grundlegenden Überzeugung gemäß, daß es keine zwei Wahrheiten gibt, bezieht Maimonides Gesetz und Philosophie aufeinander und erreicht dadurch eine **rationale Begründung der gesamten Lehre**. Ethik und philosophische Erkenntnis werden in die rabbinische Lehre integriert und damit Bestandteil der Halacha. Alle Anschauungen, die der Einzigkeit Gottes zuwiderlaufen – astrologisches Gedankengut oder den Glauben an Dämonen etwa –, kann Maimonides auf diese Weise als Götzendienst kritisieren, indem er sein Urteil nicht ›von außen‹ an die Gesetzeslehre heranführt, sondern immanent aus ihr entwickelt.

Die Systematisierung der Halacha bezweckt deren Vereinheitlichung und erhebt Anspruch auf alleinige Autorität: die Quellen selbst, fordert Maimonides, brauchen nicht mehr studiert zu werden, weil der *Mischne Thora* den Talmud ersetzt. Diese Reformbestrebungen sind innerhalb des Judentums auf gegensätzliche Reaktionen gestoßen: neben Anerkennung haben sie heftigen Widerspruch hervorgerufen. Die Autorität, die die Kodifikation des Gesetzes für sich beansprucht, wurde als Anmaßung empfunden. Seine Kritiker werfen Maimonides vor, er entscheide die im Talmud offenen Streitgespräche und vereinheitliche die rabbinische Lehre, ohne seine Quellen auszuweisen. Außerdem betreibe er eine unzulässige Rationalisierung der Halacha, wenn er sie dem wissenschaftlichen Urteil unterwerfe und ihre ursprüngliche Gestalt durch philosophische Anschauungen erweitere.

Der *Führer der Unschlüssigen* (hebr. *More Newuchim*), das 1190 abgeschlossene philosophische Hauptwerk des Maimonides, ist der – für das gesamte Mittelalter zentralen – **Frage nach dem Verhältnis von Glauben und Wissen** bzw. Offenbarung und Philosophie gewidmet. Das in arabischer Sprache verfaßte Buch – der Originaltitel lautet *Dalalat al-Hairin*, wörtlich: ›Leitung der Ratlosen‹ – wurde bereits zu Lebzeiten Maimonides' von Samuel ibn Tibbon in einer vom Autor genehmigten Fassung ins Hebräische übertragen und ist so auch unter den Juden außerhalb des arabischen Sprachraums schnell bekannt geworden. Eine zweite hebräische Übersetzung durch den Dichter Jehuda Alcharisi liegt der lateinischen Version (*dux perplexorum*) zugrunde, die die Scholastiker Albertus Magnus und Thomas von Aquin rezipierten, und die auch Meister Eckhart beeinflußte. Absicht des *More Newuchim* ist es, den naiven Glauben zu überwinden und zur **wahren Gotteserkenntnis** (*da'at ha-Shem*) anzuleiten.

Indem er den Gegensatz zwischen aristotelischer Philosophie und jüdischer Religion überwindet, will Maimonides die ›Unschlüssigen‹, die zwischen Glauben und Wissen schwanken, zu der Einsicht führen, daß sich beide nicht ausschließen, sondern vielmehr der Glauben selbst auf Vernunft gegründet werden kann. Er adressiert das dreibändige Werk an seinen Schüler Joseph ben Jehuda ibn Aknin, der die Bedingungen zum Studium des *More* – die gründliche Kenntnis der aristotelischen Philosophie, der Naturwissenschaften und der Mathematik – erfüllt. Der *Führer der Unschlüssigen* ist also nicht für die breite Öffentlichkeit bestimmt, sondern richtet sich an einen Kreis von Gelehrten, die aufgrund ihrer wissenschaftlichen Bildung mit den biblischen Lehren in Konflikt geraten. Er will sie in die Geheimnisse der Bibel einweihen und befähigen, hinter dem unmittelbaren Wortsinn des Textes dessen esoterische – d.h. philosophische – Bedeutung zu entziffern.

Den verborgenen Schriftsinn ermittelt Maimonides in der ›Lehre von der Schöpfung‹ (*Ma'asseh be'reschit*), der naturwissenschaftlichen Erkenntnis, und in der ›Lehre vom göttlichen Thronwagen‹ (*Ma'asseh merkawa*), die in Anlehnung an die Vision des Propheten Ezechiel von Metaphysik und Theologie handelt. Die beiden Lehren fassen das gesamte menschliche Wissen unter jüdische Lehrbegriffe und geben Antwort auf Ursprung bzw. Bestimmung der Welt. Den Grund für die Gotteserkenntnis legt das erste Buch des *More Newuchim*. Es klärt die erkenntnistheoretischen Voraussetzungen für die Überwindung des naiven und die Erlangung des reinen Glaubens (*emuna tsrufa*). Maimonides entwickelt seine monotheistische Theologie anhand der Textexegese der hebräischen Schrift: wo die Bibel von Gott spricht, da muß sie dies bildlich tun, um verstanden zu werden; das wahre Gottesverständnis erreicht der Mensch jedoch erst, wenn er die Bilder nicht wörtlich nimmt, sondern sie als Metaphern für Gott begreift. Die rationale Hermeneutik der biblischen Lehre, die die Tradition Saadias und des Kalam kritisch fortsetzt, befreit von der Vorstellung Gottes als eines körperlichen Wesens und eröffnet dadurch den Zugang zur philosophischen Bedeutung der Thora.

Die Lehre von der Gotteserkenntnis ist selber Philosophie. Maimonides bezieht religiöse und philosophische Wahrheit aufeinander, indem er eine **Umbildung des Aristotelismus** vornimmt und dessen Begriffe mit den Gehalten der jüdischen Tradition verknüpft. Dieses Verfahren wird besonders deutlich an der Erörterung des Gottesbegriffes, der im *More Newuchim* von zentraler Bedeutung ist. Maimonides führt seinen Gottesbeweis mit aristotelischen Argumenten; den Beweisgang des Kalam, den noch Saadia und Bachja übernommen hatten, lehnt er nachdrücklich ab. Die Existenz Gottes muß von der Frage nach Anfang oder Ewigkeit der Welt unabhängig sein, wenn ihr eigentlicher Sinn geklärt werden soll. Hypothetisch geht Maimonides deshalb zunächst wie Aristoteles von der Ewigkeit der Welt aus und beweist das notwendige Dasein Gottes im Rückgriff auf den aristotelischen Beweis für das Dasein eines ersten unbewegten Bewegers. Die Ewigkeit der Welt voraussetzend, hatte Aristoteles nach dem Prinzip der Bewegung gefragt. Jede Bewegung eines Gegenstandes kommt durch eine bewegende Ursache zustande, die vom bewegten Gegenstand selbst verschieden ist. Aus der logischen Unmöglichkeit, die Kausalreihe von Ursache und Wirkung unendlich zurückzuführen, schloß Aristoteles auf die Existenz einer – notwendig unbewegten – *prima causa*. Im Unterschied zu den von ihr bewegten Gegenständen muß diese selbst unendlich und unkörperlich sein.

Diesem Argument stellt Maimonides den Gottesbeweis der islamischen Aristoteliker Alfarabi und ibn Sina an die Seite, die Gottes Dasein durch Vernunftschluß aus der bloßen Möglichkeit der Dinge auf das ihnen zugrundeliegende notwendige Wesen für erwiesen hielten. Der Weltbeweger des ersten Beweises wird hier zum obersten Seinsgrund der Dinge. Die Frage nach der Beschaffenheit Gottes führt jedoch ins Dunkel. Als oberster Seinsgrund oder Erster Beweger ist Gott von schlechthinniger Einfachheit, denn jede Zusammensetzung ließe auf ein Zusammensetzendes schließen, das dem Zusammengesetzten vorausginge – und damit die Kausalreihe weiter fortsetzen würde. Das Problem des aristotelischen Gottesbeweises besteht darin, daß die Vernunft zwar die Notwendigkeit eines ersten Bewegers erkennen kann, dieses schlechthin einfache Wesen jedoch durch keine positiven Eigenschaften näher zu bestimmen vermag. Maimonides zeigt auf diese Weise, daß das Denken in eine Aporie gerät, wenn es den Ursprung der Welt zu ergründen sucht; er läßt die Frage, ob die Welt endlich oder unendlich sei, bewußt offen, weil er zeigen will, daß die Gotteserkenntnis von ihr unabhängig ist. Nicht in der mythischen Suche nach dem Ursprung wird Gott erkannt, sondern in der Frage nach dem Zweck seiner Schöpfung.

Die Unmöglichkeit einer positiven Bestimmung des Gottesbegriffs steht im Zentrum der **Lehre von den göttlichen Attributen**. Sie ist die philosophische Voraussetzung für die Freilegung des ethischen Sinns der Gottesidee. Jede positive Bestimmung oder Definition des göttlichen Wesens ist deshalb unmöglich, weil sie in Form eines Urteils vollzogen wird: das Urteil als Verknüpfung von Subjekt und Prädikat stellt eine Zweiheit dar, die die Einheit Gottes aufheben würde. Zu dem schlechthin einfachen Wesen Gottes können keine Eigenschaften hinzutreten, denn diese würden aus Gott entweder ein Zusammengesetztes oder ein bloßes Substrat von Attributen machen. Auch die Bestimmung Gottes durch sein Verhältnis zu anderen Dingen, etwa der Welt, lehnt Maimonides mit der Begründung ab, daß es kein gemeinsames Drittes gibt, das einen solchen Vergleich rechtfertigt. Alle Aussagen, die über Gottes Wesen getroffen werden, sind in Wahrheit rein negativer Natur, d.h. wir können Gott nur ›erkennen‹, indem wir sagen, was er *nicht* ist und so falsche oder unangemessene Aussagen von ihm fernhalten.

Die **Theorie der negativen Attribute**, die Maimonides in Anlehnung an den Kalam entwickelt, schränkt die Wesensbestimmung Gottes auf Negationen von privativen Urteilen (›Gott ist nicht machtlos, nicht unwissend, nicht ohnmächtig, nicht endlich, etc.‹) ein. Eine Erkenntnis im strengen Sinne ist dadurch nicht möglich, wohl aber – und darin besteht die Absicht Maimonides' – die Reinigung des Gottesbegriffes von den anthropomorphen Vorstellungen, wie sie aus einem wörtlichen Verständnis der biblischen Bildersprache resultieren können. Damit aber gelangt die Diskussion in eine weitere Aporie: die negativen Attribute einerseits, die von philosophischer Seite als Aussagen zugelassen sind, verschaffen keine Erkenntnis Gottes, die sinnbildlichen Umschreibungen der Bibel andererseits sind unzulässig, weil sie Gott vermenschlichen – das göttliche Wesen bleibt für die menschliche Vernunft ein unzugängliches Nichts.

Der entscheidende Gedankenschritt Maimonides' besteht nun darin, daß die biblischen Aussagen über Gott nicht dessen Wesen, sondern seine Handlungsattribute betreffen. Als **Attribute der Wirkung** dürfen sie dem absolut Einen des philosophischen Gottesbegriffs zugeschrieben werden, ohne damit in Konflikt mit der Unerkennbarkeit seines Wesens zu geraten, denn die Mannigfaltigkeit der Handlungen widerspricht nicht der Einfachheit des obersten Seinsgrundes, d.h. Gottes. Wie ein Handwerker durch das Produkt seiner Hände beschrieben, aber nicht eingeschränkt wird, so kann Gott als Schöpfer der Welt gelten und doch seinem Wesen nach unbestimmt bleiben. Dadurch ist die inhaltliche Abkehr vom kausalen Gottesbegriff des Aristoteles bei gleichzeitiger Wahrung seiner formalen Einheit gegeben; es kann nun nach dem Sinn und Zweck der Gottesidee gefragt werden.

Die biblischen Aussagen über die Wirkungen Gottes treten an die Stelle der aristotelischen *prima causa*; da diese Aussagen Gott als sittliches Vorbild offenbaren, kann Maimonides die auf den Menschen abzielenden Wirkungen konkret als ethische Attribute fassen. Die Frage, wie der Mensch von den göttlichen Wirkungen wissen könne, wird in der Bibel selbst an zentraler Stelle (Ex 33, 13) aufgeworfen: »gib mir doch zu erkennen deinen Weg, erkennen will ich dich, damit ich eine Gunst in deinen Augen finde« (*Schrift*, S. 248). Der ›Weg Gottes‹, den Moses zu erfahren sucht, ist für Maimonides identisch mit den göttlichen Wirkungsattributen, nach denen der *More Newuchim* fragt. Konkret werden diese in einer weiteren Bibelstelle (Ex 34, 6–7) benannt: »erbarmend, gönnend, langmütig, reich an Huld und Treue, bewahrend Huld ins tausendste« (*Schrift*, S. 249f.). Die Bedeutung der in den Abschlußkapiteln des *More* behandelten Attribute – Barmherzigkeit (*chessed*), Tugendhaftigkeit (*z'daqa*) und gerechtes Urteilen (*mischpat*) – besteht jedoch nicht darin, daß sie zu Wesensaussagen über Gott umdeutbar sind – die Unerkennbarkeit seines Wesens bleibt auch weiterhin bestehen –, sondern daß sie dem menschlichen Handeln als Leitbild dienen. Die Gotteserkenntnis, nach der der Mensch streben *soll*, wird ganz in den Bereich des Ethischen verlegt.

Was Gott *ist*, bleibt also für den Menschen unerforschlich, aber er kann sich die Gott zugeschriebenen Wirkungen als Ideal zu eigen machen, »denn die letzte und höchste Stufe des Menschen ist die, daß er Gott möglichst ähnlich werde, nämlich daß wir unsere Handlungen den Handlungen Gottes ähnlich machen.« Der *More Newuchim* soll zeigen, »daß die Gott zugeschriebenen Eigenschaften nur Bezeichnungen seiner Wirkungen sind, nicht aber daß Gott eine Qualität besitze« (Maimonides 1923, Bd. 1, S. 185). *Weil* die menschliche Erkenntnis auf die Wirkungen Gottes eingeschränkt ist – also nur sein Handeln, nicht sein Wesen erfaßt –, hat die Ausrichtung der Seele auf Gott, die das oberste Ziel der Religion ist, eine *unmittelbar* ethische Funktion: die Gotteserkenntnis kann nur in der *imitatio Dei* vollzogen werden, d.h. indem der Mensch das in den Handlungsattributen formulierte Ideal zum Maßstab seines Lebenswandels macht. Befähigt ist er dazu aufgrund seiner Willensfreiheit, der ersten Voraussetzung für die Selbstvervollkommnung. Der freie Schöpfungsakt Gottes dient als Vorbild für das menschliche Handeln: indem Gott die Welt aus freiem Willen und nicht aus Notwendigkeit erschaffen hat, wird er zum Prinzip aller schöpferischen – also auch der menschlichen – Handlung.

Maimonides hat durch seine **ethische Interpretation des Gottesbegriffs** das philosophische Unvermögen, auf letzte Fragen spekulativ zu antworten, theologisch überwunden (zu Maimonides' Ethik vgl. Weiss 1991). Nicht zwischen Glauben und Wissen erkennt er einen Gegensatz, sondern zwischen naivem und wahrem Glauben. Der reine überwindet den naiven Glauben, indem er durch die Philosophie die Vorstellung von der Einheit Gottes in sich bestärkt. Das philosophische Wissen wird so zur Voraussetzung des Glaubens. Nur indem die Vernunft den Bereich des Wißbaren ganz ausmißt, kann sie den Grund legen für die streng rationale Religion, als die Maimonides die jüdische Lehre interpretierte. Seine Religionsphilosophie überwindet die mythischen Fragen nach dem Ursprung der Welt und dem Wesen Gottes und fragt stattdessen nach dem göttlichen Willen als dem Zweck der Schöpfung.

Als Gegenreaktion auf den Maimunischen Rationalismus verstärken sich kurz nach seinem Tod die mystischen Strömungen des Judentums, aus deren Mitte die Werke der spanischen und provenzalischen Kabbalisten hervorgehen (vgl. dazu Twersky 1991, S. 31-82). Neben der anhaltenden Wirkung Maimonides' auf die Philosophie des Judentums hat sein Werk auch die christlichen Scholastiker beeinflußt. Nicht zuletzt aufgrund seiner Rezeption durch Albertus Magnus und Thomas von Aquin, die seinen Namen auch in der nichtjüdischen Welt bekannt machten, gilt Maimonides als der berühmteste jüdische Philosoph des Mittelalters (neuere Forschungsergebnisse in: Kraemer 1991).

6. Die jüdische Religionsphilosophie nach der europäischen Aufklärung

Bis ins 18. Jh. waren die Juden in den Ländern Europas fast vollständig vom gesellschaftlichen und geistigen Leben ausgeschlossen. Anders als im Mittelalter kam es philosophisch kaum zu nennenswerten Berührungspunkten mit der europäischen Geistesgeschichte. Erst in dem Moment, in dem sich die aufklärerische Idee von der Gleichheit aller Menschen politisch durchsetzt, wird auch den Juden durch die Verleihung der Bürgerrechte der soziale Sonderstatus genommen. Die gesellschaftliche Emanzipation bleibt nicht ohne Auswirkungen auf die geistige Lage des Judentums, das nun einer grundlegend anderen philosophischen Begriffswelt begegnet als noch zu Zeiten Maimonides'. Die philosophische Entwicklung der Neuzeit, die das theologische Denken des Mittelalters ablegt und den Menschen in den Mittelpunkt des Kosmos stellt, war von jüdischer Seite nicht zur Kenntnis genommen worden.

Vor allem in Deutschland und Polen hatte sich das geistige Leben des Judentums nach dem Ende des Mittelalters fast ausschließlich auf den Talmud und dessen Auslegung konzentriert; als innerjüdische Gegenströmung zu der theoretischen Beschäftigung mit Talmud und Kommentarliteratur bildete sich **die chassidische Bewegung** (*Chassiduth*), die die unmittelbare Gottesbegegnung im alltäglichen Leben betont, jedoch über die osteuropäischen *Stetl* kaum hinausdringt. Diese Versenkung in die eigene Tradition, unter Ausschluß alles Nichtjüdischen, war die Kehrseite der sozialen Ausgrenzung und hatte zur immer stärkeren Absonderung der Juden von ihrer Umwelt geführt. Eine Ausnahme bildet **Spinoza** (s. Kap. I.2.1.3), bei dem jedoch die Bindung an die Tradition und ihre theologischen Voraussetzungen so sehr in den Hintergrund tritt, daß er nicht als jüdischer Philosoph im eigentlichen Sinne gelten kann (vgl. Strauss 1930). Die Öffnung zur europäischen Geistesgeschichte und Philosophie, erleichtert durch den Wegfall der sozialen Schranken, setzt Mitte des 18. Jhs. in Deutschland, dem »Geburtsland des modernen Judentums« (Guttmann 1933, S. 302), ein. Paradigmatisch für die ›deutsch-jüdische Symbiose‹ steht **Moses Mendelssohn** (1729–86), dessen Werk *Jerusalem oder über religiöse Macht und Judentum*

(1783) das mögliche Nebeneinander von jüdischer Religiosität und Praxis einerseits und aufgeklärt-moderner Gesinnung andererseits festschreibt (vgl. Schoeps 1979; Sorkin 1996). Jüdisches Denken ist seitdem zum Bestandteil der europäischen Philosophie geworden und hat deren Entwicklung mitbeeinflußt.

Die philosophischen Grundlagen der europäischen Aufklärung des 18. Jhs. sind freilich andere als die des Mittelalters. Für das mittelalterliche Denken stand Gott im Zentrum sowohl der theologischen als auch der philosophischen Spekulation; die Philosophie der Aufklärung hingegen rückt die menschliche Vernunft in den Mittelpunkt ihrer Fragestellungen und will das Selbstverständnis des Menschen unabhängig von traditionellen und religiösen Bindungen begreifen. Das aufklärererische Programm, die Autonomie (Selbstgesetzgebung) von Verstand und Vernunft in Erkenntnis und Ethik zu erweisen, wird am klarsten in der kritischen Philosophie Kants formuliert (s. Kap. I.2.2), die unter den deutschen Juden viele Anhänger findet.

Zumeist stehen jedoch, wie bei **Salomon Maimon** (1754–1800), die Auseinandersetzung mit der europäischen Geistesgeschichte und die Verwurzelung in der jüdischen Tradition, unverbunden nebeneinander. Das Judentum stellt immer weniger einen eigenen ›Kulturkreis‹ dar und wird, kaum anders als das Bekenntnis zum christlichen Glauben, zur Privatangelegenheit in einer zunehmend säkularisierten Welt. Vielfach führt die gesellschaftliche und geistige Integration zur Assimilation an die herrschenden Lebensformen. Durch das Schwinden äußerer Schranken und Unterschiede entsteht die Frage neu, worin das Unverwechselbare der jüdischen Lehre und Tradition, die Besonderheit des jüdischen Lebens mithin, besteht. Im 19. Jh. haben sich **Salomon Ludwig Steinheim** (1789–1866) und die Rabbinen **Salomon Formstecher** (1808–89) und **Samuel Hirsch** (1815–89) um je eigene religionsphilosophische Antworten bemüht, die stark von der Philosophie Kants und des Deutschen Idealismus beeinflußt, jedoch über den jüdischen Kreis hinaus kaum zur Kenntnis genommen worden sind und keine eigene philosophische Position erkennen lassen.

Erst mit **Hermann Cohen** (1842–1918), dem Haupt des Marburger Neukantianismus, gelangt das Judentum wieder zu einer philosophischen Artikulation, deren Bedeutung sich mit der jüdischen Religionsphilosophie des Mittelalters messen kann. Indem Cohen das Judentum als ›Religion der Vernunft‹ auslegt, setzt er die Maimunische Tradition des religiösen Rationalismus fort. Er entwickelt seine philosophie- und kulturkritische Position aus der jüdischen Tradition des prophetischen Messianismus. Auf diese Weise geht Cohen über die Rechtfertigungsbestrebungen seiner unmittelbaren Vorgänger hinaus und befreit den jüdischen Glauben vom Vorwurf des Atavismus. Der aufklärerischen Religionskritik begegnet er mit der These, daß eine erste radikale Kritik am Mythos von den biblischen Propheten ausgegangen sei. Das Judentum bedürfe keiner philosophischen Unterweisung, denn es sei selbst eine Form von Aufklärung; vielmehr seien es die Philosophen, die aus der jüdischen Tradition lernen sollten.

Die Umkehrung des Verhältnisses von Philosophie und jüdischer Tradition, die sich im Spätwerk Cohens abzeichnet, wird zu Beginn des 20. Jhs. von **Franz Rosenzweig** (1886–1929) und **Martin Buber** (1878–1965) radikalisiert. Buber und Rosenzweig, die u.a. durch die ›Verdeutschung der Schrift‹, ihre in den 20er Jahren begonnene Bibelübersetzung, bekannt sind, betreiben Philosophiekritik, indem sie dem subjekt- und vernunftzentrierten Denken der Aufklärung das am biblischen Offenbarungsglauben orientierte ›dialogische Prinzip‹ bzw. ›Sprachdenken‹ entgegenstellen.

Gegen die Bewußtseinsphilosophie Kants wenden beide ein, daß die menschliche Erfahrung sich nicht in der Erkenntnis von Gegenständen erschöpfe; daß der Mensch erst in der Begegnung eines Du zum Ich werde. Rosenzweig wirft der idealistischen Philosophie Versagen vor, weil sie die existentielle Angst des Menschen vor dem Tod verleugne. Allein das Vertrauen auf Gott, das in der Offenbarung als persönlichem Erlebnis gewonnen wird, könne den Menschen aus der unheilvollen Verstrickung in die abendländische Denkweise befreien. Buber ist stark von der mystischen Bewegung des Chassidismus beeinflußt. Die **Unmittelbarkeit der Begegnung von Ich, Gott und Welt**, die er in der Rückbesinnung auf die chassidische Religiosität findet, ist für ihn ein Ausweg aus der entzauberten – der Respiritualisierung bedürftigen – Welt der Moderne (vgl. Moser 1979). Mit der Betonung des lebendigen, existentiellen Gottesverhältnisses als Ausdruck kreativer, spontaner Religiosität verbindet Buber die Ablehnung aller institutionalisierten Religion, vor allem der jüdischen Orthodoxie, die er in Riten und Dogmen erstarren sieht. Den eigentlichen Ort des religiösen Lebens erkennt er im Bereich des Zwischenmenschlichen, in der stets einmaligen Begegnung von Ich und Du, deren Beziehung sich im ›ewigen Du‹ Gottes schneide; Urbild des ›dialogischen Prinzips‹ ist die Bibel als Wechselrede Israels mit Gott. Beide, Buber wie Rosenzweig, richten sich gegen die rationalistische Tradition der jüdischen Philosophie. Sie lehnen den Versuch, Religion auf die Grundlage der Vernunft zu stellen, mit der Begründung ab, daß dadurch das absolut subjektive, schlechthin nicht verallgemeinerbare Moment der Liebe Gottes zum Individuum, rationalisiert und verfälscht würde. Über Cohen gehen sie auch insofern hinaus, als sie das Religiöse in der individuellen Erfahrung festmachen wollen, nicht in der Vernunft.

Den jüngsten Versuch, eine Auseinandersetzung mit der Philosophie des 20. Jhs. aus jüdischer Sicht zu führen, stellt das Werk des französisch-litauischen Philosophen **Emmanuel Lévinas** (1905–1995) dar. Lévinas' Schriften sind geprägt von der Erfahrung der *Schoah*, dem Völkermord der Nazis an den europäischen Juden, der sich für ihn als Versagen der abendländischen Kultur insgesamt – also auch ihrer Philosophie – darstellt. Ausgehend von Rosenzweigs Kritik am idealistischen ›Totalitätsdenken‹ stellt Lévinas die philosophische Frage nach den Voraussetzungen einer Ethik, die nicht im Selbstbewußtsein des Subjekts verankert ist (zum Einfluß Rosenzweigs auf Levinas vgl. Gibbs 1992; R. Cohen 1994). Das Denken des transzendentalen Idealismus, so Lévinas, habe in Auschwitz versagt; an seine Stelle soll eine Ethik treten, die ihr Fundament in der irreduziblen Andersheit des mir begegnenden Menschen hat – im Gesicht des Anderen als dem einzigen Ort, an dem Gott ›erscheint‹. Lévinas erinnert an den jüdischen Gedanken der absoluten Transzendenz Gottes, die er zum Grundstein für eine philosophische Ethik erklärt. Transzendenz ist nicht schon aus dem menschlichen Bewußtsein oder Selbst heraus zu begreifen, vielmehr widerfährt sie diesem ›von außen‹, im Blick des anderen Menschen. Lévinas geht es um die religiöse Fundierung der Ethik, und er setzt damit die von Cohen begründete Linie einer streng an der Idee des Sittlichen orientierten Auslegung der jüdischen Quellen fort.

Die Entwicklung der jüdischen Religionsphilosophie im 20. Jh., die aus der Tradition des Judentums heraus die Auseinandersetzung mit der zeitgenössischen Philosophie sucht, läßt sich am klarsten an den Werken Cohens, Rosenzweigs und Lévinas' nachvollziehen. Ein spezifisch jüdisches Element läßt sich bei diesen drei Autoren deutlicher erkennen als etwa bei Buber, dessen »fast völlige Einflußlosigkeit [...] in der jüdischen Welt [...] seltsam mit seiner Anerkennung bei Nichtjuden kontrastiert« (Scholem 1970b, S. 135). Bubers Wirkung im heutigen Judentum ist eher gering, vergleicht man sie mit dem Einfluß, den vor allem das Denken Rosenzweigs und Lévinas' auf die Philosophie genommen hat und nach wie vor nimmt. Wie Rosenzweig in wesentlichen Gedanken seinem Lehrer Cohen verpflichtet bleibt, so versteht Lévinas sein Bemühen um eine Erneuerung der Ethik aus dem Geiste des Judentums als Fortsetzung von Rosenzweigs ›Neuem Denken‹.

6.1 Hermann Cohen

Hermann Cohen wurde 1842 als Sohn jüdischer Eltern in Coswig (Anhalt) geboren. Er begann sein Studium am Breslauer jüdisch-theologischen Seminar, wechselte jedoch bald zur Philosophie und habilitierte sich 1873 an der Universität Marburg, die ihn drei Jahre später zum ordentlichen Professor berief. Im Rahmen der deutschen Philosophie ist Cohen bekannt für sein umfangreiches Werk zur Philosophie Kants, auf der sein eigenes Denken maßgeblich fußt. Als Begründer der ›Marburger Schule‹, einer der beiden Hauptrichtungen des Neukantianismus, ist Cohen sowohl darum bemüht, die rational-konstruktive Struktur der menschlichen Erkenntnis gegen die Einwände des Positivismus sicherzustellen als auch die Grundlagen der Wissenschaft, vor allem der Naturwissenschaft, philosophisch zu klären (zu Cohens Philosophie insgesamt vgl. Kinkel 1924; Holzhey 1994). Die Philosophie müsse vom ›Faktum der Wissenschaften‹ ausgehen, wenn sie selbst ernst genommen werden wolle. Cohen ist einer der letzten Systematiker in der Geschichte der deutschen Philosophie; seinen **›kritischen Idealismus‹** versteht er als Weiterentwicklung der Kantischen Transzendentalphilosophie (s. Kap. I.2.2.1; vgl. Poma 1997). Auf dem Fundament einer umfassenden Exegese der kritischen Philosophie Kants errichtet Cohen ein eigenes philosophisches System: seine Kantinterpretationen – *Kants Theorie der Erfahrung* (1871), *Kants Begründung der Ethik* (1877) und *Kants Begründung der Ästhetik* (1889) – werden zur ersten Formulierung der eigenen philosophischen Position. Sein *System der Philosophie*, das sich an die Kantische Dreiteilung der Philosophie hält, umfaßt die Werke *Logik der reinen Erkenntnis* (LrE; 1902), *Ethik des reinen Willens* (1904) und *Ästhetik des reinen Gefühls* (1912).

Als Erweiterung des Systems hatte Cohen schon früh eine Arbeit zur jüdischen Religionsphilosohie vorgesehen (vgl. Löwith 1968; Mosès 1997). Seit Beginn der 1880er Jahre entstehen, nicht zuletzt als Reaktion auf den Antisemitismus im deutschen Kaiserreich, zahlreiche Vorträge, in denen er den ethischen Gehalt der jüdischen Lehre und Philosophie gegen die Polemik von deutsch-nationaler Seite darlegt. Nach seiner Emeritierung unterrichtete Cohen von 1915 bis zu seinem Tod im Jahre 1918 an der ›Lehranstalt für die Wissenschaft des Judentums‹ in Berlin. In dieser Zeit verfaßte er die beiden religionsphilosophischen Werke *Der Begriff der Religion im System der Philosophie* (BdR; 1915) und, 1919 postum veröffentlicht, *Religion der Vernunft aus den Quellen des Judentums* (RdV).

Die Gottesidee steht im Mittelpunkt von Cohens Ethik und Religionsphilosophie: sie wird jedoch nicht einfach aus der jüdischen Tradition übernommen, sondern beruht in ihren Voraussetzungen auf Cohens *System* und seiner Auseinandersetzung mit Kants Transzendentalphilosophie. Das *System der Philosophie* selbst arbeitet mit Begriffen der jüdischen Traditionsliteratur wie Reinheit (*tahara*), Ursprung (*reschit*) und Messianismus (*yemoth ha-Meschiach*). Der ›kritische Idealismus‹, den Cohen auf ihrer Grundlage errichtet, soll die Unterscheidung zwischen theoretischer und praktischer Vernunft überwinden. Gerade weil für die menschliche Erkenntnis Sein und Sollen, Natur und Sittlichkeit auseinanderfallen, kann ihre Vereinigung nur als Aufgabe gedacht werden; die ethische Gottesidee, die diese Aufgabe formuliert, entwickelt Cohen im Rückgriff auf die Platonische und Kantische Philosophie, zunächst in *Ethik des reinen Willens*. Den Sinn der Gottesidee erkennt er darin, daß sie die Einheit von natürlichem Sein und ethischem Ideal postuliert (zum Gottesbegriff vgl. Ucko 1927; Dreyer 1985). Nur unter der Voraussetzung eines Willens, der den Menschen ein ethisches *telos* aufträgt, ist der Sinn der Welt verbürgt: das menschliche Handeln gewinnt in der Aufgabe, die Wirklichkeit am Ideal der Humanität auszurichten, seine eigentliche Bedeutung. Die Transzendenz Gottes ist Bedingung für die geforderte **Einheit von Natur und Ideal**: Frieden und Gerechtigkeit können nur dann als *göttliche* Forderungen verstanden werden, wenn Gott verschieden ist von der Welt. Die biblische Vorstellung von der Einheit und Einzigkeit Gottes (Deut 6, 4) wird so zum Angelpunkt der Ethik. Vor allem wendet sich Cohen gegen die pantheistische Identifizierung von Gott und Natur, wie sie in Spinozas Formel *deus sive natura* zum Ausdruck kommt: der spinozistische Gott verrät die ethische Aufgabe des Menschen, denn aus der Natur läßt sich keine Sittlichkeit, aus dem Sein kein Sollen ableiten (s. Kap I.2.1.3).

Gott kann die Einheit von Natur und Ideal nur fordern, wenn er den Bestand der Natur in der Schöpfung gewährleistet und das Ideal der Menschheit in der prophetischen Lehre (Offenbarung) vorgibt. Schöpfung und Offenbarung sind zentrale rationale Begriffe, die das Denken davor bewahren, Gott als Person oder als gegenständliche Gottheit des Mythos vorzustellen. Der Begriff ›Schöpfung‹ meint keine wissenschaftlich nachprüfbare Hypothese über den Ursprung der Welt, sondern er legitimiert die Frage nach dem *Sinn* des Daseins der Natur und des Menschen. Nur wenn die **Welt als Schöpfung Gottes** gilt, kann deutlich werden, daß mit ihr ein Zweck verbunden sein *soll*: »Die *Religion* [...] könnte man die Logik des *Zwecks* nennen. [...] Durch den Zweck hängen Gott und Natur zusammen.« (LrE, S. 43) Gottes Transzendenz bedeutet also nicht seine Unabhängigkeit oder Indifferenz der Welt gegenüber, sondern

> »die Einzigkeit Gottes hat zu ihrer begrifflichen Konsequenz das Dasein der Natur. *Die Schöpfung ist ein notwendiges Attribut Gottes* [...]. Der *Zweck* tritt in den Vordergrund gegenüber der Kausalität. [...] Und diesem Zwecke der Natur, diesem Zwecke der Menschenwelt dient der einzige Gott als der einzige Erhalter, als die einzige Vorsehung der Natur und der Menschenwelt. [...] Ohne diesen Zweck gewänne die Welt keinen *Sinn*.« (Cohen 1924, Bd. 1, S. 92ff.)

›Schöpfung‹ ist kein ontologischer Begriff: Cohen will sie nicht als Wesensaussage über Gott verstanden wissen, sondern er benennt damit

1. den Unterschied von Gott und Welt;
2. die Art ihres Verhältnisses zueinander;
3. die ethische Aufgabe des Menschen in der Welt.

Im Sinne der mittelalterlichen jüdischen Religionsphilosophie versteht er die Schöpfung als Aufgabe der beständigen Erneuerung der Welt. Den Sinn der Schöpfung offenbaren die Propheten, allen voran Moses, der die Lehre dem Volk überliefert. *Mathan*

Thora, das (Weiter-)Geben der Lehre, ist die **Offenbarung des göttlichen Willens**, und nicht etwa *revelatio* des göttlichen Wesens. Im Mittelpunkt der Offenbarung stehen die Gebote und die Forderung nach Gerechtigkeit. Die Verankerung dieser Forderungen im göttlichen Willen begründet die Autonomie der Vernunft: nur ein freier menschlicher Wille ist auch imstande, sich die Gebote der Liebe und Gerechtigkeit zur Aufgabe zu machen. Cohens **ethischer Monotheismus** unterscheidet sich von Kants Moralphilosophie dadurch, daß er die Verwirklichung des Ideals der Humanität zur Aufgabe nicht des einzelnen, sondern zugleich der *gesamten* Menschheit macht, denn »*die Freiheit des Individuums setzt die Idee der Menschheit voraus.* [...] Wie ohne die Menschheit kein Selbst, kein sittliches Individuum, so auch nicht die Freiheit in ihrem letzten methodischen Sinne *ohne die Realität der Idee Gottes*« (Cohen 1907, S. 59). Mit Kant weiß sich Cohen jedoch darin einig, daß ein ethischer Wille nur unter der Voraussetzung der Freiheit möglich ist (vgl. Ollig 1979).

Auf der Grundlage der rationalen Begriffe von Schöpfung und Offenbarung kann die philosophische Frage nach Sinn und Zweck der Welt geklärt werden. Das Verhältnis Gottes zu Welt und Mensch, so Cohen, wird durch das Ideal der Humanität bestimmt. Gott hat gewissermaßen einen Plan mit der Welt, dessen Verwirklichung er in die Verantwortung der Menschen stellt. Durch die Offenbarung seines ethischen Willens gibt Gott den Menschen zu erkennen, zu welchem Zweck er die Welt erschaffen hat. Die Schöpfung der Welt und die Verkündigung des ›Guten‹ bedingen sich wechselseitig als Voraussetzungen für die zukünftige Einheit der Menschheit. Diese bleibt unvollendet, solange Leid, Ungerechtigkeit und Krieg die geschichtliche Gestalt der Welt prägen (zu den politischen Implikationen von Cohens Denken vgl. Brandt 1993). Die zentrale Aufgabe einer ›Religion der Vernunft‹ besteht für Cohen darin, daß die Menschen Mitarbeiter Gottes an der Schöpfung werden, indem sie **Gerechtigkeit und Frieden in der ganzen Welt verwirklichen**. Diese welthistorische Bedeutung der ethischen Gottesidee ist in ihrer Reinheit das Erzeugnis des Judentums und seiner Lehre. Cohens Auffassung des jüdischen Monotheismus läßt Gott allein als ethischen Gott gelten und weist das menschliche Fragen nach seinem Wesen als mythisch zurück. Die Idee des *einen* Gottes der Menschheit identifiziert er mit dem sittlichen Ideal der Propheten und ihren Forderungen nach sozialer und politischer Gerechtigkeit. Im **prophetischen Messianismus** entdeckt Cohen einen Geschichtsbegriff, der das Schicksal der Völker an dem Ideal einer gerechten weltpolitischen Ordnung orientiert (vgl. Pascher 1992). Das Ziel der Weltgeschichte ist jedoch nicht als solches schon gegeben oder aus Vergangenheit und Gegenwart ablesbar, sondern bedarf der Grundlegung im Glauben an das zukünftige messianische Gottesreich auf Erden:

> »Das ist der *Inbegriff des Prophetismus: die Realisierung der Einen Menschheit im messianischen Zeitalter.* Und das ist der *Inbegriff des Messianismus*: die Hoffnung, die *Zuversicht auf diese Zukunft der Menschheit.* Die ganze *bisherige* Weltgeschichte, und auch die Jahrtausende, die seitdem verflossen sind, können gar nichts beweisen gegen diese Zuversicht, welche den Inhalt der *neuen* Religion bildet.« (BdR, S. 33)

Die Bedeutung des Prophetismus erkennt Cohen darin, daß seine Zukunftshoffnung den Menschen und Völkern ein Ziel vorgibt, an dem sich ethisches Handeln und politische Entscheidungen, die ohne diese Hoffnung sinnlos blieben, orientieren sollen und können. Die Wirklichkeit soll im Sinne jener Idee verwandelt werden, die die

Propheten der Bibel als Vision verkündeten. Dieses Ziel aber muß durch und in Gott verbürgt sein, wenn es mehr als soziale Utopie sein soll – es muß zum Inhalt der »neuen Religion« werden.

Einheit und Einzigkeit Gottes begründen die Einheit der Menschheit. In der Vertiefung der ethischen Fragestellungen wird der »Gott der Menschheit« entdeckt, »nicht aber der eigentliche Gott der Religion« (RdV, S. 25). Die Ethik, so Cohen, kennt den Menschen nur als Vertreter der Menschheit, nicht aber als einzelnes Ich. Der Begriff des Individuums kann nur dann zur Geltung gebracht werden, wenn er dem einzelnen Menschen gerecht wird. Dazu aber ist die Ethik außerstande, denn sie denkt den Menschen nur als Glied der Allheit, zu der er sich erheben soll; sie betrachtet ihn ausschließlich unter dem Aspekt der sittlichen Pflichten. *Ob* diese Forderungen auch eingelöst werden können, *daß* ihre Nichterfüllung den Menschen schuldig werden läßt, sind nicht selbst Probleme des ethischen Ideals. Das individuelle Schuldbewußtsein als Wissen darum, diesem Ideal nicht entsprochen zu haben, findet in den allgemeinen Begriffen der Ethik keine Beachtung. Gerade die Sünde – und es gibt keinen, der nicht sündigt, sagt Cohen – vereinzelt den Menschen, diese »Einzigkeit aber fällt ganz aus dem Rahmen der Ethik heraus. Hier muß der Überschritt zur Religion eintreten.« (BdR, S. 61) Die Bedeutung der Religion besteht darin, daß der Mensch allein in seiner Beziehung zu Gott Sündenvergebung erlangt. Dies ist der Sinn des jüdischen Versöhnungstages (*Yom Kippur*): nur indem sich der Mensch *als Individuum* an Gott wendet, wird er *frei von* Sünde und Schuld und damit wieder *frei zum* ethischen Handeln. Die Sündenvergebung ist jedoch nicht »Gnadengeschenk Gottes« (BdR, S. 63), sondern muß in der individuellen »sittlichen Arbeit« erworben werden: »diese hat zur Voraussetzung, daß [...] die Befreiung, die der Mensch selbst nicht vollbringen kann, in dieser neuen Korrelation zu Gott in Vollzug trete. Der neue Begriff Gottes entspricht dem neuen Begriffe des sündigen Menschen.« (BdR, S. 64). Die Urform des individuellen Gottesverhältnisses ist das **Gebet**, in dem das menschliche Streben nach Erlösung zur Sprache findet. Nicht Gott muß sich dem einzelnen zuwenden, sondern umgekehrt bedarf der Mensch des *einen* Gottes, um selbst *einer* zu sein. Im zentralen Begriff der Korrelation greift Cohen einen Gedanken auf, den schon Bachja ibn Paquda in seinem *Buch der Herzenspflichten* ausgeführt hat (s. Kap. II.5.2; zum Einfluß Bachjas vgl. Mosès 1997, S. 35–50; zur ›Korrelation‹ vgl. Xie 1996). Reinheit des Herzens und Wahrhaftigkeit hat der Mensch nicht schon von sich aus, sondern er erwirbt sie erst in der Öffnung zu Gott:

> »Der Schacht des eigenen Inneren muß ausgegraben werden, wenn das Ich in einer neuen freien Selbständigkeit und Reinheit erstehen soll. Dazu aber wird das Zwiegespräch mit Gott notwendig. Und dieses Zwiegespräch bildet der Monolog des Gebets.« (RdV, S. 433)

Das Gebet stiftet eine eigene, neue Wirklichkeit: Gott wird nicht als existierend vorausgesetzt, sondern er ›entsteht‹ erst in der »Sprachhandlung« (RdV, S. 463) des Betenden. Dieser fragt nicht nach einer ›objektiven‹ Existenz Gottes; er glaubt, daß Gott ihn hört. Das Gebet, »die eigentliche Sprache der Religion« (ebd.), läßt den Sinn der Korrelation erkennen: es bricht die Vereinzelung auf, in die die Schuld den Menschen verstrickt, und macht ihn frei für den Mitmenschen. Die **Liebe zum Mitmenschen** ist für Cohen die entscheidende ›Leistung‹ der Religion gegenüber der Ethik, und hypothetisch formuliert er die Vermutung, »daß erst das Du, die Entdeckung des Du mich selbst auch zum Bewußtsein meines Ich, zur sittlichen Erkenntnis meines Ich zu bringen vermöchte.« (RdV, S. 17). Erst indem der Mensch seinen Mitmenschen nicht nur, wie es die Ethik fordert, achtet, sondern auch liebt, wird er selber auch zum Ich. Ohne die Liebe zum Nächsten, so Cohen, könne der Mensch weder Gott noch sich selber lieben (vgl. dazu Mosès 1997, S. 161–182).

Wie schon bei Maimonides (s. Kap. II.5.4) wird die Religion so an die Ethik zurückgebunden: das Verhältnis des Menschen zu Gott ist ausschließlich über die ethische Erkenntnis – also das Gute – zu erwirken. Wo eine Unmittelbarkeit zwischen Gott und Mensch dennoch behauptet wird, bleibt die Religion mit Elementen des mythischen Denkens behaftet. Die Religion der Vernunft unterscheidet sich dadurch vom Mythos, daß sie die Frage nach dem Wesen Gottes zurückweist und ihr Interesse ausschließlich dem göttlichen Willen gilt. Cohen war sich bewußt, daß eine solche ganz aus Grundsätzen der Vernunft konstruierte Religion nicht selber schon geschichtliche Wirklichkeit ist. Das Alterswerk *Religion der Vernunft aus den Quellen des Judentums* trägt in seiner ersten Auflage (1919) vor dem ersten Wort des Titels noch einen bestimmten Artikel; indem dieser bei der zweiten Auflage wegfällt, wird deutlich, daß ›Religion der Vernunft‹ ein Projekt bezeichnet, das erst eingelöst werden soll. In seiner klassischen Vorstellung von der Einzigkeit Gottes, so Cohen, komme das Judentum der Verwirklichung dieses Projektes am nächsten, weil es sich von kultischen und mythischen Vorstellungen gelöst habe. Es ist ›immun‹ gegen die aufklärerische Religionskritik, weil es nicht ›Priestertumslüge‹, sondern selbst Aufklärung sein will. In der Weltgeschichte fällt ihm die Aufgabe zu, Einspruch zu erheben gegen Krieg, Unterdrückung und Ungerechtigkeit – um dadurch die Hoffnung auf ein messianische Zeitalter wachzuhalten. Auf der Grundlage der jüdischen Tradition und Philosophie und im unbedingten Festhalten am ethischen Monotheismus, d.h. an der Idee des einzigen Gottes *und* seiner Korrelation zum Menschen, entwickelt Cohen so den Begriff einer Religion, die der rationalen Prüfung standhält, weil sie selbst *Forderung* der Vernunft ist.

6.2 Franz Rosenzweig

Franz Rosenzweig wurde 1886 in Kassel geboren, wo er in einem jüdisch assimilierten Elternhaus aufwuchs. Er studierte zunächst Medizin, dann Geschichte und Philosophie in Freiburg und Berlin und promovierte 1913 bei dem Historiker Friedrich Meinecke mit der Dissertation *Hegel und der Staat* (1920 veröffentlicht). Erst nach dem Studium beschäftigte sich Rosenzweig intensiv mit dem Judentum – paradoxerweise in der Absicht, zum Christentum zu konvertieren – und hörte die Lehrveranstaltungen Hermann Cohens in Berlin. Nach dem Besuch einer orthodoxen Synagoge am *Yom Kippur* (Versöhnungstag) 1913 beschloß Rosenzweig, Jude zu bleiben. Den Ersten Weltkrieg erlebte er als Sanitäter in Belgien und Mazedonien. Im letzten Kriegsjahr konzipierte Rosenzweig, nicht zuletzt unter dem Eindruck seiner Fronterfahrungen, den *Stern der Erlösung*, der 1921 als Buch erschien. 1920 gründete er das ›Freie Jüdische Lehrhaus‹ in Frankfurt, an dem u.a. Martin Buber, Gershom Scholem, Ernst Simon und Erich Fromm unterrichteten. Durch den Ausbruch einer progressiven Lateralsklerose war Rosenzweig von 1922 an zunehmend gelähmt und sprechunfähig. Bis zu seinem Tod 1929 verfaßte und redigierte er Übersetzungen und Artikel über das ›Neue Denken‹ und jüdisches Leben in Deutschland (zur Biographie vgl. Glatzer

1953). Zu den wichtigsten Arbeiten Rosenzweigs zählen, neben dem *Stern* und einer Vielzahl von kleineren Schriften (1937 veröffentlicht; hier zitiert als ›KS‹), die 1924 begonnene ›Verdeutschung der Bibel‹ (gemeinsam mit Buber, der sie nach Rosenzweigs Tod fortführte) sowie Übersetzung und Kommentar ausgewählter Hymnen Jehuda Halevis.

Der Stern der Erlösung zählt zu den einflußreichsten Werken der modernen jüdischen Philosophie (zur Einführung vgl. Mosès 1985). Rosenzweig unternimmt hier den Versuch, die traditionelle philosophische Terminologie durch theologische Begriffe zu erweitern und auf diese Weise das Verhältnis von Philosophie und Theologie auf eine neue Grundlage zu stellen. Ganz im Geiste der jüdischen Lehre, deren Glaubensgehalte in der steten Neuinterpretation weitergegeben werden sollen, bemüht er sich darum, die **Tradition des Judentums zu aktualisieren** und für die philosophische Diskussion fruchtbar zu machen. Rosenzweig versteht sein Werk als Antwort auf die europäische Krisenstimmung vor und nach dem Ersten Weltkrieg. Wie viele andere zeitgenössische Autoren glaubte auch er, daß eine tiefe Krise alle Lebensbereiche erfaßt habe und nur durch die radikale **Erneuerung des Denkens** überwunden werden könne.

Anliegen des *Stern* ist es, in der Rückbesinnung auf die biblischen Texte und durch ihre zeitgemäße Interpretation Auswege aus der kritischen Situation des Menschen in der Moderne aufzuweisen. Aufgrund dieser Zielsetzung versteht er sein Werk nicht als Religionsphilosophie, etwa im Sinne seines Lehrers Cohen, sondern als Bemühen, das europäische Denken aus der jüdischen Tradition heraus zu erneuern. Rosenzweig sieht die Krise Europas vor allem in der abendländischen Philosophie und des von ihr geprägten Denkens begründet (vgl. dazu Mendes-Flohr 1988, S. 107–123 u. 138–161). Sein Vorwurf an den Idealismus »von Jonien bis Jena« (*Stern*, S. 13), von Parmenides bis Hegel, lautet, daß er eine Totalität von Ideen konstruiere, die die individuelle Erfahrung verfehle und zu einer verarmten, ja verzerrten Weltsicht führe. Die vom Idealismus behauptete »Einheit von Denken und Sein« (ebd., S. 14) lasse die Welt zunächst zu einer bloßen Erzeugung des Denkens verkümmern, um sie dann umso besser durch die menschliche Vernunft beherrschbar zu machen. Diese idealistische ›Herrschaft der Vernunft‹ bzw. des Hegelschen Weltgeistes sei im Ersten Weltkrieg zu ihrem fatalen Höhepunkt gelangt und habe sich selbst *ad absurdum* geführt.

Rosenzweig sieht damit die Zeit für ein grundlegend neues Denken angebrochen. Der Zusammenbruch aller idealistischen ›Welterklärungen‹ zeige sich in der subjektiven Erfahrung der Todesangst, dem Ausgangspunkt des *Stern der Erlösung*. In der Todesangst werde dem Menschen bewußt, daß die »Einheit des All« (ebd., S. 91), d.h. die Zurückführung alles Seins auf Gesetze des Denkens, ein Trug sei, der auf der idealistischen Scheidung von Leib und Seele beruhe. Der Mensch aber läßt sich nicht in Körper und Geist auseinanderdividieren, und alle Vertröstung auf ein künftiges Seelenheil versagt angesichts des Todes. Der *Stern* wird zur Suche nach einer neuen Philosophie, die ernst genommen werden will, weil sie der existentiellen Not des Menschen im Angesicht seiner physischen Vernichtung Rechnung trägt. Gerade in seiner zufälligen empirischen Geschichtlichkeit soll das Individuum Ausgangspunkt der philosophischen Reflexion werden (zu den verschiedenen philosophischen und theologischen Aspekten des ›Neuen Denkens‹ vgl. Schmied-Kowarzik 1988).

Mit der Forderung, daß das Denken der individuellen Erfahrung gerecht werden müsse, weiß sich Rosenzweig der **Lebensphilosophie** verbunden. Bereits im 19. Jh.

hatte diese den Anspruch erhoben, das Leben, statt aus allgemeinen Grundsätzen und Prinzipien, in seinen mannigfaltigen Erscheinungsformen zu begreifen. Rosenzweigs Idealismuskritik hat ihr Vorbild in den Werken Schopenhauers und Nietzsches; sein **religiöser Existentialismus** ist von Kierkegaard (s. Kap. I.2.4; vgl. Freund 1959) beeinflußt. Anders als seine lebensphilosophischen Vorgänger aber verbindet Rosenzweig sein Aufbegehren gegen die mehr als 2000jährige Philosophiegeschichte mit der »aneignende[n] Selbstbehauptung« (KS, S. 27) des Judentums.

Der *Stern* unternimmt die Deutung der Weltgeschichte aus jüdischer Sicht und unterläuft dadurch den Absolutheitsanspruch von Hegels Geschichtsphilosophie. Rosenzweigs Polemik gegen Hegel beruht nicht zuletzt auf dessen christologischer Geschichtsdeutung, die für sich die Aussendung des Geistes (Joh 20, 21–24) in Anspruch nimmt, um weltliche Herrschaft zu legitimieren. In »Hegels Lehre vom Sterben der weltgeschichtlichen Völker nach Erfüllung [...] ihrer Menschheitsaufgabe« (KS, S. 282) spielt das Judentum allenfalls als Vorbereiter des Christentums eine Rolle. Hegel übergeht das jüdische Selbstverständnis, weil die »Auserwähltheit Israels« unter den Völkern – für Rosenzweig der »wahre Zentralgedanke des Judentums« (ebd., S. 31) – mit seinem Geschichtsbild unvereinbar ist. Rosenzweig muß also, um gegen Hegel die **historische Sonderrolle des jüdischen Volkes** zu begründen, den Begriff einer allgemeinen menschlichen Vernunft, die sich von selbst in der Geschichte realisiert, ablehnen. Auf diese Weise kommen im *Stern der Erlösung* zwei im Laufe der Argumentation zusammenwachsende Perspektiven zur Geltung: zum einen will er die Relevanz zentraler jüdischer Traditionsgehalte für das individuelle Selbstverständnis aufweisen, zum anderen das Judentum als Kollektiv gegen die Assimilationskultur der Moderne stärken. Der Glaube an die welterlösende Kraft des jüdischen Volkes äußert sich als radikale Kampfansage an das idealistische Denken des Abendlandes, dem Rosenzweig die Verantwortung für die Krise der Moderne zuweist. Diese Krise soll nun – und hierin besteht die Pointe des Ansatzes – aus dem jüdischen Mythos, nämlich den biblischen Erzählungen, überwunden werden.

Im Gegensatz zu Cohen liegt es Rosenzweig fern, eine Übereinstimmung zwischen Offenbarung und Vernunft konstruieren zu wollen. Die Lehre des Judentums soll nicht mit rationalen Gewißheiten identifiziert werden, sondern dient als Grundstein eines ›Sprachdenkens‹, das sowohl die idealistische Begründung der Welterkenntnis im denkenden Ich (Kant) bzw. im absoluten Geist (Hegel) als auch das Denken des heidnischen Mythos überwinden soll (zum ›Sprachdenken‹ vgl. Bauer 1992 u. Burkhardt-Riedmiller 1995; zur Rolle des Mythos vgl. Schmied-Kowarzik 1988, Bd. 2, S. 987–999). In dieser Absicht bemüht sich Rosenzweig darum, die Weltgeschichte bis in ihre Anfänge in Asien ›zurückzubuchstabieren‹ und sie aus jüdischer Perspektive neu zu ›erzählen‹. Das Zurückgehen in eine mythische Vorzeit, von der der erste Teil des *Stern* handelt, impliziert zum einen das Fortbestehen des Mythos in der Moderne, zum anderen soll es das Einbrechen der Offenbarung in die Welt des heidnischen Denkens deutlich machen. Heidentum und Offenbarung sind für Rosenzweig jedoch nicht nur kulturgeschichtliche Stadien, sondern sie bezeichnen vor allem menschliche Erfahrungsweisen, deren Verschiedenheit in der jeweiligen Auffassung von Gott, Mensch und Welt gründet. Diese drei »Elemente« sind gewissermaßen Universalien, die sich in allen Kulturen wiederfinden und daher keines Beweises bedürfen.

Der erste Teil des *Stern* – »Die Elemente oder die immerwährende Vorwelt« (*Stern*, S. 1) überschrieben – stellt anhand des griechischen Mythos die heidnische

Auffassung von Gott, Mensch und Welt dar. Kennzeichen des mythischen Denkens ist nicht, daß es keine Götter kennt, sondern daß die Elemente in ›ewiger‹ Geschiedenheit voneinander existieren, daß es keine Verbindung zwischen ihnen gibt. Der griechische Mythos erzählt von olympischem Götterhimmel, tragischem Helden und plastischem Kosmos als in sich lebendigen und durchgestalteten Wirklichkeiten, aber er läßt diese in kein Verhältnis zueinander treten. So hat in der attischen Tragödie der Mensch als tragischer Held keinen Anteil am Götterhimmel; das Geschehen im Kosmos erfährt er als über ihn verhängtes Schicksal. Rosenzweig ›erzählt‹ den griechischen Mythos aus der Perspektive des tragischen Selbst, das an seiner Einsamkeit und Verschlossenheit leidet und von sich aus nicht imstande ist, in ein Verhältnis zu Gott und Welt zu treten. Der Mythos vermittelt über Gott, Mensch und Welt kein Wissen, das über ihre ›elementare‹ Beschaffenheit hinausginge; er weiß von Gott nur Göttliches, von der Welt nur Weltliches, vom Menschen nur Menschliches zu berichten.

Überwunden wird die mythische Geschiedenheit der Elemente erst in der Offenbarung, von der der zweite Teil des *Stern* – »Die Bahn oder die allzeiterneuerte Welt« (ebd., S. 101) – handelt. Die Offenbarung – Rosenzweig spricht von ihr auch als ›Wunder‹ – ergeht in Sprache, Liebe und Heiliger Schrift von Gott an den Menschen; ihr Wundercharakter liegt darin begründet, daß sie nicht im menschlichen Denken entspringt, diesem vielmehr widerfährt und es so aus seiner Verschlossenheit befreit. Das Geschehen der Offenbarung läßt sich nicht unter allgemeine Begriffe bringen, wohl aber erzählen. In den biblischen Erzählungen findet Rosenzweig das Zeugnis für das lebendige Verhältnis zwischen Gott, Mensch und Welt. Die **Bibel** ist für ihn **das Grundbuch der Menschheit**, weil sie konkreter als alle Philosophie – und lange vor dieser – davon berichtet, wie Gott durch sein Liebesgebot die Gemeinschaft der Menschen in der Welt stiftet. Die mythische Frage nach dem *Wesen* oder dem *Grund* von Gott, Mensch und Welt verliert in dem Moment ihre Berechtigung, wo die Bibel den Sinn der Elemente darin erkennen läßt, daß sie wechselseitig aufeinander bezogen werden.

Rosenzweig entwickelt die Begriffe von Schöpfung, Offenbarung und Erlösung in der Auslegung zentraler Bibelstellen. Das Lesen der Schrift ist selber Offenbarung, weil die Bibel, schon im ersten Satz ihres ersten Buches – »Gott schuf« (ebd., S. 124) – den Gott des Mythos aus seiner Verborgenheit heraustreten läßt – und ihn als Schöpfer in ein Verhältnis zur Welt stellt. Den tiefsten Sinn der Offenbarung, die Stiftung der Liebe zwischen den Menschen, findet Rosenzweig im *Hohen Lied* ausgedrückt; den Gehalt der Erlösung, das Einswerden der Menschheit vor Gott, im 115. Psalm. **Schöpfung, Offenbarung und Erlösung** sind nicht wissenschaftliche Hypothesen über Ursprung und Wesen des Seins, sondern Begriffe, die der menschlichen Erfahrung von Welt und Mitmensch gerecht werden wollen. Im Unterschied zu den Elementen des heidnischen Mythos und der Philosophie bezeichnen sie Relationen, nicht ansichseiende Wesenheiten. Das verhängnisvolle Mißverständnis der mythischen Weltsicht besteht für Rosenzweig darin, daß der Mythos Gott, Mensch und Welt als selbständig auffaßt: er ist blind für die »Bahn« (ebd., S. 68), die in – und *als* – Wirklichkeit zwischen den Elementen verläuft und verfehlt deren wahre Natur, gerade weil er bestrebt ist, sie als Einzelheiten zu ergreifen.

Das ›Neue Denken‹ hingegen vermag die Beziehungen der Elemente untereinander darzustellen, indem es sich die ›biblischen‹ Begriffe zu eigen macht: in der Schöpfung tritt Gott in ein Verhältnis zur Welt, in der Offenbarung zum Menschen; in der Erlösung vollendet sich die unfertige Gestalt der Erde durch das wechselseitige Verhältnis zwischen Mensch und Welt. Die Elemente ergeben also erst dann einen Sinn, wenn sie zueinander in Relation treten. Wie die einzelnen Wörter eines Satzes nicht ›an sich‹ eine Bedeutung haben, sondern erst im Satzzusammenhang, so erfährt und erkennt der Mensch die Elemente nicht als solche, sondern nur in ihrem Zusammenwirken. Gott, Mensch und Welt bleiben bloße Wörter bzw. philosophische Abstraktionen, solange sie nicht zueinander in Beziehung treten. Indem sie dies aber tun, verliert sich die Dunkelheit, die jedes der drei Elemente im Mythos hat. Ihr Zusammenhang kann jedoch nur durch das »Ernstnehmen der Zeit« (KS, S. 387) als der Grundform menschlicher Erfahrung nachvollzogen werden; er ist nicht schon im Denken begründet; nur wenn Gott, Mensch und Welt in der gelebten Erfahrung zueinander finden, Schöpfung, Offenbarung und Erlösung sich also als Zeitreihe im menschlichen Leben ereignen, erübrigt sich die idealistische Frage nach dem zeitlosen Wesen der drei Elemente.

Die methodische Einsicht des *Stern* besteht darin, daß die drei Relationsbegriffe ›Sprachhandlungen‹ benennen, die in der Grammatik der menschlichen Sprache selbst fundiert und dadurch wirklich sind. Das Sprechen des Menschen zeugt sowohl in den Personalpronomina *Er, Ich-Du, Wir* als auch in den Zeitformen Vergangenheit, Gegenwart und Zukunft von Schöpfung, Offenbarung und Erlösung. Das Pronomen »*Er*« bezeichnet das gegenständliche Dasein der Welt und ihre immer schon geschehene Schöpfung; die Offenbarung ist persönlich und findet nur in der Gegenwart eines *menschlichen* Gegenübers statt: ihr Urbild ist die Liebe zwischen Mann und Frau, in der sich *Ich* und *Du* wechselseitig bedingen und das tragische Selbst aus seiner Verschlossenheit heraustritt; aus dem Verhältnis zwischen *Ich* und *Du* wächst das *Wir*, die Gemeinschaft der Menschen in der Erlösung. Im Gegensatz zu den ›immerwährenden‹ Elementen Gott, Mensch und Welt bilden Schöpfung, Offenbarung und Erlösung untereinander eine Reihe, die sich in der Zeit ereignet; diese Reihe bezeichnet keine objektiven weltgeschichtlichen Stadien, sondern Stufen des menschlichen Lebens; sie hebt damit an, daß der Mensch sich geliebt weiß und den Sinn seiner Geschöpflichkeit im und durch den anderen Menschen erfährt. Die Liebe aber kann nicht sein ohne Sprache, ja sie hat in dieser ihren eigentlichen Träger. Diesen Zusammenhang bemüht sich Rosenzweig zu verdeutlichen, wenn er die **Sprache als *ursprüngliche* menschliche Wirklichkeit** versteht. Nicht das Denken, sondern die gesprochene Sprache, so der Kerngedanke des *Neuen Denkens*, konstituiert die eigentliche Erfahrungswelt des Menschen:

> »An die Stelle der Methode des Denkens, wie sie alle frühere Philosophie ausgebildet hat, tritt die Methode des Sprechens. Das Denken ist zeitlos, will es sein; es will mit einem Schlag tausend Verbindungen schlagen; das Letzte, das Ziel ist ihm das Erste. Sprechen ist zeitgebunden, zeitgenährt; es kann und will diesen seinen Nährboden nicht verlassen; es weiß nicht im Voraus, wo es herauskommen wird; es läßt sich seine Stichworte vom andern geben.« (ebd., S. 386f.)

Die Sprache hat der Mensch, im Unterschied zum Denken, weder *von* noch *für sich*. Sie muß ihm gegeben werden und ist nur wirklich, solange sie erklingt und gehört wird. Der Grundfehler des Idealismus bestehe darin, daß er das Denken verabsolutiert, statt es als das ›stumme‹ Echo der lebendigen Sprache zu begreifen. Auf dieser Verabsolutierung beruhe die Abstraktion des Menschen zum denkenden Subjekt und die idealistische Vergottung des Geistes. Rosenzweig kritisiert, daß der Erfahrungsbegriff des Idealismus zu eng konzipiert sei, weil er das Ich auf das Denken von Gegenständen einschränke und dessen lebendigen Bezug zu Welt und Mitmensch durch die Reduktion auf das Subjekt-Objekt-Verhältnis verfehle. Erfahrung aber ist mehr als Erfahrung von Gegenständen; kraft der Sprache ist sie vor allem Erfahrung eines menschlichen Gegenübers.

Im Mittelpunkt des *Stern* – wie des *Neuen Denkens* überhaupt – steht der Offenbarungsbegriff. Rosenzweig löst ihn von jeder dogmatischen Bedeutung und verankert ihn stattdessen in der menschlichen Sprache. Die Sprache ist nicht aus dem Denken ableitbar, sondern muß dem Menschen zuteil werden – darauf beruht ihr theologischer Charakter. **Offenbarung ist Stiftung der Sprache**. Als Ansprache des Anderen befreit sie den Menschen aus der Einsamkeit, in der er sich als ›bloß‹ denkendes – d.h. für Rosenzweig ›stummes‹ – Wesen befindet. Der Liebende, ob Gott oder Mensch, muß sprechen, weil er des anderen bedarf. In seiner Interpretation des *Hohen Liedes* konzipiert Rosenzweig die Offenbarung – also das Verhältnis Gottes zum Menschen – als erotisches Liebesverhältnis zwischen Mann und Frau. Gott offenbart seine Liebe dem Menschen im Imperativ »Liebe mich« (*Stern*, S. 197), dem Inbegriff aller Gebote. »Die Liebe des Liebenden hat gar kein anderes Wort sich zu äußern als das Gebot.« (ebd.) Gottes Liebe fordert Gegenliebe; sie ist nur wirklich, indem sie erwidert wird: »Der Glaube der Seele bezeugt in seiner Treue die Liebe Gottes und gibt ihr dadurch dauerndes Sein.« (ebd., S. 191) Erst im Versuch, die Gegenwart des göttlichen Liebesgebots festzuhalten, entsteht das Gesetz. In ihm drückt sich die menschliche Sehnsucht aus, der Liebe, die immer nur im Augenblick erfahrbar ist, Öffentlichkeit, Dauer und Zukunft zu sichern. Das Paradox der göttlichen Liebe zum Menschen besteht darin, daß sie grundlos ist: sie kennt keine Voraussetzung oder Bedingung. Aber durch ihre Grundlosigkeit selbst legt sie den Grund für die Liebe des Menschen zu Gott, deren irdisches ›Ebenbild‹ die Liebe zwischen den Menschen ist.

Indem Rosenzweig den letzten Grund der Offenbarung in der Liebe findet, stellt sich die Frage nach Gottes Wesen für ihn als Scheinfrage heraus. Wenn Gott sich als Liebender offenbart, dann gebietet er seine Liebe den Menschen; der Sinn der Offenbarung besteht darin, daß die Menschen einander so lieben *sollen*, wie sie sich selbst geliebt wissen. Die Liebe selbst kennt keinen Unterschied zwischen ›göttlich‹ und ›menschlich‹: wo der Mensch liebt, da ist er schon über sein Selbst hinausgewachsen. Den eigentlichen Gehalt des *Hohen Liedes* sieht Rosenzweig darin,

> »daß das Ich und Du der innermenschlichen Sprache ohne weiteres auch das Ich und Du zwischen Gott und Mensch ist. Man wußte, daß in der Sprache der Unterschied von ›Immanenz‹ und ›Transzendenz‹ erlischt. Nicht obwohl, sondern weil das Hohe Lied ein ›echtes‹, will sagen: ein ›weltliches‹ Liebeslied war, gerade darum war es ein echtes ›geistliches‹ Lied der Liebe Gottes zum Menschen. Der Mensch liebt, weil und wie Gott liebt.« (ebd., S. 222)

Aus der Gegenwart der so verstandenen Offenbarung gewinnt die Welt erst ihren eigentlichen Sinn: sie verzaubert sich nicht wie im mythischen Denken, dem schlechthin alles bedeutungsvoll ist, sondern wird als Schöpfung Gottes erfahren. Die Offenbarung erklärt die Welt zur Schöpfung, indem sie diese als »immerwährende[n] Grund der Dinge« (ebd., S. 124) voraussetzt und eröffnet dadurch den Ausblick auf die zukünftige Erlösung der Welt, die in der Hoffnung vorweggenommen wird. Wie die Liebe nicht zwischen zwei Menschen stehenbleibt, sondern im gemeinsamen Leben in der Welt bewährt werden will, so drängt die Offenbarung auf der Grundlage der geschehenen Schöpfung hin zur Erlösung der ganzen Welt.

Rosenzweig war sich, unbeschadet der hymnisch-ekstatischen Sprache des *Stern*, bewußt, daß die politische Situation seiner Zeit de facto wenig Anlaß zu solcher Hoffnung gab. Er hat sein Werk als Einspruch gegen die Überzeugung verstanden, daß die Staatsordnung Europas den Menschen einen dauerhaften Frieden bescheren werde. Der aufklärerische Glaube, der Staat beruhe auf der rationalen Übereinkunft mündiger Bürger, hatte sich ihm im Ersten Weltkrieg zerschlagen. Die Erlösung – d.h. die ›Herrschaft‹ der Liebe auf Erden – versprach sich Rosenzweig nicht vom Staat, sondern von Judentum und Christentum als den religiösen Gemeinschaften, die auf der Offenbarung des Gottes der Liebe fußen. Der dritte und letzte Teil des *Stern* gründet die Hoffnung auf das Reich Gottes im Jahreskreis der jüdischen und der christlichen Liturgie. Das Gemeindeleben selbst begründet eine Zeitordnung, in der Juden und Christen – auf je eigene Art und Weise – die Erlösung der Welt vorwegnehmen. Nicht die Nationalstaaten, sondern die Glaubensgemeinschaften sind die Mittelglieder zwischen Individuum und Menschheit. Dem Judentum räumt Rosenzweig dabei die Vorrangstellung ein, denn es ist, anders als das Christentum, weder staatlich noch kirchlich organisiert: es kann und **soll die Weltgeschichte verändern**, gerade weil es keinen Anteil an ihr hat. Während der Staat auf Recht und Gewalt beruhe und daher stets neue Gewalt säe, sollen die Gemeinden die von Gott gebotene Liebe in die Welt tragen und so das stets unfertige Werk der Erlösung vorantreiben. Welche Gestalt die Welt im Lichte der Erlösung haben wird, bleibt dem Menschen notwendig verborgen. Er ist selber nicht im Besitz der Wahrheit, aber kraft der Offenbarung hat er Anteil an ihr und kann sie in seinem eigenen Leben bewähren in der Liebe zum Mitmenschen.

6.3 Emmanuel Lévinas

Emmanuel Lévinas wurde 1906 in Kovno (Kaunas), Litauen, geboren und lernte an den jüdischen Schulen seiner Heimat Hebräisch; von 1923 an studierte er Philosophie, zuerst in Straßburg, dann 1928/29 bei Edmund Husserl und Martin Heidegger in Freiburg. Lévinas' erste Veröffentlichung (1930) ist Husserls Theorie der Intuition gewidmet; sein eigenes Denken verstand er zunächst als Fortsetzung der phänomenologischen und ontologischen Fragestellungen Husserls bzw. Heideggers, die er in der französischen Philosophie bekannt machte. Von 1930 an unterrichtete Lévinas als französischer Staatsbürger an der *Alliance Israélite Universelle*, später auch an verschiedenen Pariser Universitäten sowie an der *Ecole Normale Israélite Orientale*, der er zeitweise als Direktor vorstand. Während des Zweiten Weltkriegs, in dem die meisten Mitglieder seiner in Litauen verbliebenen Familie von den Nazis ermordet wurden, war Lévinas als französischer Soldat in einem deutschen Kriegsgefangenenlager interniert. Erst nach dem Krieg beginnt die intensive Auseinandersetzung mit dem Judentum, vor allem mit dem Talmud, die Lévinas zu einer umfassenden Revision des eigenen philosophischen Standpunktes veranlaßt. Auch wenn er sich nicht explizit als jüdischen Denker verstand, bewegen sich seine Werke um die zentralen Ideen der jüdischen Tradition – die Transzendenz und Andersheit Gottes – als Grundlegung einer ›Ethik des anderen Menschen‹.

Eigenständigkeit und Sonderstellung Lévinas' im philosophischen Diskurs der zweiten Hälfte des 20. Jhs. gründen in seinem Bemühen, die Gehalte des jüdischen

Denkens gegen die zeitgenössische Ontologie – insbesondere Heideggers – zu behaupten (zur Einführung vgl. Strasser 1978; Krewani 1992). *Totalité et infini*, 1961 veröffentlicht (*Totalität und Unendlichkeit*, [TU], 1987), ist der großangelegte Versuch, die Bedeutung der Ethik auf der Grundlage phänomenologischer Analysen des dem Selbst begegnenden ›Anderen‹ neu zu definieren. Im Mittelpunkt der Ethik soll nicht länger das autonom entscheidende Selbst stehen, sondern der schlechthin nicht auf das Subjekt rückführbare ›Andere‹, den die abendländische Philosophiegeschichte, so kritisiert Lévinas, aus ihren Systemen verdrängt habe.

Weniger polemisch formuliert Lévinas sein philosophisches Anliegen 1974 in *Autrement qu'être ou au-delà de l'essence* (*Jenseits des Seins oder anders als Sein geschieht*, 1992). Dadurch erhält das Verhältnis des Subjekts zum Anderen eine differenziertere Bestimmung: die ›Spur‹ des Anderen findet sich als die Idee des Unendlichen in der Subjektivität selbst. Die Infragestellung der Ontologie führt notwendig zur Rückbesinnung auf die Ethik. Neben den beiden philosophischen Hauptwerken, deren Thematik er in einer Vielzahl von kleineren Texten weiterführt und konkretisiert, stehen die Schriften, in denen sich Lévinas mit Judentum, Talmud und der jüdischen Existenz in der Moderne befaßt. Hervorzuheben sind dabei vor allem die in zwei Bänden erschienenen neun *Talmudlektüren* (*Quatre Lectures talmudiques*, 1968, sowie *Du sacré au saint*, 1977), in denen Lévinas die zeitgenössische Relevanz der talmudischen Weisheit und ihr Problembewußtsein für die Grundfragen menschlicher Existenz anhand von Textinterpretationen darzustellen weiß. Fast 90jährig starb Lévinas als einer der einflußreichsten Philosophen der Gegenwart 1995 in Paris.

Lévinas' Anliegen ist es, durch die **Kritik am ›Totalitätsdenken‹** des zeitgenössischen philosophischen Diskurses eine Rückbesinnung auf die eigentliche Aufgabe der Philosophie, die Wahrheitssuche, vorzunehmen (vgl. Levinas 1983, S. 185–208). Seine Auseinandersetzung führt er in enger Anlehnung an Rosenzweigs Idealismuskritik. Wahrheit, so Lévinas, ist schlechthin transzendent; sie wird nicht schon in Vorstellungsakten des Bewußtseins oder in der Rückbeziehung des ›seinsmäßig Vorhandenen‹ auf ein ursprüngliches Sein erschlossen. Die Transzendenz der Wahrheit ist vom Denken nicht einholbar, sondern begegnet diesem im anderen Menschen (vgl. Lévinas 1983, S. 209–235). In erster Linie richtet Lévinas seine Kritik gegen Husserls phänomenologischen und Heideggers ontologischen Ansatz, deren Methodik und Begrifflichkeit er freilich in weiten Teilen übernimmt. In seiner Kritik an Husserl und Heidegger versucht Lévinas zunächst, das Versagen des ›Totalitätsdenkens‹ deutlich zu machen, um sodann Wege aufzuweisen, die es überwinden und so die Philosophie in der Frage nach dem Wesen der Transzendenz wieder zur Wahrheitssuche zurückfinden lassen.

Husserl gehe zunächst nicht wirklich über die idealistische Bewußtseinsphilosophie hinaus, weil er Transzendenz *im* repräsentierenden – also vorstellenden und vergegenwärtigenden – Bewußtsein selbst verankere. Die ›Wesensschau‹ der Dinge belasse das Vorstellen in der Immanenz: die Gegebenheit der Dinge werde zwar auf eine ihr zugrundeliegende Bedeutung ›transzendiert‹, in Wirklichkeit aber gelange das Bewußtsein dadurch nicht über sich hinaus, sondern verbleibt in der Welt des Vorstellens – und damit in sich selbst – befangen. Jeder Akt des Vorstellens – auch der die Gegebenheit übersteigenden Bedeutung – ›repräsentiere‹, d.h. er hole alles Andersgeartete (Dasein, Bedeutung und Wesen der Gegenstände) in die Gegenwart des Bewußtseins ein. Auch Heideggers Rede vom ›Horizont‹ des Seins, der in allem besonderen Seienden aufscheine, wiederhole letztlich das von ihm selbst verworfene Identitätsdenken. Das Sein, kritisiert Lévinas, gerate bei Heidegger zu einer Totalität, die alles Individuelle und damit Nicht-Identische unter sich begreife und auf einen gemeinsamen Nenner bringe. Auf diese Weise werde alles andere auf das Gleiche – ›*même*‹ lautet Lévinas' Bezeichnung für das Selbst(bewußtsein) – reduziert (zur Kritik an Heidegger vgl. Huizing 1988). Der Irrtum Husserls und Heideggers bestehe darin, das dem Bewußtsein eigene **Verlangen nach Transzendenz** – sein *désir métaphysique* – in Vorstellungsakten bzw. in der Teilhabe an einem neutralen Monstrum zu befriedigen und es auf diese Weise nur um so stärker in die Immanenz zu verstricken. Weder Husserls Phänomenologie noch Heideggers Fundamentalontologie gelangten über die Grenzen des Gegebenen hinaus und verfehlten so die Wahrheit, die sie darzustellen beabsichtigten.

Seine Kritik an der Philosophie der Gegenwart verpflichtet Lévinas, den von ihm gesteckten Maßstäben zu entsprechen und seinerseits zu zeigen, wie das menschliche Denken aus dem ihm unterstellten Zwang, Totalität zu konstruieren, hinausgelangt. Gegen Husserl einerseits soll deutlich werden, wie das vorstellende, Bedeutung repräsentierende Bewußtsein sich selbst als *nicht*ursprünglich erfährt; gegen Heidegger andererseits muß gezeigt werden, wie das Sein als der allem menschlichen Denken und Handeln vorgängige Bezugspunkt unterlaufen wird. Lévinas hat dieser Aufgabe auf verschiedene Weise entsprochen, doch soll hier die zentrale, auch von ihm selbst hervorgehobene *religiöse* Inspiration seines Denkens dargestellt werden.

Die leitmotivische, immer wieder neu variierte Überlegung Lévinas', daß nicht das Selbst (als Denken und Bewußtsein) von sich aus die Totalität aufbricht, sondern erst der Andere (*autre, autrui*) in seinem Anspruch auf Güte und Gerechtigkeit, wurzelt in dem biblischen Gedanken des sich offenbarenden und gleichwohl transzendenten Gottes, der zu Moses spricht, um diesem die Lehre zu übermitteln. Das Paradox dieses Offenbarungsgeschehens: daß Gott von Angesicht zu Angesicht (*panim el panim*) redet und dennoch für Moses unsichtbar bleibt (Ex 33, 11 u. 20), überträgt Lévinas auf das Verhältnis von Selbst und Anderem, also in den Bereich der Ethik. Der Andere ist für das Selbst nicht weniger transzendent als Gott für Moses: selbst wenn er sichtbar wird, vermag das Denken ihn nicht einzuholen. Der Andere ›ist‹ überhaupt nur im Scheitern des Denkens, ihn zu begreifen – und in diesem Scheitern ›ereignet‹ sich Transzendenz. In den frühen Veröffentlichungen *Le temps et l'autre* (^{1}1947, ^{2}1979) und *Totalité et infini* (1961) begreift Lévinas den ›Anderen‹ als den konkreten anderen Menschen, der sich nicht in das Denken des ›Selben‹ integrieren läßt und so das Selbst in Frage stellt. Im Angesicht des mir begegnenden Menschen, so Lévinas, versagen nicht nur alle Versuche des Denkens, sich absolut zu setzen, sondern auch das Bemühen, den Anderen in einem gemeinsamen Dritten, etwa einer allgemeinen ethischen Übereinkunft oder in der staatlichen Rechtsordnung, mitzubegreifen. Der Andere ist *schlechthin* anders – eben darin besteht seine Transzendenz gegenüber dem Selbst. Wie Rosenzweig (s. Kap. II.6.2) sieht Levinas die Bedeutung der gesprochenen Sprache darin, daß sie das Selbst in ein Verhältnis zum Anderen treten läßt, ohne dessen Andersheit aufzuheben. Die Sprache ›offenbart‹ den Anderen als Anderen, in jedem Moment wo sie dem Selbst als Angesprochensein widerfährt (vgl. Wiemer 1988; Funk 1989). Das Bewußtsein erreicht die Transzendenz, nach der es verlangt, also nicht von sich aus, sondern sie widerfährt ihm *von außen*:

> »Das Aufbrechen der Totalität ist keine Operation des Denkens [...]. Das Leere, das die Totalität aufbricht, kann sich gegen das seiner Bestimmung nach totalisierende und synoptische Denken nur halten, sofern sich das Denken *im Angesicht* eines Anderen findet, der der Kategorie widersteht. Statt mit ihm wie mit einem Gegenstand ein Ganzes zu bilden, *besteht das Denken im Sprechen*. Das Band, das zwischen dem Selben und dem Anderen entsteht, ohne eine Totalität auszumachen, schlagen wir vor, Religion zu nennen.« (TU, S. 46)

Die so verstandene Religion wird mit einer philosophischen Erkenntnis identifiziert, die *ursprünglich* ethisch ist und so den Absolutheitsanspruch der sich selbst setzenden Vernunft unterläuft: Ethik, nicht Ontologie, soll *prima philosophia* (erste Philosophie) sein (vgl. Peeperzak 1995). Obwohl ein eindeutig ethischer Grundzug sein Denken insgesamt prägt, hat Lévinas keine eigene Ethik konzipiert, sondern an deren religiöse Voraussetzungen als Grundlage eines zeitgenössischen ethischen Diskurses erinnern wollen.

Dem Verhältnis von Religion und Philosophie, das schon im Zentrum des mittelalterlichen jüdischen Denkens steht, gibt Lévinas eine neue Akzentuierung. In *Autrement qu'être ou au-delà de l'essence* und dem Aufsatz »Gott und die Philosophie« (1975) entwirft er eine Theorie der Subjektivität, die **das Selbst auf Grundlage der Gottesidee** bestimmt (Lévinas 1981). Der ›Andere‹ ist in den späteren Werken Lévinas' nicht mehr ›nur‹ der andere Mensch, sondern Gott selbst in seiner Unerkennbarkeit – als Idee des Unendlichen ›jenseits des Seins‹. Ausgehend von der Dritten Meditation Descartes' (s. Kap. I.2.1.2), die er freilich in seinem Sinne umdeutet, zeigt Lévinas, daß das Denken seinen Grund nicht in sich selbst, sondern im Unendlichen hat. Descartes gründet in der Gottesidee die Erkennbarkeit der Welt: weil ich mir der Idee Gottes als des höchsten Wesens bewußt bin, kann die Welt kein Trugbild sein. Lévinas betont den Unendlichkeitscharakter der Gottesidee und gibt ihr durch die Verknüpfung mit der platonischen Idee des Guten *epekeina tēs ousias* (›jenseits des Seins‹) einen Sinn, den sie bei Descartes nicht hat. Das Unendliche – Gott bzw. das Gute – ist als Idee ins Endliche – das denkende Selbst – gelegt, nicht um dessen Erkennen der Welt sicherzustellen, sondern vielmehr um es über sich selbst und alles seinsmäßig Vorhandene hinausgehen zu lassen. Die Idee Gottes bricht hier die Einheit des Selbst *von innen* heraus auf, nicht jedoch als Tätigkeit des Denkens, sondern als ein In-ihm-Geschehen. Indem das Denken die Idee Gottes zu begreifen versucht, stößt es an seine eigene Grenze: als Endliches kann es das Unendliche nicht begreifen.

In diesem Versuch, das Unendliche zu denken, vollzieht sich das Verlangen nach Transzendenz (*désir métaphysique*) auf die Weise der Ethik: gerade *weil* Gott von allem endlichen Sein verschieden und daher unerkennbar ist, *ist* seine Idee eine ethische Forderung, der niemals genug entsprochen werden kann (zur Verbindung von Ethik und Metaphysik vgl. Wyschogrod 1974 u. Forthomme 1980). Der Anschluß an Cohens ethischen Monotheismus ist damit erreicht. Die **Verknüpfung der Gottesidee mit der Idee des Guten** überwindet den Unterschied zwischen dem Gott der Philosophen und dem Gott Abrahams, Isaaks und Jakobs (s. Kap. I.2.1.2 u. II.5.3) – und zwar aus dem philosophischen Denken heraus. Gott ist kein Sein, das erkannt oder ins Denken eingeholt werden kann, sondern er gibt dem Sein überhaupt erst den Sinn, den es von sich aus nicht hat: vom Menschen verändert – und so zur *menschlichen* Geschichte gemacht zu werden. Die Gottesidee bewirkt so die **ethische Wende des Denkens**: unendliche – d.h. niemals einzulösende – Forderung, zwingt sie das Selbst über sich hinaus und öffnet es dem Anderen.

Das Verhältnis von Subjektivität und Gottesidee wird deutlicher vor dem theologischen Hintergrund, den Lévinas in der *Talmudlektüre* »La Tentation de la Tentation« (Die Versuchung der Versuchung) von 1968 erörtert. In der Auslegung einer Passage des Talmudtraktates *Schabath* versucht Lévinas dem Prioritätsstreit zwischen Vernunft und Offenbarung eine neue Perspektive zu geben, die sich gegen das philosophische Denken der Aufklärung richtet. Die »Versuchung« des modernen Menschen bestehe darin, sich aus der Verpflichtung des Gebots zu lösen und so zu tun, als stehe die Vernunft an einem Indifferenzpunkt zwischen Gut und Böse. Von der ursprünglichen Inanspruchnahme durch das Gute glaubt das vernünftelnde Denken sich lösen zu können, indem es sich selbst zur höchsten moralischen Entscheidungsinstanz erklärt. Diese Selbstvergottung des ›aufgeklärten‹ Denkens stellt Lévinas in den Kontext der talmudischen Frage, ob die Annahme der Thora – als der Verpflichtung, Gerechtigkeit zu schaffen – aus freier Vernunfteinsicht oder aufgrund von Zwang erfolgt sei. Die Frage selbst erweist sich im Laufe der Erörterung als Scheinfrage, weil Freiheit und Zwang dogmatische Alternativen sind, die sich bereits der Perspektive einer dünkelhaften Vernunft verdanken. In Wahrheit besteht die Freiheit des Willens nicht darin, zwischen gegebenen Alternativen wählen zu können, sondern wahllos das Gute zu tun, das vor jeder Entscheidung feststeht und nicht erst der Vernunft bedarf, um als gut erkannt zu werden.

Die **Offenbarung des Guten** ist der Ursprung des Denkens, aber diese Einsicht ergibt sich selbst erst aus dem Vollzug des Guten als des göttlichen Willens, den der Mensch sich zu eigen machen soll: allein indem er das Gute tut, erkennt der Mensch es als die Bedingung seines Menschseins. Die Offenbarung geht der Vernunft also voraus, nicht zeitlich, sondern gewissermaßen ›ontologisch‹: das Denken ist frei überhaupt nur kraft der Idee des Guten. Aber dieses Gute, so Lévinas, muß ihm mitgeteilt werden; die Vernunft erliegt einem Irrtum, wenn sie glaubt, sie setze es selbst. Mit anderen Worten gibt es ›vor‹ der Offenbarung des Guten – und Gott kann nur das Gute offenbaren – gar keine autonome Vernunft, die sich abwägend entscheiden könnte. Der Mensch steht immer schon in einer Verantwortung, die sich seiner freien Wahl ebensowenig verdankt wie sein Menschsein.

Lévinas hat durch die Kritik an der Philosophie des 20. Jhs. das menschliche Denken vor der Versuchung bewahren wollen, sich selbst als absolute, alles Anderen unbedürftige Totalität zu setzen. Heideggers Ontologie mißtrauend, fand er in der Lehre des Judentums, vor allem im Talmud, die Inspirationsquellen eines Denkens, das die religiösen Wurzeln eines ›Humanismus des anderen Menschen‹ in Erinnerung ruft. Ohne selber das Judentum als Religion zu verabsolutieren, ist es ihm gelungen, die Frage nach dem **Verhältnis von Vernunft und Offenbarung** für die zeitgenössische Diskussion fruchtbar zu machen: sie weckt das Denken aus seinem dogmatischen Selbstverständnis, indem sie es an seinen – ihm unbekannten und unerkennbaren – Grund in der Idee des Guten erinnert. Der Begriff der Transzendenz erhält auf diese Weise einen Sinn, den er in der jüdischen Philosophiegeschichte so nur bei Cohen besitzt. Mit ›Transzendenz‹ bezeichnet Lévinas keinen Zustand oder ein ›jenseitiges‹ Sein, sondern die Umkehr des Denkens zum Guten, das selbst nur Idee ist und Wirklichkeit allein im Tun des Menschen werden kann. Das dem Denken eigene Verlangen nach Transzendenz verendlicht Gott nicht zum Gegenstand des Denkens oder der Erfahrung, sondern öffnet das Selbst dem Anderen. Das biblische Bilderverbot, in dem bereits Kant die Erhabenheit des Judentums erkannte (vgl. Kant, *Kritik der Ur-*

teilskraft, S. 124), wird so zum Grundstein der Ethik; der unerkennbare, niemals in die Gegenwart des Bewußtseins einzuholende Gott zur Voraussetzung des Guten. Die Religionsphilosophie des Judentums kehrt mit Lévinas in den Anfang der jüdischen Lehre zurück: als Auslegung der Schrift ist sie ethisches Denken des Religiösen.

III. RELIGIONSPHILOSOPHIE DES ISLAM

(Ataollah Amin)

1. Einleitung

Die Begegnung mit der hellenistischen Wissenschaft sowie mit den Anhängern verschiedener jüdischer und christlicher Glaubensbekenntnisse regte die Muslime zu einem systematischen theologischen und philosophischen Denken an. So kam es in der sogenannten ›Periode der Übersetzungen‹, die in der zweiten Hälfte des 8. Jhs. begann und im 9. und 10. Jh. ihre Blütezeit erreichte, zu einer intensiven Beschäftigung mit der Literatur der griechischen Philosophie. Alte Übersetzungen wurden revidiert, bis dahin unbekannte Werke übersetzt und kommentiert. Die Übersetzer und Kommentatoren waren meist syrischsprechende christliche Gelehrte, Nestorianer und Jakobiten, aber auch Sabäer, die sich philosophisch stark an der griechischen Philosophie anlehnten. Ihre Bemühungen trugen wesentlich dazu bei, daß das Arabische, die Sprache des Koran, sich als Sprache der Wissenschaften und der Philosophie nach und nach durchsetzte (Watt/Marmura 1985).

Im Laufe der Zeit kristallisierten sich drei zentrale Elemente religiösen Denkens heraus: der *Offenbarungstext* als göttliche Botschaft, der dem Propheten offenbart und von ihm den Menschen verkündet wurde; die menschliche *Vernunft* und die *mystische Intuition*, die einen unmittelbaren Zugang zur religiösen Wahrheit darstellt, der aus methodischer Geistesschulung oder aus Gnade hervorgeht. Bis heute sind es diese drei Formen der Epistemologie und der Hermeneutik, auf die sich islamische Denker berufen.

Zum einen gibt es den rationalen Weg, der der **Vernunft** die Priorität gibt, sie zum Maßstab erhebt und alles scheinbar Widersprüchliche oder Vernunftwidrige der Religion der rationalen Auslegung unterwirft. Dies ist der Weg der **Mu'taziliten** (s. Kap. III.2.1), die die Vernunft zum Garant wahrer Erkenntnis und wahrem Verständnis der Offenbarung erheben, Gut und Böse auf die Dinge und Handlungen selbst zurückführen und Gebot und Verbot der Offenbarung im Einklang mit der Vernunft sehen. Auch die Methode der klassischen arabischen Philosophen von Kindi bis Ibn Rushd ist dieser Richtung zuzuordnen.

Ihr entgegen steht die Grundhaltung, der **Offenbarung** die Priorität zuzuerkennen und sie in ihrem Wortlaut gegen die Ansprüche der Vernunft zu verteidigen. Zwar kann und darf für das Verständnis von Koran und Tradition auf die Vernunft nicht verzichtet werden, aber ihrer exegetischen und interpretierenden Befugnis sind klare Grenzen gesetzt. Was der Vernunft unverständlich ist, muß, da von Gott offenbart, hingenommen und bewahrt werden. Dies ist der Weg der **Ash'ariten** (s. Kap. III.2.2).

Der dritte Weg stützt sich auf die **mystische Intuition** bzw. die göttliche Belehrung ihrer Lehrer und Führer. Er führt in die Tradition der ›metaphorischen Exegese‹ und der Geheimlehren der unzähligen gnostischen, schiitischen und mystischen Bewegungen und Gemeinschaften, die von pythagoräischen Geheimlehren und christlicher, buddhistischer und hinduistischer Mystik beeinflußt wurden, und in diesem Sinne die Introspektion und die Askese kultivieren. Zu dieser Gruppe gehören auch die

Gläubigen, die unbedingtes Vertrauen in die von Gott religiös inspirierten Nachfahren des Propheten setzen, da sie in ihnen den einzigen Zugang zu Gott und wahrer Erkenntnis verkörpert finden. Die Glaubensgemeinschaft der Ikhwan as-Safa (s. Kap. III.3.3), aber auch die Theosophie Suhrawardis (s. Kap. III.3.5) sind hierfür gute Beispiele (Watt/Marmura 1985; Corbin 1964).

Nach einer Darstellung der ersten Denkschulen des Islam (s. Kap. III.2.1) sowie der klassischen islamischen Philosophie (s. Kap. III.2.2) wird das Werk zweier Denker, Iqbal und Sorush vorgestellt, die exemplarisch für das zeitgenössische islamische Denken und sein Bestreben stehen, eine islamische Renaissance und Reformation ins Leben zu rufen, die sich von nationalistischen und fundamentalistischen Bewegungen klar abgrenzt. Das Anliegen dieser Denker ist das Vordringen zu den authentischen Wurzeln des Islam und eine begründete Neuinterpretation der islamischen Quellen (s. Kap. III.4.1 und 4.2) (Ende/Steinbach 1991).

2. Die ersten Denkschulen

2.1 Die Mu'taziliten

Die Mu'taziliten (8./9. Jh.) schufen die erste eigenständige Schule islamischen Denkens. Ihre Kenntnisse der gängigen hellenistischen, manichäischen, jüdischen und christlichen Lehren hinderten sie nicht, einen Weg einzuschlagen, der ein **eigenständiges Verständnis** von Koran und Islam ermöglicht. Das grundlegende Charakteristikum ihrer Apologie und Exegese ist die Betonung der menschlichen Vernunft, die den Zugang zur wahren Bedeutung der Offenbarung eröffnet (Alfakhuri/Aldjer 1979; Watt/Marmura 1985).

Die Schriften der Mu'taziliten, bzw. die von den Häresiographen über sie gegebenen Informationen, zeichnen das Bild einer Schule von Denkern, die sich allen Themen der damaligen wissenschaftlichen Diskussion widmeten: Theologie, Naturphilosophie, Erkenntnistheorie und Ethik. Die wichtigsten religionsphilosophisch-theologisch relevanten Grundsätze, die allen Mu'taziliten gemeinsam waren, sind die sogenannten ›**fünf Prinzipien**‹:

1. Die **Einheit Gottes**: Der Glaube an die Einheit Gottes ist das fundamentale Prinzip des Islam. Die Mu'taziliten gingen in ihrer Verteidigung dieses Prinzips so weit, daß man sie als ›die Leute der Einheit‹ bezeichnete. Für sie ist Gott einer ohne seinesgleichen, das Einmalige. Er ist kein Körper, keine Person, keine Substanz und kein Attribut. Er ist ohne Raum und Zeit, und keine einzige Eigenschaft, die den Geschöpfen zukommt und von Geschaffenheit zeugt, ist ihm zuzurechnen. Die Mu'taziliten meinen, daß er weder Erzeuger noch Gezeugter ist. Er allein ist ewig. Die Augen sehen ihn nicht, und die Phantasie erfaßt ihn nicht. Er ist Ding, aber doch nicht wie die Dinge; er ist wissend, mächtig und lebendig, aber doch nicht wie die Wissenden, Mächtigen und Lebendigen. Bei der Erschaffung seines Werkes hatte er keine Gehilfen, und er erschuf die Geschöpfe nicht anhand von Vorlagen oder Urbildern.

Die **Attribute Gottes** (z.B. Wissen, Willen und Sprache) sind von Gottes Wesen nicht getrennt, aber auch nicht ewig. Die Mu'taziliten argumentieren, daß die Ewigkeit der Attribute zur Annahme mehrerer Ewiger und damit zur Vielgötterei führen würde. Nicht getrennt sind sie, weil ein äußerliches Zuerkennen von Eigenschaften bedeutet, daß dem Wesen Gottes etwas auf akzidentielle Weise angehört. Denn das Ding, dem ein Attribut zukommt, ist von diesem abhängig, um definiert und verwirklicht zu werden. Wären also die Attribute vom Wesen Gottes getrennt, wäre Gott der Erscheinungsort verschiedener Attribute, *in dem* es zu Trennung und Vermischung käme. Jedes zusammengesetzte Ding bedarf seiner Teile, und seine Teile sind nicht es selbst. Aber alles, was etwas anderes als sich selbst braucht, ist nicht notwendig und absolut. Gott hat keine räumliche Ausdehnung, keine Teile oder Organe. Die Sinne können ihn nicht erfassen, und auch am Ende der Zeiten ist eine Schau Gottes unmöglich. Denn wäre sie möglich, dann müßte er an einem bestimmten Ort im Verhältnis zum Sehenden erscheinen, aber Gott ist ohne jede Räumlichkeit. Koranverse, die anderes vermitteln, müssen demzufolge metaphorisch verstanden und interpretiert werden.

Der Koran ist **Gottes Wort**, in der Zeit geschaffen und also nicht ewig. Ihm kommen alle Merkmale des Erschaffenseins zu: Er ist zusammengesetzt aus Kapiteln, Versen, Wörtern und Buchstaben. Außerdem gibt es in ihm abrogierte (Koranverse, die von anderen Koranversen außer Kraft gesetzt werden) und abrogierende Verse (Koranverse, die andere Koranverse außer Kraft setzen). Gott erschafft, wenn es notwendig ist, die Sprache. Aber diese ist nicht Teil seines Wesens, sondern liegt außerhalb desselben. Er erschafft sie dort, wo sie gehört wird.

2. Die **Gerechtigkeit**: Die Frage nach der Gerechtigkeit Gottes ist im Prinzip die Frage nach der Willensfreiheit des Menschen, die von den Mu'taziliten verteidigt wird. Gott ist weder ungerecht noch böse. Gottes Strafe oder Belohnung können nur Handlungen treffen, die der Mensch freiwillig hervorbringt, wie z.B. Gehen oder Schreiben. Handlungen wie das Zittern des Menschen bei Fieber oder Kälte sind von Strafe und Belohnung ausgeschlossen, da sie der Willkür des Menschen nicht unterstehen. Daß aber der Mensch zu freien Handlungen fähig ist, belegen die göttlichen Gebote und Verbote, die sonst ohne Sinn wären.

3. Die **Verheißung** und die **Drohung**: Gottes Strafe und Belohnung wird genauso stattfinden, wie sie im Koran angedroht bzw. verheißen wird. Gottes Gericht wird auch die Sünder unter den Muslimen treffen und jegliche Fürsprache wird vergeblich sein. Mit dieser Strenge richteten sich die Mu'taziliten gegen die moralische Nachlässigkeit mancher Zeitgenossen, die sich von der Fürsprache des Propheten am Tag des Gerichts eine Verkürzung bzw. Aufhebung der angedrohten Strafe erhofften.

4. Die **Zwischenstellung**: Ein Moslem ist für die Mu'taziliten, wenn er eine Sünde begeht, weder Gläubiger noch Ungläubiger, sondern ein Frevler. Es ist zu unterscheiden zwischen großen und kleinen Sünden. Es gibt Sünden, die die Grundlagen des Glaubens erschüttern (Vielgötterei) und solche, die sie zwar nicht in Frage stellen, aber dennoch verwerflich sind (Mord, Ehebruch oder falsches Zeugnis). Sünder im letzten Sinne sind, da sie gegen die Gebote der Religion handeln, keine Gläubigen, gleichwohl aber keine Ungläubigen, da sie das Glaubensbekenntnis abgelegt haben; sie stehen als Frevler ›dazwischen‹.

5. Das **Auffordern zum Billigen** und das **Verbieten des Verwerflichen**: Es ist für die Mu'taziliten eine Pflicht, zum Billigen (Guten, Rechten) aufzufordern und vom Verwerflichen abzuhalten, und zwar – je nach Situation und Vermögen – durch Zunge, Hand oder Schwert. Dieses Prinzip impliziert auch den bewaffneten Kampf gegen

einen ungerechten Herrscher bzw. die aktive Unterstützung eines gerechten Herrschers (Al-Ash'ari 1929–30; Ash-Shahrestani 1948).

2.2 Al-Ash'ari

Abolhassan Ali ibn Esma'il al-Ash'ari (873–935) war bis zu seinem vierzigsten Lebensjahr ein Vertreter des islamischen Rationalismus der Mu'taziliten. Auf ihn geht eine ausführliche Darstellung der Mu'tazilitischen Doktrin zurück (Al-Ash'ari 1929–30). Seine Abkehr von ihren Lehren bedeutete jedoch keine generelle Abkehr von der Vernunft, sondern eine Absage an die Dominanz rationalistischer Beweisführung, die den Glauben, so wie er in Koran und überlieferter prophetischer Tradition vorliegt, stark zurückdrängte.

Ash'ari kritisierte folglich sowohl die Gegner der Vernunft, als auch diejenigen, die seiner Auffassung nach die Vernunft überschätzten. Gemeint waren hier in erster Linie die Mu'taziliten, die einen gänzlich abstrakten Gottesbegriff schufen, der mit der Religion unvereinbar war. Sowohl ihre Ablehnung der Überlieferung als auch ihre Überzeugung von der Erschaffenheit des Korans mußten, so Ash'ari, den Feinden der Religion nutzen. Ash'ari beschritt einen **dritten Weg zwischen dem buchstabengetreuen Glauben und der rein vernunftmäßigen Interpretation** der Religion. Nicht die Vernunft, sondern Koran und Überlieferung sind der Maßstab des rechten Glaubens und des rechten Handelns.

1. **Gott** ist für Ash'ari unerschaffen und ewig, keinem der Geschöpfe ähnlich, einfach und einer. Auch seine Attribute (Wissen, Willen, Leben, Hören Sehen, Sprechen etc.) sind unerschaffen und ewig. Diese Attribute sind weder voneinander, noch von Gott unterschieden. Gott ist der absolute Schöpfer und seine Macht grenzenlos. Willkürliche oder unwillkürliche, gute oder schlechte Handlungen, Bewegungen, Eigenschaften aller Geschöpfe, auch die des Menschen, sind von Gott geschaffen.

Nach Ash'ari ist Gott Schöpfer der guten und der schlechten Taten. Die Dinge oder die Handlungen sind nicht wesentlich gut oder böse, sondern sind dies nur, weil Gott es so bestimmt hat. Wäre das Böse ohne seinen Willen entstanden, so wäre das ein Zeichen von Unaufmerksamkeit oder Vergeßlichkeit, von Schwäche oder Unvermögen, und dies entspricht nicht dem Wesen des Erhabenen.

Gottes Wort, der Koran, ist unerschaffen und ewig. Ash'ari gesteht zwar ein, daß es keine Textstelle im Koran gibt, die die Unerschaffenheit des Korans belegt, aber er argumentiert mit dem Vers: »Wenn wir eine Sache wollen, brauchen wir ihr nur zu sagen: sei!, dann ist sie« (Koran, 16/40. Übersetzung Paret 1980). Gemeint sind hier die erschaffenen Dinge. Wäre Gottes Wort auch erschaffen, so bräuchte das Wort ›Sei‹ wiederum ein ›Sei‹, um zu sein. Dies aber führt in einen unendlichen Regreß. Gottes Wort muß daher ewig und unerschaffen sein, und kein anderes ›Sei‹ darf ihm vorangestellt werden. Unerschaffen ist somit nur die Bedeutung, nicht der physische Träger des Wortlautes.

2. Das **Problem der Willensfreiheit** sowie der Belohnung bzw. Bestrafung der Taten löst Ash'ari, indem er dem Menschen die Fähigkeit, Handlungen zu ›erschaffen‹, abspricht. Dies würde den Menschen zu einem Schöpfer neben Gott machen, wie es die Mu'taziliten annahmen. Der Mensch erschafft nicht seine Handlungen, sondern er erwirbt das Vermögen, sie zu vollbringen.

Ash'ari bestreitet nicht, daß es willkürliche und unwillkürliche Handlungen gibt. Jeder weiß, daß die willkürlichen Handlungen von ihm selbst ausgehen, denn er kann sie ausführen oder unterlassen, aber das Vermögen, dieses zu tun oder zu lassen, wird dem Menschen von Gott verliehen. Es ist dem Menschen nicht wesenseigen, sondern er ›erwirbt‹ es sich. Wäre es dem Menschen wesentlich, so würde es ihn nie verlassen, was jedoch der Fall ist.

Unter diesen Voraussetzungen stellt sich die Frage, wie die Menschen für ihre Taten von Gott zur Rechenschaft gezogen werden können. Wenn der Ungläubige den wahren Glauben ablehnt, dann nicht aufgrund einer Schwäche, sondern weil er sich gegen den Glauben für den Unglauben entschieden hat. Also folgt der ›Erwerb‹ daraus, daß der Mensch seinen Willen auf gute Taten konzentriert. Wenn der Mensch eine gute Tat *will*, so erschafft Gott in ihm das Vermögen, diese Tat zu vollbringen, und der Mensch wird einer Belohnung würdig. Will er dagegen etwas Schlechtes, dann schafft Gott in ihm auch dieses Vermögen, und der Mensch wird bestraft.

3. **Glaube** und Frevel sind für Ash'ari vereinbar. Glauben heißt, Gottes Religion zu bestätigen und anzunehmen. Wenn der Gläubige eine große Sünde begeht, bleibt er ein Gläubiger und wird nicht zum Frevler. Für Ash'ari gibt es keine Zwischenposition zwischen Glauben und Unglauben (Alfakhuri/Aldjer 1979; Watt/Marmura 1985).

3. Die klassische islamische Philosophie

3.1 Al-Kindi

Abu Yusuf Ya'qub Ibn Ishaq al-Kindi (800–870) ist der erste islamische Philosoph und Enzyklopädist. Wie viele spätere Philosophen war er auch Arzt und Naturwissenschaftler. Seine leider nur zum Teil überlieferten Werke behandeln Philosophie, Theologie, Logik, Astronomie, Astrologie, Alchimie, Arithmetik, Geometrie und Musik. Zu seinen Verdiensten zählt sein Bestreben, die Terminologie der griechischen Philosophie in adäquate arabische Begriffe zu übersetzen. So trug er wesentlich dazu bei, daß sich im Arabischen eine philosophische Fachsprache herausbilden konnte.

Kindi war der Überzeugung, daß die **Wahrheit der Offenbarung** logisch stringent zu beweisen wäre, so daß nur ein Ignorant sich ihr verschließen könnte (Abu Ridah 1950, Bd. 1, S. 244ff.). Gleichwohl übersteige die göttliche Weisheit die menschliche. Daher sind die Propheten dem gewöhnlichen Menschen überlegen, da sie die göttlichen Botschaft vermitteln. Diese übersteigt jedes menschliche Wissen (ebd., S. 372). Kindi verteidigt die Wahrheit der göttlichen Wunder und der göttlichen Offenbarung des Korans und versucht, Religion und Philosophie als sich gegenseitig bestätigende Zugänge zur Wahrheit darzustellen.

Philosophie wird von Kindi definiert als das **Erkennen der wahren Natur der Dinge** in dem Rahmen, den das Vermögen des Menschen absteckt (ebd., S. 97ff.). Metaphysik ist für Kindi generell die Lehre von den ersten Ursachen (ebd., S. 101). Diejenigen nun, die im Namen der Religion das Studium der Philosophie verbieten wollen, betreiben keine aufrichtige **Wahrheitssuche**. Sie sind selbst keine Gläubigen, sondern mißbrauchen die Religion für eigennützige Ziele und Zwecke. Jeder, der die

Suche nach der Wahrheit als Unglauben verleumdet, so Kindi, muß selbst ein Ungläubiger sein, denn die Wissenschaft von der Wahrheit (Philosophie) impliziert das Wissen um Gott, um die Einheit Gottes. Sie ist das Wissen von allem, was edel und nutzbringend ist, sowie das Mittel, dies zu verwirklichen und das Entgegengesetzte zu vermeiden. Niemand kann sich der Notwendigkeit eines solchen Strebens entgegenstellen, und wenn er sie akzeptiert, ist Philosophie notwendig. Wer dem jedoch widerspricht, ist verpflichtet, es zu begründen. Es gilt also, was Aristoteles sagt: Um die Philosophie zu widerlegen, muß man selbst philosophieren (ebd., S. 104).

Für Kindi ist das erste Prinzip alles Seienden, aller Wesen, das **ewige und wahre Eine**. Die Existenz dieses wahren Einen ist unbedingt anzunehmen. Es kann keine Ursache außerhalb seiner selbst haben. So ist es ein unbedingt Seiendes ohne Ursache, Gattung oder Art. Es ist ohne Veränderung und Bewegung, also auch kein Körper. Ein Körper muß, um ewig und unendlich zu sein, Vielheit oder Quantität haben und *wirklich* (nicht potentiell) unendlich sein. Dies ist unmöglich (ebd., S. 113ff.).

Auch andere Eigenschaften der Quantität wie Raum, Zeit und Bewegung sind nicht auf das wahre Eine anwendbar. Die **sichtbare Welt und die Bewegung** sind immer zusammen und gleichzeitig. Ob man nun annimmt, daß die Welt aus dem Nichts geschaffen wurde, oder annimmt, sie sei immer schon gewesen – die Tatsache, daß Welt und Bewegung untrennbar sind, ist unbezweifelbar. Falls die Welt geschaffen wurde, so ist diese Schöpfung aus dem Nichts selbst eine Art von Bewegung. Falls die Welt ewig ist, also immer schon war, so muß sie entweder immer statisch oder immer dynamisch gewesen sein. Wir sehen aber faktisch, daß die Welt in Bewegung ist, also muß sie immer in Bewegung gewesen sein (ebd., S. 118ff.).

Die Vertiefung des **Problems der Unendlichkeit** mit Blick auf Raum, Zeit und jede Quantität steht bei Kindi im Zusammenhang mit seinem Anliegen, schwierige philosophische Probleme – wie die Beweise der Existenz Gottes, die Schöpfung aus dem Nichts sowie die endgültige Vernichtung der Welt am Ende der Zeiten nach Gottes Willen – in Übereinstimmung mit den Vorgaben des Korans zu lösen. Die Antwort auf all diese Probleme liegt für ihn in der Unmöglichkeit einer wirklichen Unendlichkeit. Sein Grundgedanke war, daß die Endlichkeit der Zeit und der Bewegung zur Geschaffenheit der Welt, die Geschaffenheit der Welt aber zum Schöpfer führt (ebd., S. 207).

Unter den göttlichen Attributen ist für Kindi die Eigenschaft der **Einheit** die wichtigste. Alle Dinge, denen man die Eigenschaft der Einheit zuspricht, empfangen diese von der göttlichen Einheit. Ihre Einheit ist also eine abgeleitete. Gott ist einer und einzig. Kindi führt einen **Beweis der Einzigkeit Gottes** ein, den später fast alle islamischen Philosophen aufgreifen. Wenn es mehrere Erschaffer der Welt gäbe, so argumentiert er, dann wären diese Götter in einigen Eigenschaften gleich und in anderen verschieden. Das aber hieße, daß der Erschaffer zusammengesetzt wäre. Jedes Zusammengesetzte braucht jedoch einen Verursacher der Zusammensetzung. Somit wird der **Erschaffer der Welt** dieser Verursacher sein, ansonsten würde der Regreß in alle Ewigkeit fortgesetzt (ebd., S. 160ff.). Ein solches Seiendes muß ohne Ursache sein, und da es die Ursache aller Seienden ist, kann es nur die Ursache seiner selbst sein. Dies ist aber unmöglich, da vor ihm nichts existiert, und somit kann es weder sich selbst noch einen anderen verursachen (ebd., S. 123ff.). Dieses erste Seiende ist für Kindi die Ursache aller Seienden, steht über allen Dingen und ist mit ihnen schlechthin nicht zu vergleichen. Es muß insbesondere mit dem Attribut der Einheit ausgezeichnet sein, nämlich frei sein von Vielheit, Zusammengesetztsein oder Abhängigkeit bzw. Beziehung zu anderen Seienden (ebd., S. 143ff.). Es ist einfach, ohne Materie oder Gestalt und frei von Bewegung und Veränderung (ebd., S. 153ff.). Das erste Seiende kann ferner nicht Bewußtsein sein, denn Erkenntnis und Bewußtsein gehen immer mit Bewegung und Vielfalt einher. Also kann dieses Wesen auch nicht Geist oder Seele sein (ebd., S. 59ff.).

Die erste göttliche Tat ist die Erschaffung aus dem Nichts. Man spricht zwar oft von den Geschöpfen als Handelnden, aber sie sind nicht aus sich selbst heraus handelnd, sondern sie geben nur diese erste göttliche Tat weiter (ebd., S. 181ff.). Gott ist demnach der einzige Handelnde und die einzig wahre Ursache der Welt.

Neben der gewöhnlichen rationalen menschlichen Erkenntnis gibt es bei Kindi noch die **prophetische Erkenntnis**, die allerdings nur den von Gott Erwählten zuteil wird. Dieses Wissen zeichnet sich durch eine eigentümliche Prägnanz, Klarheit und Allgemeinheit aus, die nicht durch Logik und Beweisführung zustande kommt, sondern ein übernatürliches Licht ist, das den Propheten von Gott geschenkt wird und mit dem kein menschliches Wissen konkurrieren kann (ebd., S. 372, Bd. 2, S. 93).

Ein Beispiel für das überlegene göttliche Wissen und seine literarische Einmaligkeit sind die Verse 78–82 der 36. Sure (Ya-Sin): »78) Und er macht uns ein Gleichnis und vergißt seine Schöpfung. Er spricht: Wer belebt die Gebeine, wenn sie verfault sind? 79) Sprich: Leben wird ihnen der geben, wer sie zum erstenmal erschuf, denn er kennt jegliche Schöpfung, 80) der für euch aus dem grünen Baum Feuer machte, und siehe ihr macht Feuer mit ihm an.« Für Kindi findet die absolute Schöpferkraft Gottes in diesen Bildern ihren besten Ausdruck. Das Hervorgehen des Elementes Feuer aus dem Element Wasser (grüner Baum) veranschaulicht für ihn prägnant die Schöpfung aus dem Nichts. (Abu Ridah 1950, Bd. 1, S. 374ff.). Die Schlußverse dieser Sure bringen die Schöpferkraft und ihren Unterschied zum menschlichen Handeln zum Ausdruck: »82) Sein Befehl ist nur, wenn er ein Ding will, daß er zu ihm spricht ‚Sei‹ und es ist. Gott erschafft ohne Zeit und Materie.« (vgl. ebd., S. 375).

3.2 Al-Farabi

Abunasr Muhammad al-Farabi (870–942) verfaßte Kommentare zu den Werken Aristoteles und Zusammenfassungen von Platons Dialogen. In anderen Werken entfaltet er seine eigene neuplatonische Philosophie und eine an Platon angelehnte Staatsphilosophie. Farabi teilt das Wissen seiner Zeit in verschiedene Wissenschaften: Philologie, Logik, Mathematik, Naturwissenschaft, rationale (philosophische) Theologie, Politik, religiöses Recht und Theologie (Apologetik) (Farabi 1959, S. 43ff.).

Farabi unterscheidet **religiöses Recht und Theologie**. Unter religiösem Recht versteht er die Kunst der Deduktion religiösen Handelns und religiöser Glaubenssätze, die nicht direkt dem Offenbarungstext zu entnehmen, sondern nur durch Analogieschluß aus dem Koran und der prophetischen Tradition abzuleiten sind (Farabi 1960, S. 107). Die Theologie ist für ihn dagegen in erster Linie die Wissenschaft der Verteidigung der Glaubenssätze und vorgeschriebenen Handlungen sowie der Widerlegung entgegengesetzter Meinungen. Der Unterschied zwischen dem Rechtsgelehrten und dem Theologen besteht für ihn darin, daß für den Rechtsgelehrten Koran und Tradition eine Grundlage darstellen, von der ausgehend die notwendigen Bedingungen für die Verwirklichung des Handelns zu formulieren sind. Der Theologe dagegen

nimmt diese Grundlage als absolut gegeben an und verteidigt sie. Wenn ihre Prinzipien mit dem Äußeren der Religion in Widerspruch stehen, müssen die religiösen Texte metaphorisch interpretiert werden. Ist dies nicht möglich, sind Tradition und Ratio zu verwerfen, denn die absolute Wahrheit des geoffenbarten Textes steht außer Frage. So dürfen die Verteidiger des Dogmas alle Mittel – auch Sophistik und Lüge – einsetzen, um über ihre Gegner zu siegen (Farabi 1959, S. 111ff.).
Farabis **Metaphysik** behandelt:

1. das Sein der Seienden, ist also Ontologie;
2. die Ideen hinsichtlich ihres Wesens, der Anzahl und der Stufen ihrer Vollkommenheit bis hin zu jenem vollkommenen Wesen, von dem man kein vollkommeneres annehmen kann (ebd., S. 88ff.); hier liegt der Ursprung des Seins aller Seienden, und dies ist Theologie im spezielleren Sinne;
3. die Kategorien (Farabi 1960, S. 101, 105ff.).

Das **Eine und Erste** ist bei Farabi die erste Ursache aller Seienden, vollkommen und notwendig in seiner Existenz, selbstgenügsam, ewig und unendlich, einmalig, ohne Gegenteil und Grenzen (Farabi 1959, S. 23ff). Es ist eins, wissend und lebendig. Diese Angaben sind jedoch keine Attribute, die seinem Wesen akzidentiell hinzukommen, sondern sind ihm unmittelbar wesentlich. Was das erste in logischer Konsequenz von allen anderen Seienden trennt, ist seine Einheit, die sein Sein ausmacht. Und da es weder Materie ist noch mit Materie einhergeht, muß es notgedrungen eine reine Intelligenz sein, die zur Selbsterkenntnis keine Vermittlung braucht. Es denkt von Ewigkeit zu Ewigkeit sein eigenes Wesen. Es ist ein Denken, das sich selbst denkt (ebd., S. 31ff.). Leben bedeutet hier also, daß die höchste Intelligenz *denkt* (ebd., S. 32). Die Schönheit des ersten Wesens entspricht ganz seiner Vollkommenheit, und sein Sich-selbst-in-sich-selbst-sehen geht mit höchster Freude einher. Das erste Wesen ist für Farabi nicht nur sich selbst der Gegenstand der Betrachtung und des Erkennens, sondern auch sein eigener Gegenstand der Liebe (ebd., S. 37).

Das erste Wesen **emaniert** aus der Intensität und Fülle seines Seins alle Seienden dieser Welt, und zwar aus innerer Notwendigkeit und unwillentlich. Die geschaffene Welt fügt zu seiner Vollkommenheit nichts hinzu und manifestiert kein Ziel oder Zweck (ebd., S. 38). In diesem Emanieren ist das erste Wesen frei von Mittel und Vermittlung. Es bedarf keiner Mittel, um seinen Willen zu verwirklichen, und nichts kann ihm zum Hindernis werden.

Der **Prozeß der Emanation** verläuft nach Farabi in mehreren Stufen. Die erste Emanation ist die ›erste Intelligenz‹, die sowohl ihren Ursprung wie auch das eigene Wesen denken kann. Wenn es seinen Ursprung denkt, emaniert von ihm die ›zweite Intelligenz‹, und wenn es sein eigenes Wesen denkt, entsteht der ›oberste Himmel‹. Auch die zweite Intelligenz denkt ihren Ursprung und ihr eigenes Wesen, und so emaniert aus ihr, wenn es ihren Ursprung denkt, die ›dritte Intelligenz‹, und wenn es sein eigenes Wesen denkt, entspringt ihr der Himmel der unveränderlichen Himmelskörper. Dieser Prozeß verläuft bis zur zehnten Intelligenz und dem Entstehen verschiedener Planeten des Sonnensystems (ebd., S. 44f.). Farabis Emanationslehre wird später von Ibn Sina (980–1037) weiter systematisiert und findet schließlich ihren bedeutendsten Gegner in Ghazzali (s. Kap. III.3.4), der seine Widerlegung der Philosophen vor allem an den Argumenten von Farabi und Ibn Sina exemplifiziert.

3.3 Ikhwan as-Safa

Die Ikhwan as-Safa (die Lauteren Brüder), eine schiitisch-ismaelitische Gruppe des 10. Jhs., verfaßte eine Enzyklopädie des Wissens ihrer Zeit, in der sie nicht nur eine Einheit der Philosophien, sondern auch die Vereinbarkeit und **Übereinstimmung von Philosophie und Religion** propagierte. Die Angehörigen dieser Geheimgesellschaft, die sich regelmäßig zu gemeinsamen Studien und Diskussionen trafen, sollten keiner Wissenschaft feindlich begegnen, kein Buch meiden und keine Religion oder Konfession einseitig in Schutz nehmen. Sie waren der Überzeugung, daß in ihren Traktaten *Rasa'il*, 1928, die Prinzipien alles Seienden – ob verborgen oder offenbar – erfaßt bzw. die Prinzipien aller Wissenschaften, Philosophien und Religionen versammelt sind (Ikhwan 1928, Bd. 4, S. 290).

Ihre **Enzyklopädie** umfaßt 54 Schriften: 14 mathematische, 17 naturwissenschaftliche, 10 philosophische, 11 theologisch-religiöse (sowie eine als Prolegomenon) und eine mit dem Namen ›Djame'e‹, in der das Wissen *aller* Schriften zusammengefaßt wird (ebd., S. 290). Ihr Wissen schöpfen sie sowohl aus den Büchern der Philosophie und Wissenschaften als auch aus denen, die den Propheten geoffenbart wurden. ›Bücher‹ sind aber auch das Buch der Natur und das göttliche Buch der Seele, zu dem nur die ›Reinen‹ Zugang finden (ebd., S. 106). Sie verstehen ihre Schriften als Einführung, die den Studierenden motivieren soll, seine Studien fortzusetzen und zu intensivieren. Anspruch auf Vollkommenheit aber erheben sie nicht.

Im **Religionsverständnis** der Ikhwan as-Safa trifft man auf die Unterscheidung eines Äußeren und eines Inneren der Religionen. Das *Innere* ist philosophische Wahrheit, das *Äußere* betrifft religiöse Handlungen wie Beten und Fasten, die Zeichen und Symbole der höheren Wahrheit für die Adepten und ist generell als Weg für das gemeine Volk anzusehen. Das Äußere der Religion ist charakterisiert durch Verschiedenheit und Veränderlichkeit der Religionen. In der Vielfalt der Religionen, Konfessionen und unterschiedlichen Auffassungen der Gelehrten sehen sie auch eine Gnade Gottes, da sie verhindert, daß die Religion im Dogmatismus erstarrt. Statt dessen eröffnet sie den Weg der Exegese und der Verständigung. Ihr liegt eine göttliche Weisheit zugrunde, die nur den Einsichtigen offenbar ist (ebd., S. 24, 28, 179).

Die Inhalte der **offenbarten Bücher**, alle Mitteilung der Propheten über Paradies, Hölle, Wiederauferstehung der Toten usw. ist für sie zwar absolute Wahrheit. Aber diese Wahrheit ist nur von Gott und den wahren Forschern einzusehen (ebd., Bd. 3, S. 87). Die Ikhwan as-Safa sind der Überzeugung, daß die Lehren der Propheten stets in epochaler Entsprechung zum jeweiligen Stadium der Vernunft und der Seele der Menschen stehen. Die Rede der Engel, die die göttliche Weisheit überbringen, ist Hinweis und Anspielung, die Rede der Menschen ist Aussage und Begriff, und doch kommen ihre Bedeutungen überein. Die Propheten besitzen aufgrund ihrer verfeinerten Intelligenz und ihrer reinen Seele das Vermögen, die Botschaft der Engel aufzunehmen und in der Sprache ihrer Völker ihren Mitmenschen weiterzugeben. Die Propheten verwenden dabei in ihrer Rede mehrsinnige Wörter, die je nach Bildung und Geisteskraft verstanden werden können. Generell entspricht die innere Bedeutung der Offenbarung der Wahrheit der Wissenschaften und der Philosophie (ebd., Bd. 4, S. 176; Bd. 3, S. 90 u. 92).

Die **menschliche Vernunft** ist für die Ikhwan as-Safa ihrem Wesen nach Diskussion und Forschung. Die Religion ist davon nicht ausgeschlossen. In den Wissenschaften wie im Umgang mit den Büchern der Propheten gibt es solche, die über das Anfängerstadium herausgewachsen sind und sich nicht mehr mit dem Nachahmen der Autoritäten zufrieden geben, sondern statt dessen eigenständig forschen. Die Propheten wollten nicht das blinde Vertrauen der Gläubigen erreichen, sondern die Motivation der Menschen, dem tieferen Sinn der Metaphern und Allegorien, der Beschreibungen und Aussagen nachzuforschen. Auch wenn der Koran himmlische Freuden und höllische Qualen beschreibt, dienen diese allein diesem Zweck (ebd., Bd. 3, S. 90–91).

Sie sind der Überzeugung, daß, wer das Innere, den wahren Kern der Religion erfaßt, des Äußeren nicht mehr bedarf. Gott schenkte die Religion den Menschen als einen Weg, der vom Diesseits ins Jenseits führt. Das weltliche und auf die Endzeit gerichtete Heil liegt im Beschreiten dieses Weges. Aber die zwei Dimensionen der Religionen können auch Mißverständnis und Mißbrauch hervorrufen. So kann das Äußere der Religion, also Beten, Fasten und andere Kulthandlungen, verrichtet werden, nur um sich weltliche Vorteile zu schaffen. Allerdings kann auch diese Heuchelei positiv gewertet werden, da sie indirekt der Aufrechterhaltung der Religion zugute kommt. Aber das Äußere der Religion kann auch um des jenseitigen Heils willen angenommen werden, d.h. die Pflichten aus Gottesfurcht vollzogen werden. In diesem Handeln liegt das Gute, das zugleich das Gute des Diesseits und des Jenseits ist (ebd., Bd. 4, S. 30).

Eine besondere Stellung kommt für die Ikhwan as-Safa in der Betrachtung der Religion den **Engeln** zu. Von ihnen erhält der Prophet die göttliche Botschaft. Sie sind die Seelen der Gestirne, und das Prophetentum wird im ganzen auf die Wirkung des Planeten Merkur zurückgeführt. Von ihm geht eine geistige Kraft aus, die das ganze Universum durchdringt. Jedes Wissen, ob Ahnung, Intuition, Offenbarung, Prophetentum oder Wissenschaften, sind auf diese Kraft zurückzuführen (ebd., Bd. 2, S. 125). Zugleich sind die Engel als Seelen der Gestirne auch die aufgestiegenen Seelen tugendhafter Menschen (ebd., Bd. 1, S. 96). Gute Seelen sind also potentiell Engel bzw. können nach dem Verlassen des Körpers zu Engeln werden. Als Teufel wird unter anderem die Person bezeichnet, deren Wollust oder Aggression über die Vernunft siegt (Ikhwan 1948, Bd. 1, S. 314 u. 317). Auch **Himmel und Hölle** stellen in den offenbarten Büchern Metaphern und Symbole für andere Zustände und Wirklichkeiten dar als die, die das gewöhnliche Volk annimmt. Sie weisen alle auf eine immaterielle Wirklichkeit jenseits der gegebenen Welt hin. Mit Hölle ist die Welt in ihrem ewigen Wandel, in ihrer Veränderlichkeit gemeint, mit Himmel dagegen die unveränderliche Seinsebene der Gestirne (Ikhwan 1928, Bd. 2, S. 42ff.).

Die Ikhwan sehen in der **Auferstehung** die Befreiung der Seele aus Verhängnis und Unglück. **Erweckung** der Toten bedeutet das Erwecken der Seele aus dem Schlaf der Ignoranz und Unwissenheit. So werden der Auferstehung und der Erweckung natürliche und lebensnahe Bedeutungen vermittelt. Es gibt generell zwei Bedeutungen der Auferstehung: die Loslösung der Allseele von der Welt der Gestirne sowie die Trennung der menschlichen Einzelseele vom menschlichen Körper; entsprechend auch die Erweckung (Ikhwan 1948, Bd. 2, S. 203ff.). Auch die Wunder der Propheten werden allegorisch interpretiert. Daß Jesus Kranke heilte und Blinde sehend machte, bedeutet, daß er die Blindheit und Sünde des Herzens heilte, nicht aber die Gebrechen des Körpers (ebd., S. 211).

Die Mathematik kann als Wissenschaft der Bestätigung der **Einheit Gottes** dienen. Ohne die Zahl Eins gäbe es keine Ordnung der Zahlen. Das gilt auch von Gott, dem Einen und Ersten (ebd., Bd. 1, S. 30ff.). Gott ist keine Person. Er ist in allem, ohne vermischt zu sein, wie die Zahl Eins in allen Zahlen ist. Alle Seienden sind von Gott, dem Ersten und Einen emaniert. So wie aus der Zahl Eins andere Zahlen entstehen, ohne daß diese geteilt wird, so ist es auch mit der Emanation aller Dinge von Gott. Auch nach der Schöpfung aller Dinge bleibt Gott unverringert und unverändert Eins. Gott ist Ursache und Ziel, Anfang und Ende aller Dinge. Er ist sich in jedem Augenblick der ganzen Schöpfung bewußt. Würde seine Aufmerksamkeit auch nur einen Moment ruhen, würde die ganze Welt zerfallen und im Nichts versinken (ebd., Bd. 1, S. 236).

3.4 Al-Ghazzali

Abu Hamid al-Ghazzali (geb. 1058) ist der wichtigste Gegner der neuplatonischen islamischen Philosophie, wie sie von al-Farabi entworfen und später von Ibn Sina weiterentwickelt wurde. Auch gilt er als einer der bedeutendsten Reformer und Erneuerer der religiösen Wissenschaften überhaupt.

Seine Autobiographie, *Al-Munqid min al-Dalal*, Befreier vom Irrtum (Ghazzali 1959), wird immer wieder mit den Bekenntnissen des Augustinus verglichen. Er schildert seine leidenschaftliche **Suche nach Wahrheit**, seinen Weg von Zweifel und Verwirrung hin zu Gewißheit und Evidenz. Überdrüssig der vielen Religionen, Konfessionen, Philosophien und Sekten sowie des hohlen Nachahmungstriebs seiner Zeitgenossen, macht er sich auf die Suche nach einem Wissen, dessen Gegenstand so evident ist, daß es über jeden Zweifel erhaben ist (ebd., S. 12). So glaubt er zunächst an die Gewißheit des empirischen Wissens und des rational notwendigen Wissens. Sinnestäuschungen aber, und die Gewißheit des Träumenden es mit Wirklichem zu tun zu haben, erschüttern die Gewißheit der sinnlichen Erfahrung und des Vernunftswissens (ebd., S. 12ff.). Ghazzali verbrachte in solchen Zweifeln zwei Monate in tiefster Depression. Er erkannte, daß Gewißheit eine göttliche Gnade ist, die nicht durch Argumente und Erfahrungen zuteil wird (ebd., S. 13). Wenn nun, so Ghazzali, von den vier wichtigsten Gruppen seiner Zeit, die für die Suche nach Gewißheit stehen – die Theologen, die schiitischen Sektierer, die Philosophen und die Mystiker –, keine die Wahrheit besitzt, dann wäre die Suche nach einer solchen Gewißheit vergebens.

Die Theologen sind als Apologeten der Religion zwar wichtig, stützen sich aber auf Voraussetzungen, die nicht evident und gewiß sind (ebd., S. 16ff.). Auch die Lehren der Anhänger einer schiitischen Arkanlehre – wie z.B. die Ismaeliten – sind unbefriedigend, da sie ihre Gewißheit aus der Anwesenheit eines vollkommenen und sündenfreien Lehrers (Imam) schöpfen und es ungewiß bleibt, wer denn ein solcher Lehrer ist bzw. wie man ihn erkennen kann. Und was nützt ein Lehrer, der zwar lebt, aber, dem Glauben vieler schiitischen Sektierer zufolge, in der Verborgenheit? Gewißheit fand Ghazzali letztendlich in den Übungen der islamischen Mystiker und der aus göttlicher Gnade kommenden Gewißheit, d.h. der direkten **mystischen Erfahrung**.

Sein Werk *Maqasid al-falasifah*, Die Ziele der Philosophen (Ghazzali 1969), beschreibt den islamischen Neuplatonismus mit größter Genauigkeit. Ghazzali widmete sich zwei Jahre lang intensiv der neuplatonischen islamischen Philosophie und faßte deren Lehren hier zusammen, bevor er sie in seinem Buch *Tahafut al-falasifa*,

Die Widerlegung der Philosophen, (Ghazzali 1927) widerlegte. Seine Motivation beim Schreiben dieses Buches war durchweg religiös. Er wollte eine Minderheit von Freidenkern widerlegen, die die islamischen Glaubensprinzipien hinterfragten und den rational nicht begründbaren islamischen Kultus nicht berücksichtigten. Diese Philosophen würden es mit der Verehrung der alten Philosophen übertreiben und diese zu Unrecht als Bestätigung ihres Unglaubens anführen. Hätten sie sich aber die Mühe gemacht, die Philosophen gründlich zu studieren, dann wüßten sie, daß alle wahren Philosophen der Vergangenheit zwei Prinzipien gemeinsam haben: den Glauben an Gott und den Glauben an das jüngste Gericht (ebd., S. 6).

Ghazzali unterscheidet zwischen philosophischen Disziplinen, die für den Glauben unschädlich sind und solchen, die die eigentlich unzulässigen Neuerungen und Abwege von der Religion beinhalten. Zu den ersten gehören Metaphysik und Logik, zu den zweiten Naturphilosophie und Mathematik (ebd., S. 6). Die wichtigsten Philosophen für ihn sind Aristoteles, der die philosophischen Wissenschaften systematisierte, sowie al-Farabi und Ibn Sina, die seine wichtigsten Kommentatoren in der islamischen Welt waren. Aus der Untersuchung der metaphysischen und naturphilosophischen **Thesen der Philosophen** entdeckt Ghazzali drei ihrer Thesen als mit dem Glauben unvereinbar: die Ewigkeit der Welt, die Einschränkung des Wissens Gottes auf das Allgemeine und die Ablehnung der Wiederauferstehung der Leiber (ebd., S. 376).

Die erste philosophische These, die er einer Kritik unterzieht, ist die These der Ewigkeit der Welt, die von den islamischen Neuplatonikern und Aristoteles vertreten wird. Auch die Theorie der Emanation alles Seienden aus dem Einen ist mit einer orthodoxen Theologie nicht vereinbar. Sie steht im Widerspruch zum Dogma der *creatio ex nihilo* und impliziert eine Einschränkung der Allmacht Gottes.

Ghazzali meinte, daß die Philosophen drei verschiedene Theorien der Unerschaffenheit der Welt vorlegen:

1. Die allgemein vertretene These, daß die Welt ewig ist.
2. Platons Auffassung, der die Welt als erschaffen in der Zeit annimmt.
3. Die These, die unentschieden zwischen diesen Positionen steht (ebd., S. 29ff.). Die Auffassung, daß zwischen dem ewigen Willen Gottes und dem Entstehen der Welt eine Zeitspanne vergangen wäre, so daß die Erschaffung nicht abgeschlossen ist, lehnt er als dogmatische Behauptung ab.

Die These Ibn Sinas, daß Gott seinsmäßig, nicht aber zeitlich der Welt vorhergeht, widerlegt Ghazzali mit dem Argument, daß die Rede von der Präexistenz Gottes nur bedeutet, daß allein Gott existiert und sonst nichts. Zuerst existiert nur ein Wesen und dann zwei. Das Miteinbeziehen der Zeit als Verbindung zwischen diesen Zweien ist nur ein Spiel unserer Phantasie (ebd., S. 53). Auch die These, daß die Welt vor ihrer Existenz als Möglichkeit existierte, ist ein Scheinargument. Notwendigkeit, Möglichkeit und Unmöglichkeit sind rein rationale Begriffe, die auf Vorhandenes angewendet werden (ebd., S. 70ff.).

Ebenso fragwürdig ist, ob man in der neuplatonischen Philosophie überhaupt von Gott als Schöpfer reden kann. Die Emanation alles Seienden erfolgt nach dieser Philosophie aus innerer Notwendigkeit. Erschaffenheit setzt aber einen freien Willen und einen Handelnden voraus. Wenn diese Philosophen von Schöpfer und Schöpfung reden, dann kann dies also nur metaphorisch gemeint sein. Auch läßt sich von einem immer Existierenden schwerlich sagen, daß es erschaffen wurde (ebd., S. 103ff.).

Auch behaupten die Neuplatoniker, daß von einem nur eines emaniert. Da aber Gott Einer und die Welt Vieles ist, können sie kaum behaupten, daß er der Schöpfer der Welt sei. Gemäß ihrer Annahmen kann man lediglich eine Reihe von einzelnen und einfachen Wesen annehmen.

Ihr Beweis von der Existenz Gottes ist für Ghazzali hinfällig. All ihre Argumente beruhen auf einer Kette von Ursachen und Wirkungen, die auf eine Ursache ohne Ursache zurückgehen. Die Annahme der ewigen Existenz der Dinge macht aber Ursachen überflüssig, außerdem wäre eine infinite Kette nicht unmöglich, da ihre Annahme der Ewigkeit der Welt zu entnehmen ist, daß eine Unendlichkeit Wirklichkeit geworden ist. Ibn Sina nimmt sogar eine unendliche Anzahl wirklich gewordener immaterieller Wesen an (ebd., S. 136ff.).

Die Attribute Gottes sind ein weiterer Angriffspunkt Ghazzalis gegen die islamischen Neuplatoniker. Die Philosophen sind unfähig, die Einheit Gottes zu beweisen. Ihr Hauptargument ist, daß die Annahme zweier notwendiger Wesen unschlüssig sei, da Notwendigkeit ihnen nicht wesentlich zukommen kann, sondern nur durch Hinzunahme einer weiteren Ursache. Dies würde jedoch bedeuten, daß Gott als notwendiges Sein eine Ursache hätte, was widersprüchlich ist. Das ganze Argument ist aber insofern unlogisch, als die Unterscheidung zwischen ›wesentlich notwendig‹ und ›abhängig notwendig‹, auf der ihr Argument aufbaut, selbst unbegründet ist. In Wirklichkeit negieren sie die Attribute Gottes. Aus ihrer Sicht kommen diese Attribute akzidentiell dem Wesen Gottes zu. Also sind sie vielfältig, akzidentiell und erschaffen. Sie behaupten, daß Gott keine Eigenschaften zukommen kann, gleichzeitig aber schreiben sie ihm Wissen zu. Also hat er das Attribut Wissender. Sie mögen dies umbenennen oder rechtfertigen, es bleibt unschlüssig (ebd., S. 172ff.).

Da das Wollen ein Wissen des Gewollten voraussetzt und die ganze Welt von Gott gewollt ist, ist die ganze Welt von Gott auch gewußt und von seinem Willen *und* Wissen verursacht (ebd., S. 210ff.). Für Ghazzali setzen Willen und Wissen Leben voraus. Also ist Gott lebendig, und ist er lebendig, dann muß er all das wissen können, was von ihm ausgeht, wie auch das, was sein eigenes Wesen betrifft, das die Ursache all dessen ist. Die Neuplatoniker hingegen, die Gott frei von allen wesentlichen Eigenschaften annehmen, müssen gezwungenermaßen davon ausgehen, daß Gott um kein einziges Ereignis der Welt weiß. Was unterscheidet ihn aber dann – bis auf dies, daß er von sich weiß – von den Toten, und worin besteht der Vorzug dieses Wissens von sich selbst, wenn es einhergeht mit dem Nicht-Wissen aller anderer Dinge (ebd., S. 182)?

Indem die Philosophen den Willen Gottes negieren, können sie auch sein Wissen nicht beweisen. Ibn Sina meint, daß der Erste, da er frei von jeglicher Materie ist, reine Vernunft und allwissend sein muß, da das einzige Hindernis eines solchen Wissens die Materie ist (ebd., S. 211.) Aber er und seine Mitstreiter können nicht plausibel erklären, daß Gott Vernunft ist. Sie schließen dies nur aus ihrer Prämisse, daß er immateriell sei. Daraus läßt sich jedoch lediglich schließen, daß er selbstseiend und selbstgenügsam ist. Der Schluß, daß er Vernunft ist und Wissen von sich und anderen hat, ist eine *petitio principii.* Denn nur durch die Annahme, daß er von sich und anderen weiß, kann man auch behaupten, daß er Vernunft ist. Dies ist allerdings nur die Wiederholung des Problems, nicht seine Lösung (ebd., S. 212).

Da Philosophen, wie Farabi und Ibn Sina, mit ihrer These der Emanation aller Seienden aus Gott den Willen Gottes negieren, können sie auch nicht beweisen, so Ghazzali, daß er von dem, was aus ihm entsteht, Wissen hat. Kurzum, sie verneinen, daß Gott die Eigenschaften Wissen, Sehen und Hören hat, Eigenschaften, die sonst die Muslime Gott zuschreiben. Für sie bedeuten diese Attribute Unvollkommenheit, eine Unvollkommenheit kommt aber nur Geschöpfen zu (ebd., S. 221ff.).

Die zentrale These einiger Philosophen, wie Ibn Sinas, daß das Wissen Gottes nur das Allgemeine, das frei von Raum und Zeit ist, umfaßt, nicht aber die Einzelheiten, steht im Widerspruch zu vielen Koranversen, in denen gesagt wird, daß nichts, und sei es auch noch so klein, im Himmel und auf Erden existiert, ohne daß Gott es weiß (ebd., S. 227).

Auch Ghazzali ist der Überzeugung, daß das Wissen Gottes frei von räumlichen und zeitlichen Begrenzungen ist, aber Gott weiß auch um die Einzeldinge und Details. Die Veränderungen, die diese Art von Wissen voraussetzt, verändert nicht das unveränderliche Wesen Gottes – etwa durch Affektion –, sondern nur die Beziehung zwischen seinem Erkennen und dem Erkannten. Ibn Sinas Behauptung, daß jedes Erkennen den Erkennenden verändert, trifft auch auf das Erkennen des Allgemeinen zu. Da es viele allgemeine Erkenntnisgegenstände gibt, gibt es auch unendliche mögliche Relationen zwischen Erkennendem und Erkenntnisgegenstand. So widersprechen sich die Philosophen selbst, es sei denn, daß die Vielfalt der Erkenntnisgegenstände den Erkennenden unberührt läßt (ebd., S. 232ff.).

Im Bereich der **Naturphilosophie** spricht Ghazzali zwei wichtige Themen an: Er negiert die notwendige natürliche Verbindung zwischen Ursache und Folge, die Kausalität. Und er verteidigt die leibliche Auferstehung von den Toten. Die Verbindung zwischen Ursache und Folge ist für ihn keine notwendige, denn nur in der Logik kann man von Notwendigkeit sprechen. Daß zwei Ereignisse immer zusammen auftreten, sei göttliche Fügung, Gottes Werk und nicht den Dingen innewohnende Notwendigkeit (ebd., S. 276ff.). Er lehnt natürliche und notwendige Ursachen ab (ebd., S. 284). So kann er natürlich auch die Wunder Gottes oder der Propheten erklären. Ghazzali sieht die einzige Antwort auf die Frage der leiblichen Auferstehung in Koran und prophetischer Überlieferung gegeben. Nach dem Tode und der Auferstehung erfährt der Mensch sowohl körperliche als auch seelische Leiden und Freuden. Daß dies nur Metaphern für rein geistige Erlebnisse sein sollen, wie die meisten der Philosophen es behaupten, sei zu verwerfen. Die metaphorische Exegese sei nur bei den Anthropomorphismen, nicht aber bei den Versen über Himmel und Hölle und Wiederauferstehung zulässig. Gott könne all dies frei von Naturkausalität möglich machen (ebd., S. 354ff.).

3.5 Al-Suhrawardi

Shahabeddin Yahja al-Surawardi wurde 1155 in Suhraward (Iran) geboren. Im Alter von 36 Jahren wird er auf Befehl Saladdins zum Tode verurteilt. Er ist der Verfasser einiger der wichtigsten Werke islamischer Philosophie, in denen er die Tradition Farabis und Ibn Sinas pflegt. Ihm kommt hauptsächlich aufgrund seiner Lichtmetaphysik und der Integration vorislamischer Elemente in seinem Werk *Hikmat al-ishraq*, Philosohie der Illumination, (Suhrawardi 1952) Bedeutung zu. Suhrawardi verstand seine in klassischer philosophischer Manier verfaßten Werke als notwendige Propädeutik seiner **Philosophie der Illumination**.

Einem eigenen Bericht zufolge, sei ihm der erste Lehrer (Aristoteles) im Traum erschienen und habe ihn in der Methode der Illumination unterrichtet. Die Grundlage dieser Methode ist die Selbsterkenntnis. Selbsterkenntnis ist die Grundlage und Voraussetzung jedes anderen Wissens (Suhrawardi, *Mosannafat* 1952, Bd. 1, S. 484). Die Methode der Illumination ist weder logisches Denken noch Erfahrungswissen, das sich den sinnlichen Gegebenheiten verdankt, sondern unmittelbares, nicht diskursives Wissen.

Für Suhrawardi hat Weisheit verschiedene Stufen. Einige der Weisen sind sowohl Meister des Arguments als auch versunken in der Erfahrung des Göttlichen. Diese sind die wahren Statthalter Gottes auf Erden. Nach ihnen kommen diejenigen, die zwar an der Erfahrung des Göttlichen teilhaben, aber die Kunst der Argumentation nicht beherrschen. Ein Philosoph aber, der sich ausschließlich auf die Kunst des Argumentierens versteht, ist auf ganz gewiß kein ›Statthalter Gottes‹. Ein solcher Statthalter Gottes existiert auch, wenn er vor den Menschen verborgen ist. In der islamischen Tradition wird er gewöhnlich der ›Pol‹ genannt (ebd., Bd. 2, S. 12).

Kernstück von Suhrawardis Philosophie ist seine **Lehre vom Licht**. Er selbst sieht sich allerdings nicht als den Begründer dieser Lehre an, sondern führt eine Reihe von Denkern und Schulen im Westen wie im Osten auf, die diese Philosophie schon vor ihm lehrten. Er benennt Plato, Hermes, Empedokles, Pythagoras, Aristoteles als Lehrer des Westens, Jamasp, Bosorgmehr, Zarathustra als Lehrer des Ostens (ebd., Bd. 2, S. 10). Licht ist eine absolute und keiner Definition zugängliche Wahrheit. Wenn in der Welt des Seienden etwas keine Definition und Beschreibung braucht, wird es ›offenbar‹ genannt. Nichts ist offenbarer als Licht, also braucht Licht keine Definition. Licht umfaßt und durchdringt alles, ob materiell oder immateriell, und verschmilzt mit dem Wesenskern. Alles außer dem reinen Licht, also alles, was in seinem innersten Wesen nicht Licht ist, ist Materie. Die materiellen Gegenstände befinden sich in einem Mittelzustand, da sie Licht und Finsternis zugleich annehmen. Dieser Mittelzustand ist aber eigentlich Finsternis. Jedes Licht auf dieser Seinsebene hat eine äußere Quelle (ebd., S. 92ff.).

Das reine Licht ist für Suhrawardi gänzlich frei von jeglicher Dunkelheit und erkennt so ohne Vermittlung und Idee seinen eigenen Wesenskern (ebd., S. 114). Das reine, absolute Licht ist wie der Wesenskern des Menschen, der ohne Vermittlung von sich selbst weiß. Nur ein materielles Seiendes braucht Organe, um sich selbst zu erkennen. Was die **Seele des Menschen** betrifft, so ist die Erkenntnisfähigkeit bzw. das Bewußtsein nicht ein äußerlich Hinzugefügtes, sondern das Selbst oder Ich des Menschen *ist* Bewußtsein bzw. Erkenntnisfähigkeit. Dieses Selbstbewußtsein ist unteilbar und unbeeinflußbar von Äußerem, im Gegensatz zum Bewußtsein von den Dingen, das vom Wesenskern des Menschen abhängig ist (ebd., S. 114). Die einzig mögliche ›Definition‹ des Lichts besagt also, daß es an sich offenbar ist und auch alles andere offenbar macht bzw. zur Erscheinung bringt. Bewußtsein oder Erkenntnis als das Offenbar-werden-lassen kommt in erster Linie dem Licht und allen leuchtenden Gegenständen zu (ebd., S. 115ff.).

Die **Hierarchie der Lichter** beginnt mit dem Licht der Lichter (ebd., S. 121). Das Licht der Lichter ist einzig und einmalig. Von diesem Licht emaniert ein absolutes einziges Licht, da es unmöglich ist, daß aus reinem Licht etwas geboren wird, in dem die Gegensätze Licht und Finsternis vermengt wären. Der einzige Unterschied zwischen dem Licht der Lichter und dem ersten Licht ist der der Vollkommenheit. Das Licht der Lichter ist vollkommener als seine erste Emanation (ebd., S. 126f.). Das Verhältnis der Lichter wird von Gewalt bzw. Herrschaft und Liebe bestimmt. Das obere Licht beherrscht das untere und das untere liebt das obere. Das Licht der Lichter beherrscht alle anderen und liebt nur sich selbst, da es das Schönste und Vollkommenste ist. Diese Selbstliebe geht einher mit dem vollkommenen Genuß, denn Genuß oder Lust ist nichts anderes als das Bewußtsein dieser Vollkommenheit (ebd., S. 136). Die Welt besteht aus den Elementen und ist der Schatten des Lichts der Lichter. Von ihrem Ursprung ausgehend, durchlief sie alle Stadien von Licht und Finsternis und ist wie ihr Ursprung ewig (Suhrawardi: *Hikmat* 1952, Bd. 2, S. 173ff.).

So gießt Suhrawardi die Emanationslehre neuplatonischen Ursprungs in eine Lichtmetaphysik, die ihren vorislamischen Ursprung nicht verschweigt, sondern sich auf die Einheit der Wahrheit in der Vielheit ihrer Erscheinungsformen beruft. Diese Lehre der Illumination oder islamische Theosophie findet in der Schule der iranisch-schiitischen Denker Mir Damad (gest. 1631), Molla Sadra (gest. 1640) und Sabzewari (gest. 1866) ihre Weiterentwicklung und wird bis in die Gegenwart in den religiösen Ausbildungsstätten des Iran gelehrt und gepflegt.

3.6 Ibn Rushd

Ibn Rush wurde 1126 in Cordoba geboren. Er studierte Medizin, Philosophie, Recht und Theologie, arabische Grammatik und Literatur. Neben seinen philosophischen Werken gelten seine Schriften zum Recht und zur Medizin als wichtige wissenschaftliche Beiträge seiner Zeit. Das Denken von Ibn Rushd konzentriert sich im wesentlichen auf drei Themenkreise: die Kommentierung der Philosophie des Aristoteles, die Kritik der Systems Farabis und Ibn Sinas, die seiner Meinung nach Aristoteles fehlgedeutet haben, sowie das Problem einer grundsätzlichen Vereinbarkeit bzw. Übereinstimmung von Philosophie und Religion. Sein Buch *Tahafut al-Tahafut*, Die Widerlegung der Widerlegung (Ibn Rushd 1930), gilt als eines der herausragenden Werke islamischer Theologie bzw. Philosophie, oder modern ausgedrückt: der Religionsphilosophie. Es ist konzipiert als Antwort auf Ghazzalis *Tahafut al-Falasifa,* Widerlegung der Philosophen.

Seit Kindi ist das **Verhältnis zwischen Philosophie und Religion** eines der zentralen Themen des philosophischen und theologischen Denkens. In der Theologie herrscht dem philosophischen Denken gegenüber eine weitgehend ablehnende Haltung vor, da es als nicht-islamisch oder gar anti-islamisch angesehen und deswegen heftig bekämpft wurde. Ibn Rushd begegnet dieser Situation, indem er das Problem weit systematischer angeht als seine Vorgänger. Auch er ist von der Unfehlbarkeit der göttlichen Offenbarung überzeugt. Aber die Wahrheit kann nur *eine* sein, wie er in seinem Werk *Fasl al-Maqal,* Philosophie und Theologie (Ibn Rushd, o.J., S. 26), darlegt. Koran und Vernunft müssen nach ihm also als gleichwertige Zugänge zur Wahrheit verstanden werden. Viele Koranverse, besonders solche mit anthropomorphistischem Gehalt, dürften nicht auf ihren Wortlaut reduziert werden. Es stellt sich somit die Frage, nach welchem Kriterium über ihre eigentliche Bedeutung zu entscheiden ist. Ibn Rushd gibt die Antwort durch einen Verweis auf den Koran (Koran 3/5): Es obliegt den ›Standhaften im Wissen‹. Und für Ibn Rushd kommt nur eine Interpretation dieses Verses in Frage: Bei den ›Standhaften im Wissen‹ handelt es sich um die Philosophen.

Es gibt für Ibn Rushd generell drei Weisen der **Annäherung an die Wahrheit**: Logik, Dialektik und Rhetorik. Logische Schlußfolgerung ist vor allem das Gebiet der Philosophen, Dialektik vornehmlich das der Theologen, und die Rhetorik dient allgemein der Ansprache des gemeinen Volkes (ebd., S. 19ff.). Den Theologen wirft er vor allem vor, daß sie ohne Legitimation und unbedacht die Geheimnisse der Exegese verbreitet und so Zwietracht unter den Muslimen gesät hätten (ebd., S. 22ff.). Er geht ausführlich auf die Glaubensinhalte und Gebote ein, die in ihrem äußeren Wortgehalt für alle Gläubigen verbindlich sind. Er grenzt sie klar von den willkürlichen Auslegungen der Theologen ab (ebd., S. 30ff.). Diese ›äußeren Glaubensinhalte‹ beziehen sich auf alles, was für das Heil des Menschen unbedingt erforderlich und ohne das der Glauben unvollkommen ist. So weist er zugleich den wahren Glauben und den richtigen Weg der Exegese auf. Die Auslegungen der Theologen oder die Arkanlehren der schiitischen Sektierer sieht er als falsch und verfehlt an, da ihre Argumente und Exegesen meist unzulässige Neuerungen sind, die ihrer Grundlage in der Offenbarung und der prophetischen Tradition entbehren (ebd., S. 30ff.).

Nach Ibn Rushd wurde der **Koran** allen Menschen von Gott gesandt und nicht nur den Philosophen. Die verschiedenen Schichten des Volkes erreichen ihr Verständnis von diesem stets in dem Maß, wie es ihrem intellektuellen Stand entspricht. Da sie alle so zum Heil geführt werden, zeigt sich in der differenzierten Lesbarkeit des Korans die göttliche Weisheit (ebd., S. 9).

Das Wesen der **metaphorischen Exegese**, die Ibn Rushd vertritt, besteht darin, aus dem äußeren Wortgehalt die metaphorische Bedeutung herauszulesen, so wie in der arabischen Sprache generell gilt, daß ein Gegenstand mit seinem Eigennamen auf etwas ihm Ähnliches, auf seine Ursache, ein Akzidenz oder etwas mit ihm sonst Assoziiertem hinweist (ebd., S. 8). Welche religiösen Aussagen der Interpretation bedürften, kann auch Ibn Rushd nicht völlig klären. Es ist aber davon auszugehen, daß dies zumindest in drei Fällen nötig ist:

1. wenn ein Konsens der Gelehrten nicht herzustellen ist;
2. wenn zwei Koranverse im Widerspruch zueinander stehen;
3. wenn der Offenbarungstext und die philosophischen Prinzipien oder die natürliche Vernunft einander widerstreiten.

Wie jeder Angehörige der islamischen Gemeinschaft strebt auch der Philosoph nach Heil. Er unterscheidet sich in dieser Hinsicht weder vom gemeinen Volk noch von den Theologen. Auch er orientiert sich am geoffenbarten Text des Korans. Denn auch der Philosoph bedarf der **Glaubensinhalte**, die ihm den wahren Weg aufzeigen. Diese absolut gültigen Glaubensinhalte, die das Volk, die Theologen und die Philosophen als verbindlich akzeptieren müssen, sind:

1. Gott als Erschaffer und Verwalter der Welt. Die wichtigsten Gottesbeweise sind hier der Beweis der Erschaffung aus dem Nichts und der Beweis der Ordnung. Der Koran enthält diese Beweise, da sie die meisten Menschen zu überzeugen vermögen.
2. Die Einheit Gottes.
3. Die Eigenschaften der Vollkommenheit, die der Koran Gott zuschreibt, und zwar Wissen, Leben, Macht, Willen, Hören, Sehen, Sprechen (Ibn Rushd, *Al-Kashf* 1942, S. 304ff).
4. Gottes Reinheit und Unberührtheit von jeglichen Unvollkommenheiten und Fehlern (ebd., S. 60ff.).
5. Die Erschaffenheit der Welt.
6. Die Wahrheit des Prophetentums.

7. Die göttliche Gerechtigkeit.
8. Die Auferstehung von den Toten.

Diesen Glaubenselementen des Korans müssen Philosophen und Theologen ebenso zustimmen wie der ungebildete Gläubige. Aber wenn sie auch weder interpretierbar noch diskutierbar sind, so ist doch nicht eindeutig festgelegt, *wie* sie näher verstanden werden können. Daß Gott die Welt erschaffen hat, geht zwar eindeutig aus dem Koran hervor. Aber ob er die Welt aus dem Nichts und in der Zeit erschaffen hat, wie die Theologen behaupten, ist unklar. Ibn Rush ist der Überzeugung, daß es im Koran keinen eindeutigen Hinweis gibt, demzufolge Gott ursprünglich allein existierte und nichts anderes neben ihm. Im Gegenteil, einige Verse können als Hinweis verstanden werden, daß die Gestalt der Welt in der Zeit erschaffen wurde, der Stoff und das Werden aber beide unerschaffen sind (Ibn Rushd, o.J., S. 13).

Da der Koran das Beste für das ganze Volk anstrebt, veranschaulicht er dies in Bildern, die allgemein zugänglich sind. Diese sinnlichen Metaphern werden von den Philosophen insofern bestätigt, als sie eine moralische Lebensführung oder das Verwirklichen geistiger Ziele ermöglichen (Ibn-Rushd 1930, S. 584). Es ist ein Vorzug des Korans, daß er sinnliche Metaphern und diskursives Denken kombiniert, da so allen Gruppen der Weg zur Errettung garantiert ist (Ibn Rushd 1942, S. 102ff.). Allerdings stellt die Theologie gelegentlich unzulässige Interpretationen auf und verwirrt mit ihnen die gewöhnlichen Gläubigen, vor allem dann, wenn diese sinnlichen Bilder gar nicht zu den interpretationsbedürftigen Versen des Korans zählen. Ibn Rushd fordert, sie, wie sie im Text stehen, zu akzeptieren und zu glauben, und jeglichen Versuch ihrer Auslegung zu untersagen (ebd., S. 64). Das hat auch Konsequenzen für die Philosophie, da sie nur geeignet ist, die rational ausgerichtete Glückseligkeit der kleinen Minderheit der Philosophen zu ermöglichen. Generell aber zielt die Religion auf die Glückseligkeit aller ab. Wenn sie daher verschiedene Formen der Argumentation aufweist, dann hat dies seinen Grund ausschließlich in der unterschiedlichen Empfänglichkeit der Menschen (Ibn Rushd 1930, S. 582).

Die Philosophie hat also zu akzeptieren, daß jenseits der Vernunft ein weites Feld liegt, über das sie keine Aussagen treffen kann. Ibn Rushd stimmt hier grundsätzlich Ghazzali zu, und behauptet, daß in allen Fragen, die die menschliche Vernunft übersteigen, der Religion zu folgen ist (ebd., S. 582). Die Vernunft kann keineswegs überall den Weg aufzeigen, der den Menschen zur wahren Glückseligkeit führt. Die Offenbarung ist prinzipiell eine nicht nur legitime, sondern notwendige Ergänzung der menschlichen Vernunft (Ibn Rushd, o.J., S. 255ff.).

4. Die Neuzeit

4.1 Iqbal Lahuri

Iqbal Lahuri wurde 1887 in Sialkot im Pundjab geboren. 1905 ging er nach England und Deutschland und studierte Philosophie und Rechtswissenschaften. Neben seinem Hauptwerk *The reconstruction of religious thought in Islam,* 1954, verfaßte er unzählige Gedichte in Persisch und Urdu, in denen er seine Auffassung vom Islam poetisch ausdrückt. Iqbal ist der erste islamische Denker, der den Begriff **Religionsphilosophie** für die Art von religiöser Reflexion einführt, die bis dahin einer rationalen philosophischen Theologie vorbehalten war, die sich hauptsächlich in der Übernahme platonischer, aristotelischer und neuplatonischer Termini und Theorien und deren vermeintlicher Anpassung an die Offenbarungsreligion erschöpfte. Für ihn stellt der Koran den Quell des induktiven Denkens dar, während er den philosophischen Hellenismus als Mißverständnis betrachtete. So versucht er, vor dem Hintergrund moderner Philosophie und Naturwissenschaft ein ursprünglich islamisches Denken zu rekonstruieren, das sich in erster Linie am Offenbarungstext orientiert und das religiöse Wissen der Überlieferung stets kritisch erwägt. Was Iqbal hier neben dem Verlust des empirischen und induktiven Moments am stärksten vermißt, ist der Gedanke der Personalität im historisch gewachsenen Islam, der sich auf einen personalen Gott beruft und in dessen offenbarter Botschaft immer wieder der Mensch als Individuum und Person angesprochen wird.

4.1.1 Die religiöse Erfahrung

Iqbal stellt grundsätzlich fest, daß vielen Menschen jene religiöse Erfahrung fremd ist, auf die sich der Glaube letztlich stützt: die unmittelbare Erfahrung der Transzendenz. Hinzu kommt, daß die Menschen der Neuzeit ihr Augenmerk und ihr Denken eher auf sinnliche Vorgänge und Daten richten als auf Erfahrungen des empirisch nicht Verifizierbaren. Hier komme den verschiedenen Schulen der islamischen Mystik zwar generell das Verdienst zu, die religiöse Erfahrung methodisch begründet und psychologisch systematisiert zu haben. Den meisten zeitgenössischen Vertretern dieser Schulen gelinge es aber nicht, an die gewandelten **Bedingungen der Neuzeit** anzuknüpfen. Es sei daher nötig, »mit Blick auf die philosophische Tradition des Islams und unter Berücksichtigung der Fortschritte der modernen Wissenschaften und ihrer Erkenntnisse, die Religionsphilosophie des Islams wiederzubeleben und zu rekonstruieren« (Iqbal Lahuri, o.J, S. 2).

Religion, Philosophie und Poesie suchen Antworten auf die Fragen nach der Beschaffenheit der Welt, des Ewigen in ihr, nach der Rolle des Menschen und nach dem ihm angemessenen Handeln. Es scheint, so Iqbal, als ob **Vernunft und Glauben** konträre, schlechthin unvereinbare Haltungen verkörpern: die immer fragende, suchende und stets unzufriedene Vernunft auf der einen Seite, der Glaube, der seinen Weg ohne Hilfe der Vernunft findet und dabei nicht – wie die Poesie – im rein Subjektiven verbleibt, auf der anderen Seite. Religion transzendiert für Iqbal immer die Grenze des Individuums, und dieser allgemeine Charakter drückt sich in der Gemeinschaft aus (ebd., S. 3ff.). Denn »Glaube ist mehr als reines Gefühl. Ihm kommt ein gewisser kognitiver Inhalt zu« (ebd., S. 4). Deswegen kann und soll sich die Philosophie mit Religion und Glauben auseinandersetzen, allerdings immer die Eigenart der religiösen Erfahrung berücksichtigen. Denn Religion ist mit keiner der vertrauten Wissenschaften zu vergleichen: »Religion ist weder reiner Gedanke, noch reines Gefühl, noch reines Handeln. Religion ist Ausdruck des ganzen Menschen.« (ebd., S. 5).

Iqbal ist also der Auffassung, daß es keinen vernünftigen Grund gibt, **Denken und mystische Intuition** als sich gegenseitig ausschließende Weisen des Erkennens zu sehen. Sie sind vielmehr als komplementär anzusehen. Ist das Denken auf die Einzeldinge gerichtet, so erfaßt die mystische Intuition das Ganze. Das Denken ist auf die fließende, unbeständige Wirklichkeit gerichtet, die mystische Intuition dagegen auf das Ewige und Unveränderliche derselben (ebd., S. 5).

Angesichts der Tradition setzt sich Iqbal besonders mit dem **Einfluß der griechischen Philosophie** auf das islamische Denken auseinander. Für ihn stellt die griechische Philosophie einen wichtigen kulturellen Faktor in der islamischen Geistes- und Kulturgeschichte dar, der den Horizont der Denker und Wissenschaftler erweitert hat. Allerdings kam es dadurch auch zu dem negativen Effekt, daß die Eigenart des koranischen Zugangs zur Wirklichkeit verschüttet wurde. Die islamische Philosophie und Theologie konnte unter hellenistischem Einfluß die Eigenart des prophetischen Zugangs zur Wahrheit, wie sie im Koran Ausdruck findet, nicht mehr wahrnehmen. Sokrates beispielsweise, so Iqbal, richtete seine ganze Aufmerksamkeit auf die Welt der Menschen, während für den Koran auch eine Biene zum Ort göttlicher Offenbarung werden kann. Die beständige Aufforderung des Korans, den Zugang zu Wahrheit und Gotteserkenntnis durch die sinnliche Betrachtung des dynamischen Wesens der Natur zu finden, steht im Gegensatz zur platonistischen Denktradition, nach der aus den sinnlichen Daten nur Meinung, nicht aber Erkenntnis hervorgeht und der zufolge den Sinnen grundsätzlich zu mißtrauen ist.

Aber Iqbal kritisiert auch das **Rationalitätsverständnis der islamischen Schulen**. So machten die Mu'taziliten aus der Religion ein abstrakt-dogmatisches Gebäude, und die Ash'ariten verloren sich in ihrer Verteidigung der religiösen Tradition in der Subtilität der griechischen Logik. Sie alle sahen nicht, daß weder im Bereich wissenschaftlicher noch religiöser Erkenntnis eine völlige Abstraktion von der Erfahrung möglich ist. So übersieht nach Meinung Iqbals auch Ibn Rushd, der konsequenteste Aristoteliker der islamischen Geistesgeschichte, durch seine Ablehnung der persönlichen Unsterblichkeit die fundamentale Bedeutung, die der Koran dem ›Ich‹ des Menschen zuspricht (ebd., S. 6ff.).

Eine Sonderrolle kommt noch Iqbal Ghazzali zu, den er mit Kant vergleicht. Beiden Denkern gemeinsam ist das Programm einer **Kritik der Vernunft**, d.h. der Aufweis der Grenzen rationaler Erkenntnisfähigkeit. Kant mußte, um seinen Prinzipien treu zu bleiben, die theoretische Erkenntnis Gottes widerlegen. Für Ghazzali ist die Vernunftkritik sogar der Anlaß, sich ganz von ihr abzuwenden und in der mystischen Erfahrung einen direkten Zugang zur Transzendenz zu suchen. Er setzt Denken und mystische Intuition in ein konträres Verhältnis und spricht dem Denken die Fähigkeit ab, das Ewige zu erfassen (ebd., S. 8ff.). Für Iqbal liegt hier ein entscheidendes Mißverständnis vor. Ghazzali übersieht, daß das Denken notwendigerweise begrenzt und relativ ist, da es sich in der Zeit ereignet. Das bedeutet aber nicht, daß das Denken grundsätzlich nicht in der Lage ist, über die Vielfalt möglicher Aussagen und Urteile hinauszugehen und in einer tieferen Bewegung »bei einem Unbegrenzten und Ewigen anzukommen, dessen Momente die einzelnen endlichen Konzepte sind, die das Denken in seiner Bewegung erfaßt« (ebd., S. 9).

Für Iqbal übersehen also sowohl Kant als auch Ghazzali den dynamischen Aspekt des Denkens, das seine Grenzen überschreitet und alles Gedachte und Erkannte notgedrungen auf ein Ganzes bezieht, das die notwendige Bedingung dieses endlichen Denkens und Erkennens ist (ebd., S. 10). Denken und mystische Intuition sind somit zwei Aspekte der menschlichen Erkenntnisfähigkeit, die sich nicht ausschließen, sondern einander ergänzen und kraft dieser Ergänzung bestätigen.

Einige **Aspekte der mystischen Erfahrung** werden von Iqbal näher beschrieben:

1. Durch ihre unmittelbare und direkte Wesensart unterscheidet sie sich zunächst nicht von der gewöhnlichen sinnlichen Erfahrung, und auch sie muß, um zur Erkenntnis zu werden, verstanden und interpretiert werden. Wie die Erkenntnis der weltlichen Dinge ist auch die Erkenntnis Gottes weder jenseits der Erfahrung noch bloße Abstraktion.
2. Die mystische Erfahrung ist eine einheitliche und nicht in etwaige Bestandteile zerlegbare Erfahrung. In ihr verschmelzen Subjekt und Objekt zu einer untrennbaren Einheit.
3. Für den Mystiker ist diese Erfahrung die Begegnung mit einem anderen Selbst, einer anderen Person, die alles umgreift und transzendiert.
4. Diese Erfahrung ist, ungeachtet der Möglichkeit, ihrem Inhalt sprachlichen Ausdruck zu verleihen, unübertragbar.
5. Sie steht mit der normalen Erfahrung immer auf irgendeine Art und Weise in Beziehung. Sie ist vorübergehend, sowohl für den Mystiker als auch für den Propheten, – mit dem Unterschied allerdings, daß der Prophet mit einer Fülle an Erkenntnissen für die Menschheit aus dieser Erfahrung zurückkehrt (ebd., S. 23ff.).

Iqbal bestimmt die **Kriterien**, anhand derer der übermittelte Inhalt dieser Erfahrung auf Wahrheit oder Falschheit überprüft werden kann:

> »Glücklicherweise stehen uns Kriterien zur Verfügung, die von den Kriterien anderer Wissenszweige nicht unterschieden sind. Ich nenne sie ›rationale Kriterien‹ und ‚praktische Kriterien‹. Unter einem rationalen Kriterium verstehe ich eine kritische vorurteilsfreie Interpretation der Wirklichkeit, um herauszufinden, ob diese mit der in der religiösen Erfahrung entdeckten Wirklichkeit übereinstimmt oder nicht. Das praktische Kriterium ist die Erkenntnis der Richtigkeit dieser Erfahrung an ihren Früchten.« (ebd., S. 34)

Den ersten Weg gehen die Philosophen, den zweiten die Propheten.

4.1.2 Gott als das Selbst der Welt

Im Koran wird die **Welt als eine geschaffene Wirklichkeit** dargestellt, in der Reales und Ideales vermischt sind. Die Welt erscheint als die Verwirklichung eines rationalen Konzeptes, ohne deswegen geschlossenen oder fertig zu sein. Die Welt ist von Gott nicht ein für alle mal erschaffen und vollendet worden, sondern sie verwirklicht sich endlos in Raum und Zeit. Der Mensch ist, nach Iqbal, als das dynamischste Element dieser Welt, der wichtigste Helfer Gottes bei der Verwirklichung der unendlichen Möglichkeiten, die der Welt innewohnen (ebd., S. 13ff.).

In der religiösen Erfahrung, die sich im Koran als mystische Erfahrung des Propheten niederschlägt, erkennt der Mensch die komplexe Struktur dieser dynamischen Wirklichkeit, die sich in einem kontinuierlichen Prozeß der Entfaltung befindet. Der Inhalt dieser Erfahrung ist, wie oben beschrieben, weder rein objektiv auf die Außenwelt bezogen, noch rein subjektiv auf die innere Dimension des Transzendenzerlebnisses beschränkt.

Iqbal kritisiert die traditionellen (ontologischen, kosmologischen und teleologischen) Gottesbeweise und lehnt sie als logisch unhaltbar ab. Er selbst geht von der **Einheit von Materie und Bewußtsein** aus, um die Existenz Gottes zu beweisen. Die

Grundlage, auf die er sich dabei beruft, ist der Koranvers: »Er ist der Anfang und das Ende und das Offenbare und das Verborgene« (Koran, 57/3). Um diese Einheit von Materie und Bewußtsein plausibel darzulegen und zu beweisen, stützt er sich in einer komplexen und komplizierten Beweisführung auf Denker wie Berkeley, Russell, Whitehead, Einstein, Bergson und andere. Er ist der Überzeugung, daß all diese Philosophen und Wissenschaftler einen absoluten Materialismus ablehnen, der mit den neuesten Erkenntnissen der Physik (der Relativitätstheorie) nicht vereinbar ist (ebd., S. 35ff.).

Wenn sich Iqbal nun auch auf diese Denker beruft, um seine Lesart der koranischen Grundideen und Weltanschauung wissenschaftlich-philosophisch zu explizieren und zu verifizieren, so bedeutet das nicht, daß er sie nicht auch dort kritisiert, wo sie selbst unschlüssig sind oder sich in Widerspruch zur koranischen Auffassung der Wirklichkeit befinden. So kritisiert er Henri Bergson, wenn dieser Teleologie und Determinismus gleichsetzt. Es besteht für Iqbal jedoch keine Notwendigkeit, das zielgerichtete Werden zu negieren, um Kreativität und Freiheit dieses Werdens zu garantieren. Im Koran wird die Welt als ständig in Entfaltung und Veränderung befindlich beschrieben, aber der Plan dieser Entwicklung ist nicht statisch, sondern verändert sich mit wandelnden Erfordernissen (ebd., S. 62ff.). Nichts, so Iqbal, widerspricht der koranischen Auffassung mehr »als eine Welt, die die Umsetzung eines vorgegebenen Planes wäre« (ebd., S. 66).

Für Iqbal genügen Raum und Zeit allein nicht, um die Vielheit der Ereignisse und Gegenstände in ein Universum zu integrieren. Dauer setzt vielmehr ein **Ich** voraus. Die letzte Wahrheit des Universums, die Einheit, in der Bewußtsein, Leben und Ziel zusammenfließen, ist personal, ist ein Selbst. Da nun kein Selbst ohne Eigenschaften, ohne Charakter ist, kann man sagen, daß »die Natur im Verhältnis zum göttlichen Selbst das ist, was der menschliche Charakter zum menschlichen Selbst ist« (ebd., S. 67ff.).

4.1.3 Das menschliche Ich, seine Freiheit und Personalität

Der Koran, so Iqbal, betont die Individualität und Personalität des Menschen, die auch seine Verantwortlichkeit begründen. So lehnt der Koran die Idee ab, daß ein Mensch für die Taten anderer Menschen Sühne leisten könnte. Aus dem Koran geht eindeutig hervor, daß der Mensch von Gott auserwählt ist, daß er sein Statthalter auf Erden ist und ihm eine freie Persönlichkeit zukommt. Für Iqbal ist es daher unverständlich, warum Personalität und Selbstbewußtsein in der islamischen Geistesgeschichte nie zu einem zentralen Thema wurden. So sahen die Theologen im menschlichen Geist ein feinstoffliches Etwas, das am Tag des jüngsten Gerichts von Gott neu erschaffen wird. Die Philosophen richteten ihre Darlegungen ganz an der griechischen Philosophie aus. Dualistische Vorstellungen über Körper und Seele waren folglich überall in der islamischen Welt verbreitet. Lediglich die Mystiker hielten sich an die Religion und kamen der Aufforderung des Korans nach, neben Natur und Geschichte auch die Seele als Quelle der Welt- und Gotteserkenntnis zu berücksichtigen (ebd., S. 110ff.).

Für Iqbal ist **das menschliche Ich wirklich und einheitlich.**

> »Das Ich offenbart sich als die Einheit jener Dinge, die wir die Zustände der Seele und des Bewußtseins nennen. Diese seelischen Zustände existieren nicht getrennt, sie bedingen sich gegenseitig. Sie existieren als Phasen eines komplexen und komplizierten Gan-

> zen, das Bewußtsein genannt wird. Aber die organische Einheit dieser Zustände ist eine besondere Art von Einheit. Sie unterscheidet sich grundsätzlich von der Einheit der materiellen Gegenstände. Die Teile eines Gegenstandes können getrennt voneinander existieren, aber es läßt sich schwerlich sagen, daß eine meiner Überzeugungen rechts oder links von einer meiner anderen Überzeugungen liegt.« (ebd., S. 114f.)

Ferner ist das Ich individuell, seine Gedanken und Gefühle gehören nur ihm an, und jedes Erkennen und Wiedererkennen ist immer nur auf das einzelne, besondere Ich zurückzuführen (ebd., S. 115ff.).

Das Ich steht für Iqbal nicht über oder neben der Erfahrung. Das Ich zeigt sich in der Erfahrung als erkennend, bewertend und wollend; es ist als **Kraft der Orientierung** in allen Aktionen und Interaktionen des Menschen präsent (ebd., S. 118ff.). In diesem Sinne interpretiert Iqbal den Koranvers: »Und sie werden dich über den Geist befragen. Sprich: Der Geist ist Befehl von meinem Herrn, euch aber ist nur wenig Wissen gegeben« (Koran, 17/87) als Ausdruck dieser direktiven, orientierungstiftenden Funktion. Der Geist ist ›Befehl‹ (*Amr*), während die Natur, auch der menschliche Organismus, ›Kreatur‹ (*Khalq*) ist (ebd., S. 119). *Amr* und *Khalq* sind zwei Aspekte einer grundlegenden göttlichen Wahrheit, so wie Körper und Geist, die in der theoretischen Betrachtung getrennt werden können, in jeder Handlung eins sind (ebd., S. 122). Dieses Ich ist frei und verantwortlich. Fatalistische Auslegungen des Korans hatten in erster Linie politische Hintergründe (ebd., S. 126ff.).

4.2 Abdolkarim Sorush

Die konsequente Weiterführung des Impulses, der von Iqbal zur Rekonstruktion des religiösen Denkens im Islam ausging, ist das Werk von Abdolkarim Sorush (geb. 1945). Der iranische Naturwissenschaftler und Philosoph legte mit seinem Werk *Qabz o bast e te'orike shariat,* Die theoretische Verengung und Erweiterung der Sharia, (Sorush 1991), eine hermeneutische Theorie vor, die zum einen die Vielfalt der religiösen Auslegungen und Schulen plausibel erklären, zum anderen einem zeitgemäßen islamischen Denken eine erkenntnistheoretisch-hermeneutische Grundlage geben will. Weitere zentrale Aspekte seines Werks sind der kulturelle und religiöse, auch über die Grenzen des Islam hinausgehende Pluralismus sowie das Verhältnis von Freiheit, Demokratie und Islam. Somit gehört er zu jenen Denkern des islamischen Orients, die, wie Iqbal, in der eigenen Tradition zwar fest verwurzelt sind, sich aber zugleich als Zeitgenossen und Weltbürger ansehen. Kulturelle Grenzen erhalten als Orte des Austauschs und der Begegnung für diese Denker eben die Bedeutung zurück, die sie in den Hochzeiten der Entfaltung islamischer Kultur innehatten und zur Normalität des Gelehrtenlebens zählten.

4.2.1 Verengung und Erweiterung der religiösen Erkenntnis

Prinzipiell sieht Sorush in der Rede von einer **religiösen Wiederbelebung oder Erneuerung** des Islam nichts Neues. Aber die Reformbewegungen der Vergangenheit unterscheiden sich wesentlich von denen der Gegenwart. Die religiösen Erneuerer der Vergangenheit bekämpften Aberglauben und Gottlosigkeit und versuchten, den wahren Kern der Religion aus den Fängen des Traditionalismus und der Konvention zu befreien, Bigotterie, Heuchelei und unzulässige Neuerungen zu unterbinden. Sie lebten in der Gewißheit, daß die äußere Schale der Religion eine unveränderbare ewige Wahrheit verbirgt, die es zu erkennen und zu bewahren gilt (Sorush 1991, S. 2ff.). Die Zerreißprobe des zeitgenössischen religiösen Denkens aber ist die grundsätzliche Spannung zwischen Beständigkeit und Veränderung, d.h. zwischen der beständigen Geltung religiöser Wahrheiten und der stets im Wandel begriffenen Welt. Sowohl die bedingungslose Hingabe an die sich ständig wandelnde Gesellschaft, Wissenschaft und Kultur als auch das strenge Festhalten an Althergebrachtem führten und führen stets zu demselben Ergebnis: zum **Verlust von Glauben und Religion**. Viele gelungene und mißlungene Versuche sind anzuführen, diesem Verlust entgegenzuwirken und die religiösen Wissenschaften zu erneuern: von dem pseudowissenschaftlichen Versuch, moderne wissenschaftliche Erkenntnisse aus dem Koran abzuleiten, über die Dynamisierung der Rechtslehre bis hin zu einer radikalen Kritik des traditionalistischen Islams und des dem Islam wesensfremden Hellenismus klassischer islamischer Philosophie und Theologie (ebd., S. 3ff.). Aber

> »die Versöhnung von Ewigkeit und Veränderung, von heilig und profan, die Unterscheidung von Beständigkeit des Inhalts und Veränderung der Form, die Belebung des *Itjtehad*, das Auffinden mutiger Schriftgelehrter zwecks Veränderung und Anpassung des religiösen Rechts an die Gegenwart, das Erhalten des Geistes und die Veränderung der Form, das Vertrautmachen des Islam mit dem Zeitgeist und das Erbauen einer neuen Theologie, die der Wunsch aller Reformer war, braucht eine wissenschafts- und erkenntnistheoretische Grundlage, die in ihren Werken fehlt.« (ebd., S. 5)

Sorushs *Theorie der theoretischen Verengung und Erweiterung der Sharia* beansprucht, diese Grundlage erarbeitet zu haben. Das verlorene Glied vergangener Anstrengungen war, »daß sie zwischen Religion und religiösem Wissen nicht unterschieden und das religiöse Wissen nicht als menschliches Wissen sahen« (ebd., S. 5).

Für Sorush liegt hier die wichtigste Unterscheidung überhaupt: der Unterschied zwischen **Religion** und der vielfältigen **Interpretation** dieser Religion, der Unterschied zwischen **Offenbarung und religiöser Wissenschaft**. Die Offenbarung als Zentrum und Gegenstand aller religiösen Interpretationen, Wissenschaften und Bestrebungen ist göttlichen Ursprungs, absolut, vollkommen und unveränderlich. Nicht die Religion ist mangelhaft, sondern das menschliches Verständnis von Religion:

> »Die Religion braucht keine Restaurierung oder Ergänzung, es ist das religiöse Wissen, das ein menschliches und unvollständiges Wissen ist und das einer Restaurierung bedarf. Die Religion ist unabhängig von der Kultur und unberührt von den Fehlern des menschlichen Bewußtseins, aber das religiöse Wissen ist zweifellos mit diesen Fehlern vermischt. Die religiösen Erneuerer sind keine Religionsstifter, sie sind Interpreten, und wenn es auch in der Religion keine Mängel gibt, in den Kommentaren gibt es deren viele. [...] Die Vernunft eilt nicht der Religion zur Hilfe, um sie zu ergänzen, sondern versucht ihr Verständnis von der Religion zu vervollkommnen. [...] Das Offenbaren der Religion ist von Gott, aber das Verstehen und die Anwendung von unserer Seite [...] ist unzulänglich, unrein und unzureichend. [...] Die Anstrengung, deren Fehler, Mängel und Zerrissenheiten aufzuheben, ist selbst eine heilige und zu preisende Arbeit. Und dies ist auch das, was religiöse Reformation und religiöse Wiederbelebung genannt wird.« (ebd., S. 6)

Für Sorush sind die **religiösen Wissenschaften Produkt ihrer Zeit** und geprägt von den Bedürfnissen und dem Erkenntnisstand der Menschen. Das Übel ist nun nicht, daß es verschiedene Lesarten der Offenbarung gibt, die gewiß oft widersprüchlich sind, sondern daß bestimmte Auffassungen und Interpretationen absolut gesetzt werden. Die religiösen Wissenschaften entwickeln und verändern sich unaufhaltsam, da in jedem Zeitalter andere Fragen und Bedürfnisse an die Religion herangetragen werden und andere Antworten mit Hilfe der Wissenschaften des jeweiligen Zeitalters gefunden werden.

Es ist für Sorush nicht nur wichtig, zwischen Religion und dem Verständnis von Religion zu unterscheiden, das sich in Theologie, Recht, Mystik und Ethik niederschlägt, sondern auch zwischen der jeweils kollektiven und wandelbaren Identität der verschiedenen Zweige der Wissenschaft und deren individueller Aneignung und Verständnis.

> »Viele meinen, daß das, woran sie glauben, Religion und religiöses Wissen ist. [...] Religiöses Wissen ist nicht das Wissen einer Person, sondern ein Zweig des Wissens, das kollektive und wandelnde Identität hat und auf Geben und Nehmen und der Konkurrenz und Kooperation der Gelehrten basiert, voll von Richtigem und Falschem, von Vermutungen und Gewißheiten ist und an dem Fehler genauso beteiligt sind wie richtige Aussagen. [...] Religiöses Wissen findet so Entwicklung und Vervollkommnung, Erweiterung und Begrenzung, hat Mangel und Vollkommenheit, ist zeitgemäß und in permanentem Austausch mit den anderen Aspekten menschlicher Kultur.« (ebd., S. 8)

Es ist die Summe all dieser im Laufe der Geschichte gelungenen oder mißlungenen, akzeptierten oder verworfenen Auffassungen, die, nach Sorush, das religiöse Wissen ausmachen. So liegt das wesentliche Anliegen Sorushs in der Entwicklung einer **Hermeneutik**, die auf Theologie, Gnosis und Prinzipienlehre anwendbar ist bzw. deren Wandel verständlich macht, ohne einem inakzeptablen Relativismus oder Eklektizismus zu verfallen:

> »Das eigentliche Anliegen der Theorie der theoretischen Verengung und Erweiterung der *Sharia* (der Religion) ist weder das Lösen des Konfliktes zwischen traditioneller und dynamischer Jurisprudenz, weder die Modernisierung der Religion noch Auslegung oder Ergänzung der *Sharia*, noch Relativieren oder Negieren der absoluten Wahrheit, sondern das Erläutern, wie Religion verstanden wird und wie sich dieses Verständnis verändert« (ebd., S. 8).

Die **Theologie** erneuert sich immer durch neue Aufgaben, die auf sie zukommen, so Sorush. Daher braucht sie, um diesen Aufgaben gerecht werden zu können, geeignete Mittel und Methoden. Diese lieh sie in der Vergangenheit teils von den traditionellen Naturwissenschaften und der klassischen Philosophie, teils ging sie eigenständige Wege. Auch in der Vergangenheit bestand die Aufgabe der Theologen darin, die Religion rational zu begründen, Zweifel, Aberglaube oder generell mit der Religion unvereinbare Neuerungen zu entkräften oder widerlegen. Heute kommt als neue Aufgabe hinzu, die Religion auch von außen zu betrachten, sie als eine seelische bzw. geistige Komponente menschlichen Daseins und menschlicher Kultur zu sehen, kurz: eine religionsphilosophische Reflexion (ebd., S. 11ff.). Sie hat, unter Berücksichtigung des klassischen Erbes und erweitert durch die modernen Naturwissenschaften und der Religionsphilosophie, die neuen Fragen aufzunehmen, wie zum Beispiel die nach der Rolle der Frau im Islam, deren Beantwortung einen radikalen Neuentwurf religiöser Anthropologie und religiösen Rechts verlangt, oder beispielsweise den Anfechtungen der Sprachphilosophie die Stirn zu bieten, die den fundamentalen religiösen Aussagen jeglichen Sinn abspricht (ebd., S. 13ff.).

Das neue religiöse Denken entsteht in Relation zu und Interaktion mit allen anderen Wissenschaften, hat eine kollektive, sich selbst korrigierende Identität und zeigt die fließenden Grenzen der *Sharia* auf, was nicht bedeutet, »daß die Grenzen nicht festgelegt sind, sondern daß sie sukzessiv aufgedeckt werden. [...] Der Islam ist unveränderlich, aber das Verständnis vom Islam ist nicht unveränderlich. [...] Man kann nie eine Auffassung des Islam dem Islam entgegensetzen, sondern nur ein Verständnis vom Islam einem anderen Verständnis« (ebd., S. 19).

Wissenschaft – auch religiöse Wissenschaft – ist für ihn nicht nur ein Spiegel menschlicher Rationalität, sondern wird von allen Elementen des menschlichen Daseins beeinflußt. Nicht nur gehören Interesse und Konkurrenz, Wahrheitssuche und Machtstreben zum Hintergrund weltlicher Wissenschaften, sondern auch die religiöse Erkenntnis steht unter dem Einfluß der menschlichen Konstitution und Situation. Ist die Religion in ihrem Ursprung göttlich und überweltlich, so ist ihre Wissenschaft zutiefst menschlich und weltlich (ebd., S. 37f.) Das Verhältnis von religiöser und nichtreligiöser Wissenschaft bestimmt Sorush folgendermaßen: »Erstens, es existiert kein Verständnis der Religion, das sich nicht auf außerreligiöse Erkenntnisse und Verständnisse stützt. Zweitens, wenn außerreligiöse Erkenntnisse sich verändern, ändert sich auch die religiöse Erkenntnis, und wenn es Beständigkeit hat, bleibt auch die religiöse Erkenntnis beständig. Und drittens, die äußeren Erkenntnisse verändern sich« (ebd., S. 79f.). Und:

> »Alle religiösen Erkenntnisse beziehen sich auf außerreligiöse Erkenntnisse. Es existiert keine religiöse Erkenntnis, die nicht indirekt Hilfe von außen in Anspruch nimmt, und die Beständigkeit oder Veränderung der religiösen Erkenntnisse ist bezogen auf Beständigkeit oder Wandel der nichtreligiösen Erkenntnisse. Und diese außerreligiösen Erkenntnisse sind in drei Bereichen anzusiedeln: Sinneserfahrung, Vernunft und mystische Erfahrung. Also wird das Verständnis der Religion von Wissenschaft, Philosophie und Mystik beeinflußt« (ebd., S. 82).

Sorush vergleicht das Wachstum menschlichen Wissens mit dem Wachstum eines Moleküls, das permanent durch Ausscheidung und Assimilation neue Elemente vermischt, integriert und so eine neue Identität erlangt. Es handelt sich also nicht um ein quantitives, sondern um ein qualitatives Wachstum, um eine wesentliche Veränderung, in der keine neue Erkenntnis die älteren Erkenntnisse in Bedeutung und Inhalt unberührt läßt. »So spiegeln sich Wissenschaft, Philosophie und Religion ineinander wie gegenüberliegende Spiegel, und wo ein Bild erscheint, zeigt es sich auch in den anderen« (ebd., S. 84), und »die schweigende Natur und *Sharia* sind zwar unveränderlich und ohne Widerspruch, aber die sprechende Natur und *Sharia*, d.h. das Verständnis der Menschen von ihnen kann veränderlich und widersprüchlich sein [...]« (ebd., S. 86f.). Deshalb ist es nach Sorush unmöglich, jenseits von Standpunkt und Perspektive ein Verständnis der Religion und der religiösen Wissenschaften zu erlangen (ebd., S. 88f.). Die Entwicklung und Veränderung menschlichen Wissens und damit auch die Vielfalt der Lesarten der Religion und der Glaubensvorstellungen geht, so Sorush, keineswegs aus den Intrigen übelwollender Menschen oder aus der Verführung des Teufels hervor, wie behauptet wird, sondern ist selbst Gottes Wille (ebd., S. 93f.).

Sorush wird mit seinen Grundthesen zum schärfsten Kritiker jeglichen religiösen Absolutheitsanspruchs, ohne auf Religion als göttliche Führung verzichten zu wollen: Religion ist für ihn immer Auslegung der Religion, und der Anspruch, die unfehlbare Lehre zu vertreten, ist unhaltbar, und die religiösen Wissenschaften verdanken ihre Existenz auch den nichtreligiösen Wissenschaften und den Lebensumständen der Menschen.

Sorush betont immer wieder, daß er mit seinen Darlegungen einen Ist-Zustand beschreibt. Er verwahrt sich auch gegen den Vorwurf eines absoluten Relativismus der Religion und Weltanschauung, der Diskurs und Interpretation letztlich ad absurdum führt.

4.2.2 Perspektivismus

Sorush betont, daß der **Pluralismus**, der auf die Akzeptanz der Vielfältigkeit und Inkommensurabilität der Kulturen, Sprachen und Erfahrungen der Menschen abzielen muß, eine neuzeitliche Erscheinung ist, die hauptsächlich in den Bereichen von Kultur und Religion diskutiert wird. Die faktische kulturelle und religiöse Vielfalt kann zum einen in Hinblick auf die Ursachen, zum anderen im Ausgang von den Gründen diskutieren. »Wir können die Ursachen darstellen, wieso einige Gesellschaften den Pluralismus angenommen haben, oder wir können die Gründe erklären, wieso diese These richtig oder falsch ist« (Sorush 1997, S. 2ff.).

Der faktische religiöse Pluralismus ist (hauptsächlich) auf zwei Ursachen zurückzuführen:

> »erstens auf die Vielfalt im Verständnis religiöser Texte, und zweitens auf die vielfältigen Interpretationen religiöser Erfahrungen. Die Menschen bedürfen, sowohl in der Begegnung mit den religiösen Texten als auch in der Begegnung mit der Transzendenz, der Interpretation, um den stummen Text oder die rohe Erfahrung zu enthüllen und sie zum Klingen zu bringen. Dieses Enthüllen und Entdecken hat nicht nur eine Form oder nur eine Methode, sondern ist naturwüchsig vielfältig. Dies ist die Geburt und die Berechtigung des inner- und interreligiösen Pluralismus« (ebd., S. 2).

Sorush sieht in seiner *Theorie der theoretischen Verengung und Erweiterung der Sharia* den Versuch, diesen faktischen religiösen Pluralismus zu erklären, also seine Ursachen und Mechanismen darzulegen.

> »Unser Verständnis der religiösen Texte ist gezwungenermaßen unterschiedlich und vielfältig. Diese Vielfalt ist nicht auf eine Auffassung reduzierbar. Und das Verständnis ist nicht nur unterschiedlich, sondern auch fließend. Die Ursache hierfür ist, daß der Text stumm ist und wir, um ihn zu verstehen, Erwartungen, Fragen und Hypothesen zu Hilfe nehmen, die nicht der Religion selbst entstammen. Und da diese Erwartungen, Fragen, Bedürfnisse, Thesen und Hypothesen sich ständig verändern und das Wissen der Menschen ständig wächst, verändern sich auch die Lesarten und das Verständnis der religiösen Texte« (ebd., S. 2).

Es gab und gibt **keine reine uninterpretierte Religion** oder Lehre: »Der Islam ist die Geschichte der Interpretationen, die vom Islam gemacht wurden. [...] Der schiitische Islam ist eine Interpretation des Islam und der sunnitische Islam ist eine andere Interpretation des Islam« (ebd., S. 3). Diese Unterschiede wurden in der Vergangenheit zwar wahr-, aber nicht ernst genommen. Jede Konfession oder Sekte sah sich im Besitz der allein seligmachenden Wahrheit. Die Anderen waren in der traditionellen Sichtweise Ungläubige, Ketzer, Häretiker, Abtrünnige oder Verirrte. Kaum jemand

kam auf die Idee, nach dem Grund und dem Sinn dieser unendlichen Ausdifferenzierung zu fragen. »Vielleicht ist die Bedeutung göttlicher Führung eine andere, als wir sie uns vorstellen, und vielleicht liegen Heil und Glückseligkeit in etwas anderem, in etwas, das jenseits der verfeindeten Dogmen und Lesarten liegt« (ebd., S. 3). Der Gedanke des Pluralismus gewinnt erst dann an Plausibilität, wenn »der Mensch sich nicht mehr als exklusiv, auserwählt und von anderen verschieden wahrnimmt und erkennt, daß er mit allen Menschen in einem Boot sitzt« (ebd., S. 3).
Für Sorush steht fest:

> »Wir haben keine uninterpretierte Erfahrung. Weder im Bereich der Natur, noch im Bereich der Seele oder des Geistes. [...] Jedes ›in-Sprache-fassen‹ dieser Erfahrungen ist schon eine Interpretation. [...] Ob wir davon ausgehen, daß diese verschiedenen Interpretationen sich auf die identische Erfahrung ein und derselben Sache beziehen, oder ob wir verschiedene religiöse Erfahrungen und verschiedene Interpretationen dieser Erfahrungen annehmen, so oder so, wir sind immer mit einer Vielfalt konfrontiert« (ebd., S. 4ff.).

Sorush sieht in der unüberschaubaren Vielfalt einen tieferen Sinn, einen Aspekt göttlicher Gnade. Die Sicht der Dinge »ist immer von unserem Erkenntnisapparat, von unserem Standpunkt und von unserer Beziehung zu dem Gegenstand unserer Erkenntnis bestimmt. Und dies trifft auch auf die Religionsstifter und großen Mystiker zu. [...] Es ist Gott selbst, der verschiedenen Menschen verschieden erscheint. [...] Diese Vielfalt ist gottgewollt« (ebd., S. 9ff.). Sorush zählt weitere mögliche Gründe der religiösen Vielfalt auf:
1. Der Kampf der Meinungen ist ein Spiel, eine Inszenierung, um den Unwürdigen den Zugang zur Wahrheit zu versperren.
2. Diese Vielfalt wurzelt in der vielfältigen Wahrheit, die Wahrheit ist nicht eine, sondern vielfältig.
3. Keine Lehre ist ganz ohne Wahrheit oder ganz falsch. Die Wahrheit selbst ist plural.
4. Die Wahrheit, Gott, leitet und führt jeden, der sich, vom Verlangen nach Wahrheit und Heil geleitet, auf den Weg macht.
5. Dies ist auch im Gottesnamen »der Führende« impliziert. Wie führt Gott die Menschen zur Wahrheit und zum Heil? Wird seine Leitung, seine Führung, sein Heil und seine Wahrheit nur einem exklusiven Kreis, einer bestimmten Sekte, einer einzigen Konfession zuteil? Dies würde aus ›Gott dem Allmächtigen‹ ›Gott den Ohnmächtigen‹ machen, da wir sehen, daß keiner dieser exklusiven Kreise sich durchzusetzen vermochte. Es geht hier nicht darum, den eigenen Glauben, Kult oder Ritus aufzugeben, sondern darum, daß Gott nicht als Verlierer gegen den Teufel angesehen wird.
6. Nichts ist in dieser Welt in reinem Zustand vorhanden. Hier ist alles vermischt, wahr und falsch, gut und böse, Licht und Schatten. Der Ursprung aller Religionen ist rein, nicht aber ihre weltliche Erscheinungsweise. Wir dürfen unsere Suche nicht aufgeben und auch nicht das, was wir gefunden haben, billig weggeben. Aber wir dürfen auch nicht der Versuchung erliegen, daß das, was wir haben, vollkommen, vollendet und frei von Fehlern ist. Die reine absolute vollkommene Wahrheit besitzt niemand auf Erden.
7. Alle diese Wahrheiten sind miteinander verwandt. Ein Gedanke ist dann wahr, wenn er mit anderen wahren Gedanken zusammenpaßt und sich in ein Gesamtmuster einfügt. So ist es die Aufgabe jedes Wahrheitssuchers, ein Leben lang dieses Kreuz-

worträtsel der Wahrheit zu lösen und die Geometrie der Erkenntnisse zu harmonisieren, nicht aber das Festkleben an einer vermeintlich endgültigen Wahrheit.

8. Abgesehen von der Verwandtschaft zwischen den Wahrheiten gibt es aber die faktischen Widersprüche der Werte, der Tugenden und der Gebräuche. Hier haben wir es mit einer kausalen, die Wert betreffenden und inkommensurablen Vielfalt zu tun, in der wir Menschen faktisch leben. Jeder Mensch ist anders, und es geht darum, diese Andersheit als etwas Positives zu akzeptieren und zuzulassen. Es gibt nicht nur den einzigen richtigen Lebensstil.

9. Die Religiosität der meisten Gläubigen hat Ursachen, keine Gründe. Man ist Christ oder Moslem, weil man in einer christlichen oder islamischen Gesellschaft aufgewachsen ist. Dies ist eine Ursache, kein Grund. Hier geht es wieder darum, diese kausale Faktizität vernünftig und bescheiden zu akzeptieren und auch hier eine größere Weisheit am Werke zu sehen (ebd., S. 10ff.).

4.2.3 Die drei Kulturen

Die Aktualität dieser Gedanken liegt nicht nur in der immer wieder heraufbeschworenen Konfrontation von islamischem Orient und christlichem Okzident, von fundamentalistischem Islam und aufgeklärter Moderne, sondern rührt viel tiefer in der Spannung zwischen den drei Kulturen, die die iranische Identität ausmachen: persische Kultur, islamisch-schiitische Religion und westliche Moderne.

> »Wir muslimischen Iraner sind Träger und Erbe dreier Kulturen. Solange wir unser Verhältnis zu diesen drei Kulturen nicht bestimmen, nicht wissen, wo und an welchem Ort der kulturellen Geographie wir leben, können wir kulturell und gesellschaftlich nicht konstruktiv handeln. Unsere Denker und Reformer sahen sich alle auf irgendeine Weise mit dem Problem der Bestimmung des Verhältnisses dieser drei Kulturen konfrontiert und versuchten, darauf eine Antwort zu finden. Einige der größten kulturellen Entgleisungen und verlorenen Chancen entstanden durch einseitige Betonung einer dieser Kulturen und das Vergessen der anderen. [...] Jeder Weg, den wir zur Lösung unserer Probleme suchen, muß in diesen drei Kulturen gesucht werden.« (Sorush: Razdani 1991, S. 105ff.)

Bevor die Iraner den Islam annahmen, waren sie Iraner. Auch nach dem Übertritt zum Islam, auch nach der Annahme der schiitischen Konfession verlor sich ihre nationale Identität weder in der islamischen Kultur, noch in der westlichen Kultur, die seit dem 19. Jh. in den Iran eindrang. Trotz vieler Auseinandersetzungen und Kämpfe der Anhänger und Propagandisten konnte keine dieser Kulturen endgültig siegen oder dominieren. Die faktische iranische Identität ist nichts anderes als das Spannungsverhältnis zwischen diesen drei Komponenten (ebd., S. 106ff.).

Die grundsätzlichen Fragen sind also:

> »Welche dieser Kulturen macht unsere kulturelle Identität aus? Was bedeutet überhaupt kulturelle Identität? Ist es wünschenswert, eine reine kulturelle Identität zu haben, wenn ja, welche dieser drei Kulturen ist unserer Identität am nächsten und welche verrät unsere wahre Identität und nimmt sie von uns? Und ist das Verbleiben in der vergangenen Kultur und ihr Erhalt notwendig? [...] Darf eine Nation gegen einige Aspekte der eigenen Kultur aufbegehren? Gibt es Möglichkeiten und Kanäle des Austauschs zwischen den Kulturen oder sollen sie ihre Fenster für einander geschlossen halten?« (ebd., S. 114ff.)

Die Frage nach der eigenen kulturellen Identität muß unbeantwortet bleiben, solange »Identität« nicht als etwas Fließendes und sich Veränderndes angenommen und verstanden wird, daß Korrektur der Identität gleich Identität ist. Werden ist ein Aspekt von Sein. Und so kann Erneuerung der eigenen Identität und der eigenen Kultur nur Bewegung bedeuten. Bewegung impliziert die Negation blinder Nachahmung – Nachahmung der Anderen oder der eigenen Vergangenheit.

Wichtig ist, so Sorush, daß wir von vornherein nicht definieren, was wir sind, sondern daß wir uns auf die Suche machen nach dem, was wir sind, und daß wir dieses ›Was‹ erschaffen. Jeder von uns hat eine faktische Identität, die uns auch mit anderen verbindet. Aber von diesem ›Ist‹ bis zur Verwirklichung eines ›Soll‹ liegt ein unendlicher Weg. Wir können nicht sagen: weil wir *so* waren, müssen wir auch immer *so* bleiben. Ist das, was nicht unter uns und aus unserer Kultur gewachsen ist, fremd? Oder ist die Bedingung der Zugehörigkeit das Einswerden mit uns, die Integrationsfähigkeit in die eigene Kultur?

> »Den größten Schaden fügt man sich selbst zu, wenn man bei der Diskussion über die kulturelle Identität die Idee des Eigentums heranzieht. Anstatt an der eigenen Identität kreativ zu arbeiten, wird die Rückkehr zu irgendeiner angenommenen reinen Identität zum Ideal erhoben. Aber die einzigen Kriterien des Selbst- oder Fremdseins sind das Wahr-, Gut- oder Nützlichsein und die freiwillige Akzeptanz und Integration. [...] Unsere Identität ist fließend und muß permanent erschaffen werden« (ebd., S. 115ff.).

Sorush versucht in seinem Werk, die Kritik der Tradition methodisch zu gestalten. Die Mißachtung der Differenz zwischen religiöser Wissenschaft und göttlicher Religion, der Offenbarung, stellt für ihn den verhängnisvollsten Fehler überhaupt dar, der in Exkommunikation, in Sektierertum, religiösen Absolutismus und Fundamentalismus führt. Er will statt dessen den Weg bahnen zu einer geisteswissenschaftlichen Kritik, einer Hermeneutik der religiösen Wissenschaften, um so einer breiten Verständigung aller ernsthaften Wahrheitssucher, ob religiös oder nicht, eine Basis zu geben. Mit Sorush wird der Gedanke eines faktischen Pluralismus der Religionen, Konfessionen und Kulturen aus islamischer Sicht wiederentdeckt und weiterentwickelt. Er erarbeitet eine methodische Grundlegung jener prinzipiellen Offenheit islamischer Denker und Wissenschaftler, die bereits am Anfang des langen Weges islamischer Religion, Philosophie und Mystik vor 14 Jahrhunderten stand.

IV. RELIGIONSPHILOSOPHIE IN INDIEN

(Michael Gerhard)

1. Kurze Geschichte des Indischen Denkens

1.1 Merkmale des indischen Denkens

In der indischen Philosophie spricht man von **zwei großen Denkrichtungen**. Die eine sieht in der Philosophie eine spirituelle Disziplin, während die andere Philosophie zu einer analytischen, reflexiv-kritischen und exegetisch-hermeneutischen Disziplin ausarbeitet. Zur ersteren zählen die Systeme der Schulen des **Samkhya**, des **Yoga** und des **Vedanta**, zur zweiten die der Schulen des **Mimamsa**, der **Nyaya** und des **Vaishesika**. Die erste Richtung bleibt der vedischen Tradition verpflichtet und ist vornehmlich weltanschaulich orientiert. Die Schulen der zweiten Gruppe dagegen neigen zu einer analytischen Philosophie. Diese sechs Schulen werden die **orthodoxen** genannt, die mehr oder minder der vedischen Tradition verpflichtet bleiben. Die verbleibenden drei **nicht-orthodoxen Schulen: Buddhismus, Jainismus** und **Carvaka** fühlen sich der vedischen Tradition nicht verpflichtet; ihre Haltung dieser gegenüber ist kritisch und ablehnend (vgl. Glasenapp 1985, S. 136ff.).

Die philosophischen Grundthemen der indischen Philosophie sind im Grunde die gleichen wie in der abendländischen Philosophie. Auch die indischen Philosophen fragen nach dem Sein (sat), dem Bewußtsein (cit), Welt, Kausalität, Ursprung usw. Im Gegensatz zu abendländischen Philosophen sind die indischen Denker jedoch immer um eine **spirituelle Einsicht**, einen ›mystischen Kognitivismus‹ bemüht. Dieser Bezug des indischen Denkens zu einer Erlösung darf nicht vorschnell als rein spiritualistisch gedeutet werden, da es in Indien mehr Denktraditionen gibt, die die Erlösung oder Befreiung im Erreichen eines reinen **Erkenntniszustandes** anstreben. Indische Philosophie ist die Demonstration der möglichen Verwirklichung einer intuitiven Wahrheit, vorbereitet durch Logik, Erkenntnistheorie, Psychologie und Metaphysik.

1.2 Vedische und upanishadische Tradition im indischen Denken

Mit den ***Veden***, den sogenannten heiligen Texten und Hymnen der Hindutraditionen im 2. Jtsd. v. Chr. (vgl. Becke 1996, S. 33ff.), beginnt das philosophische Denken in Indien. In diesen Texten werden zum ersten Mal die Fragen gestellt, ob die Vielheit der Götter nur der Ausdruck einer Einheit sei, eines einzigen höchsten Wesens? Oder ob die Götter nur verschiedene Namen des einen Seins, des einen Urgrundes seien? Ist das Sein oder das Nicht-Sein das Ursprünglichere?

Im Schöpfungshymnus des *Rigveda* (vgl. Oldenberg 1923, S. 1ff.) finden sich erste kosmologische und metaphysische Spekulationen. Dieses Lied enthält zwei das indische Denken kennzeichnende Positionen: die tiefe **metaphysische Sehnsucht** nach dem Urgrund allen Seins und den **radikalen Zweifel**, ob das Gewußte auch das Gesuchte ist. Dieser Urgrund, das Ureine der *Veden*, befindet sich jenseits aller Begrifflichkeit von Sein und Nicht-Sein. In diesem Zusammenhang und zu diesem frühen

Zeitpunkt wird schon von dem einen Wahren gesprochen, das die Weisen nur verschieden benennen (vgl. Frauwallner I, 1953, S. 39ff.; Gonda I, 1978).

Die ***Upanishaden***, die eigentlichen philosophischen Traktate der Hindus (vgl. Rubens 1947), stellen eine Art philosophischer Reflexion über die *Veden* dar und enthalten die Begriffe einer universalen, allumfassenden und spirituellen Realität, die auf einen **radikalen Monismus** hinweist. Daneben beinhalten sie Spekulationen über die Welt, Gott, Geist, Seele, Leben, Materie, Ethik und Sozialphilosophie (vgl. Becke 1996, S. 36ff.).

Der Begriff des ›**karman**‹, der in diesen Texten explizit Verwendung findet, bezeichnet die kausale Wirksamkeit von menschlichen Handlungen. Handlungen setzen Ergebnisse, die in ursächlichem Zusammenhang mit weiteren Handlungen stehen. Sie bilden so ein Netz, das den physischen Tod des ›atman‹ überdauert und diesen letztlich unberührt läßt. **Atman** bezeichnet das transzendentale Selbst, das zu realisierende Eine und Wahre. Sobald dieses Selbst intuitiv und unmittelbar erlebt wird, ist die Grundlage allen Wissens entdeckt und der Mensch erlöst.

Der Begriff der **Erlösung** (moksha) spielt im indischen Denken die zentrale Rolle (vgl. Gonda I, 1978, S. 197ff.), wobei besonderer Wert auf **intuitive Erkenntnis** gelegt wird. Ein vermeintlicher Gegensatz von Wissen und Glauben wird aufgehoben, so daß Philosophie Denk- und Lebensweg zugleich ist. Das Selbst (atman), die Handlungen (karman) und die Erlösung (moksha) sind die drei Eckpfeiler des indischen Denkens.

1.3 Die orthodoxen und die heterodoxen Schulen

Die Systeme der indischen Philosophie werden, wie oben dargestellt, nach ihrer Haltung den *Veden* bzw. der vedischen Tradition gegenüber eingeteilt. Die aufgeführten Systeme sind dabei nicht an Personen gebunden. So steht der Name Mimamsa für eine Erörterung der *Veda*-Texte, Vedanta für eine Richtung, die von den *Upanishaden* ausgeht, Samkhya für Zahl, die die Hauptprinzipien der Welt zählen soll, und die Nyaya-Schule beschäftigt sich mit den logischen Prinzipien, die die Erkenntnis der Wahrheit zum Ziel haben. Da Schulen, die die *Veden* bejahen, als orthodox, die anderen als heterodox gelten, ergeben sich auch inhaltlich zwei große Linien im indischen Denken: Die **upanishadische** (›atmavada‹, die Lehre von der **Existenz eines Selbst**) und die **buddhistische** (›anatmavada‹, die Lehre von der **Nicht-Existenz eines Selbst**).

1.3.1 Buddhismus

Die einzelnen Traditionen des Buddhismus werden in die folgenden vier erkenntnistheoretischen Positionen eingeteilt:

1. Die **Sarvastivadins** sehen die Außenwelt als wirklich und in der Wahrnehmung direkt gegeben an.
2. Die **Sautrantikas** vertreten die Auffassung, daß die Außenwelt der Wahrnehmung eben nicht direkt gegeben, sondern ihre Existenz durch die Sinne erschlossen werden muß.
3. Die **Yogacaras** sehen nur ein Bewußtsein mit Gewißheit gegeben und meinen, daß nur der Innenwelt des Menschen wahre Realität zukommt.

4. Für die **Madhyamakas** ist weder Innen- noch Außenwelt vorgegeben, da alles in Abhängigkeit entsteht und vergeht und daher keine Existenz aus sich selbst heraus besitzt, und somit eigentliche ›Leerheit‹ darstellt.

Die Madhyamaka-Schule beschäftigt sich mit dem Ursprung des **dialektischen Bewußtseins** und weist ihn dadurch aus, daß sie dessen Entstehen durch das Vorhandensein von zwei entgegengesetzten Gesichtspunkten (drishti), von der These ›es ist‹ und der Antithese ›es ist nicht‹, erklärt. Dieses Gegensatzpaar stellt einen Konflikt für die Vernunft, für das Denken dar, so daß die Überwindung dieser Dialektik die Überwindung des Denkens bedeutet. Alles Denken ist dieser Dialektik unterworfen: Als erster Schritt ist der Konflikt der verschiedenen Ansichten herauszuarbeiten. Der zweite besteht in der reductio ad absurdum. Und in einem dritten Schritt wird durch die völlige Negation des Denkens selbst die **Intuition des Realen**, frei von aller Dualität, erreicht. Dem Realen werden alle Prädikate, negative und positive, abgesprochen. Es ist das dem Denken Transzendente, Nicht-Duale, das essentiell an den Phänomenen wahr ist. In diesem Sinne gibt es zwei Stufen des Seins, **zwei Ebenen von Wahrheit**: die Welt der Erscheinungen und Konventionen und die (absolute) Wahrheit.

So kulminiert die Madhyamaka-Dialektik in einer ›intellektuellen Intuition‹ (prajna), einer Anschauung ohne Bruch zwischen Theorie und Praxis. Das Grundübel, die Unwissenheit, verzerrt das Reale in den Denkformen. Mit der **Erkenntnis der Leerheit** (shunyata), der völligen Abwesenheit aller Kognitionen bestimmter Phänomene, gipfelt die Dialektik in der Freiheit selbst. Dieser Zustand ist außerbegrifflich. Er führt zu einer radikalen transzendentalen Einstellungsänderung, welche die Welt in ihrer Existenz nicht ändert, sie aber radikal anders begreifen läßt. Dieser Zustand negiert die Welt nicht, er führt das sprachliche Denken an seine Grenzen, er bereitet den Boden für das Verständnis des Unausdrückbaren in der Philosophie (vgl. Conze 1988; Glasenapp 1985, S. 302ff.; Frauwallner 1969).

1.3.2 Vedanta

Die Vedanta-Philosophie (›vedanta‹ bedeutet: ›(am) Ende der *Veden*‹) beruft sich nun direkt auf die ***Upanishaden*** und stellt eine kritische Schlußbetrachtung zu den *Veden* dar. Die folgenden drei Varianten der Vedanta-Lehre sind für die indische Philosophie von besonderer Bedeutung:

1. die nicht-dualistische Lehre von Shankara (ca. 670–740) (**advaita**)
2. die dualistische Lehre von Madhva (1199–1278) (**dvaita**)
3. die eingeschränkt nicht-dualistische Lehre von Ramanuja (1050–1137) (**vishist-advaida**)

Atman und **Brahman** stellen zusammen die Hauptthemen des Vedanta dar. Das Brahman ist kein Gegenstand der Wahrnehmung, sondern rein der Intuition, der unmittelbaren Erfahrung zugänglich. Sein nicht-empirischer Charakter wird durch die nur negative Beschreibung: ›nicht dies, nicht dies‹ (›neti neti‹) betont. Brahman transzendiert den Bereich der weltlichen Empirie so vollkommen, daß es nicht als Einheit beschrieben werden kann. Daher wird es ›nicht-zwei‹ (a-dvaita) genannt. Atman, der unbeteiligte Zuschauer, das unsterbliche Selbst des Menschen, ist als absolutes Bewußtsein identisch mit Brahman. Das Ziel der wahren **Erkenntnis**, die Identität von

Atman und Brahman, genauer ihre ›Nicht-Zweiheit‹, führt zur Erlösung (vgl. Potter III, 1981; Glasenapp 1985, S. 147ff.).

1.3.3 Jainismus

Die Gedankengänge der Philosophen des Vedanta und des Buddha bewegen sich, wenn auch oftmals in Abgrenzung voneinander, in den Bahnen einer großen Entwicklung, die in den älteren *Upanishaden* ihren Ursprung hat und schon damals die Führung gewinnt. Später gehören dieser die meisten Lehren der epischen Zeit an und so führt sie schließlich zur Entstehung des Samkhya und des Vaishesika. Dagegen gehört der Jainismus, obwohl er zur gleichen Zeit und am selben Ort entstanden ist wie der Buddhismus, einer anderen Denktradition an. Sein Interesse richtet sich mehr auf die Außenwelt.

Die Jaina-Lehre beinhaltet die ethisch-religiöse Lehre von ›**ahimsa**‹ (Gewaltlosigkeit), die in einer positiven Doktrin von der universalen Liebe gründet. In der Betrachtung der Realität weisen die Jainas dieser drei Merkmale zu: Entstehen, Bestehen und Vergehen. Alles Seiende besitzt diesen dreifachen Aspekt. So sind Phänomene beständig, wenn sie vom Gesichtspunkt der Substanz aus betrachtet werden, doch sie sind unbeständig, werden die Modi Entstehen, Bestehen und Vergehen in Betracht gezogen. Jedem Phänomen wird so Sein und Nicht-Sein zugesprochen.

Die Jainas geben keine theistische Erklärung der Welt. Sie wird als etwas Ungeschaffenes, seit Ewigkeit Existierendes betrachtet. Der Philosoph Jinasena schreibt über »einige dumme Menschen, die behaupten, Gott habe die Welt geschaffen. Eine solche Lehre ist jedoch falsch und muß daher zurückgewiesen werden.« Das, was ist – gemeint sind die Naturdinge –, muß nicht antropomorph gedeutet werden. Auch eine theologische Rationalisierung der eigenen Verfehlungen ist für die Jainas nicht haltbar, weil nichts Gottes Wille ist, sondern alles menschlichen Handlungen entspringt. In einer Suche nach der Wahrheit mit der **Grundeinstellung zur Toleranz** liegt der Weg zur **Erlösung.**

Im Verhältnis zur vedischen, brahmanischen, hinduistischen Linie auf der einen Seite und der buddhistischen Tradition auf der anderen hat sich der Jainismus in seinem zweitausendjährigen Bestehen kaum gewandelt und erscheint bis heute wie eine ›altertümlichen‹ Naturphilosophie. So ist er zwar ein in sich geschlossenes System, das auch auf aktuelle Fragen reagiert, aber eben kein religionsphilosophisches in Hinblick auf den in diesem Buch gesteckten Rahmen hinsichtlich einer durch die Aufklärung geläuterten Vernunft im kantischen Sinne (s. Kap. Einleitung). Das gleiche gilt auch für die folgenden Systeme der Samkhya-, der Yoga-, der Mimamsa-, der Nyaya-, der Vaishesika- und der Carvaka-Schule (vgl. Bareau/Schubring/Fürer-Haimendorf III, 1964, S. 217ff.; Frauwallner II, 1956, S. 251ff.).

1.3.4 Samkhya

Die Samkhya-Schule gehört zu den ältesten der indischen Philosophie. Sie geht von den beiden Kategorien des **Ursubjekts** (purusha) und der **Urmaterie** (prakriti) aus. Das Ursubjekt stellt eine ewige, unveränderbare geistige Entität dar. Die Urmaterie, dem Ursubjekt gegenüber stehend, verkörpert die Ursache allen physischen und psychischen Geschehens. So ist dem Samkhya ein **Urdualismus** eigen, der die phänomenale Welt als eine Transformation der Urmaterie aufscheinen läßt. Drei Eigenschaften (guna) bilden in ihrem Zusammenspiel die Urmaterie aus: gut, tätig und träge. Diese drei Gunas werden aus ihren Wirkungen in der Welt gefolgert und der Urmaterie zugeschrieben.

Für die Samkhyas bestand vor der Schöpfung ein Gleichgewicht aller Kräfte. Die Urmaterie befand sich in Bewegungslosigkeit. Es gab keine Handlungen, keine Tätigkeit. Die Entfaltung dieser Urmaterie ist teleologischer und evolutionistischer Natur und zielt auf die Emanzipation des Ursubjekts von der Urmaterie. Ist diese Emanzipation vollzogen, ist der Mensch erlöst.

Der Purusha ist und bleibt das Unveränderliche im Menschen und existiert, ohne selbst Ursache oder Wirkung zu sein, während die Urmaterie als Aggregat der Gunas angesehen werden muß. Der Purusha als das reine Bewußtsein ohne Aktivität verfängt sich in den Gestaltungen der Prakriti und vergißt dabei seine wahre Natur. Wann und wie dies geschah, bleibt ein Geheimnis. Die Disziplin des Yoga knüpft hier an (vgl. Frauwallner I, 1953, S. 275ff.; Glasenapp 1985, S. 197ff.; Potter IV, 1987).

1.3.5 Yoga

Die Yoga-Philosophie umfaßt eine Theorie und eine Praxis. **Patanjali** (ca. 2. Jh. v. Chr.) definiert Yoga als die Beherrschung gedanklicher Bewegung und spricht von den ›**Acht Gliedern des Yoga**‹:

1. Einhalten der fünf moralischen Gebote: Nichtschädigung, Wahrhaftigkeit, Nichtstehlen, Selbstzucht, Begierdefreiheit.
2. Regeln der ethischen Vorbereitung: Genügsamkeit, Enthaltsamkeit, Reinheit, Studium, Ergebenheit.
3. Körper- und Konzentrationsübungen.
4. Atemregulationsübungen zur geistigen Ruhe.
5. Zurückziehen der Sinnesorgane.
6. Hinlenken des Denkens auf einen bestimmten Gegenstand.
7. Meditation als ausschließliche Konzentration auf das zu Meditierende.
8. Versenkung.

Der Yoga-Praxis liegt eine grundlegende Unterscheidung zwischen dem Ewigen, dem individuellen Selbst und dem physischen und psychischen menschlichen Organismus zugrunde: ›Der Bewohner des Hauses ist grundsätzlich zu unterscheiden von dem Haus, in dem er wohnt.‹ Das Ziel aller Yoga-Praktiken liegt in dem Erlangen einer höchsten Bewußtseinsstufe, auf der die normalen mentalen Aktivitäten aufgehoben sind. Die meditativen Übungen sollen helfen, die unbewußten Triebkräfte und Willensregungen zu Bewußtsein zu bringen. Die körperlich-geistigen Übungen stellen Experimente dar. Eine reine Intellektualisierung verfehlt das Wesen des Yoga, obwohl das Samkhya als sein theoretischer Unterbau angesehen wird (vgl. Frauwallner I, 1953, S. 97ff.; Glasenapp 1985, S. 217ff.).

1.3.6 Mimamsa

Die Mimamsa-Schule greift auf das vedische Schrifttum als einer philosophischen Deutungslehre zurück. Mimamsa bedeutet ›Reflexion‹, ›Betrachtung‹ und ›Auslegung‹

und bezeichnet im Grunde zwei Schulen der Hindu-Philosophie: Die ältere **Purva-Mimamsa** beschäftigt sich mit dem vedischen Ritual, die jüngere **Uttara-Mimamsa** befaßt sich mit der Erkenntnis von Wahrheit.

Die *Veden* sind die ewigen Wahrheiten, frei von einem menschlichen oder göttlichen Verfasser. Sie sind selbst-evident, und ihre Gültigkeit bedarf keines Beweises. Die Mimamsa lehnt eine zyklische ›Lehre vom Werden und Vergehen‹ kategorisch ab, da diese zur Folge hätte, daß die *Veden* ihr auch unterworfen wären, was deren Ewigkeitscharakter widersprechen würde.

Die Mimamsa-Schule definiert die *Veden* als Zusammenstellung von heiligen Mantras, von mystischen Silben, Wörtern, Geboten und entwirft eine Philosophie des Logos, um so die ewige Natur der vedischen Worte zu belegen: jedem Wort, jedem Ton kommt Ewigkeitscharakter zu. Sie bestehen in latenter Form seit Ewigkeit und werden lediglich ausgesprochen, wenn sie aus dem potentiellen Zustand in den aktuellen eintreten. Das Transzendente gehört konstitutiv den Wörtern und Tönen an. In dem Laut ›Wort‹ wohnt das Sein (sat) (vgl. Glasenapp 1985, S.142ff.).

1.3.7 Nyaya

Die Nyaya-Schule arbeitet methodologisch und untersucht kritisch die Objekte der Erkenntnis. Sie lehnt sowohl den ›Momentarismus‹ der buddhistischen Daseinsfaktoren und die Kausalitätslehre (s. Kap. IV.2.3) als auch die Identitätslehre von Ursache und Wirkung des Samkhya ab. Diesen gegenüber entwirft sie eine eigene **Theorie der Negation**. Auf die Frage, ob die Negation zur Wahrnehmung gehört oder nur indirekt erschlossen wird, antworten die Nyayas, daß die Kategorie der Negation ›real ist‹ und damit zur Wahrnehmung gehört. Daß eine Sache an einem bestimmten Ort zu einer bestimmten Zeit nicht existiert, ›ist‹ genauso wahr wie die Existenz einer Sache in Raum und Zeit. In dem Urteil: ›Der Krug ist hier abwesend‹ wird, so sagen die Buddhisten, die direkte Kognition durch den leeren Ort hervorgerufen. Die Abwesenheit des Kruges stellt so eine Repräsentation dar, hervorgerufen durch das Erinnerungsvermögen und konstruiert durch den Intellekt. Die Nyayas ihrerseits sehen nun den abwesenden Krug mit dem leeren Ort als real verbunden an. Denn die Abwesenheit des Kruges ist nicht zu verwechseln mit z.B. jener eines Feuers. Für diese Art Realismus gilt daher: ›Die Abwesenheit ist anwesend‹ (vgl. Potter II, 1977 und VII, 1993).

1.3.8 Vaishesika

Vaishesika heißt eine Schule, die ›sich auf die Unterschiede‹ in der Natur bezieht. Sie teilt die Vielheit der Welt in sechs Kategorien ein und fühlt sich einer naturphilosophischen Richtung innerhalb der orthodoxen Schulen zugehörig. Gegründet wurde sie von **Kanada** (ca. 2. Jh. v. Chr.), der auch als Verfasser des *Vaishesikasutra* gilt. Dieses erste Werk der Vaishesikas enthält neben reinen Auflistungen von empirisch Vorgefundenem schon eine erste Atomlehre.

Nach Kanada sind die ›padarthas‹, die sechs Unterteilungen der Welt, keine bloßen Begriffe, sondern reale Wesenheiten. Werden nun die Padarthas, namentlich (1) Substanz, Materie, (2) Qualität, Eigenschaft, (3) Tätigsein, (4) Gemeinsamkeit, (5) Verschiedenheit und (6) Verknüpfung, durch besondere ›Pflichterfüllung‹ erkannt, so führt diese **Erkenntnis** zu Ananda, zur **Glückseligkeit** (vgl. Frauwallner II, 1956, S. 15ff.; Glasenapp 1985, S. 232ff.).

1.3.9 Carvaka

Die Originalliteratur der Carvakas, ein Sammelbegriff für Materialisten, Skeptiker und Agnostiker, ist fast ganz verloren gegangen. Als Quelle bleibt daher nur die Literatur ihrer Gegner, die der orthodoxen Hindus und die der Buddhisten. Die Carvaka-Schule basiert auf der Lehre des Brihaspati und muß als Protest gegen die vedische Orthodoxie und den Idealismus der *Upanishaden* verstanden werden. Die Carvakas bilden eine weltbejahende Schule, die ausschließlich auf das Diesseits gerichtet ist und einen **indischen Hedonismus** repräsentiert. Sie lehnen logische Schlüsse auf Gott, Seele, Unsterblichkeit, Jenseits usw. ab, da die bloße Wahrnehmung eines Nacheinanders zweier Dinge nicht die universale Relation einer Kausalität erstellen kann und es keinen Grund gibt, einen Schöpfergott zu postulieren.

Die gemäßigten Carvakas neigen zu einem **Naturalismus**. Die Natur wird als die einzig treibende Kraft hinter den Phänomenen gesehen. Die Materie repräsentiert das Urstoffliche, und auch das Geistige läßt sich auf diese zurückführen. Aus den vier Elementen Erde, Feuer, Luft und Wasser entstehen durch Kombination alle Phänomene der sinnlichen Welt; und das Bewußtsein stellt vor diesem Hintergrund nur das Resultat von physischen Zuständen dar. So lehnen die Carvakas auch eine wie auch immer geartete ›Weltentsagungslehre‹ ab. Die Carvakas haben in der langen Geistesgeschichte Indiens keinen nachhaltigen Einfluß ausgeübt. Ihre Philosophie der **reinen Diesseitigkeit** steht im krassen Gegensatz zur spirituellen Tradition (vgl. Frauwallner II, 1956, S. 295ff.).

1.4 Das moderne indische Denken

Geübt an den abendländischen Traditionen und verwurzelt im indischen Denken, besteht für Denker wie **Radhakrishnan** (1888-1975) am Anfang des 19. Jhs. die Gelegenheit, indische Horizonte zu öffnen und das Alte neu zu lesen. Er versucht als erster die Metaphysik aus dem Gesamt der indischen philosophischen Schriften herauszuarbeiten, so daß seine Werke den Anstoß zu weiteren Studien in dieser Richtung geben. Werden nun die rein metaphysischen Ideen im indischen Denken zusammengesehen und ihre Richtungen erforscht, dann ist dies schon eine »Reaktion des indischen Denkens auf Probleme der Gegenwart«. **Surendranath Dasgupta** (20. Jh.) erkannte dies und ordnete die indischen Systeme mit Blick auf die abendländischen neu. Entwicklungen, die schon begonnen hatten, schloß er an alte und schon bestehende an.

Das Denken als solches kann nicht über die Ergebnisse des Advaita, der Nicht-Zweiheit, oder der Shunyata, der Leerheit, hinausgehen. Aber gerade der Bereich der vom traditionellen Advaita gelösten Probleme ist begrenzt, was **Bhagavan Das** (20. Jh.) nie müde wurde zu betonen und woran er zeitlebens arbeitete.

Philosophie ist in Indien ein ›Überbau‹, der über einem Lebensplan errichtet ist. Sie verbindet diesen Plan mit der eigentlichen Wirklichkeit und schafft so Vertrauen. Diese Auffassung von Philosophie wurde nachhaltig von **Mohandas Karamchand Gandhi** (1869–1948) vertreten (vgl. Lal 1995, S. 91ff.; Raju 1953, S. 292ff.).

Die orthoxen und die nicht-orthodoxen Schulen
Die sechs orthoxen Schulen

Name	Ziel	»Begründer«	Zeit	Grundtext	spätere Kommentatoren
Mimamsa (»Untersuchung«)	Ritualwissenschaft mit Glaube an Ewigkeitscharakter des (vedischen) Wortes	Jaimini	frü. 200 v. – spä. 200 n. Chr.	Mimamsa-Sutra	Prabhakara (7. Jh.) Kumarila (7. Jh.)
Vedanta (»Veda-Ende«)	Erkenntnis der Identität von Atman und all-einem Brahman; Eingehen in das Brahman	Badarayana	Beginn u. Zr.	Brahma-Sutra	Shankara (8. Jh.) Ramanuja (11. Jh.) Madhva (13. Jh.)
Samkhya (»Aufzählung«)	Erkenntnis der Verschiedenheit von Prakriti und Purusha; Leben in individueller, wahrnehmungsloser geistiger Existenz	Kapila, Ishvarakrishna	4./5. Jh.	Samkhya-Karika	Vijnanabhiksu (17. Jh.)
Yoga (»Anspannung«)	Praktische Umsetzung des Samkhya	Patanjali	5. Jh.	Yoga-Sutra	Vyasa (6. Jh.) Vacaspatimisra (10. Jh.)
Nyaya (»Regel«, »das, worauf etwas zurückgeht«)	Ewige und individuelle Bewußtseinsentitäten, die in der Erlösung inaktiv, bewußtlos verharren	Gotama	Beginn u. Zr.	Nyaya-Sutra	Pakshilasvamin (5. Jh.) Gangesha (12. Jh.)
Vaishesika (»die Unterschiede betreffend«)	siehe Nyaya	Kanada	Beginn u. Zr.	Vaishesika-Sutra	Prashastapada (5. Jh.) Udayana, Shridhara (10. Jh.) Shankaramisra (17. Jh.)

Die drei nicht-orthoxen Schulen

Name	Ziel	»Begründer«	Zeit	Grundtext	spätere Kommentare
Carvaka (»Materialismus«)	Welt ist real; Bewußtsein ist Resultat physischer Zustände	Brihaspati	?	Bhaguri	/
Jainismus (»der Erobernde«)	Leben nach ethischen Geboten löst die Verbindung der Geistesentität mit der Materie	Mahavira	5. Jh. v. Chr.	Tattvarthadhigama-Sutra	Umasvati (4.–5. Jh.)
Buddhismus (»der Erwachte«)	Existentielles Leiden wird im Achtgliedrigen Pfad aufgelöst; Erkenntnis der fundamentalen Bezogenheit der Phänomene aufeinander	Siddharta Gautama Shakyamuni	6./5. Jh. v. Chr.	Pali-Kanon	Nagarjuna (2./3. Jh.) Asanga, Vasubandhu (4./5. Jh.) Atisha (980/90–1055)

Da das Denken es jedoch mit allen Aspekten unserer Erfahrung zu tun hat, erstreckt es sich gerade auch auf religiöse Bereiche. Die Institution stellt für **Krishnachandra Bhattacharyya** (1875–1949) nur den äußeren Aspekt der Religion dar, in ihren Tiefen repräsentiert sie eine Erscheinungsform des menschlichen Erlebens. Diesen tieferen individuellen Aspekt der Religion greift die Philosophie als ihren Gegenstand auf.

Um das Ergebnis, zu dem das indische Denken gelangt ist, vorwegzunehmen: Es ist die endgültige und absolute **Identität des Allgemeinen und des Besonderen**, von Gesetz und Ding, Norm und Existenz, Realität und Wert, des Ideellen und des Aktuellen. Dorthin sind, auf mehr oder weniger unterschiedlichen Wegen, die verschiedenen Systeme gelangt, und wenn einige von ihnen ein solches Ergebnis nicht wirklich erreicht haben, so haben sie es doch angestrebt.

2. Der Begriff ›Religionsphilosophie‹ in Indien

2.1 ›Philosophie‹ in Indien

Der moderne **Hinduismus** faßt den Begriff der Philosophie als einen maßgeblichen Bezugspunkt der Selbstdarstellung und des Gespräches mit dem Abendland auf. Die eigene Tradition wird am Leitfaden dieses Begriffes ausgelegt. Als Übersetzung von Philosophie (›philosophy‹) bürgert sich in den neuindischen Sprachen wie auch im modernen Sanskrit weitgehend der Ausdruck ›darshana‹ ein. **Darshana** gilt heute als das traditionelle indische Wort für Philosophie. Der Hinduismus sieht hierin eine durch die eigene Tradition vorgegebene Antwort auf den Begriff und Anspruch dessen, was im Abendland ›Philosophie‹ genannt wird. Auch werden spezifisch indische Ansprüche an den Gebrauch von Darshana geknüpft; wofür etymologische Hinweise auf die Sanskritwurzel ›drish‹ (sehen) stehen. So gilt Darshana als Symptom einer Orientierungsweise, der es um ein genuines ›Sehen‹, ein unmittelbares Realisieren des Absoluten gehe und die insofern vom analytischen, theoretisch-objektivierenden Geist der abendländischen Philosophie wesentlich verschieden sei. Das für diese philosophischen Systeme (darshana) maßgebliche Motiv liegt in dem Streben nach Erlösung (moksha) aus dem Kreislauf der Wiedergeburten (samsara) und dem ihm eigenen Ungenügen und ›existentiellem‹ Leiden (duhkha).

Eine Kritik des bloßen Faktenwissens ist im **Buddhismus** in ganz besonderem Maße entwickelt worden. Zu einem Leitwort dieser Kritik ist das mit Darshana etymologisch verwandte Wort ›drishti‹ geworden. **Drishti**, das begrifflich-theoretische Setzen von Gegenständen und Zusammenhängen, bezeichnet eine Form des ›Durstes‹, eine willensmäßige Bindung an die Welt, ein ›Netz‹, in dem man sich selbst verfängt, an den Kreislauf des Lebens und Leidens fesselt und qua diesem Kreislauf und in der Weise eines Kreislaufes des Verfangenseins in Leben und Leiden ›existiert‹ (vgl. Batchelor 1992).

Diese ethymologische Variante von Darshana, Drishti, wird im XXVII. Kapitel des *Mulamadhyamakakarika* des Philosophen Nagarjuna (ca. 2./3. Jh.) (vgl. Lorenz

1998, S. 59ff.), für den Buddhismus charakteristisch, als »Ansicht«, »willensmäßige Festlegung«, »spekulative Ansicht« oder »Weltanschauung« gebraucht. An anderer Stelle schreibt er: »Die Ansichten: ›In vergangener Zeit wurde ich‹, ›wurde ich nicht‹, ›die Welt ist ewig‹ usw., diese sind auf eine frühere Grenze bezogen. Die Ansichten: ›In einer anderen zukünftigen Zeit werde ich werden‹, ›werde ich nicht werden‹, ›die Welt ist endlich‹ usw., diese sind auf ein späteres Ende bezogen.« (Nagarjuna: *Mulamadhyamakarika*, XVII.1f.). Dieser Gebrauch verweist auf bloße spekulative Ansichten, Theorien, die eben dadurch, daß sie bloße Ansichten, Theorien sind, Elemente der Bindung an die Welt und Hindernisse auf dem Weg zur Erlösung darstellen. Diesen ›bloßen Ansichten‹ steht die soteriologisch richtungsweisende ›Ansicht‹ bzw. ›Sichtweise‹, der ›**Dharma**‹, gegenüber, welche der erste Schritt auf dem ›Achtgliedrigen Pfad‹ zur Befreiung aus dem Kreislauf der Wiedergeburten (samsara) ist. Gegenüber dieser Art des theoretischen ›Sehens‹, dieser Drishti, entwickelt die indische Tradition Formen der Betrachtung und der Erkenntnis, die sich durch radikalste Ausschaltung des ›Interesses‹ und der Zweck-Mittel-Kategorie auszeichnen. Die ›reine Betrachtung‹ oder ›reine Theorie‹ verzichtet hier radikal auf jedwedes Erklären- und Beherrschenwollen und auf eine empirische Welt als Bereich kausaler Zusammenhänge und somit möglicher Erklärung und Beherrschung.

Die Lehren, die unter dem Titel Darshana in Indien erscheinen, entsprechen in ihrem inhaltlichem Bestand weitgehend der abendländischen ›Philosophie‹. Sie bieten theoretisch fundierte, systematische ›Weltanschauungen‹ und lassen praktisch-religiöse Orientierungsweisen im allgemeinen unbeachtet. Aber es kommt in Indien nicht wirklich zu einem Umbruch in ein kritisches Denken wie ihn das Abendland erlebte. Sogar die radikale antivedische Kritik der Carvakas und der Buddhisten wird schon früh als Traditionsbestandteil ausgelegt und in diese zurückgelenkt.

Seit der ersten Hälfte des 19. Jhs., mit der Einführung des Englischen als Sprache des höheren Universitätswesens (1835) und der Errichtung englischsprachiger Universitäten (nach 1845) hat die Philosophie im abendländischen Sinne einen festeren Platz im indischen Geistesleben eingenommen. In den Richtungen des **Hinduismus** setzt sich nun **Darshana** (auch Darshanashastra) als terminologische Entsprechung von ›**Philosophie**‹ endgültig durch (vgl. Becke 1996, S. 84ff.).

Die Frage nach der Philosophie, nach ihrer Gegenwart und Zukunft, nach ihrem indischen und universalen Charakter tritt in Indien vor allem im 20. Jh. auf (vgl. Gonda II, 1963, S. 253ff.). Der Begründer dieses modernen Denkens ist **Ramohan Roy** (1772–1833), der sogenannte ›Vater des modernen indischen Denkens‹. Roy verwendet Wort und Begriff ›Philosophie‹ noch nicht in expliziter Weise; auch geht er noch nicht auf die später so zentrale Frage der Beziehung zwischen Religion und Philosophie ein. Doch ändert sich dies mit **Keshab Chandra Sen** (1838–1884). Er kontrastiert den »Geist der wahren Philosophie«, den England den Indern zu bieten habe, mit dem indischen »Geist des himmlischen Rausches«, der religiösen und poetischen Emotion und Inspiration. Philosophie als eine wesentlich europäische Geisteshaltung steht für ihn ganz auf der Seite der Wissenschaft und der »harten Tatsachen« und einem Gefühl der »süßen Poesie« erst einmal entgegen. Beide müssen sich nun in der »New Dispensation« zur wahren und harmonischen Religion der Zukunft verbinden (Sen 1904, S. 325).

Dieses hier zum ersten Mal erwähnte Modell eines sich gegenseitigen Ergänzens von **abendländischer Wissenschaftlichkeit** und **indisch-religiöser Inspiration** wird von nun an im modernen Hinduismus bestimmend, und in einer besonders ausgeprägten Weise bei **Vivekananda** (1863–1902) und **Aurobindo Gose** (1872–1950) wiederzufinden sein (vgl. Lal 1995, S. 1ff. u. 158ff.; Raju 1953, S. 299ff.). Auf seiten der akademischen Vertreter des Fachs Philosophie in Indien beginnt das Interesse an religionsphilosophischen Fragestellungen auf der Schwelle des 19. zum 20. Jh. So werden nun Hegel, Bradley, Kant und der Deutsche Idealismus (s. Kap. I.2.2 und I.2.3) u.a. von **Hiralal Haldar** (1865–?) (vgl. Raju 1953, S. 351ff.) und **Krishnachandra Bhattacharyya** intensiv studiert.

In einer selbständigen und kritischen Nachfolge dieser ›ersten Generation‹ steht Bhattacharyyas Schüler **R.V. Das** (20. Jh.). Sein Stil der Reflexion auf den Philosophiebegriff ist exemplarisch. So geht es ihm in seinen Überlegungen um eine Empirie der philosophischen Vollzüge, um ein Erfassen dessen, was im Philosophieren und in der Geschichte der Philosophie de facto geschieht. Es gilt ihm als eine Grundforderung: »(I) daß unsere Definition von Philosophie im Werk aller anerkannten Philosophen vertreten sei, und (II) daß sie unserer eigenen Erfahrung als Philosophen entspringe« (Das 1956, S. 9).

Diese Forderung und Bestimmung der Philosophie als »kritische Reflexion« steht im scharfen Kontrast zu dem in Indien bis in die Gegenwart weiterhin vorherrschenden Stil von Programmaussagen und vedantisierenden Idealdefinitionen. Es dominieren Motive wie die Orientierung am Verhältnis von ›Philosophie‹ und ›Religion‹ und die Tendenz, ›Erfahrung‹ und ›Intuition‹ als Grundlage der Religion wie auch der Philosophie zu präsentieren und beide auf dieser Grundlage unkritisch ineinander übergehen zu lassen.

Zur Klärung der modernen hinduistischen Aneignung des Philosophiebegriffes muß auch auf die Funktion und Deutung von Darshana eingegangen werden. Daß nämlich Darshana das indische Äquivalent zu ›philosophy‹ sei und zugleich ein genuin indisches, auf ›Erfahrung‹ und ›Intuition‹ gründendes philosophisches Selbstverständnis bezeuge, ist in den modernen indischen Darstellungen der indischen Philosophie geradezu kanonisch geworden, und schon **Vivekananda** erklärt im offenkundigen Bezug auf Darshana: »Philosophie in Sanskrit meint ›klare Schau‹« (Vivekananda 1970ff., VIII, S. 15). So auch **Sarvepalli Radhakrishnan**, der den Ausdruck ›Darshana‹ gleichermaßen zur Artikulation seiner Philosophie wie auch seines Religions- und Philosophieverständnisses setzt, wenn er Darshana mit »intuitivem Erfahren« gleichsetzt und postuliert, daß in den »frühen Stadien des [indischen] Denkens« die »Philosophie noch intuitiv« war (Radhakrishnan: *Indian Philosophy*, 1989, I, S. 43).

Davon muß der Begriff ›Darshana‹ für den zeitgenössischen **Buddhismus** unterschieden werden (vgl. Dumoulin 1970). Die Bewertung des mit Darshana etymologisch verwandten Begriffes **Drishti** wurde unverändert beibehalten, was für den Buddhismus ja auch konsequent ist, da Drishti, ›bloße Ansicht‹, ›falsche Ansicht‹, soteriologisch eine viel zu bedeutende Funktion ausübt und schon zu Lebzeiten des Buddha einen so festen Stellenwert im System zugewiesen bekam, daß es im Wechselspiel von eben solchen Ansichten keine Umdeutung mehr erfahren konnte. So bedient sich der Buddhismus in der Selbstdarstellung seiner Lehre des Terminus ›**Dharma**‹ (s. Kap. IV.2.2).

In der Darstellung nicht-buddhistischer Gedankensysteme wird heute der europäische Begriff der ›Philosophie‹ (›philosophy‹) oder der ›Religion‹ (›religion‹) bevorzugt, der mit der Öffnung des Buddhismus in Richtung Westen Eingang fand. Je nach Selbstverständnis und kulturellem Hintergrund des jeweiligen buddhistischen Denkers werden auch Kategorien wie ›**Philosophie**‹, ›**Religion**‹ und/oder ›**Psychologie**‹ gebraucht.

Die Buddhismus-Renaissance (vgl. Bechert 1966ff.) auf indischem Boden vollzieht sich in größerem Stil im ausgehenden 19. Jh. mit der Verlegung des Sitzes der buddhistischen Mahabodhi-Gesellschaft von Colombo nach Calcutta zum einen und dem wachsenden Interesse indischer Intellektueller am Buddhismus zum anderen. Verstärkt wird diese noch um die Mitte des 20. Jhs. durch das politische und soziale Engagement des Neubuddhisten **Ambedkar** (1891–1956) und seit dem Ende der 50er Jahre dieses Jahrhunderts durch Exiltibeter. Die mit diesen einhergehende Wiederbelebung buddhistischer Studien an indischen Universitäten bedeutet nicht, daß Studenten auch konvertieren. Der Buddhismus wird als Teil der Geschichte der hinduistischen Philosophie gesehen – nicht jedoch als Religion.

»›Ist der Hinduismus eine Religion?‹ ›Ist der Buddhismus von der alten und traditionellen Religion Indiens verschieden?‹ [...] Der Hinduismus ist keine Religion, aber [...] die Religion der Hindus, Arya Dharma [...] ist in den Veden, ihren heiligen Büchern, enthalten [...] Und es ist unbestritten, daß Buddha der größte Ausleger des Arya Dharma gewesen ist [...] Könnte somit irgendein Mensch mit Sinn für Wirklichkeitsliebe auch nur einen Augenblick lang leugnen, daß Buddha ein Hindu war? [...] In der Tat wurde er in der selben Kshatriya-Sippe der Ikshwakus geboren, in der Ram geboren wurde [...] Buddha war der größte Vaidik, der je geboren ist, und eben aus diesem Grunde betrachten die Vaidiks Buddha als eine Inkarnation Vishnus. [...] Tatsächlich ist Buddha Buddhismus und Hinduismus.« (Kulkarni: *Dr. Ambedkar and Buddhim*, 1950, S. 342)

Betrachten indische Intellektuelle den Buddhismus auch als eine ›Philosophie‹ und meinen damit eigentlich ›Sozialbindungslosigkeit‹ und ›fehlende religiöse und metaphysische Bezüge‹, so ist demgegenüber festzuhalten, daß die Buddhisten den Dharma als ›Lebenspraxis‹ im weitesten Sinne begreifen. Obwohl die ›Lehre des Buddha‹ intern weiterhin einfach als ›der‹ Dharma betrachtet wird, wird in Darstellung und Bestimmung dieser nach außen auf die europäischen Begriffe von ›Philosophie‹ und ›Religion‹ zurückgegriffen.

Jayatilleke (1920–1970) nun nimmt das Kohärenz- und Konsistenzkriterium für den Dharma in Anspruch und empfiehlt ihn dadurch der kritischen Vernunft; was auch darin zum Ausdruck kommt, daß von buddhistischer Seite immer wieder das Gespräch mit der **abendländischen Wissenschaft** gesucht wird. Waren zu Beginn Psychologie und moderne Physik die Gesprächspartner, sind heute die modernen Kognitionswissenschaften bis hin zur Informatik hinzugetreten: So lädt der **XIV. Dalai Lama** (geb. 1935) seit 1983 regelmäßig zu interdisziplinären Wissenschaftssymposien in Dharamsala ein. Diese ›Tradition der Wissenschaftlichkeit‹ wird von Jayatilleke in den Anfängen des Buddhismus selbst gesehen.

2.2 ›Religion‹ in Indien

Der Begriff **Dharma** – was auch immer seine ursprünglich vedische oder seine etymologische Bedeutung sein mag – ist im traditionellen **Hinduismus** keine universale Gesetzlichkeit, die u.a. auch für eine Hindugesellschaft gilt, sondern die Ordnung dieser Gesellschaft schlechthin. Der in dieser bestehende Dharma ist Rahmen und **Prototyp**

der ›richtigen Ordnung‹. Er ist der Rahmen und Kontext, der dem Arya, dem indischen »Arier«, sein Aryatum, dem Mleccha, dem »Fremden«, der nicht dieser Kastengemeinschaft angehört, sein Mlecchatum zuweist – in der Weise, daß der Mleccha nicht durch einen ihm eigenen Dharma oder einen Anteil am Dharma, sondern dadurch bestimmt ist, daß er außerhalb des einen und an sich richtigen Dharma steht, wie er außerhalb der eigentlichen und an sich richtigen Sprache – dem Sanskrit – steht (vgl. Kulke/Rothermund 1982, S. 38ff.).

Wichtig und historisch folgenreich ist die Weise, wie der Dharma in der Purva-Mimamsa (s. Kap. IV.1.3.6) behandelt wird. Die ›Orthodoxie‹ des Hinduismus findet hier ihren prägnantesten und kompromißlosesten Ausdruck: »Dharma ist das, was seinem Wesen nach nur aus dem *Veda* gelernt und durch den *Veda* begründet werden kann, für das es kein anderes Erkenntnismittel, keine andere Legitimation gibt«. Diese »Verwurzelung im Veda« soll ihrerseits durch **Vernunft** und **Argumentation** gesichert werden. Der Dharma ist die »Wurzel der *Veden*«. Der Dharma ist vedisch, und das Vedische ist gegen das bloß Weltliche abgegrenzt. »Wenn gute Menschen etwas nach einer bestimmten Ordnung tun, ohne daß dabei ein Handlungsziel im Bereich des Wahrnehmbaren oder Diesseitigen vorliegt, so muß man es als Dharma verstehen.« (Kumarila: *Tantravarttika*, I.3.3).

Es geht Kumarila (ca. 620–680), dem Denker der Purva-Mimamsa, in seiner Darlegung des ›Verhaltens der Guten‹ darum, jeden Verdacht des Konventionalismus und der Berufung auf einen bloß menschlichen Konsens abzuwehren. Nicht der *Veda* wird auf den ›Guten‹ gegründet, sondern der Dharma ›wirkt‹ in ihnen, auch wenn sie sich nicht explizit auf direkte vedische Zeugnisse beziehen. Kumarila wendet sich in diesem Zusammenhang ausdrücklich gegen den Buddhismus. Daß im Buddhismus Selbstkontrolle und Freigebigkeit eine Rolle spielen, bedeutet für ihn nicht, daß der Buddha als Dharma-Lehrer anzuerkennen wäre. Im Gegenteil: Dieser extreme Altruismus, der sich in der Bereitschaft des Bodhisattva, das Leid aller Wesen auf sich zu nehmen, ausdrückt, wird von Kumarila als Verletzung des Dharma bezeichnet: »Und wie kann der als Kshatriya geborene Buddha, der durch Anmaßung brahmanischer Lehrbefugnisse seinen kastenmäßigen Dharma mißachtet und bei der Verbreitung seiner Lehren keine Rücksicht auf den Kastenstatus seiner Zuhörer nimmt, überhaupt als Lehrer des Dharma ernst genommen werden?« (Kumarila, ebd., I.3.4)

Eine Lehre der in karmischer Kausalität sich offenbarenden sittlichen Weltordnung tritt dort am deutlichsten hervor, wo auf die Annahme eines allmächtigen Gottes verzichtet wird. Neben dem Jainismus ist daher der **Buddhismus** besonders instruktiv für einen Dharma-Begriff, in dem die abendländischen Begriffe von Naturgesetz und sittlicher Weltordnung kulminieren.

Der **Dharma** – von der Sanskritwurzel ›dhar‹, ›Tragen‹ – tritt hier nun als der unerschütterliche feste ›Träger‹ des Weltgeschehens, als die Norm hervor, die das natürliche und sittliche Leben regelt. Er manifestiert sich in der Vielheit jener Kräfte, die im Buddhismus ebenfalls als Dharma bezeichnet werden: ›In den sich ›einander bedingenden Daseinsfaktoren‹, die in ihrem Zusammenspiel die äußere und innere Welt eines ›Individuums‹ hervorbringen und dieses letztlich konstituieren, in dem ›Gesetz von Werden und Vergehen‹ und der ›ursächlichbedingten Abhängigkeiten‹, aber auch in den Normen, Regeln, Geboten, Pflichten, Rechten, in der ›Lehre des Buddha‹ selbst und schließlich in dem eben diesen Zusammenhang überwindenden Endpunkt allen

Strebens, im Nirvana und später in der ›Leerheit‹, die anfänglich noch selbst der ›höchste Dharma‹ genannt wird.

Die Anschauung, daß jede Einzelerscheinung in ›funktionaler Abhängigkeit‹ entsteht, wird nun im Buddhismus dahingehend präzisiert, daß nur eine Vielheit von Faktoren einen neuen Faktor hervorbringen kann, nicht einer allein. So gibt es kein Entstehen aus ›einer‹ Ursache, aus der sich alles entwickelt, sondern nur ein ›In-das-Dasein-treten‹ von etwas durch das Zusammenwirken einer Vielheit von Bedingungen. Das Weltgesetz, der Dharma, manifestiert sich als ein durchgehender und unverbrüchlicher Kondition(al)ismus. Nirgends existieren Faktoren aus sich heraus, sondern alle hängen kontinuierlich und konstitutiv voneinander ab. Die Phänomene sind nicht nach einem ›Gesetz‹ geordnet, das von ihnen unterschieden wäre, sondern das ›Gesetz‹ und das Phänomen sind identisch, so daß das Ordnen eigentlich ein ›Sich-Ordnen‹ ist. Es gibt keinen Unterschied zwischen dem Allgemeinen und dem Besonderen, sowohl das ›Gesetz‹ als auch das ›Ding‹ werden im Buddhismus Dharma genannt. Der buddhistische Dharma repräsentiert das Gesetz, dessen Sein das Stehen in allumfassender, gegenseitiger Abhängigkeit, die Identität von Gesetz und Ding wiedergibt. Und nie wird der *Pali-Kanon* (s. Kap. IV.3.3) müde zu betonen, daß der Buddha den Dharma nicht verabsolutiert, nicht selbstreferentiell verstanden haben will:

> »Als ein Floß, ihr Mönche, werde ich euch den Dharma aufzeigen, das dem Zweck des Entrinnens dient, nicht aber dem Zweck des Festhaltens. [...] Doch wäre es nun nicht rechtens, wenn ich dieses Floß am Ufer liegen oder im Wasser dahinschwimmen lassen würde und hinginge, wohin ich will?‹ [...] Ihr Mönche, die ihr das Gleichnis vom Floß versteht, sollt den rechten Dharma sogar lassen, um wieviel mehr den unrechten.« (*Majjhimanikaya* 22)

Diese Stellen sind repräsentativ für viele andere und zeigen, wie sich die Bedeutungen ›universalistisches Weltgesetz‹ und ›sittliche Weltordnung‹ in dem buddhistischen Verständnis des Begriffs Dharma zu einem Ganzen vereinen, ohne daß dieser jedoch überhöht und verabsolutiert wird – letztlich ist auch der buddhistische Dharma dem ›Gesetz des Werdens und Vergehens‹ unterworfen und ›shunya‹, eben ›leer‹.

Neben seiner sittlich-religiösen Funktion hat Dharma von alters her auch eine Bedeutung, die mit ›Eigenschaft‹ und ›Wesensmerkmal‹ oder ganz allgemein mit ›Prädikat‹ wiedergegeben werden kann. In der Verbindung beider Bedeutungen sieht der Indologe Paul Hacker (vgl. Hacker 1958) ein Konstituens des modernen hinduistischen Gebrauchs von Dharma, das zuerst bei **Bankim Chandra Chatterji** (1838–1894) in expliziter Weise vorzufinden ist: Diese Neudeutung postuliert eine Zusammengehörigkeit beider Bedeutungen in dem Sinne, daß Sein und Sollen, Wesen und Norm zueinander in ein Verhältnis gesetzt werden. Der Dharma als die wesensmäßige ›Eigenschaft‹, die ein Seiendes hat, oder durch das es geprägt wird, gilt zugleich als Norm, an der es gemessen werden soll, die Pflicht, die es zu erfüllen hat: speziell geht es hierbei um das ›**Wesen des Menschen**‹, das ›Menschentum‹ als Norm menschlichen Verhaltens, um eine zu erfüllende religiöse Pflicht.

Daß Chatterjis im modernen Hinduismus fast kanonisch gewordene Deutung des Dharma-Begriffes eine Neu- und Umdeutung ist, die sich mit der oben dargestellten Auffassung der Mimamsa kaum vereinbaren läßt, hat er selbst gesehen, und so grenzt er sich auch gegen diese ab. Chatterji sieht seinen Dharma-Begriff in den ›Lehren Krishnas‹ im *Mahabharata*, namentlich in der *Bhagavadgita* und im *Bhagavata-*

purana enthalten. Hier sieht er jene Offenheit eines Dharma-Begriffs, frei von allen Regeln und Gesetzen des Kastensystems, wenn er sagt:

»Die meisten Menschen stehen außerhalb des Kastensystems, haben sie keinen Svadharma? Sollte der Weltenherr für sie keinen Dharma eingerichtet haben? Er hat Millionen und Abermillionen von Menschen geschaffen; sollte er nur für die Inder einen Dharma eingerichtet, alle andern aber Dharma-los gemacht haben? [...] Nein, die Religion des Bhagavan ist nicht so engherzig.« (Chatterji bei Hacker, ebd., S. 515)

Die Bereitschaft zur totalen Säkularisierung des Dharma-Begriffes, wie von **Radhakrishnan** vertreten, bleibt jedoch bei den modernen hinduistischen Denkern eher die Ausnahme. Der Dharma soll zwar zur modernen Welt in Beziehung gesetzt, aber doch keineswegs schlechthin ›verweltlicht‹ werden. Dharma ist aber nicht nur für die Rezeption und Aufhebung des Religionsbegriffs, sondern auch für die Auseinandersetzung mit der europäischen Idee der Ethik wesentlich. So daß der Hindudharma nicht nur im Sinne eines religiösen, sondern auch eines ›ethischen Universalismus‹ ausgewiesen und aktualisiert wird. Insbesondere die Idee der ›ahimsa‹, des ›Nicht-Verletzens‹, steht im Zentrum des Hindudharmas und wird als ethische Botschaft Indiens an die Welt präsentiert, am nachhaltigsten durch **Gandhi**. So sind ›Ethik‹ und ›Religion‹, ›soziale Ordnung‹ und ›Erlösungsstreben‹ dem modernen hinduistischen Anspruch zufolge im Begriff des Dharma integriert.

Starken europäischen Einflüssen in Indien entspricht auf buddhistischer Seite eine große Aufnahmebereitschaft für abendländisches Gedankengut (vgl. Ahir 1989; 1991). In den Schriften vieler zeitgenössischer Vertreter des Theravadas besteht trotz aller Betonung des ›Alten Pfades‹ ein moderner Dharma, der sich an den westlichen Kriterien von **Rationalität und Wissenschaftlichkeit** messen lassen will. Der so beschriebene Dharma ist nach dem Verständnis **Jayatillekes** (1) wissenschaftlich, (2) der Weg der Erkenntnis ist ein Weg methodisch klaren Vorgehens, (3) der dharma/dhamma damit ›eine Form des Empirismus‹ (Jayatilleke: *The Buddhist Conception of Truth*, 1963, S. 463), (4) er ist keine ›neuzeitliche‹ Religionsphilosophie, sondern der dharma/dhamma, wie er sich aus dem Pali-Kanon historisch-kritisch erheben läßt und (5) sein Wahrheitsgehalt ist in das Vermögen eines jeden Menschen gestellt.

Die Auseinandersetzung des modernen Hindudharma mit dem Abendland findet eher auf der **ethisch-moralischen Ebene** eines Bankims mit John Stuart Mill oder Auguste Comte statt und nimmt hierin ihren Ausgang und ihre Neuorientierung; im Buddhadharma dagegen steht im wesentlichen das Messen und Gemessen-sein-wollen an **Rationalität** und **Wissenschaftlichkeit** des Abendlandes im Vordergrund. Alle zeitgenössischen Vertreter des Buddhismus begrüßen die Kriterien der ›Kausalität‹ und der ›Verifikation‹ sowie die Methode der ›kritischen Analyse‹ und führen dies auch in ihrer Selbstdarstellung des Dharma immer wieder an. Auch ist allen gemein, daß sie die ›Lehre des Buddha‹ mit dem Wort ›Religion‹ analogisieren, den Inhalt jedoch unterschieden verstanden sehen wollen (Ambedkar: *Buddha and the Future of His Religion*, 1970, S. 12f.).

Der Einfluß der exiltibetischen Gelehrten seit den 60er Jahren des 20. Jhs. auf die Buddhismus-Renaissance in Indien darf nicht vernachlässigt werden. In dem Maße, in dem diese Gruppe des Mahayana-Buddhismus beginnt, traditionelle Lehrklöster und Institute in Indien zu errichten und Dozentenstellen an indischen Universitäten einzunehmen, erwachen auch hier alteingesessene Schulen zu neuem Leben, wenn auch meist auf die tibetischen Gemeinden beschränkt. Und auch hier findet sich wieder diese scheinbar natürliche Offenheit und Bereitschaft zum Dialog mit der ›abendländischen Wissenschaft‹.

Bewegen sich Jayatilleke und Ambedkar auf dem Feld der reinen Aneignung, so tritt mit den **Exiltibetern** nun zum ersten Male das Moment der konstruktiven Auseinandersetzung mit der ›europäischen Wissenschaft‹ innerhalb des Buddhismus mit dem Resultat der eigenen Standortbestimmung auf. Dies wird von seiten des ›wissenschaftlichen Abendlandes‹ nun dahingehend gewürdigt, daß es seinerseits in den Dialog einsteigt – so geschehen mit den ›Mind and Life Conferences‹ von 1987, 1989, 1990, 1992, 1994 und 1997. Auf ›Mind and Life V‹ von 1994 nach dem Verhältnis von Ethik und Religion gefragt, antwortet der Dalai Lama, daß die Religion auf den »positiven Qualitäten der menschlichen Natur« (Goleman 1997, S. 29f.) basiere. Dieses Gründen der ›**Religion**‹ auf die **Ethik** im weitesten Sinne, und eben nicht der Ethik auf die ›Religion‹, führt auch bei den zeitgenössischen Buddhisten zu einer Relativierung von ›Religion‹ als solcher und einer damit einhergehenden Toleranz.

Dem Buddhismus geht es um eine ›**Lebenspraxis**‹. Er formuliert in seiner Analyse des menschlichen Daseins die Eckwerte, die Wahl des Weges wird dem Individuum anheim gestellt. Dies ist das Selbstverständnis des frühen sowie des heutigen Buddhismus, trotz aller Versuche von abendländischer Seite, ihn als ›Religion‹, ›Philosophie‹ und/oder ›Psychologie‹ zu begreifen: Buddhistischer Dharma ist ›Praxis‹.

> »Oft wird die Frage gestellt: Ist der Buddhismus eine Religion oder eine Philosophie? Es macht keinen Unterschied wie wir ihn benennen. Der Buddhismus wird immer dem ihm gegebenen Etikett entsprechen. Das Etikett ist unwesentlich. Selbst das Etikett ›Buddhismus‹, das wir den Lehren des Buddha selber geben, ist von geringer Bedeutung. Der Name ist doch nicht wichtig.« (Rahula: *What the Buddha Taught*, 1974, S. 5)

2.3 ›Religionsphilosophie‹ in Indien

Für die moderne **hinduistische Aneignung** des Philosophiebegriffs ist, wie wir gesehen hatten, das Verhältnis von Philosophie – als Darshana – zu Religion – als Dharma – maßgeblich. Die **Untrennbarkeit von Religion und Philosophie** wird im modernen hinduistischen Denken als konstitutives Element der hinduistischen Tradition präsentiert und mit der abendländischen Tradition der Verselbständigung der Philosophie konfrontiert – so nachhaltig, daß nicht wenige westliche Gelehrte heute die Meinung vertreten, man könne in Indien die Philosophie nicht getrennt von der Religion behandeln. Diese hinduistisch philosophische Selbstbehauptung ist insofern und zugleich Selbstdarstellung im Namen der Religion, und der Begriff von ›Religion‹ steht ganz im Zentrum des neuhinduistischen Denkens – das Kriterium der Wissenschaftlichkeit ist hier ein Zusatz.

Geht der Hinduismus somit seiner ihm eigenen Tendenz der Assimilierung fremden Gedankengutes nach, so zeigt sich in den zeitgenössischen **buddhistischen Strömungen** Südasiens ein doppeltes Phänomen: zum einen Assimilierung, Neuinterpretation und Umdeutung des Buddhadharmas, zum anderen ein Festhalten am Begriff des Dharmas als eines aus der eigenen Tradition stammenden Terminus, dessen Inhalt sich, wie oben dargestellt, mit einer auffallenden Selbstverständlichkeit an den Kriterien der ›**abendländischen Wissenschaft**‹ bewähren will. Ein so beschriebener Buddhismus ist nach dem Verständnis Jayatillekes nicht etwa eine ›neuzeitliche‹ Religionsphilosophie, sondern die Lehre des frühen Buddhismus selbst. Sie geht auf den Buddha selber zurück, der damit in der Menschheitsgeschichte als Begründer wissenschaftlicher Betrachtung gelte. Es sei nicht nötig, sich erst um eine Gestalt buddhistischer Lehre zu bemühen, die dem modernen Wissenschaftsbewußtsein adäquat wäre, solch eine Ausformung sei direkt in der Lehre des Buddha zu finden. Einen Graben zwischen dem 6. Jh. v. und dem 20. Jh. n. Chr. gibt es für Jayatilleke nicht.

Das hinduistische und buddhistische Indien reagiert konstruktiv auf die humanistische und aufgeklärte Herausforderung aus Europa, mit der es in Form der ›europäischen Wissenschaft‹ konfrontiert wird. Eignet sich der moderne Hinduismus die Kriterien der Wissenschaftlichkeit an und stellt diese neugewonnene Einheit der Gespaltenheit von Religion und Philosophie und ihrer Säkularisierung gegenüber, so sind diese im Buddhismus, seinem Selbstverständnis nach, schon immer enthalten. Der Buddhismus versteht seine Philosophie als ›Analyse des Daseins‹. Die Methode, derer er sich hierbei bedient, ist der wissenschaftlichen verwandt, die Umsetzung der Ergebnisse dieser analytischen Methode ist Lebenspraxis. Führt Radhakrishnan im Begriff der ›Intuition‹ Wissenschaft und Spiritualität zusammen, so stellt der Dalai Lama dar, daß der Buddhadharma ›vernunftbegründeter Glaube‹ ist.

Religionsphilosophie mit dem Anspruch einer ›**aufgeklärten Vernunft**‹ und dem Kantischen Verständnis von ›**moralischer Vervollkommnung**‹ (s. Kap. I.2.2) bedeutet für Indien: der Hinduismus *beinhaltet* auch Religionsphilosophie, der Buddhismus *ist* eine Religionsphilosophie.

Obwohl sich keine traditionellen indischen Wörter für ›Philosophie‹, ›Religion‹ und ›Religionsphilosophie‹ finden, nimmt das Begriffspaar ›**dharma-darshana**‹ die Gegenüberstellung von Religion und Philosophie auf: Dharmadarshana erscheint in Indien mit der Wende vom 19. zum 20. Jh. als Nachbildung des abendländischen Ausdrucks ›Religionsphilosophie‹, ›philosophy of religion‹ in den neueren indischen Sprachen.

Es ist also möglich, die Parameter, die zum Ausreifen einer ›Religionsphilosophie‹ im Abendland führten, auf indischem Boden ausfindig zu machen. Hierbei wird nicht ›Religionsphilosophie‹ transferiert, sondern die Kantische **aufgeklärte Vernunft**, Kants Fragen nach **Gott, Freiheit** und **Unsterblichkeit** sowie das Postulat des ›**Waltens eines ethischen Gesetzes in mir**‹ in ihrer Bedeutung für das indische Denken gesehen. Mit eigenständigen Inhalten von ›Religionsphilosophie‹ auf indischem Boden, mit einerseits einer de facto ›Religionsphilosophie in Indien‹ innerhalb des Hinduismus seit dem 19. Jh. und andererseits einer ›Indischen Religionsphilosophie‹ des Buddhismus ist es nun möglich, die indischen Denktraditionen aufzuarbeiten. So läßt sich aufzeigen, wo Denker im Sinne solcher Inhalte von ›Religionsphilosophie‹ gearbeitet haben, wenn sie auch ihr Denken nicht explizit so genannt haben.

3. Vedanta (advaita und vishistadvaita) und Buddhismus

Der Nyaya-Philosoph Jayanta Bhatta (ca. 10. Jh.) unterscheidet in seinem *Nyayamanjari* drei Arten von Monismus: den **Seelenmonismus** (atmadvaita) der Brahman-Gläubigen, den **Wortmonismus** (shabdadvaita) der Grammatiker und den **Bewußtseinsmonismus** (vijnanadvaita) der Buddhisten (Jayanta Bhatta: *Nyayamanjri*, II.92). So wendet er das Wort ›Advaita‹, das im allgemeinen für die brahmanische Ausprägung des Monismus steht, auch auf den Buddhismus an.

Vedanta und **Buddhismus** stellen die beiden herausragenden Leistungen des indischen Denkens dar. Da beide dem gleichen geistigen Boden entstammen (s. Kap. IV.1.3.3), teilen sie viele Grundanschauungen: Die Vorstellung von der Anfangs- und Endlosigkeit des in periodischen Wechseln von Entstehen, Bestehen und Vergehen verlaufenden Weltprozesses; die Annahme einer Kausalität der Tat, Karman, und einer Wiederverkörperung auf eben dieser Basis; die Überzeugung von dem vergänglichen und deshalb leidvollen Charakter allen individuellen Daseins in der Welt; die Gewißheit, durch Meditation stufenweise ein erlösendes Wissen zu gewinnen; schließlich die Annahme eines Zustandes, bei dem die weltlichen Unvollkommenheiten letztlich aufgelöst sind. In ihrer ursprünglichen Gestalt repräsentieren sie andererseits aber auch starke Gegensätze: Der alte Vedanta der älteren und mittleren *Upanishaden* sowie des *Mahabharatas* und der *Puranas* lehrt ein ens realissimum, das der Urgrund alles Seienden ist, aus dem alles hervorgeht und in das alles zeitweise oder dauernd zurückkehrt. Der Vedanta als eine monistische Metaphysik des Seins steht dem Buddhismus der Pali-Texte als eine pluralistische Philosophie des Werdens gegenüber (s. Kap. IV.2.3 und Kap. IV.3.3.1). In der ganzen empirischen Wirklichkeit gibt es nichts Beharrendes, weder materielle noch geistige Substanzen, die aus sich heraus ein eigenständiges Dasein, eine inhärente Existenz besäßen, noch existiert ein wie immer zu denkendes Urwesen, aus dem alles sich entwickelt hätte. Alles Geistige und Materielle, das die vielgestaltige Welt ausmacht, kommt nur durch ein strenges, gesetzmäßiges Zusammenwirken zustande, durch Kooperation von für den Buddhisten nicht mehr auf etwas anderes rückführbaren Beziehungen verschiedenster Art. Die Befreiung aus dem Kreislauf der ›Wiedergeburten‹ (samsara) kann deshalb nicht in dem Wiedereinfließen in ein ewiges, aller Vielheit zugrunde liegendes Absolutes bestehen, sondern nur in einem restlosen Verlöschen aller Faktoren, welche die Welt- und Lebensprozesse bedingen. Das pali-buddhistische **Nirvana** ist darum nicht wie das **Brahman** der *Upanishaden* der ewige Urgrund, der die Basis von allem bildet und aus dem die ganze Welt entstanden ist, sondern vielmehr das genaue Gegenteil von allem, was wir kennen, ein ganz Anderes, das ›im Verhältnis zur Welt‹ als ein Nichts charakterisiert werden muß, das aber von dem, der es erreicht, gleichwohl als höchste Erfüllung empfunden wird (*Anguttaranikaya* IX.34.1–3).

Vedanta und Buddhismus haben aber in Indien so lange nebeneinander bestanden und einander gegenseitig so genau studiert, daß sie sich auch gegenseitig beeinflußten. Eine starke Vorliebe des indischen Denkens für den Monismus hat z.B. die Vertreter des Mahayana dazu geführt, Samsara und Nirvana als zwei Erscheinungsweisen des gleichen Phänomens aufzufassen. So fanden vornehmlich seit dem Jahre 0 mancherlei Wechselwirkungen statt, obwohl sich beide Systeme eigentlich diametral gegenüberstehen. Die Atman-Lehre des Vedanta und die Dharma-Lehre des Pali-Buddhismus schließen einander aus. Sucht der Vedanta einen Atman als Grundlage von allem festzustellen, so sieht der Buddhismus in der empirischen Welt nur einen Strom von vorübergehenden Konstituenten und deshalb ein ›An-atman‹ und kein beharrendes Selbst (vgl. Glasenapp 1950).

Dennoch lassen sich beide auf den erwähnten gemeinsamen Ursprung zurückführen, der in den Gedanken der ***Upanishaden*** seinen Ausdruck findet. In ihnen wird die **letzte Wirklichkeit** manchmal als **immanent**, manchmal als **transzendent** und manchmal als beides betrachtet. Die *Shvetashvataropanishad* (2.17) sagt, daß sich die Wirklichkeit im Feuer, im Wasser und im ganzen Universum vergegenwärtigt. Die *Chandogyopanishad* (6.13.1) vergleicht sie mit im Wasser aufgelöstem Salz. In der *Kathopanishad* (2.5.11) heißt es: »Wie die Sonne, die das Auge des Universums ist, nicht berührt wird von den Mängeln unserer Sehkraft, so wird die Realität [›der eine Atman, der in allen Wesen ist‹], der die Seele der Welt ist, nicht berührt von ihren Mängeln.«

Hier wird, wie auch an Stellen, auf die der Dualismus des Madhva sich gründet, Transzendenz verkündet. Auch die *Shvetashvataropanishad* spricht an verschiedenen Textstellen von Transzendenz, aber eben auch von Immanenz (*Shvetashvataropanishad*, 3.14).

Ferner gibt es einige Stellen in den *Upanishaden*, die von einer **absoluten Identität** des ›jiva‹ mit dem Brahman sprechen. **Jiva** heißt eigentlich ›leben‹ und deutet ›den in einem Körper Lebenden‹, also einen ›Sterblichen‹ an. Das verkörperte ›Selbst‹, das sich mit Körper und Denken identifiziert, als ›Ego‹ die Vorstellung von Dualität und Kausalität, dies wird der Jiva genannt. Die ›Mahavakyas‹, logia, wie »**tat tvam asi**« (*Chandogyopanishad* 6.8.7), »Das bist Du«, oder »**aham brahmasmi**« (*Brihadaranyakopanishad* 1.4.10), »Ich bin das Brahman«, meinen offensichtlich Identität.

Die *Upanishaden* enthalten die Wurzel der später von Shankara im 8. Jh. entwickelten **Maya-Lehre**. Die *Kathopanishad* (1.2.4.5) spricht von der ›**Avidya**‹, dem Nicht-Wissen, und vergleicht jene, die sich in ihr befinden, mit »Blinden, die von Blinden geführt werden«. Die *Mundakopanishad* (2.1.10) sagt, daß derjenige, der weiß, daß Purusha und Welt identisch sind, den Knoten der Avidya lösen kann. Die *Chandogyopanishad* (1.1.10) unterscheidet zwischen ›Vidya‹ (Wissen) und Avidya und preist erstere. Die *Shvetashvataropanishad* (1.10) spricht von der Welt als Maya im Sinne von Illusion.

Um diese widerstreitenden Anschauungen und Behauptungen in Einklang zu bringen, schrieb Badarayana (frühestens 400 v., spätestens 200 n. Chr.) seine *Brahmasutras*, und vor allem Shankara und Ramanuja ihre Kommentare zu diesen.

Für unsere Zwecke würde es wenig nützen, verstehen zu wollen, was die *Upanishaden* allein, ohne ihre Kommentare und die *Brahmasutras*, lehren. Die *Upanishaden* sind nicht das Werk eines Autors, und keine einzelne *Upanishad* gibt, für sich genommen, eine systematische Darlegung. Es ist sogar zweifelhaft, ob alle *Upanishaden* zusammengenommen ein System darstellen, das umfassend genug wäre, um die Probleme zu erörtern, die in einem philosophischen System erwartet werden. Der Grund, die Diskussion der ›Religionsphilosophie‹ in Indien nicht mit den *Upanishaden* beginnen zu lassen, besteht nun darin: Was auch immer die möglichen Meinungen sind, die in den *Upanishaden* ausgedrückt werden, soweit diese nicht von Shankara, Ramanuja etc. geäußert wurden, haben sie keinen Einfluß auf Indien und sind in diesem Sinne nicht-existent. So wird auch in der weiteren Betrachtung der Akzent auf den beiden großen religionsphilosophischen Traditionslinien des Vedanta und des **Buddhismus** liegen. Von den erwähnten drei großen Strömungen des Vedanta (s. Kap. IV.1.3.2), Dvaita-, **Advaita-** und **Vishistadvaita-Vedanta** wiederum, wird der Dvaita-Vedanta des Madhva (vgl. Lorenz 1998, S. 200ff.) nicht weiter verfolgt werden, weil seine ›dualistische Lehre‹ den hier aufgeführten Kriterien von ›Religionsphilosophie‹ nicht genügt (vgl. Glasenapp 1923, S. 16ff., 39ff.).

3.1 Der Vishistadvaita-Vedanta

Viele Lehrer des **Vedanta** proklamieren in der einen oder anderen Form sowohl eine **Identität** als auch eine **Verschiedenheit** zwischen Jiva, Natur und Brahman. So erklären Bhaskara (ca. 10. Jh.), Nimbarka (ca. 11./12. Jh.) und Shripati (ca. 14. Jh.) offen, daß sie die Lehre des ›bhedbheda‹ verkünden. Ramanuja und Shrikantha (um 1150) lehnen zwar ›bhedabheda‹ nach außen hin ab, versuchen aber auf ihre Weise, sowohl an der Identität als auch an der Verschiedenheit festzuhalten. Bei der Interpretation all dieser Systeme ist es üblich geworden, von ›**Identität in der Verschiedenheit**‹, eben ›bhedabheda‹, zu sprechen.

›Bhedabheda‹ ist ein Begriff der spekulativen Vernunft, die sowohl die Idee der Identität als auch die der Verschiedenheit als durchsichtig füreinander ansieht. Die Vernunft ›sieht‹, während sie die Idee der Verschiedenheit festhält, durch sie hindurch die Identität, und ebenso ›sieht‹ sie, während sie die Idee der Identität festhält, durch sie hindurch die Verschiedenheit. Dies ist eine Perspektive des ›Zuschauers‹: Die abendländische philosophische Tradition versteht im allgemeinen den Philosophen als solch einen Zuschauer von Ewigkeit und Existenz. Die indischen Philosophie faßt das Leben des Menschen *in* seinen Prozessen und nicht nur als das eines ›Zuschauers‹ *bei* diesen Prozessen auf, denn wir betrachten die Welt nicht von außen, sondern sind in ihr (Radhakrishnan: *Contemporary Indian Philosophy*, 1952, S. 258).

Das Ziel der indischen Philosophie liegt nicht im rein logischen Verständnis des Universums, ein solches Verständnis bleibt gegenüber der ›Verwirklichung‹ von etwas Höherem, etwas jenseits von Logik, zweitrangig. Alle Vedanta-Systeme erkennen in der einen oder anderen Form eine unerklärbare Entität an, die sich der Logik entzieht. Trotzdem geben einige den Versuch nicht auf, Brahman mit der Schablone der Logik darstellen zu wollen, so daß in ihren Systemen ein innerer Widerspruch aufscheint. Manche, wie Shankara, haben dies erkannt und ihre Systeme dementsprechend ausgerichtet. Andere greifen nach Denken und Logik und versuchen das, was jenseits ist, wieder in das Diesseits einzuholen. Sie versuchen sowohl Identität als auch Verschiedenheit zu bewahren.

3.1.1 Ein ›ist und ist nicht‹ als Basis des modernen religionsphilosophischen Denkens bei Ramanuja

»Das Wort Brahman bezeichnet den höchsten Geist, wesensnotwendig frei von allen Fehlern und ausgezeichnet durch edle Qualitäten ohne Zahl und in absoluter Erhabenheit. In einem weiteren Sinne heißt Brahman alles das, was ›Größe‹ hat. Doch in seinem eigentlichen Sinne steht es, wo Größe nach Wesen und Eigenschaft sich in absoluter Eminenz findet.« (Ramanuja: *Brahmasutra Shribhasya* I.1.1)

Ramanuja (ca. 1055–1137) unterscheidet **drei Arten von Realität**: das **Brahman**, den **Jiva** und die physische **Welt**. Die beiden letzteren bilden die ›**shakti**‹, die Potenz, die Qualität des ersteren. Diese Shakti, diese Energie und ihr Träger können nicht getrennt voneinander betrachtet werden, wenn sie auch nicht dasselbe sind. So spezifiziert Ramanuja das Brahman mittels der Shakti. Die Beziehung zwischen beiden vergleicht er mit der zwischen »Leib und Seele«. Der Leib des Brahman umfaßt sowohl die Jivas als auch die physische Welt. So wird das Brahman zum »Instrument seines eigenen Spieles«, der ›lila‹.

> »Und so ist dieses der wahre Sachverhalt: Brahman, weil es alles Geistig-ungeistige zu seinem Leibe hat, hat alles zu seinem eigenen Modus, und daher bezeichnen immer alle Worte nur es selbst. Bisweilen [vor der Welt] ist dieses Geistig-ungeistige sein Leib als im Feinzustand befindlich – indem es auch in diesem Zustand, eben weil sein Leib nicht als ein von ihm Gesondertes bezeichnet werden kann. Und dann ist Brahman selbst im ›Ursache-Zustand‹. Bisweilen [in der Welt] ist es sein Leib, im groben Zustand, und ist dann fähig der Benennung nach entfalteten Namen und Formen. Und dann ist Brahman im Zustand der Wirkung. Die Wirkung, nämlich die Welt, ist somit von ihrer Ursache, dem höchsten Brahman, nicht ein anderes [ist Identität]. Gemäß ihrer Wesensverschiedenheit aber als des Leibes und des Leibesträger kommen der Welt allein die Mängel zu, dem Brahman aber, sowohl in seiner Ursache- wie in seinem Wirkungszustand, kommen alle Vorzüge zu [...].« (ebd., II.1.15)

Das Brahman besteht für Ramanuja in **zwei Zustandsformen**: grob und subtil. Die Einteilung der Welt in Gestaltungen und deren Namen geschieht im ›groben Zustand‹. Im ›subtilen‹ wirkt das Brahman als Ursache der phänomenalen Welt, im ›groben‹ als die Ursache seiner selbst. Hier entfaltet es sich zur Pluralität, wohingegen es im ›subtilen Zustand‹ (s)eine Einheit verkörpert. Die Welt, die letztlich in ihrer Erscheinung auf einer Täuschung basiert, berührt, so Ramanuja, die Natur des Brahman nicht, weil nur seine Shakti die »Umwandlung« durchmacht, während als »Seele des Körpers« das Brahman unverändert bleibt.

> »Die Behauptung, daß die Beseitigung der Avidya die Erlösung sei, und daß sie nur aus der Brahman-Erkenntnis sich ergebe, wird anerkannt. Doch ist zu erwägen, welcher Gestalt die Erkenntnis sei, welche die Vedanta-Texte zum Zweck der Avidya-Beseitigung vorschreiben wollen. Ist hier ›Erkenntnis‹ nur die Erkenntnis des Textsinnes aus dem Textwort oder aber die in ihm zwar wurzelnde aber erst in der ›dhyana‹ [Nachdenken, Versenkung, Meditation] ihr eigentliches Wesen habende? Gewiß nicht die erstere, denn diese ergibt sich ja schon ohne weitere Vorschrift aus dem Text selber, und durch solche allein wird Avidya erfahrungsgemäß nicht beseitigt. [...] Erkenntnis muß notwendig wirklich eintreten, sobald alle ihre Bedingungen [hier das Verständnis des Vedanta-Textes] gegeben sind.« (ebd., I.1.1)

Im **erlösten Zustand** gewinnt der Jiva seine ursprüngliche Reinheit zurück. In der Erlösung (moksha) ›erscheint‹ er als mit dem Brahman identisch, jedoch nicht im Sinne einer ›Untrennbarkeit‹. Er »erlebt«, daß er das Brahman ›ist‹, nicht jedoch daß er das Brahman ›selbst ist‹, sondern daß er ihm gleich wird an Reinheit. Ramanuja gesteht Identität durchaus zu, wenn auch nur eine von »Leib und Seele«. Und es ist nicht seine Auffassung, daß Identität und Verschiedenheit in einer transparenten Einheit zusammengefaßt werden können. Denn Identität bleibt für Ramanuja ein sekundärer Aspekt, während die Verschiedenheit von ihm betont wird.

Der Jiva »fühlt« nach Ramanuja in der Erlösung (moksha) nicht wirklich seine ›Untrennbarkeit‹ mit dem Brahman, sondern er »erfährt«, daß er so ›rein ist‹ wie eben dieses. Er »fühlt« das Brahman als seinen Wesenskern, und er kann durch dessen Gnade alles genießen – tatsächlich »fühlt« der Jiva seine Verschiedenheit von dem Brahman, das er meditiert: »**tat tvam asi**«.

> »Hier wird folgende Erwägung gemacht: Soll der das Brahman Meditierende es meditieren als ein vom Ich anderes oder als den Atman [das Selbst] des Meditierenden? [...] Als der Atman des Meditierenden ist das Brahman zu meditieren. Wie der Meditierende, als Einzel-Atman, der Atman seines eigenen Leibes ist, so ist ›para-atman‹, das höchste Brahman, der Atman seines Atman. Und so ist die Meditation anzustellen, meint das Sutra. – Warum? ›Weil wir es so anerkennen‹. Nämlich die Meditierenden des Altertums, vgl.: ›Ich bin du, erhabene Gottheit; Du bist Ich, erhabene Gottheit.‹« (ebd., IV.1.5)
> (Vgl. Lorenz 1998, S. 200ff.; Glasenapp 1985, S. 117ff.)

3.1.2 Die Wechselbeziehung von Gott, Welt und Mensch bei Rabindranath Thakur (Tagore)

»Aber was ist die Natur der Liebe? Wenn nämlich die Natur des Todes essentiell dieselbe ist, oder wenn der Prozeß des Todes umgewandelt werden kann in den der Liebe, werden dann nicht Liebe und Tod letzten Endes identisch?« (Tagore: *Die Religion des Menschen*, 1962, S. 15) – Das Grundthema Thakurs (1861–1941) besteht in der Suche nach einer Idee der **Menschlichkeit Gottes** und der **Göttlichkeit des Ewig-Menschlichen**. Um dieses Thema kreisen seine Lyrik, seine Romane, seine Erzählungen und sein religionsphilosophisches Denken.

Für Thakur ist keine Liebe echt, wenn der Liebende nicht bereit ist, sein Selbst dem Gegenstand seiner Liebe zu opfern und hinzugeben. Sie ist daher essentiell dasselbe wie der Tod seines Ego vor dem Hintergrund einer einzigartigen ›**Wechselbezogenheit**‹ dieser beiden, da das göttliche Grundgesetz einer Einheit immer schon das einer inneren Wechselbeziehung war (ebd., S. 14). In diesem Ideal der Einheit verwirklicht der Mensch das Ewige in seinem Leben und das Grenzenlose in seiner Liebe. Diese Einheit stellt Thakur sich keinesfalls als eine rein subjektive Idee vor, sondern als eine Wahrheit. Welche Namen man dieser Wahrheit auch gibt und mit welchen Bildern man sie anschaulich macht, das Bewußtsein dieser Einheit bleibt geistig, und das Bemühen des Menschen, ihr zu entsprechen, wird zu seiner Religion. Eine Religion, welche die Einheit quasi geschichtsevolutionistisch in dem Bemühen des Menschen, sich ihr anzunähern, offenbar werden läßt.

Das Bewußtsein versucht sich nach Thakur von den Grenzen des individuellen Getrenntseins zu befreien und sich in seiner Bezogenheit als eine Ganzheit zu begreifen. Es ist der Entwicklungsgang der Welt, der auf die **Offenbarung ihrer Wahrheit** hin gerichtet ist (ebd., S. 33f.), also auf einen inneren Wert, der nicht in der Ausdehnung des Raums und nicht in der Dauer der Zeit besteht. Dasselbe Ding stellt sich als wahr in bezug auf Geist und Bewußtsein des Selbst dar. Sie sind Offenbarungen eines größeren Sinnes, der sich in der Wahrheit selbst ausdrückt. Diese Wahrheit erscheint im Menschen und »ringt darum sich zu offenbaren«. Denn »Was ewig ist, verwirklicht sich selbst in der Geschichte dank dem Widerstand der Grenzen.« (ebd., S. 23f.). Es verwirklicht sich in der Geschichte und dort im Menschen, dessen Natur zum einen aus seiner unmittelbaren, subjektiven Bedürfnisbefriedigung und zum anderen aus dem Lebensstrom seines allumfassenden »Menschentums« besteht (ebd., S. 94f.). Der Dienst der Religion besteht im Ausgleich dieser divergierenden Faktoren. Diese Religion bezieht sich direkt auf den Menschen und schult sein Verhalten gegenüber dem Unendlichen in seiner Existenz: Religion wird verstanden als **Mittel zu einem höheren Endziel**, zur vollkommenen Befreiung des Einzelnen in dem unendlichen Geist, über die Grenzen einer so verstandenen Menschheit hinaus.

Diese Wahrheit, die der Mensch nun qua **Selbstoffenbarung** dieser in ihm ›ist‹, entsteht nach Thakur nicht zu einem bestimmten Zeitpunkt aus dem Nichts, diese Offenbarung des Menschen hat kein Ende in sich selbst. Die Wahrheit des Menschen liegt in der Ewigkeit. Der Mensch beschließt in sich die Zeit, die den Vorgang seines eigenen Werdens birgt. Er bleibt so für die Wahrheit seines Daseins auf alle ihn umgebenden Dinge bezogen. Diese ›Bezogenheit-auf‹ stellt für Thakur die Grundwahrheit der Erscheinungswelt dar. »Er [Mensch] ist sich bewußt, daß er nicht unvollkommen, wohl aber unvollendet ist. Er weiß, daß in ihm selbst noch ein höherer Sinn verwirklicht werden soll.« (ebd., S. 41).

Dieser Sinn wird zur Wahrheit des »**transzendentalen Menschen**« – der höchste Mensch in seiner alles durchdringenden Persönlichkeit. Das Ideal menschlicher Vollkommenheit gründet auf einer Einheit, die alles Vereinzelte verbindet und in einem höchsten Wesen endet, dem Ewigen in der menschlichen Persönlichkeit. Dies feine Medium der Beziehung der Menschen untereinander verkörpert deren eigentliche und letzte Wahrheit, deren Lebenswert. Der Sinn dieser Einheit göttlichen Wesens liegt in der Überschreitung des begrenzten Selbst des Menschen zur Freiheit.

»Jede echte Freiheit [...] erweitert unseren Pfad zur Selbstverwirklichung, die in Überwindung des Selbst besteht.« Der Mensch ist dafür verantwortlich, »sein Leben zu überleben, um in Wahrheit zu leben.« Freiheit in ihrem schöpferischen Fortschritt geht immer schon über die nächstliegenden Zwecke hinaus, denn Freiheit soll das Unendliche ausdrücken. »Sie grenzt zwar das Handeln des Menschen ein, doch nicht um diese Beschneidung in alle Ewigkeit aufrechtzuerhalten, sondern »um sie immer und immer wieder zu sprengen und das Endlose in unendlichen Überraschungen zu enthüllen« (ebd., S. 38f.). Als Lebewesen befindet sich der Mensch zwar noch immer in Abhängigkeit von der Natur; als Mensch bleibt er aber sein eigener Herr (ebd., S. 32). An dieser Schnittstelle entsteht die Religion, durch die der Mensch sich unter dem Aspekt des Unendlichen selbst verwirklicht. Seine Schöpfung besteht in der Wandlung seiner Beziehungen, in der Wandlung z.B. von Wissenschaft in der Eroberung der Unendlichkeit der erkennbaren Welt durch den Geist. Des Menschen Schöpfung besteht in der Wandlung eben solcher Prozesse.

> »Wir können uns die Wahrheit aneignen, indem wir handelnd ihre Wechselbeziehungen wandeln. Das ist das Werk der Kunst. Denn die Wirklichkeit gründet nicht in der Substanz der Dinge, sondern in der wesenhaften Beziehung. Die Wahrheit ist das von der Metaphysik verfolgte Unendliche. Die Tatsächlichkeit ist das von der Wissenschaft verfolgte Unendliche, während Wirklichkeit die Bestimmung des Unendlichen ist, welche die Wahrheit zur Person in Beziehung setzt. Wirklichkeit ist menschlich; [...] Wir leben in ihr, wir erwarten dauernd ihre Grenzen. Unsere Künste und die Literatur verkörpern diese schöpferische Tätigkeit, die ein Grundlegendes im Menschen ist.« (ebd., S. 88) (Vgl. Lal 1995, S. 47ff.; Nath Bhanja 1964; Radhakrishnan 1918; Raju 1953, S. 322ff.)

3.1.3 Das Heranführen der Vernunft an das ›Undenkbare‹ bei Bhagavan Das

Das religionsphilosophische Anliegen von Bhagavan Das (2. Hälfte 19. Jh. – 1. Hälfte 20. Jh.) besteht zum einen in der Herbeiführung einer »Einheit von Wissenschaft und Religion, und zwischen Religion und Religion: und zum anderen, im Aufstellen, eines religionswissenschaftlichen Entwurfes [Religio-Scientific scheme] und einer Sozialordnung für ein individuelles Leben. [...] Nur auf diese Weise kann sowohl das unerläßliche Spirituelle Brot so gut wie das Materielle Brot für alle Menschen beschafft werden.« (Das: *The Essential Unity of all Religions*, 1994, S. 16).

Das Hervorbringen, das Prüfen und das Errichten einer solchen Einheit zwischen Religion und Religion und zwischen Wissenschaft und Religion markiert für Bhagavan Das in Anbetracht der Unterschiede, die zwischen diesen bestehen, den Beginn eines »wohltätigen Zeitalters«, eines Zeitalters, geführt und verwaltet von einer »**Wissenschaftlichen Religion**« und einer »**Religiösen Wissenschaft**« (ebd., S. 17). Wissenschaft und Religion sind nur zwei verschiedene Aspekte, nur unterschiedliche Namen für den einen großen Körper der einen Wahrheit, deren Erscheinung wir Wissenschaft oder das »Gesetz des Lebens« nennen (ebd., S. 17). Wissenschaft, im begrenzten Sinne einer physischen Wissenschaft, bleibt eine unvollständige Religion, ein Teil von Religion. Religion im vollumfänglichen Sinne bildet eine umfassendere Wissenschaft, das ›Gesamt der Wissenschaft‹.

Bhagavan Das unterscheidet, klassisch indisch, drei Aspekte in den großen Religionen der Welt: den (a) ›Jnana-Marga‹, den Weg der Erkenntnis, Erleuchtung, Gnostizismus, den (b) ›Bhakti-Marga‹, den Weg der Frömmigkeit, Pietismus, Mystizismus, den (c) ›Karma-Marga‹, den Weg der Riten und Zeremonien und Werke der selbstverneinenden Nächstenliebe, Aktivität, Energie, Praktikabilität (ebd., S. 85f.). Und das ›Ganze der Religion‹, das ›Ganze der Philosophie‹, das ›Ganze der Wissenschaft‹ beinhaltet dieses »**Gesetz der Drei**«, die Dreiheit-in-Einheit, Gott-Natur-Mensch: Gott bezieht die Natur und den Menschen mit ein.

Zur Darstellung dessen, was diese Drei-in-Einheit nun sei, analysiert Bhagavan Das den hinduistischen Laut ›Om‹ respektive ›**Aum**‹ und stellt heraus, daß der erste Buchstabe des heiligen Wortes ›A‹, ›Selbst‹ bedeute, der zweite Buchstabe ›U‹, bedeute das ›Nicht-Selbst‹, und der dritte Buchstabe ›M‹, bedeute eine immer währende Beziehung, den unbeschreiblichen Zusammenhang, die wechselseitige Negation zwischen Selbst und Nicht-Selbst (ders., *The Science of Peace*, 1904, S. 24). ›Aum‹ muß demnach das ›Selbst‹, das ›Nicht-Selbst‹ und die geheimnisvolle Beziehung zwischen ihnen umfassen, jene Beziehung, in der Unwandelbarkeit und Wandel vereint sein werden. Das ›**Selbst**‹, das ›**Nicht-Selbst**‹ und ihre ›**Wechselbeziehung**‹, diese ursprüngliche Dreiheit, erschöpft in ihren Möglichkeiten das Ganze des Denkens und das Ganze des Weltprozesses. Außerhalb dieser ursprünglichen Dreiheit befindet sich nichts. Sie ist »Drei-einig-keit« und konstituiert den Weltprozeß, der nichts anderes ist als das ›Selbst‹, das ›Nicht-Selbst‹ und ihr ›Zwischenspiel‹ (ebd., S. 2). Gemäß dieser Darstellung des Aum drückt nun Bhagavan Das' Lehrsatz: **Ego – non-Ego – non (est)**, oder Ich – Nicht-Ich – nicht (bin) – aus, daß alle drei Momente des Weltprozesses in einer Aussage und in einem einzigen Akt des Bewußtseins vereint sind.

In den beiden bekannten Textstellen der *Chandogyopanishad*, »aham brahmasmi«, »Ich bin das Brahman«, und »tat tvam asi«, »Das bist Du« (s. Kap. IV.3.), die zusammengefaßt werden zu der Aussage »Ich – Nicht-Ich – nicht (bin)« und so eine ganz neue Bedeutungsvielfalt in sich tragen, sieht Bhagavan Das nun alles Erkennbare zusammengezogen.

> »Wir setzten Ego und Non-Ego nebeneinander, und schon *zeigt sich* als erstes die bejahende Beziehung zwischen diesen beiden, gefolgt von einer Entwicklung der negativen Beziehung als Resultat der negativen Partikel. Und setzen wir das ›ist‹ als ›bin‹, [...] und zu dem Non-Ego, [...], ›anaham‹, lassen wir ein ›dies‹, [...], ›etat‹, treten [...] Unser neues logion lautet nun [...], ›aham etat na‹, ›Ich dies nicht (bin)‹. [...] Das eine Gesetz aller Gesetze, der Puls des Weltprozesses, der Herzschlag des Lebens liegt hier – jetzt. Der Rhythmus zwischen dem Selbst und dem Nicht-Selbst, sie gehen zusammen und wieder auseinander, das Wesen aller Wandlung wird durch dies ausgedrückt; und wenn wir die drei Konstituenten als eines auffassen, so ist es auch der Ausdruck der Unveränderlichkeit.« (ebd., S. 26)

Nur die eine und unveränderliche Natur ›ist‹, die Natur des ›Ich verneine das Nicht-Ich ist‹. Was immer das ›Nicht-Selbst‹, die Negation oder dessen Natur auszeichnet oder von ihm gesagt wird, kann nach Bhagavan Das nur in Anlehnung an die höchste Natur gesagt werden. Sie ist das Wesen, die tatsächliche Natur dessen, was wir Natur nennen. So wird für Bhagavan Das die **höchste Natur** notwendig etwas, das immer sein muß, etwas, das nicht verändert oder verneint werden kann. Diese Notwendigkeit verkörpert das eine Gesetz aller Gesetze, sie ist das Gesetz, welches das unveränderliche, zeitlose, raumlose Absolute konstituiert. Alle Gesetze entspringen ihm, sind ihm inhärent und sind in ihm beschlossen (ebd., S. 41f.).

Diese beständig gegenwärtige Notwendigkeit der Abfolge des Weltprozesses, verkörpert in und durch das **drei-eine Absolute**, nennt Bhagavan Das ›Shakti‹, Macht, Fähigkeit, Stärke, Kraft, Energie. Hier behandelt Bhagavan Das die bejahenden Aspekte der Negation wie der Energie. Sie verknüpft in einer endlosen Kausalkette die Faktoren des Ablaufs des Weltprozesses miteinander und erscheint, als Notwendigkeit des Ganzen, zugleich als die Ursache eines jeden einzelnen Teiles. Sie stellt so eben auch das Verhältnis von Ursache und Wirkung zwischen den Teilen dar. Wie die Negation die Natur der Beziehung zwischen ›Selbst‹ und ›Nicht-Selbst‹ verkörpert, so kann diese Notwendigkeit, die der Vereinigung dieser drei inhärent ist und von jedem von diesen als untrennbar aufgefaßt wird, als die Kraft jener Natur des ›Selbst‹ und des ›Nicht-Selbst‹ angesehen werden, welche die Beziehung unumgänglich macht. Die Beziehung dieser folgt unmittelbar aus der Notwendigkeit und ist daher mit der Negation enger verbunden als mit den beiden anderen Momenten des Absoluten. Das Absolute ist **Gott**, und es gilt: »Die eine Wahrheit aller Wahrheiten ist, daß der Mensch seinem innersten Wesen nach eins mit Gott ist.« (ders., *The Essential Unity of all Religions*, 1994, S. 91). (vgl. Raju 1953, S. 311ff.)

3.2 Der Advaita-Vedanta

Da das Endliche für sich allein nicht real sein kann und auf der Ebene des Brahman nicht existiert, da es unerklärbar scheint wie der Idealismus den Realismus absorbiert, lehrt Shankara die ›**wesensmäßige Nicht-Verschiedenheit**‹, ›advaita‹, von Brahman und Jiva. Dvaita wird gewöhnlich mit ›Zweiheit‹ übersetzt, doch bedeutet es bei Shankara nicht ›Dualität‹, sondern »der Zustand, daß ein Zweites ist«, also etwa ›Zweitheit‹. Die Betonung liegt bei ihm also nicht auf ›zwei Dinge‹, sondern auf dem Zweiten (Welt). So gebraucht Shankara ›Dvaita‹ auch oft gleichbedeutend mit der »Welt, die dem Atman als ein Zweites gegenübertritt« – so entsprechend **a-dvaita**.

Einige Vedantins wie Madhva (s. Kap. IV.1.3.2) greifen diese Identität von Brahman und Jiva, den Maya-Begriff und seine Implikationen an, bemühen sich aber ihrerseits nicht, ihre Ideen von Gott, Welt, Mensch und Jiva in einer Einheit zu fassen. Ihre Systeme sind auf dieser Ebene reiner, uneingeschränkter Pluralismus und Realismus. Andere wiederum wollen auf die Identität dieser drei Ideen nicht völlig verzichten und nehmen eine Form von Identität in der Verschiedenheit dieser drei an: Die ›Bhedabhedavadins‹ – ›Verschiedenheit-Nichtverschiedenheit-Lehre‹ (s. Kap. IV.3.1).

Shankara bleibt der einzige Vedantin, für den die Welt als Maya auf der Ebene des Brahman keine Realität besitzt. So behaupten aller außer ihm, daß das Objekt der Illusion eine Form des Realen sei. Ramanuja und einige Shaiva-Advaitins postulieren, daß das Objekt der Illusion »real ist«, wenn auch nicht empirisch real. Andere wiederum, so Vallabha (ca. 15. Jh.), das es »laukikasat« sei: »woanders gesehen und hier wiedererinnert«.

3.2.1 Ein ›weder ist noch ist nicht‹ als Basis des modernen religionsphilosophischen Denkens bei Shankara

»Wie ein Strick, der im Dunkeln nicht erkannt wird, falsch vorgestellt wird als Schlange, als ein Strich Wasser, so wird falsch der Atman vorgestellt. Wie, wenn der Strick deutlich erkannt wird und die falsche Vorstellung weicht, der Strick unzweiheitlich bleibt, so auch wenn der Atman deutlich erkannt wird.« (Gaudapada: *Mandukyopanishadkarika* 2.17f.)

Shankara (ca. 670–740) übernimmt aus den *Upanishaden* das Postulat der **Wahrheit des Brahman** und folgert, daß die Welt als **Maya**, quasi als eine ›Überlagerung‹ des Brahman erklärt werden muß. Sobald das Brahman als Wahrheit angenommen wird, muß seine Beziehung zur Welt sein wie jene zwischen ›Seil und Schlange‹ in der Sinnestäuschung. Die Schlange ›ist‹ eine Sinnestäuschung vom Seil aus gesehen, und das Seil, das wir als real betrachten, eine vom Brahman aus. Diese ›Täuschung‹ aber nimmt »denselben Ort« ein, hat dieselbe Basis und Träger wie ihre eigene, absolute Negation. Diese Täuschung stellt jedoch keine Imagination dar. Die Basis der Schlange ›ist‹ das Seil. Geht die Sinnestäuschung vorüber, sagen wir, daß die Schlange auch während der Sinnestäuschung nicht wirklich existent war. Wir negieren sie in allen drei Zeiten. »Die Schlange wird an demselben Ort erlebt wie ihre absolute Negation«, ihre Negation wird in den drei Zeiten erlebt. Das gleiche gilt für die Welt in Beziehung zum Brahman. Denn wird das Brahman erst einmal erkannt, dann wird auch erkannt, daß es immerwährend existiert und daß die Welt nie wirklich existent war. Die Welt wird so an demselben Ort erlebt, nämlich dem Brahman, wo auch ihre absolute Negation erlebt wird.

Solange ein ›Ich‹ und ›Wir‹ andauern, solange kommt der Welt auch Bedeutung zu. Erst wenn ›Ich‹ und ›Wir‹ mit dem Brahman wirklich eins geworden sind, können sie die Welt ignorieren, so wie wir ja auch die Schlange ignorieren, nachdem wir das Seil erkannt haben, aber eben nicht vorher. In diesem Sinne bezeichnet Shankara die Schlange nicht als ›a-sat‹, als ›**nicht-existent**‹, obgleich er sie ›Täuschung‹ nennt. Der Illusion kommt objektives Dasein zu. Die Beziehung zwischen **Brahman** und der **Welt** ist eine der empirischen Sinnestäuschung.

»Die Ursache, aus welcher Ursprung, Bestehen und Untergang dieser in Namen und Formen ausgebreiteten, viele Handelnde und Genießende beschließenden, die eine nach

Raum, Zeit und Ursache speziell bestimmte Frucht der Werke enthaltenden, in einer auch für den Geist unerfaßbaren Anordnung gestalteten Welt, diese allwissende und allmächtige Ursache ist das Brahman. [...] Das Brahman ist die allwissende und allmächtige Ursache des Entstehens, Bestehens und Vergehens der Welt.« (Shankara: *Brahmasutra Bhasya* II.2.4)

Die Maya muß negiert werden, um das Brahman zu realisieren. So impliziert Maya nicht schon die Negation der Welt, sondern nur ihre Widersprüchlichkeit; dennoch wird sie erlebt. Maya repräsentiert das Synonym dieser Widersprüchlichkeit. Hinter dieser befindet sich die **Wahrheit**, das **Brahman** selbst.

Maya setzt das Brahman voraus. Da aber das Brahman nicht die Maya ist, bleibt die Beziehung der Voraussetzung einseitig. Die Beziehung selber ist aber auch Maya, so daß die Natur dieser Beziehung als in sich widersprüchlich aufscheint. Hier liegt jedoch keine bloße logische Entität oder Proposition eines logischen Systems vor: Die Widersprüchlichkeit »ist der Kosmos« selbst. Weder Brahman noch Maya besitzen eine logische Struktur. Brahman transzendiert die Logik, wie das absolute Nicht-Sein jede vernunftmäßige Erfassung überschreitet. Die Logik kann auf Brahman hinweisen, aber sie erfaßt es nicht. Wie Kants ›höchstes Ideal der Vernunft‹ (s. Kap. I.2.2) stellt es die letzte Voraussetzung der Logik dar und setzt natürlich nicht wieder etwas voraus, für das es Voraussetzung wäre.

»Alles Welttreiben bleibt solange wahr, wie das Brahman-Sein noch nicht erkannt ist [...] Alles empirische Treiben ist wahr, solange die Erkenntnis des Selbst als Brahman nicht erreicht ist [...]. Solange nämlich die Erkenntnis der Einheit mit dem wahren Selbst nicht eintritt, solange [...] nimmt jede Kreatur unter der Bezeichnung des ›Ich‹ und des ›Mein‹ bloße Umwandlungen [des Brahman] für das Selbst und für Bestimmungen des Selbst und läßt dagegen ihre ursprüngliche Brahman-Selbst-heit außer acht; ehe daher das Bewußtsein von der Identität mit Brahman erwacht, besteht alles weltliche und vedische Treiben zu Recht. [...] Diese so beschaffene Übertragung bezeichnen die Gelehrten als das Nicht-Wissen [Avidya], und im Gegensatz dazu nennen sie die genaue Bestimmung der eigenen Natur der Dinge das Wissen [Vidya].« (ebd., I.1.1)

Shankara setzt die **Avidya** dem **Ur-Irrtum** aller weltlichen Existenz gleich. Seine Nachfolger sehen in ihr eine Potenz, die alles Irren ursächlich bedingt, indem sie den Stoff verkörpert, aus dem jede falsche Vorstellung gebildet wird. Avidya bei Shankara, im Gegensatz zu anderen Advaitins, stellt eher eine psychische Affektion (klesha) als eine kosmische Macht (shakti) dar. Er erhebt sie nicht zu einer metaphysischen, ewigen Wesenheit. In diesem Sinne spricht er von einem Avidya-Zustand (ebd., I.1.11). Die in diesem Zustand Befindlichen bilden das »Reich der Unwissenden« (ebd., I.1.1), in dem alle religiöse und weltliche Lebenspraxis vollzogen wird (ebd., I.1.11, I.2.12, I.2.20 und III.2.15).

»Wem gehört denn diese Unerwecktheit an?« Die Frage nach dem Träger, der personalen Basis der Avidya beantwortet Shankara mit: »Dir, der du fragst, gehört sie an. Hat denn nicht die Offenbarung gesagt, daß ich Gott bin? Wenn du in solcher Weise erweckt bist, dann gibt es doch niemandes Unerwecktheit mehr.« (ebd., I.1.3)

Die Antwort ist nicht philosophisch exakt, sondern pädagogisch insistierend. Sie ignoriert bewußt, was die Frage andeutet. Unter Vermeidung von allem Abstrakten und Allgemeinen versucht sie, unmittelbar einsichtig zu machen, daß es auf die ›Erwecktheit‹, gemeint ist die **Erlösung**, ankommt, nicht aber darauf, befriedigende Lösungen der Probleme zu finden, die beim Durchdenken des Avidya-Begriffes auftreten. Für den Erweckten wird Avidya und werden damit alle weltlichen Probleme hinfällig.

Das einzige positive Charakteristikum, das Shankara dem Brahman zugesteht, ist seine Geistigkeit. Die im Vedanta traditionell gelehrte ›Ananda‹-Natur, die ›Glückseligkeit‹ des Brahman, wird von Shankara zwar nicht bestritten, aber auffälligerweise wird sie nur an solchen Stellen besprochen, wo ein zu erklärender Grundtext sie erwähnt – so auch ›Ishvara‹, ›Gott‹: »Dieser ist das einzige, was es an Geistigem in der Welt gibt.« (ebd., II.3.30); »Er ist das alleinige Subjekt des Erkennens.« (ebd., I.1.17). Nirgends aber spricht Shankara davon, daß der Ishvara Ananda sei, und doch kann Ishvara überall problemlos durch Brahman ersetzt werden.

Dies läßt den Schluß zu, daß Shankara die seiner Meinung nach nicht den *Upanishaden* gemäße Lehre seiner advaitischen Zeitgenossen zwar nicht gerade bekämpft, doch an ihrer Stelle andere Gedanken setzt und sie so lange ignoriert, bis interpretatorische Rücksichten auf die Tradition ihn dazu veranlassen, sich vorübergehend der vorherrschenden Meinung anzupassen. So hatte er sich zeitlebens mit dem Vorwurf auseinanderzusetzen, daß seine Lehre eigentlich eine buddhistische sei. (vgl. Buch 1988; Cenkner 1984; Glasenapp 1948; ders. 1985; Lorenz 1998)

3.2.2 Das Absolute, Gott und die Welt in Relation zur Vernunft bei Sarvepalli Radhakrishnan

> »Die religiöse Überzeugung muß sich als eine rationale Lebensanschauung durchsetzen. Wenn der Geist in dieser Welt heimisch werden und nicht nur Gefangener oder Flüchtling sein soll, müssen feste weltliche Fundamente gelegt und geschützt werden. Religion muß sich in vernunftmäßigem Denken, fruchtbaren Taten und richtigen gesellschaftlichen Einrichtungen äußern.« (Radhakrishnan: *My Search of Truth*, 1961, S. 15)

In der Konfrontation von **Wissenschaft** und **Religion** vor dem Hintergrund von ›**Wahrheit**‹ ist für Radhakrishnan (1888–1975) Wissenschaft ebenso wie Religion die Wahrheit von Etwas, dem wir uns mit dem Ablauf der Zeit schrittweise nähern. Es besteht keine Notwendigkeit anzunehmen, daß gerade in der Religion die Wahrheit eine Überlieferung aus vergangener Zeit verkörpert, die gehütet werden muß, damit wir uns nicht weiter von ihr entfernen. Religion stellt für Radhakrishnan »ein Seiend-Sein und nicht ein Sein-Sollen dar, [...] Religion richtet sich in erster Linie auf das Erfassen des schon Vorhandenen und nicht auf das Erlangen des noch nicht Vorhandenen. Die Verwirklichung des Guten ist nicht eine zukünftige Möglichkeit, sondern eine ewige und notwendige Wirklichkeit.« (ders.: *An Idealist View of Life*, 1961, S. 71).

Wissenschaft und Religion, beschreibt man sie auch gemeinhin mit ›natürlich‹ und ›übernatürlich‹, gehören dennoch der gleichen Realität an. Die Kategorien des Natürlichen und des Übernatürlichen teilen die Welt nicht in eine bekannte und eine unbekannte. Werden sie dennoch so eingesetzt, meine man eigentlich die Unterscheidung zwischen Chaos und Ordnung. Solch ein Übernatürliches, das Chaos, wird von der Wissenschaft abgelehnt. Das Übernatürliche repräsentiert jedoch die Ordnung der Natur. Das Übernatürliche ›ist‹ das Natürliche in seiner wahren Tiefe und Unbegrenztheit und nicht ein von der Natur Verschiedenes (ebd., S. 87). Dieses Zusammenspiel von Wissenschaft und Religion, dieses Sich-Bedingen von Übernatürlichem und Natürlichem ist für Radhakrishnan **Religionsphilosophie**.

> »Die Religionsphilosophie ist die zum Verständnis ihrer selbst gelangte Religion. Sie sucht eine vernunftmäßige Lösung eines Problems, das unmittelbar nur für den religiösen Menschen besteht, der die geistige Intuition oder Erfahrung hat, mittelbar aber für alle diejenigen, welche, obgleich sie persönlich an dieser Erfahrung nicht teilhaben, dennoch genügend Glauben besitzen, um diese Erfahrung für wirklich geschehen und nicht für eingebildet zu halten. [...] Wenn die Religionsphilosophie zu einer Wissenschaft werden soll, muß sie empirisch werden und sich aus der religiösen Erfahrung begründen.« (ebd., S. 110)

Für Radhakrishnan tritt Religionsphilosophie jedoch nicht als Ersatz für die Philosophie auf und leugnet auch nicht die **Intuition**, die wir in der Religion vorfinden. Aber die psychologischen Bedingungen eines Glaubens müssen hergeleitet werden; seine Gültigkeit wird dadurch nicht eingeschränkt. Religiöse Erfahrungen besitzen ihren eigenen bestimmten Charakter, der eine andere Wirklichkeit berührt. So stützt sich Radhakrishnan auf die **religiöse Erfahrung.** Diese stellt ihre eigene Ursache und Erklärung, ist sich »selbst-errichtend«, »selbst-bezeugend« und »selbst-erhellend«. Sie beweist und erklärt nicht, sofern sie ›weiß‹ und ›ist‹. Alle Religionen sind symbolisch und Gott ist das Symbol, in dem die Religion das Absolute aufzeigt. Die Theoreme der Philosophie über das Absolute und Gott werden vom religiösen Bewußtsein als ein und dasselbe »empfunden«.

Hier spitzt sich nun das Problem auf die Beziehung von Intellekt und Intuition zu und auf die Frage nach der Realität einer **intuitiven Erkenntnis** und den Grundlagen ihrer Gültigkeit. So sind sinnliche und logische Erkenntnis für uns die Wege, auf denen wir zur Kontrolle unserer Umgebung zu praktischen Zwecken gelangen. Diese beiden Erkenntnisformen werden als nicht angemessen für die Wirklichkeitserkenntnis, die sie anstreben, erkannt, da kein Ergebnis begrifflicher Synthese die ursprüngliche Ganzheit des wahrgenommenen Objektes wiederherstellen kann.

> Die »[...] intuitive Erkenntnis entsteht aus einer Verschmelzung von Verstand und Realität. Sie ist nicht Sinnes- oder Symbolerkenntnis, sondern Seins-Erkenntnis. Sie ist Gewahrwerden der Wahrheit, eins mit dem Objekt der Erkenntnis. [...] Die Intuition offenbart nicht eine Lehre, sondern ein Bewußtsein; sie ist ein Zustand des Geistes und keine Begriffsbestimmung des Objektes. [...] Im Erkennen stiftet der Erkennende eine Identität mit dem Erkannten. [...] Denken kann Realität offenbaren, weil es im Wesen eine Einheit mit ihr ist; aber in seiner Existenz auf der Erfahrungsebene ist es von ihr unterschieden. Es ist etwas anderes, ob man etwas erkennt oder dieses ist.« (ebd., S. 155)

Die hinduistischen Denker erläutern die intuitive Erkenntnis, indem sie auf die **Selbst-Erkenntnis** verweisen. Wie bei den Empfindungen Liebe oder Zorn bemerken wir unser eigenes ›Ich‹ durch eine Art Identität mit diesem unmittelbar. Selbst-Erkenntnis ist für Radhakrishnan von Selbst-Existenz nicht zu trennen. Sie scheint die einzige wahre und direkte Erkenntnis zu sein, die der Mensch unmittelbar hat. Sie bildet das Objekt der ›Ich-Vorstellung‹, um die wir durch ihre unmittelbare Vergegenwärtigung wissen. In diesem unmittelbaren Erfassen haben wir ein Wissen von der Bekanntschaft mit dem Sein, nicht aber von dessen Wesen oder Natur. Wir wissen, daß das so unmittelbar Erfaßte einheitlich, daß es Subjekt und nicht – wie alles übrige – Objekt der Erfahrung ist. Im unmittelbaren »Gewahrwerden« des ›Ich‹ als etwas Wirklichem besteht zwischen Subjekt und Objekt keine tatsächliche, sondern nur eine logische Unterscheidung. »Das Ich ist die erste absolute Gewißheit, die Grundlage aller logischen Beweise.« (ebd., S. 157).

Intuitive Erkenntnis unterscheidet sich von bloßer Einbildung durch die Realität des Objekts. Das intuitive Bewußtsein erfaßt ›wirkliche Dinge‹, die den reinen Sinnen nicht erreichbar sind. Intuition bedeutet Ausdehnung der Wahrnehmung auf die Region jenseits der Sinnenwelt (ebd., S. 159). Die **Gewißheit**, das Gefühl der sicheren Erkenntnis verifiziert die intuitive Erfahrung, so ist sie eine Gattung der Erkenntnis. »Wäre alle unsere Erkenntnis intuitiv, so würde die Realität sich unmittelbar selbst bezeugen [...]. Sie ist ihrer selbst gewahrwerdende Existenz.« (ebd., S. 160).

Werden sinnliche und logische Erkenntnis durch Übereinstimmung oder Identität intuitiv, dann bedeutet die Aneignung der intuitiven Erkenntnis der Realität die Möglichkeit, mit der Realität übereinzustimmen oder eins mit ihr zu sein. Intuition bezeichnet ein unmittelbares Wahrnehmen oder einfaches und beständiges Auslassen des Gegenstandes. Radhakrishnan sieht in ihr keinen mystischen Vorgang, sondern die »unmittelbarste und durchdringendste Erkenntnisform des menschlichen Geistes«. Intuition verhält sich zum Intellekt etwa so wie der Intellekt zur Sinneswahrnehmung. Die Bedeutung von reflektiver Erkenntnis liegt nun in der Vorbereitung auf diese ganzheitliche Erfahrung.

> »Um unserem Denken eine Grenze zeigen zu können, müssen wir in gewisser Weise jenseits dieser Grenze sein. Verwechseln wir das Subjekt mit dem in die körperliche Erfahrung hineinversetzten Geist, so hindert uns dies, das uns entgegentretende Objekt vollständig zu erfassen. Das wahre Subjekt ist der einfache, aus sich seiende, universale Geist, der uns nicht wie ein Objekt dargeboten werden kann.« (ebd., S. 277)

Hierbei besteht für Radhakrishnan die Aufgabe der Vernunft nicht so sehr darin, zu beweisen, als vielmehr die Unbestimmtheit eines Objektes zu bestimmen. Die von den Mystikern gemachte Erfahrung der **Realität Gottes** ist mit den wissenschaftlichen Tatsachen und der auf ihnen gegründeten logischen Überlegungen vollkommen vereinbar. Gott gehört organisch zur Welt und ist von ihr nicht zu lösen. Die Emergenz des Weltprozesses wird von Gott gelenkt, der diesem Prozeß immanent ist, obwohl das Ziel ihm transzendent ist. Im Weltprozeß entfaltet sich nicht, was schon zu Beginn vorhanden war, er stellt keine reine Präformation dar. Das Ende der Welt beinhaltet nicht ihren Anfang in der Weise, daß Gott sich ganz aus dem Prozeß zurückziehen könnte (ebd., S. 340). Als herrschendes Prinzip verkörpert die **Ganzheit** das Wachstum der Teile. Das endgültige Ziel findet sich nicht schon im Anfang. Das Interesse und die Anziehungskraft des Zieles kann aus dem darauf hinführenden Prozeß nicht »fortgedacht« werden. Das Ziel wächst mit dem Prozeß und nimmt mit Hilfe der Teile des Prozesses endgültige Gestalt an. Während des ganzen Prozesses besteht also ein Element der Unbestimmtheit. Dieses wird in dem Umfange geringer, in dem die Wirklichkeit zunimmt (ebd., S. 341). Bis zum eigentlichen Ende des Prozesses ist Gott, obwohl immanent, nicht mit der Welt identisch. Während des ganzen Prozesses bleibt etwas in Gott »unverwirklicht«. Doch am Ende löst sich auch dieses auf. Gott, der mit der Welt eine **Einheit** bildet, weicht zurück in den Hintergrund des Absoluten. Anfang und Ende bilden Grenzen, und das ganze Interesse der Welt richtet sich auf den Prozeß zwischen Anfang und Ende.

> »Es war die gewaltige Aufgabe der Religionsphilosophie, eine Einheit zu schaffen zwischen dem Absoluten als dem in gewissem Sinne ewig Vollkommenen und Gott als einem in einer zeitlichen, Natur und Mensch einschließenden Entwicklung manifestierten, selbstbestimmten Prinzip.« (ebd., S. 343)
>
> (Vgl. Lal 1995, 257ff.; Masih 1991, S. 386ff.; Raju 1953, S. 331ff.).

3.2.3 Die Problematik eines weder Denk- noch Mitteilbaren bei Krishnachandra Bhattacharyya

»Die theoretische Form eines religiösen Systems ist die **Religionsphilosophie**; es gibt so viele Formen dieser Art von Philosophie, wie es religiöse Systeme gibt. Diese Form drückt sich selbst in den niederen Graden der Philosophie aus – in der Theorie des niederreligiösen Geistes [spirit], in der Metaphysik des Objektes und in der Logik. Jedes System der Religionsphilosophie besitzt seine eigene und besondere Theorie des Geistes, der Metaphysik und der Logik. Die fundamentalen Unterschiede in diesen logischen Theorien sind, andeutungsweise, implizit metaphysische, jene in den Metaphysiken sind implizit spirituelle und jene in den Theorien des säkularisierten Geistes sind implizit religiöse.« (Bhattacharyya: *The Concept of Philosophy*, 1983, S. 477)

In einem Vergleich mit Kant (s. Kap. I.2.2) stellt Bhattacharyya (1875–1949) heraus, daß das Selbst eine Denknotwendigkeit und ein Objekt des Glaubens sei, selbst aber nicht im Bereich des Erkennbaren liege. Wenn es auch nicht notwendigerweise ein Objekt des moralischen Glaubens sei, so müßten wir aber dennoch die ›Möglichkeit‹ zugeben, es ohne Denken erkennen zu können, weil doch eben die geistige Forderung besteht, eine solche Erkenntnis zu realisieren. Dies bedeutet praktisch: Die erkenntnistheoretische Frage der Bedeutung von Denken und Erkenntnis wird hier wieder neu gestellt.

Unter der Annahme eines ›nicht-denkbaren Selbst‹ versteht Bhattacharyya nun Kants Ideen der Vernunft nicht als ›nicht rein erkennbar‹, sondern als ›nicht eigentlich denkbar‹. Die sogenannte Erweiterung des Denkens auf ein Jenseits der Erfahrung bedeutet für ihn nur eine Verwendung des Verbs ›denken‹ als Symbol einer ›nicht-denkbaren Realität‹. Solcher Symbolik bedarf jedoch das Denkens nicht. Er hält das Selbst für undenkbar und nimmt an, daß Kants **Idee der Vernunft** nicht nur nicht Erkenntnis sei, sondern nicht einmal Denken im eigentlichen Sinn. Die sogenannte Ausdehnung des Denkens über die Erfahrung und die Möglichkeit der Erfahrung hinaus bedeutet für ihn nur, daß die verbale Form des Denkens als Symbol für die undenkbare Realität gebraucht wird und ein solcher symbolisierender Gebrauch eben Denken ist. »Die drei geglaubten Inhalte – das Subjekt, die positive Freiheit des Subjektes und das gemeinte Objekt – sind sagbar, und vom Sagbaren müssen wir in der Philosophie ausgehen.« (ders.: *The Subject as Freedom*, 1983, S. 388).

Im Sinne Bhattacharyyas gibt es **vier Grade des Sagbaren**: die primäre Unterscheidung zwischen dem, was nur ›symbolisch‹ sagbar, und dem, was ›eigentlich‹ sagbar ist. Das ›eigentlich Sagbare‹ umfaßt das, wovon als ›Information‹ gesprochen wird, und das, was ›nur gesprochen‹ wird und nicht ›wovon gesprochen‹ wird. Von diesen wird das, was ›nur gesprochen‹ wird, entweder als ›symbolisiert‹ oder als ›gemeint gesprochen‹ abstrahiert. Wahrheit wird nur ›symbolisch‹ gesprochen, Realität wird ›eigentlich gesprochen‹ als ›symbolisiert‹ und das Selbst-subsistente wird ›eigentlich‹ gesprochen als ›gemeint‹. Von keinem von diesen wird als ›Information‹ gesprochen, während von Tatsachen durchaus als ›Information‹ gesprochen wird.

Dies korrespondiert nun bei Bhattacharyya mit **vier Formen des Denkens**: einem »empirischen«, »kontemplativen«, »genießenden« und »transzendentalen Denken«. Nur das, wovon als ›Information‹ oder ›Tatsache‹ gesprochen wird, ist oder kann ›eigentlich‹ gemeint sein. Im kontemplativen, genießenden oder transzendentalen Denken wird nicht vom Inhalt, sondern es wird ›der Inhalt‹ selber gesprochen.

»Empirisches Denken ist das theoretische Bewußtsein eines Inhaltes und schließt den Bezug auf ein Objekt ein, das wahrgenommen wird oder als wahrgenommen

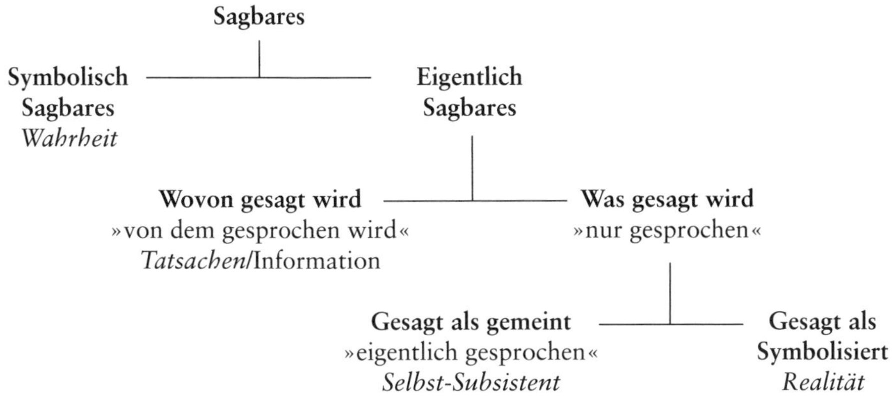

vorgestellt wird, und ein solcher Bezug gehört zur Bedeutung des Inhaltes. Es gibt Inhalte, die objektiv sind, aber keinen notwendigen Bezug auf Sinneswahrnehmung haben, so daß dieser Bewußtseinsinhalt reines objektives und kontemplatives Denken genannt werden kann. Der Inhalt des spirituellen Denkens ist kein Objekt, da nichts, was in der objektiven Haltung betrachtet wird, subjektiv ist in dem Sinne, daß es in der subjektiven oder genießenden Haltung erkannt wird. Transzendentales Denken ist das Bewußtsein eines Inhaltes, der weder objektiv noch subjektiv ist.« (ders., *The Concept of Philosophy*, 1983, S. 464).

Bewußtsein,

Empirisches:	Bezug zu wahrgenommenen oder als wahrgenommen vorgestellten Objekten
Rein objektiv Kontemplatives:	objektive Inhalte ohne Bezug zur Sinneswahrnehmung
Spirituelles:	kein Objekt zum Inhalt; subjektiv genießende Realität
Transzendentales:	weder objektive noch subjektive Inhalte

Der positive Charakter des Absoluten ist für Bhattacharyya durch die Negation des ›Ich‹ (oder genauer ›was ich nicht bin‹) und als solche überhaupt nicht ›eigentlich‹ ausdrückbar. Wenn wir also sagen, daß das Absolute ist, dann meinen wir mit ›ist‹ nicht Realität, sondern **Wahrheit**. Realität wird »genossen« [enjoyed], Wahrheit nicht (ebd., S. 478) – und genossen wird der Inhalt des spirituellen Bewußtseins.

Die ›Tatsache‹ und das ›Selbst-subsistente‹ werden beide ›eigentlich gesagt‹, und bei beiden wird der geglaubte Inhalt durch das ›Gesagtwerden‹ dargestellt. Die ›Tatsache‹ wird als unabhängig von dieser Darstellung verstanden, während das Selbstsubsistente als durch sie konstituiert vorgestellt wird.

Was Bhattacharyya das Absolute nennt, ist eine positiv geglaubte Entität, die nur negativ verstanden wird. Diese Entität kann nicht verstanden werden, wie sie geglaubt wird, und ist ›sagbar‹ nur durch Symbolik. Was eigentlich unsagbar geglaubt und verstanden wird, kann sich-selbst-enthüllend genannt werden. Dies **Absolute** wird im (Advaita-) Vedanta rigoros als **Wahrheit** aufgefaßt (ders.: *The Subject as Freedom*, 1983, S. 386).

Für Bhattacharyya verkörpert Metaphysik die Philosophie des Objekts und umfaßt das theoretische Bewußtsein in der objektiven Haltung. Strenggenommen gibt es bei ihm keine Metaphysik des Subjekts. Was als solche gilt, ist entweder die Metaphysik des Geistes, als besonderer Typus des Objekts verstanden, oder ist gar keine Metaphysik, sondern eine sich selbst symbolisierende Form von spiritueller Aktivität (ders.: *The Concept of Philosophy*, 1983, S. 473). Metaphysik arbeitet hier nur das Konzept des Objektes in Beziehung zum Subjekt aus.

> »Spirituelles Bewußtsein ist nicht bloß ein Bewußtsein der Wirklichkeit, es ist die Wirklichkeit selbst. Ausgenommen in seinen speziellen religiösen Formen beinhaltet es dennoch ein Bewußtsein von Wirklichkeit, welches verschieden ist von dem, was man vielleicht leere Objektivität nennen könnte.« (ebd., S. 476)

Allein die **über-personale Wirklichkeit** erhebt sich zum theoretischen religiösen Bewußtsein. In diesem Sinne wird nach Bhattacharyya von dem religiösen Bewußtsein gesprochen als von einem über alle ›leere Subjektivität‹ hinausgewachsenem und als der ›genießenden Fülle‹ des Seins. Religiöse Erfahrung als Bewußtsein des Seins bleibt eine einfache und läßt keine Variationen ihrer selbst zu. So besteht eine unbegrenzte Pluralität einmaliger religiöser Erfahrungen. Ihre Berichte sind durch sich selbst bestimmt und bilden sich nicht aufgrund äußerer Reflexionen.

Das **Absolute** im Sinne Bhattacharyyas, als Transzendenz der ›genossene Realität‹ in der Religion, ›ist‹ positives Sein (**Wahrheit**) oder positives Nicht-Sein (**Freiheit**) oder deren positive Nicht-Bestimmtheit (**Welt**). Das Absolute enthüllt sich selbst und das ›**Ich**‹ erscheint dreifach als dessen »Schatten oder Symbol«. Wenn sich das Absolute nicht auf eine Einheit bezieht, so kann von seinem subjektiven Schatten nicht als von einem ›Bezogenen auf‹ gesprochen werden. Seine ganze Bedeutung entstammt dem sich selbst-enthüllenden Absoluten (vgl. Lal 1995, S. 223ff.; Raju 1953, S. 354ff.)

3.3 Der Buddhismus

Die Schriften des indischen Buddhismus werden grundsätzlich in zwei große Textsammlungen eingeteilt. Es sind dies einerseits die Schriftensammlungen des sogenannten **Hinayana**, also jene der historisch ältesten Schulen, auch Pali-Kanon des ›tipitaka‹ (Pali, Sanskrit: ›tripitaka‹, ›Dreikorb‹) genannt, und andererseits die Schriften des sogenannten **Mahayana**. Dieses *Tipitaka* unterteilt sich nun in einen ›Korb‹ von Texten zur Ordensdisziplin im weitesten Sinne, dem *Vinayapitaka*, in einen ›Korb‹ von ›Lehrreden des Buddha in fünf Sammlungen‹, den ›nikaya‹, dem *Suttapitaka*, und in einen ›Korb‹ von Texten der buddhistischen Scholastik, dem *Abhidhammapitaka*. Die zahlreichen Texte des Mahayana erfuhren keine allgemeine Kanonisierung und sind zum Teil in Sanskrit, in Prakrit, in Chinesisch und in Tibetisch verfaßt. Mit Blick auf den XIV. Dalai Lama (s. Kap. IV.3.3.4) ist anzumerken, daß der *Lam-rim Chenmo*, der ›*Große Stufenweg zur Erleuchtung*‹, des Tsong-khapa (1357–1419) innerhalb des Mahayana und dieser Schulrichtung des Buddhismus eines jener Standardkompendien darstellt, das die Lehren des Hinayana und des Mahayana gemeinsam und strukturiert behandelt.

Der recht große zeitliche Abstand der Kanonisierung des *Tipitaka* zum Wirken des historischen Buddha von fast 800 Jahren, die Tatsache, daß der Pali-Kanon nur eine bestimmte Lehrmeinung des Buddhismus vertritt, nämlich jene der Schule der Theravadins, der Umstand, daß das Konzil von Pataliputra, nach dem sich Hinayana und Mahayana trennten, schon im Jahre 343 v. Chr. stattfand (vgl. Bapat 1959, S. 35ff.) und das Wissen darüber, daß es in jenem Zeitraum 18 namentlich bekannte Schulrichtungen des frühen Buddhismus gab (ebd., S. 96ff.), deren Schrifttum heute nicht mehr vollumfänglich vorliegt, lassen die Frage offen, ob dieser Kanon nicht sogar eine Schnittmenge aller Richtungen dieses Zeitraumes einschließlich der Schulen des Mahayana darstellt.

Zum ersten Mal erwähnt wird der Pali-Kanon und die fünf *Nikayas*, seine ›Fünf Sammlungen der Lehrreden des Buddha‹, im 3. Jh. v. Chr. auf den Stelen des indischen Kaisers Ashoka, so daß ab diesem Zeitpunkt ein geschlossener Inhalt des Kanons besteht, wenn auch noch nicht zwingend schriftlich fixiert. Die endgültige Kanonisierung des *Tipitaka* ist unbekannt. Er besteht in seiner heutigen gedruckten Form seit 1894 in Siam (heute Thailand). Diese erstmalige Gesamtausgabe umfaßt 39 Bände und besitzt bis heute Gültigkeit in allen Schulen des Buddhismus.

3.3.1 Ein ›ist, ist nicht, ist und ist nicht, weder ist noch ist nicht‹ als Basis des modernen religionsphilosophischen Denkens bei Siddharta Gautama Shakyamuni, dem Buddha

Innerhalb des *Vinayapitaka* kommt in der Abteilung der *Khandakas* (den ›Abschnitten‹, die Regeln außerhalb der Bekenntnislitanei beinhalten) dem *Mahavagga* (der ›Großen Abteilung‹) eine ganz besondere Bedeutung zu, weil es die ›**Rede von Benares**‹ mit den ›**Vier Edlen Wahrheiten**‹ und die Lehre vom buddhistischen ›**Achtgliedrigen Pfad**‹ enthält. Mit dem Verkünden dieser Vier Edlen Wahrheiten setzt der Buddha (ca. 6.–5. Jh. v. Chr.) das ›Rad der Lehre‹ erstmals in Bewegung:

> »Dies nun, ihr Mönche, ist die Edle Wahrheit vom Leiden: Alter, Krankheit, Sterben usw. sind Leiden; [...] was man verlangt, nicht erlangen, ist Leiden. Kurz gesagt: die Fünf Daseinsfaktoren des Ergreifens [d.h. das Aufsichbeziehen von Körperlichkeit, Empfindung, Wahrnehmung, Willensregung und Bewußtsein].
> Dies nun, ihr Mönche, ist die Edle Wahrheit vom Entstehen des Leidens: Es ist dieser Durst, der zu immer neuem Dasein führt, verbunden mit Freude und Begierde, hier und dort sich ergötzende, nämlich der sinnliche Durst, der Daseinsdurst, der Nichtseinsdurst.
> Dies nun, ihr Mönche, ist die Edle Wahrheit von der Aufhebung des Leiden: Es ist eben dieses Durstes restloses Verschwinden und Auflösung, seinem Aufgeben, seiner Entäußerung, der Loslösung davon, nicht mehr an ihm haften.
> Dies nun, ihr Mönche, ist die Edle Wahrheit von dem zur Aufhebung des Leidens führenden Pfad: Es ist nämlich dieser Edle Achtgliedrige Pfad [...].« (*Samyuttanikaya* 56.11)

Die Vier Edlen Wahrheiten beinhalten die Erkenntnis, daß alles ›**dukkha**‹ (Pali, Sanskrit: ›duhkha‹), **existentielles Leiden** ist. Der Ausweg aus diesem Dukkha eröffnet sich dem Menschen durch das Begehen des Achtgliedrigen Pfades. Dieser verkörpert nun einerseits selbst eine Edle Wahrheit und hat andererseits eine solche zum Inhalt. Er darf jedoch nicht im Sinne des Yoga verstanden werden, da seine Stufen nicht zwingend nacheinander durchlaufen werden müssen und die Beendigung des Kreislaufes der Wiedergeburten, letztlich von Dukkha, auf jeder Stufe grundsätzlich vollzogen werden kann.

> »›Zwei Extreme gilt es, ihr Mönche, [...] zu meiden. [...] Bei den Sinnendingen sich dem Anhaften am Genusse hingeben, [...] und sich der Selbstqual hingeben, [...] Diese beiden Extreme vermeidend, [...] das sehend und wissend [...] führt zum Nirvana. Und was ist

> dieses mittlere Vorgehen? Es ist der Edle Achtgliedrige Pfad, nämlich Rechte Erkenntnis [der Vier Edlen Wahrheiten], Rechte Gesinnung [entsagende, haßlose, friedfertige], Rechte Rede [keine Lüge, keinen Tratsch, keine rohe und törichte Rede], Rechtes Handeln [nicht Töten, Stehlen und Ehebrechen], Rechter Lebenserwerb [keinen andere Wesen schädigenden Beruf ausüben], Rechte Anstrengung [karmisch unheilsame Dinge vermeiden und überwinden, heilsame erwecken und erhalten], Rechte Achtsamkeit [auf Körper, Gefühl, Bewußtsein und geistige Objekte], Rechte Sammlung [Sammlung des Geistes].« (ebd., 56.11)

Der Achtgliedrige Pfad stellt so eine Art ›Heilung‹ des Menschen dar, die sein ›Rechtes Handeln‹ motiviert und ihn über die ›Rechte Anstrengung‹ zur ›Rechten Sammlung‹ führen soll. Er repräsentiert den Weg von der ›Diagnose‹ der Vier Edlen Wahrheiten zur ›Therapie‹ des Pfades selbst. Die ›Krankheit‹ des Menschen wird

1. an ihren Symptomen, den ›Fünf Kategorien von Daseinsfaktoren‹ des ›Ergreifens von‹, erkannt,
2. wird als ihre Ursache ›**trishna**‹, der ›**Durst**‹, lokalisiert,
3. gilt die Erkenntnis: ›Ist Trishna beseitigt, so ist die Krankheit geheilt.‹ und
4. wird über den Achtgliedrigen Pfad der Trishna aufgehoben.

Die ›Krankheit‹ des Menschen heißt ›Leiden‹, als ihre Ursache gilt der ›Durst‹, obwohl er nicht mit dem Leiden selbst verwechselt werden darf. Denn das existentielle Leiden ›sind‹ die ›Fünf Kategorien von **Daseinsfaktoren**‹ des ›Ergreifens-von‹, der ›Anhaftung an‹, die den Menschen und alle Lebewesen mit Bewußtsein konstituieren. Ein folgenreicher Schluß aus dem Aufgeführten lautet nun, daß hinter diesen Konstituenten nicht mehr zurückgegangen werden kann und muß, daß sich **kein individuelles Selbst**, kein Subjekt dahinter finden läßt. Alle Entitäten existieren nur als Zusammengesetzte in Raum und Zeit und nicht aus sich heraus, nicht inhärent. Ihre Konstituierung ist ein höchst dynamischer Prozeß und erfolgt beständig. Der Eindruck von Konstanz trügt, spiegelt dem Menschen ein falsches Verständnis des eigentlichen Sachverhaltes aus seiner eigenen Unkenntnis heraus vor und verursacht in seiner Konsequenz Dukkha, existentielles Leid.

Das *Majjhimanikaya*, die ›Sammlung mittellanger Reden‹, ist Bestandteil des *Suttapitaka*, des zweiten ›Korbes‹, und befaßt sich in der Hauptsache mit der Lehre vom ›**Entstehen in Abhängigkeit**‹, die nun das Wissen um die Daseinsfaktoren und die Vier Edlen Wahrheiten zur Voraussetzung hat. Liegt bei diesen der Schwerpunkt auf einer Anleitung zum Erlösungsziel, obwohl auch sie eine Analyse des menschlichen Daseins darstellen, so erläutert die Lehre vom ›Entstehen in Abhängigkeit‹ das ursächlich bedingte Entstehen von Dukkha. Sie liefert in der Formel vom ›Abhängigen Entstehen‹ die Antwort auf die Frage nach dem ›Warum‹. Die Ursache von Dukkha wird hier nicht mehr in Trishna, im ›Durst nach‹ gesucht, sondern in ›**avidya**‹, dem **Nicht-Wissen**, gefunden.

> »Wenn dieses ist, ist jenes, infolge dieses [Prozesses] entsteht jener [Prozeß]; wenn dieses nicht ist, ist jenes nicht, infolge der Aufhebung diese [Prozesses] wird jener [Prozeß] aufgehoben; das will sagen: Wenn Nicht-Wissen da ist, sind Prozesse [des Gestaltens und des Gestaltetseins]; [...] ist Bewußtsein [im nächsten Leben]; [...] ist der körperliche und geistige Organismus; [...] sind die ›Sechs Grundlagen‹ [der geistigen Vorgänge: fünf Sinnesorgane und Bewußtsein]; [...] ist Bewußtseinseindruck; [...] ist Empfindung; [...] ist ›Durst‹ [›Begehren nach‹, Trishna], [...] ist ›Anhaften [-an‹]; [...] ist Werden; [...] ist [Wie-

der-] Geburt; [...] stellen sich Alter und Tod [...] ein. Solcherart ist der Ursprung dieser gesamten Leidensmasse. Aber auf der restlosen, spurlosen Aufhebung des Nicht-Wissens beruht die Aufhebung [...]. Solcherart ist die Aufhebung der gesamten Leidensmasse.« (*Udana* I.3)

Die Lehre vom ›Entstehen in Abhängigkeit‹ stellt in der Abfolge ihrer Glieder das Entstehen und das Beendigen von Leiden (dukkha) dar. Sie beschreibt, wie eine Position innerhalb des Prozesses ursächlich die nächste Position bedingt und dabei die vermeintlichen Positionen selbst wieder Prozesse darstellen. Hierbei darf diese Lehre vom ›Entstehen in Abhängigkeit‹ jedoch nicht mit einer reinen Kausalkette verwechselt werden: Sie verkörpert eine Abfolge von Konditionen, von sich wechselseitig bedingenden Verhältnissen. Die Vier Edlen Wahrheiten und der Achtgliedrige Pfad liegen ihr zugrunde.

Im *Majjhimanikaya* fällt die starke **antimythische Tendenz des Buddha auf.** Der eigentliche Ursprung der buddhistischen Dialektik ist das ›**Schweigen**‹ des Buddha, das in Äußerungen zum Tragen kommt wie »Darum, Malunkyaputta, was von mir hier nicht erklärt worden ist, das lasset nur unerklärt bleiben, und was von mir erklärt worden ist, das möget ihr als erklärt festhalten« (*Majjhimanikaya* 63). Das Wahre ist dem Denken transzendent. Dies Schweigen muß interpretiert werden als das klare nicht-sprachliche Bewußtsein von der Unmöglichkeit, das Namenlose beschreiben zu können. Der Buddha sieht, daß Dialektik als Widerstreit der Vernunft durch diese nicht aufzuheben ist.

Die Lehre vom ›Entstehen in Abhängigkeit‹ stellt die Phänomene der Welt als sich gegenseitig ursächlich bedingende dar, und es ist letztlich keine aus sich bestehende Entität, weder Anfang noch Ende auszumachen. Der Prozeß des Bedingens ist in sich geschlossen. Fragt die Vernunft nun nach den Eckpunkten dieses sich ›Verhaltens zu‹, nach dem Sein des Etwas des Sichverhaltens, so antwortet der Buddha: Die Phänomene ›existieren‹ und ›existieren nicht‹ und ›existieren und existieren nicht‹ und ›weder existieren sie noch existieren sie nicht‹. (ebd., 63). Die Praxis einer auf Identität pochenden Vernunft besteht gerade darin, dies, was über das Denken hinausgeht, gewaltsam wieder hereinzuholen. Schweigen dagegen ist die Erfahrung des **Scheiterns der Vernunft.**

Im *Abhidhammapitaka* wird nun u.a. die folgenschwere Frage abgehandelt, die sich die Mönche kurz vor dem Tode des Buddha stellten: Wer tritt die Nachfolge dieser Autorität an? In der Beantwortung spricht sich der Buddha gegen eine Folgeautorität aus und verweist die Mönche auf ihre eigene Person und auf den **Dharma,** die Lehre:

»Da sprach der Erhabene zum Ehrwürdigen Ananda: ›Es könnte sein, Ananda, daß euch der Gedanke käme: ›Das Wort hat seinen Lehrer verloren, wir haben keinen Lehrer mehr.‹ So, Ananda, sollt ihr es nicht sehen. Der Dharma und die Disziplin, Ananda, die euch von mir gelehrt und verkündet worden sind, diese sollen nach meinem Tode euer Lehrer sein.‹« (*Dighanikaya* 16.6.1–3)

Die ›Mittlere Lehre‹, den Mittleren Weg‹ geht der ›Erkennende‹. Er meidet die beiden Extreme von ›Sein‹ und ›Nicht-Sein‹. »Alles ist Einfalt und alles ist Vielfalt« sind die beiden zu vermeidenden Extreme. Die Dinge ›sind‹, insofern sie von anderen Dingen ›hergebracht sind‹. So ist **Nirvana** auch keine andere Wirklichkeit, könnte keine andere sein, ohne die gesamte Grundlage des Dharma zu zerstören. Nirvana ist auch nicht die ›wahre Wirklichkeit‹. Es ›gibt‹ Nirvana nicht. Die phänomenale Welt, **Samsara**, ist vollkommen wahr, nur sehen wir sie nicht so wie sie wahrhaft ist, eben nicht-inhärent-existent. Samsara ist Nirvana, ein gegenseitiges sich-aufeinander-Beziehen von Leerstellen – Shunyata. »Ich lehre den Pfad zur Befreiung. Die Befreiung selbst aber hängt von dir ab.« (*Udanavarga* 29) (vgl. Conze 1988; Glasenapp 1985, S. 302ff.; Frauwallner 1969; Potter: VI, 1996; VIII, 1999).

3.3.2 Religionsphilosophie als moralische Erneuerung bei Bhimrao Ramji Ambedkar

> »Religionsphilosophie ist für mich nicht nur eine deskriptive Wissenschaft. Ich betrachte sie als beides: deskriptiv und normativ. Insoweit sie sich mit den Lehren einer Religion, einer Religionsphilosophie befaßt, ist sie eine deskriptive Wissenschaft. Wenn sie aber den Gebrauch kritischer Gründe für die Annahme eines Urteiles oder für dessen Lehren beinhaltet, dann wird Religionsphilosophie eine normative Wissenschaft.« (Ambedkar: *Philosophy of Religion*, 1979ff., S. 5)

›**Religionsphilosophie**‹ im Sinne Ambeddkars (1891–1956) erfaßt den religiösen Bereich in seiner deskriptiven Komponente und greift im Anschluß daran regulierend in das religiöse System ein. Sein deskriptiver Religionsbegriff (ebd., S. 5) leitet sich aus seinem Verständnis von Religion und deren Thesen ab:

1. die Existenz Gottes,
2. die durch Gottes Vorsehung bewirkte göttliche Herrschaft über das Universum und
3. Gottes moralische Herrschaft über die Menschheit.

Religion ist für ihn nun der »Vorschlag eines idealen Planes göttlicher Herrschaft, dessen Ziel und Zweck es ist, die gemeinschaftliche Ordnung, in der Menschen leben, in eine moralische Ordnung zu überführen« (ebd., S. 6). Diesen ›Vorschlag‹, soll er für den Menschen bedeutsam sein, gilt es zu prüfen und zu beurteilen. Ambedkar legt dieser Bewertung die Kriterien ›Nützlichkeit‹ und ›Gerechtigkeit‹ zugrunde. Diese Bewertungskriterien eröffnen eine neue Dimension innerhalb der Religionsphilosophie und ermöglichen zugleich die Bewertung des ›idealen Planes‹ göttlicher Herrschaft und die Klassifizierung einer gegebene Religion. Religion wird in ihrer oben genannten Dreiheit gesehen. Das Kriterium, nach dem sie beurteilt wird, führt zur Definition ihrer Norm.

»Die grundlegende Charakteristik positiver Religionen ist, daß sie [...] ihren Ursprung in den Lehren großer religiöser Erneuerer haben, die im Einklang mit der göttlicher Offenbarung lehrten. Das Ergebnis dieser Lehren ist nun eine positive Religionsphilosophie [...]« (ebd., S. 7). Diese ›**positive Religionsphilosophie**‹ basiert auf einem ›Prinzip der Gerechtigkeit‹, das all jene Prinzipien in sich einschließt, die eine ›moralische Ordnung‹ begründen. ›Gerechtigkeit‹ ist so nur ein anderer Name für ›Freiheit‹, ›Gleichheit‹ und ›Brüderlichkeit‹, deren Inhalte aber nicht fremden Traditionen entlehnt sein dürfen, sondern originär indischen Wurzeln entspringen müssen, wie z.B. den *Upanishaden*.

Diese Prinzipien sind für Ambedkar von außerordentlicher Bedeutung, da er aus ihnen die Autonomie des Subjekts ableitet. Sie schreiben keinen besonderen Weg des Handelns vor, sondern führen den Menschen, wie z.B. das Prinzip der Gerechtigkeit, in der Reflexion über dieses und durch den Inhalt des Begriffes ›Gerechtigkeit‹ selbst, zu den Gedanken hin, die er dann auch hervorbringt. Ein Prinzip mag schlecht sein, aber seine Ausführung ist bewußt und verantwortungsvoll; eine Regel dagegen mag richtig sein, aber ihre Ausführung ist mechanisch. Die Religion universalisiert, hebt gesellschaftliche Werte hervor und bringt diese dem Individuum zu Bewußtsein, das dann aufgefordert ist, diese in all seinen Handlungen, in Regeln, anzuerkennen (ders.: *Annihilation of Caste*, 1979ff., S. 75). Die Intention von Religion übersteigt diesen Pragmatismus auch: »Sie muß das Individuum durchgeistigen« (ders.: *Away from the Hindus*, 1979ff., S. 409). Eine wirkmächtige Religion muß in Übereinstimmung mit der Wissenschaft, bei Ambedkar ein anderes Wort für **Vernunft**, stehen (ders.: *Buddha and the Future of His Religion*, 1970, S. 12f.).

»Gibt es eine Religion, die in all diesen Untersuchungen zufriedenstellend überzeugen kann? – ja, der Buddhismus.« Der Buddhismus besitzt für Ambedkar als einzige Religion drei Prinzipien, die sonst keine andere Religion kennt: Der **Buddhismus** lehrt ›prajna‹, ›**Verstehen**‹ contra Aberglauben, er lehrt ›karuna‹, ›**Mitgefühl**‹, und er lehrt ›sanata‹, ›**Gleichheit**‹ (ders.: 1956). Auch lehrte der Buddha, so Ambedkar weiter, rein rational und rein logisch. Daher sei alles Rationale und Logische auch als das Wort des Buddha aufzufassen (ders.: *The Buddha and His Dhamma*, 1957, S. 350f.).

Ambedkar will der Spaltung von ›Gesetz‹ und ›Religion‹ entgegenwirken (ders.: *Philosophy of Religion*, 1979ff., S. 333), da eine reine Moral allein nicht ausreicht, eine universelle Ordnung zu konstituieren. Moral muß heilig und universal zugleich sein. So besteht für ihn kein Zweifel daran, daß die Religion der Moral die »Antriebskraft« liefert. Greift Religion in Form von Sanktionen über das Leben des Individuums hinaus, dann bedient sie sich hierbei meist eines heiligen Regelwerkes, das sie ›Moral‹ nennt. Stattet sie diese Regeln dann noch mit Heilskraft aus, so bewirkt dies eine Achtung des Individuums vor diesen moralischen Regeln. Dieser Respekt vor den Regeln hilft dem Individuum, ein moralisches Leben zu führen und sein Handeln auszurichten: Moral ist Dharma und Dharma ist Moral. »Prajna ist notwendig. Aber Sila ist notwendiger. Prajna ohne Sila ist gefährlich. [...] Prajna bedeutet [...] das Rechte Denken. Sila bedeutet [...] das Rechte Tun.« (ders.: *The Buddha and His Dhamma*, 1957, S. 295).

Sila faßt Ambedkar streng als eine »moralische Gemütsart«, eine **Neigung, nichts Unrechtes zu begehen**, bei gleichzeitiger Bereitschaft, den Regeln Folge zu leisten, ja geradezu beschämt zu sein, das Gute zu unterlassen. Das Vermeiden des Unrechten aus Furcht vor Strafe, das ist Sila. Der Dharma muß, als ›Gesetz‹, das Mitgefühl im Individuum hervorbringen können. Nur wenn er dies erreicht, darf er wahrhaft genannt werden, und erreicht er dies, dann ist es eines jeden **Pflicht**, das **Mitgefühl** gegenüber allen lebenden Wesen zu pflegen.

In diesem Sinne steht die ›Brüderlichkeit‹ als Wort für das ›Mitgefühl‹. Mitgefühl besteht in der Empathie, die ein Individuum leitet, sich mit dem Guten eines anderen gleichzusetzen (ders.: *Riddles in Hinduism*, 1979ff., S. 44). Die Neigung des Individuums, Menschen als »Objekte der Ehrfurcht« zu sehen und das Verlangen zu entwickeln, eins mit dem sich in dieser Lebenshaltung ausdrückendem Mitgefühl zu sein, nennt Ambedkar **Brüderlichkeit**. Diese Lebenshaltung, das grundsätzliche ›Leben-können‹ von Mitgefühl, stützt **Freiheit** und **Gleichheit**.

Ausdrücklich betont Ambedkar, daß seine ›persönliche Philosophie‹ das Bewahren dieser drei Inhalte sei: Freiheit, Gleichheit, Brüderlichkeit, und daß er diese nicht der Französischen Revolution entlehnt habe, sondern daß sie dem Buddhismus entstammten. Sie konstituieren eine moralische Ordnung, ein heiliges und universales moralisches Regelwerk, eine Religion, die einer durch die Vernunft nicht zu begründenden Prämisse ›Gott‹ nicht bedarf.

Für Ambedkar ist es diese **Religiosität**, das Leben-können dieses ›heiligen und universalen moralischen Regelwerkes‹, die eine freie Gesellschaft notwendig konstituiert. Der Kommunismus und der Marxismus, die großen zeitgenössischen Herausforderungen, stellen in seinen Augen eine Bedrohung für die asiatischen Länder dar, weil sie die Beseitigung aller Religiosität mit sich bringen (ders. 1956) und so die oberste Begründungsebene für gesellschaftsrelevante Werte abschaffen. Der Buddhismus kann diese Herausforderung annehmen. Seine Ideale sind auch heute noch aktuell, wenn sie nur studiert werden und eine politische Gestalt erhalten (ebd., 1956). Die Humanität bedarf nach Ambedkar nicht nur rein ökonomischer Werte, sie benötigt ebenso die spirituellen, um sich zu bewahren. Das Ziel des Edlen Achtgliedrigen Pfades besteht darin, auf Erden »ein Königreich der Rechtschaffenheit zu errichten und damit Sorgen und Unglück vom Angesicht der Welt zu bannen« (ders.: *Buddha or Karl Marx*, 1979ff., S. 448). Die Wurzeln der Brüderlichkeit, ohne die Demokratie nicht möglich ist, liegen jenseits aller Konflikte; sie haben ihren Ursprung in der Religiosität einer positiven Religionsphilosophie (Ahir 1968; 1982; Bharati 1990; Khabde 1989; Sangharakshita 1989; Sharare 1987).

3.3.3 Religionsphilosophie und die wissenschaftliche Methode bei Kalatissa Nanda Jayatilleke

Auch für Jayatilleke (1920–1970) besitzt der buddhistische Dharma durchaus eine Bedeutung für die moderne Gesellschaft und die moderne Welt, da er dem Menschen eine Lehre an die Hand gibt, nach der er leben kann und die sich mit den allgemeinen Erkenntnissen und dem Geist der **Wissenschaft** im Einklang befindet. Diese ›Tradition der Wissenschaftlichkeit‹ des Buddhismus wird von Jayatilleke in den Anfängen selbst gesucht und gefunden, wenn er seine Dreiertypologie vorbuddhistischer Denker vorstellt:

> »(1) Die Traditionalisten, die ihr Wissen gänzlich aus den traditionellen Schriften und den auf diesen basierenden Interpretationen beziehen. An prominenter Stelle in dieser Klasse stehen die Brahmanen, die ihre heilige Autorität aus den Veden ableiten. (2) Die Rationalisten, die ihr Wissen aus Urteilen und Schlußfolgerungen außerhalb des sinnlich Wahrnehmbaren herleiten. Die Metaphysiker der frühen Upanishaden, die Skeptiker und Materialisten [...] fallen in diese Kategorie. (3) Die ›Experimentalisten‹, die auf Selbsterkenntnis, Erfahrung und sinnliche Wahrnehmung, auf welcher ihre Theorien basieren, setzen. Viele Denker der mittleren und späten Upanishaden [...] und der Jainas gehören hierher.« (Jayatilleke: *Early Buddhist Theory of Knowledge*, 1963, S. 170)

Dadurch, daß sich der Buddha »mit den Mitgliedern der dritten Gruppe identifiziert« (ebd., S. 172), werde nun deutlich, daß der Buddhismus weder als reine Religion noch als reine Philosophie bezeichnet werden kann, da es ihm um **experimentelle Selbstoffenbarung** geht. Die Lehre des Buddha braucht für Jayatilleke die kritischen Fragen der Zeit nicht zu scheuen und befindet sich in Übereinstimmung mit dem, was man zuverlässig erkennen und wissen kann (ders., *Buddhism in our Changing Society*, o.J., S. 1). In diesem Sinne präsentiere er den Dharma zugleich als Orientierung und

Weisung für ein sinnvolles Leben – die richtige »**Lebensphilosophie**«. Der Buddha ›aktualisiert‹ in der Nacht seiner Erleuchtung nur die Wirkungsweisen bestimmter moralischer und spiritueller Gesetze und Tatsachen, derer aber prinzipiell jeder Mensch teilhaftig werden kann.

> »Tatsächlich [...] wird das Faktum, daß er [Dharma] von ihm [Buddha] und hunderten seiner Jünger verifiziert wurde und von jedem ernsten Suchenden verifiziert werden kann, von Buddha als das Kriterium seiner Wahrheit bezeichnet. Der empirische und pragmatische Test der Wissenschaft ist für den Buddha der Test der wahren Religion [...] Wie die Wissenschaftler, welche auf anderen Feldern arbeiten, haben die Buddhas oder Vollkommenen diese Wahrheiten, welche für alle Zeiten gegeben sind, lediglich entdeckt und zum Segen der Welt verkündet.« (ders., *The Buddhist Conception of Truth*, 1963, S. 10f.)

Diese **prinzipielle Nachvollziehbarkeit** verleiht dem Buddhismus so seine typische wissenschaftliche Betrachtungsweise. Über religiöse und moralische Sachverhalte wird in gleicher Strenge Rechenschaft abgelegt, wie das für die moderne Wissenschaft im Umgang mit ihrem Forschungsgegenstand geschieht:

1. die kritische, beobachtende Haltung, die einen Untersuchungsbefund analogisiert und darauf achtet, daß emotional bedingte Urteile, die ein unparteiisches Urteil behindern, ausgeschlossen werden: die kritische Analyse,
2. die Methode der Verifikation, die verlangt, daß alle Theorien einem strikten Erfahrungstest unterzogen werden, ehe sie als gültig akzeptiert werden, und
3. die Beschreibung der Phänomene eingebettet in Zusammenhänge, die sich in Gesetzen von Ursache und Wirkung ausdrücken lassen: die Kausalität (ders.: *Buddhism and the Race Question*, 1958, S. 11ff.).

Die Lehre des Buddha besteht nicht in einer Offenbarung, die zu glauben wäre, sondern sie bietet sich dem Menschen zur freien Prüfung an. Den Dharma unbesehen zu übernehmen, ist so unangemessen, wie ihn ungeprüft abzulehnen. Ein unkritisches Fürwahrhalten stellt der Dharma sogar als ausgesprochen schädlich für die moralische und spirituelle Entwicklung des Menschen heraus, weil es die unbedingt selbst zu verantwortende Untersuchung ausschließt und den Menschen in seiner Selbsttäuschung verharren läßt – dem Buddhismus geht es, so Jayatilleke, um die persönliche Wahrnehmung der Fakten der Existenz, die in Form einer wissenschaftlichen Theorie ausgedrückt werden können und so von jedem Individuum zu verifizieren sind (ebd., S. 11): »Diese Anstrengungen sind eine Art Versuchsreihe, in welcher der spätere Buddha in einer Art Trial-and-Error-Verfahren sechs Jahre mit sich selbst experimentierte.« (ders.: *Early Buddhist Theory of Knowledge*, 1963, S. 464f.).

Tatsächlich wird das Faktum, daß die wissenschaftlichen Hypothesen des Buddhismus, die die Sachverhalte von Religion und Moral betreffen, von dem Buddha und Hunderten seiner Jünger verifiziert wurden und von jedem ernsten Suchenden verifiziert werden können, von Jayatilleke auch als das Kriterium ihrer Wahrheit bezeichnet. Der empirische und pragmatische Test der Wissenschaft ist für den Buddha der Test der wahren Religion.

> »Er [Buddha] war der erste, der die Prinzipien für das formulierte, was heute als die ›wissenschaftliche Betrachtungsweise‹ bekannt ist, und der erste, welcher das Universum als kausales System betrachtete, in welchem nicht nur physikalische und biologische, sondern auch psychologische und spirituelle Gesetze wirken. Diese letztgenannte Wech-

selbeziehung macht das buddhistische Wertsystem sinnvoll gegenüber modernen Wertesystemen, die sich auf subjektive Betrachtungen gründen.« (ders.: *Buddhism and Peace*, 1969, S. 16)

Der Buddhismus ist insofern als eine Religion zu verstehen, als er eine Lebensweise darstellt, die der Annahme einer bestimmten Anzahl von Propositionen folgt, die als Verkörperung der Fakten der Existenz hinsichtlich des Lebens und der Bestimmung des Menschen im Universum betrachtet werden. Diese Propositionen werden für wahr gehalten, so daß sie verifiziert und als wahr entdeckt werden können. »Ein einzigartiger Wesenszug der Religion des Buddha ist [...], daß sie die einzige Religion irgendeines religiösen Lehrers ist, welche einer konsistenten Philosophie entstammt, die behauptet, uns über die letztgültigen Tatsachen der Existenz und der Wirklichkeit zu unterrichten.« (ders.: *The Buddhist Conception of Truth*, 1963, S. 27).

Der Buddha gründet seine Lehre nicht auf apriorischen Prinzipien und kann so nicht als spekulativer Philosoph betrachtet werden. Er hat vielmehr erkannt, daß die reine **Vernunft** in ihrer Reichweite begrenzt ist. Er weiß, daß die Wahrheit über eine Kohärenz hinaus eine Korrespondenz mit dem Faktischen erfordert. Die reine Vernunft führt nicht sicher zur Entdeckung der Wahrheit (ders.: *Early Buddhist Theory of Knowledge*, 1963, S. 404). Wer die Dinge sehen will, wie sie sind, braucht die **Erfahrung**, sei sie durch wissenschaftliche Forschung oder durch sinnliche Wahrnehmung vermittelt, denn nur eine eng mit der Erfahrung verbundene Vernunft gelangt zur Entdeckung von ›Tatsachen‹ in der phänomenalen Welt. Die Erfahrung als Erkenntnisart der Vernunft stellt eine natürliche Entwicklung des Geistes dar, das Ergebnis eines kausalen Prozesses. Diese Erkenntnis ist grundsätzlich allen Menschen zugänglich. Jeder, der sich der buddhistischen Disziplin unterstellt, kann sie hervorbringen, seine diesbezüglichen Fähigkeiten selbst überprüfen und Rechenschaft darüber ablegen (ebd., S. 426). Sie zeichnet sich durch Objektivität und Intersubjektivität aus, da sie grundsätzlich nicht inkommunikabel ist, obwohl sie nur in persönlicher Verifikation und Realisation gewonnen werden kann. Jede Erkenntnis, die der Buddha und seine Schüler zu haben beanspruchen, ausgenommen die Erkenntnis von Nirvana, gehört dieser Erkenntnisart an. Die besondere Erkenntnis, die **Nirvana** heißt, ist eine Ausnahme gegenüber der im übrigen auf Wahrnehmungsdaten und induktiven Schlußfolgerungen gegründeten Erkenntnis. Nirvana überschreitet die Grenze der Vernunft und damit der Wissenschaftlichkeit vollständig.

Da der Buddha den Aspekt des Glaubens jedoch nicht vollständig verwirft, darf das Prinzip der eigenen Erkenntnis auch nicht so verstanden werden, als sollte oder müßte man sich auf der Suche nach Wahrheit ganz auf die eigenen Erfahrungen verlassen. Glauben versteht Jayatilleke nicht im Sinne einer bedingungslosen Hingabe, sondern als probeweise Übernahme einer Lehre, des Dharma, die dann nach Art einer Hypothese zu testen ist. Ein so verstandener Glaube ist ›**rationaler Glaube**‹ und kann als solcher dem blinden Glauben gegenübergestellt werden (ders.: *The Evidence on Rebirth*, 1966, S. 10). Dieser rationale Glaube basiert auf einem freien Willen und bildet zusammen mit diesem die buddhistische Ethik. Denn gäbe es keinen freien Willen, keine Entscheidungsmöglichkeit zwischen verschiedenen Handlungsalternativen, so gäbe es auch keine Lehre vom Rechten Handeln. Insofern stellt der freie Wille für Jayatilleke ein Postulat der Ethik dar. Zwar wird der menschliche Wille durch kausale Faktoren konditioniert, nicht aber strikt determiniert. Und so gilt: »Wir sind, was wir sind [...] aufgrund dessen, was wir durch die Ausübung unserer eigenen Freiheit und Anstrengung aus uns machen.« (ders.: *Ethics in Buddhist Perspective*, 1972, S. 44).

»Fünffach ist, Bürgersohn, die Art wie ein Herr der unteren Gegend, dem Knecht- und Dienergesinde, entgegen kommen soll: je nach der Kraft soll er die Leistungen und Arbeit einteilen, Kost und Lohn geben, bei Krankheit für Pflege sorgen, außergewöhnliche Annehmlichkeiten soll er mitgenießen lassen, zeitweilig Urlaub gewähren. (*Dighanikaya* 31 [Übersetzung von Jayatilleke])« (ders.: *Buddhist Relativity and the One-World Concept*, 1969, S. 52)

Diese Beschreibung und Übersetzung des Herr-Knecht-Verhältnisses durch Jayatilleke und der anderen an dieser Stelle genannten Beziehungen (Eltern-Kind, Lehrer-Schüler, Mutter-Kind, Freunde/Genossen, Herr-Knecht, Asketen/Mönch-Laie) ist ein Hinweis auf die Gesellschaft als kooperatives Unternehmen, das nur aus der Sprache Indiens des sechsten vorchristlichen Jahrhunderts in moderne Begriffe übersetzt werden müsse, um zu einem aufgeklärten, demokratischen Wohlfahrtsstaat zu gelangen, der Freiheit und wirtschaftliche Sicherheit garantiere und Gerechtigkeit fördere. So sei es in Asien die buddhistische Laienbewegung, der die Aufgabe zukomme, der politischen Philosophie der Gerechtigkeit zum Durchbruch zu verhelfen. Dies alles deutet darauf hin, daß sich Jayatilleke einem **Dialog mit dem Marxismus** nicht so ablehnend gegenüber eingestellt zeigt, wie dies bei seinem Zeitgenossen Ambedkar der Fall ist. Zudem suchen zeitgenössische Vertreter des Buddhismus in politischen und sozialen Fragen gelegentlich den Dialog mit dem Marxismus. Der XIV. Dalai Lama sieht eine zumindest im Detail gemeinsame Gesprächsgrundlage zwischen Marxismus und Buddhismus gegeben, wie er in manchen seiner Vorträge betont (vgl. Jatava 1965; Sila 1971).

3.3.4 Religionsphilosophie: Verifikation und Mitgefühl bei Gjal-wa Ten-zin Gya-tso, dem XIV. Dalai Lama

»Theoretisch stimmen der ursprüngliche Marxismus und der Mahayana-Buddhismus, abgesehen von vielen Differenzen, auch in grundlegenden Punkten überein: [...] Der Buddhismus ist im Unterschied zu vielen anderen Religionen auch in dem Sinne a-theistisch, daß er nicht von der Idee eines Schöpfergottes ausgeht. Der Buddhismus spricht vielmehr von einer Selbst-Schöpfung in dem Sinne, daß die eigenen Handlungen die Situation, in der man lebt, hervorbringt. [...] Alle (religiöse) Praxis ist ein Mittel, dem anderen zu dienen. [...] Der Buddha selbst hat auf revolutionäre Weise die starren Klassengrenzen überwunden und ein System geschaffen, das für die geistige Entwicklung aller Menschen aus allen sozialen Schichten offen ist.« (Dalai Lama: *Buddhismus und Marxismus*, 1987, S. 214ff.)

Der Dalai Lama (geb. 1935) will mit solchen Aussagen die buddhistische Grundüberzeugung vermitteln, daß das **Ziel der Menschheit im ›wahren Glück und in der wahren Zufriedenheit‹** aller besteht. Um diese erlangen zu können, müssen wir das Wechselverhältnis zwischen der ›Menschheit‹ und ihrer ›Suche‹ verstehen lernen, und dies sowohl in geistig-ideeller als auch in materieller Weise.

Der Naturwissenschaftler auf der ›materiellen Seite‹, der äußere Phänomene erforscht, ist zugleich ein menschliches Wesen ausgestattet mit Bewußtsein, das nach ›Glück‹ strebt. Der spirituelle Mensch, dessen Interessen sich rein auf das Bewußtsein richten, hat sich auch mit den materiellen Phänomenen der Welt auseinanderzusetzen. Beide Ansätze sind wichtig, beide Ansätze ergänzen einander. Die grundlegende Anschauung des Buddha drückt sich in der Lehre vom ›**abhängigen Entstehen**‹ aus. Wird über diese Anschauung des abhängigen Entstehens gesprochen, »so will man damit sagen, daß Dinge in Abhängigkeit existieren oder daß sie beschrieben werden in Abhängigkeit von der einen oder anderen Sache. [...] Folglich gibt es – ob es sich um äußere oder innere Phänomene handelt – nichts, das nicht in Abhängigkeit von seinen Teilen oder Aspekten existiert.« (ders.: *Berührungspunkte von Naturwissenschaft und Spiritualität*, 1989, S. 28).

In diesem Sinne existieren Phänomene nur aufgrund einer Zuschreibung (Benennung) des Geistes. Da die Phänomene nicht unabhängig vom zuschreibenden Geist existieren, wird von der ›Leerheit‹ gesprochen, was das Fehlen jedweder inhärenten Existenz bedeutet, die nicht vom benennenden Geist abhängt. Da Dinge nicht einfach aus sich selbst heraus existieren, sondern in Abhängigkeit von Bedingungen, verändern sie sich immer dann, wenn sie auf verschiedenartige Bedingungen treffen. Daher entstehen und vergehen sie in Abhängigkeit von Bedingungen. Ihr ›Sein‹ in der Welt ist ein fundamentales ›Abhängig-Sein‹. Eben jenes Fehlen von ›inhärenter Existenz‹, von ›Sein‹ aus sich selbst heraus, diese ›Leerheit‹, die wieder nur als ›**leere Leerheit**‹ zu charakterisieren ist, unabhängig von Ursache und Bedingungen, stellt die Grundlage aller Veränderungen dar, die bei einem Phänomen möglich sind, wie z.B. Geburt, Vergehen usf. Oder wie es im *Mahaprajnaparamitahridayasutra* ausgedrückt wird: ›Die Erscheinungsweisen sind Leerheit, Leere sind die Erscheinungsweisen‹.

Die Existenzweise der Phänomene wird so von ihrer Erscheinungsweise unterschieden, da die Phänomene dem Bewußtsein, abweichend von ihrer tatsächlichen Existenzweise, sehr wohl als selbständig und permanent in Raum und Zeit erscheinen. Wenn das Bewußtsein ihre Erscheinungsweise wahrnimmt, diese Erscheinung für wahr hält und dieser speziellen Idee, diesem ›Konzept eines Phänomens‹ folgt, dann begeht es Fehler. Da dieses ›Konzept‹ in der Wahrnehmung des Bewußtseins das Phänomen völlig verzerrt, steht es im Widerspruch zur tatsächlichen Existenz oder Realität selbst. Als Folge dieses Widerspruches zwischen dem, ›was ist‹, und dem, ›was erscheint‹, entstehen Folgefehler, die letztlich zur phänomenalen Welt führen und diese ausmachen.

Diese Einsicht in die Bedeutung von ›Leerheit‹ einerseits und ›abhängigem Entstehen‹ andererseits, wird sie nun in einem Prozeß des ›persönlichbedeutsamen‹ und sukzessiven Aneignens von einem Adepten umgesetzt, führt zu einem Verständnis des Gesetzes von Ursache und Wirkung, das auch die Selbstidentität des Trägers der Erkenntnis zu hinterfragen beginnt. Vertieft sich das Verständnis von Leerheit zur ›Gewißheit‹, so wird das Entstehen von Störungen wie ›Anhaftung‹, ›Haß‹ und ›Unwissenheit‹ im Bewußtsein erschwert, da sie ja gerade durch falsche Auffassungen der Phänomene hervorgerufen wurden – falsch insofern, als nicht richtig unterschieden wird zwischen dem, ›was ist‹, und dem, ›was erscheint‹. Die tatsächliche Existenzweise der Phänomene, die unverhüllte Wahrheit des Daseins, ist Leerheit (ebd., S. 31f.).

Der Dalai Lama plädiert für einen durch die ›**Vernunft begründeten Glauben**‹ als Bindeglied zwischen ›Spiritualität‹ respektive ›Religion‹ und ›Geisteswissenschaft‹ respektive ›Philosophie‹. Da der *terminus technicus* der ›Religionsphilosophie‹/›religion of philosophy‹ bei ihm keine Verwendung findet und ihm im Tibetischen kein

Neologismus zur Verfügung steht und er sich keinen aus einer modernen indischen Sprache aneignet, darf der ›vernunftbegründete Glaube‹, so wie er ihn darlegt, wohl als adäquates Äquivalent für **Religionsphilosophie** verstanden werden:

> »In den buddhistischen Texten [...] werden drei verschiedene Arten des Glaubens unterschieden: überzeugter Glaube oder Vertrauen, klarer Glaube oder Bewunderung und nacheifernder Glaube. Man kann auch von einem Glauben sprechen, der auf dem Verstand beruht und sich nach Prüfung dessen, was ihm als Fundament dient, bei Menschen mit einer gewissen Intelligenz einstellt. [...] Man kann also sehen, daß im Buddhismus Glaube und Vernunft aufs engste miteinander verbunden sind, da der Glaube die Frucht logischen Denkens ist. [...] All dies zeigt, daß die Vernunft im sogenannten ›begründeten Glauben‹ immer eine Rolle spielt.« (ders.: *In die Herzen ein Feuer*, 1995, S. 205f.)

Naturwissenschaft und Buddhismus verfolgen das gleiche Ziel mit der gleichen Methode: Die Menschen in ›Glück‹ und ›Zufriedenheit‹ leben zu sehen, indem man ihnen ihre Unwissenheit nimmt. Darüber hinaus betont der Buddhismus das Mitgefühl mit den Menschen. Um dieses Mitgefühl entwickeln zu können, muß notwendig erkannt werden, daß der andere genau wie man selbst Glück wünscht und versucht, Leid zu vermeiden, daß der andere sich in der gleichen Situation befindet wie man selbst, daß die anderen in der Mehrzahl sind. Es gilt zu erkennen: geht es den anderen gut und leben diese ›glücklich‹, kommt einem letztlich selbst diese Zufriedenheit zu, und müssen die anderen in Leid und Unbehagen existieren, schlägt auch dieses Leid auf einen selbst zurück.

> »Ich glaube, daß wissenschaftliche Forschung und Entwicklung und meditative Forschung und Entwicklung zusammenarbeiten sollten, da beide mit ähnlichen Objekten beschäftigt sind. Die eine Forschungsmethode experimentiert mit Hilfe von Instrumenten, die andere benützt innere Erfahrung und Meditation. In diesem Zusammenhang muß man allerdings eine klare Unterscheidung treffen zwischen dem, was die wissenschaftliche Forschung nicht erkennt, und dem, was sie als nicht-existent erkennt. Wenn die Wissenschaft etwas als nicht-existent erkennt, muß dies auch ein Buddhist zwangsläufig als nicht-existent anerkennen; doch wenn die Wissenschaft etwas nur nicht finden kann, liegen die Dinge ganz anders.« (ders.: *Die Vorträge in Harvard*, 1991, S. 31)
> (vgl. Hayward/Varela 1996; Magyarosya 1998)

4. Schlußbetrachtung

Die Kriterien, die vormals rein abendländisch erschienen, wie eine durch die **Aufklärung geläuterte Vernunft** und Postulate wie **Gott, Freiheit und Unsterblichkeit**, lassen sich in einem philosophischen Denken, das man vorschnell als ein so ›ganz anderes‹ etikettiert, wie wir sahen, aufweisen (vgl. Glasenapp 1954; 1960ff.). Zwar kennt das Sanskrit kein Wort für ›Aufklärung‹, aber ihren Inhalt finden wir in Indien sehr wohl vor. So befindet sich im Nyaya eine Lehre vom ›**apta**‹ (Glaubwürdig, Glaubwürdiger) und eine ausdrückliche Definition dieses Begriffes bei **Pakshilasvamin** (ca. 5. Jh.) in seinem *Nyayabhasya* (›Ausführlicher Kommentar des *Nyayasutra*‹), wenn er schreibt:

> »Ein Unterweisender nun, der die Gegebenheiten direkt erkannt hat und vom Wunsch, die Sache so darzulegen, wie er sie erkannt hat, bewegt ist, ist ein Apta. Direktes Erken-

nen eines Gegenstandes [bedeutet] Zuverlässigkeit (apta). Aus ihr heraus wirkt er; daher [heißt er] Apta. Dieses Merkmal [eines Aptas gilt] in gleicher Weise für Rishis, Aryas und Barbaren.« (Pakshilasvamin: *Nyayabhasya* I.1.7)

Auch wenn Pakshilasvamin hier nicht den profanen Lehrer im Auge hat, ist seine Erklärung der ›Maßgeblichkeit‹ eines Aptas auch im Falle einer profanen Mitteilung gültig, wie er an darauffolgender Stelle zeigt:

»Auch im normalen Weltgeschehen basiert der Umgang [der Menschen miteinander] meist auf Mitteilungen [durch Glaubwürdige]. Die Maßgeblichkeit eines, der im alltäglichen Leben etwas mitteilt, ergibt sich [ebenso wie beim nicht profanen Lehrer] dadurch, daß er das, was er mitteilen will, [selbst] erkannt hat, dadurch, daß er [sein Wissen] mit dem anderen teilen möchte und dadurch, daß er die Sache so darzulegen wünscht, wie sie wirklich ist. Die Mitteilung eines [profanen] Glaubwürdigen ist [daher ebenfalls] Erkenntnismittel, weil [sie] das umfaßt.« (ebd., II.1.69)

Das Kriterium der aufgeklärten Vernunft erscheint keineswegs deplaziert, und Kants berühmte Definition: »*Sapere aude*! Habe Muth, dich deines *eigenen* Verstandes zu bedienen! ist also der Wahlspruch der Aufklärung.« (Kant: *Was ist Aufklärung?*, 1904ff., hier: S. 35) ist für die Auseinandersetzung mit einer **Religionsphilosophie in Indien** respektive einer **indischen Religionsphilosophie** in gleichem Maße von Bedeutung. Auch die Frage, ob die indischen Denker einem »aufgeklärten Zeitalter« oder einem »Zeitalter der Aufklärung« angehören, muß im Sinne Kants beantwortet werden: »Daß die Menschen, wie die Sachen jetzt stehen, im Ganzen genommen, schon im Stande wären, oder darin auch nur gesetzt werden könnten, in Religionsdingen sich ihres eigenen Verstandes ohne Leitung eines Andern sicher und gut zu bedienen, daran fehlt noch sehr viel.« (ebd., S. 40).

Natürlich kann die Frage, ob der indische Apta mit dem europäischen, aufgeklärten Menschen denn überhaupt zu vergleichen sei, hier nicht abschließend geklärt werden. Das zentrale Charakteristikum des indischen Denkens liegt aber in dem Wechselspiel und der gegenseitigen Anerkennung von **Vernunft** und ›**direkter Erkenntnis**‹. Oder wie es Shankara im 93. Sutra des *Svatmanirupana* formuliert: »Du sollst nie grübeln: ›Was ist dies?‹ ›Was ist sein Wesen?‹ ›Was ist das?‹ ›Was war seine Ursache?‹ Der Weise soll erkennen: ›Dies alles ist Trug!‹«

LITERATURVERZEICHNIS

(verwendete Siglen in Klammern)

Allgemeine Literatur (Lexika, Nachschlagewerke, Einführungen)

Albert, Karl: Philosophie der Religion. St. Augustin 1991
Auffarth, Christoph u.a. (Hg.): Metzler Lexikon Religion. 3 Bde. Stuttgart/Weimar 1999
Niewöhner, Friedrich (Hg.): Klassiker der Religionsphilosophie. München 1995
Schaeffler, Richard: Religionsphilosophie. Freiburg/München 1997
Schlette, Heinz Robert (Hg.): Religionskritik in interreligiöser und interkultureller Sicht. Bonn 1996
Steinsalz, Adin: Persönlichkeiten aus dem Talmud. Basel/Zürich 1996
Stemberger, Günter: Einleitung in Talmud und Midrasch. München [8]1992
Trillhaas, Wolfgang: Religionsphilosophie. Berlin 1972
Welte, Bernhard: Religionsphilosophie. Frankfurt/M. 1997
Wiebe, Donald: Religion and Truth. Towards an Alternative Paradigm for the Study of Religion. The Hague 1981
Wuchterl, Kurt: Philosophie und Religion. Zur Aktualität der Religionsphilosophie. Bern 1982
Zirker, Hans: Religionskritik. Düsseldorf 1982

Christentum

Brose, Thomas (Hg.): Religionsphilosophie. Europäische Denker zwischen philosophischer Theologie und Religionskritik. Berlin 1998
Brunner, Emil: Religionsphilosophie evangelischer Theologie. (Handbuch der Philosophie hg. von A. Bäumler/M. Schröter. München 1928). München 1948
Dinzelbacher, Peter: Christliche Mystik im Abendland. Paderborn 1994
Flasch, Kurt: Das philosophische Denken im Mittelalter. Stuttgart 1986
Grabner-Haider, Anton: Kritische Religionsphilosophie. Europäische und außereuropäische Kulturen. Graz 1993
Hick, John: Arguments for the Existence of God. London 1970
–: Philosophy of Religion. Englewood Cliffs 41990
Küng, Hans/Ching, Julia: Christentum und Chinesische Religion. München 1988
Lanczkowski, Günter: Einführung in die Religionswissenschaft. Darmstadt 1991
McGinn, Bernard: Die Mystik im Abendland. Freiburg 1994–1999
Michaels, Axel (Hg.): Klassiker der Religionswissenschaft. München 1997
Przywara, Erich: Religionsphilosophie katholischer Religion. (Handbuch der Philosophie hg. von A. Bäumler/M. Schröter. München 1927). Einsiedeln 1962
Ruh, Kurt: Geschichte der abendländischen Mystik. München 1990–1996
Schulthess, Peter/Imbach, Ruedi: Die Philosophie im lateinischen Mittelalter. Zürich/Düsseldorf 1996
Thrower, James: A Short History of Western Atheism. London 1971
Weger, Karl-Heinz (Hg.): Argumente für Gott. Gott-Denker von der Antike bis zur Gegenwart. Freiburg/Basel/Wien 1987
– (Hg.): Religionskritik. Texte zur Theologie. Graz/Wien/Köln 1991
– (Hg.): Religionskritik von der Aufklärung bis zur Gegenwart. Autoren-Lexikon von Adorno bis Wittgenstein. Freiburg-Basel-Wien 1979

Judentum

Berkovits, Eliezer: Major Themes in Modern Philosophies of Judaism. New York 1974
Cohen, Arthur/Mendes-Flohr, Paul (Hg.): Contemporary Jewish Religious Thought. New York/London 1988

Encyclopedia Judaica. Das Judentum in Geschichte und Gegenwart. 10 Bde. (A–L, unabgeschlossen) Berlin, 1928–34
Frank, Daniel/Leaman, Oliver (Hg.): History of Jewish Philosophy. London 1997
Guttmann, Julius: Die Philosophie des Judentums. München 1933
–: Philosophies of Judaism. The History of Jewish Philosophy from Biblical Times to Franz Rosenzweig (erw. engl. Übers.). New York 1964
Husik, Isaac: A History of Medieval Jewish Philosophy. New York 1958
Idel, Moshe: Kabbalah. New Perspectives. New Haven/London 1988
Jüdisches Lexikon. Enzyklopädisches Handbuch des jüdischen Wissens in vier Bänden. Berlin 1927 (Nachdruck: Königstein 1982)
Mielziner, Moses: Introduction to the Talmud. New York [4]1968
Samuelson, Norbert M.: An Introduction to Modern Jewish Philosophy. Albany 1989
Schoeps, Julius H. (Hg.): Neues Lexikon des Judentums. Gütersloh 1998
Scholem, Gershom: Die jüdische Mystik in ihren Hauptströmungen. Frankfurt/M. 1957
–: Über einige Grundbegriffe des Judentums. Frankfurt/M. 1970 (= Scholem 1970a)
–: Judaica 2. Frankfurt/M. 1970 (= Scholem 1970b)
–: Zur Kabbala und ihrer Symbolik. Zürich 1960
Simon, Heinrich und Marie: Geschichte der jüdischen Philosophie. München 1984
Sirat, Colette: A History of Jewish Philosophy in the Middle Ages. Cambridge 1985
Steinsalz, Adin: Persönlichkeiten aus dem Talmud. Basel/Zürich 1996
Stemberger, Günter: Einleitung in Talmud und Midrasch. München [8]1992

Islam

Andrae, T.: Islamische Mystiker. Stuttgart 1960
Bibliographie der deutschsprachigen Arabistik und Islamkunde von den Anfängen bis 1986, Bd. 5: Wissenschaftsgeschichte, Philosophie, Medizin und Naturwissenschaften (hg. v. Fuat Sezgin). Frankfurt/M. 1991
Boer, T. J. de: Geschichte der Philosophie im Islam. Stuttgart 1900
Brockelmann, C.: Geschichte der arabischen Literatur. Leiden 1937–49
Cahen, Claude: Der Islam (Fischer Weltgeschichte. Bd. 14). Bd. 1. Frankfurt/M. 1968
Corbin, Henry: Histoire de la Philosophie Islamique. Paris 1964.
Ende, Werner/Steinbach, Udo (Hg.): Der Islam in der Gegenwart. München 1991
Gauthier, L.: A History of philosophy in Islam. London 1933
Grunebaum, G. E. von: Der Islam. (Fischer Weltgeschichte. Bd. 15), Bd. 2. Frankfurt/M. 1971
Handbuch der Geschichte der Philosophie, Bd. 2 (hg. v. Wilhelm Totok). Frankfurt/M. 1973
Hell, J.: Von Mohammad bis Ghazzali. Quellentexte aus dem Arabischen übers. und eingel. Jena 1923.
Nagel, Tilmann: Der Koran. Einführung, Texte, Erläuterungen. München 1983
Nasr, Seyyed Hossein/Leaman, Oliver (Ed.): History of Islamic Philosophy. London 1996
Rosenthal, P.: Das Fortleben der Antike im Islam. Zürich 1965
Schimmel, Annemarie: Der Islam. (Religionen der Menschheit. Bd. 25.3.). Bd. 3. Stuttgart 1990
The Encyclopaedia of Islam. 9 Bde. (hg. v. H. A. Gibb, J. H. Kramers). Leiden 1960–1997
Watt, W. M./Marmura, M.: Der Islam. (Religionen der Menschheit. Bd. 25.2). Bd. 2. Stuttgart 1985
Watt, W. M./Welch, A. T.: Der Islam. (Religionen der Menschheit. Bd. 25.1). Bd. 1. Stuttgart 1980
–: Islamic Philosophy and theology. Reprint. Edinburgh 1964

Indien

Bareau, André/Schubring, Walther/Fürer-Haimendorf, Christoph: Die Religionen Indiens 3 Bde. Bd. III: Buddhismus, Jainismus, Primitivvölker. Stuttgart 1964 (In: Die Religionen der Menschheit Bd. 13, Hg. v. Christel Matthias Schröder)
Frauwallner, Erich: Die Philosophie des Buddhismus. Berlin [3]1969
–: Geschichte der indischen Philosophie. 2 Bde Salzburg 1953/1956
Gan, Shaoping: Die chinesische Philosophie. Die wichtigsten Philosophen, Werke, Schulen und Begriffe. Darmstadt 1997

Glasenapp, Helmuth von: Die Philosophie der Inder. Stuttgart [4]1985
Gonda, Jan: Die Religionen Indiens. 3 Bde. Bd. I: Veda und älterer Hinduismus.Stuttgart [2]1978 (In: Die Religionen der Menschheit Bd. 11, Hg. v. Christel Matthias Schröder, 1. Aufl. 1960). Bd. II: Der jüngere Hinduismus. Stuttgart 1963 (In: Die Religionen der Menschheit Bd. 12, Hg. v. Christel Matthias Schröder)
Potter, Karl H. (Ed.): Encyclopedia of Indian Philosophies (in XXIII Vols.; Available Vol. I–VIII). Delhi 1982ff.

Kapitel I.1

Abailard, Peter: Gespräch eines Philosophen, eines Juden und eines Christen (hg. u. übertragen von H.-W. Krautz). Darmstadt 1995 (= Gespräch)
Albert, Karl: Einführung in die philosophische Mystik. Darmstadt 1996
Anselm von Canterbury: Cur Deus homo (hg. v. F. S. Schmitt). München [5]1993
–: Proslogion (hg. v. F. S. Schmitt). Stuttgart-Bad Cannstatt 1962
Barth, Karl: Fides quaerens intellectum. Anselms Beweis der Existenz Gottes im Zusammenhang seines theologischen Programms. München 1931
Beckmann, Jan P.: Wilhelm von Ockham. München 1995
Beierwaltes, Werner: Denken des Einen. Studien zur neuplatonischen Philosophie und ihrer Wirkungsgeschichte. Frankfurt/M. 1985
–: Eriugena. Grundzüge seines Denken. Frankfurt/M. 1994
Beiser, Frederick C.: The Sovereignty of Reason. The Defense of Rationality in the Early English Enlightenment. Princeton 1996
Böhner, Philotheus: Zu Ockhams Beweis der Existenz Gottes. Texte und Erklärungen. In: Franziskanische Studien 32 (1950), S. 50–69
Bonaventura: De triplici via (Über den dreifachen Weg) (hg. v. M. Schlosser). Freiburg 1993
–: Itinerarium Mentis in Deum (Pilgerbuch der Seele zu Gott) (hg. v. J. Kaup). München 1961
–: Quaestiones disputata des scientia Christi. (Vom Wissen Christi) (hg. v. A. Speer). Hamburg 1992
Dietrich von Freiberg: Opera Omnia, Bd. I: Schriften zur Intellekttheorie. Hamburg 1977
Dinzelbacher, Peter: Christliche Mystik im Abendland. Paderborn 1994
Flasch, Kurt: Aufklärung im Mittelalter? Die Verurteilung von 1277. Mainz 1989
– (Hg.): Von Meister Dietrich zu Meister Eckhart. Hamburg 1984
Gilson, Étienne: History of Christian Philosophy in the Middle Ages. London 1955
–: Die Philosophie des heiligen Bonaventura (hg. v. P. A. Schlüter). Köln 1960
Heinzmann, Richard: Thomas von Aquin. Eine Einführung in sein Denken. Stuttgart/Berlin/Köln 1994
Jaspers, Karl: Nikolaus Cusanus. München 1968
Johannes Scotus Eriugena: Über die Einteilung der Natur (hg. v. L Noack). Hamburg 1983
Leinsle, Ulrich G.: Einführung in die Scholastische Theologie. Stuttgart 1995
Marenbon, John: The Philosophy of Peter Abelard. Cambridge 1997
McGinn, Bernard: Die Mystik im Abendland. Freiburg 1994–1999
Meister Eckehart: Werke (hg. v. Walter Haug). Frankfurt/M. 1993
Nikolaus von Cues: Philosophisch-theologische Schriften (hg. v. Leo Gabriel). Wien 1964f (= Schriften)
Ockham, Wilhelm F.: Philosophical Writings. Indianapolis/Cambridge 1990
Plantinga, Alvin: God and Other Minds. Ithaca/London [2]1990
Platon: Der Staat. Stuttgart 1982
Plotin: Schriften (hg. v. Richard Hader). Hamburg 1956–1971
Proklos: stoicheiosis theologiké (the elements of theology) (hg. v. E. R. Dodds). Oxford 1963
Ruh, Kurt: Geschichte der abendländischen Mystik. München 1990–1996
Schulthess, Peter/Imbach, Ruedi: Die Philosophie im lateinischen Mittelalter. Zürich/Düsseldorf 1996
Sturlese, Loris: Die deutsche Philosophie im Mittelalter. Von Bonifatius bis zu Albert dem Großen, 748–1280. München 1993

Kapitel I.2

Primärliteratur

Descartes, René: Œuvres de Descartes (hg. v. Ch. Adam und P. Tannery). Paris 1996
Fichte, Johann Gottlob: Werke (hg. v. Hermann Fichte). Berlin 1971 (Nachdruck)
Hegel, Georg Wilhelm Friedrich: Werke in 20 Bänden. Frankfurt/M. 1986
Kant, Immanuel: Kants Werke. Akademie Textausgabe. Berlin 1968 (Nachdruck von 1902ff.)
–: Kritik der reinen Vernunft, Auflage B (AA III) = KrV
–: Kritik der praktischen Vernunft (AA V) = KpV
–: Kritik der Urteilskraft (AA, V) = KrV
–: Die Religion innerhalb der Grenzen der bloßen Vernunft (AA VI) = RGV, S. ...
Kierkegaard, Sören: Gesammelte Werke (hg. v. E. Hirsch und H. Gerdes). Gütersloh 1960
Pascal, Blaise: Pensées (übers. und hg. von E. Wasmuth). Heidelberg [8]1978
Schelling, Friedrich Wilhelm Joseph: Ausgewählte Schriften in 6 Bänden. Frankfurt/M. 1985 (Nachdruck)
–: Philosophische Untersuchungen über das Wesen der menschlichen Freiheit (hg. v. Th. Buchheim) Hamburg 1997
Schleiermacher, Friedrich Daniel Ernst: Über die Religion – Reden an die Gebildeten unter ihren Verächtern (1799). Hamburg 1970 (= Reden)
–: Der christliche Glaube – nach den Grundsätzen der evangelischen Kirche im Zusammenhange dargestellt (1821). Berlin 1960
–: Dialektik (hg. v. R. Odebrecht, 1822). Darmstadt 1976 (Nachdruck)

Sekundärliteratur

Alquié, Ferdinand: Descartes. Stuttgart 1962
Anz, Heinrich/Schmöe, Friedrich (Hg.): Die Rezeption Sören Kierkegaards in der deutschen und dänischen Philosophie und Theologie, Kopenhagener Kolloquien zur Deutschen Literatur Bd. 7. München 1983
Barth, Ulrich: Christentum und Selbstbewußtsein. Versuch einer rationalen Rekonstruktion des systematischen Zusammenhanges von Schleiermachers subjektivitätstheoretischer Deutung der christlichen Religion (Göttinger theologische Arbeiten, Bd. 27). Göttingen 1983
–: Religion oder Gott? Die religionstheoretische Bedeutung von Kant Destruktion der spekulativen Theologie. In: Barth/Gräb 1993, S. 11–34
Barth, Ulrich/Gräb, Wilhelm (Hg.): Zum neuzeitlichen Begriff der Religion. Gütersloh 1993
Baumgartner, Hans Michael (Hg.): Schelling. Freiburg 1975
–/Korten, Harald: Friedrich Wilhelm Joseph Schelling. München 1996
Buchheim, Thomas: Einleitung zu: F. W. J. Schelling, Über das Wesen der menschlichen Freiheit. Hamburg 1997, S. IX–LXIX
Cassirer, Ernst: Die Philosophie der Aufklärung. Tübingen [2]1932
–: Die Idee der Einheit der Wissenschaft in der Philosophie Descartes'. In: ders.: Descartes. Lehre – Persönlichkeit – Wirkung. Darmstadt 1978 (Nachdruck), S. 39–68
–: Leibniz' System in seinen wissenschaftlichen Grundlagen. Hamburg 1998 (Nachdruck)
Couturat, Louis: Über Leibniz' Metaphysik. In: Leibniz' Logik und Metaphysik (hg. v. A. Heinekamp und F. Schupp) Wege der Forschung, Bd. 328. Darmstadt 1988, S. 57–80
Cramer, Konrad: Die subjektivitätstheoretischen Prämissen von Schleiermachers Bestimmung des religiösen Bewußtseins. In: Lange 1985, S. 129–162
Crumbach, Karl-Heinz: Theologie in kritischer Öffentlichkeit. Die Frage Kants an das kirchliche Christentum, Gesellschaft und Theologie – Systematische Beiträge Nr. 21. Mainz 1977
Denker, Alfred: Kant und Fichte: Kann die Religion vernünftig sein? In: Hammacher u.a. 1995, 41–58
Deuser, Hermann: Kierkegaard: die Philosophie des religiösen Schriftstellers. Erträge der Forschung, Bd. 232. Darmstadt 1985
Dierksmeier, Claus: Das Noumenon Religion. Eine Untersuchung zur Stellung der Religion im System der praktischen Philosophie Kants. Kant-Studien – Ergänzungshefte Bd. 133. Berlin 1998

Düsing, Klaus: Die Teleologie in Kants Weltbegriff. Kant-Studien Ergänzungshefte Bd. 96. Bonn ^{2}1986
–: Georg Wilhelm Friedrich Hegel. Spekulativer Idealismus und Dialektik. In: Fleischer/Henningfeld 1998, S. 70–87
Eckert, Michael: Gott – Glauben und Wissen. Friedrich Schleiermachers Philosophische Theologie. Schleiermacher-Archiv Bd. 3. Berlin 1987
Figal, Günther: Sören Kierkegaard. In: Niewöhner 1995, S. 319–331
Fischer, Norbert: Die Transzendenz in der Transzendentalphilosophie. Mainzer philosophische Forschungen, Bd. 18. Bonn 1979
–: Zur neueren Diskussion um Kants Religionsphilosophie. In: Theologie und Glaube, Nr. 2. Paderborn 1993, S. 170–199
Fleischer, Margot/Henningfeld, Jochem (Hg.): Philosophen des 19. Jahrhunderts. Eine Einführung. Darmstadt 1998
Grass, Hans: Grund und Grenzen der Kirchengemeinschaft. In: Lange 1985, S. 217–235
Groudin, Jean: Kant zur Einführung. Hamburg 1994
Guarda, Victor: Die Wiederholung. Analysen zur Grundstruktur menschlicher Existenz im Verständnis Sören Kierkegaards. Monographien zur philosophischen Forschung Bd. 194. Königstein i. Ts. 1980
Günther, Horst: Georg Wilhelm Friedrich Hegel. In: Niewöhner 1995, S. 300–318
Gurwitsch, Aron: Leibniz. Philosophie des Panlogismus. Berlin 1974
Hammacher, Klaus (Hg.): Spinoza und die moderne Wissenschaft. Schriften der Spinoza-Gesellschaft Bd. 5. Würzburg 1998
Hammacher, Klaus u.a. (Hg.): Fichte-Studien Bd. 8 – Religionsphilosophie. Amsterdam 1995
Hecht, Hartmut: Mathematik und Naturwissenschaft im Paradigma der Metaphysik. Leipzig 1992
Heckmann, Reinhard u.a. (Hg.): Natur und Subjektivität. Zur Auseinandersetzung mit der Naturphilosophie des jungen Schelling. Referate, Voten und Protokolle der II. Internationalen Schelling-Tagung Zürich 1983. Stuttgart 1985
Henningfeld, Jochem: Sören Kierkegaard. Der subjektive Denker. In: Fleischer/Henningfeld 1998, S. 88–102
Heeß, Manfred: Blaise Pascal. Wissenschaftliches Denken und christlicher Glaube. Freiburger Schriften zur romanischen Philologie Bd. 33. München 1977
Heinzmann, Richard: Philosophie des Mittelalters. Stuttgart 1992
Hinske, Norbert: Kants Weg zur Transzendentalphilosophie. Der dreißigjährige Kant. Stuttgart 1970
Holz, Harald: Die Idee der Philosophie bei Schelling. Metaphysische Motive in seiner Frühphilosophie. Freiburg 1977
Jaeschke, Walter: Die Religionsphilosophie Hegels. Erträge der Forschung, Bd. 201. Darmstadt 1983
–: Die Vernunft in der Religion. Studien zur Grundlegung der Religionsphilosophie Hegels. (Spekulation und Erfahrung. Texte und Untersuchungen zum Deutschen Idealismus, Abteilung II, Bd. 4). Stuttgart 1986
Janke, Wolfgang: Fichte. Sein und Reflexion – Grundlagen der kritischen Vernunft. Berlin 1970
Jantzen, Jörg: Der Ausdruck des Unbedingten. Schellings Systementwürfe. In: ders. (Hg.): Die Realität des Wissens und das wirkliche Dasein. Schellingiana Bd. 10, Stuttgart 1998
Jeanrond, Werner G.: Friedrich Schleiermacher. In: Niewöhner 1995, S. 285–299
Kantzenbach, Friedrich Wilhelm: Schleiermacher. Hamburg 71995
Kaulbach, Friedrich: Immanuel Kant. Berlin 21982
Kessler, Michael: Kritik aller Offenbarung. Untersuchungen zu einem Forschungsprogramm Johann Gottlieb Fichtes und zur Entstehung und Wirkung seines ›Versuchs‹ von 1792. Tübinger theologische Studien Bd. 26. Mainz 1986
Kiefhaber, Martin: Christentum als Korrektiv. Untersuchungen zur Theologie Sören Kierkegaards. Mainz 1997
Kimmerle, Heinz: Religion und Philosophie als Abschluß des Systems. In: Pöggeler 1977, S. 150–171
Klemmt, Alfred: Descartes und die Moral, Monographien zur philosophischen Forschung, Bd. 83. Meisenheim am Glan 1971
Kopper, Joachim: Einführung in die Philosophie der Aufklärung. Die theoretischen Grundlagen. Darmstadt ^{3}1996
Koyre, Alexandre: Descartes und die Scholastik. Darmstadt 1971 (Nachdruck)
Kulenkampff, Jens: David Hume. München 1989

Lange, Dietz (Hg.): Friedrich Schleiermacher 1768–1834. Theologe – Philosoph – Pädagoge. Göttingen 1985
Liessmann, Konrad Paul: Kierkegaard zur Einführung. Hamburg 1993
Martin, Werner: Bestimmung und Abgrenzung von Ethik und Religion. Pfaffenweiler 1990
Malter, Rudolf: Der Ursprung der Metaphysik in der reinen Vernunft. Systematische Überlegungen zu Kants Ideenlehre. In: 200 Jahre Kritik der reinen Vernunft (hg. v. J. Kopper und W. Marx). Hildesheim 1981, S. 169–221
Meckenstock, Günther: Religion und Geschichte bei Johann Gottlieb Fichte. In: Barth/Gräb 1993, S. 50–61
Mittelstraß, Jürgen: Neuzeit und Aufklärung. Studien zur Entstehung der neuzeitlichen Wissenschaft und Philosophie. Berlin 1970
Möller, Horst: Deutsche Aufklärung im 17. und 18. Jahrhundert. Frankfurt/M. 1986
Niewöhner, Friedrich (Hg.): Klassiker der Religionsphilosophie. München 1995
Oedingen, Karlo: Der Genius malignus et summe potens et callidus bei Descartes. In: Kant-Studien 50 (1958/59), S. 178–187
Pascher, Manfred: Kants Begriff ›Vernunftinteresse‹, Innsbrucker Beiträge zur Kulturwissenschaft. Sonderheft 74. Innsbruck 1991
Pieper, Annemarie: Sören Kierkegaard. In: Klassiker der Philosophie, Bd. II (hg. v. O. Höffe). München ^{2}1985, S. 153–167
Pöggeler, Otto (Hg.): Hegel. Einführung in seine Philosophie. Freiburg 1977
Reiter, Josef: System und Praxis. Zur kritischen Analyse der Denkformen neuzeitlicher Metaphysik im Werk von Malebranche. Symposion – Philosophische Schriftenreihe, Bd. 40. Freiburg 1972
Ricken, Friedo/Marty, François (Hg.): Kant über Religion. Münchner philosophische Studien. Neue Folge Bd. 7. Stuttgart 1992
Ringleben, Joachim: Die Reden über die Religion. In: Lange 1985. S. 236–258
Röd, Wolfgang: Descartes. Die Genese des cartesischen Rationalismus. München ^{3}1995
–: Gewißheit und Wahrheit bei Descartes. In: Zeitschrift für philosophische Forschung 16 (1962), S. 342–362
Rohs, Peter: Johann Gottlieb Fichte. München 1991
Sala, Giovanni B.: Kant und die Frage nach Gott. Kant-Studien Ergänzungshefte, Bd. 122. Berlin 1990
Sandkühler, Hans Jörg (Hg.): F. W. J. Schelling. Stuttgart/Weimar 1998
–: F. W. J. Schelling – ein Werk im Werden. Zur Einführung. In: ders. 1998, S. 1–39
Schmid, Dirk: Religion und Christentum in Fichtes Spätphilosophie 1810–1813. Berlin 1995
Schmidt, Gerhart: Aufklärung und Metaphysik. Die Neubegründung des Wissens durch Descartes. Tübingen 1965
Scholz, Gunter: Die Philosophie Schleiermachers. Erträge der Forschung, Bd. 217. Darmstadt 1984
Schrey, Walter (Hg.): Sören Kierkegaard. Wege der Forschung, Bd. 179. Darmstadt 1971
Schulz, Walter: Der ›Gott der Philosophen‹ in der neuzeitlichen Metaphysik. In: ders.: Der Gott der neuzeitlichen Philosophie. Pfullingen ^{7}1982, S. 31–57
–: Johann Gottlieb Fichte – Sören Kierkegaard. Pfullingen ^{2}1977
–: Johann Gottlieb Fichte. Vernunft und Freiheit. In: ders. ^{2}1977, S. 5–31
–: Sören Kierkegaard. Existenz und System. In: ders. ^{2}1977, S. 33–69
Seidel, Helmut: Johann Gottlieb Fichte zur Einführung. Hamburg 1997
Specht, Rainer: John Locke. München 1989
Steinfeld, Patricia: Realität des Irrtums. Die Konzeption von Wahrheit und Irrtum in Nicolas Malebranches Recherche de la vérité. Miroir et image, Bd. 2. Frankfurt/M. 1997
Teichner, Wilhelm: Mensch und Gott in der Entfremdung oder die Krise der Subjektivität. Symposion Bd. 71. Freiburg 1984
Theunissen, Michael: Das Selbst auf dem Grund der Verzweiflung. Kierkegaards negativistische Methode. Frankfurt/M. 1991
Theunissen, Michael/Greve, Wilfried (Hg.): Materialien zur Philosophie Sören Kierkegaards. Frankfurt/M. 1979
Thielicke, Helmut: Glauben und Denken in der Neuzeit. Die großen Systeme der Theologie und Religionsphilosophie. Tübingen 1983
Tilliette, Xavier: Die Freiheitsschrift. In: Baumgartner 1975, S. 95–107
Trillhaas, Wolfgang: Religionsphilosophie. Berlin 1972

Verweyen, Hansjürgen: Fichtes Religionsphilosophie. Versuch eines Überblicks. In: Hammacher u.a. 1995, S. 193–224
–: Einleitung zu: Joh. G. Fichte: Versuch einer Kritik aller Offenbarung (1792). Hamburg 1983
Hans Wagner: Moralität und Religion bei Kant. In: Zeitschrift für philosophische Forschung 29 (1975), S. 507–520
Walther Manfred (Hg.): Spinoza und der deutsche Idealismus. Schriften der Spinoza-Gesellschaft, Bd. 1. Würzburg 1992
Wasmuth, Ewald: Der unbekannte Pascal. Versuch einer Deutung seines Lebens und seiner Lehre. Regensburg 1962
Wimmer, Reiner: Kants kritische Religionsphilosophie, Kant-Studien Ergänzungshefte, Bd. 124. Berlin 1990
Witschen, Dieter: Kant und die Idee einer christlichen Ethik. Ein Beitrag zur Diskussion über das Proprium einer christlichen Ethik. Moraltheologische Studien – Systematische Abteilung, Bd. 13. Düsseldorf 1984
Wittekind, Folkart: Religiosität als Bewußtseinsform: Fichtes Religionsphilosophie 1795–1800. Beiträge zur evangelischen Theologie, Bd. 114. Gütersloh 1993
Zeltner, Hermann: Das Identitätssystem. In: Baumgartner 1975, S. 75–94

Kapitel I.3

Primärliteratur

Balthasar, Hans Urs von: Apokalypse der deutschen Seele (1937 –1939). Einsiedeln/Freiburg 1998 (= AdS)
–: Geschichte des eschatologischen Problems. Einsiedeln/Freiburg 1989 (= GeP)
–: Herrlichkeit. Einsiedeln/Freiburg 1961f.
–: Karl Barth. Einsiedeln/Freiburg 1976
–: Theodramatik, Bd. I. Prolegomena. Einsiedeln/Freiburg 1973 (= TD1)
–: Theodramatik, Bd. II. Die Personen des Spiels, Teilband I: Der Mensch in Gott. Einsiedeln/Freiburg 1976 (= TD2)
–: Theologik. Einsiedeln/Freiburg 1985ff.
Barth, Karl: Der Römerbrief (^{2}1922). Zürich 1989
Bataille, Georges: Theorie der Religion (1974). München 1997
Baudrillard, Jean: Der symbolische Tausch und der Tod (1976). München 1982
–: Von der Verführung (1979). München 1992
Brunner, Emil: Die Mystik und das Wort. Tübingen 1924
–: Religionsphilosophie evangelischer Theologie. München 1948
Caillois, Roger: Der Mensch und das Heilige (1950). München 1988
–: Die Spiele und die Menschen (1958). Stuttgart 1960
Cassirer, Ernst: Philosophie der symbolischen Formen (1923–1926). Darmstadt 1953–1964 (= SF)
–: Zur Metaphysik der symbolischen Formen. Nachgelassene Manuskripte und Texte, Bd 1. Hamburg 1995
Eliade, Mircea: Das Heilige und das Profane. Vom Wesen des Religiösen (1965). Frankfurt/M. 1984
–: Das Mysterium der Wiedergeburt. Frankfurt/M. 1988
–: Die Religionen und das Heilige. Frankfurt/M. 1986
–: Geschichte der religiösen Ideen. Freiburg 1978
Guardini, Romano: Vom Geist der Liturgie (1918). Mainz 1997
Heidegger, Martin: »Wozu Dichten«. In: ders.: Holzwege. Frankfurt/M. 1994
–: »Das Ge-stell«. In: ders.: Bremer und Freiburger Vorträge. Gesamtausgabe, Bd. 79. Frankfurt/M. 1994
–: »Einleitung in die Phänomenologie der Religion«. In: Phänomenologie des religiösen Lebens. Gesamtausgabe, Bd. 60. Frankfurt/M. 1995 (= Einleitung)
–: Sein und Zeit (1927). Tübingen 1993
Heiler, Friedrich: Das Gebet. München 1918
–: Erscheinungsformen und Wesen der Religion. Stuttgart 1979

Huizinga, Jan: Homo ludens. Amsterdam 1939
Kehnscherper, Jürgen: Theologisch-politsche Aspekte der religionsphänomenologischen Methode des Gerardus van der Leeuw. Frankfurt/M. 1998
Leeuw, Gerardus van der: Phänomenologie der Religion. Tübingen 1933
Nietzsche, Friedrich: Die Geburt der Tragödie aus dem Geiste der Musik. Kritische Studienausgabe, Bd. 1 (hg. v. G. Colli/M. Montinari). Berlin 1980 (= KSA)
–: Also sprach Zarathustra. Kritische Studienausgabe, Bd 4. (hg. v. G. Colli/M. Montinari). Berlin 1980 (= KSA)
–: Über den Rhythmus (1875). Musarion-Ausgabe, Bd. 5. München 1922
Otto, Rudolf: Das Heilige (1917). München 1991
Otto, Walter Friedrich: Die Götter Griechenlands (1934). Frankfurt/M. 1987
–: Dionysos (1933). Frankfurt/M. 1996
–: Theophania. Frankfurt/M. 1993
Plessner, Helmuth: Die Stufen des Organischen und der Mensch. Gesammelte Schriften, Bd. IV. Frankfurt/M. 1981 (= GS)
–: Soziale Rolle und menschliche Natur (1960). Gesammelte Schriften, Bd. X. Frankfurt/M. 1985 (= GS)
–: Zur Anthropologie der Nachahmung (1948). Gesammelte Schriften, Bd. VII. Frankfurt/M. 1982 (= GS)
–: Zur Anthropologie des Schauspielers (1948). Gesammelte Schriften, Bd. VII. Frankfurt/M. 1982 (= GS)
Przywara, Erich: Analogia entis. Einsiedeln/Freiburg 1962
Rahner, Karl: Geist in Welt. Sämtliche Werke, Bd. II. Freiburg 1996
–: Hörer des Wortes. Sämtliche Werke, Bd. IV. Freiburg 1997
Sartre, Jean-Paul: Das Sein und das Nichts (1943). Hamburg 1993
Scheler, Max, Der Formalismus in der Ethik und die materiale Wertethik. Gesammelte Werke, Bd. 2. ^{6}1980 (= MW)
–: Vom Ewigen im Menschen. Leipzig 1921 (= EM)
Tillich, Paul: Existentialanalyse und religiöse Symbole. Gesammelte Werke, Bd. V. Stuttgart 1978
–: Das religiöse Symbol. Religionsphilosophische Schriften, Hauptwerke Bd. IV. Berlin/New York 1987
–: Theonomie. Religionsphilosophische Schriften, Hauptwerke Bd. IV. Berlin/New York 1987
Troeltsch, Ernst: »Wesen der Religion und Religionswissenschaft«. In: ders.: Gesammelte Schriften, Bd. II. Tübingen 1913
–: Psychologie und Erkenntnistheorie in der Religionswissenschaft. Tübingen 1905
Turner, Victor: Vom Ritual zum Theater. Frankfurt/M. 1995
Ulrich, Ferdinand: Homo abyssus (1961). Einsiedeln/Freiburg 1998
Siewerth, Gustav: Das Schicksal der Metaphysik von Thomas zu Heidegger. Einsiedeln/Freiburg 1959
–: Der Thomismus als Identitätssystem (1939). In: Gesammelte Werke. Düsseldorf 1979
Wach, Joachim: Religionssoziologie. Tübingen 1951
Weber, Max: Die protestantische Ethik und der Geist des Kapitalismus (= PE). In: Gesammelte Aufsätze zur Religionssoziologie. Tübingen 1920
Welte, Bernhard: Auf der Spur des Ewigen. Freiburg 1965
–: Religionsphilosophie. Frankfurt/M. 1997

Sekundärliteratur

Albert, Karl: Philosophie der Religion. St. Augustin 1991
Assmann, Jan: Das kulturelle Gedächtnis. München 1997
Auffarth, Christoph u.a. (Hg.): Metzler Lexikon Religion. Stuttgart/Weimar 1999
Bieler, Martin: Freiheit als Gabe. Freiburg 1991
Brose, Thomas (Hg.): Religionsphilosophie. Europäische Denker zwischen philosophischer Theologie und Religionskritik. Berlin 1998
Buytendijk, Frederik J. J.: Wesen und Sinn des Spiels. Berlin 1933
Chojnacki, Marek: Die Nähe des Unbegreifbaren. Der moderne philosophische Kontext der Theologie Karl Rahners und seine Konsequenzen in dieser Theologie. Fribourg 1996

Derrida, Jacques/Vattimo, Gianni: Die Religion. Frankfurt/M. 1997
Disse, Jörg: Metaphysik der Singularität. Eine Hinführung am Leitfaden der Philosophie Hans Urs von Balthasars. Wien 1996
Duerr, Hans Peter (Hg.): Die Mitte der Welt. Aufsätze zu Mircea Eliade. Frankfurt/M. 1984
Elsas, Christoph (Hg.): Tradition und Translation. Zum Problem der interkulturellen Übersetzbarkeit religiöser Phänomene. Berlin 1994
–: Religion. Ein Jahrhundert theologischer, philosophischer, soziologischer und psychologischer Ansätze. München 1975
Figal, Günter: Nietzsche. Eine philosophische Einführung. Stuttgart 1999
Fink, Eugen: Spiel als Weltsymbol. Stuttgart 1960
Gantke, Wolfgang: Der umstrittene Begriff des Heiligen. Eine problemorientierte religionswissenschaftliche Untersuchung. Marburg 1998
Geertz, Clifford: Dichte Beschreibung. Beiträge zum Verstehen kultureller Systeme. Frankfurt/M. 1983
Gennep, Arnold van: Übergangsriten (1911). Frankfurt/M. 1999
Guerriero, Elio: Hans Urs von Balthasar. Einsiedeln 1993
Kadereit, Ralf: Paul Tillichs politisch-religiöses Denken bis zur Emigration 1933. Marburg 1997
Kerber, Walter (Hg.): Der Begriff der Religion. München 1993
Kirsten, Elke: Heilige Lebendigkeit. Zur Bedeutung des Heiligen bei Bernhard Welte. Bern 1998
Konersmann, Ralf (Hg.): Kulturphilosophie. Leipzig 1996
Kupisch, Karl: Karl Barth. Stuttgart 1996
Lanczkowski, Günter: Einführung in die Religionsphänomenologie. Darmstadt 1978
–: Einführung in die Religionswissenschaft. Darmstadt 1991
Laube, Martin: Im Banne der Sprache. Die analytische Religionsphilosophie im 20. Jahrhundert. Berlin 1998
Lohmann, Johann Friedrich: Karl Barth und der Neukantianismus. Die Rezeption des Neukantianismus im »Römerbrief« und ihre Bedeutung für die weitere Ausarbeitung der Theologie Karl Barths. Berlin 1995
Luhmann, Niklas: Die Funktion der Religion. Frankfurt/M. 1977
Lyotard, Jean-Francois: Beantwortung der Frage: Was ist postmodern. In: Postmoderne und Dekonstruktion. Texte französischer Philosophen der Gegenwart (hg. v. Peter Engelmann). Stuttgart 1990
Martin, David/Heelas, Paul/Morris, Paul: Religion, Modernity and Postmodernity. Oxford 1996
Michaels, Axel (Hg.): Klassiker der Religionswissenschaft. München 1997
Mohn, Jürgen: Mythostheorien. Eine religionswissenschaftliche Untersuchung zu Mythos und Interkulturalität. München 1998
Ochs, Robert: Verschwendung. Die Theologie im Gespräch mit Georges Bataille. Bern 1995
Paetzold, Heinz: Ernst Cassirer zur Einführung. Hamburg 1993
Pöltner, Günther (Hg.): Auf den Spuren des Heiligen. Heideggers Beitrag zur Gottesfrage. Wien 1991
Pries, Christine (Hg.): Das Erhabene. Weinheim 1989
Raffelt, Albert/Verweyen, Hansjürgen: Karl Rahner. München 1997
Raphael, Melissa: Rudolf Otto and the Concept of Holiness. Oxford 1997
Roberts, Louis: Theological Aestetics of Hans Urs von Balthasar. Washington 1987
Sandler, Willibald: Bekehrung des Denkens. Karl Rahners Anthropologie und Soteriologie als formal-offenes System in triadischer Perspektive. Bern 1996
Schaeffler, Richard: Religionsphilosophie. Freiburg, München 1997
Schwemmer, Oswald: Ernst Cassirer. Ein Philosoph der europäischen Moderne. Berlin 1997
Taubes, Jacob: Vom Kult zur Kultur. Gesammelte Aufsätze zur Religions- und Geistesgeschichte (hg. v. Aleida und Jan Assmann). München 1996
Verweyen, Hansjürgen: Maurice Blondel. Zur Methode der Religionsphilosophie. Einsiedeln 1974
Wachtmann, Christian: Der Religionsbegriff bei Mircea Eliade. Bern 1996
Weischedel, Wilhelm: Der Gott der Philosophen. Grundlegung einer philosophischen Theologie im Zeitalter des Nihilismus. Darmstadt 1994
Wuchterl, Kurt: Philosophie und Religion. Zur Aktualität der Religionsphilosophie. Bern 1982
Wulf, Christoph/Kamper, Dietmar (Hg.): Das Heilige. Seine Spur in der Moderne. Bodenheim 1997

Kapitel I.4

Primär- und Sekundärliteratur

Ayer, Alfred Jules: Sprache, Wahrheit und Logik. Stuttgart 1970

Barnes, Jonathan: The Ontological Argument. London 1972

Barrow, John D./Tipler, Frank J.: The Anthropic Cosmological Principle. Oxford 1986

Barth, Hans-Martin: Atheismus und Orthodoxie. Analysen und Modelle christlicher Apologetik im 17. Jahrhundert. Göttingen 1971

Boethius: Trost der Philosophie (hg. u. eingel. von E. Gegenschatz u. O. Gigon). München/Zürich 1990

Buckley, Michael J.: At the Origins of Modern Atheism. New Haven/London 1987

Carnap, Rudolf: »Überwindung der Metaphysik durch logische Analyse der Sprache«. In: Erkenntnis 2 (1931), S. 219–241

Clifford, William C.: Lectures and Essays. London 1879

Corey, Michael A.: God and the New Cosmology. Boston 1993

Craig, William L.: The Cosmological Argument from Plato to Leibniz. London 1980

–: »The Finitude of the Past and the Existence of God«. In: W. L. Craig/Q. Smith: Theism, Atheism and Big Bang Cosmology. Oxford 1993a, S. 3–76

–: »›What Place, then, for a Creator?‹: Hawking on God and Creation«. In: W. L. Craig/Q. Smith: Theism, Atheism and Big Bang Cosmology. Oxford 1993b, S. 279–300

Davies, Paul: The Mind of God. The Scientific Basis for a Rational World. New York 1992

Dawkins, Richard: Der blinde Uhrmacher. Ein neues Plädoyer für den Darwinismus. München 1990

D'Holbach, Paul-Henri Thiry: System der Natur oder von den Gesetzen der physischen und der moralischen Welt (übers. v. F.-G. Voigt). Frankfurt/M. 1978

Diamond, Malcolm L./Litzenburg, Thomas V. (Hg.): The Logic of God. Theology and Verification. Indianapolis 1975

Fahr, Wilhelm: THEOUS NOMIZEIN. Zum Problem der Anfänge des Atheismus bei den Griechen. Hildesheim/New York 1969

Feuerbach, Ludwig.: Das Wesen des Christentums. In: W. Bolin/F. Jodl (Hg.): Sämtliche Werke, Bd. 6, Stuttgart-Bad Cannstatt 1960

–: Das Wesen der Religion. In: W. Bolin/F. Jodl (Hg.): Sämtliche Werke, Bd. 7, Stuttgart-Bad Cannstatt 1960

–: Vorlesungen über das Wesen der Religion. In: W. Bolin/F. Jodl (Hg.): Sämtliche Werke, Bd. 8, Stuttgart-Bad Cannstatt 1960

Flew, Antony: »Theology and Falsification«. In: A. Flew/A. MacIntyre (Hg.): New Essays in Philosophical Theology. London 31961, S. 96–99

–: The Presumption of Atheism and Other Philosophical Essays on God, Freedom and Immortality. London 1976

Freud, Sigmund: Totem und Tabu. In: Werkausgabe in zwei Bänden, Bd. 2. Frankfurt/M. ^{2}1978 (1978a)

–: Die Zukunft einer Illusion. In: Werkausgabe in zwei Bänden, Bd. 2. Frankfurt/M. ^{2}1978 (1978b)

Gagern, Michael von: Ludwig Feuerbach. Philosophie- und Religionskritik. Die »Neue« Philosophie. München-Salzburg 1970

Gaskin, John C. A.: Hume's Philosophy of Religion. London 1978

Gribbin, John: Auf der Suche nach Schrödingers Katze. Quantenphysik und Wirklichkeit. München ^{4}1991

Haller, Rudolf: Neopositivismus. Eine historische Einführung in die Philosophie des Wiener Kreises. Darmstadt 1993

Hasker, William: God, Time, and Knowledge. Ithaca 1989

Hawking, Stephen: Eine kurze Geschichte der Zeit. Die Suche nach der Urkraft des Universums. Reinbek 1988

Hick, John: Faith and Knowledge. London ^{2}1966

–: Arguments for the Existence of God. London 1970

–: Evil and the God of Love. London ^{3}1985

–: Religion. Die menschlichen Antworten auf die Frage nach Leben und Tod. München 1996
Hume, David: Eine Untersuchung über den menschlichen Verstand. Hamburg 1984
–: The Natural History of Religion. In: T. Green/T. Grose (Hg.): The Philosophical Works, Bd. 4. Aalen 1964
–: Dialoge über natürliche Religion (übers. u. hg. von N. Hoerster). Stuttgart 1981
Hunter, Michael/Wootton, David (Hg.): Atheism from the Reformation to the Enlightenment. Oxford 1992
James, William: The Will to Believe and Other Essays in Popular Philosophy. New York 1968
Jordan, Jeff (Hg.): Gambling on God. Essays on Pascal's Wager. London 1994
Kanitscheider, Bernulf: »Die Feinabstimmung des Universums«. In: E. Dahl (Hg.): Die Lehre des Unheils. Fundamentalkritik am Christentum. Hamburg 1993, S. 72–83
Kant, Immanuel: Der einzig mögliche Beweisgrund zu einer Demonstration des Daseyns Gottes. In: W. Weischedel (Hg.): Kant Werke, Bd. I. Darmstadt 1960
–: Kritik der reinen Vernunft. In: W. Weischedel (Hg.): Kant Werke, Bd. II. Darmstadt 1960 (=KrV)
Kaufmann, Walter: Nietzsche. Philosoph – Psychologe – Antichrist. Darmstadt ^{2}1988
Kenny, Anthony: The Five Ways. St. Thomas Aquinas' Proofs of God's Existence. London 1969
Kolakowski, Leszek: Die Hauptströmungen des Marxismus, Bd. 1. München/Zürich ^{2}1981
Kors, Alan C.: Atheism in France, 1650–1729. Volume I: The Orthodox Sources of Disbelief. Princeton 1990
Kreiner, Armin: Gott im Leid. Zur Stichhaltigkeit der Theodizee-Argumente. Freiburg/Basel/Wien ^{2}1998
Leibniz, Gottfried Wilhelm: Über den ersten Ursprung der Dinge. In: Fünf Schriften zur Logik und Metaphysik. Stuttgart 1966
Locke, John: Über den richtigen Gebrauch des Verstandes. Hamburg 1978
Mackie, John L.: Das Wunder des Theismus. Stuttgart 1985
Malcolm, Norman: »Anselm's Ontological Arguments«. In: E. D. Klemke (Hg.): To Belief or Not to Belief. Orlando 1992, S. 276–289
Martin, Michael: Atheism. A Philosophical Justification. Philadelphia 1990
Marx, Karl: Zur Kritik der Hegelschen Rechtsphilosophie. In: MEW, Bd. 1, Berlin 1956, S. 378–391
–: Thesen über Feuerbach. In: MEW, Bd. 3, Berlin 1978, S. 5–7
Marx, Karl/Engels, Friedrich: Die Deutsche Ideologie. In: MEW, Bd. 3, Berlin 1978, S. 13–530
Marx, Karl: Der Kommunismus des »Rheinischen Beobachters«. In: MEW, Bd. 4. Berlin 1978, 191–203
Morris, Thomas V.: Our Idea of God. Notre Dame/London 1991
Moreland, John P./Nielsen, Kai: Does God Exist? The Great Debate. Nashville 1990
Nietzsche, Friedrich: Morgenröthe. Kritische Studienausgabe, Bd. 3 (hg. v. G. Colli/M. Montinari Berlin 1980
–: Die fröhliche Wissenschaft. Kritische Studienausgabe, Bd. 3 (hg. v. G. Colli/M. Montinari Berlin 1980
–: Jenseits von Gut und Böse. Kritische Studienausgabe, Bd. 5 (hg. v. G. Colli/M. Montinari Berlin 1980
–: Ecce homo. Kritische Studienausgabe, Bd. 6 (hg. v. G. Colli/M. Montinari Berlin 1980
–: Der Antichrist. Kritische Studienausgabe, Bd. 6 (hg. v. G. Colli/M. Montinari Berlin 1980
–: Götzen-Dämmerung. Kritische Studienausgabe, Bd. 6 (hg. v. G. Colli/M. Montinari Berlin 1980
Paley, William: Natural Theology (hg. v. F. Ferré). Indianapolis 1963
Pascal, Blaise: Gedanken (übers. von U. Kunzmann). Leipzig ^{2}1992
Plantinga, Alvin: »Reason and Belief in God«. In: A. Plantinga/N. Wolterstorff (Hg.): Faith and Rationality. Reason and Belief in God. Notre Dame/London 1983, S. 16–93
Russell, Bertrand: History of Western Philosophy. London 1955
–: Warum ich kein Christ bin. Reinbek 1968
Schaeffler, Richard: »Die Kritik der Religion«. In: W. Kern/H.J. Pottmeyer/M.Seckler (Hg.): Handbuch der Fundamentaltheologie, Bd.1. Freiburg/Basel/Wien 1985, S. 117–135
Scriven, Michael: Primary Philosophy. New York 1966
Sharpe, Eric J.: Comparative Religion. A History. London 21986
Smith, Quentin: »A Defence of the Cosmological Argument for God's Non-existence«. In: W.L. Craig/Q. Smith: Theism, Atheism and Big Bang Cosmology. Oxford 1993, S. 232–255

Sproul, Robert C.: The Psychology of Atheism. Minneapolis 1974
Stegmüller, Wolfgang: Hauptströmungen der Gegenwartsphilosophie, Bd. I. Stuttgart [6]1978
Swinburne, Richard: An Introduction to Confirmation Theory. London 1973
–: »Argumente für die Existenz Gottes«. In: Münchener Theologische Zeitschrift 45 (1994), S. 35–47
–: Die Existenz Gottes. Stuttgart 1987
–: The Coherence of Theism. Oxford [2]1993
–: Simplicity as Evidence of Truth. Marquette 1997
Trigg, Roger: »Theological Realism and Antirealism«. In: P. L. Quinn/C. Taliaferro (Hg.): A Companion to Philosophy of Religion. Cambridge/Oxford 1997, S. 213–220
Whitehead, Alfred North: Wissenschaft und moderne Welt. Frankfurt/M. 1988
Winiarczyk, Marek: Bibliographie zum antiken Atheismus. 17. Jahrhundert – 1990. Bonn 1994
Wittgenstein, Ludwig: Tractatus logico-philosophicus. Logisch-philosophische Abhandlung. Frankfurt/M. [12]1977
Wolterstorff, Nicholas: »Can Belief in God Be Rational If It Has No Foundations?«. In: A. Plantinga/N. Wolterstorff (Hg.). Faith and Rationality. Reason and Belief in God. Notre Dame/London 1983, S. 135–186
Wucherer-Huldenfeld, Augustinus K./Figl, Johann: »Der Atheismus«. In: W. Kern/H. J. Pottmeyer/M. Seckler (Hg.): Handbuch der Fundamentaltheologie, Bd.1. Freiburg/Basel/Wien 1985, S. 95-116

Kapitel II - Judentum

Primärliteratur

Die Schrift. Verdeutscht von Martin Buber, gemeinsam mit Franz Rosenzweig. Bd. I: Die Fünf Bücher der Weisung [i.e. Fünf Bücher Moses]. Heidelberg [10]1981 (= S)
Bahya Ben Joseph Ibn Paquda [i.e. Bachja ibn Paquda]: The Book of Direction to the Duties of the Heart. Translated by Menahem Mansoor. London 1963
Bechaiji Ben Josef [i.e. Bachja]: »Choboth Ha-L'Baboth«: Lehrbuch der Herzenspflichten. Übersetzt von M. Stern. Wien 1856 (= Herzenspflichten)
Bialik, Chaim Nachman: Halachah and Aggadah. London 1944
Buber, Martin: Vom Geist des Judentums. Leipzig 1916
–: Ekstatische Konfessionen. Leipzig 1923
–: Reden über das Judentum. Berlin 1932
–: Der Jude und sein Judentum. Gesammelte Aufsätze und Reden. Köln 1963
–: Das Dialogische Prinzip. Heidelberg 1984
Cohen, Hermann: Logik der reinen Erkenntnis (1902). Hildesheim 1997 (= LrE)
–: Der Begriff der Religion im System der Philosophie. Giessen 1915 (= BdR)
–: Jüdische Schriften. 3 Bde. Berlin 1924
–: Religion und Sittlichkeit. Eine Betrachtung zur Grundlegung der Religionsphilosophie. Berlin 1907
–: Religion der Vernunft aus den Quellen des Judentums. Wiesbaden 1995 (=RdV)
Jehuda Halevi: Das Buch Al-Chasarî. Übersetzt von Hartwig Hirschfeld. Breslau 1885
–: The Kuzari. In Defense of the Despised Faith. Translated and annotated by David Korobkin. New Jersey 1998
Kant, Immanuel: Kritik der Urteilskraft. Hamburg 1990 (= KU)
Lévinas, Emmanuel: Totalität und Unendlichkeit. Versuch über die Exteriorität. Übers. und hg. v. W. Krewani. Freiburg/München 1988 (= TU)
–: Jenseits des Seins oder anders als Sein geschieht. Freiburg/München 1992
–: Die Spur des Anderen. Untersuchungen zur Phänomenologie und Sozialphilosophie. Freiburg/München [3]1992
–: »Gott und die Philosophie«. In: Casper, Bernhard (Hg.): Gott nennen. Phänomenologische Zugänge. Freiburg/München 1981, S. 81–123
–: Quatre Lectures Talmudiques. Paris 1968
–: Basic Philosophical Writings. Hg. Adriaan T. Peperzak et. al. Bloomington and Indianapolis 1996

–: Collected Philosophical Papers. Dordrecht/Boston/Lancaster 1987
Lewy, Hans/Altmann, Alexander/Heinemann, Isaak (Hg.): Three Jewish Philosophers – Philo: Selections; Saadya Gaon: Book of Doctrines and Beliefs; Jehuda Halevi: Kuzari. New York 1977
Maimon, Moses ben [i.e. Maimonides]: Führer der Unschlüssigen. Ins Deutsche übertragen von Adolf Weiß, 2 Bde. Leipzig 1923
Rosenzweig, Franz: Kleinere Schriften. Berlin 1937 (= KS)
–: Der Stern der Erlösung. Frankfurt/M. 1996. (= Stern)
–: Briefe. Berlin 1935
–: Hegel und der Staat. Aalen 1982
Saadia Ben Joseph Al Fajjumi: Emunot we-Dëot, oder Glaubenslehre und Philosophie (übers. von Julius Fürst, Leipzig 1845). Hildesheim 1970
Strauss, Leo: Die Religionskritik Spinozas als Grundlage seiner Bibelwissenschaft. Berlin 1930

Sekundärliteratur

Bauer, Anna Elisabeth: Rosenzweigs Sprachdenken im »Stern der Erlösung« und in seiner Korrespondenz zur Verdeutschung der Schrift. Frankfurt/M. 1992
Berger, Emil: Das Problem der Erkenntnis in der Religionsphilosophie Jehuda Hallewis. Berlin 1916
Brandt, Reinhard/Orlik, F. (Hg.): Philosophisches Denken – Politisches Wirken. Hermann-Cohen-Kolloquium Marburg 1992. Hildesheim 1993
Bruckstein, Almut: Readings in Jewish Philosophy: Hermann Cohen's Characteristics of Maimonides' Ethics. Translation and Commentary. Syracuse 1999
Burckhardt-Riedmiller, Regina: Franz Rosenzweigs Sprachdenken und seine Erneuerung humanistischer und jüdischer Lerntraditionen. Frankfurt/M. 1995
Cohen, Richard: Elevations: The Height of the Good in Rosenzweig and Levinas. Chicago 1994
Dreyer, Mechthild: Die Idee Gottes im Werk Hermann Cohens. Königstein 1985
Forthomme, Bernard: Une philosophie de la transcendence: la métaphysique d'Emmanuel Lévinas. Paris 1980
Freund, Else: Die Existenzphilosophie Franz Rosenzweigs. Hamburg 1959
Funk, Rudolf: Sprache und Transzendenz im Denken von Emmanuel Levinas. Freiburg 1989
Gibbs, Robert: Correlations in Rosenzweig and Levinas. Princeton 1992
Glatzer, Nahum: Franz Rosenzweig: His Life and Thought. New York 1953
Guttmann, Jacob: Die Religionsphilosophie des Saadia. Göttingen 1882
Guttmann, Julius: Die Philosophie des Judentums. München 1933
–: Philosophies of Judaism. The History of Jewish Philosophy from Biblical Times to Franz Rosenzweig (erw. engl. Übers.). New York 1964
Hauck, Detlef: Die Frage nach dem Anderen. Untersuchungen zum Denken von Emmanuel Levinas mit einem Vergleich zu Jean-Paul Sartre und Franz Rosenzweig. Essen 1990
Holzhey, Helmut (Hg.): Hermann Cohen. Frankfurt/M. 1994
Huizing, Klaus: Levinas und Heidegger. Frankfurt/M. 1988
Kahlberg, Albert: Die Ethik des Bachja ibn Pakuda. Halle 1914
Kilcher, Andreas: Die Sprachtheorie der Kabbala als ästhetisches Paradigma. Stuttgart/Weimar 1998
Kinkel, Walter: Hermann Cohen. Eine Einführung in sein Werk. Stuttgart 1924
Klatzkin, Jakob: Hermann Cohen. Berlin ^{2}1921
Kooij, Arie van der/Toorn, K. van der (Hg.): Canonization and Decanonization. Papers presented to the International Conference at the Leiden Institute for the Study of Religions. Leiden 1998
Kraemer, Joel (Hg.): Perspectives on Maimonides. Oxford 1991
Krewani, Wolfgang: Emmanuel Levinas. Denker des Anderen. Freiburg 1992
Löwith, Karl: »Philosophie der Vernunft und Religion der Offenbarung in H. Cohens Religionsphilosophie«. In: Sitzungsberichte der Heidelberer Akademie der Wissenschaften. Heidelberg 1968
Mendes-Flohr, Paul (Hg.): The Philosophy of Franz Rosenzweig. Hanover/London 1988
Moser, Roger: Gotteserfahrung bei Martin Buber. Eine theologische Untersuchung. Heidelberg 1979
Mosès, Stéphane/Wiedebach, H. (Hg.): Hermann Cohen's Philosophy of Religion. International Conference in Jerusalem 1996. Hildesheim/Zürich/New York 1997
Mosès, Stéphane: Système et Révélation. La Philosophie de Franz Rosenzweig. Préface d'Emmanuel Lévinas (Paris 1982). Dt.: System und Offenbarung. München 1985

Ollig, Hans Ludwig: Religion und Freiheitsglaube. Zur Problematik von Hermann Cohens später Religionsphilosophie. Königstein 1979
Pascher, Manfred: Hermann Cohens Ehtik als Gegenentwurf zur Rechtsphilosophie Hegels. Innsbruck 1992
Peperzak, Adriaan T. (Hg.): Ethics as First Philosophy. The Significance of Emmanuel Levinas for Philosophy, Literature and Religion. New York/London 1995
Poma, Andrea: The Critical Philosophy of Hermann Cohen. Albany 1997
Safran, Alexandre: Die Kabbala. Gesetz und Mystik in der jüdischen Tradition. Bern 1966
Schmied-Kowarzik, Wolfdietrich (Hg.): Der Philosoph Franz Rosenzweig (1886–1929). Internationaler Kongreß. Kassel 1986. 2 Bde. Freiburg/München 1988
Schoeps, Julius: Moses Maimonides. Königstein 1979
Scholem, Gershom: Zur Kabbala und ihrer Symbolik. Zürich 1960
–: Über einige Grundbegriffe des Judentums. Frankfurt/M. 1970 (= Scholem 1970a)
–: Judaica 2. Frankfurt/M. 1970 (= Scholem 1970b)
–: Zur Kabbala und ihrer Symbolik. Zürich 1960
Sorkin, David: Moses Maimonides and the Religious Enlightenment. London 1996
Steinsaltz, Adin: Persönlichkeiten aus dem Talmud. Basel/Zürich 1996
Stemberger, Günter: Einleitung in Talmud und Midrasch. München ^{8}1992
Strasser, Stephan: Jenseits von Sein und Zeit. Eine Einführung in Emmanuel Levinas' Philosophie. Den Haag 1978
Twersky, Isadore: Studies in Maimonides. Cambridge (Mass.) 1990
Ucko, Siegfried: Der Gottesbegriff in der Philosophie Hermann Cohens. Berlin 1927
Weiss, Raymond: Maimonides' Ethics. The encounter of philosophic and religious morality. Chicago 1991
Wiemer, Thomas: Die Passion des Sagens. Zur Deutung der Sprache bei Emmanuel Levinas und zur Realisierung im philosophischen Diskurs. Freiburg 1988
Wolfson, Harry Austryn: Philo: Foundations of Religious Philosophy in Judaism, Christianity and Islam, 2 Bde. Cambridge (Mass.) 1947
Wyschogrod, Edith: Emmanuel Levinas. The Problem of Ethical Metaphysics. Den Haag 1974
Xie, Yanan: Korrelation. Der zentrale Begriff in Cohens Religionsphilosophie. Frankfurt/M. 1996

Kapitel III – Islam

Primärliteratur

Abu Ridah, M. (Hg.): Rasa'il al-Kindi al falsafiya. Kairo 1950
Al-Ash'ari: Maqalat al-islamiyin. Istanbul 1929–30
Brönnle, P. (Hg.): Die Staatsleitung von al-Farabi. Eine metaphysische und ethisch-politische Studie eines arabischen Philosophen (dt. Bearb. mit einer Einleitung Über das Wesen der arabischen Philosophie von F. Dieterici). Leiden 1904
Dieterici, F. (Hg.): Al-Farabis philosophische Abhandlungen. Leiden 1892
Al-Farabi: Kitab fi mabadi ara ahl al-madina al fadila (übers. aus dem Arabischen von F. Dieterici: Der Musterstaat). Leiden 1900
–: Ara' ahl al madinah al fadilah. Beirut 1959
–: Kitab al djam' beyn ray al hakimayn. Beirut 1960
Al-Ghazzali: Ad-durra al-fakhira (übers. aus dem Arabischen vom M. Brugsch: Die kostbare Perle im Wissen des Jenseits). Hannover 1924
–: Tahafut al-falasifa. Beirut 1927
–: Ihya 'ulum ad-din (übers. u. erkl. von H. Bauer: Neubelebung der Religionswissenschaften, Buch 2. 12. 14. 37. Buch 35, übers. und mit Einl. u. Anm. vers. von H. Wehr), Bd. 1–5. Halle 1912–40
–: Al-munqid min al dalal. Beirut 1959
–: Maqasid al falasifah. Kairo 1969
Hell, J.: Von Mohammad bis Ghazzali. Quellentexte aus dem Arabischen übers. und eingel. Jena 1923
Horten, M.: Das Buch der Ringsteine al-Farabis. Beitrag zur Geschichte der Philosophie des Mittelalters. Bd. 5,3. Münster 1906

–: Texte zum Streite zwischen Glauben und Wissen im Islam: Die Lehre vom Propheten und der Offenbarung bei den Islamischen Philosophen: Farabi, Avicenna und Averroes. Bonn 1913
Ikhwan: Rasa'il. Kairo 1928
–: Resaleye djame'e. Damaskus 1948
Ibn al-Rushd: Fasl al maqal: Aus dem Arabischen übers. von M. J. Müller: Philosophie und Theologie. München 1875
–: Tahafut al tahafut (aus dem Arabischen übers. von M. Horten: Die Hauptlehren des Averroes nach seiner Schrift: Die Widerlegung des Gazali). Bonn 1913
–: Tahafut al tahafut. Beirut 1930
–: Fasl al maqal. Kairo o. J.
–: Al kashf. Kairo 1942
Ash-Shahrestani: Al milal wa nihal. Kairo 1948 (dt.: Religionsparteien und Philosophieschulen). Halle 1850
Suhrawardi: Madjmu'eye mosannafat-e Sheikh-e eshraq. Tehran/ Paris 1952
–: Hikmat al ishraq. Tehran 1952
Iqbal-e Lahuri: The reconstruction of religious thought in Islam. Lahore 1954. (Persische Übersetzung: Ehyaye tafakkore dini dar Islam. Tehran o. J.)
–: Kolliyat. Tehran 1964
Sorush, Abdolkarim: Qabz wa bast-e teorike shariat. Tehran 1991
–: Razdani, roshanfakri wa dindari. Tehran 1991
–: Sarathaye mostaqim. Tehran 1997

Sekundärliteratur

Alfakhuri, Hana/Aldjer, Khalil: Tarikh-e falsafa dar djahan-e Islam. Tehran 1979
Andrae, T.: Islamische Mystiker. Stuttgart 1960
Bausani, A.: Classical Muslim Philosophy in the work of a Muslim Modernist: Muhammad Iqbal. In: Archiv für Geschichte der Philosophie. Berlin 1960
Bibliographie der deutschsprachigen Arabistik und Islamkunde von den Anfängen bis 1986, Bd. 5: Wissenschaftsgeschichte, Philosophie, Medizin und Naturwissenschaften (hg. v. Fuat Sezgin) Frankfurt/M. 1991
Boer, T. J. de: Geschichte der Philosophie im Islam. Stuttgart 1900
Brockelmann, C.: Geschichte der arabischen Literatur. Leiden 1937–49
Bürgel, J. C. (Hg.): Iqbal und Europa. Bern 1980
Cahen, Claude: Der Islam. (Fischer Weltgeschichte. Bd. 14). Bd. 1. Frankfurt/M. 1968
Corbin, Henry: Histoire de la Philosophie Islamic. Paris 1964.
Ende, Werner/Steinbach, Udo (Hg.): Der Islam in der Gegenwart. München 1991
Gauthier, L.: A History of philosophy in Islam. London 1933
Ghaussy, A. A.: Aufbau und System der Philosophie und der Wissenschaften im Islam: al-Kindi, al-Farabi und Ibn Sina. Hamburg 1961
Grunebaum, G. E. von: Der Islam. (Fischer Weltgeschichte. Bd. 15), Bd. 2. Frankfurt/M. 1971
Halm, Heinz: Die Schia. Darmstadt 1988
Handbuch der Geschichte der Philosophie, Bd. 2. (hg. v. Wilhelm Totok). Frankfurt/M. 1973
Index Islamicus: [A current continuation of the volumes of »Index Islamicus« (founded by J. D. Pearson) which cover the years 1906–85, and the »Quarterly Index Islamicus« covering the years 196–1992] compiled at the Islamic Bibliography Unit, Cambridge University Library
Nagel, Tilmann: Der Koran. Einführung, Texte, Erläuterungen. München 1983
Nasr, H.: Three Muslim Sages. Avicenna, Sohrawardi, Ibn'Arabi. Cambridge/Mass. 1964
Nasr, Seyyed Hossein/Leaman, Oliver (Ed.): History of Islamic Philosophy. London 1996
Obermann, I.: Der philosophische und religiöse Subjektivismus Gazzalis. Ein Beitrag zum Problem der Religion. Wien 1921
Paret, Rudi (Übersetzer): Der Koran. Stuttgart 1980.
–: Der Koran. Kommentar und Konkordanz. Stuttgart 1980
Rosenthal, P.: Das Fortleben der Antike im Islam. Zürich 1965
Sahebozzamani, M. H.: Das Verhältnis von Religion und Philosophie bei al-Farabi. Göttingen 1956
Schacht, J./Bosworth, C.E.: Das Vermächtnis des Islam. 2 Bde. München 1983

Schimmel, Annemarie: Der Islam. (Religionen der Menschheit. Bd. 25.3.). Bd. 3. Stuttgart 1990
–: Muhammad Iqbal. München 1989
–: Mystische Dimensionen des Islam. Köln 1985
Steiner, H.: Die Mu'taziliten oder die Freidenker im Islam. Leipzig 1865
Steinschneider, M.: Al-Farabi, des arabischen Philosophen Leben und Schriften. ND Amsterdam 1966
The Encyclopaedia of Islam, 9 Bde. (hg. v. H. A. Gibb, J. H. Kramers). Leiden 1960–1997
Watt, W. M. /Marmura, M.: Der Islam. (Religionen der Menschheit. Bd. 25.2). Bd. 2. Stuttgart 1985
–/Welch, A. T.: Der Islam. (Religionen der Menschheit. Bd. 25.1). Bd. 1. Stuttgart 1980
–: Islamic Philosophy and theology. Reprint. Edinburgh 1964
Yann, Richard: Der verborgene Imam. Berlin 1983

Kapitel IV – Indien

Primärliteratur

Ambedkar, Bhimrao Ramji: Why I like Buddhism. BBC-Radiointerview, 12th May 1956
–: The Buddha and His Dhamma. Bombay 1957
–: Buddha and the Future of His Religion. Jullundur 1970
–: Annihilation of Caste. With a Reply to Mahatma Gandhi, Bombay 1937. In: Ambedkar, Bhimrao Ramji: Writings and Speeches I (ed. by Ambedkar, Babasaheb in 11 Vols.). Bombay 1979–1992
–: Philosophy of Religion, Unpublished. In: Writings and Speeches III
–: Buddha or Karl Marx. In: Writings and Speeches III
–: Riddles in Hiduism, Unpublished. In: Writings and Speeches IV
–: Away from the Hindus, Unpublished. In: Writings and Speeches V
Anguttara-Nikaya: The Book of the Gradual Saying, Pali Text Society, Translation Series No. 22, 24–27, London Bd. I ^{3}1960, Bd. II ^{4}1973, Bd. III ^{4}1973, Bd. IV ^{2}1955, Bd. V ^{2}1955 (u.a.)
Bhatta, Jayanta: Nyayamanjari. In: The Nyayamanjari of Jayanta Bhatta (ed. S. N. Shukla). Benares 1934–1936 (Kashi Sanskrit Series)
Bhattacharyya, Krishnachandra: The Subject as Freedom. In: ders.: Studies in Philosophy (1958). Delhi ^{2}1983 (Edited by Gopinath Bhattacharyya)
–: The Concept of Philosophy. In: ders.: Studies in Philosophy (1958). Delhi ^{2}1983 (Edited by Gopinath Bhattacharyya)
Brihadaranyakopanishad. In: Brihadaranjakopanishad in der Madhjamdina-Rezension (hg. u. übers. v. Otto Böhtlingk). Leipzig 1889 (u.a.)
Chandogyopanishad. In: Khandogjopanishad (krit. hg. u. übers. v. Otto Böhtlingk). Leipzig 1889 (u.a.)
Dalai Lama: Buddhismus und Marxismus. In: ders.: Ausgewählte Texte. München 1987
–: Berührungspunkte von Naturwissenschaft und Spiritualität. In: Paul Syska: Geist und Materie. Seine Heiligkeit der XIV. Dalai Lama. Gengenbach 1989
–: Die Gespräche in Bodhgaya. Grafing 1989
–: Die Vorträge in Harvard. Grafing 1991
–: In die Herzen ein Feuer. Bern/München/Wien 1995
Das, Bhagavan: The Science of Peace. An Attempt at an Exposition of the First Principles of Adhyatma-Yidya. Benares 1904
–: The Essential Unity of all Religions (1939). Kila 1994 (Reprint)
Digha-Nikaya. Dialogues of the Buddha, Bd. I, Sacred Books of the Buddhism II, London/Boston ^{4}1973, Bd. II, Sacred Books of the Buddhism III, London ^{5}1971, Bd. III, Sacred Books of the Buddhism, IV. London ^{4}1971 (u.a.)
Gaudapada: Mandukyopanishadkarika. In: Les Upanishad V. Texte et traduction (XXI Vol.) Paris 1943 (u.a.)
Goleman, Daniel (Ed.): Healing Emotions. Conversations with the Dalai Lama on Mindfulness, Emotions and Health. Boston 1997
Jayatilleke, Kalatissa Nanda: Buddhism in our Changing Society. o. O. o. J.
–: Buddhism and the Race Question. The Race Question and Modern Thought. Paris ^{2}1958
–: Early Buddhist Theory of Knowledge. London 1963

–: The Buddhist Conception of Truth. In: O.H. de A. Wijesekera/K.N. Jayatilleke/E.A. Burtt: Knowledge and Conduct. Buddhist Constributions to Philosophy and Ethics. In: The Wheel, No. 50. Kandy 1963
–: The Evidence on Rebirth. In: The Ceylon Daily News, 2. 4. 1966
–: Buddhism and Peace. In: The Wheel, No. 41, 2nd impr. Kandy 1969
–: The Nature and Destiny of Man in the Universe – The Buddhist View. In: Speech, 22. 12. 1969
–: Buddhist Relativity and the One-World Concept. In: E. J. Jurji (Ed.): Religious Pluralism and World Community. Interfaith and Intercultural Communication. Leiden 1969
–: Ethics in Buddhist Perspective. In: The Wheel, No. 175/176. Kandy 1972
Kant, Immanuel: Was ist Aufklärung? In: Kant's gesammelte Schriften. Herausgegeben von der Akademie der Wissenschaften. Berlin 1904ff.
Kathopanishad. In: Les Upanishad II. Texte et traduction (XXI Vol.) Paris 1943 (u.a.)
Kumarila: Tantravarttika. In: Jaimini: Mimamsadarshanam with the Bhasya of Shabara and the Commentaries Tantravarttika and Tuptika of Bhattakumari (7 Vols.; 1892–1902), o. O. ^{2}1970–1980
Majjhima-Nikaya. The Middle Length Sayings, Pali Text Society, Translation Series No 29–31. London Bd. I 1954, Bd. II ^{2}1970, Bd. III ^{2}1967 (u.a.)
Mundakopanishad. In: Les Upanishad IV. Texte et traduction (XXI Vol.) Paris 1943 (u.a.)
Nagarjuna: Mulamadhyamakakarikas de Nagarjuna avec la Prasannapada Commentaire de Candrakirti. Louis de la Poussin (Ed.). Osnabrück 1970 (Bibliotheca Buddhica IV)
Pakshilasvamin: Nyayabhasya. In: Nyayadarshana. The Sutras of Gautama and Bhasya of Vatsyayana with two Commentaries (1) The Khadyota – by Ganganatha Jha and (2) The Bhasyachandra – by Raghuttama – up to Adhaya iii, Ahnikai, Sutra 17 only. Edited by Ganganatha Jha and Dhundhiraja Shastri Nyayopadhyaya. Benaras 1925 (Chowkhamba Sanskrit Series 55)
Radhakrishnan, Sarvepalli: The Philosophy of Rabindranath Tagore. London 1918
–: My Search of Truth In: ders.: Meine Suche nach Wahrheit. Gütersloh 1961
–: An Idealist View of Life (George Allen & Unwin Ltd.). London 1932. In: ders.: Meine Suche nach Wahrheit. Gütersloh 1961
–: Indian Philosophy (2 Vols.; 1923). Delhi 21989 (Indian Ed. 1940)
Radhakrishnan, Sarvepalli/Muirhead, J.H. (Ed.): Contemporary Indian Philosophy (1936). London ^{2}1952
Ramanuja: Brahmasutra Shribhasya by Sri Bhagavad Ramanuja with Commentary, Bhashyartha Darpana by Abhinavadesika Shri Uttamur Viraragbavacharya (Part I and II). Madras 1963 & 1964
Samyutta-Nikaya. The Book of the Kindered Sayings, Pali Text Society, Translation Series No. 7, 10, 13, 14, 16, London Bd. I ^{2}1950, Bd. II ^{2}1952, Bd. III ^{2}1954, Bd. IV ^{3}1972, Bd. V ^{3}1965 (u.a.)
Shankara: The Brahmasutra Shankara Bhasya with the Commentaries Bhamati, Kalpataru and Parimala. Ed. with Notes etc. by Maha Anantkrishna Shastri. Bombay ^{2}1938
Sen, Keshab Chandra. In: Lectures in India. o. O. 1904–1913
Tagore, Rabindranath: Die Religion des Menschen. Freiburg i. Brsg. 1962
Udana. Dialogues of the Buddha, Bd. III, Sacred Books of the Buddhism VIII. London ^{2}1948 (u.a.)
Udanavarga (hg. v. H. Beckh). Berlin 1911
Vivekananda: Complete Works (8 Vols.). Calcutta 1970–1973

Sekundärliteratur

Ahir, Diwan Chand: Buddhism and Ambedkar. New Delhi 1968
–: Dr. Ambedkar on Buddhism. Bombay 1982
–: The Pioneers of Buddhist Revival in India. Delhi 1989
–: Buddhism in modern India. New Delhi 1991
Batchelor, Stephen: Mit Andern allein. Eine existentialistische Annäherung an den Buddhismus. Zürich/München 1992
Bapat, P.V.: 2500 Years of Buddhism. Delhi 1959
Bareau, André/Schubring, Walther/Fürer-Haimendorf, Christoph: Die Religionen Indiens (3 Bde.). Bd. III: Buddhismus, Jainismus, Primitivvölker. Stuttgart 1964 (In: Die Religionen der Menschheit Bd. 13, Hg. v. Christel Matthias Schröder)
Bechert, Heinz: Buddhismus, Staat und Gesellschaft in den Ländern des Thearvada-Buddhismus (3 Bde.). Bd. I: Berlin 1966, Bd. II: Wiesbaden 1967, Bd. III: Wiesbaden 1973

Becke, Andreas: Hinduismus. Zur Einführung. Hamburg 1996
Bharati, K.S.: Foundations of Ambedkars Thought. Nagpur 1990
Böhtlingk, Otto/Roth, Rudolph: Sanskrit-Wörterbuch (7 Bände und Nachträge; 1855–1875). Delhi 1990 (Neudruck)
Buch, Maganlal A.: The Philosophy of Shankara. Baroda 1988
Cenkner, William: A Tradition of Teachers: Shankara and the Jagadgurus Today (1893). Delhi 1984 (Reprint)
Conze, Edward: Buddhistisches Denken. Frankfurt/M. 1988
Das, R. V.: What is Philosophy? In: Proceedings of the Indian Philosophical Congress 31. Delhi 1956, p. 3–16
Dasgupta, Surendranath: A History of Indian Philosophy (5 Vols.; 1975). Delhi 1988 (Reprint)
Dasgupta, S. R.: Some Problems of the Philosophy of Religion, Serampore: Hooghly 1965
Dumoulin, Heinrich (Hg.): Buddhismus der Gegenwart. Freiburg i. Br. 1970
Frauwallner, Erich: Geschichte der indischen Philosophie (2 Bde.): Bd. I: Die Philosophie des Veda und des Epos. Der Buddha und der Jina. Das Samkhya und das klassische Yoga-System. Salzburg 1953; Bd. II: Die naturphilosophischen Schulen und das Vaishesika-System. Das System der Jaina. Der Materialismus. Salzburg 1956
Frauwallner, Erich: Die Philosophie des Buddhismus. Berlin ^{3}1969
Glasenapp, Helmuth von: Madhva's Philosophie des Vishnu-Glaubens. Mit einer Einleitung über Madhva und seine Schule. Ein Beitrag zur Sektengeschichte des Hinduismus. Bonn/Leipzig 1923
–: Der Stufenweg zum Göttlichen. Baden-Baden 1948
–: Vedanta und Buddhismus. Wiesbaden 1950
–: Kant und die Religionen des Ostens. Würzburg 1954
–: Das Indienbild deutscher Denker. Stuttgart 1960
–: Die Philosophie der Inder. Stuttgart 41985
Gonda, Jan: Die Religionen Indiens (3 Bde.): Bd. I: Veda und älterer Hinduismus. Stuttgart ^{2}1978 (In: Die Religionen der Menschheit Bd. 11, Hg. v. Christel Matthias Schröder); Bd. II: Der jüngere Hinduismus. Stuttgart 1963 (In: Die Religionen der Menschheit Bd. 12, Hg. v. Christel Matthias Schröder)
Govinda, Anagarika: Die psychologische Haltung der frühbuddhistischen Philosophie. Wiesbaden o. J.
Hacker, Paul: Der Dharma-Begriff des Neuhinduismus. In: Zeitschrift für Missionswissenschaft und Religionswissenschaft 42 (1958), S. 1–15. Auch in: Hacker, Paul: Kleine Schriften, Wiesbaden 1978, S. 510–524
Hacker, Paul: Anviksiki. In: Wiener Zeitschrift für die Kunde Südasiens (bzw. Süd- und Ostasiens) 2 (1958), S. 54–83. Auch in: Hacker, Paul: Kleine Schriften. Wiesbaden 1978, S. 137–166
Halbfass, Wilhelm: Indien und Europa. Basel/Stuttgart 1981
Hayward, Jeremy W./Varela, Francisco J.: Gewagte Denkwege. Wissenschaftler im Gespräch mit dem Dalai Lama. München 1996
Hiriyanna, M.: Outlines of Indian Philosophy. London ^{6}1967
Jatava, D. R.: The Buddha and Karl Marx. Agra 1965
Khabde, Dinkar: Dr. Ambedkar and Western Thinkers. Poona 1989
Kulkarni, A. R.: Dr. Ambedkar and Buddhism. In: The Maha-Bhodi 58. Calcutta 1950
Kulke, Hermann/Rothermund, Dietmar: Geschichte Indiens. Stuttgart ^{2}1999
Lal, Basant Kumar: Contemporary Indian Philosophy (1973). Delhi 1995
Lorenz, Kuno: Indische Denker. München 1998
Magyarosya, Marusha: Der Dalai Lama und das Mitgefühl. Ahlerstedt 1998
Masih, Y.: Introduction to Religious Philosophy (1971). Delhi ^{2}1991
Monier-Williams, Sir Monier: A Sanskrit-English Dictionary (1899). Delhi 1990
Murty, K. Satchidananda: Revelation and Reason in Advaita Vedanta. New York 1959
Nath Bhanja, Nilendra: Das religiöse Weltbild bei Rabindranath Tagore. Gelnhausen 1964
Oldenberg, Hermann: Die Religion des Veda. Stuttgart/Berlin ^{4}1923
Perrett, Roy W. (Ed.): Indian Philosophy of Religion. Dordrecht/Boston/London 1989 (Studies in Philosophy and Religion, Vol. 13)
Potter, Karl H. (Ed.): Encyclopedia of Indian Philosophies (in XXIII Vols.; Available Vol. I–VIII). Delhi 1982ff:
Vol. I: Potter, Karl H./Bhattacharyya, Sibajiban (Ed.): Bibliography. Delhi 1983

Vol. II: Potter, Karl H. (Ed.): The Tradition of Nyaya-Vaishesika up to Gangesha. Delhi 1977
Vol. III: Potter, Karl H. (Ed.): Advaita Vedanta up to Shankara and His Pupils. Delhi 1981
Vol. IV: Potter, Karl H./Larson, Gerald James/Bhattacharya, Ram Shankar (Ed.): Samkhya: A Dualist Tradition in Indian Philosophy. Delhi 1987
Vol. V: Potter, Karl H. (Ed.): The Philosophy of the Grammarians. Delhi 1990
Vol. VI: Potter, Karl H./Busrell, Robert E. (Jr.)/Jaini, Padmanabh S./Noble Ross Reat (Ed.): Abhidharma Buddhism to 150 A.D. Delhi 1996
Vol. VII: Potter, Karl H./Bhattacharyya, Sibajiban (Ed.): Indian Philosophical Analysis: Nyaya-Vaishesika from Gangesha to Raghunata Shiromani, Delhi 1993
Vol. VIII: Potter, Karl H. (Ed.): Buddhist Philosophy from 100 to 350 A.D. Delhi 1999
Rahula, Walpola Sri: What the Buddha Taught. New York 1974
Raju, Poola T.: Idealistic Thought of India. London 1953
–: Indian Idealism and Modern Challenges. Chandigarh 1961
Ruben, Walter: Die Philosophen der Upanishaden. Bern 1947
Sangharakshita: Ambedkar and Buddhism. Glasgow ^{2}1989
Sharare, M.J.: Dr. Ambedkar: His Life and Work. New Delhi 1987
Sharma, Arvind: The Philosophy of Religion. A Buddhist Perspective. Delhi 1997
Sila, M.W. Padmasiri de: Memorial Tribute to the late Professor K.N. Jayatilleke. In: Professor K.N. Jayatilleke – Memorial Tribute. Peradeniya (Sri Lanka) 1971, S. 18–23
Sinha, Jadunath: Indian Philosophy (3 Vols.). Delhi 1999
Tripathi, R.C.: Problems of Philosophy and Religion. Varanasi 1971

PERSONENREGISTER

ZU DEN AUTOREN

Stephan Grätzel, geb. 1953, Professor für Philosophie an der Johannes Gutenberg-Universität in Mainz; Publikationen u.a.: Die philosophische Entdeckung des Leibes, 1989, Organische Zeit, 1993, Verstummen der Natur, 1997, Utopie und Ekstase, 1997.

Armin Kreiner, geb. 1954, Professor für Fundamentaltheologie und Religionsphilosophie an der Johannes Gutenberg-Universität in Mainz; Publikationen u.a.: Religionssoziologie zwischen Theorie, Apologie und Kritik der Religion, 1986, Ende der Wahrheit, 1992, Den Glauben denken, (Hrsg.) 1993, Religiöse Erfahrung und theologische Reflexion, (Hrsg.) 1993, Gott und das Leid, ^{4}1999, Gott im Leid, ^{2}1998.

Unter Mitarbeit von

Ataollah Amin, Deutsch-Iraner, geb. 1958, Studium der Philosophie und der Pädagogik in Mainz und Hagen, Psychotherapeutische Aus- u. Weiterbildung (Gestalttherapie, Hypnosetherapie und Neurolinguistisches Programmieren), staatlich geprüfter Dolmetscher und Übersetzer (Persisch). Studienschwerpunkte sind Philosophische Anthropologie, Integrative Ansätze der Psychotherapie und Interkulturelle Bildungsarbeit.

Michael Gerhard, geb. 1963, Studium der Philosophie, Indologie und Informatik in Mainz und am Manjushri Institute for Buddhist Studies in Cumbria (GB). Forschungsaufenthalte in Indien, Vorträge zum Thema Indische Philosophie und Musik. Mitarbeit an Einführung in den Buddhismus (1995) von Geshe Kelsang Gyatso. Derzeit Arbeit am Institut für Philosophie der Johannes Gutenberg-Universität Mainz an einer Dissertation über die Buddhismusrezeption von Philipp Mainländer am Ende des 19. Jhs.

Christoph Nöthlings, geb. 1967, Studium der Philosophie, Anglistik und Romanistik in Bonn, Mainz und Dijon. Magisterarbeit über Walter Benjamin und Roland Barthes. Zweijähriger Forschungsaufenthalt an der Hebräischen Universität in Jerusalem bei Paul Mendes-Flohr und Almut Bruckstein zur Religionsphilosophie des Judentums. Derzeit Arbeit an einer Dissertation über Franz Rosenzweig am Institut für Philosophie der Friedrich-Schiller-Universität Jena.

Janssen Peters, geb. 1963, Studium der Philosophie, Germanistik und Komparatistik in Mainz. Magisterarbeit über den französischen Kantinterpreten P. Lachièze-Rey. Tätig als Lehrer (DaF), Freier Journalist und Übersetzer. Derzeit Arbeit an einer Dissertation über die Rationalismuskritik bei P. L. Laberthonnière am Philosophischen Seminar der Johannes Gutenberg-Universität Mainz.

Redaktion

Dirk Solies, geb. 1964, Promotion 1998: *Natur in der Distanz. Zur Bedeutung von Georg Simmels Kulturtheorie für die Landschaftsästhetik*. Mitarbeiter am Philosophischen Seminar der Johannes Gutenberg-Universität Mainz.